公能教育文库 | 张元龙 总主编　　张鉴霳 总策划

铅字流芳大先生
近代报刊中的张伯苓

上

张兰普　梁吉生　编

天津社会科学院出版社

图书在版编目（CIP）数据

铅字流芳大先生：近代报刊中的张伯苓：上、下 /
张兰普，梁吉生编. -- 天津：天津社会科学院出版社，
2021.5

（公能教育文库 / 张元龙总主编）

ISBN 978-7-5563-0723-4

Ⅰ．①铅… Ⅱ．①张… ②梁… Ⅲ. ①张伯苓
（1876-1951）－生平事迹 Ⅳ．①K825.46

中国版本图书馆CIP数据核字(2021)第072189号

铅字流芳大先生：近代报刊中的张伯苓：上、下
QIANZI LIUFANG DA XIANSHENG：JINDAI BAOKAN ZHONG DE
ZHANG BOLING：SHANG、XIA

出版发行：天津社会科学院出版社
地　　址：天津市南开区迎水道7号
邮　　编：300191
电话/传真：（022）23360165（总编室）
　　　　　　（022）23075303（发行科）
网　　址：www.tass-tj.org.cn
印　　刷：北京盛通印刷股份有限公司

开　　本：787×1092　毫米　　1/16
印　　张：52
字　　数：750千字
版　　次：2021年5月第1版　2021年5月第1次印刷
定　　价：198.00元（全2册）

影合生師體全前年三十校本

1904 年私立中学堂全体师生合影(《南开思潮》第 1 期,1917 年 12 月)

（形情工興學大開南）

1919 年 5 月南开大学兴工情形(《南开思潮》第 4 期,1919 年 6 月)

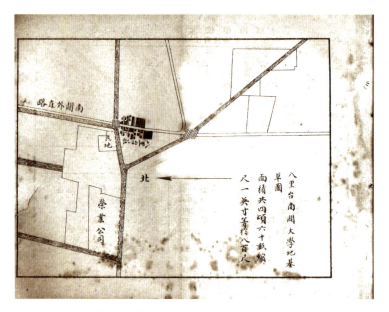

八里台南开大学地基草图(《南开周刊》第 32 期,1922 年 3 月)

南開大學校長張伯苓先生

南开大学校长张伯苓(《矿学汇报》第 2 期,1926 年 5 月)

北京协和医学院顾问张伯苓(《协医校刊》第 2 卷,1927 年)

张伯苓在第八届远东运动会开幕式(《天鹏画报》第 6 卷,1927 年 9 月)

1929年9月21日张伯苓自欧洲考察教育返津，与到车站迎接的夫人和四位公子(《北洋画报》第8卷第376期)

1929年的张伯苓校长(《北洋画报》第8卷第389期，1929年10月)

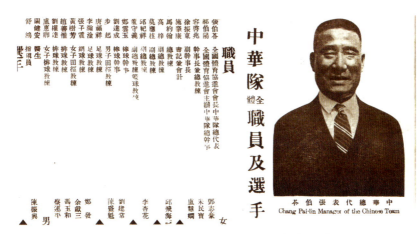

第九届远东运动会中国队总代表张伯苓
（《新银星与体育》第 3 卷第 22 期,1930 年 6 月）

第十五届华北运动会总裁判张伯苓与夫人
（《北洋画报》第 13 卷第 630 期,1931 年 5 月）

南开大学校钟献钟礼,张伯苓与本届毕业生
(《良友》第 61 期,1931 年 9 月)

中国工程师学会第二届年会开幕典礼
(《天津商报画刊》第 6 卷第 5 期,1932 年 8 月)

全国运动会重要职员(《申报:全国运动会纪念特刊》,1933 年 10 月)

张伯苓就任财政部华北水利委员会委员长就职典礼
(《华北水利月刊》第 7 卷第 3/4 期,1934 年 4 月)

张伯苓在南开校友春季大会演讲
(《玫瑰画报》第 3 期,1936 年 3 月 6 日)

张伯苓与参观南开大学的梅兰芳

（《北洋画报》第 30 卷第 1475 期，1936 年 11 月 7 日）

全国体育协进会会长张伯苓

（《竞乐画报》第 10 卷第 70 期，1936 年 11 月 14 日）

张伯苓为南开大学教授祁开智证婚,其左为介绍人罗隆基,右为南开大学
文学院院长张纯明(《玫瑰画报》第 13 期,1936 年 4 月 12 日)

张伯苓与南开大学 1937 年毕业的研究生、本科生合影
(《天津商报画刊》第 24 卷第 28 期,1937 年 6 月 2 日)

1930 年 9 月 14 日比利时前首相万德维尔在南开大学演讲
（天津《大公报》,1930 年 9 月 15 日）

青岛市长沈鸿烈与南开大学校长张伯苓合影(《青岛画报》第 17 期,
1930 年 9 月 15 日

张伯苓出席国民参政会第五次大会
(《今日中国》第 2 卷第 12 期, 1940 年 9 月)

毛泽东访晤张伯苓(《新华日报》,1945 年 9 月 7 日)

国民参政会会长张伯苓(《见闻》第 1 卷第 11 期,1946 年 9 月)

张伯苓与胡适、梅贻琦等组织平津市民治促进会,在该会成立会现场
(《艺文画报》第 2 卷第 2 期,1947 年 8 月)

序一:百年南开　浩瀚隽永

曹雪涛

回望来路,创校校长张伯苓以其宏阔先进的教育理念和独特非凡的个人魅力,对南开学校的建立和成长做出了不可替代的贡献,对中国教育的发展和进步产生了至关重要的影响。每一个热爱南开、情系教育的人都对张伯苓无比感念与景仰。

"天下谁不知,南开有个张校长!"但受时局与环境之影响,张伯苓先生的历史功绩一度被遮蔽,直到20世纪80年代,这位一生奉行育才救国、改造社会的"大先生"才重归公众视野。张校长诸多教育论断与警句所透射出的时代强音和深刻内涵,令吾辈振聋发聩,致业界奋发图强,特别是受习近平总书记高度赞扬的"爱国三问",更让张伯苓教育思想闪耀着生生不息的璀璨光芒。

他,心怀天下、淑世为公。彼时,身为海军士官生的张伯苓,目睹北洋舰队之惨败、"国帜三易"之耻辱,从此,以军人之热血刚毅和青年之风华绝代投身教育,一生奔走、上下求索,抱定"自强之道,端在教育"之宏愿,践行"留德不留财""私立非私有"之坚守,以"中国不亡吾辈在"之气概,矢志不渝地探寻教育救国的道路。他深切的家国情怀奠定了"光荣的爱国主义传统"这一南开之魂,"无论世局万变,惟南开之公能训练方针一贯不变","公能日新"的校训精神熔铸于一代代南开人推动中国社会之进步、国家之发展的血脉中,这是张伯苓被誉为"中国现代教育的一位创造者"的历史贡献。

他,高瞻远瞩、领先时代。凭借广阔的战略视野和深厚的学养积淀,制定了前途远大、光明满目的国际化目标，主张将西方先进教育思想与中国实际相融合，提出"土货之南开"要"与英国之牛津、剑桥，美国之哈佛、雅礼并驾齐驱、东西称胜"，倡导新式教育、建立现代大学，并始终将校风的培育和精神的塑造奉为圭臬，不断探索立足中国、接轨世界的现代大学制度体系。这奠定了牛津等世界一流高校直接认可南开学历的一段史话，书就了西南联大八年间弦歌不辍的传奇故事。

他，敦本务实、推陈出新。他以圆融的教育智慧和高超的管理手段化解了"轮回教育"风波，为南开定下了"土货化"的办学方针、"知中国、服务中国"的办学宗旨。早在20世纪二三十年代，他依靠敏锐的眼光探查到侵略者的图谋，实地调研、成立东北研究会、创办经济研究所。在完整的南开教育体系中，张伯苓极力推崇"实行"之风，坚持以中国历史、中国社会为背景探索大学之道、教育之本。

张伯苓以其爱国奉献、秉公尽能的炽热情怀，事业无止、发展无穷的宏大格局，永不服输、愈益奋励的实干作为，将南开学校作为"改造社会试验之场"，聚精英、传薪火，成为一位中国现代教育史上最具风范的教育家、思想家、实干家。他以言传身教影响了家人与后学，其幼子张锡祜为国捐躯，留下了"阵中无勇非孝也"的佳话，南开学校最优秀的学生周恩来在青年时期便立下了"相会于中华腾飞世界时"的豪言，他本人更是一生奉行"认识环境、努力干去"的信条，带领南开人团结合作、恳切诚挚、顶下来做大事，用自己的"公、诚、努力"，去回答好"爱国三问"。

《铅字流芳大先生——近代报刊中的张伯苓》一书，横跨四十二年，从独特的视角，全方位地展现了这位爱国教育家的思想、智慧、气度、风范、操守、情怀……感谢梁吉生、张兰普两位学者多年来对张伯苓及南开校史研究的热忱和专注，为我们全面研究张伯苓先生的教育思想和历史贡献提供了极其珍贵的史料。

今天，我们办大学、办教育，仍面临诸多困难和挑战，但与当年形势之艰难、资源之匮乏、处境之窘迫相比，现在的这些"难"便显得微不足道了。这让我想起了张伯苓先生在1931年曾说过的一句话："求人不如求己，救国必先自救。"站在南开新百年的起点上,我们怀念与钦慕张伯苓这位一代人师、国士大家,更深切地感受到今日光大南开大学责任之重大。我愿与新一辈南开人一道,以自信自强的底气、难而益开的精神,赓续传统、壮丽前行!

2020 年 11 月 30 日于南开龙兴里
(作者系南开大学校长、中国工程院院士)

序二：有价值的思想是如何形成的

张元龙

感谢梁吉生和张兰普两位学者又为张伯苓研究领域贡献了一部重要的文献资料。梁吉生先生是我们家的老朋友，也是家母最信任的朋友。40年前他就克服重重困难，顶着压力研究张伯苓和南开的历史。他以鲜明的观点、执着的精神，撰写了大量研究张伯苓的著作，为后人的研究工作打下了坚实的基础。现在他虽然年事已高，但是对研究张伯苓和南开依然热情不减。特别值得钦佩的是，他对年轻后学的研究工作给予了毫无保留的帮助和支持，由此被大家奉为研究张伯苓和南开的权威。

张兰普先生是我久仰的一位学者，真正相识是在《张伯苓教育佚文全编》的发行仪式上。这是一位儒雅、腼腆的先生，他曾参与了许多对张伯苓与南开的研究工作且硕果累累。在这本书里，他又投入了大量的精力和心血，搜集整理了几十年前的珍贵史料。这本书的风格也体现了他的性格。

南开是一个有故事的学校。这本《铅字流芳大先生——近代报刊中的张伯苓》记录了自1908年至1949年横跨42年间的各类媒体中有关张伯苓和南开的报道。几十年前的记录者们以不同的视角真实生动地描述了张伯苓传奇的一生。从书中我们可以深刻地体会到那个年代的焦虑与失望、不屈与乐观。在本书记载的四十余年里，中国从清末国运凋敝到北洋政府军阀混战，再到后来连年的战争，民族危亡、民生涂炭。然而一个私立学校靠社会各界的捐赠不断发展壮大、培养出国家栋梁之才，并逐步探索出了一套以"公能"为理念的、完整的教育体系。书中大量珍贵的、具有历史动感的片段不断闪回,南开的命运随着国家的命运跌宕起伏。如果能把此书和《张伯苓全集》结合起来阅读,随时光穿梭,鲜活的历史事件将如连绵的山峰在我们面前展现。你也许会发现,一个有价值的思想是如何形成的。

阅过此书,不禁掩卷长思,是什么让一个人物、一个团体写下了如此具有历史穿透力的故事,竟然令今天的我们依然感动不已?我想,这是因为南开的故事讲述的是教育——这个关乎民族命运的大事,我们每个人都与这个故事息息相关。

有人说,现在是百年未有之大变局。其实应该是千年未有之大变局,因为人类第一次艰难建起的全球化国际秩序,正面临着民族主义、民粹主义的挑战。世界的难题到底是种族的冲突、文化的冲突、还是文明的冲突?科学可否战胜愚昧?贫富差距是否必须靠杀富济贫来消除?公平和效率难道就是人类难以协调的梦想?绝对的公平只能压抑人类的创造性、限制人类的进步;失控的效率可能造成人与人之间更大的差距和人类族群的分裂。在人类文明的十字路口,人类文明是否会在谎言和威胁下发生倒退?在科学高度发展、人类社会加速分化之际,这是我们不得不回答的问题。

产生于中国启蒙过程中的南开"公能"理念里,对"公"字更全面的理解和"私立非私有"的理念隐含着解决公平和效率问题的方向。先贤留给我们的不仅仅是几所学校和一套教育体系,还有对人类追求完美社会的思考和启发,这就是今天我们还在挖掘、搜集、总结、研究先贤思想的原因和动力。

最后,我希望能够用本书中《大公晚报》记者陈好问于1949年12月13日对张伯苓校长的采访中的最后一段话,来引起张伯苓和南开研究者的一点联想和共鸣:

在匆匆步出南校门后,好久好久,笔者的脑际始终萦绕着"公""能","科学的""民主的"……和一片光明灿烂就要到来的新教育远景的憧憬。

(作者系张伯苓嫡孙、全国政协原常委、张伯苓研究会顾问)

编者的话

怀铅握椠，敲击键盘。至今两年有余，《铅字流芳大先生——近代报刊中的张伯苓》如约而至。我与主要编纂者张兰普怀着既欣慰又忐忑的心情，将这部文集奉献于读者面前。

这部洋洋大观的文集，包含着近代以来中国不同时期新闻界论述张伯苓的296篇文章。诚如吾友张兰普"编后语"所言，这些文章是从晚清、中华民国乃至中华人民共和国创建之初的7000余篇文献中筛选出来的，汇集了当时著名大报如《中央日报》《大公报》《申报》《益世报》《新华日报》《新闻报》以及小不起眼的校报《南开周刊》等文人、记者以多向角度、多样体裁、多种形式对张伯苓的介绍，其中既有严谨的长篇论述，也有简短轻松的调侃，既有评论、感怀、赞誉之词，也有遗憾、批评之语，反映出张伯苓在同代人眼中的人生分量与多彩的生命境象。

张伯苓在这些发黄的故纸里隐藏着伟大的叙述。

在中国政治社会进行重大变革的转折时期，在国运窘迫、大厦将倾之际，张伯苓始终洋溢着永不悲怆的向上的活力与热情，焕发着坚定信仰、正义善良的光辉，坚守家国情怀、教育理念，形成了富有特色和魅力的育人模式和价值体系，在创造性转化和创新性发展中建构出具有现代气息和中国特色的教育追求，从而使教育的主旨更加深邃宽大。他用自己划时代的智慧，点亮了近代中国教育的天空。他给南开留下的是路标，而不是墓碑。

历史资料是研究者的信源。在研究张伯苓的过程中我们特别注重收集史料，从而有了自己的研究观。史料价值的高低在于是否保留了社会情状的原生态。这本文集中的报道，给予我们最深刻的印象是其不约而同地关注一个人物,展现了公共知识界和大众舆论的群体认知,构成了作品特有的历史内涵和较为真切的历史场景。它像打开的一扇窗户,静静地展示独有的风景,在价值与真实的历史连接上重构了张伯苓留下的身影和思想烙印,从而增加了张伯苓自身文化积淀的厚重感。

张伯苓身处一个特别值得书写的时代。在当时的发表制度下,报刊中的报道是自发的,并非刻意引导的结果。报刊更注重的是自我表达与受众的思想交流,因而需要靠思想和作品来安身立命。它们在有组织、有架构的知识性工作环境中,无声无息地刻画出丰富多样的人物维度,各自描述着张伯苓的教育心怀,各自投射出张伯苓的人设形象。它们是以敏感的洞察力和不动声色的积累,讲述了一个意气风发的教育家的愿景,并且以历史叙事的成色传达出近代教育家不为人知的一面,使其对张伯苓相对观察的精准性跃然纸上。

这是了解张伯苓历史的又一个解码器。

近代报刊是一节节缓缓而至的时光列车。走进这些报道,便如置身于历史之流与生动的文化脉络中,其中充盈、回荡着先辈的思索与呐喊,展现着积贫积弱下国人呼唤教育、敬重教育家的本真国民心理和精神层面的共识与升华。历经岁月磨洗,其锋芒依然保留着真实的样貌,能够让人感受到一种被重新唤醒的阅读快感,留给读者开放的遐想空间,在今天看来,其仍然充满着振奋人心的力量。

2001 年诺贝尔文学奖获得者维迪亚达·苏莱普拉萨德·奈保尔爵士说:"你总会遇到一个人,他不是你的谁,但有了他,世界成了一个令人兴奋的地方。"

张伯苓的确让我们兴奋。他那颗火热的心始终牵挂着教育、牵挂着南开,传递给我们的温度依然是那样地灼热。张伯苓呼唤着我们的共鸣和共情。我与张兰普对张伯苓的关注持续了很长时间,所以对他的阅读是一个积累增量的过程。作为张伯苓教育价值的发现者,对于他的每一段经历,都是要花时间和心思去研究的。这种研究,使一朝一夕都变得趣意盎然。张伯苓的资料给予我们无尽的灵感源泉。我们有个共同的理念,即尽量发掘张伯苓的资料，若不如此，就很难感知到他那完整的生命周期。

张伯苓的研究经历了一个曲折发展的过程，实质性发展较为缓慢。经过三十年的沉寂，南开乃至教育界对张伯苓教育思想的研究从 1979 年起进入一个新阶段。对于张伯苓的研究，从线性解释走向综合理解，从具体认知走向整体意义，逐渐成为一种有态度、有情怀的工作，并且有了鲜明的倾向和价值判断。

发现历史是一个永无休止的尝试过程。吾友张兰普以一种特有的学术执着，穷年累月地埋头于书案，发现、斟酌、遴选这些几十年、几十种报刊文章中最基础和最本真的历史价值。这需要通晓各种报刊的背景和政治倾向，理解整个文献的框架。这也是我们对于共同经营的张伯苓研究工作的一种基础。张兰普显示了其考校功力的深度。他善于听取别人的意见和建议。我与他信函往来，交流对全书框架、全书体量、篇目定位乃至文章校正的看法。他于 2020 年 2 月 4 日、3 月 24 日、4 月 15 日、4 月 17 日几次发来《铅字流芳大先生——近代报刊中的张伯苓》文稿，在厚厚的阅读、校正笔记中满是我们辛勤的汗水。这种愉快的合作，在本书付梓之际结成我们研究的果实。

学术研究是一种苦行僧式的生活，对于绝大部分人是没有吸引力的。忠诚和忍耐是我们面对张伯苓唯一能有的态度。忠诚和忍耐也使我们成为忘年的益友。我们彼此深知，最好的关系就是让双方都有机会成为更好的自己。

孔子说："知之者不如好之者，好之者不如乐之者。""乐之"是干任何事业的最高境界。在与张兰普近二十年的合作中，我深深感到他对学术的执着和乐在其中的精神。就像宋代王安石诗说："看似寻常最奇崛，成如容易却艰辛。"每个苦苦坚持的人背后，都有一个咬紧牙关的灵魂。时间让他多了很多皱纹，我知道，他的不惑之年、天命之年花在了哪里……张兰普对探讨张伯苓教育真相和本源的坚韧与专注，让他有了学术灵感，进而在张伯苓研究中有了丰硕的建树。

张元龙先生在本书序言中说，"张兰普老师是我久仰的一位学者，真正相识是在《张伯苓教育佚文全编》的发行仪式上。这是一位儒雅、腼腆的先生，他参与了不少张伯苓与南开的研究工作，硕果累累。在这本书里，他又投入了大量精力和心血，收集整理几十年前的珍贵资料，这本书的风格体现了他的风格。"

《铅字流芳大先生——近代报刊中的张伯苓》一书的出版，拓宽了张伯苓研究的边界，不仅为我们提供了重新认识教育家张伯苓的新角度，也提供了一条了解教育家张伯苓的新路径。披览书中的文章，我们能感受到鲜活的生活气息，畅达的教育氛围。

本书的出版要特别感谢张元龙先生，他在百忙之中为本书撰写了热情四溢的序言，更要感谢天津伯苓公能教育管理集团董事长张鉴霝先生，他们的慷慨资助使该公司尽显温度。

《铅字流芳大先生——近代报刊中的张伯苓》一书的出版要衷心感谢张伯苓研究会副理事长董润平女士和天津社会科学出版社责任编辑韩鹏先生，特邀编辑王振良先生。因为有了他们的热情支持和卓有成效的工作，才能够让一个生命由阅读走向更开阔的舞台。

梁吉生

写于蒙特利尔

2020 年 9 月 18 日

编辑说明

一、编辑初旨。张伯苓从 1898 受聘于严馆到 1951 年去世，从事教育、体育事业五十余年，成就卓著。虽然在其去世后的一段时期内，张伯苓的名字不再为人所知，但一个人对国家、社会的巨大贡献，不可能长久地湮没。在 20 个世纪 80 年代中期，对张伯苓的研究和再认识悄然展开。此后三十多年来，张伯苓的爱国精神、家国情怀、教育理念、教育方法，再次进入上至国家领导人、下至普通民众的视野，再次成为教育界、体育界、学术界、新闻界、出版界研究与关注的热点，有关张伯苓的研究与宣传成果可谓层出不穷。那么，张伯苓在他同时代人的眼中，到底是个什么样子呢？多一个观察张伯苓先生的视角，展现一个更加生动、丰满的教育家、体育家、社会活动家形象，即为编辑本书的初衷。

二、文献选辑标准。张伯苓在开启其教育征程不长的时间内，即以其耳目一新的教育方式和突出的办学成就为世人所瞩目。20 世纪 20 年代伊始，他和他所创办的南开系列学校即成为津门报刊的高光（High Light）条目。到 20 世纪 30 年代，随着其在体育界与其他社会领域活动的日益突显，张伯苓越来越受到全国乃至欧美各国人士的关注。尤其是在中国抗日战争全面爆发后，天津南开无端被日寇炸毁，人神共愤，张伯苓与南开系列学校成为全国人民和世界文化人士关注的焦点。在家园被毁、幼子殉国、民族危亡之际，这位 60 多岁的老人毅然投身于抗战救亡之中，担任国民参政会副议长。他所表现出来的不屈不挠的精神，成为鼓舞中国人民坚持抗战的精神象征之一。抗战胜利后，张伯苓的德望之隆，在中国教育界、体育界屈指可数。尤其是 1947 年以后，他参选国大代表，出任南京国民政府考试院院长,有关他的报道更是层出不穷。据编者所见各种晚清、民国报刊数据库统计,涉及张伯苓的各类文章和新闻报道达 6000 余篇,本书将简单报道性的文献一概摒除,从中检选具有作者视角、带有评论与叙述性的文章 293 篇,并将 1949 年 10 月 1 日中华人民共和国成立后涉及张伯苓的重要文献 3 篇作为附录收入,总计 296 篇。另外,将发现的张伯苓为各类书报刊题词手迹 54 幅,作为附录收入,以从一个侧面丰富读者对他的认知。

三、文献编排。张伯苓校长不仅仅是一位卓越的教育家,还是一位优秀的社会活动家。他的主要活动领域包括体育、政治、宗教、社会活动等,其活动地域,从北国的哈尔滨、长春、沈阳一路向南,经北京、天津、济南、青岛、郑州、武汉、南京、上海、杭州、长沙,直至福州、昆明、桂林;又从东海之滨沿长江一路向西,直达重庆、成都。其间他数次出国考察教育,足迹遍及邻邦朝鲜、日本以及美、英、法、意等当时世界上科技教育先进国家。其一生交往的人物,既包括国、共两党党政军高层,又有国际国内教育界、体育界、文化界、宗教界的名流。本书收录的 296 篇文章各具形态,既有万字长篇,也有百字短文;既有热烈之赞扬,也有善意之批评;既有高山仰止之崇敬,也有轻松活泼之揶揄;既关国家民族之安危,亦涉婚姻家庭之欢乐。作者既有文化教育名家如司徒雷登、胡适、罗隆基等,也有政府高官如颜惠庆、孔祥熙等;既有南开校友,也有无名记者。这些文章,除去围绕张伯苓这一核心人物外,其他则全无统系。为了尽可能反映晚清、民国时期各界人士对张伯苓认识的变化与认识角度的多样性,本书在编纂时以时间脉络为主线,根据当时社会情势的变化与张伯苓校长教育事业的发展历程,将所收文献按时间顺序分成三个阶段:一、南开学校成立至南开被炸毁时期的张伯苓(1904 年 10 月——1937 年 7 月);二、南开大学被迫南迁至全面抗战胜利时期的张伯苓(1937 年 8 月——1945 年 8 月);三、全面抗战胜利后天津南开大、中学校复校时期的张伯苓(1945 年 9 月——1949 年 9 月)。

四、文献整理。(1)尽量保持文献的原始状态,凡是不致引起阅读歧义的用词与标点方式,一律保持原状。(2)对于原文没有标点的文献,由编者按现代标点使用规范进行标点。(3)对原文印刷中的错别字,标注于其后的"〈 〉",对于缺漏字,在缺漏处填补于"[ ]"内,对于模糊或损坏的字迹,用"□"填代。(4)对于节录的文献,在脚注中说明原文献来源及节录情况。(5)各篇文献的责任者,分别由编者在脚注中说明"作者×××"或"署名×××"。(6)将英、日等外文文献,翻译为中文。

五、本书所收,均非严谨学术文章,其行文及观点不合时宜者,请读者自明。在史实细节处,尤其关于张伯苓之具体经历,时有舛误,若在每处均加注释说明,则多显琐细重复。故由编者撰《张伯苓略历》附于书末,以备参阅。

本书承蒙南开大学校长曹雪涛院士、张伯苓嫡孙张元龙先生作序,谨致谢忱!

张兰普

2020 年 9 月 4 日

目　录

（上）
一、南开学校成立至南开被炸毁时期的张伯苓
（1904 年 10 月—1937 年 7 月）

二、南开大学被迫南迁至全面抗战胜利时期的张伯苓
(1937 年 8 月—1945 年 8 月)

（下）

三、全面抗战胜利后天津南开大、中学校复校时期的张伯苓

（1945 年 9 月—1949 年 9 月）

目

录

目
录

一、南开学校成立至南开被炸毁时期的张伯苓

（1904 年 10 月—1937 年 7 月）

同学参观学堂记[①]

（1908 年 5 月 27 日）

今年仲夏之末，为我北洋大学堂师范班毕业期，故先时由渡边龙圣名誉教员偕诸同学参观在津各学堂，俾资阅历，以便实行。初我同学之在保也，原为高等之资，即北洋大学中亦未有师范科目。丙午秋，学使卢公以我直英文师材不足，商之教务长上少泉君，于本堂改师范一班，以济时需，而亦即预为我同学地也。同学以去年卒本高等业，来津按中学应授课程加习，又得渡边君概任名誉，授教育诸科。年来信非虚度。然犹恐坐而学不能起而行，故藉参观以补之。是行也两越日，经大、中、小学堂者六，锐与其列，得观各堂文明之光，何幸如之！归与同学讨论，证以所学，诚觉返躬自问，无所恃以应将来，始悟前此学修之未励，亦已晚也。然同学皆胜锐十百者，行将分任，各掌教权，出其数年来之储积，始终弗懈，以启学徒，上不负国家培植之心，下以速社会文明之步。而外人对待中国之诚，亦因之以固，亦以增。缘笔此行，以纪其盛。始述师生授受之内容，次及建造备置之外观，仅就所见以及，非敢妄加评议，倘言之失当，尚祈诸君原其识见之偏而笔削正之也，幸甚！

二十一日……十一钟赴南开私立第一中学，相距三里许，同学即步之，至时未午。该堂监学诸君延入礼堂暂息。监督张伯苓君以有自任课程尚未下堂，少顷，来与同学见，相道契阔，款洽殷殷。盖伯苓曾总教保定高等学堂，我同学选定师范，正其任事时。彼时期许勉励，感情已深，此日相谈，遂不禁有无限亲爱语也。当经引视讲堂及宿舍一周，遂由该堂待饭。饭后

[①] 北洋大学堂学生张廷锐笔述。

一、南开学校成立至南开被炸毁时期的张伯苓

适一钟,由管理诸君导视各班授课。一班授英文,读本始由教员口演,讲明题目之意义,继因学生所知,引及未知,商量造句,以合课中之词语,于读本中寓文法,互相贯通,非同泥板,得教授之法。一班授西史,至希利尼波斯战后时代。教员演讲,溯本求源,而各生亦皆对答合宜。一班授中国地理,讲及都城,教员口论手点,绝非循行数墨者可比。论及使馆划界、部署、变通等时事,辄伸其有强权无公理之论,断以发起少年强国之心。察当时各生听讲情形,皆中心怦怦焉。一班授英文法程,教员即伯苓君也。此公授课深入人心,是我同学所曾身受者。教授方法莫能加议,然浅深合度,亦无难及之者。即以此日之所授论之,连代名词于动词,以一类百,引诱多方,虽至愚亦当知所从事也。俗云:"石人点首",伯苓或操其术耶!

该堂房舍新建,容积、光线各事自然合法。理化讲堂层级坐次,内置方棹一,中藏全副仪器,系伯苓以千金购来者。实验室在左侧,物理仪器备具,且陈列秩然。化学材料亦颇充足。植物、矿物、禽兽虫介、人身人骨各标本,皆色色鲜明,标志详确。礼堂高大,中悬圣牌及上谕,四壁悬各种图画及本堂摄影。左侧置军乐器,右侧置风琴一具,盖亦即音乐讲堂也。三钟辞伯苓及管理诸君,归。

（《大公报》天津版,1908 年 5 月 27 日）

本校历史存草（节录）[①]

（1914 年 11 月 16 日）

　　光绪三十年春，严公范孙闻先生[②]言，亟欲赴日本一游，恳先生为导。先生亦愿再往，一详探其学校之内容。于是诹期买舟，相偕放洋，直指东瀛。

　　未几，达彼岸，入旅馆休息。翌晨，遂预备参观学校事。由是席不暇暖，期一得该邦学校之真相。久之，如愿以偿，乃作归计。归途，在舟中，严公曰："吾安得于吾津试办民立中学一处，以作中学之模范？"先生曰："是不难。所虑者无地与钱耳。苟有此二者，吾极愿效棉薄。"严公闻言甚喜。以故抵津后，即计划开办中学事。

　　已而，严公于己住宅后，划出偏院一所，略为之改易形式，姑作中学之校舍。地既有著，爰出广告招考学生，计报名应试者九十余人，仅二十余名未录，余均准入学堂肄业。学堂之名，即曰"天津民立中学堂"。聘定之监督，即为伯苓先生。吴君芝洲，为英文、数学正教员。副教员，则有伯苓先生旧及门、本校师范生严君约敏、武君问泉、陶君孟和、林君次和、周君绍曦、韩君颂裳等。汉文正教员俞君挹辰，兼监学；魏君云庄，兼文案。庶务，则华君午晴总其成，并与王君兰浦襄理会计。其余如体操、图画各教员，有日本人佐野及松长二君充之。唱歌，则聘美国人格林君大人，为之教授。事关创始，亦取略具规模而已。

　　是年九月八日，举行开学式，一切如礼。开学后，堂中用度，以各生每

[①] 作者魏云庄。

[②] 指张伯苓。

月学费三元抵之，不足尚夥，严公月捐银百两为补助，邑绅王益孙先生亦如之。其他家具与仪器等，为二先生捐购者，所在多有。是殆所谓乐善不倦者乎！且幸彼时除监督、正教员领薪外，余均义务，兼有自备膳费以从公者。而王君益孙之令弟春江君，以生长安富之身，亦常到堂帮理一切不少怠。韩质夫襄办印刷各事，备极勤劳。观此，可见斯堂之立，本校庶务、师范诸君，实皆与有力焉。

校舍本因陋就简，视诸今日，不啻数十分之一二。入门北房二间，纵不及丈，横亦不及二丈，作为甲班讲堂。西屋半间，监督居之。偏东构小游廊一，游廊北首一斗室，为会计处。南首一室，并更房为之，较北首者略大，作教员预备地，并以延接宾客，而办理各种文件亦在焉。同人等朝夕聚此，往往膝相触而肩相摩，甚矣其隘也！穿游廊而东，又北房三间，南房二间，俱作讲室用。一为丙班，一为师范班。然北不过列座四五十，南不过廿余而止，求其廊乎有容，实渺不可得。礼堂就一小天井为之，规模大小，视东院之北讲堂为倍，而高则殆逾寻焉。于时，乙班人稍多，无地为容，姑假礼堂以为容。是以济济门墙，一时颇有人满之患。

是年十月间，青年会在南市一带开运动会（时该处尚属荒芜，非若今日之瓦房鳞比也），本堂与赛者二人。朱有济跃高，取列第三，高四尺七寸。寻常诸生练习运动，时至南开（即今电车房地址），而练习足球，则在旧中营空地（即今模范小学校地址）。盖我校体育，此时尚在幼稚时代也。

十月十日，为太后寿辰，天津学界，第一次赴督署祝嘏，学生亦往焉。督宪——今大总统袁，赠学生各五等奖牌一面。年终放假后，本校假城隍庙小学地，开第二次教育品陈列场，所陈列者，即本校之各种仪器，藉以开通风气，增进一般社会人之知识。

翌年正月，本校第一次更易名称，遵照严范孙先生来函（时先生总办保阳学务处），改曰"私立敬业中学堂"。严先生增助银每月二百两。开学时，添聘教员一人，胡先生步青。师范班添师范生三人，时君趾周、孟君琴襄、韩君诵裳（韩君至堂较前副教诸人差晚）。又有邓君荫卿者，入师范班作为旁听生。学生报考者不少，因其程度太浅，不能插班，又不肯弃而不录,爰为之权宜从事,附设夜班二组,学费人月一元五角。至五月因人少裁撤。

自本年起,全校职教员,始由校内备膳。

四月间,长庚、铁良到津,在督署后看学生体操。各堂学生到者甚众,曹、梅二生颇蒙督宪——今大总统袁称赞,并谓学堂名目,字样过多,恐日后无奇不有,不如挨次排列为是。我校因又改名"私立第一中学堂"。

(《南开星期报》第 24 期,1914 年 11 月 16 日;
第 25 期,11 月 23 日;第 26 期,11 月 30 日)

每星期三日聆校长修身训词记①

（1915 年 10 月 4 日）

河无堤以阻之，水必泛滥；人不修身，必致不善。是以各处学校，无不有修身一门。然修身贵实行，而不尚虚名，并非所谓能言即可不必践也。而各处学校多以修身为一种科学，届期考试，问而能答者，其品格即为高，不论平日行为如何，言语如何。故学者自恃其考试，平日养成一种不道德之性质。学务日趋于下，不得修身之方也。夫人为少年代，教之善则善，使之恶则恶。如能恳恳殷殷，以道德化之，自可臻于完善。吾校校长有鉴于斯，是以每［星］期三日，集全校之众，至礼堂，演讲修身，随时训导，不事成书。察学生有何意外之事将发生，立即遏之；某人发生一种公益之事，立即褒誉而赞助之。是以校风日进，蒸蒸而上，无时或已。此乃真得修身之道也。吾欣然而为之记。

窦筱楼先生评曰：修身一事，本贵实行，彼视等科学者，诚失教育之方法也。文能痛陈利弊，慨乎其言。

（《校风》第 6 期，1915 年 10 月 4 日）

---

① 作者为南开中学一年三组学生石尚忠，本文为其课业作文。

记九月二十日修身班校长训言①

（1916 年 10 月 25 日）

　　熙熙攘攘，络绎不绝，群贤毕至，少长咸集，是何日欤？非吾校修身班之状况乎！宣告时事，布达校闻，发挥训言，规试生徒，是何事欤？非校长演说之辞乎！盖吾校自有修身班以来，未尝不如是也。九月二十日下午二时，又至本星期之修身矣，礼毕，校长演说。其略曰：

　　人之于世，浮生若梦，虽百年岁月，亦宛如弹指之顷。故应为之事多，而所有之光阴有限也。即尽其平生之力尚不能达，况吾侪方在中年乎？吾人欲进德修业，必以虚心为本。倘功业蠹成辄自盈溢，则其学问遂画于前基，难再薪恢张之策，如此而欲成圣贤豪杰，其可得乎？夫骄傲之所以失败者，岂造物忌才迫之使然哉？抑岂失其本来之天资而不能深造也哉？非也。盖人既骄傲，则言语必不能逊，言语不逊，则虽有迂塞，孰为启之？虽有疑惑，孰为解之？此其弊一也。且其意既自满，其不愿深造也，必矣！此其弊二也。人有此二弊，乌能进取乎！日中则昃，月盈则亏，此深可为吾人之鉴矣！

　　余闻校长之言，不禁感叹。盖前者骄傲自满之事，历历如在目前，稍有所长，则好逞诸同学，静心思之，不啻坐井观天耳。呜呼！吾始知"悟已往之不谏，知来者之可追"二语，意味之深长也。是为记。

　　邓鹤亭先生评曰：仙露明珠，方滋朗润；松风水月，比其清华。此天资学力兼到之作，定当出人头位，勉旃！

　　（《校风》第 43 期，1916 年 10 月 25 日）

---

① 作者张世辅，时为南开学校一年级三组学生，本文为其课业作文。

课外随笔①

（1916 年 11 月 15 日）

星期三修身演讲，《爱国》其题目也。是日讲台之上，高悬国旗，复大书"爱国"二字于其旁，师生对之，莫不肃然敬仰也。既而校长指国旗对诸生曰："此吾四万万同胞之代表，五百兆幅园之符号也。"诸生对此可敬可爱之中国国旗，宜如何崇拜之？吾校长主持本校进行者，今日率诸生向国旗行三鞠躬礼，诸生当无不从且愿也。礼毕，校长复历述中国贫弱之源，率由国民爱国心之堕落，今日为救亡之计，非由"爱国"二字不为功。语甚殷切，几如剖肝胆以示。

噫！其言极其痛深，其感人至矣。同学少年，受此剧烈之感触，顿有坐立难安之势。夫同是含生负气，谁非爱国健儿，其所以安之若素者，特无以激之耳！爆烈一声，喷薄万丈，吾于是知演说之有价值矣。虽然吾侪学生，有几多智能？脑力弱，精神微，课外无余力以他顾，今复以国家之重事责之，其不犹责病者以奔，稚子以跃者，几何哉！

曰：是不然。夫学生者，一国之主人翁也。主人翁不爱国，尚谁爱之？顾其所以爱国者，非必忙问国是也，惟其能致力于所学而已。讲修身以崇吾道德，研学理以增吾知识，勤运动以长吾体力。其他演说可习也，旅行可举也，会社可结也。凡此等等，皆主人翁之预备。而所以爱国者，如是而已。否则，辍其本业，事其非分，略识之无，遽谈国是，有见其必败而已矣。且即其有不世之才，足为将相之具，然以儒生而与国事，其如于俗不信何哉！贾生泣血，屈子沉湘，挫折一朝，饮恨千古，吾深为之痛惜也。

---

① 署名"竹君"。

虽然,不特二子然也。古今来王佐国器,类二子之抑郁病死者,恒河沙数。类二子之受厄,虽不至遽死,然因而厌世轻生,自外于人世者,又恒河沙数。此皆徒知爱国,不知爱国之所以而有以致之也。

嗟! 我少年其慎哉!

(《校风》第 46 期,1916 年 11 月 15 日)

附:张伯苓演讲

今日之题,即为"爱国"二字。前八年,余在美国时,参观一小学校,校长每晨率学生对国旗行礼,以养成学生爱国之念。吾校亦自今日起,每星期三至此,先对国旗行三鞠躬礼,以表爱国之诚。吾国古时,皆以孝治天下,其说甚正。盖孝为人之本,失其孝则道衰矣。然细推之,往往失于偏重家庭之观念,少世界之眼光。若以爱国言,则无论奉何宗教,属何种族,皆无反对之理。今中国正值艰难之步,无论汝尚赖国家,即使国家有赖于汝,汝亦当急起救之。西谚有云:"A friend in need is a friend indeed",所谓雪里送炭,方为真友。人之对于国家亦然。然少年人因抱爱国之热诚,见国家一切腐败之事即怨恨之。夫既爱之,又何恨之? 即他人有不爱国者,惟可设法感动之,断不可遽尔怨恨,往招反抗也。美人对于本国爱重特甚,无论事之善恶、理之屈直,凡属己国即爱之。吾对于吾国固应爱重,然有不良者,必随时改革,所谓爱而知其恶也。又有因爱己国而怨他国者,试思,但以一点之恨力又何补于弱? 且遍观古今中外,无有以弱国而辱强国者。惟应自强不息,发扬爱国之精神,自可无虞。吾又谓:人之爱国,不可徒存消极主义,而独善其身,必也有动人之力,如火把然,自燃之后且能助燃,以次相燃,则功著矣! 苟遇有不易燃者,当有忍耐之心。惟燃时不免有风浪之阻碍,设火力不足,值此未有不扑灭者。如本校自开办以来,屡遇险阻,其所以未颠覆者,以火力足也。故吾甚愿诸生以火把自命,匪独自燃,且能助燃,则方为真正之爱国。

(《校风》第 44 期,1916 年 11 月 1 日)

一、南开学校成立至南开被炸毁时期的张伯苓

本校十二周年纪念志盛①

（1916 年 11 月 15 日）

悬国旗而飘荡,结灯彩而飞扬;喜气溢于门楣,欢声腾于堂上;大有祥云瑞霭,欢欣鼓舞,其势焰焰不可遏止之概。噫! 今日何日,而如是之盛哉? 曰:南开学校十二周年纪念日是也。是日天朗气清,秋风送爽,全校师生齐集礼堂,无不喜形于色。首由校长报告本校之沿革历史。

自本校肇建以来,十二年中国事之变迁,时局之纷扰,民权之消长,党派之盛衰,正不知沧桑几度。独此年年今日之周年纪念,中国一日不亡,即本校一日不亡,亦即此礼一年不替也。我校同学行达千人,其德智体三育之进行,有令人不可思议者,非特为天津冠,为直隶冠,抑且为中国冠。现值民国建设伊始,百政待理,兴学即其一端。我校今当十三年之初,宜如何振兴教育,决定方针,发挥而光大之,以期达世界南开目的而后已。庶不负大总统谆切之命令,亦可慰本校教养之苦心。将来中国存亡兴衰,我校亦与有责焉。

校长演说毕,次由同学诸君相继演说,各自慷慨淋漓,口若悬河,声如洪钟。不禁为演说前途贺。

时届正午,振铃闭会,继烛则演纪念新剧以志盛云。

评曰:结构精研,波澜壮阔,通篇无一懈笔,无一闲句,确是惬心贵当之作。

（《校风》第 46 期,1916 年 11 月 15 日）

---

① 作者李壮猷,时为南开学校一年一组学生。本文为其课业作文。

与多尔蒂谈东北之行①

（1916 年 12 月）

1916 年 11 月中旬，南开学校校长张伯苓结束了在满洲为振兴教育而进行的巡回演说返回校园。这次远行，张伯苓为中华之振兴倾尽了全力。我当然非常想聆听一下他此行的收获，以及他对满洲的印象。我们聊了很长时间，谈了许多感兴趣的话题。所以我打算将其刊载在《南开人》杂志上，他的朋友为此给予我很多帮助。我以非正式的形式记录了我们的谈话。

"您去那里的原因是什么？"

"我们的祖国迫切需要进取的精神，为了祖国的未来，我们的青年需要振奋和激励。"

这就是他的回答，而且我知道这里包含了许多东西。因为我了解他的内心想法。

中国矿藏丰富，资源处于未开发阶段。何处可以找到挖宝的捷径？如何能够让这些宝藏重现光明？捷径就是推行教育和通过推行教育来扩大影响。所有资源和无价的宝藏都属于我们，特别是属于我们的年轻一代。中国目前在世界发展中比较落后，尽管出现不少个人的成就，但是总体国力处境窘迫，发展缓慢。要克服落后局面，就要督促我们的年轻一代众志成城，激昂奋进。要重整河山待后生，就要培养年轻人的素质，净化他们的

① 本文由多尔蒂（W.V.Doherty）采访，记录，李嵘翻译。原文为英文，题目为"Through Manchuria:An Interview with Mr.Chang Poling"，刊载于 1916 年 12 月的 *The Nankaian*（《南开人》）。题目为编者所拟。

心灵,激发出年轻人的热情。这是唯一的出路,这也是我们南开的办学宗旨。拯救中国的重任落在了年轻人身上,这也是南开校长的责任所在。张伯苓愿为教育和影响年轻一代奉献毕生的精力,使中华民族摆脱落后的局面。

正是在这样一种责任的感召下,张伯苓校长接受了基督教青年会总干事的邀请,横贯满洲进行巡回演讲,旨在鼓舞、激励年轻人、商学界人士和当地的政府官员。

由于我本人不是非常了解满洲的情况,所以我提出了很多关于满洲和当地老百姓的问题。一般的读者也许会对此感兴趣。

"请谈谈关于满洲的情况。"

"我们称之为东三省。这是指三个东部的省,由南向北依次是南部的盛京①,中部的吉林和北部的黑龙江,省会是沈阳或称奉天。

满洲包括两个大区,北部贯穿黑龙江和松花江,南部绵延辽东半岛,得到辽河的灌溉。北部地区幅员辽阔,森林茂密;南部地区土壤肥沃,人口密集。山脉呈鱼骨状延伸,两侧分布着美丽富饶的平原。南部省份的辽河平原纵横 900 里长,30 里宽。北部是辽阔的松花江平原。满洲诸省的土壤十分肥沃,矿产丰富,森林茂密,蕴涵着巨大价值。"

"至于人口数量,据我所知,1902 年为 17500000,从那以后有没有明显的增长?"

"是的,大批中国和日本移民涌入了这片肥沃的土地。"

"那里的人口主要是满人吗?"

"绝对不是。他们只占有人口的十分之一。"

"但是肯定没有这么多的中国人在那儿。"

"盛京的主要人口是中国人。但是也有不少零星分布的日本人、韩国

---

① 旧政区名。清凡山海关以外,内蒙古、外蒙古以东,奉天府尹及奉天、吉林、黑龙江三将军所辖地区,皆属盛京统部。至 1907 年(光绪三十三年),始改设东三省总督及奉天、吉林、黑龙江三巡抚。又奉天建省前将军驻所及建省后巡抚驻所,即在盛京,故亦称奉天为"盛京"。

人、蒙古人、俄罗斯人和其他国家的人口，他们大都混居在一起。"

"那边的通用语言是什么？"

"是汉语。这里不要误解为满语。满语并不是古老的语言，作为书面语言的历史可以追溯到 17 世纪。这是努尔哈赤征战多年，获得大片领土后，在蒙古语之后形成的。"

"满洲有哪些物产？"

"主要的农作物首先是高粱，当地居民将它作为主食。同时，高粱也是喂养牲口的主要饲料来源。不仅如此，当地盛产小麦、大豆、豌豆、甜菜、玉米、人参、小米、烟草、土豆、亚麻、胡麻和大麻；南部地区则种植水稻和棉花。这里居住着直隶和山东大批短工，他们初春来到这里，秋天返回。仅山东一地每年就有三万人到此。"

"那里全部都是耕地吗？"

"不是，耕地面积不超过五分之一。每年只耕种黑龙江一小部分最肥沃的土地，吉林至少一半的土地尚未开垦。盛京有超过十分之三的土地有待于耕种。"

"东北蕴藏煤炭吗？"

"大量的煤炭资源没有开采。煤矿、铜矿、铅矿和铁矿都已探明，储藏丰富。在近四十个地方发现了相对丰富的黄金矿藏，银矿也有所分布。其中心位于俄罗斯边境附近，松花江沙土地带和盆地地区，以及北安山地区。目前开采漠河煤矿已经得到了丰厚的回报。"

"满洲的石灰矿是在哪里生产的？"

"在黑龙江的一些地区生产，并且形成了大规模的工业。石灰矿南下运到天津，用于桥梁建设、织染和缫丝。满洲因此逐渐形成了中国北方的产业中心。"

"谈谈您对沈阳的印象。"

"沈阳，又称鞑靼城，与北京的内城有些相似，但规模上较小。从城墙上看沈阳壮丽雄伟，土地精耕细作。沈阳位于浑河北岸，人口约 20 万。1900 年的沈阳还比较落后。哥萨克人不断制造事端，他们在城市里烧杀掠夺，然后纵火焚烧，来掩盖自己罪行。城墙方圆十里，城市外面是大片的日本租借地（附属地）。四条铁路线从沈阳辐射延伸：一条到长春，一条到安东（今丹东—译者注），一条到大连，另外一条到北京。前三条都属于日本人。整个城市因此而呈现出繁荣的景象。"

"很抱歉一直让您围绕上述这些话题谈，因为我对满洲非常好奇。我感到您急于回到正题上。那么现在，请您谈谈，沈阳的学校和学生的情况，在那里您都发现了什么，您都说了些什么？"

"对于那里的盛情接待我真是受宠若惊。我先是在基督教教堂的主楼与沈阳的700多名学生见了面。那次与年轻人的会面真是妙不可言。我感到这次演说非常必要，让我感到我们需要尽快改变过时的、使人昏昏欲睡的循规蹈矩。要让过去的涓涓细流变成湍急流淌的江河。中国一定要改变。我们不能总是停滞不前。山川平原是固定的，一成不变的。中国必须要和整个世界联系在一起。要赶上现代化国家，否则就会被别人踩在脚下，任人宰割。中国的未来要依靠我们的青年人，你必须变革，你必须发展，你必须成熟。要想有所改变首先要从自身做起，不要因为自己的落后而责怪他人。我们要放下架子，扪心自问，才能不断取得进步。这样中国才能早日屹立于世界民族之林。"

"我听说，校长您三年前曾经到访过满洲基督教教会学校，您这次访问，发现他们有进步吗？"

"没有，不仅如此，学生的数量不断下降。我想是由于经费不足的原因。现在还有不到100名学生。来自苏格兰的罗伯逊（Robertson）先生是该校的校长，他精力充沛，对未来充满希望。"

"您访问满洲基督教教会学校后，又到医科专门学校演讲了吗？"

"是的。那里的事情进展顺利。成为长老会成员的司督阁博士（Dr. Dougles Christie）是学校的校长。但是还不能与日本医学院（南满医学堂—译者著）同日而语，日本医学院由政府资助，配备现代化的实验室和仪器设备。"

"您对沈阳的基督教青年会的发展前景持何态度？"

"尽管目前还处在起步阶段,但是可以肯定,前途是光明的。我当时是在一处临时住地演说的,现在政府已经为推动其长期发展捐助了一处房产,而且还设立了基金。这些基金都是美国朋友捐助的。不仅如此,政府还签署了有关赞助的书面文件。普赖德(J.E.Platte)先生负责此事,他是一位和蔼可亲,极富事业心的美国朋友。同时负责此事的还有苏格兰的史都华德(Steward)先生和一位丹麦的办事员,现在还在休假。这次沈阳之行就是普赖德先生为我安排的。他对事业非常执著,是一位虔诚的基督徒。"

"沈阳有师范学校吗?"

"有两所。我在一所女子师范学校讲述了改革的必要性。我们曾进行了一场政治改革,现在我们需要的是社会的变革。在很大程度上,这要依靠女同胞们,特别是女教师的影响必不可少。这是责无旁贷的事情。我还访问了宋校长的师范学校,宋校长也是一位精力充沛的人。在那里我谈了中国目前面临的任务是迫切需要那些受过高等教育的、素质优秀的领袖。"

"回沈阳的路上我顺便看了看省立中学。我告诉那里的学生我会见了许多来自不同国家的人,我想正好可以借此机会相互博采众长。我见到的外国人有英国人、美国人、日本人、丹麦人、俄罗斯人和韩国人。通过交谈,有一些日常习惯我们可以加以改变。我们应该像欧洲人一样精力充沛,像日本人一样富有进取心。50位校长和老师热情接待了我。后来我还和沈阳的教育委员会说道,我们错过了与他们交流有关教育问题的绝好时机。"

"让我们回到北方看看,您对吉林怎么看?"

"吉林群山环绕,非常秀丽。松花江正好穿过吉林。吉林有10万人口,贸易往来频繁,工业基础雄厚。松花江上,小火轮航行的源头就是吉林,吉林的主要对外贸易产品是烟草,此外还从事木材和皮货生意。"

"请您介绍一下长春到吉林的铁路情况。"

"这条铁路属于中国政府,但是修建的质量很差。所以为了修筑铁路,日本人强迫政府提供贷款。因此,后来铁路线实际是在日本的控制之下。"

"我想日本人对满洲铁路已经有比较多的控制权。"

"的确如此。在日俄战争结束后,日本人接管了所有过去俄国人掌管的铁路沿线。"

"校长您还参观了其他的学校了吗?"

"是的。在学校、剧院、教堂、基督教青年会大楼都发表了演讲,出席情况非常好。尤其对六所学校印象深刻。一些南开的学生在一所优秀的模范小学任教。还有三个毕业生在中学当教师,韩君、邰君和陈君。还有一位南开的高君在当地的煤矿任矿主。来自爱尔兰的卡甘(W.M.Cargan)先生是基督教青年会的干事。就是他首次邀请我来满洲,其他学校也是因为他的介绍参与了活动。他是一位办事效率极高的工作人员。"

"您在哈尔滨的演讲活动进展如何?"

"让我先谈谈哈尔滨的简要情况。哈尔滨地处松花江边,人口稠密。其中部盛产大麦。由于铁路的发展带动了城市的快速发展。那里有大面积的俄国租借地。我在那里的小礼堂讲了两次,受到了当地政府官员和商界代表的接待。我对由两位基督徒赵先生和吴先生负责的同记(Tung Chi)工厂印象深刻。工厂里生产各种各样的帽子和貂皮大衣,旅行袋和手提包是特产。公司里较好地解决了一些社会问题,比如资本和劳动力,雇工和雇主之间关系还算融洽。工厂周日放假。工厂里有一个小礼堂,厂方邀请传教士来宣讲,从而使人们的心灵得到升华。麦迪逊先生是丹麦的传教士,他做了大量传教的工作。"

"您还访问了其他一些地方吗?"

"我去了鸭绿江畔的安东。您知道,鸭绿江是中朝两国的分界线。安东城市繁荣,发展迅速。我参观了那里的小学和中学,条件相当不错。安东受日本人的影响很大。我参观了许多地方,中国人从日本人那里学到了许多东西,开放性的竞争让我们受益匪浅。"

"那里也有基督教青年会吗?"

"有一所不错的青年会得到了当地政府的大力扶持,那里还设有一个展览馆,摆放了满洲的产品。其实主要是用来展览的,但是展览馆的主要场地拨给了基督教青年会,作为他们的临时会所。Baagoe 先生负责处理日常事务,很多人夸他非常热心,他还陪我去了朝鲜。"

"那么说您还去过朝鲜?"

"我去朝鲜的宣川(Sensen)和新义州(Hsin Yi Chow)。宣川是一个小镇。人们大多信教。那里有两个比较大的基督教场所。麦克库恩(Mc-Cune)博士是美国传教士学校的校长,他传授了农业和腌制肉类的知识。这些简单实用的技能,让一些贫困的学生得以良好地完成学业"

"您在新义州呆了多长时间?"

"我在那儿停留了两个小时,并且在教堂进行了演讲。金先生热情接待了我,他是我天津的一个朝鲜朋友的哥哥。"

"您在返回途中又在一些城市停留了吗?"

"我在本溪湖(Pen Hsi Hu)待了一会儿,从沈阳坐火车两个小时的路程。这里有着丰富的铁矿和煤矿,由中日合资企业联合开采。王正延的弟弟王正黼是那里的副总经理,他是铁矿开采的工程师。他买了一所房子,建立了基督教青年会。他是一位精力充沛、头脑精明的年轻人。我可以给你举个例子。在我到达的当天晚上,他安排了当地的政府官员和商界人士和我会谈。这真是一次有意义的社交活动,当晚王先生就借机为基督教青年会筹集善款。短短的几分钟之内,他就募集了 200 美元。转天上午,他安排了 500 名男女学生在一间剧院里聆听我的演讲。能够看到这样热心、正直和可信赖的年轻人,我感到非常欣慰和满足。他们正是中国迫切需要的企业人才。"

(原文载于 *The Nankaian*,1916 年 12 月;

译文载于《天津文史资料选辑》(总第 111 辑),第 1—9 页。)

欢迎伯师及同学赴美始末记①

(1917 年 10 月 15 日)

伯师及同学数人,赴美留学,路经日本,同人等得与师友盘旋数日,愉快何似。惟忽而联袂,忽而分襟,聚散之间,不能无感,爰为文以记其始末,且义亦当一报告母校,谅为诸同学所乐闻也。

伯师之来,适值各校散放暑假,故留东京者,只有王嘉梁、徐泽圃、童启颜、高宝寿、杨德勋、刘琪、陈钢七人。卢开运、开津昆仲,于伯师抵东前一日偕来,合计共九人,余人均已返国。

八月十六日晚,得伯师由神户来电云,次日下午一钟五十分抵东京。次晨,杨、陈二君,特赴横滨相迓。午十二钟五分,车抵横滨,相见握手言欢。同来同学为孔云卿、蔡瑞岐、李敬甫、冯文潜、张伟如五君,并有石女士及约翰大学之黄君,新学书院之刘君、孟君等,均同赴美留学者也。抵东京车站,王、徐、童、高、刘、卢诸君在焉。出站时,日本新闻行事者,多来拍影,次日即登诸报端矣。伯师及诸同学,分乘汽车三辆,赴中国青年会。

十八日晨,游上野公园,更览不忍池之风景。正午开欢迎会于汉阳楼。是会也,卢、陈三君,以来日未久,亦在欢迎之列。童君启颜主席,致开会辞毕,伯师演说,其词如下:

> 今日在此,先代表赴美同人敬谢诸君厚意,并愿与诸君介绍张君伟如。张君亦南开旧日学生也。座中石女士虽与南开无关,亦名誉佳客也。今春赴东亚运动会与诸君相晤时,即有今日欢聚之约,兹果成

---

① 本文由留学东京南开同学会供稿。

为事实矣。

当未起程之前,恒静坐默思如何起程?如何赴日?如何在东京聚会?种种景象历历如在目前,抵东[京]之期愈近,则此种景象愈觉真切,舟抵神户发电告诸君时,即想见觌面时之乐。及至横滨晤南开同学会代表,愉快莫名,及与诸君把晤,则更乐矣。夫余前此种种预想次第现于事实,与前此所预想者曾无少异,可见世事皆由渐进,人生生活亦然,抱一种希望,次第进行,于精神界中扩充势力,此种生命方觉有趣耳。余心常受感动者有两事:一则为国为公常觉快乐,为名为私每多失望。何也?盖为公众作事,尽责而行,责任已尽,虽有失败,而扪心自问毫无愧怍,俯仰自得,天下之乐莫过是矣!至若为己身私利孳孳而谋,谋而不成,未有不失望者。余贫而无资,然余甚乐,盖诸君皆余之产业也。有如许产业安往而不乐哉!南开学生尚未入社会作事已有团结势力,悬理想以测将来,结果若何?亦从可知矣!

夫今日之会预定于数月以前,不转瞬而实现,居今而预想吾等将来之前途,亦将不转瞬而次第实现。苟有其志,事未有不能成者。南开学生到处有团结力,曾闻黄钰生言,南开学生在清华学校亦有团体,此种精神急宜利用。盖今日社会引诱太多,能辅助、能勉励吾等者,小团体之力甚大,苟不利用之,真失机会也。将来在社会作事,非有团结力不可,否则必不能成功,此即团体之效力也。吾人之计划岂非使中国富强,与欧美并驾齐驱乎!夫前此希望今日之会其事小,数月而成;使中国富强其事大,其成功在数十年致百年之后亦未可知。余虽身死不及见,亦与目睹无异。但愿吾人协力前进,不畏险阻,此则须赖团结力矣!我国以世界上果占何等地位,不可不知。昔时世界各国尚不知我国内容,后渐以虚弱之名暴露于世,于是瓜分与利益均沾之说相继而来。自日本勃兴东亚,我国边壤多遭觊觎,欧战发生乃一变于政策,倡东亚门罗主义,于商业财政,皆切实预备,将来西人势力恐不能与争。今者中国政变,国内大乱,日本持不干涉态度,恐伤两国感情,难为将来扩充势力地也。就中与日本势力稍有抵触者为美国,近年来日美感情不甚融洽,美惧日本垄断于中国,于其太平洋之发展有碍,故近日日美交相商榷协助中国,苟中国长此以往不能自治,两国将越樽俎代庖,一如美国之对墨西哥。中国而果至此地位乎? 余非所忍言矣! 他勿具论,即如财政一项,不思整顿,外人之干涉亦岂能免。至此地步,则全国之自由失矣! 诸如此类,皆我等将来所必遇之问题。今日须志之,以为将来之计划。今日国事纠纷,连年变乱,国人多心灰望绝,若国之危亡即在旦夕者。夫中国而果至于亡耶? 吾安忍言。然不幸而中国果即于亡,吾人犹当谋所以复兴之,决非一亡即安然无事,以听他人之宰割也。亦不能谓国亡即不能作事也。吾人计划,无论国之存亡,皆宜进行。虽然国亡而欲作事,其事太难,其遇太苦,非余所忍思也。此次东来,路遇一印度学生,欲赴美研究神学者,有两汽船公司(赴美之汽船公司凡三)以其为印度人,靳票不售。其一公司虽售而倍昂其值,置之下等仓中。此余目睹之事也。亡国之人跬步为艰,吾辈虽欲亡国,其奈代价之重,非吾等所能任受乎? 夫国而不治,在理宜亡;国而能治,其势必兴。此事实之无不逃避者也! 以我国之现状,是否有招外人干涉之道,平心思之,未有不悚然惧者。今事已至此,惟立定志向,思所以挽回之耳。余尝曰:诸事可变,南开精神不可变,一致为公,始终不渝。常策欧尝问余曰:将来入社会作事,对于失望有何补救? 余应之曰:尽力而行,多为公,不为私,无所谓失望也。余固尝言,为己而谋,每多失望。凡作一事,第问其为己为人耳,苟其为人,何必容心于成败之间哉云云! 余敢断言,将来作事,能以南开精神成功者,即"为公"二字。为人须志其大,何患于冻馁。余见夫今日之青年,多学今日外人之谋利,而不学昔日外人之牺牲。愿吾人皆学昔时有建设国家能力之外国人,如此而国家能亡者,未之有也。余年渐长,见事较为清晰,君等少年英发,即为建筑新中国之人物。不见西乡隆盛之铜像乎? 亦当年英挺少年,建设国家之人物也! 余望将来之成功,亦如数月前预定此会,抱定伟大志向,本理想以求实行,并望精神团结,时时警醒。馨香祝之。此次我等赴美,必组织南开同学会,以期联络焉。

是日晚,平岩煊保(日本美以美会监督)特请伯师及同学临其家。年老矣,而精神犹矍铄过人,能操英语。对谈之际,谓"生平多与中国青年交接,对于支日亲善一事,唇敝舌焦,百般解说,而排日之观念,不能化除,甚以为恨也。"且谓"试思日本而欲灭中国果何所利,日本犹鼠,中国犹象也,即举日本全国之人而入中国,不过占中国之一隅耳。大小既相悬殊,关系尤极密切,日本之文明多来自中国,今兹中国又多稗贩于日本,自今以往,惟有两全,否则俱伤耳。"伯师答之曰:"日本无利中国土地之心,我知之审,但未能家喻而户晓,使咸知此意,共捐宿见也。然使中国人致有此种意见,亦未始无故。尝见日人所著《吞并支那策》一书,此种原不过一种政策,固不足以代表一般心理,余盖知之,然亦未必非激成排日观念之一原动力。天下事有果必有因,先生其谓之何?"博士曰:"深佩高论。吾人决不认此种政策代表一般心理也。今日能与诸青年相聚,不胜欣幸,尤欲知者,中国普通人民之心理如何? 对于青年心理如何?"伯师曰:"普通人民之心理,对于青年期望太殷,以为留学生无一不能。其实留学于外国者,于祖国风俗习惯类皆隔膜,所言所行多不能满人意,因此颇多失望。至于普通人民心理之守旧,世人所共知也。且也中国凡百文明,皆为自创,而相沿数千年,今已多不适时,然沿用既久,终觉弃之可惜,不肯舍己以从人,盖亦自然之势也。至于日本,昔则受文化于中国,今又受之于欧美等,是受于人也。则无论中国欧美,苟其违时,舍之可也;苟其适时,取之可也。余尝譬日本犹人本无衣履,着手新制,则惟时是趋。中国犹人衣服丽都,而时移势迁,已非近时装束。此二国进步,所以判其迟速也。"博士曰:"我国取法他人,诚如尊论。然天下之大,事物之繁,适用于甲国者,未必即适用于乙国,强取他人之物,未必能周己之用,人所共知也。敝国虽取法于他国,而每因时制宜,不拘成见。譬如衣履居住,多仿自中国者也,而按其实际,多已变更,以求适宜。又如敝国政治,一切设施取法于欧美诸国者也,而试问类于英法乎? 俄德乎? 夷考其实,则皆取其精神而变其运用,弃其所短而取其所长,不然,续凫断鹤,非徒无益,终必害之。今敝国之所缺者,务求他人,求而得之,又思所以适其宜而神其用,此则日夜兢兢以求,不敢稍懈者也。"

语至此,已十钟,不得已辞归。盖伯师及博士,均未能尽其谈也。

十九日,星期。晨,伯师赴教堂礼拜,同学数人,则至游就馆游览焉。游就馆者,储日本古代武器,战争图画,名人遗像,及所用衣服铠甲,暨帝王所遗用具。其尤足动人者,则日本对外历年战争,如中日之战、日俄之战,及最近青岛之战,所得物品战器,无论巨细,一一陈列,诚足以作国人尚武之气。但吾人则难乎为情矣。游毕既出,惟孔君久候始至,其殆有所感慨,徘徊而不忍去欤?午后,美以美会请伯师演说。晚间,中国青年会特请伯师演说,为《中国青年之前途》。到会者数百人,演说稿均未记。

二十日,伯师及诸同学分游博物馆、三越吴服店及丸善书局等处。午伯师特宴留日中国女学生,详询在此情况。晚,日本青年会开会欢迎伯师,并邀石女士及诸同学同赴会。到会者有江原素夫(参议院议员)、日疋信亮(军官)、海老名弹正(博士)、平岩煊保(博士)、丸山傅太郎(青年会干事)、Mr.Fisher(日本青年会名誉主事)、Mr.Davis(同上)、海老名夫人、川户夫人、丸山夫人、Miss McDonald 等二十三人,极一时之盛。多有演说。除日疋军官用日语外,余皆操英语,伯师亦用英语演说答之。

二十一日早,乘电车赴横滨,盖轮舟将以今日解缆也。留东同学,全数伴往。下午三钟,舟启碇,缓缓离岸,同学业抛帽挥巾,以送壮游。舟上诸人,亦挥巾相答,遥祝学业进步,造福祖国。迨夫一片烟波,舟行既远,乃联袂而退,返乎东京。

(《校风》第 74 期,1917 年 10 月 15 日)

来自中国的绅士^①

（1919 年 1 月 1 日）

最近几个月，我们在美国一直与两位来自故国的学者绅士——严修先生和范源濂先生在一起。严先生从不进行任何公众讲演，他自称此乃由于对公众讲演之关窍一无所知。范先生，一位教育家兼政治家，在各研讨会和社团中多次讲演，我们受益良深，也自然形成了我们对范、严两先生的认知，尽管严先生未曾公开表达观点。

1917 年 9 月，张伯苓——一位以提振我国民心和挽救国家为人生首要使命的人来到美国，他所取得的实际成就彰显了其崇高的人生目标。他创办了第一个中国自立教会，并且是著名的南开学校的校长，于去年在哥伦比亚大学师范学院研习最新的教学方法与教育管理。

张先生与范、严两先生在美多处访问后，已于上月返回中国。在他们去美国西海岸的途中，在格林奈尔（Grinnell）访问了四天^②，我们深感荣幸。他们深为格林奈尔人敬重，并受到热烈欢迎。教授们下面的评论会说明来访诸位受到的高度尊重，我想他们的看法也足以表达出我们各位读者一直怀有的崇敬之情。

---

① 本文发表于 1919 年 1 月 1 日出版的《中国学生月刊》（*The Chinese Students' Monthly*）作者李广钊，翻译张舒楠。

李广钊（1895—?），字敬甫，祖籍安徽合肥，南开专门科毕业，1917 年与冯文潜、孔繁霱等随张伯苓同船赴美留学。

② 1917 年 11 月 6—9 日，严修、张伯苓、范源濂一行于回国途中，在格林奈尔停留了四天，访问了格林奈尔学院（Grinnell College）及当地的小学、工厂、商会、教会等，张伯苓、范源濂并应邀多次发表演讲。

格林奈尔学院英文系的沃洛森教授（Prof.Wallessor）在给我的一封信中写到对范先生的印象。"对于所有有着深刻而伟大的生命之人，他们有一些共同之处。他们仿佛来自同一国家，出自同一学校。我一与范先生接触，就感觉遇到了另一位属于世界之公民。这一点确凿无疑。他虽未称颂或负面批评他的祖国，但他对中国无言的自信让我无法抗拒。"

"通过简短的交谈，让我们彼此十分亲近。我们对法国教育体系的观点相似，都赞同一个严谨受控的课程体系，在一个主题下变化丰富，即允许一种适应每一位学生个体的文化，但同时坚持一种使学生获得适宜于时代的成熟稳重的性格的训练。……他简略谈到自己对中国教育的构想和计划，我一边听，一边深感有范先生这样一位真诚而杰出的人为国效力，实属中国之福。"

尽管严先生不说英文，这里的人们却对我们的这位学者有很多话想说。在对他非常感兴趣的人中，哲学系的司徒教授（Prof.Stoops）①跟我说过很多次他对严先生是多么的推崇。"这位胸怀广博的政治家的理想是，在保持中国传统的家庭与国家组织形式的同时，探寻某种形式的个体自由，并将其提升到一个更高的水平。严先生是我们学校永远的好朋友，我们不会忘记他。他亲切的面容，平稳而泰然的性格，真正的东方式的学养，会永远珍藏于我们的记忆中。他的来访使中国与美国拉近了距离。如果我们能够很荣幸地，给予中国一些他们的文化中欠缺的东西，相应地，中国能够给予更多我们所欠缺的。我们需要深刻地了解中国的道德体系和传统文化背景，来审视和指导我们面对的束手无策的经济问题。希望这种有益的思想交流和友谊可以与时俱进。"

司覃诺博士（Dr.Edward A.Steiner）为这里的中国留学生所熟知，当我请他简要写写对张先生的印象时，这位父亲般的绅士没有丝毫犹豫便答应了。这位著名的作家写道："那些真正伟大的人们有一个主要的特点，即不属于任何时代和民族，而属于永恒和整个人类。对在世的人很难确定他们的历史的地位，但我确信张伯苓先生属于我们所有人。

---

① 本文中"司徒"与"司覃诺"之中文译名依严修当年日记译法。

"他固然是中国人，相貌是中国人的相貌，但他的精神是普世的，我可以毫不犹豫地称他为兄弟。

"他面庞上的友善不是一张面具，而诚然是一种达于全人类的普世之精神。

"他集体力、思想，与内心的温和融于一身。我会终生记得他见证自己从基督那里得到的帮助，然后我明白为什么尽管我们成长于完全不同的背景下，我们在精神上却是兄弟。是基督使我们成为兄弟。我一直想去中国，现在认识了张伯苓，我更加倍想去。"

沃洛森教授特做诗欢迎"中国绅士"，严先生做中文诗一首回赠，该诗将刊载于"季刊"。沃洛森教授诗如下：

> 我有血脉之亲在你们的土地，
> 你们从大洋之彼端而来，
> 将你们祖国之音讯带至我家，
> 我愿竭诚相待。
> 你们本来艰巨的重任，
> 却变得很简单，如你们所见：
> 于你们，面前是一扇向客人敞开的大门；
> 于我，是一个紧握兄长之手的良机。
>
> 让我们的手紧紧相牵，你们里面生发而出的，
> 是极大的谦卑，
> 你们使自己由心中的青春引导和保护，
> 相应地，愿我的手，在我的最美好的问候中，
> 伸向你们，伸向你们古老的家园故国，
> 哦，来自中国的绅士们啊，向你们致敬。

附:严范孙答赠诗①

中华历史四千年,
揖让高风莫或先。
若论共和新政体,
美洲百四十年前。

强国根基在地方,
美邦市政最精良。
芝城纽埠超群绪,
绝好师资是此乡。

---

① 由陈鑫提供。

孔繁霱君自美来函

（1919 年 1 月 13 日）

　　校长张伯苓先生于十一月六号早六点二十分,偕严范孙、范静生、孙子文三先生,由纽约抵葛林奈尔。先是美国政府因汤化龙在坎拿大①地方被刺,特派密探长(Captain Washer)随行保卫至旧金山,亦在此下车。留葛南开同人,皆在站预候,寒暄后,相率至门罗饭店(Hotel Monroe)。白市长(Mayor White)早一日奉有省长转到外交部电报,命其妥为招待,至是来见。

　　午后该市长备摩托②两乘,请诸位先生参观各处。车上罩有五色旗,随行尚有其他摩托车,系老年绅士代表葛城人民请示欢迎者。约四点,斯太纳博士(Dr.Steiner)请诸先生至其家茶点。晚六点,大学校出名约请宴会。七点张先生在大学礼堂演说《中国学制之变迁及其将来与中美之关系》,聆者坐无余席,鼓掌如雷。演毕,校中执事者,请诸先生至大学女宿舍大客厅,以便与多数之教授、学生及城市人民介绍相见。

　　七号早九点半参观葛城中学校。下午一点哲学教授斯屠薄斯博士(Prof.Stoops)请诸先生至其家午餐。餐毕,大学执事者导观校中设备情形。晚六点,留葛中国学生会全体(石蔼城女士、李广钊、曾中毅、查良钊、杨克念、雷国能、冯文潜、孔繁霱共八人)在门罗饭店公请诸先生及素所相得之诸教授。李君广钊主席,张先生代表诸先生,欧布博士(Prof.Nobel)代表诸教授演说。八点到宽街礼拜堂(Congregational Church,Broad Street)范

---

① 加拿大,编者注。
② 应为英文 Motor 之音译,意为"汽车"。

先生演说《中美交通之进化》，李君广钊翻译。张先生演讲《中美国交及中国之前途》，约九点余散会。黄君勤是日自芝加哥返葛。

八号葛城学务委员（Mr.Henely）导观本城小学，共三处 Cooper、Parker、Davers。中午诸先生答请葛城绅士及大学各科主教与在葛中国学生，计宾主三十余人。伯苓先生主席，白市长代表城绅，欧布博士代表学校演说。约两点，至照相馆摄影。四点，严、范、张三先生同到斯屠簿斯家茶话，斯屠簿斯夫人并送手绘耶稣诞节礼片与诸先生之夫人。五点，张先生偕范先生从葛城邮政局长之请，到邮政局参观。约六点，郭君毓彬自中国抵葛。八点半，南开同人齐集饭店张先生室中，聆受训词。大致谓，"此后南开教育方针，亦宜趋重物质，藉免蹈空之弊。"同人各有请献，诙谐间之，至十二点，始尽欢而散。

九号早九点，范先生访英文教授 Prof.Wallater 及政治学教授 Prof.Gannaway。中午，葛……约三点，大学校长门先生（President Main）请茶话。五点，诸先生及密队探长趁西驶之车赴盐城（Salt Lake City）。

诸先生留葛虽暂，而起居追随若家人，仿佛归宗邦然。今骤言别，黯惨之怀，不能以笔墨述也。

（附记）以上所述，限于时，恐有不周，阅者谅之是幸。

孔繁霱谨上

十一月十七日

（《校风》第 114 期，1919 年 1 月 13 日）

本校十五周年纪念^①

（1919 年 11 月 27 日）

　　高悬五色之旗，人带欣欣之色，礼堂内布置辉煌，有银杯、锦标、彩灯、鲜花为之缀，校董、校长、讲员坐台上，来宾、师生坐台下，济济千余人，齐来祝贺，此我校十五周年纪念会并纪念大学成立，补行第十三次毕业式之盛况也。

　　早九钟振开会铃，奏国乐，全体肃立致敬，音韵悠扬，油然生爱国观念。首由王祜辰先生宣读祝词，盈盈数十纸，无非祝母校精神之发扬光大，以济时局艰危。夫希望者，成功之母，我南开学校以十余人之私塾，继长增高，改良精进，而有今日济济千余人之大学、中学，何莫非殷殷厚望有以促成之。今观祝词，中爱母校之热忱与希望，溢乎言表，更可卜我校前途之日进无疆矣。读毕，校长述开会词。先报告成立略史，又谓："南开创办十五年，变迁甚速，而教育精神从未改变。盖个人应具固有之人格，学校亦当有独立之校风。我等应付变迁，惟有思想活动，而不失本来精神。现在世界正值变迁甚亟之际，国家、社会不如此皆甚危险，愿南开学生以本校之精神为精神，以应付世界之变迁。"云。

　　次由校董严范孙先生发十三次毕业生文凭。又次李秀山督军代表李石臣演说，并读祝词

　　　　南开大学于今日正式成立，纯未能亲列其间，劻勷庶事，抱愧殊甚。惟深念兹校创始之艰难，设备之完善，不能不赞美校董严先生、校

---

① 作者王揆生。

长张先生苦心经营而得底于成也。

古来作事,患无实验,无观感。无实验则游移惝恍,进退失据;无观感则自信自大,取法无由。譬如西历天文之精,明崇祯朝拟用而未用,清顺治朝已用而复废,未实验之故也。及康熙朝,经迭次推测,迭次比较,遂毅然用之,则实验之效也。以此推之,轮、路、航、电,莫不皆然。盖有实验而后知人之长,知己之短,而观感之心以起。有观感而后舍己之短,取人之长,而进行之心以坚。严、张两先生远游美国,觇其国内一切设施与其人民之所以树立,归而有南开大学之计划,盖由实验而生观感,由观感而思进行,此非徒南开大学之幸,非徒南开大学学生之幸,实我中国前途之幸也。

自两先生计划书出,黎前总统、冯前总统、徐大总统、曹督军、阎督军、孟督军、陈督军、王督军、曹省长,莫不起而赞成,纯亦勉趋其后,盖实见我中国黎庶为全球冠,何以贫弱至此,则以教育未能发展,一切科学或得粗而遗精,或规近而忘远,遂不能与各国竞争,恶得不贫? 恶得不弱? 我南开私设大学,既为倡始,尤所爱国,诸公相继兴起,庶愈推愈广,遍于全国。将来教育勃兴,人才蔚起,图富图强,卓然有以据其大本。自兹以往,安知我中国大学不足比美国大学? 安知中国人才不足比于美国人才? 安知我中国国家不足媲美于美国家? 或若夫进而益上,或且有过之无不及焉,则纯尤抱无穷之希望也。谨以此义为南开大学祝,且为将来无数之大学祝。

李　纯

中华民国八年十一月二十日

指摘政界腐败,痛快淋漓,末归于造就人才,尤为中肯。

孙子文先生演说《南开之声誉并将来之希望》。史译宣先生演讲,大意谓"应当报恩社会"。张纯一先生演说,大意谓"尽赖科学,不能救国,救国要素,赖有真道德。中国古圣贤教化,颇有可观,独惜后世失传,致成今日之现象。要知平天下不难,保持性德为难。汤之盘铭曰:'苟日新,日日新,又日新。'但愿南开学生,能将固有文明,发挥光大,以救中国而救世界。"

又有出校学生李思广君,毕业生邱风翔君,及学生代表卞辑新君之演说,莫不恳切动听。

临散会前,校长谓:"今日会虽长,而精神甚为团结。盖此会非求智识,乃受精神上之感动。余愿南开师生,从此辟一新纪元,庶不负不此盛会。"

散会时已逾十二钟。

(《校风》131 期,1919 年 11 月 27 日)

一、南开学校成立至南卝被炸毁时期的张伯苓

天津南开学校改造风潮①

（1920 年 1 月 5 日）

远因　在去年暑假中南开学校发现了一件绝大的事，就是有五个团体组织了一个大团体，要参预校务，把学校里种种不良的制度改造一下。这五个团体就是留日南开同学会、南京南开同学会、唐山南开同学会、毕业同学会和本校救国团。约言之，这五个团体就是把南开学校已毕业、未毕业的学生都包括在内。当时开了一个大会，举出了十一个起草员，想先起一个草案，把种种建议的事写出来，然后建议到学校。都知道，等该校校长张伯苓先生知道了，他就用种种的手段把这十一人分散了，这个团体也就无形中没有了。等到学校里开了学，在校的学生都上课，已经毕业的学生也都离去天津，各回各的学校，所以这件事大家都不十分注意。

阅者诸君要知道，南开学校是个"贵族""官僚""专制""阶级"的学校，与现在世界的新潮流有水火不相合的情形。世界既是一日万变，学校也应当随着变去，但是南开学校却不然，事事都与新潮流相反抗，其中所以然的缘故，都是由于张伯苓先生一人造出来的。因为他的脑筋顽固了不得，可以说不是二十世纪的教育家。那知道他一个人的力量有限，无论如何决不能胜过这种的潮流，但是学校里的学生自觉的一天比一天的多起来了，学校里常常发现种种的暗潮，都是新旧思想的冲突。这次的风潮如同黄河决口，一泻千里不可收拾了。

近因　在去年十二月二十四日（星期三）下午修身班的时候，张伯苓先生报告两件事：（一）上星期五、六两天该校的学生因筹备国民大会，没

---

① 署名"一民"。

有通知校长,全体出发调查日货。(在天津因杨以德事件,学界罢课终结的时候,南开学生同校长订了一个约,就是以后无论什么事,都要通知校长,得其许可,不能自由行动。)(二)"谁在阅报处贴有该校校董严范孙先生晋京保留杨以德匿名的纸条。"张伯苓先生说到这里,当时马骏君就站起来说,承认是他写的。张先生竟大加威吓,认为败坏学校的名誉。马君说,"这是个人的事,与学校没有关系,我是看见报上转写下来的,并未加以批评,乃是传达新闻的意思。"张先生问马君,"这件事果有吗?"马君答,"我以前很相信。"张先生又问,"有什么证据吗?"马君说,"这件事宣传各报,并没有见严先生登报声明辩证,所有我相信是真的。"张先生说,"严先生道德高尚,岂能与那群知识浅薄的新闻记者相计较吗?"又问,"你现在信有这事吗?"马君答,"严先生既来函辩明,所以我不相信有此事。"后来又同张先生辩论了一番,痛说南开学校应当改革种种的事,弄得没有法子下台,张先生乃叫马君到严先生家里去谈谈,马君也慨然允许。继后张先生赞扬严先生之为人,又说,"我自己所做的事,恐怕不合于现在的新潮流,从后天起(二十五日,是云南起义日,学校放假,所以说从后天起),我暂时请假休息几天,盼望职教员和学生重新把南开学校组织一番。改组后,一定有校长的地位和权限,如果鄙人能做,就返校与诸君共同进行;如果鄙人不能做,那南开学校也可进行,并不是一定要鄙人才能办的,那鄙人又何必担任这个校长的职任。"说完后,修身就下班,南开学校的风潮愈来愈紧急了。

二十六日早(星期五),该校学生会正、副会长和该校职教员招集全体学生,在礼堂会议请回校长。当时正会长卞辑苍君未到,副会长田鹤乔君主席。该校学生会评议部因为未先得通知开会,大起反对,一时会场秩序大乱,主要的原因由于平日的私见不合,和新旧思想的冲突,这会讨论的结果均属无效,会长也辞职。就宣布散会,后归各班,评议部代表会议新组织方法。经临时正、副会长史永明、师士范二君讨论结果,学校必得改组,但学生不负责任,当归学校自行组织。职教员左右为难了。

改组 二十九日(星期一)该校校长张先生自己忽然回校,下午招集全体学生、职教员会议，宣言改组，把南开大学大改革一下。后来教务主任余日宣先生提议，这种讨论人数太多，恐怕没有好结果。最好先举代表，代表举好后，再来讨论。张先生说这也好。议定中学学生代表举八人，大学学生代表举八人，职教员代表举八人。

三十日（星期二）下午，各代表在教员预备室会议，到会者，学生代表、职教员代表同校长。先由校长说明改组的原因及改组的必要，次公推余日宣先生主席。学生方面提议组织先生讨论会及学生讨论会，对于课内外的事完全负责。马千里先生又提议得分四部，将先生讨论会改称第一评议会，学生讨论会改称第二评议会，由四课主任（教务、斋务、训育、体育四课）组织执行委员会，校董方面另组织董事部。众赞成，公推教员三人，学生六人起草后，校长说，"这是对内的，对外的你们也应该想一想，如出校同学啦，校董啦等——。"大家因为时间已晚，对外又不是学生所能办得到的，以后再讨论。遂散会。

记者曰：这种的改组，决不是根本的改革，要打算求根本的改革，非用洗心刷面的功夫不可。至于以后的进行，现在不可得而知。记者盼望南开学校的学生和职教员努力，才好把"贵族""专制""官僚""阶级"的学校变为"平民""自由""平等""庶民"的学校才好呢！那就不白白费了这回的改革。

（《晨报》，1920 年 1 月 5 日）

天津南开学校改组经过

（1920 年 1 月 11 日）

南开学校成立已经十五年了，内部的组织是由旧日的严王两馆脱化而成，所以很多的地方像一种旧式的家庭学校。校中一切事体，总是由校长一人裁决，大家有什么意见也是直接向校长交涉，于是一校的进行重责全在校长一人身上。校长一人的进退，遂关系全校的进行，有人治，没法治。所谓南开的精神在此处，而"积久弊生"也在此处。从前人少的时代，这种办法没有什么不可，现在就中学一部分说，已有一千二百多人，大学又新添办，要没有一种合乎新趋向的组织，不但"人多口杂"，易生误会，而做校长的，一人精神，也属有限。一方面对外忙着筹款，一方面对内又要总理各事，能力实在是要有时而穷，并且也不能顾及周全，令人人满意。当着这种时期，校中又经了几次小变动，于学校进行颇有妨碍。大家的趋向，遂想应当产出一种新组织，去解决这种现象。这个意见，由校长提出，让南开学校职教员同大学、中学学生全体举出代表，来共同讨论。校长的意旨是：

"这次要改组的近因，确由于校中各种不如意的小问题集合而成，然向深处研究，则由于组织上的不合式。

"以前的南开是一种家族制，由家长一人负责，现在的南开长的这般大，人数这般多，要归一人处理，实在不容易进行，所以必须向分工负责的方面去改造。

"以前的南开由一人负执行、筹划和受批评的责任，这种起因是由严氏家塾渐渐养成的，现在南开应该变为社会的'公司'制的学校了。

"既要改革促进这个学校，就要请大家共同维持。现在可分两项来说：

"对内。第一项，大家全知道学校的内情同困难的所在，能互相原谅，互相了解，意见就可渐渐一致了。第二，大家共同定一总组织，汇大家意思于一处，可以互相商榷，互相决定，事情就容易进行多了。对外，精神物质两方面的赞助，全要有人负责去做。这种人的限度不仅是校长，凡是南开的人同南开的好友，全有这种责任。

"我对于这次改组的办法，实在毫无成见，但我自信必定要有这种脱化——从旧制中产生出新的来。

"我现在觉得个人是很累，所以必定要我一个校长对他负责的地方，并且还要有汇大家意见的机关，我好容易向前进，也可以减轻我一点责任。

"如大家有办法，我不领着大家向前走，算我道德上软弱。

"大家应该知道，浮在表面上的是各种小变动，深在里头的是旧的组织法不适用了。

"如果南开在校、出校的人都认南开为教育上的机关，一定可以沉心为南开想一想，谋些建设的方法，为南开增无穷的进步。而将来的南开也可渐渐向进化方面走去。

"就在这几次小的变象说，大家也都是为爱南开才这样做，不过手段的施行，设能够找着正当发表意见的地方，我愿大家共同设法谋改组的道儿，努力去做！"

大家对校长这种意旨，大都是赞成，并且经过两次会议，关于组织上有很多的讨论。而京津一带的出校同学——为严慈约、卞俶成、金仲藩、梅月涵、张信天、陶孟和范莲青等——亦都表示赞成现在共同的暂定意见是，我们应有以下的组织：

（一）校董部，（二）基金维持会，（三）名誉赞助员，（四）执行委员会，（五）教职员评议部，（六）学生评议部，（七）出校同学的机关。

至于职权怎么规定，章程怎样产出，手续怎样办法，在这种短促的时间，当然不能十分确定。并且在校的意见是如此，校董、出校的南开份子、南开的朋友意见如何，尚须征求。所以必须经审慎的考察讨论才能有个全局的规定。总起来说,南开这次改组完全是一个谋进步的打算,在这种实行"公开"同"Democracy"的精神里,要产生有统系、有秩序的新组织,努力向建设道上走,结果如何,现在很难卜定。不过我们希望校外的同仁和南开的好友,快快对南开的改造给些建议。又恐怕大家不明真相,就用南开学校的名义作了这个宣言。

(《晨报》,1920 年 1 月 11 日)

觉悟的南开学校①

（1920 年 1 月 29 日）

　　天津南开学校在北方本来是很好的中学，自去年因"五四"运动，学生精神较前活动，而师生间亦因此多有意见，以致半年来校务棘手，诸事皆未进行。故在去年十二月二十三日，校长张伯苓有改组的提议，本报已经载过两次。但是校长自提议后即告假休息，把责任卸到教员和学生身上，而且态度又不明，所以别人全猜疑校长以辞职要挟学生。后来校长回校，与学生共同讨论，也没有表示明了的态度，所计划的，如设立董事部，固然是要紧，而执行委员会仍以旧四课主任组织之。先生评议会、学生评议会，只备咨询。像这个样子，和从前也无大差异，不过多立几个名目而已。经过数次的讨论，学生方面很不满意，以为校长仍是不信服学生有自治的能力，不让学生自治，那何用改组呢？新年后，校长有病，这个事就搁下了。一月十六日北京大学蒋梦麟先生到天津学术讲演会讲演后，又到南开大学访教务主任凌冰氏，以后又与张伯苓氏谈及学生自治、白话文学、近代新思想新潮流等等问题。张氏大受感动，把从前的态度忽然大大的改变了。二十一日，张氏返校，召集学生在礼堂开会，宣布诸事，拟下学期实行。试办学生自治，提倡白话文，并鼓励学生多读新思潮的杂志，用白话翻译书报等事。这真是该校进步的一个大转机。校长把从前不合时势潮流的态度改变了，而来适应潮流，利用时势，真是聪明得很。盼望他永远保持这种精神，以谋南开的进步。

　　该校学生，大部分近来也大有觉悟，见件事总要问一个为什么？何以

---

　　① 署名"WH 生"。

这个样子？好多的人不安于旧式的生活,用力研究,要求新人生观,这也是很好的现象。近来有两种事可以代表出学生觉悟的精神,就是学生所办的《校风报》和书报贩卖团。《校风报》在从前是课艺派的文章,除了说些大话,什么南开与中国,就是说那不痛不痒的话,办报的人出出风头就完事了。近来他们《校风报》改组了,作事的人没有总、副编辑的名目,很有平等互助的精神。他们所办的《校风报》,内容也很丰富,特别注重在批评的精神,和讨论切要的问题。这种研究的态度,实在是不可多得。最有趣的,他们近来讨论南开男女同校的问题,有好几篇文章,实在有趣。他们在新年的时候出了一本《南开特刊》,里面有学生的问题、社会的调查、新文艺等等,销售约有三千本。他们的精神可以见了。又有几个学生组织了一个书报贩卖团,专贩卖新思潮的杂志、书籍。他们的宗旨是传播文化,团员全有奋斗的精神,虽然成立没有三个月,团员不够六七人,而他们的力量和效果也算不小。兹调查关于各种书报每期销售的数目略示如下:(1)《新青年》四十本;(2)《新潮》三十本;(3)《少年中国》三十本;(4)《少年世界》四十本;(5)《国民》二十本;(6)《新中国》约三十本;(7)《工学》十五本;(8)《曙光》二十本;(9)《新群》二十本;(10)《工读》三十张;(11)《少年》三十张;(12)《星期日》五张;(13)《新空气》五张;(14)《威克烈》五张;(15)《北大学生周刊》五十本;(16)《黑潮》二十本;(17)《建设》十二本;(18)《解放与改造》五十本;(19)《新教育》二十五本;(20)《时事新报》二十份;(21)《晨报》二十份。

各种书报每期销行的数目上面已写得明白,该校师生将及一千三百人,按比例论,未免相差太远,还盼望贩卖团的人努力前进。以上两件事是该校学生近来觉悟后精神的表现,于他们的前途关系很大。至于学校职教员,虽也有觉悟,然而毕竟不彻底,更盼望他们努力？猛醒！

(一,二三)

(《晨报》,1920 年 1 月 29 日)

张伯苓有"自知之明"

（1920 年 1 月 18 日）

天津南开学校校长张伯苓,说自己所做的事,恐怕不合于现在的新潮流,暂时请假休息。无论他这话是否出自本心,总比那甘受"恋栈不去"——旗子的傅岳棻,有"自知之明"些。

（《北京大学学生周刊》第 3 号,1920 年 1 月 18 日）

直隶省省长王承斌在南开中学演说①

（1922 年 9 月 30 日）

今日随吴先生到贵校参观，今日开欢迎会，实不敢当。承斌近年在军队作事，学问颇少，年来军事不定，学问荒疏多年，不敢说有学问。承斌在陆军学校时，听说有张伯苓先生，创办一个南开学校，成绩斐然，亟欲参视。今日得到校参观，以偿十余年之志愿。承斌想全国精神，在乎教育。而教育即是在乎青年能受教育，若无学问，决对不能成立。现在国家正值过渡时代，非拿学问去做事不可。我要在贵校，即将贵校历史，记于脑中。试想南开有此声誉，皆是张伯苓惨淡经营，方能成功。吾甚愿今日全堂学生，皆能如张伯苓，中国即可有无穷希望，而功课道德，皆不懈怠。中国人民进步近日之速，若不赶紧预备，必在潮流之后。吴先生演说，对于政治不良，原因已讲过，无待再述，盼望大家学成之后，力为纠正。

（《大公报》天津版，1922 年 9 月 30 日）

---

① 9 月 29 日下午 2 时，张伯苓在南开中学礼堂召开欢迎大会，欢迎新任直隶省省长王承斌和适值来南开学校参观的众议院议长吴景濂，王承斌在会上讲话。本文摘自《南开学校欢迎王吴大会》。

张伯苓错了①

（1924 年 7 月 14 日）

南开大学学生许桂英女士，这一次因为差了四个积点，所以没有毕业。有一位"小岑"先生写信给《民国日报》妇女周报社，说这是一件令人不平的事。

哎呦！张伯苓先生你错了。你办了男女同学的大学校，怎么连秘诀都没有学过？大凡办男女同学的学校，男学生尽可以不毕业，女学生却不可不毕业。因为男学生除闹风潮以外旁的也没有什么本领，女学生要是在社会里厢喊起冤来，一定可以得到一种援助。这也是中国五千年重女轻男的习惯使然。张先生是个簇崭全新的人物，难道连这一点点小门槛都不知道么？况且据小岑先生说，这位许女士是你老人家托亲觅友去找来的呢！奉劝张先生，乖乖的把花花绿绿的那张纸儿赶快送给许女士罢。要是大学主任凌冰质问起来，你就可以把"尊重女性"四个字去堵塞他的嘴。

（《铣报》，1924 年 7 月 14 日）

---

① 署名"胥菴"。

从军人到大学校长:张伯苓氏①

（1924 年 9 月 19 日）

我想把南开大学校长张伯苓放到"支那名士之印象"中,对此没有谁反对,唯有一人——恐怕也只有这一个皱眉头的人,我知道是谁,他无非就是张伯苓本人。"让我写字? 不行。不是有好多名士吗?"请他在金兰簿上签名,他甚至都觉得过分呢。这种谦逊,不沾名钓誉,但是头脑信得过、通情理、学养深厚这方面看,我所见过的众多中国名士中首推张伯苓。

他在甲午战争当时是海军军人。作为军校出身的年轻士官,怀抱炽热的爱国心和雄心壮志,虽然立于战舰,但时事都归咎于中国,青岛为德国所据,旅顺为俄国所夺,巨大的中国,就像死掉的鲸,肉和血都只是任人屠宰。见此情状,年轻的张伯苓奋然辞职,以 72 名学生为基础办起私塾,这个小小的萌芽却意外快速地发展,如今已经拥有了两千名学生,在天津郊外新建的宽敞的大学部,也很快要落成了。

"中国几千年间像现在这样活过来,即便因为什么原因世界都死光了,只有中国还会依然活下去。"形式虽然变了,即便在今天,张伯苓的血液中还是荡漾着爱国之心。"中国人是伟大的国民。中国是大国,因此没有必要龇牙咧嘴的。即因为是大国,没必要武装。话虽如此,今后中国屡遭失败,为了自我防御,虽也有武装的必要。"张伯苓虽然不是在英国受的教育,但英语极为流畅。

---

① 1924 年 9 月 7—21 日,日本《中外商业新报》刊发署名"清泽生"的"支那名士之印象"系列报道,包括黎元洪、段祺瑞、张作霖、张弧、唐绍仪、颜惠庆、王正廷、康有为、黄郛、张伯苓、蒋梦麟、吴佩孚等十二人。

"中国为什么连一次值得一说的战争也没有赢过？为什么在战争方面这么弱？"我这样问他，并不是出于嘲笑。他这样回答："罗素说过，中国作为国家是最理想的国家，因为都是为了自己的生存而从来没有侵略他人。就是说中国人是生来爱和平的国民，这是败于战争的原因。"

"但是"他接着说，"但是中国为了保护自己，不得不从于欧洲，为了抵抗他们的侵略，虽说不是取其方法的全部，也不得不取其一部分来实行。"张伯苓这样说着，又举出中国国家主义不断兴起的事实，且说明其当然的途径，同时也指出"但是布尔什维克不是问题，那不过只是很小的一部分而已。"

"为何天津排日联合抵制特别盛行？"我进而问道。"因为天津普通教育很发达。"张伯苓这样简单地归结，"世间真是不可思议。过去中国为了讨好列国，所有的努力都没有见效。现在列国为了讨中国欢喜，采取种种手段中国都不听。"张伯苓发自内心地滑稽地呵呵大笑。

张伯苓这样解释中国的无秩序："本来国家的发展有三个要素，第一是文艺复兴，第二是政府机关的完备，第三是由科学的应用而带来的文化发达。网络国家的健全发展，必须通过这个阶梯。可是在中国这三者一起来了，这就是混乱的理由。"不愧是一家之言。

"对当时的日本而言，二十一条的要求也不是没有道理。中国处于那样的地位，更坏也没有办法。但是日本越是占了满洲，越是使得中国人快些觉醒。"张伯苓的话对谁也不客气。他毕竟排斥过激的变化，还说日本有元老，起到锚的作用，非常好。他每每在说明反对激进主义时，都用生物学的学理来参照。

我第二天又访问了张伯苓。他一一介绍了正在新建的大学。挂着为这所学校捐赠的中国富豪们的匾额。和他谈了约半天时间，我觉得沉浸在他的美玉一样的人格中。

（原载[日]《中外商业新报》，1924 年 9 月 19 日；转引自《至竟终须合大群——南开日本研究的回顾与前瞻》，刘岳兵编，江苏人民出版社，2020 年，第 530—531 页）

南开学校二十周年纪念之真意义①

(1924 年 10 月 17 日)

今天是南开学校廿周年纪念日,我为什么不作一篇庆祝词去祝他,而要写这篇东西呢?

(一)我因为每逢南开周年纪念日,就有许多的庆祝词悬在礼堂的壁间,开会时,还须一人在台上一一把他朗诵,于作庆祝词的诸位和赴庆祝会的诸位时间都很不经济,所以我不愿作庆祝词。况今天为南开的廿周年纪念,他的庆祝词一定比往年多的多,其中不少鸿篇巨制,我又何必作庆祝词以贻笑大方呢!

(二)我觉着庆祝的真意义,是思念过去,希望将来。几篇勾心斗角,舞笔弄墨的庆祝词,实在不能代表庆祝的真意义,所以我有庆祝南开廿周年纪念之真意义之作。

假设有人问我们为什么庆祝南开的廿周年纪念,诸位必定说南开有可庆祝的价值。试问南开的可庆祝的价值,是因为他有廿年的历史,百余教职员,一千六百学生,无数的建设么! 诸位必定说不是的。他的可庆祝的价值,是他的精神;但是他的精神,是南开学校四个字么? 以我的眼光看来,他的精神就是张校长伯苓的精神。我们说庆祝南开是因为他的精神有可庆祝价值,现在我可以说我们庆祝南开,就是庆祝张校长;因为他的精神有可庆祝的价值。我所说的庆祝张校长的精神,纯是着诸位思念张校长创办南开的精神,希望我们能用他那一种精神,去改造国家,服务社会,以尽国民之天职,这是庆祝南开廿周年纪念之真意义,也是我作此文的目的!

---

① 作者曲有诚。

南开所以能经过许多的困难，活到廿岁，享受我们的庆祝，全赖张校长奋斗的、向上的、进取的、不屈不挠的精神，为他战胜困难。不然，我恐怕南开活不到廿岁；就活到廿岁，我恐怕也没有这许多人去庆祝他。由此以观，我们庆祝南开廿周年纪念，我们就可以想起了张校长奋斗的、向上的、进取的、不屈不挠的精神。我们想起了张校长的这一种精神，我们就不可不希望我们自己也用这一种精神去改造国家，服务社会，以尽国民之天职。

我们将来的职业，不外乎士农工商，假设我们将来为工、为农、为商，没有张校长创办南开那一种精神，我恐怕我们不能够工人、农人、商人的资格，那里还能盼望货物精巧，五谷丰登，一本万利呢！我们为工、为农、为商，既然该有张校长那一种精神，那么我们将来处身于教育界，更不可不有张校长那一种精神了！

诸位若说从古来到现在中外人士的创造的精神胜于张校长的不知有多少，你何必竭力赞扬张校长呢？我们读书是求学问得智识，学问愈大，智识愈富，那么我们辨别是非的能力就愈大。从古来到现在，何人可作我们的模范，何人不可以作我们的模范，我们自然有成竹在胸，知所选择了。如果我们不因为南开的精神而来南开，只因南开的教师多，学生多，房舍多，课程多而来南开，这就误会了来南开的目的。我们来南开的最大的目的，是想着得南开的精神。南开的精神，我已经说过了，就是张校长奋斗的、向上的、进取的、不屈不挠的精神。我们抱这个目的而来南开，所以我们平日的精神，就是南开精神。今天逢着庆祝南开廿周年纪念，所以我把庆祝的真意义写出来，这并非竭力赞扬张校长，而不崇拜胜于张校长的。张校长的精神，既为我所愿有的，则胜于张校长的精神，更为我所愿有的了。

许多人说南开活动现在，实非张校长一人之力，请看民六的水灾，校长远在美国，若无抢护得法之诸位师生，恐怕南开不能存立到现在，不能过他的廿岁的生日。这话固然有理，但仔细一想，设张校长不能知人善任，恐怕南开早就糟了，不必等到民六。因为他有亲君子远小人的精神，所以能履险如夷，安安稳稳的把难关度过，使他得享受廿周年纪念的庆祝。

无论古今中外的伟人所作的事，未必都能满人意，即能满多数人之意，也未必能满少数人之意，所以无论如何伟大的人物，作成如何伟大的事业，终不免被人侮蔑毁谤，所以孔孟不得志于春秋战国，被一部分人民反对。张校长既无孔孟之学识，复乏林肯之魄力，那么更不能不被人侮蔑毁谤。我们试将社会上的少数人，用以侮蔑毁谤张校长的地方取来解释一番，我恐怕全是杜撰的谣言，不值君子一笑。

有人说张伯苓办南开是沽名钓誉，我们若问他怎样能见出张校长是沽名钓誉呢？是因为张校长创立南开中学部、大学部、女子中学部么？是因为张校长，立家以淡泊为本，不图功名富贵么？我想这都不是张校长的短处，实在是张校长的长处。这一句话不特不能减少张校长的名誉，实在能增加对于张校长的信仰。如果中国的人民，都能办南开这样一个学校，中国的教育，还怕不发达么？中国的教育家，都能不爱钱，以淡泊立家，中国的官吏，还能搜刮民财么？如果教育发达，官吏清廉，中国能不富强么？中国的人民既然少有能创办南开这样学校的官吏，也不能不爱财，惟独张校长能创立南开，甘居淡泊，这不能不说张校长是特出的人物罢！

有人说张伯苓办南开纯用狡猾的手腕，所以对于董事、教职员、学生，一概用狡猾的手腕。这句话更是不攻自破。说这话的诸位，用狡猾的手腕，向人募款，请人作董事，可以不可以呢？别人能给他钱么？别人能给他作董事么？凡捐款给南开的，为南开的董事的，都因张校长有办事的精神能力，如若不然，南开的董事既是名人，怎么能被张校长之狡猾手腕所蒙蔽呢？南开的教职员及学生，都是受过中等教育的，或方受中等教育的，他们的智识学问，并不很糟，他们辨别是非的能力，并不很弱，怎么能被张校长的狡猾手腕所笼络呢？年来中国各处的学潮，就象风起云涌一般，大部分的学潮，是因为校长而发生，南开创办到现在，已经有廿年之久，毕业同未毕业的学生，不下万人，怎么都被张校长的狡猾手腕笼络住了呢？如果狡猾手腕，可以笼络住这许多的教职员、学生，就请说这话的先生来试一试看，看他的结果怎么样。我以为我们纯被校长的精神所制服，并非被他的狡猾的手腕所笼络。

我把我的话总起来说我们庆祝南开廿周年纪念的真意义，是思念张校长创办南开奋斗的、向上的、进取的、不屈不挠的精神,希望我们同学能得着他那种精神,去改造国家,服务社会,以尽国民之天职。我们将来为工、为农、为商,不能不具张校长那一种精神,处身教育界,更不能不具张校长那一种精神。我们既欲得南开精神,所以我们平日间的精神,也是南开精神,不过藉庆祝南开廿周年纪念的机会,更鼓励起我们思念及希望。张校长的精神,既为我们所愿得的,胜于张校长的精神的,更是我们所钦仰而愿得的。我们能用张校长的精神去作事,我们就可以得着社会上的赞助,患难之来,[校长]不在我目前,诸同人也可以安安稳稳的渡过去。欢迎我们的人,固然可以为我们出力,侮蔑毁谤我们的人,也不能有所籍口。就杜撰谣言,也不能于我们怎么样,还能增高我们的人格。诸位如能实行我言,那么就得着了庆祝南开廿周年纪念的真意义,也就不负我作此文的苦心了。

（《南开周刊》第 100 期,1924 年 10 月 17 日）

南开大学风潮未息　靳荣禄致书张伯苓

（1925 年 1 月 7 日）

南开大学风潮，已迭志前报。兹闻该校董事会于上星期出任调停，最近董事会对学生方面，并提出三大条件：（一）《周刊》少数作者，须说出姓名，并书面向校长、教员说明误会，并道歉。（二）全体学生须声明取消前次声明书。（三）全体学生须向校长、教员等道歉赔礼。并声言以上三大条件，学生如不完全承认，则董事会即以最后手段解散学校云。又该校辞职教员靳荣禄昨致该校校长张伯苓一函，希望迅将校潮平息。觅录该函原文如左：

　　伯苓先生左右：

　　荣禄此次归国，得于先生之下，共事一堂，时睹良猷，甚慰夙想。原期勉竭绵薄，用答知遇。不幸校潮猝起，事愿相违，殊为遗憾。

　　兹者，校务中辍，迄无解决之望，荣禄以辞职之身，本不欲再有所论列，用贻出位之诮。第承平昔相契之雅，有不得不为先生进一言者，惟先生幸垂听焉。

　　南开非先生苦心经营，无以有今日，此国人所共知也。近年开办大学，扩充校舍，积极进行，不遗余力，正如旭日升天，未可限量。乃以校潮细故，遽存引退之想，在先生持躬率物，固无如而不自得；顾垂成之业，废于中道，不无功亏一篑之憾。此为先生个人计，有不得不望继续维持者也。年来学风浮嚣，教育废弛，惟南开实事求是，不受学潮影响，为全国教育留一线光明。若中道而去，则继任实难其人，将陷学校于不可收拾。吾国前途,更将暗淡。此为全国教育计,尤不得不望先生继续维持者也。因此之故,尚冀先生坚持坚力,贯彻初衷,迅将校潮平息,南大将来于我国教育史上,放一异彩;于世界大学之林,占一重要地位。则先生之丰功伟绩,将永垂不朽也。荣禄虽不躬逢其盛,亦与有荣施矣。

　　谨步区区,付惟采纳不容,敬请大安,并颂年禧。

靳荣禄上言

(《晨报》,1925 年 1 月 7 日)

南开大学风潮经过①

（1925 年 1 月 24 日）

咄咄怪事,堂堂大学教授竟总辞职了!

全国私立大学数一数二的南开,而今竟以教员总辞职而罢课了,是真破天荒的举动。查南开学生素以"维命是听""谨守校规""敬爱教职员"著闻,所以伟人名流的子弟总要进南开,他们才放心。然而学生之隐痛早已不堪言矣! 识者早知其必有暴发之一日,现在为该校教员——纯粹新回国的美国留学生——竟以细故向学校总辞职,谁为"戎首",明者自知。兹将该校此次风潮经过的情形,略述于下,以备读者诸君参考。

自为该校《周刊》第八期发表一文曰《轮回教育》——纯是一种针对我国教育现状的言论——以来,一批教员自己心虚,以为是学生侮辱他们,嘲笑他们,就推 Y,L 两博士去见 C 校长,说到:"……若不严行干涉……We are going to die……"。C 校长遂将作《本刊为何登载批评文》的 T 学生叫去,要他把作《轮回教育》的人指出,来同教员开谈判。T 学生说:"我作的那篇文,本人愿负责。至于《轮回教育》一文,我不能以私人名义,代出版部答复。"随后,T 学生又向 C 校长说:"……是非你我二人不能定,若学校要我出校,请正式宣布我的罪状,当即去,不然我是不走的。"彼此无结果而去。是日午后,该校学生派代表往商 C 校长,结果学生会允许学校以后检查《周刊》言论。至此可算了事。不意众教员仍不甘心,连二赶三的要找 C 校长。学生闻此消息大愤,乃正式向校长宣言,说:"《轮回教育》一文,由全体学生负责。"C 校长大怒,遂追令学生说个明白,并云:"谁负责

---

① 署名"一笑"。

谁去。"夜间,学生开全体大会,表决否认与学校辩论。同时,C校长亦同教员开会,并将学生全体意思及不能寻出作稿的话告之。时C校长意颇消极,即有相迫过甚,当离南开之意。次日晨,教员的哀的美敦书到了,限校长于最短时间,将此案严行照办,否则全体辞职云云。

十点,C校长召集全体学生于礼堂,一方面大骂学生批评之不是,一方面仍暗中指责教员之相迫过甚。最后将教员之哀的美敦书,依字朗诵,读时声色俱厉。结果,C校长说:"教员迫我,我迫学生,但学生全体自以为是,不以为非,我只好离开此地。"抽身便走了。

现在呢?教室锁着,学生闲着,不待放假而已停课。请问社会公评,这是谁之罪呢?

（《醒狮》第 16 期,1925 年 1 月 24 日）

张伯苓赞成整顿学风的秋波①

（1925 年 9 月 16 日）

自从段政府第二次的整饬学风命令颁布后，一般叹息学纪不振的先生们，一个个摇头称快，以为这样一来，青年的学生，纵虽不会吓一跳，而老成持重的教育家，从此亦可藉辞去实行整顿了。学风谁配整饬，是另一问题，我这里姑且不说。同章士钊一派沆瀣一气的人，对于这种整顿学风的命令要赞扬称颂，我亦觉得没有什么稀罕。

只有南开大学校长张伯苓先生，对于这整饬学风的命令曾向段执政送了一回很妙的秋波，我觉得他老先生的"手弹五弦，目送飞鸿"的本事很妙，如果不给它表白出来，到〈倒〉是很为可惜。——我说是可惜，因为张先生的秋波，实在来得妙不过！

要知道张先生赞成整顿学风的妙处，我们且看一看他给段执政的信。——

（上略）捧读报载八月二十六日所颁整顿学风命令，钦佩无似。……顷我公责成教育部认真整顿，而章总长②并能不避嫌怨，完全负责，窃不胜为教育前途贺。惟是整顿之法不一，要以劝惩互用为宜。滋事纷扰者解散之，裁汰之；成绩优美者奖励之，扶持之，……查我国官立各校，年费七八十万、五六十万者不等，岁糜巨款，而屡滋事端。

---

① 本文刊载在"随感"栏，署名"樵"。
② 章士钊（1882—1973），字行严，湖南长沙人。时任段祺瑞执政府司法总长兼教育总长。

私立学校，往往力求宏达，辄叹无米为炊，相差悬殊，在中央自能鉴别。敝校为私立之一，初不敢自诩成绩，但既不为中外教育界所摒弃，则益图完善，期副社会国人之望，亦属势不能已。日前因经费亏缺甚多，曾经具呈财政部请每月拨五千元，以维校务……

这封信里面，开口就赞颂段执政，接着就为章士钊吹嘘，本来是极平常的口吻，因为目下所谓多才多艺的教育家，这类辞令是极为讲究的。但是张先生的创议，说什么"整顿之法不一，要以劝惩互用为宜。滋事纷扰者解散之，裁汰之；成绩优美者奖励之，扶持之。"这段话，我们可是要注意。他的上半段话，不用说，是替章士钊张目的。章老先生闹得北京教育界"满城风雨"就是这个本事。至于他下半段的话，表面上说得娓娓动人，但骨子里是"醉翁之意不在酒"，他的用意，可以说是完全想得段政府每月五千元的奖励费！所以他先说了一回官立的学校那样费钱，而结果只是滋事多端。继则说私立的南开要精益求精，以期副国人社会之望。末后，于是露出心事，说什么"日前因经费亏缺甚多，曾经具呈财政部请每月拨五千元以维校务"了。像张先生这样的秋波暗送，毕竟是不愧为一个时髦的教育家呵！

（《民国日报·觉悟》，1925 年 9 月 16 日）

一个替张伯苓抱不平者①

（1925 年 9 月 24 日）

记者先生：

九月十六日贵报"觉悟"栏里《张伯苓赞成整顿学风的秋波》一文，我读完了以后觉得不甚满意，因为里边含着讥笑和漫骂的性质，大非学者所应为，所以我也写出一小篇来，求登贵报。无论如何，请勿拒绝，以示公坦。此篇实秉诸良心，并非因为我是南开一份子也。

周笑尘鞠躬

恭读了樵君所作的《张伯苓赞成整顿学风的秋波》大文以后，我真佩服樵君的眼明，手快，口利，心绣，是独一无二的批评家，求疵家，兼文学家。

哈哈！在现代讲整顿学风，本来是老赶，是不知趣，是不会适合社会心理，讲完了白给批评家而好求疵的文学家选材料。喂！愿意整顿学风的先生们，请你们也学一学滑头，学一学时髦，别上钉子上碰不好么？既是碰上，就有人家樵君一说。

劝完了这边，我再劝一劝樵君。大凡作文的人，要留一点身分才是，不要信口开河的一来，总得要问一问良心上下的去下不去，最要紧的是要评论事实，不要信口漫骂和讥笑。如同先生文内说张伯苓是"秋波暗送"，按说这四个字，在中国话上，不算是十分的好话，谅先生是知道的，拿它来骂人，是无道理，是失了批评家的态度。例如先生说整顿学风不好，那就是赞成不整顿了，如果有人说先生是暗送秋波给不整顿学风的人，先生未必首

---

① 本文刊载在"通信"栏，署名"周笑尘"。

肯吧？

我本我的良心，言尽于此。以后无论有何攻击，漫骂，或质问的文字，概不答复。

笑尘于天津。

（《民国日报·觉悟》，1925 年 9 月 24 日）

视察员对南开之评批①

(1925 年 11 月 23 日)

教部特派观察南开大学专员刘百昭,昨对某通信社记者,谈及视察情形,兹特录载如下:

刘云:余(刘自称,下同)偕秦参事汾,于前日(十八日)正午抵津,比由该校校长张伯苓、教务长俞〈喻〉鉴出面招待。午膳后,即循环视察,其概略如下:

(一)设备。该校校舍约有一百亩余地(大学部及女子部在外),大礼堂能容一千二百余人。中学部图书室藏有中文书籍一万余册,西文书籍三千余册,大学图书室亦极宏丽。体育场面积宽广,篮球、网球及各项体育器具均系新式。职工厂现设铁木二科,所制桌子、文具等物品,新鲜合用;教室采光、空气尚合度,食堂、厨房系仿美国式,门首有最〈很〉长的过道,以防蝇子飞入。厨房火由外发,烟气不能侵及食物。食堂能容六百余人,系每人一桌四菜,我等亲往观察,见全饭室虽有六百余人,绝无声息。惟寝室每室八人,或六人、四人,自修亦在内,略显冗挤。谅亦为经费所限耳。

(二)行政。该校自校长以下,设有教务、注册、会计、庶务、文牍等课,每课设课长,各人作事均有日记。每星期各课长有一分类报告,呈交校长,半年即订成一册。会计课系用新式簿记,每月结账一次,每年有预决总册,故余等调阅何项册簿,马上即可拿出,毋需临时预备。

(三)教员。该校教员均系东西洋毕业生,教授方法甚为妥当,惟中学

———————————

① 11 月 18 日至 20 日,教育部专门司司长刘百昭和特派参事秦汾来天津视察南开大学、南开中学和南开女中,张伯苓亲自接待,并将南开三部各种表册交与二人。

一、南开学校成立至南开被炸毁时期的张伯苓

部初级二年用英文原本教授,程度似嫌过高,学生方面能否不感痛苦,尚待斟酌。

（四）学生。该校学生,中学部有一千五百余人,女子中学部一百五十余人,大学部六百余人。女子中学部系因各界呈请增设,暂租民房,派女学监一人管理。教授由大、中学教员兼任。

（五）经费。该校开办二十余年,经费多系私人捐赠,省属及财厅每年亦有津贴,另有地租及息金两项收入。现中学部每年能收学费十万元,大学部及女子中学部尚未统计。以入抵出,每年约六万余元,现已购定一百亩余地,建筑大学部校舍。业已开工。该处地临小河,山水秀丽,实可陶冶学生性[情]。至于基金系由秀山（李纯）堂、思源堂（袁太太及美国煤油大王）所捐赠。又该校有百树村,建设雅致,两旁均预备女子寄宿舍及教职员家属住所。

（六）校风。该校校长张伯苓,为人诚恳,上行下效,故学风优良。余等到校时,该校学生正下课演球,有天津青年会一美国教师在旁教授,经校长说明后,均脱帽为礼,足见平日训练有方。

（七）总评。就中国公私立学校而论,该校整齐划一,可算第一。余等视察后,非常满意,欲求学校发达,必须赏罚公平,余等现拟据实报告教育部当局,转恳政府一面按年给予补助金,以资鼓励,一面又明令褒勉,用昭激励云云。

（《晨报》,1925 年 11 月 23 日）

张伯苓①

（1926 年 9 月 26 日）

张伯苓,年五十一岁,直隶天津人,北洋水师学堂毕业。光绪二十四年,严范孙自卸任贵州学政回津后,锐意提倡新教育,乃请张氏教其子弟英文、算学。后因来学者众,遂议设立中学。三十年夏,与严同赴日本考察学务,八月归国,中学成立。其后迁移南开水闸地旁,改名南开学校。至民国六年学生已增至千人。因欲添办大学,复赴美研究教育。八年归国,与严氏协议,决立大学。九月南开大学成立,任大学校长。氏素倡教育救国,二十余年未尝涉足他界。上海圣约翰大学,以氏办学成绩斐然,赠予名誉博士。现氏兼中华教育改进社董事,中华教育文化基金董事会副董事长,并充任天津基督教青年会会长。

（《国闻周报》第 3 卷第 37 期,1926 年 9 月 26 日）

一、南开学校成立至南开被炸毁时期的张伯苓

---

① 本文刊于该报"时人汇志"栏。

What China Can Do?[①]

（1926 年 11 月 24 日）

1. 弁言

处此政潮澎湃,危急存亡之秋,而能砥柱中流,不受其影响者,其惟南开之中学与大学乎? 该校创始守成,备极完善,其结果焉得不佳! 故如该校之遗世独立,精神道德,各臻其美者,予实未之前闻也。

南开虽密迩京津,红尘十丈,但其中别有洞天,可谓极乐之地。追溯其源,不过二十年前,三数人志存救国,欲藉教育以贯彻其主张,因而成立耳。初仅数十人,寄住于严宅,不意一跃而为全国最高学府之一,洵可佩也。大、中三部男女学生,约计二千一百有奇,栋宇毗连,指不胜屈,各部设备,既新且完。其进步与时俱增,不逾常轨。

2. 南开之团结

曩者余所参观各学校之开幕式,数不在少,而给予印象最深者,莫南开若。各校之创始,亦未尝不善也,当开幕之际,礼节繁隆;奏乐也,演讲也,照相也,茶点也……项目甚多,各极其妙;胜友如云,高朋满座;声驰中外,美尽东南。不久而问其进行状况如何,则曰因经费困难,已行停办矣! 但南开则不然,不重虚礼而重实行,师生合作,群众一心,皆以团结自誓,无稍

---

① Stephana Borose 作,张克明译。

涣散之心。张博士勤奋于前，阖校追随于后。博士常曰："余若无强有力之同人，则弗能成此大功。"同人亦曰："余等如无张校长，则犹蛇之失头，其何以行？"该校环境安适，生活优美，诚令人艳羡不已也。

3. 南开之精神

南开师生之精神与北京及其他各地者，亦大相悬远。凡教员入南开者，皆自知其责任。牺牲其全付精神，以达其教育之目的。专授一校而不兼差。虽薪俸不多而皆自足。约计每月自五十元至二百元不等。即校长之薪金，亦与教员之数相若。故聚首一堂，其喜融融，各谋进步，洵足乐也。

至北京及其他各地者，则大异于是。教员以各校欠薪之故，遂身兼任数校之讲席，其薪金数目虽甚高，而所得实惠，究为有限。终日孜孜，讨论索薪之法。阁员之宅，门限为穿。此外更结党营私，以谋自图。彼等既忙忙碌碌于他事，安有暇致力于讲授乎？

4. 南开之校长

各校校长，不及张博士远甚。彼辈薪金，例占全校之第一席。其位置动摇不定，朝不保夕。终日遍观风色，以定趋承。惟知献媚各方，而对于其真正目的，早已束之高阁矣。

南开校长之继续精神，及其远大之眼光，不矜既往，不惮艰难，真为近日教育界中之绝无而仅有者也，故该校自校长以迄学生，鉴创始之不易，众力一心，同舟共济，皆敢预操胜券于将来。而博士人格高尚，言行相符，诚不可多得之人才也。

5. 南开之职教员

余从未闻中国人成大功，立大业而不藉外人之援助者；不为铺张过甚，则只顾一时而暗于将来。求其适中合宜者，实未曾有，有之，自南开始。该校除大学建筑之一部分，得罗氏基金团之捐款外，其余莫不皆自华人本身着手。

职教员二百余，除有二美籍教员外，皆为华人。财政公开，成绩展览，一任社会人士参观。各种设施，无过不及。中国有若是一完善学校，亦足以自豪矣！

十五，十，十七日译于四斋

凡团体及个人之改善，固纯仗其自身，然旁观者之评判，亦不可少。盖当局者迷，旁观者清故也。吾校自成立以来，凡批评其善恶者，颇不乏人。言吾之过者，力自警惕；言吾之善者，更加鼓励，此正吾校藉社会舆论而改良增善之一良机也。阅本月十三日《华北明星》，得见本篇，快读之余，爰迻译之，更披露本期周刊，使同学明了外人对于吾校之评论，以为龟鉴。再者，该篇题目，译出反觉无味，改之又失其真，故就原题，不加改译。余文笔浅陋，弗克尽达愿意；又因时间仓卒，未能详改，阅者谅之。

译者附志

（《南中周刊》第 12 期，1926 年 11 月 24 日）

南开半日记①

（1926 年 12 月 4 日）

南开为北方有名学校之一，亘二十余年之历史，创办者惨淡经营，苦心维持，以一中等学校，荟成今日之巨观，其中艰辛，可想而知。

本报同人久欲参观，徒以辑务繁冗，难得余暇。昨始稍闲，乃作短时间之参观。二时驱车往，该校校长张伯苓氏，正候于中学部。入休憩室小坐，纵谈一切。张蓄小须，髮已苍苍，虽年近花甲，而壮健犹似四十许人。语尤豪爽，杂以诙谐。氏谓，"本校初创时仅一严氏私立之中学，二十余年来，经外界之扶助提携，得有今日之雏形。计大学生约二百余人，男中部一千六百余人，女中二百八十余人。校舍则别为三部。小学则将于一二年中计划添办。"

旋张氏询予等对于学校方面之意见。予等以为在今日北方教育现状之下，南开得安然无恙，循序前进，不能不归功于主持者之得力。惟所引为遗憾者，即学费一层，似嫌过高，遂使贫家子弟，难得高深之学问。氏谓，"学费昂贵，本非所愿。惟以大学方面，每学生供给，核算年须供给六百元计之，则学费所入，仅及六分之一。且以私立学校之困难情形论，则目前尚须亏累多多。"予等因建议多设免费及半费学额以惠寒儒，氏亦首肯。谓，"容当计议及之。"

---

① 署名"心冷"。何心冷（1897—1934），江苏苏州人。1926 年 9 月 1 日，天津《大公报》复刊后，主编该报综合性副刊《小公园》，并任本市新闻编辑兼采访主任。还负责编辑《电影周刊》，并曾一度编辑以妇女界新闻为主的"社会新闻版"，是当时《大公报》的业务骨干。1932 年又在报上开办《摩登》专栏，专门刊登读者来信，解答读者疑问和有关法律问题，为后来各报竞相仿效。

纵谈有顷，即引导参观各部组织，庶务课方面，办事员不多而头绪清楚，各种稽核登记册籍极多，氏均一一为之解释。次参观礼堂、教室、体育部办事处。校医室、图书馆各部，无一不秩然有序。并观膳堂及厨房。膳堂殊清洁，且门外添筑纱网甬道、使蝇蚋不易飞入。厨房火灶设于屋外，则灰尘不致羼入，办法殊佳妙。

巡视一周，赴女中学部。此处校舍，秋间始落成。予等入时，学生正在集会，由教师演讲。二楼为教室，甬道中遍悬刺绣之图画，均女生作品。即各种布置，亦饶有美术的趣味。于此可知女性之特长也。张氏复导入一室，室中悬照片无数，分类罗列，皆有关于南开学校之历史者。其中有张氏在前清时着水师服装及严氏中学初办时摄影，弥可珍贵。旋参观水炉室，盖校中饮用水料均取给于自流井，较之用自来水，所费为省。

参观毕，赴八里台大学校舍。一泓溪水，架桥而过，两旁植树甚多。入校门百余步，入思源堂，为科学馆，各系之研究室在焉。该校原有文、理、商、矿四科，矿科于本学期暂行停办。地质学研究室则陈列我国矿产甚多。次参观大学图书馆，男女生方孜孜究讨于其间。陈列书籍，悉照杜威十类法编列，秩序井然。氏并赠以书目一册，以备不时参考之用。复登屋顶，有无线电之装置，由陈礼君总其成。昨晚理科师生有联欢会，且有无线电音乐佐兴，惜予等不及一聆上海之音乐。由屋顶俯瞰，可见李秀山之铜像及秀山堂、百树村，即男女中校舍，亦可于苍茫暮色中隐约见之。拾级而下，赴秀山堂，各级教室、办公室等在焉。堂前即铜像，环以小河，已凝薄冰。闻不日学生即将作溜冰戏于其上，此则为北方特有之天然设备。入堂，闻歌声悠然，盖男女生方预备联欢会之歌唱，怡然有至乐。旋就校长办公室少坐，畅谈报纸与社会之关系。氏于本报殊多奖掖之词，惟同人对之弥有愧也。

日暮，兴辞而归。登车，马行殊缓，似亦恋恋于此清幽之环境而未忍遽去也。

（《大公报》天津版，1926 年 12 月 4 日）

中国人的成功故事①

(1927 年 8 月 1 日)

华北足球锦标赛进行到了关键时刻,赛场周边围满了学生,在南开选手一边的长凳上坐着一位身材魁梧的人,他身穿中式蓝色大褂,头戴一顶外国礼帽,眼睛藏在黑色眼镜后面。选手们对他既尊敬,又亲切。当一位北京的选手受伤后,又回到场上继续比赛时,这位"巨人"——张伯苓,中国的马修·阿诺德②——和其他人一起鼓掌,看上去非常高兴。

张伯苓博士始终拒绝远离学生,他一直渴望密切参与学生们的生活。他是南开大学、南开女子中学、南开中学的校长,天津青年会的会正,中华教育文化基金董事会副董事长,北京协和医学院和山东齐鲁大学的董事,中华全国业余体育联合会的会长,在诸如禁烟运动、中国基督教会自立运动等其它公共事务中,他都是积极活跃分子。而且在南开学生参与的绝大多数学生活动中,也都能看到他的身影。他延续了和他的学生的个人联系,虽然绝大多数的教育管理者认为这是必须摒弃的。

张伯苓 52 年前生于天津,他的父亲也是一位学者,他幼年随父受教。之后,他打算献身行伍,进了北洋水师学堂。毕业后,他在练习舰上服役两年,由于 1894 年中日战争中方彻底战败的结果,在某种程度上,使他转而越来越认识到,只有一个坚实的基础——而非单纯发展军力——才可以使

---

① 作者金门(Harry Kingman,1892—1983),美国人,生于天津,曾获美国波莫纳学院文学学士和斯普林菲尔德青年会学院体育学学士。1921 年来华,1925 到天津青年会,负责校会组工作。1928 年回美国。张兰普、张舒楠译。

② 马修·阿诺德(Matthew Arnold,1822—1888),英国近代诗人、教育家、评论家。曾任拉格比公学(Rugby School)的校长。

他的国家复兴的事实。他决定投身教育，推进中国的教育事业更广阔、更有效地发展进步。他怀着成为一名教育家的理想离开了海军。严修先生，一名杰出的官员兼学者，对张伯苓这位年青人的热情与见识印象深刻，因此，邀请张氏在他天津的家中开办一所家庭学校。

张伯苓开始教导他的 6 名学生，一直到数年后的 1904 年，他去日本旅行，在考察了日本的教育制度后，决定在严先生的帮助下，创办一所现代中学。学校一开始设在严宅偏院，有 73 名学生，张校长不再担任全部课程，有 5 位教师来协助他。两年后，学校的扩充势在必行，他在天津一个叫"南开"的荒僻之所得到了数英亩地。一年后，学校的第一座建筑在此建成，学校开始了稳步快速的提升。现在南开中学学生达到 1600 名，有 900 名住宿生，是世界上同类学校中规模最大者之一。南开女子中学和南开大学另有男女学生 500 名，他们都有各自独立的校园。

来南开的客人通常很快就会对三校的学生数量和它的物质成就感到惊讶，随着他对眼前这个人的故事越了解，越感到这个人的伟大。正像该校的一位教员对我说的，南开的意义并不是你眼前看到的学生或物质设施，而是学校成立 22 年来面对种种挫折与阻碍如何迅速发展。人们很快认识到，彻底的、不屈不挠的精神，在他诸多的品格特质中占有很大的成份，这也是他作为一个校长能够成功的明证。

例如，在 1912 年，张伯苓就彻底地认识到中国需要更多更好的高等教育，他试图为中学毕业生开办一所专科学校，但因为资金不足失败了。1915 年，他又开办了另一个大学专科①，仍然失败了。张伯苓博士不愿放弃这一计划，他不停寻找资金，最终获得足够的支持，在南开中学校园的一角，建起一座二层楼，1919 年开办了大学部，招收了约 100 名学生，设有理学、文学、商学课程，开启了他建设一所伟大大学的征程。在四年之内，这些想法开始在天津城南 3 英里的八里台实现。他在这里获得了 120 英亩的沼泽地，在这块新开垦的土地上，建成了三座精美的现代楼房，已有 275 名学生入学，并且校方在认真考虑，在不久后再投入 200 万元。新近去世

---

① 指 1915 年 8 月在南开学校开设的"英语专门科"。

的李秀山将军捐献了 50 万元,洛克菲勒基金会 12.5 万美元,袁述之先生捐献了相近的数额,中华教育文化基金会有专款 10.5 万美元,这些都是外界公众对南开大学的未来充满信心的明证。

洪水、饥荒、频繁变换的政府、持续不断的内战,所有这些不利因素,一直都没能阻碍南开向前的潮流。面对这些阻碍,他们取得的重大成就之一,就是办了一所女子中学。自 1919 年起,大学部已经向男生和女生平等地敞开大门,但是专门为女子开办一所中学的计划却未实现。1923 年春,几位天津女孩来找张伯苓,请求为那些中学年龄段的女孩提供与男孩同等的受教育机会,于是他又开始这一计划。他决定与校董会一起,在起始先暂租一处便宜的校舍,这样在 1924 年,这所新的学校就开办起来了,各班学生共 70 名。① 数月前,我出席了一座美丽新楼房的落成典礼,它可容纳这个该校的 220 名女生。在严酷的内战造成了巨大破坏的社会环境下,一位真正中国领袖不息的前进动力克服了困难,取得了成功。

现在在南开三校受教育的男女学生有 2100 多人,他们来自中国的各个省,及部分海外地区。实际上,随着其他中国人办理的教育事业或关闭,或彻底失败,就不难想像这一成就的重大意义所在,它是过去 22 年不懈努力的结果。

你若与张伯苓,或这些年跟随他身边的那几位交谈,给你的印象是,他们的目标虽已实现,却从不炫耀。这些人更愿意认为,他们最棒的事业永远在前面。"到目前为止,我们的发展很大程度上是惯性的,"某氏说道,"从现在起,我们会更精心的提前谋划。展望我们未来的 20 年,我们要造出一些有生命力的、有重要意义的东西,它必将传布到各处。我们要建立一种模式,造成一种精神,它四处传播,使南开成为全中国各地所有类似学校之母。"尽管他取得了非常的成就,却真真看不到一点自满的情绪。1926年 10 月 19 日晨——南开学校 22 周年校庆和新南开女中落成两天后——即使各种称誉从全世界多地铺天盖地而来,张伯苓博士却召开职员会,布置下一步的工作。"他从不坐下来说,好,我们已经做的不错了,"他弟弟

---

① 南开女中的成立实际日期是在 1923 年 9 月。

曾对我说，"他总是会立即开始做下一步的事。"

人们若试图了解张伯苓的成功要诀，他很快就会得出这样的印象：这在很大程度上归功于他用自己的理想与信念激发出他周围同人的热情的能力。他组建了一个 10 人左右的团队，这些人都是在南开的环境下成长起来，甘心拿着比别处更低的薪水，因为他们认为为了将来的成功，现在的牺牲是值得的。假若校长明天离开南开，其核心团队人员也能让南开的工作基本稳妥地进行下去。即使因为政府拖欠了应付给学校的过去 18 个月的经费，使南开现在有近 20 万元的亏空，学校因而面临小小的危机。然而，在与南开校长或他们中任何一个人交谈时，却感觉不到任何焦虑的迹象。过去一次又一次的成功经历，让他们不再害怕眼前的失败。

南开一个有趣的特点是他的随时而变与多元化。这是校长心胸开阔的很好说明。他自己是一个说干就干的人，知行合一，他根本没想建立什么理论，他的人生哲学可以说是"实用的理想主义"。虽然他不是一位理论家，但他充分认识到，在他的组织内需要有想像力，有思想的人。在学校财务部门中任用的审计员能够在得到通知 15 分钟后，精确地给出南开的财务状况。但他的管理团队中的人应各有所长，用荣格（Jung）的话来说，内向的人也要时不时做做梦、异想天开。对于后一类人，校长向对最外向的人一样，认真而礼貌地听取他们的意见。张博士一直拒绝让南开成为"一言堂"或单一模式的组织。

"什么是南开的教育方式？"我曾问他们的一位核心职员。"不好说，"他答道，"我们避免任何的墨守成规，我们明天的方式可能与今天就有很大不同，我们的目标是传播一种新的文化，它注重全然的现代方法，但又完全切合中国基本国情。它内含着一种精神——南开精神，这种精神影响着南开的男男女女义无反顾地服务中国，挽救中国。"

1908 年，张伯苓正式成为基督徒。他通过好友饶伯森（C.W.Robertson）和格林（R.R.Gailey）接触到基督教，看到了他在别处没有看到过的为他人服务的耶稣基督的完美化身，他决心成为基督教运动的积极分子。那时，还没有什么中国的重要领袖人物公开承认其新的信仰，这位南开校长发现——正像他必须预见到的，他的这一行为受到其他中国教育人士的误解与批评。非难的阴云压在他的头上，让他竟想辞去南开校长一职。然而，严修先生，一位十足的儒者，显示出其包容的精神，坚决支持张伯苓继续担任该校校长。

在其早期的基督徒生活中，张伯苓加入了一个天津的基督教平信徒团体，旨在服务天津中国基督教自立教会。美国传教团向这个新教会移交了一座建筑，其附加条件是，三年后，该教会应能充分证明该建筑未变换用途，否则物归原主。这位南开校长被选为该会的会正，从那时起，这一中国人自立的机构在该市的宗教生活中，一直起着重要的作用。

去年8月，在济南举行的中华基督教青年会全国大会上，张伯苓被选为大会主席。回想自他成为一名基督徒，20多年过去了，他一直在天津基督教青年会积极工作。过去5年，他一直担任理事会主席。去年秋天，因该协会的总干事去世，协会的工作陷入低谷，张博士提出，他愿意每周抽出两天，花一两个小时辅助协会的工作。他虽然因职责众多，已严重超负荷工作，但他仍做出了这样的付出。这也在相当程度上说明，他对中国社会福祉的巨大奉献。

许多人对中国失去信心。他们所为之失望的事情，恰恰是使他们远见卓识的朋友们大大感受到希望的。当然，过去的中国正在消逝，众多的人正在从长期的沉睡中醒来。新的变革精神正在学生，在新文化运动团体，在致力于国家觉醒、独立与复兴之人士，在与内外帝国主义者抗争之人士，在社会活动人士身上显现。尽管他们有时活动的方向有误，但这种精神诚然应被大大称许，它预示着一个更好的中国。这是一个令人鼓舞而不是沮丧的时代。如果一个沉睡的民族都能产生张伯苓这样的人，那在他们擦亮双眼，准备奋兴之时，还有什么做不到的呢？

（*The Chinese Recorder*，1927年8月1日）

论南开学潮①

（1927 年 11 月 28 日）

南开学校,是否尽善尽美之教育机关,别一问题。张伯苓校长,是否满心满意之庠序领袖,亦别一问题。南开学生,是否出类拔萃之青年学子,更别一问题。然京津间教育机关,比较南开尤为著名者殊少;庠序领袖,比较张伯苓之对于南开,尤为尽职者亦无多;青年学子,比较南开学生,尤为社会所重视者更罕见。则固为彰明较著之事实,无论何人,未予否认者也。然南开竟有风潮,学生不安,校长辞职。则为南开学校计,为校长学生计,诚不可不自重自爱,而有以善处之也。

闻此次风潮,起因于旷课扣分,学生有人反对之者。因分数系凭试验成绩,不旷课者之分数,不能为之增;旷课者之分数,何能为之减。学校只须问其分数之足不足,何必问其课业之旷不旷。旷课与扣分,不生关系。然须知旷课与扣分,本系两事。旷课为过失,扣分为惩罚,过失与惩罚,本不必须有关系。即以校内外浅近之例证之。讲堂犯规,教师有命罚站者,犯规与罚站,有何关系? 道路便溺,警官有命罚金者,便溺与罚金,有何关系? 不过对于一种过失,予以一种惩罚而已。学生旷课,学校不能不认为一种过失行为。在对于施普通教育之中学校,尤不能不认为一种重大之过失行为,予以惩罚,自属当然。所应研究者,即扣分惩罚,是否有效而已,是否适宜而已。就学校方面观之,根据历年旷课数目统计,扣分惩罚实施后,旷课人数大减,可认为有效惩罚。就学生方面观之,学生中既然极力反对扣分,则学生对于扣分,实认为重大苦痛,亦可证明其为有效惩罚。所问

---

① 本文为天津《大公报》社评。

者,适宜否耳。学生若以为不适宜,则应条陈与扣分相等或以上之有效惩罚于学校当局,请求讨论替代。若仅以撤废为请,且复要请立行,是何故欤? 岂认旷课非过失乎? 若然,则宜直论旷课之可否,不必别问扣分之是非。请求自由上课可矣,岂仅撤废扣分已哉。然施行普通教育之中学而能认旷课为可者,吾人亦殊难测其理由安在也。学生诸君曷三思之! 然校长竟因此细故,拂袖而去,洁身之计则得矣,其如循循善诱之义何!

今日之中国,变乱频仍,思潮无定。各方势力,在在皆足以摧残已有之教育事业而有余。通南北言,学校以本身风潮,因而招致破坏者,比比皆是,能如南开学校之依然故我者,已不可多见。张伯苓在今日得仍为南开校长,学生在今日得仍在南开肄业,实为不幸中之大幸。吾人与南开无关者,犹思爱护之,惟恐不力,则为之校长学生者,岂可不各各自爱乎? 是以此次风潮之善后,吾人惟望双方一决之自爱心。校长勿灰心、勿负气,当一听董事会之裁决。学生勿任性、勿偏见,亦当一听董事会之处分。则董事会片言立决矣! 诚南开学校之幸,亦即校长学生之幸也。

（《大公报》天津版,1927 年 11 月 28 日）

一、南开学校成立至南开被炸毁时期的张伯苓

欢迎词①

（1928 年 4 月 24 日）

　　本校校董张伯苓先生，南开学校校长，初毕业于前清水师营，曾数次赴日本、欧美考察教育，由美研究教育归国，圣约翰大学赠以博士学位。

　　我们诚恳地欢迎我们的校董、中国的一位实际教育家张伯苓先生：

　　张先生的平生事业比起世界今古的名教育家来，最像瑞士的派司塔罗济（Pestlozzi）。请看：派氏起家寒微；张先生亦起家寒微。派氏曾试着从法律、农事入手改造社会，终不可得，便毅然许身给教育，虽新政府诱以显爵，不为所动；张先生亦尝徘徊水师营，思别有以救国，亦不可得，亦毅然从事于办学，袁政府、黎总统征做高官，亦澹然置而不顾。其尤相像的，派氏小试于二次贫民学校，思探阐（Stanza）乡校而大成于依渥丹（Yverdun）学院；张先生亦由两家私塾塾师，而敬业中学堂堂长，而南开学校校长。其最足予我们无限兴趣的尤莫若二人对教育的绝对信仰：派氏之意以为唯教育为能改良社会；张先生则以为唯教育为能救国。异名同趣，若合符节。至于二人的初途坎坷，备尝辛苦，卒底于成的情形更是一般无二。我们很惊奇天地间会有这等事：不并世的两个人，所见所行竟是如出一辙。

　　现在南开学校大学、中学兼而有之；皇皇黉舍，学人两千；二十年来毕业生广布国内外。说是"弟子遍天下"不为夸饰，留学东西洋有成归国者

---

　　① 为欢迎张伯苓莅临毓文中学，该校特编辑《欢迎张伯苓先生》专刊，作为《毓文周刊》号外出版。本文为刊首的《欢迎词》。

相续于途。这样，以张先生比之派氏或其他教育名家，何能多让？

让我们欢迎这位中国实际教育家。

张先生这次到东三省，主要的目的，听说是调查"满蒙"状况。若是这样，我们以为这是施行教育救国的路子中间很要紧的一种实际工作。请看"满蒙"的情形现在已到了何种地步！主张以教育救国的必须这样着手做。必这样着手做才真是以教育救国。

毓文学校的使命在造就新人才以开发新"满蒙"（参二三三期本校周刊，光汉作《本校今后之努力》一文）。对于我们的校董张伯苓先生这次的工作我们自然表万分的同情。不仅表万分的同情而已，如其我们能够，且愿意尽力帮助张先生让他成功，让我们成功，同时让中国教育成功。

让我们欢迎我们这位热心国家教育的校董。

（《毓文周刊》号外"欢迎张伯苓先生"，1928 年 4 月 24 日）

一、南开学校成立至南开被炸毁时期的张伯苓

张伯苓先生的精神①

（1928 年 4 月 24 日）

张伯苓先生从事教育事业，垂三十年：由私塾而中学，而大学，而女子中学。生徒由数人增至二千。进步之速，成绩之优诚有出人意表者。考其因由并非偶然。举凡其所以成功之处俱表先生之无限精神。

张先生向来主张人格教育。其己身一言一行即莫不可以为青年模范。办学尤主公开：校款出入，按月公布，清晰可查。为提倡运动之故，曾自己到运动场练习运动。为禁止学生吸纸烟之故，曾自己先行戒除。至于其生活澹泊，处人接物之有方在旧社会中不失为道德之士。而求知之心与日俱进，同时又为思想界之先趋。事迹彰然，可以复按。

先生毅力坚强，有奋斗到底的精神。办学程序中，经过困难多端，唯赖此种精神胜过之。就中以校款而论：

先生时时刻刻俱受压迫。民元正月十四日津埠遭变，校款来源绝路。校中教职员断炊者久之。然南开未致停闭。

于民国初年先生曾试办师范专科，未料受外力压迫而失败。此事在先生生活史上不无重大意味。吾人谓当年之师范专科即今日之南开大学之胚胎，其中确有充分之理由。此后大难之来无时或已，亦未尝一日稍杀。曰教、曰养之方务求日新月异期与世界潮流驰驱。先后赴欧美、日本考察教育凡数次，每次俱有所得。南开之有今日，实利赖之。在美国曾有关于教育问题之讲演数万言，深得彼邦人士称许。圣约翰大学因授予先生博士之荣誉。而先生进取之心未尝一日终止，常以"天行健，君子以自强不息"

---

① 署名"荣选"。

勉己,励人。

张先生言行种种俱足以表现其为笃信教育救国者,在办教育途径中无论受何打击,决不灰心。惟自五四而后,学子思想极涉浮动,使先生不能不痛心者凡数次,而终亦不因此而引去,足以征其毅力之坚强。待学生态度始终如一,从未以其愚顽而弃之。虽个人有所询问,亦必谆谆善告。问题不论大小涉及学生者,必令得正当解决而后已。

我国自鸦片战后,一蹶不振。先生多方探求失败原因。使先生所最注意者为中国缺少所谓"现代国民"。救济方法非教育不为功。所见既高,取舍自殊。盖先生当年曾受教于水师营,果由此途展进,不愁不早期腾达。不求富贵,不图苟安而乐负救国重大责任,是又先生高尚人格之明显表示矣。

呜呼!中国今日除二三有心人之事业外又何教育之可言!吉林差可人意,亦未貌神俱是。吾人于先生之来,是"闻足声跫然而喜"矣。

(《毓文周刊》号外"欢迎张伯苓先生",1928 年 4 月 24 日)

欢迎张伯苓先生①

（1928 年 4 月 24 日）

我们生活在这塞上，

从未受过多少有力的启导，

——渴望理想中人的降临不置。

期待间，忽有佳音传到，

原来是先生——我们平日最景仰者，

将现身于我们的面前，

希望之火开始在我们的胸中

燃烧了，

敬候先生的福音，

但，这是多么歉然的事呀，

从未一睹先生的容仪，

凭我们的想像：

先生是个和蔼的长者？

不，宁是个老了的青年，

看呀，看先生到了我们面前；

听呀，听先生给我们的金言。

一九二八，四，二十。

（《毓文周刊》号外"欢迎张伯苓先生"，1928 年 4 月 24 日）

---

① 署名"廼赓"。

一位为事业而事业者①

（1928 年 4 月 24 日）

"我信教育救国,我迷信教育,所以我办教育,所以我为教育牺牲一切。"这是天津南开大学校长张伯苓先生常说的一句话,这一句话虽很简单,然足可表现他的人格,并与世人以无限的教训。中国现在教育不振,东省教育尤觉落后,然说起办教育,何尝在少数? 只是这些办教育的是否都为教育而办教育,是一疑问耳。请问现在办教育的,有几个不是为利禄而办教育? 为地位而办教育的呢? 目的不正,结果不佳,影响恶劣,自然之理,中国教育不兴无足怪也。张先生经营南开二十余年,成绩斐然,世所公认。其初办时,惟有一片热血和两只空拳。那么他在这二十年来所受困苦和艰难,当然不可胜数,南开之危险时期亦不止有过一二次了。他若不是一位"为教育而办教育"的,怎能战胜这些困难而救南开于危机呢? 又怎能办到现在的成绩呢?

张先生总算是一位不愧得一个"为事业而事业者"的名称了,这是这次我们欢迎张先生的最主要的一点。

（《毓文周刊》号外"欢迎张伯苓先生",1928 年 4 月 24 日）

---

① 署名"金君"。

实行的教育家伯苓先生①

（1928 年 4 月 24 日）

《毓文周刊》社编辑主任蔼人先生因为伯苓先生不日来吉，拟刊行专号以表欢迎之意。又因为我在南开学校受教八载，当详知先生之为人，所以要我作篇文章，无拘长短，只要能把先生的长处道出一二就行。当时我想蔼人既嘱托此事，情不能却，且想此生乃伯苓先生所成就，又义不容辞。故受命之下毅然应诺。但时间过于急迫，昨日通知，今日即索稿，便不能把先生的长处一一写出，即所能写出者恐亦不能说得圆满。转想先生人格昭然在人耳目，亦绝不会因我写的多少好坏有所增损。至此遂绝然动笔。因时间限制，姑将我最崇拜先生的一两点写出来。

一般人都说伯苓先生是教育家，诚然是对的。而我独说先生是实行家。教育家三字固可以表明先生，而实行家三字更可以表明先生。先生为人不喜空谈，而喜实事求是。谚语有曰："少说闲话多作实事。"适之先生尝说，"少谈些主义，多解决些问题。"此语惟先生能当之。任何主义先生不常讲的，什么闲话先生未尝说的。但作起事来先生从未让过人的。

论到中国现在的事，破坏有时是必需的，而建设无时不是必需的。破坏易而建设难。破坏须有人而建设尤须有人。先生是不主破坏而主建设的。且对建设之道不主燥进而主稳健。所以观先生所作事失败的绝少，成功的居多。在偏于急进的人看先生，或说先生近于保守。而在我看先生，乃是救中国适当的人。中国今日那堪再遭破坏。如再遭破坏，中国将亡无日矣。

---

① 署名"步唐"。

尚空谈而不作实事,专主破坏而不主建设,愿安逸而不愿劳动,乐享受而不乐供献,责人而不责己,此乃中国今日一班青年之通病。说起来真令人失望悲观。而先生当此国事颠危,青年堕落之时,独能以身作则,勇往直前,实事求是,不畏艰难,不避毁谤,知有人而不知有己,责己而不责人,逐日勤劳,席不暇暖,似不知老之将至也者。这种牺牲及大无畏的精神,乃实行家必备的条件,这也正是令我崇拜至五体投地的两点了。

写到此处欲再往下写,可惜时间不容。我只好停笔。对蔼人有点不忠,对伯苓先生有点不义。望祈原谅吧。

四月二十一日晨十钟

(《毓文周刊》号外"欢迎张伯苓先生",1928 年 4 月 24 日)

南开同学秋宴志盛

（1928 年 11 月 25 日）

南开学校出校同学昨日下午六时在国民饭店举行秋宴，联络感情，并祖饯张伯苓校长出国游历。赴宴者二百四十六人，内有夫妇同行赴宴者十七人。张伯苓夫人玄衣黑裙，亦端然在座。并有段茂澜及周维蕃新婚夫妇两对，新娘均服浅色衣，鲜丽炫目，尤为女宾中别开生面。由马千里主席，先报告开会辞，继即进餐。餐时因预定坐位不敷，故有十余人立待良久后临时加添二桌，始得就坐。然而侍役等东奔西走，殊有不暇应接之势。故后添之桌，大闹面包恐慌。于是群相以自己剩余之面包，向该二桌掷去，一时面包婉如雪花飞舞空中。伉乃如氏并充当临时茶房，向女宾送牛奶补丁。餐毕，唱校歌及国民革命歌，由国民饭店西乐队奏乐，众皆引吭高歌，莫不精神百倍。旋为摄影，张仲述氏站立摄影机前，高声语众云："请诸位均面向摄影机，能'露脸'最好，不能'露脸'则亦无法。"闻此滑稽之语调，满室为之哄然。后由该校董事长颜惠庆演说，大意谓，中国旧观念素不注意旅行，而近时则不然。以前谓"秀才不出门，能知天下事"，而现在要说，"校长不出门，难了学校事"。张校长此次出国游历，负有两种重要使命。第一为发扬南开之光辉，宣传南开之成绩。英国以剑桥、牛津而使人钦仰其文化，美国以耶鲁、哈佛而使人景慕其学术，其余如德、法等国，莫不因有著名之大学而使世人知其国中之文化发展如何。吾国之南开学校，在私立学校中成绩卓然，此次张校长出国，即负有使外人知吾国有南开其校，并藉知吾国之文化程度之使命。第二为联络国际教育界。近年外人之来吾国者，殊不乏人，如杜威、罗素、孟罗等，礼尚往来。彼国既有来者，吾国自不能不有去者,故张校长此次出国,并负有联络国际教育界之使命。最后并望张校长能捐得巨款回来,为南开将来谋新建设云云。后由张校长答辞,要义有二:一为陈述自己此次准备出国之经过及目的,一为希望在座同学努力求进,为母校增光。最后高唱校歌而散,时已十句余钟。

（《大公报》天津版,1928 年 11 月 25 日）

我们的校长①

（1928 年 12 月 14 日）

因为有生的苦闷，因为有战的痛苦，所以人生才有奔跃猛进的大力。不亲尝过中日战的奇辱，不痛感出祖国濒于沦亡的压迫，不怀蕴着屹立天地间的壮志和火焰焰的热情，张伯苓先生之为张伯苓先生决不会与现在的相同。他的地位，可比现在高；他的物质生活，可比现在华贵。但是，我们敢说，他决比不上，现在，在我们几千几万青年心眼里的这位无财、无势、布衣的青年老头这样的可敬可爱。

压抑是能使生命飞跃的。但是世界上肯实心眼的抓住自己的生命力量与向着我们挑战的暴力，认真的拼个你死我活的，能有几人？同在一个国度里，同受着一样的耻辱，肯把自己的经验过惨痛的一星尚有觉悟而未死的火，兢兢励励地来燃烧青年的新柴，并且憨憨地不住地燃烧，更能有几人？抵抗，冲突，顶到底，不是弱者所能胜任的事业，又不是聪明人所想干的。惟有那些憨头憨脑的伟大的呆子，才肯把这些事拉在自己的身上，求在困苦艰难之中打出一条生路。说句老实话，历来的大人物大思想家之所以了不得者，也无非因为他们有这种彻根无底的呆气。回头看看我们的校长，并没有什么奇特之处，花了半生心血，只剩下了两袖子空气，和一只东跑西颠的大皮靴。假设把他放在既精又敏的，聪明人的天秤上面，称量一下，也无非是个足斤足两的大呆子而已。

呆人作的事，往往是人所不睬的，既无灿烂炫目的珍宝，又无夸耀侪辈的令名。不过是一些问题，或许是他人所看不在眼里的问题，忽然被呆子

---

① 作者曹汉奇。

们看透了，抓住了，就孜孜的干下去。什么风头呀，什么花着呀，像耗子玩的那套把戏呀，都踢得无踪无影。在这种意义上，我们的校长二十年的功业在在可证明他的呆气。不过，我总觉得一个人的成绩是次要的。再干脆一点儿说，一个人的功业，凡存在于我们眼前的，已经是死的，呆板的，活力的渣滓，实不应该讴歌颂扬。一个人的伟大的真正表现，恰在两点：一，在他工作的出发点；二，在他进行他的事业的步骤。

当人刚要发动作事的时候，背后有种种力量在那儿跳动激迫，并且这些力量往往是冲突的，——不向着一个方向动。不是伟大的人，便支配不起这群力量，便徘徊犹疑，看不穿何者宜从何者宜去；方寸乱了，便往往走入歧途。惟有伟大的人，才能够与背后的动力大相搏战，他能擒住各种不同势力的领袖，又能用自己的真理智去断定自己的出路；路定了，便开步走，与一路上的荆棘恶魔相战。他所流出来的血汗，都是生命力盛旺的美丽色相，是可观的，也是可叹咏的。至于已成形的战迹，对之凭吊是可以的，如对之赞扬则未免失当罢。我们的校长亲手造成了小学，男女中学，大学，固然是了不得的伟绩，不过他作事的出发点的精神总不应该被这些已成的功绩所泯灭，因为那种动力很可启示我们青年以无限的奥蕴，在教育上，在任何方面上，都可给我们以活的，永久的灵感。

二十年前（校长正是年青），校长在战场上战败归来，他卷在悲愤填胸的爱国狂下面，很可以敲起锣鼓来大声疾呼，尽情尽力地吹几口虚气，冒几股青烟。胸头的闷气既可发泄，荣誉的花冠也可摆在头上，一世威名不难成就。但是，怪哉！我们的校长偏这样的憨气，抛了这条聪明人所走的路，竟老老实实地做了家塾教师，与几个小学生守在一起了——真的，二三十岁的有为青年，作这点小事，真算呆透底了——并且一心一意憨憨地干了二十多年，牺牲了滴滴的青年赤血，仅换了一腔笑容和几丝银发，这样的精神多么令人迷爱，令人钦佩呀！

现在校长又长行美洲，给青年求更优的生路。这种温柔爱众的情绪，孜孜不息的精神，真如清晨的丽日，将给我民族以无限光明。已枯的源泉，如能在我同胞的心头活过来，依然漫奏着她活动的音调；白发红颜，将不知如何地弹出其心口的热爱与感激的情泪呢！我们的校长，我们的伟大的校长。

（《南开大学周刊》第 67 期，1928 年 12 月 14 日）

送张校长游美[①]

（1928 年 12 月 14 日）

一般所谓的欢送，大约不外两种意思：

（一）惜别的欢送——因为被欢送者要长时间或短时间的同欢送者分别，所以用一种欢送的意思表示惜别。

（二）快乐的欢送——因为欢送者对被欢送者久已"疾首蹙额"，现在一旦他肯离开，所开大家也用一种欢送的意思来表示"得庆来苏"！

我们对校长的欢送是兼有前述的两种意思，只是我们的快乐非"得庆来苏"的快乐，而是"前途无垠"的快乐。

校长这次到国外去，预定要用八个月的工夫。八个月同一个世纪比较自然是很短的时间，但在一年之中占了已经三分之二了。换句话说在最近一年的三分之二的时间中，我们将无机会来听这高个子小胡子，为南开努力二十多年的教育家来对我们说话；最低限度要在明年暑假开学的时候，我们才可以再同他会面，同他谈话。这样八个月的分离，自然是很可惜的。

我们可惜，同时我们也快乐。我们的快乐不是因为校长一旦离开南开，我们大家都觉得"啊呀！你可走了！"而快乐，不是；而且他也只是暂时的同我们离开。我们的快乐，是在闭起眼睛来，想到校长在支加哥[②]下车的时候，许多南开老同学拿着南开的校旗，唱着"渤海之滨，白河之津"的校歌在车站上去欢迎的那种热忱而快乐。同时我们又想到校长同 Henry Ford 见面的时候，校长把一本 *Story of Nankai* 送给他，并且说到"This epit-

---

① 作者乐永庆。

② 芝加哥，编者注。

omizes in a remarkable way what I have done for Nankai."。Ford 见而大喜，马上从口袋里拿出支票本来，在一张支票上写了一个"五"，接着写了六个"零"，签完字撕下来交给校长。这也是一种使我们十二分快乐的预料。

我们依依不舍的看着校长出国，同时我们也高高兴兴的看着校长出国。在这悲喜交集的情形之下，我们很自然的对校长并流露出一种欢送的热忱来。

校长常说："我第一次到美国去的时候，看见他们样样都好，恨不得样样都搬到中国来。第二次去的时候就不然，觉得美国的东西有的可以搬到中国来，有的是不能搬的。勉强的搬只是有害而利！"我们希望校长这次到美国去，看到美国的一切会觉到那些东西都不必搬到中国来，但他们的方法却有许多中国尽可以学！

两千多年前孟子在讲耕有其田，商有其市，仕有其用，行有其途的时候，美国文化还在"不见经传"之列。但到了两千多年后的现在，人家已经在那里称雄一世，而我们还连中山先生所说的"人能尽其才，地能尽其利，物能尽其用，货能尽其流"都办不到！这是什么原故？不是中国人特别笨或欧美人特别聪明，也不是欧美走什么好运或中国倒什么霉，而是我们忽略了造成现代的国家的两个大要素——科学的方法和民治的精神。为要使人人都能用科学的方法来治事，为要使人人都能本民治的精神来治事，我们有许多地方要取法欧美，这是毫无疑义的。但我们要取法的只是他们科学的方法和民治的精神的使用，而不是由科学的方法和民治的精神所产生的结果。所以我们说欧美的方法，尽管可学；欧美的制度，倒不必样样搬来——要搬也须按照环境的情形而加以选择。

张先生曾在中国这新旧潮流的冲突中挣扎了一十多年，论经验，自然是很丰富。他曾抱着"救中国"的目的而办了二十多年的教育。论阅历，自然也很广。有了丰富的经验，广大的阅历，现在他要到欧美去看看；我们相信他一定可以得到一个满意的收获，满意的成功！张先生的收获就是南开的收获，张先生的成功就是南开的成功，也就是中国的收获，中国的成功！这是我们值得希望的！

校长这次出国另外还负有一个使命,就是去募一笔巨款来发展南开,以完成其理想中的计划。以南开的成绩,张先生个人的声望,和欧美一般对中国的好感,及华侨爱护祖国的热忱,我们觉得张先生也有满意的成功的可能!也是值得我们希望的。

　　从这两方面着眼,我们对校长这次出国,表示热烈的希望与欢送!

　　最后作者还要藉这地方敬祝校长极满意的成功和途中的平安与快乐!

十二,五

（《南大周刊》第 67 期,1928 年 12 月 14 日）

校长离津后行踪

——由天津到横滨①

（1929 年 1 月 11 日）

[一九二八年]十二月十四日　车行后，沿途无大耽搁。南开同学罗骥君，现充平奉路皇姑屯机厂技师，邂逅遇于车中，同行至山海关，始下车而去。晚餐蒙罗君宴请于食堂车中。车中汽管，半毁半全，以致冷热不均，罗君假给校长毛毡一条，用以避寒。

十五日　午后一时抵皇姑屯。当有胡段长训忱、王校长一丁来接。胡段长先得路上职员报告，故知之甚确也。下车入城，住同泽俱乐部。晚七时王省长、米总监，邀请晚餐，谈谒汉卿先生，请预为约定时间事。

十六日　拜访邹军长岳楼，谈兴安屯垦诸事。继访常省长潮勋，谈交通及移民事务。正午胡段长训忱，在便宜坊宴请校长，在座皆南开同学。餐未毕，东北大学孙、高、周、臧、李五学长及省教育会姬会长，闻讯来访。晚六时半南开同学会欢迎欢送晚餐会，到会者四十余人。散会后，南开同学排演《新村正》。

十七日　早十时访张汉卿先生，欢谈甚洽，约经一小时有半，校长始辞出。往青年会赴姬会长宴。晚六时半，东北大学五学长，宴请校长，饭后，校长往省教育会演讲。

十八日　早九时访杨督办邻葛，谈甚久。正午整备行装，将启行间，王校长一丁来言，汉卿先生慨捐基金廿万元，并于午后一时，盼再一谈。因是

---

① 作者傅恩龄。

缓行一日。校长往访汉卿先生后,到同泽女校讲演。

　　十九日　午后二时四十分,自奉启程赴日。来站送行者颇夥。

　　廿日　车经朝鲜。晚九时渡日本海峡。

　　廿一日　早七时抵下关,早餐后,再登车,直赴东京。晚十时车经京都,同志社大学总长秘书松井先生,莅站送交该校章程、会计报告等印刷物。

　　廿二日　早九时余,车至横滨,南开同学会代表王家骏、李桂馨两君及丸山傅太郎先生,远道来接。九时五十五分,安抵东京。来迎者甚众,约五十人。行李诸物,托王君送往帝国旅馆。校长出车站,偕日友人丸山、斋藤两先生,拜访国际联盟协会理事奥山先生,继复拜谒井上先生。然后即往早稻田大学,待遇优渥,欢谈较久。正午于贸易会馆,太平洋问题调查会午餐会,新渡户博士主席。午后四时半,于学士会馆,国际联盟协会学生部各大学学生代表晚餐会。晚七时半,在大雅楼,南开同学会欢迎欢送会,内容颇饶兴趣。

　　廿三日　早九时半,拜访托公使姜留学监督。十时富士见町教会礼拜。正午在电气俱乐部,富士见町教会教友午餐会。午后一时半,银座教会欢迎会。四时半,南开同学会请校长在中华青年会公开讲演。晚七时日本青年会国际学生圣诞社交会。

　　廿四日　早十时赴庆应大学,欢谈极洽,赐赠书物报告多件。正午在工业俱乐部,国际联盟协会午餐会,贵族院议长德川公爵主席。午后二时半,拜访币原前外相,谈甚久。归途访吉野作造博士未遇。晚七时,中华青年会新会员欢迎会,校长讲演。

　　廿五日　午前整理行装。正午赴北京亭午餐。正午三时,自横滨启碇赴美,来码头送行者数十人。船行后,送行者伫立远望,至不辨人影始返东京。

　　（《南大周刊》第 69 期,1929 年 1 月 11 日）

人格之魅力①

（1929 年 5 月）

"不要总期待从你们的祖先那里继承什么东西。"——中国教育家张伯苓的忠告。

"作为一个年轻人，我曾经是一个悲观主义者。我的人民的苦难与贫穷，令人感到耻辱的外国势力的侵略，以及正常生活中无耻的腐败，曾深深打击着我。我一度身处绝望，幻想破灭，看不到任何的希望、任何的出路，甚至考虑过自杀。"

带着一丝惊奇，我听着杰出的中国教育家张伯苓述说着他的生活经历。

"我曾经是一个年轻的海军军官。不久，我发现一个国家的强盛要依靠其全体人民，而不能仅仅依靠几个斗士，于是放弃了军旅生涯转而献身于教育。我相信教育可以改造人民，使其获得新生，所以我联合一位卓越的学者兼官员严修先生，在天津他的家里建立起一所现代教育机构。那是在 31 年前，当时这些现代的方法在中国并不普遍。然而，我当时仍是悲观的，直到基督教走进了我的生活，是基督教使我成为一个乐观主义者。"

这是一个沉闷的冬日，我们在纽约的一座摩天大楼里交谈着。张博士隔着桌子把身体探过来，用清脆嗓音，极其认真地告诉我他生活中已经发生的变化。他的话语与外面的天气形成了鲜明的对照。我完全被他的光芒和热情深深地打动了。他继续说道：

---

① 作者弗兰克·B.楞次（Frank B.Lenz），编者译。

"我是从两个基督教青年会的干事——C.H.饶伯森(C.H.Robertson)和罗伯特·盖来(Robert Gailey)先生那里第一次听说基督教的,他们不久前从美国来到天津。我十分钦佩他们的精神,我想我如果能拥有那样的精神,我将终生报以真诚的服务。然后我开始十分虔诚地研究基督教,发现基督突出的品质是他特有的人格和牺牲精神。这深深地打动了我。"

在饶伯森的爱心引导下,张伯苓成为一名基督徒,这样的决定在当时中国的文化人中并不被认可。他随即将这件事告诉了他的家人与同事,他要从学校辞职并离开天津的决定,引起轩然大波。但他接受了更好的建议,留在了原来的工作岗位,并很快就开始扩充学校。

在短短的25年间,张伯苓在教育界取得了比其任一个同胞都显赫的地位。

张是一位先行者,但是他所做出的创新和改革的决定从未得罪过人。他非常老练,懂得如何合作。他为人低调,从不出风头。尽管将近六十岁了,但他的身体和思想就如同三十岁的年轻人一样活跃。我曾经看到他在纽约拥挤的街头灵活地躲闪,而许多更年轻的人却不一定有他那样的胆识。因为他有清醒的理智,这是他第三次到美国来获得最新的教育学理论和方法。

他在体育方面的兴趣总是非常热切的,目前他担任着中华业余体育协会主席。近二十年来,他担任着天津基督教青年会会长,积极地参与着这座城市年轻人的活动。作为会长他没有任何的对手,他熟练地掌握英语和中文,已经被三次不记名地推举为基督教青年会全国大会的主席。他是天津华人自立教堂领导人、中华教育促进会全国委员会的成员,并一直担任地方禁毒协会的主席。他一再拒绝在政府中担任职务,即使曾有两次被任命为总长级官员。

张博士曾在美国、英国、德国、法国、比利时、印度和远东等广大的地区游历。其间他曾数度到日本访问。在结束这段学习之后,他还将取道欧洲、莫斯科、西伯利亚,前往日本参加太平洋关系学会。

他的生活始终以为各地教育家所熟知的著名教育机构——南开中学

和南开大学为中心,南开中学有 1600 名男生和 280 名女生在学,南开大学则拥有 380 名学生。

"我们由家馆创办了我们的学校,一开始什么都没有。"张博士解释说,"我们没有钱,没有地,没有房子,没有设备甚至没有家具。我们什么都没有,但是有精神。今天我们拥有了 120 英亩的大学校园,20 英亩的中学校园和价值 125 万元校舍和设备等。但是我不过于看重物质,我更看重精神,赋予学校生命的精神。我希望南开的学生们能保持这种非常富有美国特色的精神,我欣赏你们的进取心和干劲。我不希望学生们拈轻怕重,我经常告诫他们:不要总期待从你们的祖先那里继承什么东西。"

以西方和东方的经验作为基础,张博士一直在打造最适合当今中国的人生哲学。这里是一些指导性原则:

日新月异,自强不息。不要想着一夜暴富。不要取得一点点成绩就自满。不要总想着走捷径。

无疑,校长的这种精神一直感染着学校的每一名教职员工和学生,整个学校洋溢着一种充满信心、希望和必胜的氛围。这种精神不仅表现在教室里,也表现在体育场上。多年来,南开已经成为华北地区省际运动会的冠军。学校一直鼓励课外活动——这与旧式教育体制下占优势的传统做法相去甚远。南开的辩论团从未被击败过。南开的戏剧社团一直受到全华北地区青年人和老年人的称赞。学生基督教青年会有着令人尊敬的无私服务记录。南开的学生在文学社团和学校新闻出版方面一直领先。模拟议会作为一项重要的学生活动,为未来政治家提供了训练场所。

在中学和大学同时招收女学生,被认为是另一项背离古老传统的举动,从中国的目前情况来看,这些做法无疑是正确的。与此相关的一个值得注意的情况是,一名年轻的女毕业生刚刚通过文官考试,考取的是该地区最高级别的行政职位。南开的这名女生是几百名考生中唯一通过考试的女性。

南开的学生不仅来自北方各省,而是来自全国各地。这一事实极有力地说明了南开的学术水平。实际上还有相当数量的学生来自海外,如新加坡、洛杉矶、旧金山和波特兰。

尽管学校还年轻，但其毕业生已经为母校赢得了声望和荣誉。南开的七名毕业生做了各省的教育局局长。商学院的毕业生成为商人、铁路和其他一些领域追逐的对象，这些领域需要受过现代化训练的人员。那些在美国大学读研究生的南开学生脱颖而出，成为优秀学生。

"你从工作中得到了巨大的满足。"我向张博士说出了我的想法，"面对当今中国如此多的不利条件，你所表现出的勇气深深地打动了我。你为什么会去做这一切，什么是你生活和工作的动力？"

他迅速回应说："不为自己而为大众活着。你看，我母亲是一位佛教徒，而我父亲是一位儒者，他们给了我某些为他人服务的精神。当我信奉了基督，生活才有了真正的意义。迷惘和悲观主义没有了，一切都焕然一新。基督教是一种生活方式，我正努力用这种方式来展现我自己。我既不希望我们的年轻人自私自利，也不希望我们的国家被狭隘的民族主义驱驶。我不相信孤立，中国处在国际大家庭之中，不久必将对现代文明作出其自己的贡献。"

多么伟大的人格！充满了勇气，充满了魅力。我们对它怎么衡量，或者解读呢？永不停息、生机勃勃、刚健有力、亲切和善、满怀希望、凝聚人心，这就是我眼中的张伯苓。

(*Association Men*, May, 1929)

张伯苓丧气①

（1929 年 8 月 21 日）

南开大学校长张伯苓为筹募校舍基金事，特屏去私务，远渡重洋，冀得外力之援助。其原定计划以四百万元为标准。其募集方法，第一步之目的在国外大资本家，第二步在旅居异邦之华侨，第三步则为国内各达官显宦。倘第一步已达目的，第二步即不举行。第一步第二步均不足额时，再施行第三步，以凑满原数。

当张氏抵美时，即向汽车大王福特捐募五十万。福特询张究须几何方能满欲，张以五百万对。福特谓，如满四百五十万时，当致五十万。请先进行此四百五十万。倘四百五十万已有成数，五十万即存储以待也。张默然而退，费固丝毫未获也。

今张行将归矣，其所得成绩仅十分之二三，无已，惟有施行其第二步之计划。但华侨方面近对国内教育事业因有暨南之覆辙，大有越趄不前之势。故第二步亦已毫无把握。第三步则自国府明令各行政官吏不得擅自输将后，此项凑数方法亦已属望成空。因之张氏大为气馁云。

（《礼拜三》第 25 期，1929 年 8 月 21 日）

---

① 署名"校役"。

彻底做①

——张伯苓演讲限二十分钟

（1929 年 10 月 5 日）

九月十六日，教育家张伯苓博士，在上海中学演讲，博士除报告欧美各国情形外，末了还大谈其英国人彻底心一段，很是警惕，且多发噱。博士说："我这次到英国去参观，觉得英国的一切风俗人情，实在比什么国家都特别！都有一极新气象！而其中最使我佩服的，就是英国的人民，个个有彻底心。因为英国的无论那个人民，做起来事，总是很高兴，很有始有终，很反对苟且的。他们大的事情肯彻底的去做，小的事情也肯彻底的去做；快乐的事情肯彻底的去做，悲哀的事情也肯彻底的去做；甚至强占人家土地的事情肯彻底的去做，实行侵略弱小民族的事情也肯彻底的去做；其他一切的一切，更可说都肯彻底的去做。所以英国因为人民个个有彻底心，近几年来，国家的威权，何等高？人民的意志，何等强？'日不没国'之称，真名不虚传了！然而我以上所说的许多话，诸位或者不大相信，我现在再把一桩有趣的事实来做证明吧。有一次：我约了刘先生（湛恩）等几个朋友，到英京某大学去参观，到了那个大学，那个大学校长一定要请我们作二十分钟的演讲（不能过一分也不能少一分）。我们说：'演讲是可以的，不过二十分钟怎样能支配呢？'那个大学校长说：'不要紧的，只要请你们在演讲之先，先练习几次，那末就有把握了。'我们又说：'练习演讲是不大好的，还是任意的演讲十分钟吧！'岂知那个大学校长那里肯听，一定要我们作二十分钟的演讲。后来我们不得已了，只好大家一同先练习了几次，才

---

① 作者"杨家颐"。

把二十分钟演讲的难关挨过。"

我听了博士的话,觉得这位大学校长,所以一定要一而再再而三的,请张博士作二十分钟的演讲,无非是他真真有彻底心的表现;不然,为什么他还请张博士在演讲之前须练习呢? 唉! 实在可风! 实在佩服! 我要奉劝一般作事有始无终的人们,不要苟且的贪你一时之懒,姑且凭你的热血,努力干去。须知有了彻底的精神,作事才不发生困难,生活才可开一朵灿烂光明之花了。

（《民国日报》,1929 年 10 月 15 日）

张伯苓校长回津盛况①

（1929 年 10 月）

欢迎校长车站上的盛况

校长游历回国，自沪电知于本月二十二日清晨抵津，各同学均闻知。是日自清晨六时前往车站欢迎者，遂络绎于途。计到者除本校大学、男中、女中、小学四部代表外，有八里台小学代表、校友会代表及宪兵司令部自行车队等。至六时四十五分，各代表等陆续到齐，总计有千三百余人。第二月台上拥拥跻跻熙熙攘攘，盛极一时。天桥南头，悬有国旗、党旗随风飘摇，亦示欢迎之意。七时许，南方煤烟出现，众即企踵瞭望，煤烟由淡，渐浓，车声愈迫，车头甫进月台，青白校旗，各色毡帽飞摇空际，爆竹震耳，音乐大作，"吃……崩……南开……南开"之呼声惊天动地矣。校长自窗向外频频点首微笑，虽经连日之风尘，而精神矍铄如昔。车停稳，校长与由总站上车相陪之张主任等于音乐悠扬、大众狂呼中联袂下车，与本族及教职员等先后寒暄握手，继由女中代表献花。校长莞尔颔首以示谢意。与女中同学握手后，由南开商行摄一影以志纪念。大、中两部因人数过多，为节省时间而免散乱起见，由军事教练官下令成对面二路连横队，与校长一一握手，至毕。全体唱严壮之校歌，至七时半，同学遂整队归校。校长随队出站后，由同学朱先栽君摄一全家小影以资纪念。摄毕，与大学主任黄先生等乘汽车归校云云。

---

① 本文摘自《南开双周》"校闻"栏，原文无标题，本标题由编者拟定。

一、南开学校成立至南开被炸毁时期的张伯苓

欢迎校长游艺大会

游艺委员会议决,于校长归国之第二日(廿三日)下午两点在礼堂举行欢迎会。是日到会者甚多,礼堂几无立足之地。由张宝文君述开会词,李继三君、陈箦谷先生致欢迎词毕,即由校长演说,大意述此次漫游美欧目的有三:(1)休息,改变环境及工作就是休息。(2)筹款,在美国的朋友和同学为吾校组成一筹款委员会,会内多美国社会知名之士。(3)考查教育,曩者所谓考查教育,大多考查学校之设备,或学制之改进。此行则考查外国一切情形,以求明了其经济和政治状况,然后再考查其如何用教育方法解决一切问题。① 校长演说历二时许,各项游艺如丝弦合奏、繁华林独奏、口技、幻术、清唱等继之,延至五时余始散会。

男女中、小三部教职员欢宴校长

九月廿五日下午四时半起,本校男女中及小学三部先生,在女中礼堂开[欢迎会],主席陈箦谷,同时举行聚餐。到会者共百数十人。首由陈箦谷先生至开会词,次由刘君坦先生代表三部同人致欢迎词,次校长演说。略述(1)本校历年之沿革,及设学之主旨在教育救国。(2)列强日见发展之情况及其原因。(3)中国今日之病像——贫弱——病原,及治疗之方法。(4)劝勉同人和衷共济的努力教育事业,以图实地改造中国。次复报告:(1)新聘美国哥伦比亚大学师范院毕业阮芝仪博士来我校为小学实验教师,希望将于中学部教学方面亦有所改进。(2)筹备教育研究室,以便同人研究教育学科之用。② 校长演说毕,由喻塵涧先生介绍诸新先生后,选举本学年职教员会诸委员。次即举行各项游艺。会毕聚餐,已七时余矣。

（《南开双周》第4卷第2/3期合刊,1929年10月）

---

① 演说全文参阅《张伯苓全集》第2卷《中国的富强之路》文。
② 演说全文参阅《张伯苓全集》第2卷《新的教育》文。

刻世纪四部联合庆祝纪念志盛(节录)①

(1929 年 11 月 4 日)

纪念典礼于十七日上午在南中大礼堂举行,是时礼堂收拾一新,四壁列排锦标及礼物,台上高悬寿字屏,到会者约千余人,而外宾之到会者,亦不在少数,极一时之盛。

九时半开会,军乐队全体起立向党旗、国旗、总理遗像行三鞠躬礼,恭读总理遗嘱,静默。首由主席校长致开会辞,略谓:"南开今日庆祝二十五周年纪念,不禁回忆本校开办时之情形,彼时学生人数与今日之教员人数相差无几,今之四部学生人数已达二千五百余名,具征进步。在欧美各国学校恒与社会相附而进,此乃世界之潮流,原无足异,南开之在中国而仍能随此潮流,实赖严范孙先生之躬行实践精神,与社会各方之援助。犹有言者,本校诸同人咸能不计薪水多寡,竞业自强,本校学生更能深明事理,努力合作。以上二者亦系绝大助力。望仍本严先生之精神,进而谋下二十五年之进步!"

次董事会代表颜惠庆氏演说,略谓:"今日南开举行二十五周年纪念,蒙诸位嘉宾惠临,敝人谨代表董事会致谢。南开之所以发展至此者,实赖严范孙、张伯苓二先生。就敝人所认识之校长之卓有成绩者有四:美国 Virginia 大学校长,上海圣约翰博校长②,北半燕京司徒校长和南开张校长,不过其中三位系外国人,而彼等所办理之学校又均有相当基础,较易为力。南开则不然,环境较劣,基本不固,诚难能可贵。望(一)张校长于二

---

① 作者严仁颖。

② 指上海圣约翰大学校长卜舫济(Francis Lister Hawks Pott,1864—1947)。

十五年后仍在此之席。（二）社会热心帮助进展设施。（三）出校生体会严、张二先生之建设精神,帮助社会改造。"

再傅作义司令演说,略谓:"今天贵校二十五周年纪念,二十五为最宜庆祝,因中国夙有三十而立之说,现则二十五为学校生活终了之时。南开为华北仅有学校,二十五年来我国受外交侮辱,社会道德破产,国家内乱频起,惟有仰望我国之青年。贵校夙有盛名,望贵校学生出校后改造社会,勿为社会所改造。望中国进步!南开进步!"

崔廷献市长代表陈筱庄氏演说,略谓:"崔市长对贵校最敬慕,特派兄弟为代表,来此恭祝贵校二十五周年纪念。南开学校本一学人团体,此团体所有二十五年之发展者,确因有二大主脑,即严、张二先生。靠此二人乃能由一家馆得此成就。严先生之精神、道德、文章,为常人所不及,虽老而游日本与欧美求学问。张先生亦然。而二先生之牺牲更引起社会之同情,望今后仍本以前精神日进无已。则下廿五年之进步更可观也!"

再,开学时在校学生代表张仲述氏演说,略谓:"自首次开学至现在,忽忽已念五周年,追忆第一次开学时之情形,与今相差太远。我校此念五年中,所用方法皆可谓'穷试验',但此穷试验中,确得有相当效果,希望今后仍继续此种方法,以期下廿五年之成功。"

其次为校友总会代表阎子亨氏报告校友会近况,陆善忱读各地贺电。后大学主任演说,谓:"本人亦为本校旧生,今日到会,颇生今昔之感。我校创办至今,已廿五年,此廿五年中,大、中、女、小四部成立,正如一人洽在壮丁,愿今后学校如壮丁一般向前猛进。"

大学学生崔书琴演说,略谓:"现今国事日非,吾人应有三种工具,向前努力。第一教育救国。第二 Sportsmanship。第三社会之天良。吾人须按此三种进行,将来至改良地步,再庆祝纪念,其价值当远过今日。"

中学教职员代表张檠铭氏演说,略谓:"吾人感觉一种穷,而生一种志向,依法改造,后又生新穷,再生一种新志向,再改造,——愿学校依此种循环向前努力。"

男中代表张敬载演说,谓:"今日为念五纪念,正如一粒种子,现已下地,将来一旦发展,当与欧美相伯仲。"

次女中代表许邦华演说,词句流利,全场为之一振,今记载其演说如下:

我今天来拜寿,顺便说几句话,并且带来一件礼物——大银瓶一只,讲演时置于台上——。这是女中全体学生庆祝我们学校整寿的生日礼。女中学生,每人平均要拿二角五分的礼费。此外,还有一套桌椅,现在放在女中礼堂的台上。

我本是代表女中来庆祝学校二十五周年纪念的,但又想不出什么话来。我就拿这银瓶上的四句话,算作为〈我〉的祝词吧。四句话是:

"如花之好,如月之圆。光明灿烂,亿斯万年。"

如花之好——我祝我们学校如同一朵鲜花一般的香艳美丽;并且更愿能像我们的国花——梅花。它能在严寒而单调的环境中,毅然的奋斗的在那里独立着。

如月之圆——我更祝学校如同明月一般的光亮洁净。今夜是十五,月儿一定非常的好,愿学校能如今夜月儿那样皎洁光明。

光明灿烂——祝学校今后,一步不停的向前走着,永远走在一条大路上。愿大家一齐努力干起来,使这条路永远光明,永远灿烂。

亿斯万年——祝学校努力向前走着,永久不停,十年,百年,千年,万年。

最后的口号:南开万岁! 万岁!! 万万岁!!!

后小学钱先生及同学胡克明演说毕,发散纪念品,高唱校歌后,欢然而散。

（《南开双周》第 4 卷第 4 期,1929 年 11 月 4 日）

由美国到英国

（1929 年 11 月 26 日）

由 San Francisco 至 New York①

（一）

　　本年春伯苓校长壮游美国，考察[教]育，留美南开校友会同人因得重亲化雨，曷胜欢忭。迩听母校年来发展之状况，更欣庆诸师长诸同学奋勉合作之精神，日进无疆。同人等远留异域，已久不亲南开教育之薰陶；惟精神上之结合，则历久而弥坚。今伯师来游，讵仅促吾等之追忆当年听教时事，而今后光大南开教育之使命，当更增一番努力也。

　　伯师系于一月九日抵加省旧金山，至六月一日赴欧洲，留美共计五月有奇。此五月中除在纽约组织南开募款委员会外，曾赴东部各大城考察教育，并随处演讲中国政治社会及教育一切情形。一时中外人士莫不与以热烈之欢迎，并各地报馆亦均与登有详细之小史及照片等。惜记者自处费城未能追随纪录，殊以为憾。幸当其留抵城②，及西拉古各城时，该地同学亦曾有纪录寄下，兹一并附录于后，以窥全豹。至本篇之作，除一部分详记伯师在费城演讲外，并略述其游美之一般而已。是耶非耶，当质正于校长，并

---

①　本部分作者刘炽晶。

②　指底特律。

请恕其迟延之罪。（对外书记林君苦不得暇，刻又赴西拉古城，记者因代纪录一切。）

（二）

伯师于一月九日抵旧金山，曾去利兰斯丹佛大学参观。该校中国学生会曾开大会欢迎。该校校长威鲁伯（现内务总长）及校中重要职教员亦均列席。

一月二十四日抵华盛顿，与施公使及清华驻美留学监督梅贻琦先生及众议院议员柏德氏等会晤。

二十五日午后抵费城，南开同学五人曾至车站迎迓，乘汽车迎至本薛文尼亚旅馆，稍憩后校长即向众报告母校一切现状及日兵之设施。晚餐于该旅馆饭厅，餐毕校长至各同学住处巡视一周。翌晨同学等导校长至学校参观，当日午后即直赴纽约，住威多利亚旅馆，办公于中国学生青年会。曾偕同该会总书记孟治君联络住纽著名人物，组织南开募款委员会，公举威鲁伯总长为主席，并由与南开有旧之名人如孟罗①、克鲁百垂克②、加特等联名印布募款小册，连同南开说明书等分散于各处，以期彼等对南开有一明瞭之印象，为将来募捐之准备。此外校长并至各机关各团体演说。

四月三日留美东部南开同学假纽约中华园开正式大会欢迎校长，并举行南开校友会留美分会成立会。到会者宾主共十九人。计为校长张伯苓先生，Prof.Kilpatrick 夫妇，梅贻琦先生，许桂英、王淑明二女士，孟治、刘晋年、黄春谷、王鹏云、曾克熙、孙立己、林会、庞永选、林伯铸、张俊图、王恩东、刘炽晶君等。十二时开会，会长王君致开会词，许女士致欢迎词，克教授演说，校长训词，最后梅先生演说，并讨论会务。四时摄影散会。

四月十九日校长应费城中国学生会及国际学生会之请来费城演讲。该日午后演讲于国际学生会所，到会者计百余人。《国际学生月报》及《费

---

① 美国教育家 Paul Monreo，通译为"孟禄"。
② 美国教育家 Kilpatrick，通译为"克伯屈"或"基尔帕特里克"。

城评论报》均登有校长小史及照片。当时本薛文尼亚校中国同学数人宴请校长及[外]交部驻美监督王景春博士于富兰克林旅馆，商科主任约翰生博士与坐焉。翌晨校长复至本薛校各处参观。午餐于约翰生主任之宴会。同席者为本薛校副校长二人，毕业同学会会长、司库，政治学教授，国际法教授（曾充驻日公使）等。宴会后至费城附近各学校参观。晚宴于中国同学会，同席者三十余人。餐毕，校长演讲《中国之现状》，演词如下：

"尝闻人谓中国学生较美国学生多沉思，此乃自然之理。

"（一）中国学生负改造中国之责任。国中人士负政治社会之责者多无智识，其有智识者又无经验。国人百分之八十不识字，而能识外国文者尤少。诸君旅外读书，负改造社会之重任，自当与美国学生之享受太平极乐者不可同日语。今诸君有最好之机会来此读书，就应利用此机会负将来改造社会之重任。

"（二）预备。诸君就学读书须自己审识情形以别取舍。中外国学校如大工厂，学生如工厂之出品。彼学校视社会之需要而定教育之方针，适于此者有时不适于彼。中国情形与美国不同，故诸君就学亦应审择其于中国情形相合者学之，否则舍之。此取舍之中，即视诸君之审变力如何以为别耳。

"（三）审变。年来国情变化非常之速。诸君须能应此潮流之变化推测变换之趋势与其因果，而后方能应付此变换之国情。近世思想之变迁，行为之变迁，以及政府组织之变迁等，皆由于科学进化之影响所演生。结果遂有资产、社会、经济之冲突。中国处此变换之时代，求之应付自如实非易易。概以缓变则应付易，速变则应付难。年来中国之乱亦遂原因于此。

"究以上之变迁将如何以应付耶？欲解释此问题，必须推究根本方能解决。如政治问题由改君主为共和起，十八年来变乱相寻，至今始渐渐入轨道。中山先生之建国大纲由军政而训政，再次为宪政，步骤井然，如能行之不误定能进入承平之世。此外，经济问题尤为目前之所最要者。国中一般共产党员高倡资产贫富之不均，殊不知国之大病不在产业之不均，而在生产之不得其法。东三省地处边隅，北有赤俄，南有日本，中东、南满二铁路实为经济侵略之最要工具。然近二十五年来利用中国之人工,日俄得开发此富庶之区,每年生产之粮米等项除供给三省人民外,尚有余剩运销国外。回视内地各省,百分之八十人民务农,尚年年待赈。今且饿莩载途,不计其数。生产工具之应改良,结果有如是者。国人痛骂满清之腐败,熟知满清时代国土尚有增加,今则就此区区之内地数省尚不知如何利用,徒待饿莩。与欧美各国同生存之今日而有此不进化之现象,真真愧死!

"中国旧观念士农工商四类,士为最高。数千年来就是重士轻工之观念,致养成一般空谈而不做事之腐败阶级,高倡精神文明,而不知改良社会,提高生活程度。二十世纪文明之下尚有受饿之民族,精神文明价值何在?今诸君皆为国人之英俊,负重任,有好机会当如何免去空谈之弊病,而务实际之做事以为全国人民之模范耶?在校时应多讨论有关中国切要之问题,俾日后做事不致茫然无所措手足。此吾之所愿与诸君共勉者也。"

校长演讲毕,当晚搭车返纽约。由四月廿九日起按日程赴东部各大城考察教育。计行程如左:

四月廿九日至五月二日至 Boston and Cambridge。

五月七、八二日至 Pertsburg。

五月九、十二日至 Columbus and Delaware, Ohio。

五月十一日早至芝加哥城。该地南开同学数人及芝大中国学生会莅站欢迎。午间参观芝加哥大学。晚宴于中国学生会宴会,并演讲及讨论中国各问题。十二日晨接见南开同学。午赴南开同学会之宴会。到会者计为校长伯苓先生、续克昌、田锦炯、曾中毅、刘良治、张孟令、卢开津、吴瀚涛等共八人。晚赴美友人之宴会。当晚十一时赴抵城(详情见王乃宽君之纪录)。

五月十六日演讲于西拉古大学(详情见王鹏云君之报告)。

五月十九日抵纽约。廿九日宴南开同学于中华园,到廿余人,外宾三人。校友会长王君曾用电影机与校长拍照于哥伦比亚大学之附近。

五月三十日住纽约,南开同学及校长友人等开欢送大会。

六月一日早一时校长偕同学续克昌搭法轮 S.S.lle De France 赴欧。记者奈以时值年考,致未克与校长等握手云别,至今追忆,犹怅憾不已也。

在 Detroit[①]

民国十七年冬,国中报纸及《南开周刊》登载校长张先生来美消息,南开校友会留美分会诸公,即从事筹备欢迎。旅 DETROIT（以下简称 D 城）,同人闻悉之下,莫不雀跃。二月间留 D 南开同人曾开会讨论欢迎事宜,当时发一电与校长,其词曰:WELLCOME TO DETROIT。并举谢君季刚为干事,与校长通消息。几次函商,最后始得校长自支加哥来电,谓五月十三日早七时二十分可到 D 城。此消息传出后,留 D 中国学生会亦欲表示欢迎,主其事者为张君训灵。D 城青年会,及校长美国朋友方面,亦有欢迎校长筹备。

校长到 D 城之前一日也,我等忙于筹备欢迎事宜,其最可记述者,即为修理及洗刷欢迎校长之汽车。留 D 南开九人中,计有汽车四辆,机器脚踏车一辆。车较好而价较贵者,则数人合股共有之,其车身破烂,引擎发动时作打鼓声者,则一人独有之。该日修车头,洗车身,水箱加水,油箱加油,有卧于车下者,有蹲于车中者,论功行赏,其焦头烂额理当列于上座者,当推张松龄、侯汝勋、谢季刚三员。汽车修理洗刷完备后,则车内后窗悬以南开校旗,车头水箱上,饰以中美小国旗。诸事办妥,晚间则各约定于明晨六时半前齐集,去车站相迎。晚十时许,D 城各报馆翌日晨出版,上皆登有校长来 D 消息,其题目为"CHINESE COLLEGE HEAD HERE"或为"NOTED CHINESE EDUCATOR TOURS CITY"[②],其所记载,即关校长行述,及在中国所办教育成绩。十一时许,各返寓就寝,一宿无话。

十三日东方既白,同学中有忙于刮面者,有忙于刷皮鞋者,有忙于打领带领结者,至六时半始各就绪,于是分乘二汽车,直向车站投奔而去。

车站内乘客离站出路,分东西二门。余与刘君宝善、谢君季刚把守东

---

① 本部分作者王乃宽。Detroit,即美国城市底特律。

② 意为"中国大学校长来此","中国著名教育家旅抵本市"。

门,张君松龄、侯君汝勋、高君许培、郁君森把守西门,及七时半,乘客出站者几及半数,惟不见校长来,余等颇为焦急。未几,高君许培来报云,校长已从西门出站。余等即脱帽上前,向校长示敬意,并一一握手以示欢迎之热忱。相见之下,皆大欢迎!于是请校长离站,至门前空地,共摄取二影,以作纪念。D城青年会允将客室为校长休息室,惟翌日校长友人 Miss Mercy Hayes 请校长在 Book Cadilac 午餐,并对 D 城教育界讲演,以方便计,校长遂择居于 Book Cadilac Hotel 也。

十一时许,校长至青年会,见总干事 Mr.Logan,又与 Miss Hayes 在电车略谈。是日安城米西根大学教授们请校长晚餐并讲演,又该校中国学生会于晚七时请校长讲演。米西根大学与 D 城相距及四十哩,汽车一小时半可到。二时许,余等[与]该校长在中国饭馆吃中国饭及馄饨包子等。饭后,余等分乘二汽车,向米西根大学出发。偕校长同行者为谢君季刚、侯君汝勋、郁君森、刘君宝善、张君松龄及余,共七人。美国汽车道,每以水门汀筑成,其路面平坦,不亚于我校之大中桥。是日天气晴朗,余等缓驰于乡野,校长见农家门前,十九皆于〈有〉汽车停放,谓余等曰:"中美贫富之别,于此可看。"在车中校长又告余等南开近年来之设计与其进步。

五时许,抵米西根大学,即有校长之美国友人及南开同学田君成文、王女士淑明、张君铸等来迎。晚六时,该校教授们请校长晚餐并讲演。七时半,该校中国学生会开欢迎会,到会者及七十余人。校长讲演中国变化之原因及此后补救之方法。又对于我东北研究会工作,亦略有报告。九时许,校长退入学生会办公室,开一谈话会。对于东北问题,讨论颇久。此外对国中学潮问题,亦有咨询校长解决方法者。十时许,始各尽欢而散。

十四日早晨天雨。校长与米大校长作一短时间谈话后,余等即离该校返 D 城。因天雨,车窗上积水甚多,以视线不清楚,故在途中车行较慢。十一时半,一路平安抵 D 城。午间十二时,Miss Hayes 请校长午餐并对 D 城教育界诸要人讲演。二时至三时半,校长返室休息。三时半至晚七时校长与留 D 南开同学作家常谈。校长谓余等在此习"武士道",又笑而问曰:"我送你们到 Ford 厂来,你们都怨我吗?"校长对各人计划,都一一询问,其对于余等之关心与训勉,一如昔日在校时。晚七时,D城中国学生会欢迎校长于Kinghua Io Cafe。共餐者及三十余人,由张君训灵主席。张君欢迎词中,引孟禄博士称校长"为世界教育家之一",又以校长手创南开之功绩诸语为介绍。校长演说毕,主席许到会者,自由向校长提出问题请解答。及十时许,始散。

十五日天晴,气候温暖适宜。晨九时,校长至福特汽车公司所附设之儿童工业学校参观,同行者除南开同学外,尚有单君容贤及张君训灵。该校收留工人子弟,其年龄在十二岁以上,十八岁以下者。其课程为二周在教室,二周在机厂或实验室。无论在实习或在教室时,概由公司给以津贴,照年级之高低,日给美金二元半至五元不等。此校分二处,共计学生及三千余人。引导参观者,为该校校长Mr.Searle,凡一切课程设施及实验室等,皆与以细细之讲述与指示。继至机器厂。此厂专为学生而设,凡所有机厂应用器具及各项机器,莫不完备,计其价值,当在数百万美金以上。即以镟床Lathe一项机器而论,计有壹百四十架之多。有人询校长,中国能为此办法否？校长笑而答曰,"不但中国,即在美国,倘无福特厂,亦难办到。"参观毕,时已十二时许。因时间匆促,不能请校长参观福特全厂,殊为憾事。出厂后,至Adams家稍停,盖Adams夫妇,素以爱好中国友人闻。继至中国餐馆午餐,肴馔满桌,鱼虾皆备,此实为余等出国后第一次大嚼。是日余等运气太好,反主为宾,盖事先校长约余等相与共餐也。餐后,即驾车至D城最著名之公园Belle Isle缓驰,犹如晚饭后,在我校大中路散步似也。四时许,返校长寓所。

校长约定于明晨在Syracuse讲演,于今晚须首途前往,自D城至Syracuse须在离D城六十五哩之Toledo(以下简称T城)换车。换车时间不合适,校长须在T城车站等候二小时半,始得趁去Syracuse火车。为避免上列麻烦计,余等请校长坐汽车去T城。校长以随从人多,提议"裁兵"。于是送校长去T城者,计为谢君季刚、侯君汝勋及余共三人。余者与校长二[次]握手送别后,余等即开车向T城出发,是在下午五时十五分也。是日天气温暖宜人,途中疾驰,清风由车窗拂入,令人泰然。中途稍息,校长为余等买冰激凌、盐花生、核桃糖等，并称此曰"打饯"。食时，偕校长共摄二影。车起行，车中作闲谈。校长见途中无步行者，来往皆系汽车，笑谓之曰："路上无行人！"余等汽车速率每小时自三十英里至三十五英里，途中车辆有疾驰而过者，校长作嬉语曰："我们老中国人，每小时有壹百来里速率，很够，很够。"校长又记及福特汽车公司普通所用量度精细自千分之一至万分之一，因而言曰："我国古有'车同轨'，那时造车量度的精细限度，大概在半来寸上下。"此语殊有细细探求之兴趣也。车入 T 城，因不知车站所在，余等不时询诸于街上行人，校长作嬉语曰："子路问径。"至八时许，余等始抵站，离开车只十五分钟而已。未几，车离站，于是随地受人欢迎，随地受人敬重之张校长，作东方行矣。余等驾车返，抵 D 城时，已午夜云。

在 Syracuse[①]

校长于五月十六日早由中部来叙（Syracuse）。此次校长来叙系由美国内务总长 Wilbur 博士之介绍，被叙拉古大学约请演说。

是日早到站迎迓者有叙校当局及凌同甫、王鹏云，车于八点四十分到站，后即乘汽车至旅馆（Hotel Syracuse）稍事休息。九点半有本城报馆记者数人来见校长，十点半乘汽车来叙校与叙校校长、文理科主任，及历史系主任相见。后即略作参观。十二点于礼堂向叙校师生演说，讲中国近况及教育情形，极受听众之欢迎。一点在教授会所会餐，在坐者有各科主任及教授等。两点余至职业中学校参观，参观毕校长回旅馆休息。晚七点叙拉古大学中国学生会假亚细亚楼欢［宴］校长，会餐毕校长向中国学生演说，讲中国情形并鼓励同学努力合作。晚间同学数人又在旅馆与校长谈至夜［十］二点。

五月十七日早十点半校长乘长途汽车赴以色佳参观康乃尔大学，欢送者有中国同学。

---

① 本部分作者王鹏云。

在 Ithaca[①]

校长此次访美考察，历时五月。中外人士之开会欢迎者不下数十百起，而南开同学尤为热烈。先开大会于纽约城，继举分会于各大学，其经过详情，想已由各地同学报告于我母校，兹仅将校长抵绮城情形略述之。

五月十七日下午校长由 Syracuse 来绮（Ithaca H.Y.），赴车站欢迎者为余及各中国学生团体。校长下车已十二时余，即伴赴午餐。食已，至素友兄弟社稍憩，此为华人产业，门临飞瀑，地极清胜，校长爱此美景，遂定下榻于此焉。社中备有中国唱片，校长戏瘾已发久矣，远游异域，得听故国佳音，几不愿他往。休息可半句钟，往参观康奈尔大学。四时半赴中国学生欢迎会，是日除一二同学因上课未完不克到会外，余均莅止，其赴会之踊跃，为向来开会所少见。会间校长演讲，可一点余钟，大意谓来此之目的有三："一为休息；一为稍募外资，补充南开经费；一为考察教育，并与留美诸同学交换意见。现休息之目的可谓已经达到，募捐之目的不过为初步进行，至于考察教育之目的，曾与各名教育家详为研究，盖以参观各大学所得之经验，所历愈多，愈感中国教育之幼稚。余遍历各处，中外人士多以中国近况相询，余去国亦已半载，政局瞬息万变，在华所闻者已经陈旧，现所知者与诸君相同，皆由美报上得来。余不属任何党派，仅就个人观测，现时之国府，可谓近数年来最有精神者，但人才济济，意见上难免小有纷歧，至于如报纸所传分裂情形（美报载戴、冯、张反蒋），或属谣言。总之，无论国内情形如何变化，诸君之求学精神，不可涣散；读书即系救国，此刻专心求学，造就长才，以备将来建设新中国。"辞毕已将六点，赴 Cosmopolitan Club[②]晚宴。诸同学尚有欲求校长作谈者，及昼间有功课未得至者，晚间来素友社再听校长伟论。是晚校长述其以前之教育经验，将来之发展目的，对于现时教育界加以批评，无不中肯。诸同不学备绝〈倍觉〉钦仰，谈至深夜始

---

① 本部分作者方炉。
② 意为国际俱乐部。

各兴辞。翌晨本拟往游各名胜（绮城风景在美素负盛名），乃因教授中有坚请校长午餐者，故未得往。晚间校长忽发雅兴，自任烹饪，并免费传授，做饺子及炸酱面。素友社同人欣然就学，校长施展历年教育经验，指导有方，不半小时均已毕业。实行工做时，"大家事大家办"及"合作"之口号大作，声满厨房。出品既成，争先尝试，名师高足，成绩甚为优良。余在南开凡四载，余固未知校长对于烹饪一科，亦大有研究也。校长因离美在即，急欲返纽约，一清未了之事，遂于是晚夜车离绮。

余因大考忙甚，未暇为文以记其详，拉杂写来，或亦我母校师长同学之所乐闻欤？

到英国[①]

旅英同学之想望校长也久矣，盖自去年岁底，闻校长赴美募捐，周游各国，考察教育，宣传国政。同学中之获悉校长行踪者，皆互相告知，亦有间接直接询问来英日期者，以预备届时欢迎也。曾闻某英人言，华人身躯矮小，惟光绪年间之李鸿章氏出乎其类，拔乎其萃。当鸿章之使英也，大清帝国犹为各国所崇视，而李氏又有东方无名元首之称，抵伦敦时，英皇以御舆迎之。李身材高大，魁梧奇伟，竟出英人之上，于是道旁观者，互为惊奇，以至万众塞途，传为美谈。李氏而后，国势日窘，炎黄遗胄，遂为白人所揶揄。盖尝以身躯矮小而被轻视也！今校长来英，以伟大之躯壳，显示于天之骄子之英人眼簾，须知吾伟大之民族，自有伟大之人民在。

虽然，校长之所以为校长者，不以躯壳之伟大而已，在乎其伟大之精神耳。吾人读书南开，当永不忘南开精神四字，所谓南开精神，乃校长所形成所陶铸者也。故谓之曰校长精神，自无不可。南开学校者，校长精神所寄托之躯壳也。吾人离校，亦数年矣，其对于南开精神，能无涣散乎？然则校长之来也，亦收以重新振作吾留英同人之旧精神耳！

且自国民革命而后，外国人之观察中国也，仇视吾人者，则曰中国总是

---

① 本部分以后内容作者为南开留学英国校友赵言昌、龚明安、郦塈厚。

中国,愈弄愈糟而已。为中国吹狂者,与傲然自大之国人,则以得革命成功,世界之大,莫予毒也矣。国人之来英者,有口头之宣传者,有笔墨之鼓吹者,有作宗教之讲演者,有作政治之谈判者,虽不无明白之士,轻重权衡,立言得体者。然大多非失之过激,即失之过偏,欲求一观察周详,议诚〈论〉深刻,思想透彻,批评公正,"见贤思齐,见不贤而内自省焉"者,则无其人也。故校长之来也,非特南开同人,即吾留英数百华侨,亦望之久矣!

吾人之望校长者,希校长有诚实之宣传,使英国民众对于中国现状,有明白之认识。希校长对于东西文化有公正之批评,使西方骄子,亦知有采取中国文明之价值。而使中国之顽固者,亦当如〈知〉有尽量吸收西方文明之必要。故校长之周游列国也,其目的远而大,身为中国人,不得不为中国人着想。立觉于世界,不得不为全世界之民众着想。若徒为南开,则其义小其辞微矣!校长有言曰,吾日夜所努力所希望者,欲二三十年内之世界史中,有一章曰"新中国之觉悟与崛起",而此新中国之觉悟与崛起之工作,吾南开同人亦有一部分也,余愿足矣。然则校长之此行也,任重而致远,吾人之欢迎校长也,意义重大而嘱望深切!

校长之来英也,时间甚促,居停共二十七日,且适值各大学将放暑假,都在考试期中,是以各校未得排入公开讲演,而南开同人,忙于考试,亦未得如愿奉陪。留英校友会于四月终开成立大会时,即讨论欢迎事项,由会长向校长去信欢迎,并询问到英日期、船名及留英时日,以便预备一切。而校长素性俭朴,不事敷张,故来函仅云六月一日由纽约坐法船法兰西号去英,八日到朴赖毛次码头。来伦敦后,稍住数日,即北进工业城及苏格兰,不数日又回伦,住一周后,即去法,环游意、瑞、德、奥、丹、挪诸国而东归。兹将在英各处记事,分述于后。

在 London

六月六日　校长预期八日抵英,同学已定派代表一人,赴码头迎迓。余在车站添接。殊料天气顺利,六日下午四时法船即到埠。校长电告驻英陈代使,代使未之告南开同学,亲赴[朴]赖毛次迎接。该处离伦敦尚有二三小到〈时〉火车,故校长到伦,已黄昏向尽,而同学之去欢迎者,无一人也。特大书于此,以志吾留[英南]开同人之过!

陈代使择定大西铁路总车站附近之大中旅馆为校长行辕。与校长同来者,为老同学续克昌博士。

六月七日 休息,中午陈代办为校长洗尘!

校长虽已抵英,而同学尚未知也。是日晚七时,校友宁恩承君预定大宴,表示辞行回国,南开全体,皆在被邀之列。下午邮塾厚君得法船公司电告,谓船已早一时到埠,急向使馆电询校长下落,始悉校长正在馆内,由馆员邱新伯君之通知,校长愿作不速之客,加入宁君食客之列。

七时许,上海楼宁君友人渐集,正在高谈阔论之际,镜[中]身高六尺三寸,手执三尺六寸行仗式之英雨伞,俯身向屋内一张望,全座惊若木鸡。盖邮君尚未至上海楼报告也。幸宁君眼快,脑袋向后九十度,腰背往前九十度,向校长行礼而迎入之!

校长既入,与同学一一为礼,握手不忍释!校长形容颇憔悴,当不胜其风尘仆仆之劳矣!惟精神极足,雄谈娓娓不倦。食间,同学中有以鸭头一个,戏敬校长,学〈校〉长却之曰:"吾不喜丫头,有一老妈子足矣。"其风流善对答,有如此类,全座为之哄然!

餐毕,宁君致欢迎词,并申明请客之理由。继续校长演说。校长详述南开三年来努力猛进之情形,如图书馆之建筑,理科之发展,经济系之研究社会状况,生物系之研究农作物等等。并述在美概况,及此后南开方针,当趋重实际问题之研究云云。凡历一小时半之久,时在座同人,南开以外,尚有自南洋及南美来英之华侨,闻校长言,无不侧耳倾听。校长再三申述之一战〈段〉,别为中国人口问题。竟请〈谓〉科学发达,固可增加民食,然而中国人数多而质弱,以之抵御外侮,努力改造,颇难胜任,是以校长竭力主张生育节制与改良人种云。并说得在英购买生育节制仪器全副,以备回国宣传,与实验之用。演说毕,继续讨论,直至十时以后,始各回寓。

六月八日 晚七时,南开同学,正式欢迎校长,仍假座上海楼,到者十一人,皆是同门,诸如合家,济济一堂,乐也融融。

　　餐毕,会长舒舍予君起立致欢迎辞,先述同学失迎之罪,继述外省同学因道远及考试未能躬来欢迎。后谓南开同学,想望校长甚切,而在此读书者,皆能遵守母校学风,专心向学,诚意联络,请校长再加训辞,以作求学准则。校长起立,表示满意,谓三四年来之南开,无日不在风雨飘摇中,幸全体师生,共抱合作无畏之精神,奋斗到今,虽中间亦不免稍有波折,然大体则无妨碍,不但维持原状,而且日有长进。如经济系之平津生活状况,生物系之研究日光与稻麦之生长等,此种实际问题之解决,利益普遍于全国。现在国内力图建设,吾人之责任,日益重大,甚望留英同学,能有许多供〈责〉献。随述校内发展,由中而大,由大而女中,由女中而小学,现在小学已成立,并请定美国某女士为指导员,使女中学生服务小学而造成一种模范学校。又谓在英同学有何建议。并分发宣传品数种。于是宁恩承君又大发宏论矣。而李季谷先生则谓英国大学有二事,足使南开效法:(一)体格之训练与军事教育;(二)课外之公共讲演,以教育民众及授予有研究某种问题而不能专门入学者之机会。师生阔别三年,颇有一番长谈,不觉钟已十下,只好各自回寓,约定十五日与校长到寇园作野游,校长且暗示"共餐"之意也。

　　六月九日　陈代使陪游。

　　六月十日　接洽与各机关见面事务。

　　六月十一日　赴牛津,宁君先期赴该处迎驾。陪往参观各校,并拜访某教授。

　　六月十二日　赴英国教育部。

　　六月十三日　参观伦敦大学经济学院,与院长斐完爵士讨论。

　　六月十四日　再赴经济学院,与某教授作二度之讨论。

　　六月十五日　偕李君等赴寇园,同学到者七人,而续博士不与也!寇园为世界上最大之植物园,凡地球上寒热各带之植物,无不备有种植。且布置精雅,点缀清新,校长见其鱼池之构造,沿岸斜落池中,杂以草木,间以石级之船埠,即曰,此南开可取法者也!时值六月天气,百花盛开,而舒君博识花名,为之讲解,校长谓在英留学,到寇园赏玩,不知几生修得有此福也!

一时许,校长促同学"共餐",乃于某花园饭店,在园内就食,各得雏鸡一只,校长损失不赀矣。餐间,校长问同学曰,今日之游乐乎?同学皆曰:乐。校长又曰:独乐乐,与众乐乐,熟乐?同学皆曰:与众乐乐!校长大喜,曰:作今日之游记者,务必将此数语加入。于是众推舒会长作记,立刻寄往母校!

餐毕,宁君袖出文稿,起立演说。宁君曰,予将不再说轮回教育矣。予有几个意见,供献校长,而轮回教育四字,则于今日起废除。于是滔滔不绝,先讲牛津大学之导师制,中国有相当采取之价值。继言中国大学,可采取英国学制,除正式学生,严格训练外,宜广收志愿求学,使不合入学资格之学生入学听讲,以造成自由研究学术之风。洋洋洒洒,讲至四五十分之久。校长亦袖出南开概况数本,分赠同学。并作短时间之谈话。惟众心向游,故不多加讨论云。

三时许,陈廉君用汽车送校长及同学等至哈姆敦皇宫,参观故宫名画,及畅游公园,直至六时以后。驰回伦敦,在哈特公园伦敦大学附近一带,去一大圈。校长大乐,抵上海楼时,已七时有半,乃就晚餐。

六月十六日 下午三时,留英基督教学生欢迎校长。假座于大英基督教学生运动总所。由周廷旭君主席,到者六七十人,除华人外,尚有多年旅华归国之男女。特见校长之伟大,颇为注目。周君致欢迎词毕,请校长演讲。校长述中国教育之进步,与竭力吸收西方文明应用科学化。中国增加民食,一方节制生育改良人种,以及此次革命后之希望与前途之乐观云云,讲毕付讨论,有华侨某神学博士以南京政府大兴土木,是否虚糜金钱为问。校长起谓,孙中山先生在中国历史上之地位,至少可说是最近四百年来第一人,无论用多少金钱,以纪念孙先生者,十分正当,十分应该。国府要人,多属周知世界大势之辈,故做事高掌越跖,具有世界观念。孙先生坟墓,至少当可表现中国人民之心理之一部分而壮世界之观瞻。目下国内亟求建设,经费为难,政府日夜掬劳,未能万全,凡我内外同胞,当与政府通力合作，以达到国民革命之成功。而共图新中国之建设。校长又引基督史事一段作证。该神学博士为之释然，然校长实不知其神学博士也。座中有国民党某公者，闻校长言，即起言曰：予对于国事，素具悲观，今闻校长前后高论，爽然若失，自知见解之错误矣。校长言论之足以动人，有如此者。

座中又有华侨陈博士，在英为律师，颇有名。然身高不满五尺，见校长之高大，相形之下，颇以为耻。因起立谓中国民族弱小，颇难与世界民族相争抗。愿校长回国后，努力于民族之强健运动，以造成伟大国民。校长曰：民族之强健，不在乎体格之伟大，要有饱满之精神与充分之智慧，若徒言躯壳，则予有儿子三〈四〉人，最高者六尺五寸，最低者亦六尺二寸，予六尺三寸居第三。众闻之哄然大笑。校长又述近年中国学校体育之进步等等。时已五时许，乃饮茶点，摄影而散。华侨温君夫妇一医生一律师，请校长至其家小叙。

晚七时，该会又公宴校长于两京楼，席中又有演说。词长从略。

六月十七日 偕郦、续二君参观维多利亚博物院，及科学工艺馆。晚与宁、郦二君共餐，校长为宁君饯行也。

六月十八日 英国政府及教育界要人，白克司登子爵、阿束耳公主、伦敦大学副校长花司套爵士等十余人，公宴校长。校长促英人退还庚子赔款，谓英人富保守性，不知时代而改变，急应环境。现在国民政府，先后解决桂系、冯军问题，足见其已有统一中国之能力。庚子赔款，不管其作任何用途，应立即退还国民政府。国民政府以此款筑路，而此路款收入，拨作教育经费，中国人民，断无反对之理由。然无论如何，英国政府应有立刻退回赔款之决心与事实，以敦睦两国友谊云。闻者皆首肯。

六月二十日 下午七时二十分在英国广播无线电台讲演。此电台广播英国及全欧洲各大城，故全欧人士，皆得听宏论。校长略述中国新教育之沿革及进步，与个人办学之经验，以及将来科学教育之需要。讲辞载该台出版之《听众》杂志。

夜间十时二十分坐车赴爱丁堡。

在 Edinburgh

爱丁堡同学三人,韩仁女士,及赵昌言、张尔音二君。闻校长来英,早有预备。以苏格兰虽为大不列颠之一部,而种族文物,迥与英伦不同,故函请校长北游,而校长不远千里,惠然莅止,乐何可支。

六月二十一日 晨六时校长列车到站,赵君等已在站恭候许久矣。见面后快慰无似,当趋车齐赴克立司博士的家内。克博士曾任奉天医学院长多年,素热心中国事,闻校长来,即电邀下榻伊家。晨餐既毕,赵君等陪校长参观大学各校部及苏格兰博物院、图书馆、旧国会、故炮垒等各处。

下午克博士为奉天医学募捐事,请校长在某团体讲演,报告中国最近进步情形。

晚七时校长坚嘱同学等共餐,盖校长在美讲演所得之美金,尚未共产完也。晚餐毕,校长作极诚恳之训词,同学听闻之下,忘其身在爱堡矣! 校长略谓,国外读书,不当仅以考试过去了事,须认真努力以国外所得到者为工具,回过头来救中国。学经济者应努力研究及与教授讨论救穷之术,盖穷为中国现代最大病症之一。再中国教育最大之缺点为只知用脑而不知用手,故为纸上谈兵,现在中国所需要的人材,是须有手脑齐全者。时已夜深,乃各回寓就寝。

六月二十二日 应牌巴夫人之请在伊家中餐,下午偕克博士等驱车观欢次桥、好来路得皇宫。

晚八时,爱丁堡华侨假座于克博士家内,欢迎校长。到二十余人,校长作极诚挚之讲演,大致与前晚相同,并谓在外国读书,不要忘记祖国,更要多观察留学国情形,与我国人多往来而资切磋。华侨多不通华语,校长用英文讲演,闻者大为感动。某华侨竟立树返华效力之志,向校长殷殷询问华语之时闻等。宾主交欢,十时半始散。

六月二十三日 晨十时三十分,离爱丁堡赴里治,送者十余人,大有不胜依[依]之感,且摄影以志纪念焉!

在 North England

北英同学,在里治有龚君明安、雪飞儿特有邹君尚英、曼彻斯透有齐君祖諆、伯明罕有张君训坚,张君已去瑞士游,于过伦时得欢迎校长。龚君为旅英校友会秘书,故一切事务,皆主持之。北京为英国工业中心,故力邀校长一游,惜为日无多,不克参观各处!

六月二十三日　邹、齐二君齐赴里治,会同龚君欢迎校长。校长未预告到里治时刻,故三君在车站守候甚久。下午四时五十分有一车自北珊珊而来,三君分途张望,不见校长。邹君眼快,于最后一列车得之,乃齐趋行礼,校长精神饱满,不减三年前故态也。

下车后赴皇后饭店休息。略谈母校近状。七时半乘车赴大学宿舍代文仙馆(Devonshire Hall)参观,适有齐鲁大学代理校长江清大夫下榻该处,江大夫为校长故知,见面后乐极,乃与校长回旅馆晚餐,为校长洗尘。餐间校长述游美情形与各处同学招待之盛况。并询及英国各大学情形,及与以简单之训话,鼓励同学努力前进。邹君因次日须赴煤矿实习,故于饭后即与校长告别,返雪飞儿特,而校长则健谈至十一时余,始去休息。

六月二十四日　上午十点半校长偕龚、齐二君参观街市及大学内染色科、毛织科、制革科,并与染色科教授劳爱博士谈论许久。

午饭后在代文仙馆摄影。四点钟许,在李立山君家内用茶,在座者除南开人外,尚有冯女士、苏女士、江大夫、张述先君、崔毓珍君八九人,可谓里治之群贤毕至,少长咸集矣,而名之曰欢迎校长!

晚六点十分校长由齐君陪赴曼彻斯透,到站送行者除二女士外,全体莅场。汽笛一声,车粟硈向西行,摇手扬帽,目送至不可见!

当晚七时余到曼城,偕齐君归家,齐夫人抱其爱女出迎,校长见之大喜,抚摩不已。然一心则以谓求学期内,齐君夫妇应讲求节制,不知齐君理会否?是晚宿齐君寓所,畅谈甚久,齐君谓校长语语皆金石。

六月二十五日　上午参观大学,与商科主任讨论各种问题,下午返于伦敦。

回 London

六月二十六日　英人白克司登子爵,再宴校长,陪宾更多。白氏年逾七旬,饱闻校长议论后,屡以手拍校长之头赞叹不置,大有孺子可教之概。校长亦以外交胜利,颇为得意。回寓后谓到英之结果,出于期望以外,而归功于伟大之体魄。盖与校长接谈者,多须仰望求教,而校长则俯视一切,令人仰而敬之!

六月二十七日　留英学生总会设宴于南京楼,欢迎校长,至者五十余人,外宾六七十人,由会长施思明君主席,用英文致欢迎词,请校长演说。演辞甚长,除报告国内教育情形,及留学生需要外,大多奖进勉励之辞。华侨薛女士等闻之,坚树回华服务之志。乃与校长絮絮述志,并约校长次日茶话以求指教,校长慨然许之。后复由书记丁廷标君用中文致谢辞。

六月二十八日　校长本定二十九日赴法。因闻西比利亚交通恢复,乃展期四日,改变原定一切计划。本日下午偕郵君参观伦敦大学学院之图书馆及生理学系。甚为满意。午后四时,应薛女士之招,赴学生运动总所茶话。到者除薛女士外,有南美洲陈君、香港林君、广东梁女士等。举询校长以国内需要与服务资格等等。盖华侨学生,言文不同,意思隔阂,虽在英留学,成绩斐然可观,第因此种种关系,遂致终身埋没侨邦,受人压迫。且彼等所学者多为医、工、法律,尤为新时代所需要者,故校长颇重视之。而彼等更愿送其弟妹至国内求学云。至六时许双方满意而散。

六月二十九日　上午伦敦大学院长约赴寓所谈话,因有他约不果,下午游植物园。

六月三十日　天雨不出门。中午北大同学开同学会,临时请校长加入,并请讲演。下午偕曹仲渊君等共游帝国物产院及伦敦大学。晚曹君等宴校长,学生会赠纪念照像一幅。

七月二日　上午整装,中午赴英人家内午餐。座中有某夫人为英国生育节制会会员,讨论此事甚详,并为校长代购置器具全副寄中国。

七月三日　上午十一时二十分赴巴黎,到站送行者除陈代使外,尚有女学生五人,南开同学六人,及其他人,共十六人。与校长同车赴法者,有上海周女士,由陈、丁二君各摄照相一幅,以资纪念。汽笛一鸣,吾伟大庄严之校长别岛国而赋东征矣!

附记

校长来英,南开同人,忙于校课,多未得奉陪校长,为校长名誉随员,故校长言行,未得详述。又未得有充分之预备,为校长谋与英国民众见面之机会,私衷耿耿,歉何可言,甚望校长及母校同人谅之。本篇由各处各人分别记录,如龚君明安、赵君苍岩尽力更复不少。再论照相,全由陈廉君摄取而得有永远之纪念者。至于文字方面,则由编者负责。

郦堃厚　九月八日,于德国之慕尼黑。

(《南大周刊》第72期,1929年11月26日;第73期,12月3日)

南开大学的建立^①

（1930 年 5 月）

距今十二年前，值欧战方酣时，校长张伯苓先生偕本校已故创办人严范孙先生，已故董事长范静生先生及董事孙子文先生等先后渡美，考察教育。在彼观察其国内一切施设，与夫人民之图强自立，私心窃叹；而觉其所以致此者，不能不归本于教育。诚以教育为人才之母，人才为国家之用，亦凡百事业之所需。益以彼邦人才大率出自大学，而大学之组织，有赖于私人经营之力为独多。盖美人素重公共道德，个人财产，不尽遗之后嗣，而以公诸国人，集群力以经营，是以陶成一国之人才，促供一国之使用。反观吾国，教育未善，人才不兴；顾瞻前途，不禁感而思奋！比明年，欧战告终，和会初开，默察世界大势，益觉吾国教育之振兴为不可缓。又以普通知识仅为国民教育之初步，殊不足以应国家社会之所求。斯高等教育之设施，遂不容不奋起直追，以与欧美相颉颃，俾定国家根本之大计。此创设南开大学之议所由起，时民国七年也。

先此数年，南开学校已有两次高等教育之试验，一为民国二年之高等班，一为民国五年之恢复高等班，不幸均以经费拮据，半途中缀。惟校长张伯苓先生富有毅力，心志坚强，不因两次之失败而灰心，不以经费之拮据而变志，因有七年美洲之行，作提高教育程度之准备。壮游归米，即着手进行增设大学，其组织计划则归途中已具有成竹矣。

议既定，即就南开中学设筹备处，约请凌济东（现任驻古巴公使）、张仲述两先生主其事。并首承前大总编徐公菊人，黎公宋卿特予赞助，期早

---

① 本文节录自乐永庆《十一年来之南开大学》，标题为编者所拟。

观成。

其始也，参与筹备者均主以"大处着眼小处下手"为原则，故计划中之科目、经费等均极简单而微小。计科目分文、理科及职业科，经费则拟以十一万元作开办第一年之经常、临时等费，又九万元作后二年之临时费。其经常费拟第二年三万元，第三年六万元，第四年八万元；四年以后，即以八万元为定数，而拟募集基金一百三十万元，按月利五厘计，则每年经常费即可不成问题矣。

草案粗定，严范孙先生即偕张校长南下，游说各地，募集开办费。至南京，晤李公秀山，严先生即以募款事奉托，承慨允代设法。严、张二先生归来后，复由孙子文先生代严先生遍访各省军民长官及教育当局，请求鼎助，结果甚佳。计两次奔走共募到洋八万五千余元，聊敷开办之用矣。爰于八年五月在中学部南面空地建筑楼房一座，阅三月而竣工。即先于是年九月二十五日开课，十月十七日——南开学校十五周年——正式成立。时全校计分文、理、商三科，有教职员十七人，同学九十六人，无女同学。经费方面除募得之八万余元外，本年经常收入计四千余元，除建筑、购地、设备及经常开支外尚余六千一百余元。是以成立之始，诸事堪称顺利。

翌年——民国九年组织董事部，延请严慈约、范静生、孙子文、李琴湘、蒋梦麟、王濬明、陶孟和、刘芸生、卞俶成诸先生为董事，大学渐具雏形矣。惟校务日形发展，而经费反觉支绌；节流之术已穷，开源之方未尽。校长因有二次南行，再作将伯之呼，越月归来，结果尚佳。李组绅先生适于此时允年捐本校洋三万元，作添设矿科之用。因又筹设矿科，拟自明年起始。

当张校长之二次南下也，曾代严先生访当时苏督李公秀山于江宁，以故未得谋面；惟曾嘱人转告，谓南大基金事彼自有办法，勿庸过虑。乃校长返津不及两周，李公忽以自戕闻，并遗嘱以家产四分之一捐本校作永久基金。此事时人多异之，而不知李公此举盖报严先生之重托而早具成竹于胸者也。至李公遗产四分之一，事后承其家属以元年公债二百十八万元交付本校，此项公债又由财部抵换整理六厘公债，实收八十七万元。是年六月，京畿战事发生，人民流离失所，在校师生乃加入妇孺救济会，分队出发战地,赈恤灾民。

经济方面本年计岁出三万三千五百余元,岁入二万四千四百余元,经费支绌自此始。时全校教职员十五人,同学百二十人,内女同学一人。

十年三月董事会公推已故李公秀山为创办人,李桂山先生为基金管理员。九月,矿科成立,暂开一班。此时经费已稍裕,因有再谋发展之计。惟校址不广,屋舍狭隘,欲事扩充,苦无基土,遂有择地迁移之计。

此时全校计有教职员三十一人,同学二百二十六人,几三倍于开办时矣。就经济方面言,本年岁入九万六千余元,岁出七万五千余元,结余一万七千余元,可称过去之黄金时代。

（《南开大学响导》,南开大学出版社,1930 年 5 月,第 1—3 页）

南大的意义①

（1930 年 5 月）

南大不敢说是一个现代的大学——差得远。然而十一年来的经营，也还可以作相当学问的场所。科学馆有三四十万元的设备，图书馆有八九万册的书籍。一个学生来了，反正有书他读，有实验他作，有教授教他用功——他也得用功，风气使他用功，不用功站不住。到南大来至少可以尝一点读书的滋味——恬润的滋味。

融洽的感情，牢靠的学问，诚实的生活。如果世界上非有标语不可，这就[是]南大的标语。

然而这都不是南大的特点。南大的特点是从她——南开学校——的历史中产生出来的。甲午之战，中国被日本打败，彼时就有个学者，不服这口气。他以为中国只要有人，就可以富，可以强，可以与他国争衡，于是他发奋办教育。这个学者，就是南开学校的创办人严范孙。十九世纪的末年，列强争向中国"租"海港。彼时有个水师学生，奉令到威海卫去撤下中国的旗子，让英国人挂起他们的旗子。同时他在水师提督衙门前面，看见一个魁伟、整齐、洁净、雄纠纠的英国水兵，臂着枪，昂首阔步，在那里来回走，旁边蹲着一个又小、又脏、又可怜的中国水兵，抱着个巴巴狗，毫无愧色地，和那英国水兵指手画脚地谈天。这个学生，就不服气他所生的这一族，如此无出息！于是他立志办教育。这个水师学生，就是南大校长张伯苓。到现在，时间已经过了三十多年，国际令人不服气的事仍旧，国内令人不服气的事更层出不穷。严、张二人不服气的精神，成了南开的特点。

---

① 本文节录自黄钰生的《大学教育与南大的意义》。

南开是不服气的支那人(Chinamen,Chinks,外人藐视我们的称呼)为争这口气而办的。堂皇地说,是要"求中国之自由平等";实际地说,是建设的曙光之一;哲学地说,是抗命(Fate)主义的代表。

在南开本身的历史里,就有许多抗命的表现。我且说几宗来。民国六年,天津大水,南开中学被水淹了,本来一放假就可以了事。然而不! 一面借房舍,一面搭席棚,三日之后,依旧上班。南开抗天灾。民国十五年,李景林在天津作战,人心惶惶,枪炮时闻,本来可以停课,然而不! 南大的学生要大考。南开抗人祸。南大的校址像俄国的圣比得堡一样,在大泽之中,在荒原湿地上,建筑楼台。南开抗地势。南开抗争的结果,不见得处处成功,南开大学就失败过两次。失败了,不服气,拧着脖颈再干。

南开因为中学的抗力还不够,所以才立大学。南开大学的意义,是要用人格与学术去"争气",去"淑世",去实现中国的最高理想。南大不信中国人根本不行,中国事根本未有办法;不信在中国社会作事,必须要圆滑,要敷衍,要应酬,要在茶寮酒馆中大笔的交易;不信中国的问题,不能用科学方法来研究,来分析,来解决;不信喊口号,贴标语,讲主义,可以制服军阀,打倒列强,而救中国;不信撰名词,倡主义,作无聊的浪漫小说,请外国学者来演讲,就是文化,就是学术——文化,学术,他们是多么难产的宁馨儿;南大更不信中国青年,生性浮嚣,不守规矩,不肯念书,只会浪漫与颓唐。南大相信的只有两件事:人格,学问——用工夫修养来的人格,老老实实求来的学问。到南大来要读书,要作实验,要守规矩,要受考试。怕难的不必来,求安逸的不必来,好奉承的不必来,服了这口气的不必来。

南大接受中国的难题,青年也接受南大的难题么?

(《南开大学响导》,1930 年 5 月,第 13—14 页)

一、南开学校成立至南开被炸毁时期的张伯苓

张伯苓氏之沉痛演说①

（1930 年 6 月 22 日）

五月三十一日东京侨胞的重要团体开茶话会欢送祖国远东选手,总代表张伯苓氏有很沉痛的演说,其尤沉痛的有这几句话:"此次远东大会,中国失败之原因,代表选手方面除自承技术不良外,殊觉无话可说。吾人今后惟自承不是,埋首奋斗,努力练习而已。至于裁判不公,政治不良,其言固非无当,然余以为中国人多说话,少做事,此后应少说空话,多做实事。中国之病在根本基础不够,体魄不强,与各国较,实觉汗颜。日本体育从小学根本练起,中国则惟恃个人天才,安得不败? 世界无偶然之事,非做不可,做且未必定成功,中国人不做而惟望偶然,又安得不败? 故今后应第一从小学校起,根本改造体育。第二训练应不仅为个人的训练,切实作团体的整个的计划;依科学方法,精密分析。如足球重在哪里? 篮球重在哪里? 中国篮球之失败,实以投球不准为最大原因。中国人一切只听其自然,不知努力,若侥幸而胜,将来更坏。此次败战,可为一严重教训,应各彻底觉悟,从根本起改造体育,从根本起注重训练。不特体育如此,一切皆应以科学方法,切实努力。日本人虽褊狭,其努力精神却可佩服。中国如能由此少说空话,自己努力,则此次败战,方为不虚。"

记者以为这一段话实在值得全国人人读一百遍;不但关于体育方面,无论那一方面,无论从事那一种事业的人,都值得他们读一百遍。

近有友人对记者谈起有人觉得本刊上所评述的中外时事或要闻,外国好的事实太多而中国好的事实太少! 揣度他们的意思,最好多说几句外国

---

① 作者邹韬奋。

坏,多说几句中国好。我说我们做中国人的人谁不愿中国好,但请问在事实方面有多少好事可说?政治方面给与我们看的事实是什么?教育方面给与我们看的事实是什么?公私财政方面给与我们看的事实是什么?国内治安方面给与我们看的事实是什么?我们固然反对自馁,但是我们也反对不顾事实,只管闭着眼睛骗自己。喜欢骗着自己来安慰自己,这即是不长进的病根所在。我们主张要睁开眼睛看清事实——事实是实在的,不是可以由你闭着眼睛或捏造而得以消灭的——必须看清事实,不要存心骗自己而聊以自慰,然后才有"自承不是,埋首奋斗"的可能。

我们不要再喊着什么四千年的文明,请看现在以人为牛马,各处盗匪横行杀人不眨眼,乃至西北人食人的事实;不要再喊着纸和印刷是我们最早发明的,请看现在书报所用的纸,印刷所用的机器是那一国来的事实;不要再喊着火药也是我们最早发明的,请看现在我国所用的军械是从那一国来的,乃至不恤民艰,拼命把金子往外买军火的事实;不要再喊着罗盘针也是我们最早发明的,请看现在我们到外国去乃至在国内来来往往所乘的是那一国的轮船的事实。我们自己这样的不争气,不要脸,听见有人举别国的事实来比较比较,还觉得不愿听,古人说哀莫大于心死,这真是心死的特征!别国当然也有别国的缺点,但我们中国和别国比较比较看,是否应该"彻底觉悟","埋首奋斗","切实努力"?

一、南开学校成立至南开被炸毁时期的张伯苓

失败后的奋发图强①

（1930 年 7 月 6 日）

失败不足虑，失败之后而犹恬不知耻，不知振作，则为不治之症。我国虽在第九届远东运动大会里打了一个大败仗，但在弃甲曳兵而走之后，国内各方面对此事均有自认技术落后，痛加忏悔，急起直追，以求将来胜利的表示，这是最使我们觉得欣然乐观的一件事。说得最恳切的要算张伯苓氏，他主张补救中国体育宜分治本治标两种，治本应自小学至大学增加体育必修科，并由适宜指导员负责督率，分门别类，以渐进方法从事训练；治标则就南北选手所长，加以分区练习，力求进步。他并决就所办的南开大学切实施行。最近据暨南大学所宣布，该校已拟具伟大计划，雷厉施行，其要点为添聘德国指导，用科学方法提高成绩；筹办体育专科，造就完善的体育师资；择成绩优良运动擅长的毕业生，资送欧美研究最新体育学术；校内建设体育区，强迫运动，每人至少须参加一项。这都是好消息，我们但希望勿徒托空言，能切实进行，并愿各校继起。

但是我们却有一点小贡献，似乎杞人之忧而实值得注意者，即昔贤谓教人如扶醉汉，扶得东来西又倒，体育固重要，但同时当与智育德育相辅而行，不宜因一事而抹煞其他方面（其实体育应有补于智育德育而不应反有妨碍）。记者尝见有些学校里的所谓运动员也者（例如从前南洋大学中的足球员），平日可以任意不上课，可以任意违犯校规，校长优容，教员侧目，好像是学生的贵族阶级，这样的提倡体育，非徒无益，而又害之。

（《生活》第 5 卷第 30 期，1930 年 7 月 6 日）

---

① 作者邹韬奋。

张学良在南开大学演讲

（1930 年 12 月 11 日）

张学良副司令，昨晨应南开大学之约，于十时许，偕夫人于凤至女士及随员十余人，赴该校讲演。……①该校为欢迎起见，亦于先一夜详加布置。校内各楼均升旗，沿途各电线杆上亦缀以小国旗，以示欢迎。

十时正，张氏偕于夫人及随员分乘汽车八辆到校，由该校校长以次各主任迎入。稍息，即于掌声中入礼堂登讲坛。由该校主任黄钰生主席，行礼如仪，并略致词。即由该校校长张伯苓氏致欢迎词，略谓，"今晨我校欢迎张副司令，一方因其倡导和平，促成统一，功在邦家。一方则因在过去时期中，张副司令曾予我校经济上及精神上许多之援助，我校之得有今日，张副司令不为无功也。"云。

继由该校学生曹汉奇代表全体同学致简单欢迎词。词毕，张氏起立演说。首述张氏个人与南开之关系，略谓：

> "予（张氏自称，下仿此）幼时对国事异常悲观，以为中国将从此任列强之宰割，无复望矣。及十四年前于辽宁青年会，聆贵校长张伯苓先生《中国之希望》之演讲，中有'中国之希望不在任何党派，亦不在任何大吏，而在每一个中国人之奋发图强，誓力救国。'云云。予闻此，大悟悲观之非当，乃立誓本个人之良心，尽个人之能力，努力以救中国。予之有今日，张先生一言之力也。"

---

① 由编者省略。

张氏就张伯苓校长之言,反复申说,略谓国家之强否,系于吾人之一念,吾人欲其强斯强矣。张自谓本人现在最感困难者,所用之人,固多自爱之士,而大多数人,往往在学校时极有自负,而一旦进入社会,则为利欲所诱,同流合污,此实极不好之现象。此后所应注意者,一在积极谋建设,一在养育有毅力,有见地,有宏大的志愿及洁身自好之人材。中国非无人材,而一般均重小我而轻大我,眼光过浅,仅知注意目前小利,而缺乏远大思想。其实为公众利益即所以为个人利益,故予愿诸同学均努力于学问道德之修养,矢志救国。以将来中国之希望为个人一己之责任。无论负何责任,均当竭尽其力,忠于职务,勿见异而思迁,勿因位小而疏怠。更以此念推之于全国四万万同胞,则国家自易臻于强盛。

张氏讲演毕已十一时,即由掌声中出礼堂,由张伯苓陪同至该校图书馆参观,良久始返行辕云。

(《大公报》天津版,1930 年 12 月 11 日)

张伯苓沿门托钵

——求化大学捐款①

（1931 年 1 月 15 日）

南开大学自张伯苓接任校长后，整饬学风，成绩斐然，确可称为北方大学中之佼佼者。张学良由京回津，曾专程携于凤至女士，参观该校，极为满意。蒋主席曩年北上时，亦颇赞美南开办理优善。惟该校近年力图扩充，经费时形支绌。张校长虽迭向各方设法，但仍无的款。年底，张伯苓又只身来沪，转赴首都，请蒋主席予以赞助。盖蒋主席最近兼任教育部长，对南开大学，当能尽力使其发展。张莅京后，结果甚属圆满。刻又乘轮赴安庆，向陈调元请求捐款。张氏为南开大学奔走筹款，热心殊属可嘉。惟说者则谓，以堂堂中国著名之南开大学，国家不能予以维持，反使校长沿门托钵，苦苦哀求，此中国教育之所以不能发达也。此语亦可谓慨乎言之矣。

（《金刚钻》，1931 年 1 月 15 日）

一、南开学校成立至南开被炸毁时期的张伯苓

---

① 署名"金雀"。

南开大学校长张伯苓先生的演讲

——在大夏大学内①

（1931 年 11 月 8 日）

他说："求人不如求己，救国必先自救。"

这是现在抗日救国声中最重要最切实的工作。

他又说："北有南开，南有大夏。这是中国教育史上的两朵鲜花。"

"欢迎张伯苓先生，欢迎张伯苓先生。"那群力斋、那群策斋、甚至那令人沉醉的红楼里，都高贴了很多的标语与口号。

以前，我吧！不，我们！我们常常的常常的听过——张伯苓先生的大名，今天，我又居然地瞻仰了他那仪采，我又居然地聆听了他那言论，这心境！这情形！这不是我一个人所独有的感觉吧！大概这是大家所共有的心声啊！至少，一大部分的大夏大学的男女同学们，我到可以如此说，我到可如此想。张伯苓先生，他很煞费苦心的而又以独力创办了现在的南开大学，成败在所不计，劳怨在所不辞，而心力与精神，又是这样的不顾其他的。然而，张伯苓先生，他那伟大的地方，固不仅仅乎在这南开大学的发展上。

很荣幸的，很光耀的，张伯苓先生到临我们这大夏大学来，在二千多位男女同学的欢呼中，在二千多位男女同学的鼓舞中，不错，是今天。

与其说我们是照例的开这个演讲会，到不如说我们是瞻望他的仪采而来的。倒不如说我们是聆听他的言论而来的。而且在实际上，他那威严的气质，他那温和的表示，他那健康的身躯，他那正当的理由。从此，我们这

---

① 作者程鲁丁。

就可以知道张伯苓先生也是一个心地光明干事精密的人。

　　□□□□□欧校长。就介绍张伯苓先生的历史,然后,很滑稽的,很精彩的,很自然的,他又堂皇的说:"张先生事业的贡献,就如他现在身体一般的伟大。"

　　张先生笑了,欧校长笑了,于是同学也笑了,男的、女的,都笑了。这笑声充满了整个的大礼堂。

　　接着张伯苓先生就开始演讲。以下便是他演讲时的一个大纲。

　　"南有大夏,北有南开,这是中国教育史上的两朵鲜花。今天在一日千里进步迅速的贵校,我所讲的就是怎样的抗日救国。抗日救国的问题,这是如何严重的一个问题啊! 而[且]是我们现在所刻不容缓的一个问题了。

　　"自从暴日占领我们的东三省以来,委实中国的局面都发生了一个新方向,喊喊口号也不济于事了,发发标语也无所帮助了。现在,就是我们应该怎样抗日救国。

　　"各位同学,兄弟以为中国人最大的害处,就是中国人对于任何事件都是这样的。随随便便,马马虎虎,不负责任,所以一切一切的表示,都是'虎头蛇尾'的表示,没有恒心,没有毅力。譬如这次抗日的运动来说吧,在昨天、今天有的人是多末的起劲,在明天、在后天,有的人是多末的衰落。甚至日本兵还未到来,自己已经跑回了老家,自己已经走进了租界……

　　"难道这样的我们就不抗日救国吗? 当然不是的,不是的。我是说,我们抗日救国的使命,要从小处着手,要从实际做起。说明白点,就是求人不如求己,救国必先自救。这是现在抗日救国声中最切实的工作……"。

(十一月一日夜八时半)

(《新闻报》,1931 年 11 月 8 日)

旅平南开校友昨日秋宴
张伯苓氏来平参加

（1932 年 11 月 7 日）

天津南开学校旅平校友会，近为联络平市南开出校师生情感，特于昨日正午在前门西车站铁道宾馆举行秋宴大会，昨午到会者，有出校同学宁恩承、王捷侠、张伟斌、严智开、李麟玉、逯明、梅贻琦等五十余人，该校长张伯苓氏亦携该校秘书伉乃如、主任华午晴，由津莅平参加。一时许入席，席间由平会执委范莲青氏起立致辞，报告会务。

继请该校校长张伯苓氏起立训话，张氏所谈大意如次，略谓："本人于月前曾因事赴京、沪、青等地，蒙各地校友设宴招待，而兹者又于故都与诸君相聚于一堂，本人无任欢欣之至。惟在京、沪各地所遇之校友，率多入世日期甚浅，似不如故都方面校友人数之多，年龄之高，入世之久。盖今日席上第一班毕业生占七八人之多，而本校有史以前之学生，亦大有人在。本人睹今日会中之现象，感觉与会诸君，精神无不振发，以此觉中国之前途，光大而无限也。此次本人承废止内战大同盟会之托，赴鲁调停内战，一切环境与遭遇，予我以深刻之感触。一般武人对废止内战之论调不论矣，至于一般曾在武人手下工作过之文人，其对废止内战之论调，亦乖谬奇异，公正之心，已变偏窄，其市府每谓现在中国社会中，一般不良份子正多，设从此废除内战，则此辈不良份子，自可安然任其所为，将何以处置之？彼等无乃太便宜矣。观以上之论调，可见若辈心地之偏，见解之狭。试问中国紊乱至今，尚暇内乱乎？夫不良份子，尽可另行设法除之，而处此危亡之际，尚恃内乱以平良莠耶？而将来内地人民如能群起逐之，亦无须再事干戈。

故曰内乱不停，则中国将无以自救也。余闻此语，引以为戒，故于此会中，希望诸君二事。

"（一）去私。诸君见迩来之当局者，因历来之饭碗不稳，故一旦上台，则营私舞弊，恐饭碗之他去，故不惜埋没一切良心与正义，冒天下之大不韪。如此国家，将何以存？惟望在座诸君，放远其目光，坦白其心思，秉公去做，庶国家民族始有希望。余相信中国必兴，但有迟早之关系，盖早字已被内战者诸君耽误，而盼诸君设法将其早日实现也。

"（二）努力。诸君，我校之至今日者，赖严范孙先生遗泽。初不过严、王二馆之合并，学生总数不过数十人，学馆不过小房数椽耳。而兹者，全校学生都二千六百余人，校产全值三百余万，此事在予则梦想亦不得者也，能如此者，则不外努力二字。惟望诸君播此种于社会，庶中国有厚望焉。再者，余自甲午战过，矢志以教育救国，不过[问]政治之活动，而近始有觉悟，认为已往，未免错误，尤以处此国难期间，不应仅存南开，而不顾国亡。故是后拟从事政治之工作，但绝不做官。如废战运动，何妨参加以救民族。故盼在座诸君，是后对国家民族之重责，万勿推诿也。"

张氏训话毕，继由范莲青报告，至正午二时散会。

（《华北日报》，1932 年 11 月 7 日）

写在庆祝会的夜里（节录）①

（1934 年 4 月 20 日）

真高兴，庆祝校长五旬晋九那夜里。

晚饭都没吃饱，紧急的去占座位，结果很不好，占了个后排座位，这并不关紧要。即使硬立一晚，似乎丝毫打不掉我的兴趣。

嘈嚷声，喧哗声，嘻笑声，弄得礼堂真是"好不热闹死个人也"。抢座，发会序单，搬椅子，加座，"人满之患"，主席也搔起头来。啊！这样热闹的盛会，在南大已往历史也许有过几次，但是，我在五年之内，还算是"破题第一遭"。

终于校长及校长太太来了。大家高兴的恨不得将小手拍裂了。从校长那副诚恳朴实的笑容上，可以察出他比我们还要痛快。"两响"也乐得破了肚子喊叫起来，一连连轰轰的响了好几百下。此时，个个人的心里似乎受了过激兴奋的原故，都觉有点悸动。顿时觉着光明灿烂的在眼前辉煌着，生命力加劲的在体内活耀着；什么人生的苦闷，青春的烦恼，心灵的哀曲，末途的伤感，一时都忘到九霄云外，消逝在莫须有之乡了。无意识的会从心之深处泛起一个久已失去的笑意，不由己的会从唇边流露出一句"Nankai Will Shine To- night."

开会词，颂祷词，相声，笑话，小弟妹"呀呼咳"的清歌，女中同学的双舞……接续的在台上排演着，十足的显示出家庭学校独有的乐趣，此时心湖里轻微的漾起一层和平的波纹，仿佛全部身魂都被拥抱在朦胧的大气体

---

① 4 月 5 日，张伯苓虚龄 59 岁生日，南开四部学生在大学部礼堂举行游艺会为其祝寿。张文波撰文记述当时情景。

里,就像一个得到了伟大爱抚的婴儿一样,只知道痴笑,只知道喃喃,只知道乐。假若有一个人能将那时候每个人的心境与情绪赤裸的描摹出来,一定会变成个"亘古一人"的大文学家,因为那里我们的乐已经到了忘其所乐的境域了。现在回忆起来,洽似吃完糖块舌嘴唇所得的滋味一样。我想,就是到我临终最后五分钟时,回忆起这刹那间的愉快,也许会使我生命多延长十几分钟。

真乐! 真乐! 洋洋哉乐煞人也!

（《南大周刊副刊》第 43 期,1934 年 4 月 20 日）

张伯苓不愧为雄辩家[①]

（1934 年 5 月 8 日）

津市新生活运动促进会，日前在宁园开会，南开校长张伯苓之演说，最为警世动人，大略已见各报。惟尚有一二点，各报有未能详记者，兹再略为补志如下：

张氏谓从前之标语口号，大都均为打倒这个，打倒那个，盖均系对人而言，责备他人之口气。此次之新生活运动，则为对于吾人自身之责备，此其所以非常切要也。

张氏又申论凡事均须切实去做无有不成者；即以眼前而论，津人尝谓天津无良好之公园，然今日吾人所聚集之北宁花园，即可以打破其说。又有人谓天津华界马路，不及租界，电车一到华界，坐车者无不感路之差异。但津人既感到此点，苟能大家起来，将马路翻修，则虽比租界马路，还平坦整洁，固亦未尝不可也。新生活运动，即是使人知耻，知惧。耻吾之不如人，且惧人之将不利于我，时时刻刻，奋勉去做。人人皆能如此，国事自必有进步云云。

张氏所言甚多，且妙绪环生，使人听而忘倦。加以态度恳切，声调沉着，尤足使听众感动。偶有幽默之论调，听众皆忍俊不禁，即台上之于主席，亦不禁莞尔，可见其词令之俊妙。若张氏者，诚不愧为津市唯一之雄辩家矣。

（《天津商报画刊》第 11 卷第 15 期，1934 年 5 月 8 日）

---

① 署名"亦新"。

张伯苓之绝妙好词①

（1934 年 6 月 16 日）

　　证婚人的训词，最易呆板，使人恹恹欲睡。他（"她"的时候很少）是婚姻当事人的尊长，当然不许随便开玩笑，所以只好"老气横秋"地板着面孔说话。求其不呆板而又幽默，幽默而又含有训勉祝福之意，实属甚难。至能就"本地风光"，插诨而不伤雅，能使人哄然一笑者，则更戛戛乎其难矣！

　　上月冀晋察绥区统税局局长宁恩承与钮先娝女士结婚，证婚人是他的老师，教育界闻人张伯苓校长。他在证婚训词中，先说宁先生在校时候的犄角多，常同他的老师们捣乱，但学校当局却不忍将他的犄角完全砍去，使他成为庸懦的废人。这是张先生的教育理论。他说到家室应该怎样和好的时候，忽然词锋一转，很着重地说：

　　"我看到婚书上新郎、新妇的名字，不免有些害怕！他们俩一个姓宁，一个姓钮。假如同居以后，这一个'拧'（音同'宁'）起来，那一个'拗'（音同'钮'）起来，则家庭和乐，那里去找？"

　　于是全场哄堂，连女傧相孙桂云小姐，也为之嫣然了！紧接着他又来个"然而"一大转：

　　"不过，新郎在南开读书的时候，犄角虽多，却从来没和同学打过架。后来他到英国留学，以至学成归国，贵为局长，始终执弟子礼待我（张先生自称）。师友都是'外人'，犹如此其和且敬也，则其对'内人'也，自然是不问可知。所以他们家庭的和乐，是确有握把的。"

　　于是全堂又大笑。而张先生的训词亦于喜气充溢中戛然而止。这是

---

　　① 署名"忙人"。

何等的善颂善祝！又是何等的绝妙好词！因补记之，以为《晨画》读者解颐，兼为研究修词者之一助。

（《北晨画刊》第 1 卷第 5 期，1934 年 6 月 16 日）

华人自办事业之成绩如何[①]

(1934 年 8 月)

天津南开学校二十二周年,及女中学[部]落成纪念大会,余乘此机会参观全校,心神愉快,犹梦游胜地。

由校到津埠,汽车仅十分钟。铁路到京都,火车仅三点钟。然而余在其地,似已出于中国之外,又似不在眼前时代之中。余岂真在梦中者乎?无他,该地之空气与精神,大异于他处故耳。

中国目前之混乱,如狂风暴雨,禾稼花木,无一物不为之摧残。独有一物,超出于政潮之外,屹然不动,且又日进无疆,就余所见,则南开学校而已。

狂风暴雨中之鲜花硕果,世所罕见。南开初成立时,仅如一粟之细粒,而发荣滋长,卒能使花与果,茂而且富,果由何道以致此者乎?

智与力为今日立国之本,为一种民族,可以抵抗他种民族之利器。空言浮识皆无益,贵有宏富并坚强之教育,培成智、力并足之人材。余观南开学校之新青年,益叹二十二年前之老成如严范孙、王奎章诸君之功为不可没也。

每人每月二百两捐款,不为不巨。况月月年年,赓续不断,则其果毅之精神,岂可与寻常慈善家等量齐观乎?

开幕之礼节,余见之多矣,其仪式大略相似。名公巨卿,必在邀请之列。其间亦有人为捐款善士。始也振铃,次也演说,又继之以军乐。其演说无非致颂词于成绩未见之前;其军乐大抵以华人之手,弄异国之器,奏异

---

① 作者华露存。

国之音；其终也必照相以为结束，设茶以作余兴。此外所可志者，则散会而已。此种老套，余已屡见不一。见蟾圆几易之后，问此轰轰烈烈之下文，究竟如何，则有答以奄奄一息者，又有答以未生先死者。且有谓生固偶然，死已长逝者。

南开开幕之时，却与他校不同。学生仅七十余人，既无娓娓惊人之演说，亦无声振天地，欢始不欢终之军乐。纪念照片，固亦有之，而仅寥寥数人。顾此数人，固联其臂而结其心者也。且其联结视铁练为尤坚。今日偶有一二人已断练撒手以去，只其身已隐而不现，其心固长生不死也。

凡关心于国家根本问题如教育者，类皆钦佩南开之声誉，及校长张伯苓君办理之成绩。余于此无须赘言。但余之钦佩，在男女中学，而不在大学。余以为中学急于大学，世人好高骛远，未免错误，敝著《欧行后之感想》一文，已曾论之。

张君有一言为余所更钦佩者，兹特表而出之。其言曰："予仅一头脑，苟无强健之指臂，则空头脑亦何能为。"张君出此言时，并指某君、某君之姓名以相告，如喻鉴、华光霁、尹承纲、章辑五、孟琴襄、尤乃如、潘珍蕙、邱崇彦、张彭春诸氏。匆促之间，余已不能备记。张君此言，殆如老聃所谓"处其实，不处其华者"乎？所谓"直而不肆，光而不耀"者乎？所谓"为而不恃，成功而不处者"乎？

为头脑者归其功于指臂，为指臂者归其功于头脑，其下各级之主管主办各员，亦复如是。然则南开所以有成绩，无非因其是一头脑指臂兼备之活人而已。

教员、职员之酬劳并不巨，中学大概自五十至一百余元，大学大概自八十至二百余元。此种数目，在偌大中国，在此人人误视为豪富之中国，实觉微之又微，然却是十足现金，月月可恃，安分乐业，用其全力于培养子弟之一事。当其初来，早知以施教为惟一之职务；及其久留，又知以误人子弟为最大之罪恶。一切兼差之习，倾轧之风，在他处数见不鲜者，在该校则始终未尝一见。斯又由何道以致此者乎？

兼差固校章所禁，然即不禁，亦必无人兼差。

倾轧之源，大抵为争权夺利。南开校长，义务多于权利。观其簿记，收入不丰，筹划更煞费苦心，无权可争，无利可夺。争夺非但无益而又有害，此倾轧之风之所以能免也。

他处一般教员之魂魄何如者？政府之穷，已在末路，不得不奔走各处以谋兼差。一处无钱，或可得之于第二处；第二处无钱，或可得之于第三处。因此则须奔走于二校乃至三校四校。当其谋之未成也，固须结纳酬应以见好于人；逮其谋之既成也，仍须结纳酬应以取悦于人。其地不止一地，其时不止一时，无地无时不在结纳酬应之中。薪俸之虚数，非不甚巨，而实际所获却有限，结果只剩得力竭声衰四字。

人皆乐闻巨薪。妻子闻之而喜，仆役闻之而亦喜。顾亦知其家主之劳苦乎？劳于奔走，劳于结纳与酬应；苦于索薪，又苦于赊账或还账。劳苦已达于极点，而校长学生，方且苛求于其后。

精神及光阴，早已用罄，课前自无暇预备，课时自无由讲解。到校必迟，离校必早，皆属情势所当然。乃一方面既不满意于校长，他方面又不满意于学生，校长学生，抑何不谅之甚乎！

夫如是，则既须谋所以见好于校长，又须谋所以取悦于学生，责备首当其冲，酬报则落于最后，为教员者真不幸之甚也。

他处一般校长之生涯又如何者？地位更高，交际亦更广，薪额之虚数更巨，而实利依然空空。且其地位全系于政局，如风中之烛，如水上之萍，无时不见其有动摇之象。手中直须常持风雨表以测气候，明日有风抑有雨，雨则如何避之，风则如何顺之，日夜皇皇，疲精劳神于窥测之一法。

南开学校之生活，大抵赖私人之捐助。因此，外界之险恶，不足以为累。张君引余入各厅，说明某舍为严氏最初所捐；某地为郑菊如君所助；某地第一新舍赖徐菊人、严范孙、王益孙诸公之巨款以造成。军乐始于何时，其器为严、王两公所购；某舍为大学，赖黎总统、徐总统之巨万及李秀山督军之五十万元以造成。某处为矿科，因李组绅君提倡，年捐三万元而特设；某处为科学馆，赖美国罗氏基金团之十五万余元，袁述之先母七万元，言仲远先夫人一千元以得成立。此外又有蔡虎臣、袁伯森、阎百川、陈秀峰、王子春、李炳麟、靳翼青、许静仁、金伯平、何庆成诸公,皆先后捐助臣款。其拨助公款者,尚有卢木斋、陈小石、刘仲鲁、朱经田诸公。凡此善士,有尚生存者,有已没世者,余睹铜像及照片,似皆面带笑容,欢乐无极。所乐为何？乐此新时代青年之智与力,比之前一代之人物,似已有化胎换骨之奇效耳。

余在天津途中,见有以宝贵之金钱,购焚纸人纸马纸房纸轿以为丧葬之仪节者,其火焰既转瞬即熄,其余烬亦埋于土而同归于尽。善士中之在地下者,当亦笑其太愚。一则事落空虚,一则名垂不朽;一则供奉死人,一则培养活人。何乐何不乐,诸善士可谓知几者矣。

老子有言,"天下大事,始于其细;天下难事,始于其易。"南开学生数目,起于七十,而达于二千,是固始于细与易者也。惟其如此,故能成其大成其难。然而事无论大细难易,苟主之者无相当之才能,又不以全副精神,与之相终始,则细者易者,亦皆无一可成。观于南开,已出校之学生,乐回母校,而与新生相联络。已毕业或出洋归来之旧生,亦愿回母校而效其指臂之助,师弟间之感情,亦仍是新旧融洽,先后一辙。校长对于新旧弟子及教职员之殷勤,亦无时不溢于言表。此视彼为一体,彼亦视此为一体,有互助之精神,有持久之精神,又有互相谅解之精神,虽欲无成,其可得乎。

才能与精神,谈何容易。人不皆有才能,人不皆有精神。才能与精神,又不常相伴。余见世间事业,有朝荣夕萎者,有方成旋败者,亦有先败后成者。孔子曰:"为政在人。"成与败全系于人,而人以才能精神为归宿。谈南开者,幸勿忽视此天然之公律。

外人常言,华人独办之事业,若无外人助之,则十之八九不能成就。或成就而縻费甚大。然观于南开,则此言殊不可信。论其费用,与成绩有相当之比例;论其外助,则二百名教职员中,仅有客卿二人耳。我华人独办之事业,何尝无成就！何尝有浪费！要未可以一概论也。

虽然,退而思之,近年来北京方面之学校,十之九不满人意。外校视华校,比较为良,则外人之言,亦未可尽非。余不乐其言之未可非也,余甚乐其言之不足信也。其关键在一人字。愿当世在此字,下一深切之解释,生一重大之觉悟。得此关键则事无不成,失此关键则事无不败。岂但学校而已哉。

（《心文》,露存著,商务印书馆,1934 年,第 67—74 页）

写在孔子诞辰纪念之后（节录）①

（1934 年 9 月 9 日）

什么是人格？人格只是已养成的行为习惯的总和。什么是信心？信心只是敢于肯定一个不可知的将来的勇气。在这个时代，新旧势力，中西思潮，四方八面的交攻，都自然会影响到我们这一辈人的行为习惯，所以我们狠难指出某种人格是某一种势力单独造成的。但我们可以毫不迟疑的说：这二三十年中的领袖人才，正因为生活在一个新世界的新潮流里，他们的人格往往比旧时代的人物更伟大：思想更透彻，知识更丰富，气象更开阔，行为更豪放，人格更崇高。试把孙中山来比曾国藩，我们就可以明白这两个世界的代表人物的不同了。在古典文学的成就上，在世故的磨炼上，在小心谨慎的行为上，中山先生当然比不上曾文正。然而在见解的大胆，气象的雄伟，行为的勇敢上，那一位理学名臣就远不如这一位革命领袖了。照我这十几年来的观察，凡受这个新世界的新文化的震撼最大的人物，他们的人格都可以上比一切时代的圣贤，不但没有愧色，往往超越前人。老辈中，如高梦旦先生，如张元济先生，如蔡元培先生，如吴稚晖先生，如张伯苓先生；朋辈中，如周诒春先生，如李四光先生，如翁文灏先生，如姜蒋佐先生。他们的人格的崇高可爱敬，在中国古人中真寻不出相当的伦比。这种人格只有这个新时代才能产生，同时又都是能够给这个时代增加光耀的。

（《独立评论》第 117 期，1934 年 9 月 9 日）

---

① 作者胡适。

南开印象记①

（1934 年 10 月 16 日）

一、校长

迈进一个学校去，人们不一定立刻联想到校长的，而且实在常常是想不起这件事。但如果你进了南开，那你便非想到校长不可，仿佛有种势力不容你把他忽略了似的。如果你想明了南开，那么便更不能不先知道他，因为在这个学校里从没有第二个人坐过校长的位子。他没有离开过南开，南开也没有离开过他。卅年前学校成立第一日给学生讲演的是这人，每年开学的第一次讲演人也是他，到今年还是他。如果人可以长生的话，无疑地他会永远和一年年的新生见面。南开不是他的职业，而是他毕生的事业，是他理想的实现，是他人格的表现。不知道南开二字则已，如知道这两字，你自然也会同时知道这个人的名字。提到这人，你也自然会想到他的事业。南开学校与校长是不可分的，恰如精神之与肉体一样。这个人，到底是怎么样的人呢？反正见了面，这老头子是不会叫你失望的。老头子？可不是么！照年纪说，明年便到六十正寿的人不能说是青年了；可是他的样子满结实。体材之壮大，气度之沉稳，是足以令人见而生景仰之心的。脸上一副成为特色的圆圆的黑眼镜，上颔一撮小胡子，正如在报纸上有时可以见到的一样。说起话来不会少掉幽默，其活泼恰如极活泼的年青人。

这青年老头子便是南开校长张伯苓先生。

---

① 署名"琭琭"。

二、校史

三十年前,不,比三十年还要早的时候以前,这位老先生正当青年时代,还是很顽皮的人呢。却一天突然受了刺激,一心想教育救国。于是抛下学习海军的工作,从事教育。梦便从此开始了。有梦,然而这人不是梦想家,在学术上没有特别高深的研究,气质上也没有狂热的激情。反之,他是实行者,极端的坚执的实行者,有着一个实行者的魄力,信心,和手腕。看准了目标,便稳重地充满了自信地直前走去,遇阻碍便设法铲除,遇困难则必求战胜。前进,前进,日复一日,年复一年,卅年来如一日,恒心与努力的果实便是今日包括四部的南开学校——计大学部,中学部,女中学部,及小学部。

头尾两部(即大学及小学)是男女同校的。四部之中以资格论,虽大学部可称为长兄长姊,其实论年龄还是中学部最老,到本年十月十七日更到卅周年纪念了。最初学生只有几十个人,校舍当然也是很小的。因校址位于天津的南开,校名遂称"南开"。中学成立十多年后才设立大学部,彼时两部都在南开,后因同时发展,校舍渐不敷用,于是便在天津城外八里台村旁另建大学新校舍。此后女中学也成立了。不数年乃又设立小学部。中学,女中,小学都在南开,密迩为邻。每日到上学和放学时候,那景象是很可观的。路上步行的,车上坐的,都是顽健活泼的中学生和玲珑可爱的小学生,上自廿岁左右,下至五六岁,各样年龄的人都有。现在四部学生共计约二千八九百人,其中以中学人数最多,占了一千七百人。这个学校不能令人不说是有生机的,是时时在生长的。它令人想到一棵树,最初细干嫩枝,弱不禁风,仿佛随时都有摧折的可能;但经植树者细心调护,给与适当养料与水分,于是此树欣欣向荣,渐渐而绿叶生荫,根深蒂固了。如把这学校比做树,那么此校校长便是植树人了。

三、校景

南开一带原先是很荒僻的地方。一半因为城市的自然发展，也一半实在因为是南开中学所在地的原故，是一年比一年繁荣了。记得六七年前到此地的时候，商店只有数得过来的几家。现在再到来，在校门前一望，映入眼睑的尽是商店的招牌与广告了。什么书店啦，饭铺啦，水果铺啦，鞋店啦，西服庄啦，照像馆啦，可谓应有尽有了。规模都是不大，但生意是很好的，因为有那么多学生们来作他们的主顾。

南开学校是与水不可分离的。八里台的大学校址不必提了，因那里根本就是水坑垫起来的。现在四周都被水围绕，假如没桥可通外面，简直就是个孤岛。中学虽没有水紧紧围着，但数百步之遥便有天然水塘，有河，所谓墙子河。河很长，河堤很高，人在平地上看不见河，但忽然看见堤后面有白帆轻轻移过，知道有船从河上载货过去了。河有两丈多宽，对面望去是无边的芦苇地，如是夏天，还有荷花可看；再远望去，一个馒头式的圆顶映在眼中，这便是南大图书馆的最高屋顶。由此往右看，有两座暗红色房子，即是南大男生宿舍。每天晚饭后，特别在夏季，墙子河堤上往来散步的，都是些住校的"尖头鳗"①。到西方红云渐渐变成深灰，暮霭苍茫，蛙声四起，便三三两两且谈且笑的缓步归去，待回到学校已该是听到打自修铃的时候了。可惜住校女生不许任意出校门，否则堤上黄昏当更富诗意了吧。但提到诗意二字，却不免令人失笑。这两字该是与臭味毫无关系的，然而不，河对岸不知什么地方有粪场，每当风由南吹来，堤上以及学校中便满布着那种特殊气味了。

和其他城市比起来，天津是顶干燥顶无处可玩的地方。如果你一定要在这里找一丛树，一片水，水中可游船，可采莲藕，可看鱼儿浮荡，总之，是可以消除你城市烟火气的一个处所，那你便到南开大学所在地的八里台来好了。墙子河由南开中学拐一个弯流来，包围了南大的东面和南面。东面

---

① 英语"gentleman"——绅士的谑称。

校门口有桥通大路。路旁靠河边不断的有拉纤人走过。赤着被日光晒成黑红色的腿和臂，身子向前倾斜，纤拉在肩上，那么有韵律似的一步一步走，脸上空洞而无表情，仿佛全身心的活动都集中在那步子里了。路那边是稻田，风起处稻便如波涛一般卷动着，鲜活可爱。

校南面在所谓河沿地方也有桥，小木桥，可通对岸多草的荒地。星期日桥边小立，随时都可看见一只只游船载了情侣或家人亲友轻划过去。其中很多外国人，因为此处离英日租界都近，游船的目地是河西南方的支流，名青龙潭。这里乃是天然游泳池，夏天极其热闹。船靠岸或芦苇堆停着，人们穿了游泳衣跳下水去。天是那么大而蓝的，太阳是热的，晒得水多么温暖！人是健美活泼的。哈哈……人们笑了！谁能在这时节不笑呢？

南河沿是南大码头，上下船很方便。校中住的人们，除去看人家的游船划过之外，自己也常常叫了船来，在南河沿上船的。何况其中也正不缺少情侣呢？

在校中住着，一天不走很多路是不行的。从男生宿舍（又名东宫）到讲室要十几分钟，到图书馆又要几分钟。而且你根本不是不喜欢走路的，因为大路小路可走的是这么多。图书馆后边，就够人流连半日的。提到图书馆，这当然是南大最好的建筑了。从外面看，那圆顶便是一个谜，神秘的坟墓！谁将埋在这里面呢？走进门去，阅览厅是那么宽阔广大，几乎给你一种惊讶，使你觉得在这里看看书是幸福的。

四、校风

南开素以家庭学校自豪，证之以不闹风潮一事，也实在值得自豪。教职员及学生一向就没有结党营私互相排挤的事情，每人都觉得他是南开这大群的一部份，每人都按着个人的本分在那里认真的工作。校长对校务是怎样的辛勤劳碌，惨淡经营，对学生是怎样的关切期爱，是不用再来多说的了。职员都认真做事，忠于职务，和校长一样的，拿办学校为他们毕生的事业，这实在也是南开的一个特点。教员教学的热心研究的精神，亦着实令人钦佩。有人说南开报酬薄，请不到好教授，实事也不尽然，南大教授中尽多中外知名的学者，国内外机关学校，有慕他们的名望，常常敦聘利诱他们，而他们却丝毫无动于中，一心一意的在南开工作。大概他们亦愿以南开为毕生的事业，及研究的处所了。这种精神，又是如何的难能可贵呀！学生在这样教职员的教诲熏陶之下，自然亦都规矩安分，认真读书，鲜有轻浮好动的份子，也有，不过太不常见了。他们生活的畅快，情谊的浑厚，宛如家庭中的兄弟姊妹。有的学生，因学业志愿的关系，离校转学。然一进旁的学校，抚今思昔，就不免有游子思恋家乡之感，追忆母校的种种甜蜜和伟大，因为竟有再回来的。这种情绪，好像吃橄榄，初尝似味无精彩，一经细嚼，才知清甜精美，就不愿唾弃它了。

（《新社会》第 7 卷第 8 期，1934 年 10 月 16 日）

庆祝南开三十周年①

（1934 年 10 月 17 日）

南开三十周年纪念，有专刊出版，现在并向各方面征求文稿，在专刊上，对于校长的苦心孤诣，学校的成绩优良，必有一番认识，及奖励的话登出来，这是照例的文章，亦是南开可以不客气的坦然的接收。不过在我，愿趁此机会，简单的说几句话，或者稍有不同。因为是从另一方面着想的。凡是在国际上办事的人，每每觉得有一件事，于我们国家以及民族的荣誉身份，很有关系的，就是我们中国人，无论在那一种职务，那一门学问，那一类事业上，至少应该有几个（人家或者有几百，几千），站得出来的代表，实实在在有研究，有资望，有学问，有心裁，有成绩，与人家同一路的人才，即使人数不及，然而还可以相提并论，不致相形见绌。这是不但在国际会议席上，最叫人触目，使人注意，以及因此发生好或不好的印象。就是平常中外人士，交际谈话，及在家研究，或来华调查我国状况的时候，在我[国]是不是有几个领袖，可以无愧的代表一民族各方面应有的成绩，这件事，是很有关系，很重要的。我们有句老话："行行出状元"，究竟今日之下，我们政治上，外交上，财政上，文学上，科学上，美术上，实业上，经济上，教育上，军事上，以及其他人类应有的活动上，出了几个"状元"，可以在国际上占一地位。现在不管是有是没有，是多是少，总而言之，南开可以自慰的，就是无论如何，出的一个办教育的"状元"，我们所钦佩的张校长。从一面看来，张先生三十年惨淡经营，造成了一个南开；从反面说，南开是一个机缘，造成了一位张校长。

---

① 作者颜惠庆。

无论国内国外,全是异口同声,承认他是教育界有成绩的一位领袖。这一件事,我觉得值得为南开三十年纪念,特别可贺的。

十月四日

(《南大半月刊》第 15 期,1934 年 10 月 17 日)

一、南开学校成立至南开被炸毁时期的张伯苓

我对南开的印象①

——纪念南开三十周年

（1934 年 10 月 17 日）

我第一次听到"南开中学"这个名词，是在二十年前。那时我是清华中等科的学生，那时我是刚从江西跑到北平来的一个乡下孩子。那时在我的脑筋中，中国最好的学校，当然是清华。然而就在那时，我已经常常听到学校里的教员和同学们提"南开中学"这个名词。并且提到的时候，总是赞美他。我心里想"难道在中国除我自己读书的清华以外，别处还有一个值得赞美的学校吗？对那学校，清华园里的人，都这般钦佩，那学校得还可以吧。"

就在二十年前的冬天的某一个星期六，学校里贴出布告，停课半天，让学生看清华与南开赛球。我却大吃一惊。我暗暗想道："真了不起，南开居然能够和清华比赛起运动来了。"南开不止和清华可以比赛运动，那天的运动，在篮球方面，清华大败。在那天的下午，清华园里"南开"的声望更高了。教职员不用提，比我多知道一点世界大事的同学们，都在称赞南开。适逢其会，那天学校里有位美国女教员请学生吃茶，我亦是来宾之一。茶会里听到的尽是"南开""南开"这名词。茶会场中那位教员且突然正颜厉色的同我们一班小学生说："孩子们（那时我们都是十几岁的孩子），你们将来都得学南开学校的张伯苓。假使中国多几个张伯苓，中国一定会强的。"

南开这个名词和张伯苓这个名词连在一起，我是那一次才听到的。不过那位外国女教员说的是英文，把张伯苓三字念得像个外国名字，像是

---

① 作者罗隆基。

Mr.Chamberlain 似的。

于是我心里又暗暗地在捉摸："呵，难怪南开这样有名，难怪南开的篮球队可以败清华，南开原来是个外国人 Mr.Chamberlain 办的学校。外国人办的学校，自然是好的。听说通州有汇文，听说上海有圣约翰，听说武昌有文华，听说湖南有雅礼。这都是些好学校，这都是外国办的学校。什么地方，外国人办的学校，不比中国办的强。就是我们这清华，要没有外国人退回笔钱，加上这大批美国人在这里教书，清华那里又有这样的规模。南开既然是外国人 Mr.Chamberlain 办的，成绩优良，自然是意想的事了！"

这是二十年前南开在我的脑筋里的印象，那时南开才十岁。

················

后来，我慢慢的知道张伯苓先生是个中国人，慢慢的我亦知道南开是中国人办的学校。因为后来有许多南开中学学生考上了清华的插班生，同时还有几位南开早期毕业生做了我们的教员，同时南开的足球、篮球亦好几次打败清华了。到这时候我那能不多这一点关于南开的事呢。

亦就在那个时候（一九一九年），因学生运动的关系，我第一次到天津。学生运动的许多次群众大会，就在南开中学附近的空地上举行。因为到大会的缘故，我见识了这个"久闻大名"的南开中学。有一次，一位南开的学生，指着一个人向我说，"那是我们的校长张伯苓先生。"张先生刚走进学校里去，我见其背未见其面。然而我却认清楚了，他的确是中国人，不是 Mr.Chamberlain。

那时候，我又听说南开已起始办大学了。我却这般想，"'张伯苓'先生这位中国人真特别。北平许多学校正在欠薪欠得一榻糊涂，政府的学校都快要关门了，这位张伯苓先生有什么本事，却要在这时候来办个私立大学。这不是自己对自己开玩笑吗？且看他将来如何吧。"

这是十五年前南开在我脑筋里的印象。那时候南开才十五岁，南开大学约有一二岁。

················

一九二五年，我因事从美国回到北平。路过天津的时候，我要看望老朋友黄子坚先生。我雇了一辆洋车到南开去。扑了一个空。据说，黄先生不在中学，在大学。并且探听出来，大学在八里台。

时候已是晚上八点了，我又坐着洋车望八里台跑。我是没有到过八里台的，洋车跑过的地方仿佛是一片荒野。我心里想，这位张伯苓先生，大概到郊外什么一个破庙里去办大学去了。应该！北平的官立大学，正在没有法子维持的时候，他却要办私立大学，那自然只好借郊外的破庙来办了。

到了八里台，黄昏中看见一大块新辟的空地，在空地上居然有座新盖的洋楼。黄子坚先生亦仿佛住在一座结构简单的小洋房子里（或者就是如今大桥旁边的警察屋子）。那时我已经跑过外洋了，我的眼光比在清华又增高了些。我心里想："一座洋楼就可以办大学吗？"我这样怀疑，在那块新辟的空地上，那时的确有点新气象。新栽的花，新种的树，都欣欣向荣。我心里亦偷偷地说："谁又敢料定这些花这些树将来不生长茂盛起来呢！谁又敢料定这新兴的大学，不与这些花草树木同时生长繁茂起来呢？过几年再看看吧。真是天下事谁知道？"

这是十的前的事。那时南开中学才二十岁，那时南开大学才七岁！

⋯⋯⋯⋯⋯⋯

一九三一年，我从上海迁到天津。一星期后，到南开大学来演讲。到了八里台，举目一望，一切果然不同了。从前新栽的树，新种的花，果然生长繁盛起来了。台子里居然有秀山堂，有思源堂，有芝琴楼，有图书馆，有实验室。居然有伟大的男生宿舍，居然有丛密的教员宿舍。那时候，我已经在上海几个大学里教过两年书。到了南开，我还没有深究内幕，我就说："这才是个比较像样的大学呢！"

一九三二年，我已做南开大学的讲师，在南大兼课。到今日，我对南开的认识当然比较更清楚，对南开的印象当然比较更深切。到今日，话却不容易说了。自己称赞与自己有关系的一个学校，似乎不近人情。至少，我今日是这样想：人，三十而立。学校亦是这样。他有了三十年的历史。总算站住了。它既站住了，南开过去有这样的发展与进步，三十岁、五十岁、百千万岁，可至无穷无尽！

这是目前南开在我脑筋里的印象,这时候南开是三十岁!

....

"不能这样乐观吧!南开前途困难还多呢!第一,南开是伯苓先生一手创造起来的。南开三十岁,伯苓先生六十周岁。伯苓先生百岁以后,南开怎样?第二,南开的地址,是在华北,是在天津,是在日本军营的附近。倘一旦不幸国际上发生问题,华北,或天津,或八里台落在别人手里,南开又怎样?"许多人的确在这样替南开忧虑。

我对这两点的见解是这样:

第一点,完全是过虑。剑桥,牛津,哈佛,耶鲁,以及世界上一切有名的大学,各个的历史虽然不同,他们能够有今日,最初都是靠一二个伟大人物惨淡经营起来的。基础安定了,守成自然继起有人。张伯苓先生自己或者亦承认,南开在今日,维持南开的东西,不是伯苓先生个人有形的精力,而是三十年培养出来的一种精神。这精神,叫它做"伯苓精神","南开精神"都可。伯苓先生即使今日退休,这三十年已经养等〈成〉的精神,他带不走的。我们且看看,在大学方面,像伉乃如先生,何濂廉先生,黄子坚先生等等,他们那整天价笑晒晒地傻干的精神,伯苓先生带得走吗?这就是我所说的"伯苓精神";这不过是一个渺小的例子罢了!有了这精神,南开怕什么?有了这精神,南开这副机器,随便换谁来做总司机人员,亦会循规入轨的转动。这是可以保险的!

第二点,危险却是很大。然而话又说回来了,三十年的南开,功用在什么地方?南开不是有一两万毕业生了吗?学校不是还有一二千肄业生吗?南开校长不是常说:"我办学校的动机和目的是救国"吗?果然如此,受过南开教育,受过张伯苓教育的人,当然不肯让八里台,让天津,让华北落到他人手里去的。果然如此,南开依然是有无穷无尽的生命。

有了意志,就有了道路。南开的出校在校同学们,在今日母校三十寿辰的时候,对母校的生命对母校的前途,你们有什么打算?你们更在做什么准备?

(《南大半月刊》第 15 期,1934 年 10 月 17 日)

祝我母校三十周纪念①

（1934 年 10 月 17 日）

今年是南开学校的三十周年纪念，回想他的缔造艰难，教我们发生无限的感慨和希望。

当南开初办的时候，校舍是在创办人严范公偏院里，学生不过百人，严公对于教育异常热心，我校长又始终抱着前进的精神，努力去做，所以后来才能添设大学，添设女中及小学。到了现在，同学的较前多了好几倍，一切设备，也日臻完善，教授方法，训育方针，及其他各种设施，一切无不较前进步。

母校现在的成绩，可以说是校长三十年来努力的收获，但是我们以为这只是收获的一个阶段，因为后来者的努力，当较前三十年还要多的多。因为三十年前，我们校长虽有大志，但是未得尽量的发展；现在男中，女中，小学次节成立，校长的整个教育计划，便可逐步实现了。譬如建筑大厦，必须逐步修造，才能成功，成功后，对于大厦的功用才能作整个的计划。

论到校长本身方面，虽说年近花甲，但是精神却异常矍铄，不让青年。年来努力校务，呼吁和平，虽百忙而无倦色。我们以为人生于世，三十岁前为求学时期，三十至五十为作事经历时期，至五六十岁以后，其心更坚，其学更纯，从此发挥光大，无所不得其宜。我们希望南开是进步不已的，到我们校长庆八十庆期颐的时候，希望看见更灿烂的南开！

我们很高兴的来庆祝南开学校三十周年，并且今年适逢张校长的六旬大庆，尤教我们感觉须要庆祝。我们庆祝的意义不在形式而在取得南开精

---

① 作者阎书通。

神。换句话说,而在效法张校长的进取精神,并且在谋这种精神的实现!

结尾,我们有几句祝词来祝南开学校的三十周年:

惟我母校,教诲讳详,斐然成绩,世界名扬。

张公校长,诱掖有方,艰难缔造,险阻备尝。

中更事变,努力如常,造才万众,富国兴邦。

气求声应,遐迩同光,成立卅载,精进未央。

校长称庆,耳顺康强,祝人祝校,永寿无疆。

(《南大半月刊》第 15 期,1934 年 10 月 17 日)

变戏法①

——祝母校三十周年

（1934 年 10 月 17 日）

戏法人人会变，

张先生的戏法整变了三十年。

他在一块空旷的场上，

变出高楼多少间！

　　从前天津城的西南，

　　有一块荒地不值钱，

　　自从张先生在那里表演，

　　"南开"两个字响到云南！

八里台是一片汪洋的水田，

种着芦苇走着渔船。

自从张先生铺上了变戏法的大地毡，

倏然之间,楼阁相接连。

　　他从这楼房里变出多少女和男，

　　他教给他们变戏法精神便是"干"！

　　变出来的人有的已竟都鬓发斑斑。

　　张先生到如今还在变！

我们不要尽看着他一个人变吧，

① 作者吴堉威。

我们要帮助他来变，

我们有一分力量，

便尽一分力量去干!

　　我们希望这戏法越变越新鲜，

　　我们要努力维护这张先生的魔术团，

　　以往的成绩不要自满，

　　我们要帮助张先生再变它三十年!

　　"办学校好像变戏法"我记得好像是张伯苓先生曾经说过的，兹谨引申其意，作诗一首，为我纪念刊补白。

　　　　　　　　（《南大半月刊》第 15 期,1934 年 10 月 17 日）

一、南开学校成立至南开被炸毁时期的张伯苓

南开诞生三十周年①

（1934 年 10 月 17 日）

"教育救国"的声浪,近年又甚嚣尘上了,这是国难期中有识者一种新的觉悟,亦是吾人应引为庆幸的事。本来中国要想成一个现代化的国家,屹立于弱肉强食的世界,应当具备的条件虽然很多,其中最重要的,是要看构成这个国家的份子的智力健全不健全以为断。但是培养各个国民的智力问题是一个教育问题,所以我们对于一切救国的主张,认为根本的还是离不开教育。

虽然,教育的内容是活的,进步的;不是死的,保守的。教育的活动和进步的畴范,是要随着大时代经济和政治的背景为转移的。换一句话说,教育的目标,根本着重点,在乎养成各个现代的人,来适应现实的生活。杜威说:教育好像是一座桥梁,要使受教育者和社会打成一片。他的意思,就是"学以致用"的意思。所以我们认为教育的目的,只有一个,不过达到这个目的的方式,各有不同罢了。

我们根据上面这个信念,在观察母校——南开三十年前的诞生和这三十年来的长进,使我们信念,愈加坚强,愈加兴奋。尝听校长张伯苓先生说过,他办学的动机,是他在北洋水师学堂读书的时候,眼见中国的水兵和外国的水兵比较,体力智力,那一样亦不如人,无怪乎鸦片战争以后,接连遭帝国主义的侵略,订下无数的不平等条约。所以他认为当时中山先生所倡导的民族革命,虽然是救民族的一条路,但是组成这庞大的中华民族的各个份子,不能够和其他帝国主义国家的国民,智力体力较过高低,始终建树

---

① 作者唐际清。

不起来一个现代国家。张校长本着这坚强的信念,得着严范孙先生及社会人士物质精神的赞助,南开于是在三十年前的今日诞生。经校[长]三十年如一日的努力,长,长,长……(校长的话),至有今日的光荣的历史和伟大的组织。

就整个中国教育而论,南开不过占极小的一环。在"教育救国"的功效上,我们不敢作过分的夸张,但张校长对"教育救国"的信念上,我们敢相信是有他不可磨灭的贡献的。我记得胡适之先生在《大公报》发表过一篇星期论文,题为《教育破产的救济方法还是教育》,他曾再三感慨一班人对于教育救国的主张,没有坚固信念,忽而说"教育万能",忽而又骂"教育破产"了。我尝想中国自前清末年所谓变法维新以来,废科举,设学堂,一直到现在所实施的教育制度,纵令如何花样翻新,大部分办学的人,敢信很少对教育的效能发生绝对信心的。这就是中国教育失败一个根本原因。"九一八"国难以后,大家已觉悟到救国的方式,建树国防是一事,刷新政治是一事,经济建设又是一事,然而培养健全国民的一切根本的心理建设,非信赖教育不可。所以我希望张校长"教育救国"论,始终如一,且发扬光大,印入一班教育者的心坎里去。

再就整个中国教育方针而论,在实施三民主义教育大前题之下,依然离不开使受教育者,得着应付现实生活的体力智力。所谓现实生活,不外两方面:一是政治的,一是经济的。政治方面乃是个人对于民族国家应尽的责任;经济方面乃是个人求生存的技能。二者相互作用,缺一不可。国家所施的教育,就性质上说,无论是义务教育,中学教育,专门教育;就政策上说,无论是军国民教育,生产教育,职业教育,程度纵有不同,必须满足受教育者应付现实生活的要求,乃是绝对无容怀疑的。张校长常说,南开教育是活的,她的最大日的,是要培养南开学生,"怎样的做一个健全的中国国民","怎样够资格做一个现代的人"。他现在又提倡"合作""为公",因为中国人的大毛病是自私。他同时又教训学生"苦干",因为唯有中国人都能"苦干",才能建国雪耻。我们热望南开永远随时代的需要,社会的环境,实现一种切合实际的合理化的教育。在整个的救国工作上,负起一部分应尽的救国责任来。

今逢母校三十年的诞日，略志数语，并祝母校万岁。

（《南大半月刊》第 15 期，1934 年 10 月 17 日）

何谓南开精神①

（1934 年 10 月 17 日）

一、精神与南开

"渤海之滨,白河之津,巍巍我南开精神……"

这是南开校歌的第一句,而第一句就唱起精神来。谈到南开学校,立刻就会论到南开的精神,校外的人士都交相称赞着:"南开的精神好!"校内的师生亦彼此勉励着:"要有南开的精神。"谈南开精神,究竟什么是南开的精神? 南开学校已经成立三十年,亦可以说是到了"三十而立"的时期,而三十年来所溶培出的南开精神在那里? 这都不是简而易答的问题,一般人虽是都在想要问,但是这个既有兴味而又切要的问题,确是找不出一个具体而又完全的答案来。

一种物质或一项事业的评价,可完全由它所表现的精神来测量。一样东西,若是没有精神,就可以说它是没有存在的价值。精神这两个字的意义,就普通讲:粹美为"精","精"是纯质,亦可作神灵解;精气为"神"。在 Spirit 这个字,亦是神灵（Soul）的意思,而视为生命的寄托（Breath of Life）。由这些解释,就可以鉴出精神在一种物质本休上的重要。而在南卅,更不能不注重到南开的精神,校长曾说过:"南开是中国人为了要使中国人亦在世界上作人而设立的学校。"南开既负有这般重大的使命,自必有其超越不朽的精神。前几年王正廷氏批评南京的建设,说是:有人材,有

---

① 作者梅宝昌。

计划,有精神。若是论到南开,我们以为当把那顺序颠倒一下,是:有精神,有计划,有人材。因为没有精神,计划难求实现,没有计划,人材又有何用?南开的生命力是精神。

在教育上,我们总觉得精神是需要特别注重的,因为教育是人的训练——对人的人格和思想的训练,若是没有精神贯注其间,而这种教育的目的,是不会实现的。各个学校的课程是大体相同的,而其评价的差异,这完全是由于精神的关系。……①教育本不只是在书本的研究;不能使人能作现代的人,那亦可以说是教育失败。教育的对象,既不完全在知识,那我们可以简便的说是注重精神。在一般教育进行中,既是不能注意到精神,而在南开这样一个学校里,当然会有一种超越的精神了。

二、南开的精神在那里

由南开的精神,就同时想到南开校长的人格,关于校长对其事业努力的精神,校内的同学,已早奉为典型,而社会一般人士,亦交相赞许。张学良先生亲口告诉我们:他的努力完全得自校长所说:"不怨人,靠自己"的精神。最近胡适之先生在《独立评论·写在孔子诞辰纪念之后》一文里,对于校长的人格,以为崇高可敬。这次颜董事长的纪念文里,并以"状元"相誉。从各方面来观察,校长确有一种高尚的人格,而他这个人格的完成,就是因为他具有一种奋斗进取不屈不挠的精神。校长曾经说:"无论多难,也开。"这句话很可以代表出校长作事的精神。南开的精神,可以说是由于校长的精神所创生,但是南开的精神却不只是校长的精神。乃是校长、职教员、学生……全体所表现的精神,是大我的精神,是团体的精神。没有校长,就没有今日的南开;但是没有南开,亦不会有今日的校长。正如胡适之先生所说:"……这种人格,只有这个新时代才能产生,同时又都是能够给这个时代增加光耀的。"

谈南开的精神,我们既不能专论校长,然而南开的精神,寄托在何处?

---

① 本处由编者节略。

究竟在那里？这个问题，南开的人们只能觉得而无法答出。若是简单的答，就是："在南开。"若是再进一步的答，就是：大中路的一草一木，范孙楼的一砖一瓦，女中的壁墙，小学的土场……，都可以说是南开精神寄托的所在。南开精神是可遇而不可求的，并且亦是可悟而不可告的。

南开的精神，是随时随地都能看见的，南开的楼舍，南开的器物，亦都能表现出南开的精神。器物书籍，多是社会人士捐助的，这种"给得"的行为，可以映出南开的精神；校舍建筑，都是从平地的水池荒原而起的，这种"改造"的工程，亦可以观见南开的精神。记得在南中的时候，有一位同学说，现在校歌里唱，"渤海之滨，白河之津"，其实从前不过是："粪坑之滨，臭河之津。"这句话听了似乎可笑，但其实不为虚称。然而南开能使"粪坑之滨，臭河之津"歌成"渤海之滨，白河之津"，那我们何能不唱"巍巍我南开精神"呢。

三、南开的精神

因为要写这篇文章，就要查看一下以前的人谈这个题目的文字，但是少见的很。记得有一次校长在大学礼堂讲演的时候，曾引用蔡子民先生的话，以为现代学生应具："狮子般的魄力，猴子般的敏捷，骆驼般的精神。"校长虽指出骆驼来，然而骆驼决不以能为就是南开的精神，而亦没有专门研究骆驼的必要。能稍具体指出南开精神的是中学一位冯先生，他有一次讲南开精神，以为南开的发展是一种因（Cause）果（Effect）的关系。现在的结果是：物质的增加，课程的改善，体育的发展，团体的训练；而其种因为：乐观奋斗的精神，大公无私的精神，舍己为人的精神。冯先生所讲的话，是在六七年前的时候，现在的南开，旧有的精神虽都在保存着，而新的精神亦随时代而播生。这一种精神，不是容易写出的，我现在只有依据师长同学的话和南开的事实，分化出几个字来。然而若想把南开的精神描画的淋漓尽致，那是绝对不可能的。

（1）干——干是一切精神发生的原动力，不干就不会动作，自然亦不能长进。南开的同学在消极的时候，常说："只有干。"而校长亦说："干！傻干！硬干！穷干！"是的，南开能有今日，完全是因为能穷干才造成的。南开的历史，都是些艰苦中的奋斗史，一文钱如何能作二文钱用？没有固定的经费怎求发展？南开今天穷，明天仍穷，亦穷了三十年而不为穷所败，这就是南开"干"的精神的表现。记得在二十二周年纪念时，有一位出校同学，写了 Sail on 二字以为祝，他并且说："南开的精神是在能 Sail on 而不 Sail down 的。"不错，南开是只知进而不退的。校长常以"勤"来勉励同学，这是教我们习劳苦，叫我们干，唯有干才能有路，因只有干才会不腐化不落伍的。

（2）公——公是能维持永久的唯一政策，在团体生活里，每个份子若不能为公，这个团体一定不会有力量的。我们国家所以致成现在的情形，就是因为人民太自私，没有服务的精神，没有牺牲的志力，所以被人目为一盘散沙，没有组织，不会团结。校长常说："南开教育是要铲除中国人的病根：自私同不合作。要培养复兴民族的力量：团结和为公。"对于学校他亦说："大家事大家作，南开不是我一人的南开，是大家的南开。"南开能有三十年的历史，就是因为这个学校虽是"私"立，而实能"公"开，大公无私的作事，方能无弊，而才能不为恶势力所摧残，只有为公的事业才能悠久才会光大。

（3）真——社会一般人常说："南开万事认真"，这一点我们决不否认。因为南开没有唱过高调，更没有沽名钓誉，南开只是"实事求是"的在做。唯有能"真"，而才能"诚"，诚就是应事接人的唯一的聪明方法。南开作事讲"实在"讲"地道"，不假不伪，因了自己本身的真实，始能博得校内外共同的信心。南开的存在，因为能"干"；而南开的发展，因为能"真"。南开若不能"真""干"，恐怕就是穷干亦不能成功，硬干就更要失败了。

（4）群——群是三育之一，在国外教育，对于群的训练，是特加注重的。"群"在南开的表现，就在"师生合作"这四个字上。现在大学商学院长何濂廉先生曾写过一篇谈校风的文章，在那篇文章里，他道出"师生合作，共策共励"的话来。南开能有今日的历史，自是师生合作的成功，决不是任一方面所能致成的。群的表现，在实施上，如同师生各种课外的组织，再如学生本身的各种活动，更如中学的"师生校务研究会"的组织。其他各项学会，更都以师长为指导为顾问。在训练上，如同春假的团体旅行，中学的社会视察团，亦都能是"群"的训练。此外在团体生活里，既没有党亦没有派，南开只是一个南开，这可以如孔先生所说："君子群而不党"了。

（5）爱——南开号称家庭学校，这是人所共知的。至于学校何以要家庭化，而家庭化的学校又有什么好处？……①南开的学生来自各省，有过半数的人经三四年才回家一次，至多或一年回家一次，在学校的生活，自然成为他家庭的生活，而学校就是家。大学是哥哥，中、女、小学是弟弟妹妹，我们都是这样相称的。新同学到学校来，就可以觉 feel at home（这我引一位新同学的原话）。在日常学校生活里，师生间的敬爱，同学间的友爱，都是随时表现的。而同学间婚姻的结合，更使"家庭化"成为真"家庭"，我们不是时常听说"南开的婚姻"吗？此外在组织上，如同校长对学生个人或数［人］的咨询谈话，从前中学的修身班，现在大学实行的修学顾问制，都是除了观摩学识外，并谋解决同学的任何问题，而使师生相互间处如家人。更有一个奇怪的现象，就是同学离开这个学校愈久，愈是忘不了这个学校，而愈想这个学校。有一位出校同学，在二十二周年纪念祝词里，写了"多士尽叨慈母荫"这一句话，我以为这绝不是虚构的词句。在旁的学校我们不知道，而在南开，我们确觉是这样的。南开的人们，没有不爱南开的，而必人人能知爱团体，那才亦能爱国家的。

以上几个字，都随了每个字下面的事实而找出来的，南开的精神不只是这几个字能表示出来，而这几个字却可以说是构成南开精神的要素，因为我总觉得南开的精神是可遇而不可求的，并且亦是可悟而不可告的。最后，愿引校歌的末一句作为结尾：

"……渤海之滨，白河之津，巍巍我南开精神"。

（《南大半月刊》第 15 期，1934 年 10 月 17 日）

_____

① 本处由编者节略。

南开母校三十周年纪念

（1934 年 10 月 17 日）

张校长钧鉴：

生等勉能不背母校之旨趣，未忘母校师长之诲导，际"九一八"事变后国难深重之会，毅然入中央航空学校肄业，效昔年定远之志，法当日宗悫之风，期为国家效死疆场，无愧男儿责职。入航校以还，行将二载，所守学生本分，自顾尚能无损母校光誉，堪可告慰。兹值母校三十周纪念，生等谨献数语，为母校庆，亦为生等自勉。辞曰："秉吾南开之精神，乘长风跨海东去。"意即以所得自母校之精神，为国家复仇雪耻也。母校三十周年纪念举行于危如累卵之华北天津，遥庆祝辞之余，心固无限悲痛也。敬请

教安

中央航空学校南开同学全体敬上　十，八

（《南开高中学生》三十周年纪念特刊，1934 年 10 月 17 日）

校长与学校①

（1934 年 10 月 17 日）

高高的身量，圆满的面庞，高大的胸膛，他那种态度，那种神气，人看了，都要表示恭敬和赞美，他就是我们的校长张伯苓先生。

今年是我校的三十周年纪念，这个纪念会中，也可说是纪念我们校长的一个纪念会，他的心，他的血，都为了我们用尽了。所以我们在这三十周年纪念会中，应当纪念他，特别的纪念他。

他是以提倡教育而救国的，他曾说过："办教育是救国的根本条件。"他的意思是：教育普及，人人都能得到新的知识，才能明了人生，明了世界，将来的中国，是不难挽救的。伟大的校长，替我们开辟了不少光明的路，假若我们不往前走，也太对不起我们伟大的校长了。我们应当努力的去干，努力的去创作，去发展。我们那将来的前途，才是光明的，不可限量的。

女中今年只是十二周年，三十周年是指着男中说的。在十二年前，校长感于女子教育的迫切，正计划着设立女中，不过因为经费尚待筹措，未能即行实现，恰巧那时有几个从小学毕业的女学生，觉得在天津没有一个合适的女子中学，可以求学，诚然是一件憾事，所以他们举出几个代表，去向我们的校长请求立一个女子中学。校长便毫不犹疑的答应了。于是在六德里租的一所房子，南开女中，便诞生了。后来因为人愈来愈多，才在现在校址，设立了一个完美的女子中学。

我们的校长，是多么的仁慈，雄壮，伟大。他能舍身为群众谋福利，谋快乐，是值得钦佩的。最后，我希望我们的南开永久的光华，永久的存在。

（《南开女中校刊》第 3 卷第 1 期，1934 年 10 月 17 日）

---

① 作者关雅。

南开教育与言论压迫①

（1934 年 11 月 10 日）

"南开是中国人为要使中国人在世界上作人而设立的学校。"这是迎新册子上封面所印的标语。

"中国的病在那里?"这是校长在每次训话里,所要问的问题,也是校长在各地的讲演里所要问的问题。

"中国的病是中国人的'私','弱'。"这是校长自己的答案。

"治中国民族病的方法,是'先要打倒你自己','为公'。'锻炼雄健的体魄','去弱',其方法是教育。"

从上列几点我们推出一个结论:"南开(或校长)要以教育为手段,打倒中国人的'自私','软弱'。使中国人成为世界上一个'强健''为公'的民族。"

我们的结论是如此,我们相信中国的病是如此,治病的方法也应如此,因为"如此"我们才敬佩校长,才信仰南开,因为"如此"我们才到南开来读书。

我们在报纸上,在杂志上,在……,常可以看见许多因国难而发的救国论,有"教育救国""科学救国""航空救国""团结救国""言论救国""新生活救国",……各个有各个的真理,我们不敢批评,我们也不必批评,因为中国不是从一方面或几方面可以救的,是须要从治标的治本的各方一齐下手,不过因为各个的处境不同,观点不同,所以方法就自然不同。

在此我们所要讨论是言论的问题,是南大的言论问题。在上期本刊里

---

① 作者曲士敏。

我们已经发表过校长的训意,校长的训意是由黄先生转达的,但校长的训意并不因转达而失去分毫的效力与尊严,何况又是黄先生转达的。

但我们不妨在此向读者重提一下,加以讨论:

1、"不要惹了我们自己的政府。"

2、"不要惹我们的敌人。"

很显明的事实,校长所训示的两个戒条,把"我们自己的政府"与"我们的敌人"划了两个"非言区",在这两个圈子里不许我们动笔。如果校长说:"不对,我的意思不是那样解释,你们不要误解。"那么我们就要问:"不要惹了我们自己的政府"作何解?"不要惹了我们的敌人"又作何解?如果校长说:"你不会解释你糊涂!"我们真也有些不清楚,我们更不知道校长的意思在那里。如果校长说:"我不是不许你们说,是许可你们在'不惹'的范围内说。"那么许我们怎么样说才能不惹了我们的政府与敌人?教我们歌功吗?教我们颂德吗?虽然陈独秀曾说过:"歌功颂德奴隶之文章也。"但是有功有德的,我们依然要歌,要颂。我们自己的政府在贪污,在自杀,教我们歌什么?我们的敌人占去了我们的东北四省,又教我们颂什么?歌颂不争气的政府与暴戾的敌人又岂是受过南开教育的人干的事!

我们的政府治下不知不觉失踪的青年们,又有什么罪名?敌人要高兴来欺负我们又何患无辞?十八届华北运动会里我们作个——毋忘国耻——毋忘东北——的标语,敌人便向我们抗议说:"你们有政治作用。"难道我们连这点自由都没有吗?孩子哭母亲还有政治作用吗?伪国实行煤油统治,英美向日本抗议,日本人不是说:"此乃满洲国国策问题,日本政府无权过问"吗?我们作个——毋忘东北——的口号与日本又何干?偏要说:"有政治作用。"日本人不是骂中国为无组织的国家吗?怎么一个小小的华北运动会会有"政治作用"!

日本人到底教中国人怎么样?我们怎么样才可使我们的敌人欢心?如果要不惹我们的政府与敌人,我们只有一言不发,逆来顺受,甘作顺民。歌功颂德,甘作奴隶!但是话又说回来了,"南开"不是"中国人为要使中国人在世界上作人而设立的学校"吗?校长以此自信,我们也以此信任校长，社会上也以此信任南开。我们信任校长是在领导青年人向民族解放的路途前进。不过我们对于校长虽然有坚强的信仰，但是我们对于校长训诫的两点意见，绝不能毫不加思索而接受，因为校长常告诉我们说："你们要抬头看，低头作。"我们抬起头来看看，我们的政府在贪污，我们的敌人在我们的市街里横冲直撞，在我们的田野里作准备的征服！

"作奴隶易，作主人难。"因为我们是受过南开教育的人，我们当然不能说容易的话，不过要说难的话又教我们怎么说？政府的官吏尽可以往家里拿钱，但是他们不许你说"贪污"！我们的敌人尽可以占去我们东北四省，但是他们不许你说"不忘"！说什么样的话可以不惹我们的政府与敌人？什么话才是主人当说的话？又是什么话才是青年人当说的话？我们在此请校长给我们讲讲。

黄先生又说："你骂要骂的巧些，别教人家抓着。"这两句话同校长所说的那两句话，并没有什么两样，说法虽然不同，意思确是相同，"抓不着"当然"惹不了我们的政府与敌人"，"惹不着"当然"抓不着"，"不惹"当然"不抓"。"抓不着"与"惹不了"是同样的问题，我们更勿须在此多辩。

校长教我们"不要惹了我们自己的政府与我们的敌人"。黄先生教我们"骂要骂的巧些，别教人家抓着。"到底教我们说什么？又怎样说才能"不惹了我们的政府与我们的敌人"？"现在中年人已竟没有什么希望了！中国的命运完全要看现在的青年。"虽然罗隆基先生在去年九一八讲了这样两句失望与希望的话，但是我们对于南开的中年人并未失望，所以我们在此请求校长、黄先生与南开的中年人，给我们一条道路。

最后我们要声明的，我们并不是要骂人，我们更不愿骂人。我们并不是说我们的话配称言论，我们更不敢自信我们的言论可以救国。我们只希望我们的言论，在恶劣的环境下保存青年这一点朝气。

（《南大副刊》第 50 期，1934 年 11 月 10 日）

张伯苓先生车中漫谈①

（1935 年 1 月 20 日）

一月四日，记者从杭州来南京，车抵上海时，车窗外面，人头攒动，煞是热闹。有一位特大号身材的巨头，鹤立在中间。我虽仅望见头之背面，已知为教育界的权威者，张伯苓先生。围绕着他的，不问可知，定是他的高足弟子。

火车开动了，"再会""再会"之声虽频传于吾人之耳鼓，而张先生犹站在车门边与诸弟子作瞬间的瞻望。

张先生进到车厢，记者便迎头招呼：

"张先生！好吗？好久不见，您还认［得］我吗？"

"好久不见，认得，认得。从那里来？"

"请坐！请坐！我从杭州来。"

"啊！我们昨天也从杭州来，航空学校举行毕业典礼，南开学生有三十多人在那里学航空，我的最小的儿子也是这次毕业。"

"张先生多高兴啊！将来看着你的令郎和高徒们去为国出力！"

"哈哈哈，将来我们是对准我们的目的物去干！"

"张先生有几位小姐少爷？"

"我有四个儿子，没有女儿。大的在厦门大学，作埋学院的院长。二的在绥远省政府作事，三的有肺病，在西山养病，四的就是学航空的这个。"

"张先生好，子女的教育责任都尽了……"

---

① 署名"山"。

"我完全没管，都是内人教训出来的，孩子们也省心，自己都知道要好，没用我操心。"

谈着，谈着，话头转到张夫人身上去了。张先生满脸现着微笑，表现出对于张夫人满意的神情，于是又接着谈下去。

"我的内人虽没入过学堂，但聪明，伶俐，能干，真是少见！

"我是十九岁结婚，他长我三岁，二十二岁到我家。我母亲脾气不大好，他总是忍着，一声不响。就是对我也向不提起。他的算盘打的太精了。他说："我不把家的事告述〈诉〉你，告述〈诉〉你你也不好怎样管，反而弄得大家不高兴。"你看！这算盘打的真清楚！

"他对于小孩子的训育有三个要点：饭菜弄的很好，但不许吃零嘴；不许乱用钱；不许说谎话。最扼要这三点，他捉着了，所以一点也不用我费心。

"他对于我，出了全副精神。怎样使我感到舒服快乐，便怎样作。我每回到家，他便把小孩们赶开，让我休息、看书。管孩子向来不当着我的面，等我不在家时才管，怕我操心。实在说，我一生的事业，应该分一半功劳给他。

"我们的互信很坚固，我东跑西跑，甚至于外国也跑过好几次，他对我完全信任，有人固〈故〉意的说闲话他都不信。

"他用钱向来没问我要过，到时候我就把钱交给他，我完全信任他，他支配的很好。

"今年我六十岁了，他已六十三岁，你看，我这小褂还是他亲的〈手〉作的。"说着，他把袖口反开，拉出衫衫来让我看。

"我们结婚，到旧历正月二十日整整四十年了，我想开一个茶会，把我内人的生平，以及我们的结合，家庭的乐趣，向亲友们报告报告。"

记者乘机要求张先生将结婚四十周年纪念会上的报告令人记下，惠寄本刊，以作读者的模范，已蒙慨允。张先生虽然已六十岁，看去只有五十多岁的样子，精神极好，能吃，能谈，真可谓之东亚病夫中的特出人才。我们听说话的人都有些倦意了，他仍是滔滔不绝的谈下去。

"我两个大的儿子都结了婚,都是他们自己找的,我全没管。结婚时,我仅送了两百块钱的礼。我常嘱咐他们:'我给你们定的亲,你们可以说不好。现在你们自己定的,可不能有离婚的事情,如果说你的媳妇不好,第一你要承认你自己"混"'!

"我家里,有几间客房,预备儿子媳妇回家住的。他们回来是作客,大家都极客气,所以我的家庭是极快乐的家庭。

"我常给我的学生证婚。我在证婚时就和他们说:我证婚可不许离婚,不许开后门,两人要努力向前。遇见什么困难,两人去奋斗,去解决,不可往退缩离婚的道上想。有快乐的事,两人说说,双方都快乐,其乐等于拿二乘,两倍的快乐。有什么忧愁的事,一个说,一个劝解,等于拿二除,一反一正是四倍,这就是两性结合的乐趣。

"我常和我们的南开同事说:两口人不许打架吵嘴。中学、大学的同事一百多位,背地也许有些小不高兴,明地里却是没有打架的。

"我们生平就不打算欺侮人,又何必欺侮女子?更何必欺负自己的妻子。如果说妻子不好,你可以教导他,感化他。我常说的四个字,我认为这四个字很好,就是'防微杜渐'。两个人中间有了不好现象,应早想法解决,何必等到争吵或离婚的时候呢?

"我常和我的同事或亲友这样说:'屋子里的家具老是一个样子摆着,久了就看厌了,再移转一下,变换变换,又新鲜了。你们如果对于妻子看厌了,可以给他作一个"新袄"!'居然有个朋友实行我的话。'新袄'里面包含着很多的文章呢!"

张先生是赞成男女绝对守贞操的。我们又谈到去年所争执的刑法问题,他说:

"男子最不要脸,不守贞操。刑法当然应绝对平等。我是个绝对守贞操主义者,或者有人不相信,有同事可以给我作证。"说时手指和他同来的南开同事伉先生。

"凡事要节制。有节制就事事有节制,没有节制就事事没有节制。对于性的问题没有节制的人,对于金钱也会贪污。狂嫖乱赌的人那有不贪污的,对于事业职务也难望其负责。

"仁者'安'人,智者'利'人。我常和我们的学生说:要自己洁身自守,才能享着家庭的乐趣。家庭的乐趣是永久,故洁身自守是有'利'的。"

因为记者向他叮嘱要他把四十周年纪念的演说词寄了来,他向我要《女子共鸣》看。我给他身边带的三卷第十一、十二两期。他翻开看了《怎样驾驭丈夫》的一篇,于是又有了批评。他说:

"谈这话的人是谁? 很有点见解。不过我不赞成给男子留出路的办法。男子也应绝对的守贞操,一留出路就糟了。至于对付浪漫男子,不必取报复手段。如果女的取报复手段,自己也错了,但离婚再嫁是可以的。"

谈着,谈着,车已到了和平门,记者乃告别下车。

张先生是六十岁的老头,对于两性问题的见解,却是完全平等。比一切自命不凡的新青年要坦白的多。我们平日只知道张先生是教育家,没想到他竟是事无大小都有正确的见解。他认为两性问题,是与人的生活有密切的关系,不能齐家何以治国。自身不修,何以齐家? 他有福气碰着一位聪明、伶俐、而且能干的贤内助,更能洁身自守的始终如一的爱他的妻,造成美满和协的家庭生活,且能感化了一百位同事。家庭不发生大的不和平,真是难得呀! 不愧为模范人物。

(《妇女共鸣》第 4 卷第 1 期,1935 年 1 月 20 日)

张伯苓先生[①]

（1935 年 2 月 5 日）

提到这个名字，你会想起这位身个儿像一座小山的巨人，你倘若没有听过他的演讲——他的足迹所到处，便免不了被拉着演讲——或许在新闻纸上的运动栏中，看过他的造像？——这些年来，他是热心提倡体育的——单论他那身个儿，是曾令住在太平洋彼岸的白人吃惊过的。他们没想到像支那、日本这类黄色人中，居然还有这么一个雄伟健壮的模型，并不需要他们俯下头来，就能面对着面谈话的人。这一个魏然屹立的躯干，站在地球上已经有六十年，至今仍没有丝毫伛偻臃肿的痕迹，他永远是笔直的，凝重的，没有什么可以比拟他，除掉"山"略能仿佛他那风度。在这山肩上，安置了那一个大而略扁的头颅，额是方的，被高耸的两颧相衬，显得狭了些，从那重重额纹中，你可读出这人一生的理智与思考的力来；额下颧上，镶着一双不十分大，却炯炯有神的眼睛。这眼光你初次接触时，也许觉得只有威严和顽固，等你再次三次和他接触了，方知道还有无限温暖，像祖母眼睛中的温暖一样，从这里透出了他为孩子们辛勤一生，不肯少懈的热情；此外这个长方形的面上，还有一个表示保守坚毅的鼻子，和两片紧闭绝对自信的嘴唇。

这人年轻时，也和别的年轻人一样，欢喜在街头市上，或热闹场所，打发去了一些时光。到后入了（天津）东北地方一个水师学堂，在那边便有不少机会，看见伶俐的小日本，如何愚弄欺侮自己的同胞。他想，论个子比起来总算比人家高，为什么如同傻瓜似的，受人凌辱，好像也不知道，即或

---

① 作者王石逸。

有几个清醒的,也没有方法自保。最后他搜得这病根是种在愚与弱两个字上,从那时起,他决心将自己的精力,完全供给在寻求智与力的药方上面。

三十年前,在天津市的南端,一片污泥苇塘中,他同了几位同志,努力将土填满,在那上面,将他们的孩子——南开——孕育培植了起来,他们不顾成败,不问利害,更不辞艰苦的抚得南开长大成人,到今天足足三十岁了,这时他不禁从中心里泛上了微笑,并为这孩子——南开学校——如今在国内国外的声望,只是觉得孩子已到这个年龄,不会有夭折之虞了。从这一个健全的种子,散布出来千万健全的种子,这便是他辛勤炼出来的药石,也就是他寻求的智与力,他不相信这恹恹待毙的民族,果真不能强壮了起来;他只觉得药力还不够大罢了。

当他的事业,唤起了大家的注意时,也许是有人钦爱他的才力,也许是为了别的什么原故吧,曾有过不少获得高爵厚禄的机会,摆在他的面前,向他招手,但这人皆用了寡妇守着孤儿的爱心,怎么说,他都舍不下他的南开。前年榆关失守时,北平天津早晚都在飞机炸弹之下,一切国宝皆纷纷南下,鸡飞狗跳万分危急的时候,人劝他也暂且离开南开一下罢,但在这方面,他和他家少帅比起来,显得十分不大方,竟看得一个南开学校比东北四省还值价,且拼着老命要守一个同存同亡,结果他竟没有离了南开一天。

论到他对这神秘莫测艰难万状的人生,却只轻轻的用了两个字来对付它,头一个是"干"。他说,世间没有做不到的事,没有达不到的志愿,只是往前"干"罢了,要说不能,不如说是"不干"。还有一个字是"玩"。人生是为了什么来着? 他说,是为了"玩"。可是玩法又各有巧拙不同,须看你自己手眼精灵,所以他若来到北平时,总忘不了去听一次梅兰芳的《霸王别姬》,或是程砚秋的《苏三起解》,为的一个人永远是一劲的"干",也是办不到的。他说,得让它——脑子——乐一乐,"干"起来才得劲儿。

人生除去"干"之外,"爱"确乎也很重要。对于这桩事,张先生似也有特殊的看法,数年前因为一对浪漫孩子,据说忽然浪漫得太过火了一些,为防患于未来,张先生乃将数百孩子招集一堂,细说爱谛曰:"不要为这事太费时间,太费心思,你瞧,这一堆——指他们——那一堆——指她们——挑来挑去,都是一堆里面的,"在满堂哈哈中,他继续道:"……恋爱自由,原也没有错,可是我也曾看见过,好些个自由恋爱而结婚的,后来也打架拌嘴了,又有好些父母之命结婚的,后来却不错,就说我和张太太吧!我们几十年来,倒没有打过架,恐怕自由恋爱是先恋爱后结婚,所以恋爱不免变化,旧式的是先结婚后恋爱,所以恋爱倒是无穷……"在哄堂的哈哈声中,有不少安分守己的好人,采取了这篇恋爱哲学。

你或许怀疑了,觉得这不像校长对学生们谈话似的,这个我却得找补一句,这是南开的特殊风味,校长对学生,并不保存拒人于千里之外的"师道尊严",他们之间颇有家人父子般的亲近密切,不信,你何妨去试试这风味呢?

(《人间世》第 21 期,1935 年 2 月 5 日)

张伯苓先生伉俪将举行结婚四十年纪念[①]

——一对典型的夫妇 一个愉快的家庭
一种创举的盛典 一次美满的茶会

（1935 年 2 月 14 日）

本部对于家庭问题，久已不谈了。昨天，我和内子凌影，被南开大学校长、本部顾问张伯苓先生和他的夫人，约到他们家去吃她所作的炸盒子，这真是荣幸的很！吃盒子是小事，使我详细的知道了这个美满家庭所以造成的原因，和这一对典型的老夫妇的真爱，真足以使我们矜式，吃饱回家之后，便写了这篇稿子，登在这儿：

张伯苓先生和他的夫人，到本月二十四日（即夏历正月二十一日）结婚已经整整四十年了，张先生为向他夫人表示一点感谢四十年来扶助之益，决定那天在南开女中礼堂要举办一个茶会，在口头上约定了几个人，大家筹备一下。被约定者有南大的教授黄子坚先生，女中主任黄梅美德夫人，南开庶务主任孟琴襄先生，女中体育教员张淑娣女士，女中护士张王漪秋夫人。还有内子和我，一共七个人。张先生夫妇前天请我们（黄氏夫妇，孟先生未参加）去吃炸盒子，同时顺便商量这件事情。

张先生的家，在三四年前我便去访问过，在这三四年中，我去过当然不只那一次，一共有几回，是记不清楚了，不过印象最深的，却要以这一次为第一次。

---

① 作者吴秋尘。

在电车公司之北，一个小胡同口里有一个小门，小门里是一个整洁的四合房的小院，那便是张先生的住宅。张先生那么一个伟大的人——不管是精神方面或是躯干方面——那么一个三十年来努力教育的大师，就住在这样一个小四合院里，你肯信吗？

在北房的门口，是又按了一个玻璃亭子式的风门，从那洁净无尘的门外，早看见里间屋里挂了好几个红红绿绿的荷花灯，金鱼灯之类，我已经想像到了张先生和夫人的含饴之乐了。

他们并没有什么辉煌的客厅，只有一间光亮的堂屋。这光亮，不是指日光而言，是说的一切的陈设，没有一件不光亮。张王漪秋夫人告诉我们，"你们可以用手指头去摸摸校长房间中任何一个角落，绝对保你摸不出一点灰来！"这不是别人的功劳，这是张夫人四十年如一日工作的效果，在张先生家里，并不是一个"堂上一呼，堂下百诺"的局面。张王漪秋夫人盛称张先生家里的干净，有秩序为一切人家所不及。我却以为这还不足以尽之，其最可贵处，是张先生永远不失书生的本色，而张夫人也永远以书生的太太自居，她能在这小小的庐舍中，佐丈夫立大业。丈夫既立大业，她还安于这小小的庐舍，这才是最不及处！

我们坐了有廿分钟的样子，张夫人和她的二儿媳张锡羊夫人叶琛女士才从西屋里走了出来，张夫人穿了一件宝蓝的短袄，梳着头，头发还黑漆漆的，不像六十三岁的人，至多看五十二三岁。那一片和蔼、慈善、忠实，只是形容不出。叶琛女士，二十几岁，很精干，一望而知是一个受过教育，富有时代思想的太太。她的装束，并不欧化，穿了一件藏青的布长袍，脸上没有粉，头发不曾烫，袍子是棉的，并不像一般女人的专和棉衣服作对，觉得穿棉衣服就损失了女人的尊严一样。她们都是从厨房里来，那时候都刚包完了盒子，厨下的工作完了，就又来招待宾客，这真使我们感受到有什么样的婆婆，就有什么样的媳妇！但是张校长的引导和教育儿媳，只是凭了他的一团和气，而不是别的什么！

小圆桌的周围，人都坐满了，只有张锡羊夫人的一把椅子，是在桌圈以外的角落里。张校长夫人却把自己和一位客人椅子往后挪一挪，让她的媳妇也来参加。

"别的儿子对于母亲是怎样，我不知道，锡羊，我却知道他是真爱母亲，尊敬母亲。我娘的身体，真是好极了！"叶琛女士在娓娓的告诉我们。

她们俩，婆婆真不像是婆婆，而像是一个"娘家娘"，媳妇也不像媳妇，简直是一个女儿。就是张校长和叶琛女士，也是像父女俩！

张先生有三个孙儿孙女在天津，都围绕着他们，都聪明，都懂规矩，都好玩，这没有什么出奇，因为张先生和夫人都是教育家，他们的子、媳也都能把好的教育的方法传下去，小孩子当然会和别家的小孩子不同了。但是这些小孩子的打扮，却又正如一般的小孩子没有什么两样。他们都穿了大红地黑花棉袄裤，材料恐怕也是一块钱买十六尺的，有个小姑娘，喜欢带耳环，还是一付绿石头的坠子，用线作了个套，套在整个的耳朵上呢！那和她的祖母、母亲的装束，并没有什么不相称之处！

张锡羊夫人为我们端出了果盒，把一种核桃粘介绍给我们："这是我娘做的。"接着校长跑到里间屋去，又拿了一个盛茶叶的扁瓶出来："这里还有特别好的呢！可惜不多了！"他又把他夫人专做给他吃的半瓶琥珀桃仁拿了出来，分给我们，那真够香、够甜、够脆！桃仁还没吃完，张锡羊夫人又端出了两碟，一碟是蜜饯红果，一碟是蜜饯海棠，红黄相映，就那点鲜明的色彩，就够美的了。"这也都是我娘作的！"我们只在忙着吃，连话都来不及说了。

"我就是会整天忙着吃！"张夫人看见大家不住口的在吃她手做的东西，笑了。张锡羊夫人笑了。校长张先生抬起头来看看张夫人，也微微的笑了。小孩们看见爷爷、奶奶、妈妈都笑了，他们也笑了，——我们呢？自从看见一样样好吃的东西拿出来之后，早就笑了！这屋里充满了慈爱、温和、甜蜜、愉快！每个人的家庭，实在都应该时时刻刻如此的！

坐谈了有半个钟头——张校长在述说着结婚四十年来之经过，这一段现在不写出来，留待二十四日再写，我想一定有许多人着急了罢。——大家便到饭厅去吃饭，正中圆桌上早摆好了十几个冷碟，除了一碟松花之外，其余都是张夫人婆媳两位作的。张夫人非常喜欢她的媳妇，好像惟恐人不知道张锡羊夫人也能做菜,所以当我们十分称赞一碟珊瑚白菜之后,张夫人便说:"这是二少奶奶作的。"二少奶奶就用微笑去答谢她的婆母。

吃饭的时候,小孩子都不上大桌,另在一个小桌上吃,不吵,不闹,也不拿着小碟到大桌上来要菜,那么纪律化的小孩子,我们真不曾见过。

吃过饭,又回到堂屋里,大家围桌一坐,又吃了一顿水果,谈话的范围,还没出了婚姻和家庭问题。我认为这机会很不容易,因为张先生是不大常谈起这问题的,所以我们从下午五点直谈到晚上八点还不曾有一些疲倦。

当我们离开了张家,回到了自己家里时,真感觉到有多少多少的地方,是应该取法于张先生及夫人,虽然我们未必能作得到他们那样子。同时,更想到这样一个足资模范的家庭,是应该介绍给读者,使读者们对于自己的家庭,能治理得他更幸福一些。张先生谈话中,有不少足以警觉,或启发我们的,现在就记忆所及,片段的写在下面:

"不自由的婚姻——就是旧式的婚姻——未必不自由,不快乐。所谓自由的婚姻——由恋爱而成功的——未必就能真自由。自由的是先恋爱,后结婚,不自由的是先结婚,后恋爱。我觉得后者的味也许比前者还好。"

"选择配偶,的确是要小心,如果嫁一个不好的丈夫,不如不嫁;娶一个不好的太太,不如不娶,所以独身主义在这一点上,是不无理由的。"

"在订婚以前,时间越长越好,因为可以彼此考察;订婚以后,结婚以前,时间越短越好,因为可以省得夜长梦多。结婚以后,最好一年之内,就生小孩,有了小孩,夫妇间便有了一层保障。"

"夫妇要'两好合一好'。感情不是一方面发生的,你觉得她好,她当然会觉着你好,越好越好,越不好越不好!"

"无论什么都怕絮烦,太太也是如此,无论她怎么美,也会觉得看腻了。这不要紧,你可以为你的夫人多做几件新花袄,换上一件新袄,就不会感觉絮烦了!朋友们谁夫妇不和,我就劝他们用花袄政策。"(编者按:张先生之所谓花袄,系象征的名辞,不见得就是一件真花袄,使环境变易,或更改爱的方式之谓了。)①

————————————

① 本文"( )"内文字皆为作者原文。

"我内人从年轻就不算俊，但有一点，就是禁得住老！有许多妇女是美而禁不得老，我觉得还是不太美而禁得住老的好些！"

"我内人对于我，有三点足以使我纪念：一是应付旧式家庭之得当。二是教子之有方。三是对于我一切的安慰。我有四子，长在厦门大学任理学院长；次，在绥远省政府任秘书；四，初入航空界，他们都受了母亲的教育不少。三，现养病西山，他的命，那更简直是他母亲给予的。"

"我内人常识非常丰富，发出理论也很清楚，儿、媳们对于这个不识字的母亲，都非常尊敬。"

"我第四个儿子在杭州航校读书时，某次举行恳亲会，我曾以家长资格致训词说：'杭州有一名人之墓，那便是岳武穆将军。岳氏年少的时候，他的母亲，曾以'精忠报国'四字，刺之背上。我们作家长的，也应当以此四字，刺诸诸生之心。如将来为国御侮，万一失败，简直就不必再回到家去！……'我们教育儿子，的确是这样的！"

"南开有位同事，娶了一位旧式太太，夫妻原是不大和睦的。某次听了我的讲演，我主张夫妇和美是最大的幸福，他竟因此而情如胶漆，真是一件出人意料的事。"

"这一次要举行结婚四十年纪念的茶会，意思只是我向我内人表示一下谢意。只能说是表示，决不敢说表扬，或是表彰。更不敢说足以为人的榜样，不过希望到那天来参加的朋友，夫妇原来好的，因此而更好一层；夫妻原来不大好的，能够好了；夫妇原来像仇人的呢，顶好也就马上化敌为友。"

"茶会被约请的人，只打算限于南开同事和南开一部分校友，其余就都不敢惊动，大家只是很有趣的很有意义的一聚而已。那天来参加的朋友，当然希望是一对一对的。"

"茶会由我们俩具名来请，这也可以说是一种创格，因为这既不是金婚，也不是银婚，这只可以说是'包金婚'。（编者按：结婚后二十五年为银婚，五十年为金婚，四十年，正在金银之间，故云。）一切都不要铺张，尤其希望你们（指我和凌影而言。我们是负了记载开会情形的责任的。）记载要实在,千万不要过分,不要过分的揄扬。对于一个人或是一件事适当的叙述,是很重要的,许多人写这样的文字,总觉得不能恰如其分,把一个人恭维成一个事实上不会有的人,那太滑稽了!"

此外当然还有许多,一来因为天已四鼓,二来因为篇幅有限,只好停笔了。我自己很相信这一篇记述,是能恰如其分的,不知张先生及夫人以为何如?

(《益世报》天津版,1935 年 2 月 14 日)

张伯苓先生结婚四十年纪念[①]

（1935 年 2 月 24 日）

南开学校校长张伯苓先生，谁都知道他是教育家，尤其是在天津，用不着我来介绍。我今天要说的，不是他伟大的教育事业，而是他所以能成就这伟大事业的原动力，这是不能不归功于他的贤内助王夫人的。张先生走到学校，所看见的是蓬勃有为的青年，而回到家时，又是那样一个温馨甜美的环境，他老人家真算有福气了。然而这是他披荆棘斩草莱换来的，同时，也是他夫人帮他成功的——但是，外人很少知道，今天我是要特别的介绍一下这位张王淑贞太太。

我所以要在今天介绍的原因，便是今天是废历正月二十一日，也便是张先生他们结婚的四十周年纪念，张先生为感念他夫人四十年来的辛勤劳瘁，定今天在南开女中礼堂举行一个盛大茶话会，我们可以想象到这将是一个如何快乐的团聚！

张先生常说：一个人不能夫妇和美的，要想他和别人合作那是难事。又说一个人在冰上走最容易摔倒，假设夫妇二人一同溜冰，统力合作，你要摔倒，我拉你一把，我要摔，你扶我一下，那岂不是虽履薄冰，如行坦途了吗——这几句话是替童漪珊先生和沈慧华女士证婚时说的，直到如今，他们二人还是牢牢记住的。由此，我们知道张先生的伉俪情笃，四十年如一日了。

在张先生刚结婚时，张老先生是教书的，家境很窘，张先生自己还在求学，他还有一个弟弟两个妹妹，张老夫人的性子又有些急燥，而张夫人处在

[①] 作者徐凌影。

这个家庭中，从没有不满足过。张先生年假、暑假回到家，耳朵里所听到的，是愉快的话，安慰的话，甜蜜的话，也从没听过张太太诉过苦。其后，张先生奔走教育事业，他明知道办教育是不会发财的，但是张太太没有阻挠过，拿到家里的生活费，张太太也没有嫌少过，所以张先生可以安心百折不回的办教育，而成就了今日的事业，因为他没有内顾之忧，才能来教育天下的英才，但他对于他自己的四个儿子，却又无暇顾及，又是由张太太一手培育起来的。在当时，张太太很拮据的时候，也曾典钗质钏，直到近年来，张先生才知道，从前是一字没提过。张太太说，在当时，说了也没用，反而耽误了你的正事，这种见解，这种深沉，实在非常人所能及。如果不是道德上涵养有素的人，决不会有这样豁达的胸襟，高远的眼光。

张先生说："我的太太不美，却很耐老，直到现在六十三岁了，也还不难看。"诚然，圆圆的脸上，一团和气，怪亲热的，怪恳挚的，我们看见少年英俊的"陆怪"，便可以想象到张太太的丰姿了。

张先生有一次说，人家续弦的太太，总小几岁，外国人的例子是续弦的太太的年龄，应当一半再加七，而我当十九岁断弦时，没有十六岁的，于是在一半加七之外又加了一个七，所以我的太太当时二十二，可是我们始终很要好的，我想旧式的婚姻，不一定坏，而现在的恋爱婚姻，也不一定好，我想夫妻间，只要诚恳，要平等。旧式婚姻，男子总自高一级，而新式婚姻，女子又常想自高一级，这都是夫妇反目的起原。

张太太的教育子女，也只有很平凡的几点，但是这平凡之处，常人倒把它忽略了。一、不许吃零食，二、不许说谎，三、有正当用途的钱必给，说不出用处的钱必不给。这很平凡的三件事，却把健康、卫生、持身、处世、廉正、经济之道完全包括无余了。我记得前两月在一家有许多青年朋友的宴会上，十三四个人中，只有陆怪（张太太第四子，已经是少年军官了。）穿着布棉袍，从那件布棉袍上，可以知道张太太平日是怎样的"教子有方"。

综上几点，可以看出张夫人的常识丰富，见解湛明，所以她虽然不认得字，而能把儿子教好，儿子、媳妇们也听母亲的话，直到现在。

张先生的家里，整洁极了，一所小小的四合院落并没华贵的客厅，但当你走进那堂屋时,你就有说不出的光明、清洁、温暖、芬芳、愉快……的滋味。张先生那么伟大,张太太那么慈祥,少夫人叶琛女士(张先生次子锡羊的夫人)又是那样的温和恭顺,几个小孩更是那样的天真活泼,这个家庭,怎不值得人艳羡,张先生在这样的环境中,生活了四十年,也可以说是饱享了人间之福——精神上的福。

张夫人和少夫人不像婆媳而像母女,因为张夫人的慈爱,少夫人的亲昵,太真挚了。而叶女士学识渊深,出而可服务社会,入而能料理家庭,我想这也大概是张夫人最得意处,她又得了一个传人。

张先生告诉作者说:"我开茶话会,是表示我的感念,并不是'表扬'或者'表彰'。不过希望今天参与茶会的夫妇们,本来和美的,更加和美;本来不和美的,今天以后也言归于好。夫妇的情感,是一切幸福的基础,希望大家自己好好把这基石奠起来。"

我最后对一切的夫妇们希望,就是今天不能去参加张先生伉俪的盛会而只看见我这篇介绍文字的,也能够好的好上加好,不好的,化不好而为好,那就好了!

(《大公报》天津版,1935 年 2 月 24 日)

本部顾问张伯苓先生及夫人
举行结婚四十周年纪念[①]

——一对白头偕老的典型夫妻，
今日在南开女中约请宾朋

（1935 年 2 月 24 日）

本部顾问张伯苓先生及夫人王淑贞女士,已经由编者介绍过一次了。今天下午,他们约定了许多对宾朋,举行结婚四十周年纪念茶话会,这当然是一个值得注意的会。我便趁了这个好日子,把王夫人半生治家的历史,介绍给读者们,作一个好榜样。

在很温暖而放射着水仙花香的屋子里,主人、主妇,和四五位宾客都围着一个小圆桌,坐在很舒服的椅子上,那位躯干魁梧,须发斑白,而声音又宏亮,又沉着的老主人,在开始谈着他四十年前的往事了,这往事都是关于他们一对老夫妇的,那真是蜜一般的回忆,蜜一般的述说啊! 他的话,是这般的娓娓动听:

"我本是出身于寒士家庭中的一个子弟,父亲是一个教书的先生,教书的和穷字向来不分家,所以同时我的母亲,还要用十指来帮忙他的丈夫,去接收一点外活来做做。我有两个妹妹, 位嫁了马千里,一位嫁了一个姓黄的。一个弟弟,那便是仲述。当然完全是一个旧家庭。

"在我十九岁的时候,我就结婚了,也就在那年冬天,我第一个太太就死去了,从结婚到断弦,中间不过十八天的功夫,那十八天,就从糊里糊涂

---

① 作者吴秋尘。

中过去。我常想假若我是一个女人，而又是在旧环境中，过了糊里糊涂的十八天，便要一辈子糊里糊涂的守节守了下去，岂不是一件笑话。但我们可以想到这种笑话中的主人，是随时随地，不难找到的。

"我到二十一岁的阴历正月二十一日，又和现在的太太结了婚。向来续弦，一定丈夫比妻子要大，但我们却是例外，她却比我小〈大〉了三岁。她的父亲和我的父亲的职业是一样的，也是教书的，这正称得起门当户对。

"她到我家的时候，我的弟弟仲述，才不过四岁，她常把他背在身上的。

"我的母亲，是一个心地很慈善的老太太，不过喜欢爽快，脾气有点燥。家里又没有钱，那个环境，确实是不大容易对付；但是她向来没和我说过一句话，关于她的任何困难。家里实在没钱用了，我的母亲有时就拿自己和她的东西去当，他知道家里贫乏和婆母的苦心，她为安慰老人，假作不知。她向来不看重物质，所以也并不寻找；而母亲等到有钱的时候，便又悄悄的赎出来，给她放在原处。例如这种事，她并不告诉我知道。到了后来家境稍为充裕了，她并不再感觉任何困难了，才渐渐的当闲话，偶尔和我谈谈。我才知道过去母亲和她都曾经受过许多艰难。

"我那时正在北洋水师学堂，常在船上，不能常回家，如果回家的时候，她尽说许多足以使我愁烦的家庭琐事，岂不两个人就减少了快乐，反觉得索然了吗？要是她再哭一场，我真不知将何以自处，但她并不如此，她始终认定了只有夫妻俩的情感要紧，其余都可以不管，所以便一切索性不说，这算盘打的我以为顶对，顶对！我觉得她最可以称道的，就是她应付旧家庭甚为得体而又不使我知道一点的这一点。

"我自己是一个办教育的人，办教育自然也就是教书，教书不能发财，办教育也就不能发财。当我自己开始养家时，我就告诉她，钱不要花过了头，尤其不要使我分心去想家里的钱不够花，所以几十年之内，我家里在极经济的支付状况下，是无时无钱的，说不定，也许是我给的过多了罢？的确，她向来就不曾和我提过一个钱字。这一点，帮助我很大。假使她不能不向我提钱，而我又时时为家里用钱打算，我也就不会专心于我的教育事业了,特别是在赚钱还不多的时候。钱,这个东西,是没个够的,那要看你怎么用。

"她持家当然十分节俭,但对我却很优厚,例如她在这四十年中,就时常为我预备些好吃的食品,孩子们却并不在内。

"我对于孩子们,没有功夫去看管他们,都是由她看管大的,她不识字,不能教育,但是常识却十分丰富,而且理解非常清晰,孩子们对于他们的母亲,都是十分的敬爱。

"她教育小孩子有三种规定:一、宁肯饭食做得好些,但绝不许买零嘴吃。二、绝对不许说诳话。三、用钱只要有理由,准给;没理由,准不给。

"孩子们都穿布衣服,就是现在他们作了事,这种良好的习惯还存在着。向例老大的衣服,再留给老二穿,老二的衣服留给老三穿,但是后来长成了人,我的三儿子却比二儿子高,四儿子又比三儿子高,这却成了一个有趣的问题。记得有一次老四同他的母亲要求:'来件新棉袍罢! 我穿完了再给三哥,再给二哥,大哥,倒着穿回去不一样吗?' 我想起来就要笑,从这里,也可以看出她教子,持家之一斑。

"孩子们小的时候,当然是爱闹,所以当我在家时,他们的母亲怕惊扰了我,便领了他们到别处去。她对于孩子们是不常说的,她觉到总说并不好,那样会减去了孩子们的羞愧心和改过,我对他们,偶尔打过,但次数极少,也可以说因为他有了好母亲,也就用不着我去管教了。

"我的四个儿子,在她的管教之下,如今都成了人,大的是又作了教书的先生,二的本来经商,现在是从政了,四的在中央航校现在也毕了业,总算都有了相当的成就。三的现在是正在养病时间,他生的是肺病,多少名医都不治了,而且几乎认定了命运已无可挽回,而他的母亲却自信母爱定可以使他起死回生,果然,她那伟大的母爱,就使他日渐壮健起来。这四十年中,她为了四个儿子,真不知费了多少心血!

"她最使我满意的,就是四十年来对我时时、事事的安慰。我最近这几年,命运的确不错,但前几年,有许多时候是遭着失败,也不知碰了多少钉子,我每次碰到钉子来的时候,总抱着不说话的态度,在我沉默的期间,她每次是如何的安慰我！劝我！她总爱说：'不要紧，什么事情过去就好了！'这话的确对！的确有真理。在我每次碰了钉子被她劝解以后，接着便是另一个新的开展，回回都如了她的预料：'过去就好了。'她增加了我的勇气和自信心。

"家庭本是一个人工作后回来休息的地方，当然应该有一个愉快的环境才对，如果家庭是一个蹩〈别〉扭的家庭，那就一定不能增加他工作的效率。我在家里，四十年来向来不曾生过一点气，这便是她最大的功绩，我最大的安慰。我作事的心，才不被分化，才永远是个整个的，她的确帮助我工作增加了不少效率；但她不像一切新式太太一样，只会安慰丈夫而并不负其他的一切家庭责任。

"我对于自己的衣服，向来是不曾想的，什么都是她替我预备，现在钱稍微松动了，还好办，从前量入为出的时候，她也都预备的很周全，熨帖。我向来却不曾注意她的一切事。她又不合新式的太太们意见一样，对于丈夫，并没有：'你应当伺候我！'的观念。

"四十年来，我们未曾打过一次架，就是偶尔有见解不同的地方，一会儿也就过去了。

"就她的学识论，我觉得比读过书的妇女还要高一点。我真幸运有这么一位太太，如果不是这样一个人，恐怕这一生，我什么也作不成了。

"四十年里，我每天回到家中，是完全休息着，十分舒服，十分安慰，因为有了她，不知省了我多少事，父母，她替我侍奉了，子女，她替我抚养了，我真应该对她表示十二分的谢意。

"我尊敬她，我佩服她，佩服她的算盘打得的确不错！"

张伯苓校长端起了一杯热茶，脸上是那么温和的笑着。

和他对着脸坐着的就是张校长夫人，她也是在十分温和的笑着。

从这一对银鬓朱颜的老夫妇笑涡中，我们好像寻到了他们青年时代的甜蜜。

（《益世报》天津版，1935 年 2 月 24 日）

张伯苓氏伉俪结婚四十年纪念盛会

（1935 年 2 月 25 日）

南开女中悬灯结彩车马盈门,老校长大谈其夫妇和美之道

会场中男女成双座无隙地,餐堂里糕甜茶热喜上眉梢

昨日下午二时半,南大校长张伯苓及其夫人王淑贞女士举行结婚四十周年纪念于南开女中礼堂,礼堂于昨晨即已布置妥贴,在台上悬有大学文学院,及女中全体教职员,各地校友所送联幅,中用红缎地悬双喜字一个,台口及台下,满布鲜花,红绿纷披,鲜艳夺目,堂中满悬红黄纸网,如垂璎珞,另用金银纸做成心形四十对,分挂壁上,尤为新奇,（张校长云,此后再为人证婚时,将赠以此心一对,祝其同心和谐也）女中学门首,悬有红彩,俨然结婚模样,来宾均能守新生活,二时后,二时半以前,来宾到者最多,不下千人之谱,以携眷来者为多,单人者则居少数。昨日之聚会,只限该校四部同人及校友,但以报纸宣传之故,外宾来者亦复大有人在。张校长夫妇,于二时前即到女中,张著常礼服,张夫人则蓝旗袍,其次媳叶琛女士及孙男女三人,亦同时莅会。张校长亲在礼堂门首,招待宾朋,喜容满面,各来宾双双而至,复各得双喜绒花一朵,绾之襟上,亦均笑逐颜开。至整二时半,此空前之盛会乃于是揭幕矣。

主席为女中第一班毕业生,以戏剧知名之缪雪亚女士,启幕后,即请张氏致词,张素善讲演,昨日所讲,更系聚精会神之作,兹记其讲辞如左:

"今天的会,本来只打算请四部的同事聚聚,被校友会知道了,便主张校友也来参加,恐怕我的请贴下不周全,所以校友会又登了启事,因为报纸

的刊载，又惊动了不少的外宾，真使我感觉不安，校友还有从外埠赶来的，我更觉过意不去。这会是越闹越大了，于是有几位校友便主张办一个游艺会，更有人预备着送礼。我并不是想打抽丰，收福禄寿喜的份子，当时便主张不收；不过有的字写在纸上，或是刻在银上了，而且放下就走，这却难为了我的太太，不过我们不能应〈因〉为这事，便打破了四十年来的和气，所以结果只好把这种的收下。所以我对于收下你们礼的朋友们，觉得真是便宜了你们，未曾收下你们礼的朋友，可又觉得有点不好意思。

"我们南开，每年春天，是有一次团拜的。我还记得严范孙先生在世的时候，有一年，曾为了团拜，送过学校'一千元'。这'一千元'并不是钱，只是'元'字下面还有个'宵'字。我今年，本不过也只想着预备'一千元'，借我们结婚四十周年的机会，和大家谈一谈内人帮助我的经过而已。

"现在的社会，我觉得有的地方，是不如从前。是人学坏了呢？还是好的，自然而然的丢失了呢？这是应该注意的。

"我本来是寒士，直到现在还是寒士，从小，我便立定了志向要办教育。我明知教育是绝不易致富的，然而还要达到自己的志愿，那我这个伙伴，可就要紧极了。我四十年来，精神完全贯注在学校上，家里又没有钱，这局面，就完全由她支撑。父母的孝养，孩子的教育，完全都靠了她，我个人一切的安慰，那更完全是她给我的。一个人，不如意事自然常八九，如果认为社会上什么事都可以使得自己痛快，那就是错认了社会，那就容易气馁。一个人想不气馁，只有妻子的安慰、鼓励，可以使他复兴。

"近来新式的太太，虚荣心似乎要比旧式的妇人高得多！她们不能帮助自己的丈夫，有的还使她的丈夫，不能不为了她，而去竭力地在经济上想方法，去想不劳而获的方法。我以为那是太傻了，要做成一件事，成功一个有用的人，总是先要受困难，先要吃苦的，绝没有现成的事在那儿等着你。我希望能帮助丈夫的太太，就要同丈夫先吃苦，先从难处做起。不然，只让他找便宜，可知道找便宜就一定是吃亏的。像这样的太太，在现在的中国是很有几位的！要说能帮助丈夫吃亏，帮助丈夫往远处看的，那真是少而又少了！说到旧人物，他们并不自己觉得什么贤惠不贤惠，他们只知道对于丈夫、儿子应如此！他们没有什么理论,也可以说是不知道,但是不知道的人,是要比什么都知道的,能说的,能写的人们要好得多,这也可以说是新教育的一种失败。我们服务教育的人,是应当想法纠正她们,受过教育的女子,也应当特别注意这一点。

"我的内人,她并不催促我做官,不催促我盖多高的楼,[买]多大的汽车,所以我才能慢慢的去做我所要做的事。钱少,她就有钱少的过法,一个家庭的快乐,绝不全在钱上,而且可以说钱多准不乐。家庭里只要和美,那才比什么都乐,就是只喝凉水,也是快活的。同时,越有钱的人,就越容易不和美,不快活。

"我常对年青的女子说:'你可别盼着你的丈夫发财,他一发财,第一个看着不顺眼的,就是你! 趁早别让他出去发财了!'夫妇的团结,只要在精神,并不在物质上;再说,衣食之费,也根本就用不了多少,何必发财? 我希望这个秘诀,今天夫妇同来的,要记住;太太们没来的,就请先生们给带个话。

"夫妇和好的责任,平心说,男人应当占六成五到七成,女人只占三成到三成五。我现在要说一说夫妇和好之道,其实今天来的夫妇本来都是好的,又何必我说? 但是也许有稍微不大好的,听了我的话,也许可以有一点帮助。

"第一,太太作事有可以称赞的地方,你便应该快称赞一声好。妻子被丈夫称赞了以后,她的工作,至少就会好上两倍。好是要从两面来的,如果你的太太有好处,你假作不懂,那过错就在你了。现在结了婚的人觉着不合适,马上可以离婚,有后门可走;旧式婚姻,却是此路不通,所以在刚一结婚的时候,便不能不想着怎么就能和美的这个问题。

"第二,容貌问题。无论谁,到了年纪总会老的,而且无论多美的人,看久了也会觉着不美,这都应该知道,而且更应该看看自己又生得是什么样子,千万不可高抬身价,双方都降格一点,那自然便会和美了。

"第三,你如果能常常为你太太买点东西——不一定要值钱的——表示你一点意思,那是增进和美的更好的方法。

"第四，要能忍，能让。譬如说，两个中的一个，你而〈偶〉尔有点不高兴，或是对于某事，一时间意见不能统一，最好先撂起不谈，先说别的，千万不可打架，请问打了架明天还过不过？夫妇两个人中有一个不打架，那一个就自然打不起来。除了有种真不讲理的女人是例外，丈夫对于妻子是该忍一忍的。

"一个男人，在社会所遇到的事，是不能完全痛快的，他回到家，当然应该是一个最好的休息的所在，回家如果别扭，当然也就不愿回家。譬如说太太应该为丈夫预备一把舒适的椅子，而不可存'我为么伺候他'的观念。同时，丈夫也应该称赞自己的夫人，那还有不好的吗？家，本来是休息的地方，男人，也真需要在家中休息。你对你的夫人，在她整理得家庭井然有序的时候，你应当说：'你弄着小孩，又收拾屋子，这屋子收拾得这么好，可真不易啊！'你为夫妇的和美而说点谎话，并不要紧，多说一点谎话，也不要紧！因为人生本来是戏剧啊！

"你要知道夫妇是两个人，也可以说是一个人，男人对于夫妇，是要多负一点责任的。你在无论什么时候，都应往远处想，因为夫妇是一辈子的事！

"我记得旧戏里有一句：'少年夫妻老年伴'，这真是一句至理明言。有人说，夫妇不和，是有机会可以离婚的，但我很盼望中国最好少出这种事。我们不可为了新鲜而自己找苦吃，中国的经济状况，尤其是历史，不允许我们如此。除了女的是泼妇，男的无所不为的以外，我觉得都不应该想离婚。

"夫妇间应该多体贴。在前几年的时候，我的孩子们都很小，但我在家时，就不曾感觉到他们闹过，不是他们不闹，是我内人怕我烦，早给领开了。她想的的确够周密的，她决不想：'不是男女平权吗？为什么我得把孩子领开？'但是我也不能这么想：'我在外头挣钱，你正应该把孩子们领开！'总之是越彼此体贴，家庭才越和美。

"今天来的朋友们，有好些夫妇，都是在社会上做事的，例如黄子坚先生和夫人就是一对，白天两个人都不在家，晚上回去彼此提出些事情谈谈，那才更亲切有味呢！

"我希望中国人还是少染外国味，多用老套子好。老套子用起来又容易，又快，外国离中国太远了，法子抄过来用，总觉得不大容易。人人都不学外国，只有一两个人独唱高调，又有什么意思。

"忍和让，都是中国的美德，有人也许说国家这么危弱，还能忍让吗？但是忍让用在夫妇之间，是不算丢人的。诸位以为如何？

"今天谈的很多，不再说下去了。我们希望大家都得到快乐，也都注意这快乐的出发点便是家庭，便是夫妇，大家要希望终身快乐，目标可还不能定的太高。万一两个人有什么意见，不可守着第三者抬杠。太太如果未读书，或读书不多，不要见人就说，也不要随便批评。因为她也是人！而且你和她又是一个人！太太有什么可以劝导的地方，你千万不可过甚，过甚了，她会恼羞变怒，偏要那样，你又怎么办呢？

"我希望今天来吃茶点的先生们，都像我一样的捧太太，回家去都捧太太！社会一天天的演变，将来的社会经济状况，一定更要困难，快乐决不在钱上，要使夫妇间有真乐，要用自己的力量建设起家庭来。家为国之单位，家齐自然国治。要知道一切的国民，都就生长在不同的家庭中，国家现在正受着试探，所以一切都应从家庭建设起，也就是从夫妇和美起！中华民族的有无希望，也就可以从这儿看出来，家原来并不是私有的！

"教育界对于民族等大问题，向来是很注意的。谁知多大的问题，都是从这夫妇的小问题生出的呢？

"我同内人仅致十二分的谢意于参加这个茶会的朋友之前。"

张校长演说毕，即开始游艺，第一项为王守嫒女士与缪女士清唱昆曲《大赐福》，音调宏亮。次为词曲改良社社长李琴湘君赠送之大鼓，名"新劝夫"。次为小学职教员姜叔和、沈同龄、王敏贞等合唱贺歌，用《锄头歌》调，极活泼动听，继之者为大学秘书邹性初等之中乐合奏，邹君雅擅丝竹，高音则响遏行云，低音则缠绵委婉，博得掌声不少。其后为大学教授司徒月兰女士之钢琴独奏，所奏者为《结婚进行曲》，温柔和谐，令人领略到一种旖旎情味。再次为四簧《四十年》，系女中教员黄梅美德、张王逸秋两夫人与张淑娣、沈希咏两女士合演，张扮张校长，黄扮校长夫人，沈、王分饰后脸，黄太太衣大红绣花裙，米色绣花吉服，梳蓬头，簪绒花，极似一典华，妩媚之新嫁娘，张淑娣为女中最高之教员，蓝袍玄挂，戴墨镜，几可与台下之张校长逼似。幕幔揭处，全堂哄然，表演极为生动，加之沈希咏以旧剧长才，念来字字清楚，传神不浅，而王夫人亦能娓娓动听，洵称珠联璧合，为本日游艺项目中之最精彩者。次为男中教员唐炳亮、童仰之等四音合唱《喜洋洋》，歌词亦系新编，尽善颂善祷之能事。次为刘友銮与訾懋谦之相声，两君之口眼像貌，处处具相声家风范，已足令人捧腹，而其谈吐，语语有趣，即景造词，妙不可谐，南开名人之在场者，均为相声中之材料。而运动名将如焦玉莲、美人鱼、杨秀琼，踢毽子名家之褚民谊，新结婚之熊希龄，莫不尽被包罗，以〈在〉来宾欢呼声中，又续说一次而罢，其后为女中教职员徐剑生等之合唱《等到你头发白时》，盖亦喻爱情不渝，老而弥笃之意。压轴为《天作之合》，系由四对夫妇以四种不同国之言语致祝贺之辞，幕开时请校长夫妇上台，桌上陈高达三尺之"层层见喜"糕，为南大经济学院赠送者，首由张子丹教授以英语致祝辞，次由段茂澜博士以德语，李新慧校友以法语，王鹏云校友以国语致祝词毕，四位夫人各手一字而高揭之成"天作之合"横额，极为美观。

最后张校长答谢来宾，即于欢呼声中闭会，由招待员引至餐厅用茶点，茶点除洋点心外，有元宵，取团圆之意，有莲子、栗子、瓜子等，"子孙万代"之意，有各色糖食，取"甜甜蜜蜜"之意，张锡羊夫人在场殷殷招待尤为忙碌，而来宾笑语喧哗，呼"喂"之声不绝，盖四簧中扮演之张太太曾屡呼张校长以"喂"字，于是你的喂，我的喂，黄先生的喂，充满餐厅中矣。六时半，始宾主尽欢而散，校友等晚间并在登瀛楼设宴为张校长称贺云。

（《益世报》天津版，1935年2月25日）

张伯苓治家有道[①]

（1935 年 2 月 26 日）

南大校长张伯苓氏结婚四十年纪念会，前日下午在南中礼堂举行，参加者多为该校教职员及一部分校友。济济一堂，允称盛典。各项游艺，略而不记，节录张氏致词于下。张氏谓：

"此次纪念会本不欲过事铺张，不意此事传出后知者渐多，亲友更有赠送礼品者，且在礼品上镌写上款。余本不愿收礼，无奈送礼的放下就走，以致难为了我的太太。余对此深感不安，倘因此引起余夫妇之口角，则四十年之和睦，一旦破裂，恐为送礼诸君所不取。"

语毕举座大笑。嗣谓：

"旧式婚姻实较新式者好的成分为多，新式者在结婚时即存有可以离婚之后门可走，故双方不肯委曲求全。旧式婚姻结合后，认为只有同共生活一途，不作他想，故能力谋和谐。且离婚因中国之历史、社会、经济与外国之不同，殊不适宜。凡一家庭之快乐，不在富有，只基于夫妇之和美，而钱太多之人，反不快乐。有许多太太盼丈夫发财，殊不知丈夫发财后，第一个看着不顺眼的就是你——妻——。夫妇间能否和睦，丈夫所负之责占十分之六强，妻负责占十分之三强。只要双方皆能忍让，自能和谐。妻有一分好，丈夫赞美上二分，妻以后便会做的更好。四十年来，我的内人便是我用热气吹起来的。又双方不可自视太高，即以貌而言，丈夫自以为是太子，妻自以为是仙女，自易决裂。夫妇只要视为一体，则一切无问题"云。

（《北洋画报》第 1210 期，1935 年 2 月 26 日）

---

① 署名"大白"。

赠张伯苓夫妇五十双寿诗[①]

（1935 年 4 月 4 日）

弹指结褵四十秋，
与梅同到几生修。
先生高踞谈经席，
俯仰从无内顾忧。

采蘋采藻事蒸尝，
佳客入门罗酒浆。
不识宾筵三百对，
几人举案似鸿光。

（《北洋画报》第 25 卷第 1226 期，1935 年 4 月 4 日）

---

① 作者朱庆澜。

张伯苓先生配王夫人结婚四十年纪念

（1935 年 4 月 5 日）

浅学道西俗，夫妻薄恩谊。

一事或反目，诉法许离异。

分飞不相顾，婚媾等儿戏。

那知结发情，中外无二致。

教宗隆典仪，当婚且宣誓。

愿作比翼鸟，终身共牢食。

意若新闲旧，无殊淫破义。

宴尔鹣鹣行，度月甘如蜜。

记婚各有年，曰木复曰锡。

水晶瓷银金，再进金刚石。

交情老益亲，表物渐以贵。

届年款嘉宾，式宴开盛会。

斯礼类吾国，重谐花烛事。

吾乡有张公，婚年四十历。

旁征欧人俗，创此纪念例。

介在金银间，略名取其意。

贺客必双双，皆是贤伉俪。

美举非等闲，具有还醇力。

中华民国二月二十四日,伯苓先生配王夫人四十年结婚纪念,愚弟周岐偕室刘文琴、张鸿来偕室兰玉馨顿首撰贺。

（《大公报》天津版,1935 年 4 月 5 日）

张伯苓先生之寿①

（1935 年 4 月 9 日）

本月五日，为南大校长张伯苓氏六十整寿之日，南开校友会及大中女小四部学生，特举行游艺纪念大会，极盛事也。游艺项目，颇多精彩，小学之歌舞，活泼动人，男女中之合唱，共计七十余人，允为大观。作歌者徐凌影，指导者徐剑生。男中之傀儡戏，由徐兴让主演，台上用纸扎一小台，略如平常之傀儡舞台，而傀儡则完全系活人，一动一静，其姿态完全与傀儡同，可发一噱，亦大可发人深省。是晚所演为猪八戒招亲，材料亦富趣味。女中又演"八簧"一幕，稿仍出作者之手，故事假托为一全家往张府祝寿，一婆母，一姑母，一媳，一女，年自五十岁至二十岁为差，语句中表示张氏精神，不似五十、四十、三十岁人，直与二十岁者相垺，所以示贺忱也。演员皆由簧剧《还乡》中选其最有成绩者任之，三日而成。此次，前后脸一律化妆，最后皆出列台上，高诵贺词，以色彩之显明，声调之铿锵，得评不在《还乡》下，可慰也。校友国乐，由邹性初等合奏，老手确不同凡响。最后为国剧，王守媛、缪雪亚，华静珊三女士合演《桑园会》，工力悉敌。大轴为《龙凤呈祥》，陆继功之刘备，赵湘白女士之孙尚香，均稳练，去张飞者以火炽胜，得好最多者为陈篯谷，其为人所倾倒，一半固在技术，而一半则又人缘之关系也。直至次晨一时，始尽欢而散。

（《北洋画报》第 25 卷第 1228 期，1935 年 4 月 9 日）

---

① 作者吴秋尘。

关于"父母之命"的一段谈话[①]

——张伯苓先生的一个申明

（1935 年 4 月 28 日）

上月廿二日，我因事在天津。那天中午，有一位朋友请我到大华饭店去吃饭谈天。我们刚在一个小房间内坐下，忽然看见张伯苓先生从门外走过，他见是我们，立刻走了进来，很高兴的和我们握手谈天。后来他谈高兴了，索性把他自己的一份饭菜从隔壁的席桌上移了过来，和我们同吃。

我们的谈天自然没有一定的目的，但其中有一段，却许是《独立评论》的读者们所愿意知道的，那便是关于"父母之命"与"自由结婚"的一个问题。并且张先生又特别的嘱咐我，须把他的这个意见在本刊上发表；故我现在把这一段短短的谈话记述如下。

关于这个问题，张先生说，他愿意《独立评论》的读者们知道，他绝对没有提倡"父母之命"的意思。他说，"我的两个大儿子都是自由结婚的，那难道还不够证明我并不是在提倡'父母之命'吗？"

我说，"我们决不敢说张先生有意在提倡'父母之命'。不过以德高望重如张先生的人，说出来的话，很容易被一般守旧的人断章取义，或者甚至于故意把它误解了，以为压迫青年的藉口。我之所以写那篇文章，也无非是为了这一点。今得张先生自己的申明，更是难得之至。"

张先生说，"要是有人那样做，那真是糟糕。我绝对没有提倡'父母之命'的意思。不过我相信旧式婚姻也不一定坏，新式婚姻也不一定好。并

---

① 作者陈衡哲。

且在我的同事中,旧式结婚的很多很多。您瞧!"

我说,"我完全明白张先生的苦心。不过,对于这整个问题的看法,我却和张先生有一点根本上的不同,那便是,张先生注意的,是现在和过去,我所注意的,却是将来,换句话说,即是,张先生所希望的,是已结婚者的快乐;我则以为已经结婚的人,让他们去吧,好也好,坏也好,用不着我们去管。可是对于不曾结婚的青年们,我们却不能这样的用冷眼去瞧着他们。"

我的朋友说,"我想你的这句话是对的,张先生眼中所见的,是已结婚的夫妇,你眼中所见的却是青年们。"

我说,"至于关于新旧婚姻的问题,我的意见有一部份是与张先生相同的,那便是,婚姻无论新旧,都是一种冒险的行为。不过我还是相信原则高于一切的。假如有一个人,从前反抗了代办婚姻,后来自由的结了婚,现在又因为两人绝对不能共同生活,想要离婚,我仍旧相信他或伊是不错的,也是可以不必后悔从前的反抗的。因为自由结婚与不得已的离婚,都是我所赞成的原则。在痛苦的婚姻中,离婚是比不离婚还要道德一点,虽然离婚的本身也不是社会上的一个康健现象。并且一个青年对于代办婚姻的反抗,他的目的也不一定是为著要自由结婚。女子是与男子不一样的,假如伊对于不愿意的婚姻不能反抗,伊的一生便完了,那还能说到事业与学问? 张先生可相信,我也是曾经反抗过代办婚姻的一个人?"

张先生说,"要是那时我知道您的反抗,我一定来帮您的忙。"张先生说著,我们都笑了,张先生自己也笑了。

我说,"谢谢您,所以我希望您现在能帮帮青年们的忙,不要使他们的家长藉口于张先生的主张而再加压迫于他们。"

张先生对于这一层,似乎很惊讶。他沉思了一会,说"那真是笑话了,藉口于我来压迫青年,真糟!"

我的朋友说,"我也是反抗过来的人。在我十六岁的那一年,我的父亲把我许配了一个没出息的男孩子。我求我的父亲给我把婚约解除,我用种种的方法来求他,可是丝毫没有用。我想,现在只有自杀的一条路可走了,吞鸦片烟呢,还是上吊?幸亏我有一位哥哥,他同情于我,他说,'为什么要死呢?逃呀!'所以结果我们逃走了。"

我说,"张先生,您瞧,在我们这一辈的女子中,假如能成就一点什么的话,都是非先从代办婚姻的毒爪中逃出来不可的。现在在您面前的,就只有两个女子,却便有两个这样的经验,这还不足以证明,这个反抗在有志气的女子中是很普遍的吗?"

张先生说,"这是怎么说的,像您们这二位!那……那……这么办吧:请您再在《独立评论》上写一点什么,说,我张伯苓决不提倡'父母之命'。我不愿守旧的人来误解我的意思,利用它来压迫青年,尤其是女子。"

我立起身来,对张先生连连拱手,说,"真是感谢不尽,张先生肯自己这样的申明。我可以说是张先生要我那样写的吗?"

张先生说,"可以,可以。您务必申明,我决没有提倡'父母之命'的意思。不能使守旧的人来误引我的话呀!这是怎么说的?您务必要说明白这一层。"

我说,"一定!一定!"

张先生说,"尤其是青年女子,是的,尤其是有智识有志气的青年女子,像您们这二位似的。"最后的两句话,张先生说得特别慢,特别深重。

我说,"真是多谢了。我也知道,婚姻不是人生的唯一大事,但正因其如此,故我不愿意看见青年们再为这种事来奋斗,再为这种事来吃苦。青年们的精力应该用在救国的大事上的,不应该让他这样的浪费了。"

说到了这里,我们三个人的意见便完全一致了。我们又谈了许多旁的事,大家都很高兴。临别的时候,我又特别的允许张先生,说到北平后就把他的这个意思给写出来。可是又给旁的事耽搁了,直至今日方把这段谈话记出。这是我要向张先生道歉的。

(《独立评论》第 148 号,1935 年 4 月 28 日)

谈张伯苓先生捧老婆^①

（1935 年 5 月 15 日）

《妇女共鸣》月刊一方面反对女子回家庭(见该刊四卷四期四八面"家庭人")，一方面又连载着《一对旧式婚姻中的模范夫妻》，该文的作者是这样介绍那篇文章：

"四十周年纪念的盛会，已如期举行，惜这〈远〉在天津，记者不克参加，当即向张先生要求将纪念会的记录惠寄本刊，以表彰这对典型的贤妻良母，贤夫良父，以为爱好者倡。"大概该刊的编者以为回家庭与作贤妻良母，是风牛马不相及的两件事罢。这且不去管它，我们且说我们花上三角大洋看完这一篇文章，究竟与我们有什么得失。这即是说，张伯苓先生特开盛会大捧特捧其老婆，以及许多绅士淑女记者名流大事鼓吹，大事艳羡的这空前的誉妻盛举，有什么社会的意义呢？关此，我想分两点来详细说明。

一、张太太的横颜及其地位——也就是一位典型的贤妻良母的横颜及其地位——由朱〈吴〉秋尘先生详细的记事中，我们读着了张太太所仅仅说过的两句话：(一)"我就是会整天忙着吃。"(二)"这是二少奶奶做的。"由此，我们可以明白伊的天地，是在厨房灶下了。

张伯苓先生说：

"四十年里，我每天回到家中是完全休息着，十分舒服，十分安慰，因为有了伊，不知省了我多少事，父母，伊替我侍奉了，子女，伊替我抚养了。

"我对于自己的衣服，向来是不会想的，什么都是伊替我预备。我向

---

① 署名"茜"。

来却不曾注意过伊的一切事。伊又不合新式的太太们意见一样，对于丈夫并没有'你应当伺候我！'的观念。

"伊持家当然十分节俭，但对我却很优厚，例如伊在这四十年中，就时常为我预备些好吃的东西。

"伊的确帮助我工作增加了不少效率；但伊不像一切新式太太一样，只会安慰丈夫，而并不负其他的一切家庭责任。

"我真幸运有这么一位太太，如果不是这样一个人，恐怕这一生，我什么也作不成。"

由此，张先生已为我们指明了，一个贤妻良母的地位，便是一个十足的家奴的地位。

二、张伯苓先生自范范人的(甲)择妻标准(乙)夫妇之道。

(甲)张伯苓先生说：

"近来新式的太太，虚荣心似乎要比旧式的妇人高得多！伊们不能帮助自己的丈夫，有的还使伊的丈夫，不能不为了伊，而去竭力地在经济上想方法，去想不劳而获的方法。我以为那是太傻了。我希望能帮助丈夫的太太，就要同丈夫吃苦，先从难处做起。不然，只让他找便宜定是吃亏，像这样的太太，在现在中国是很有几位的！要说到能帮助丈夫吃亏，帮助丈夫往远处看的，那真是少而又少了！说到旧人物，伊们并不自己觉得什么贤惠不贤惠，伊们只知道对于丈夫、儿子应如此！他们没有什么理论，也可以说是不知道，但是不知道的人，是要比什么都知道的，能说的，能写的人们要好得多，这也可以说是新教育的一种失败。"

上面这一段话虽然说得很弯曲，其中的主要大意，只有一句话，即：女子无才便是德。张先生因自己的太太是旧式人物，为了要用对照的方法，所以大抬特抬旧式人物的身价。我想张伯苓先生自己娶的是旧式太太，这过去四十年间，潮流所趋，他对于旁人的新式太太，也未免不曾眼红过，这一次的誉妻盛举要是请胡洛易德来作一次精神的分析，那位精神学者一定会说这是一种变态的发泄的罢。但无论是变态发泄也好，是真情也好，我们若看过了这盛举的时代背景，对此盛举也就难以说明了。张先生既是一位典型的贤夫良父,而又是主张捧太太的人,何以结婚二十周年,二十五周年,三十周年,三十五周年时,都不曾来一回什么的结婚纪念会,而独在这百古百怪大抬其头的今年想起了要干这么一回事呢? 由此,我们可以吟道:"不怪不怪,怪乎哉? 不怪也。"

谁都知道女子——就是一般人也是这样——虚荣心的大小,绝不能以人的新式旧式来定程度上的差别,这是各人被各自的环境所决定的事。旧式的太太或姨太太为了一件衣或一双鞋,投河上吊的都有,并且今日要一对手镯,明日又要一件皮袄的,在旧式太太中亦大不乏人。

至于说"不知道的人,是要比什么都知道的,能说的,能写的人们要好的多。"我想那只是在被丈夫愚弄,欺骗,利用上好的多,在旁的事上,是不见得有什么好的。就从近处说罢,例如张先生说,男人竭力在经济上想方法,想不劳而获的方法,乃是他们的妻——特别是新式的太太,使得他们这样的,这真是男权中心社会的典型的对女子公开的侮辱与造谣。在这不合理的社会制度下,女子不但受着双重的压迫与榨取,而且还要随时随地听人加以任何种罪名。在这种社会中,许多男人之日夜营谋升官发财卖国卖友的种种行动,究竟系出自自发,抑或完全是受了妻子的指使和鼓动,抑或另有旁的原因,这是现社会的实际情形可以为我们作答复的。但在男人果真升了官发了财而摒弃了原先的妻子时,这在什么都不知道的旧式太太,只要男人还给她一口稀饭吃,伊是一声也不会响的,但在新式太太呢,伊们就会闹得天翻地覆,要离婚,而且在现社会制度下还会要相当多的离婚费。像这样处所,由男人的利益为出发点来讲,什么都不知道的旧式女人比较"什么都知道的,能说,能写的"新式女人,岂只要好千百倍。所以,张伯苓先生这种要女子返回到从前那种完全浑浑噩噩无知无识温驯地听人宰割的程度,在有识者面前,无论如何是讲不过去的。

(乙)夫妇之道。张先生说:

"结婚以后,最好一年之内,就生小孩,有了小孩,夫妇间便有了一层保障。"

张先生确不失一位拥古的老先生的面目。这一句话中的大道理,也就是老太婆们嘴里时常说的"母以子贵"的道理。这件秘诀，已被旧式的太太们用到锈而快破的地步了。虽然在今日，一些半旧不新的太太们，而且还有些自命为新式的太太们，依然在采用这秘诀，但事实告诉我们，无论旧式女人或新式女人，结婚后在两人间的感情基础与经济基础都尚未完全确凿地奠定以前——当然结婚后一年内，更是这样——就贸然养出了孩子，在这孩子完全归个人负责的社会里，这是对女人非常不利的事，即无异于在女人颈上套上了一条大锁链。所以张先生这种苦口婆心的忠告，我们也是碍难接受的。

由各方面看来，张伯苓先生这种捧老婆的盛举，只不过是叫女子回家庭回厨房去的另一种鼓吹方法，宣传方法。但他这种方法，是由走江湖卖擦疮膏和万应丹的老汗〈汉〉们那儿学来的——这是一面宣传，一面有货色给人看的。我们读着这篇文章，似乎时时都在听着张先生说：

你看把女子关在家庭里，关在厨房里，这与男权中心社会是有多大的利益呀，不信，请看我和我的老婆。在这儿，我们也只好学学耶稣教徒，回答一声"阿门"完事。

（《女声》第 13 期，1935 年 5 月 15 日）

南大送交政府

（1935 年 6 月 24 日）

昨天张伯苓先生在南大学生毕业典礼会场，公开宣布，已将南开大学送给政府，请予收归国有，这是教育界破天荒的事。

张先生宣布的理由是：现在政府领袖，真能埋头苦干。我们应当改变从来怀疑政府的心理，信赖他们；所以愿把毕生心血结晶的最高教育事业，奉之政府，化私为公。此种精神，真是令人可佩。

本来以中国的社会经济组织来讲，私立大学，终久〈究〉不能如美国私立大学之有广大前途；但是以过去与现在的学界实际情形来说，有些私立大学确比若干的国立、省立大学成绩好，至少就经费和效率的比例看来，私立大学，□放异彩。我们今天一方面同情张先生的公而且大的精神，一方面更希望国立、省立大学的当局们反省自励，努力改进，勿浪费公帑，勿滥用私人，千万别使人替张伯苓先生的主张叫屈！

（《大公报》天津版，1935 年 6 月 24 日）

一、南开学校成立至南开被炸毁时期的张伯苓

张伯苓与南开[①]

（1935 年 7 月 15 日）

由严氏私塾,而造成驰名中外的南开小学,中学,女中,大学,这不是容易的事,更不能不认识张伯苓先生"硬干,实干"的精神。

张先生是天津人,有洪钟般的声喉,高大健壮的个子。自幼肄业北洋水师学堂,与黎宋卿等同班。甲午之役,我海军因清庭腐败,饷糈掣肘而全军覆没。张先生躬遇战败之役,投水不死。获救后,感于作育人才,整顿政治,为救国之必要,遂矢志于教育事业。乃于前贵州提学使严范孙家设私塾,教授几个未冠后生的英文算术。后来严范孙亦弃政从教,即共创南开中学,推张先生任校长。南开,是天津东南城角一片荒地的名称,但自南中成立,几至无人不晓了。创校之初,经费异常困难,大家都有"难开"之叹。经张先生奋斗不懈,惨淡经营,卒至蒸蒸日上。

张先生成功的原因,第一:是善于用人。南开的庶务主任,教务主任等都是终生矢志于教育事业,绝对不见异思迁的实干脚色。第二:他绝对不利用他的地位,活动作官。虽然,经过袁世凯,黎元洪,冯玉祥,张学良等几次邀请,但,绝对不因利禄而摇动其办教育的志愿。第三:取学生不太严,入学后不放松,造成学校一种良善风气,使一般青年,差不多都有受训练的机会。第四:以事业的成绩,使社会热心教育人士,捐款协助,不怕碰钉子。第五:律己严肃,无丝毫不良嗜好,使人自然敬畏。有此五点,便造成今日之南开大学,便成为中外著名的教育家。

民国六年间,张先生到了美国,美国人看见他那高大个子,雄迈的精

---

① 作者刘皋。

神,不禁大吃一惊,从此不敢再以东亚病夫轻视中国。炼油大王洛克菲洛,知道南开的成绩,遂慨捐巨款。苏皖赣巡阅使李秀山,自戕后,遗嘱捐南开五十万元,助其创建大学。这都是张先生实干,硬干的成就。

我们知道:以实际事业的成绩,得到博士学位的,较以毕业论文而得学位的更有价值。张先生对于提倡德育,智育,体育,都有特殊事实昭示于人,终于得到圣约翰大学恭赠的博士头衔。

南开多少带些贵族化,使穷青年望门却步,未免美中不足。但,近年张先生努力筹措了奖学金,使寒士们有同等机会了。教授们虽不甚出色,国文程度虽不十分好,我相信在最近的将来,必定会改善的。

张先生今年六十岁了。头发虽白,精神却更胜过青年,至少还可以活六十年。我们回想三十年前一片荒野的南开,看见现在南开的一大片,对于张先生的将来,尤其不胜仰望之至。

(《汗血周刊》第 5 卷第 2 期,1935 年 7 月 15 日)

南开印象记①

（1935 年 8 月 1 日）

天津人一提到八里台子,无人不晓。这一半是因为从前火车没通行时候,此地原是一条南北交通的孔道;同时,何况这里还有乾隆皇帝几次驻留过的"望海寺",是远近闻名的呢!可惜现在已是萧条冷落,无复当日的胜概了!目前所使人注目的,也就只有这座刚在少壮时期,新鲜活泼的南开大学了。洋车夫爱称它为"八里台子大学",假使你雇车说:"到南开学校",他也许毫不犹疑的拖你到南开中学去。因为南开中学,比大学历史常久,印象还要深入人心哩!

这座大学很奇怪,天然的爱浸在水里。只要海光寺沿河边大路直走,不过三里多路,就可以看到丛丛密密的树林,拥抱着一叠圆顶和平顶的红砖洋楼,东一座,西一座的矗立着,一进门,是一条深不见底的长道,旁边排列新栽的树,新种的花向你招手欢迎哩!活跃的男和女,就在这花间树丛,来往的穿梭着。"噹!噹!噹!"的钟声一响,从幽丛百树村中走出的挟着皮包的教授;从两座大宿舍蜂拥出潮水也似的男生;从芝琴楼珊步出来长发高跟的姑娘(半农先生语)。这班人们,有的到秀山堂去上十九世纪的散文,或是经济思想史;有的到思源堂去听物理化学和 XY 的原理;有的到实验室把玻璃试管拼命的摇动,看有什么化学作用;有的到工场里去,提起铁锤使劲的敲;还有的到图书馆"书矿"(编者按——此词颇新颖幽默可爱,求知读者前曾见用否?)里去发掘他们的"黄金屋和颜如玉"去了,等这班人,一个个地隐没到洋楼里,这世界又由嘈杂中寂静下来。先前惊得高

---

① 署名"建吾"。

飞的麻雀,也重新落到树桠〈丫〉间,啾啾地互相唱和着歌祝它们世界的降临!

假使你到每座洋楼去巡视一下,就可以看到粉刷新鲜的墙壁,油漆透亮的窗门。一切布置整齐,洁静,简朴。教授站在讲台上,"指手划脚",学生坐在下面,"呆若木鸡",办公室的职员"手不停挥",听差的"来往在跑"。倘使你看到一位高高个儿身体魁伟花白头发的长者,那就是这里校长张伯苓先生。虽则他脸上刻划着不少的人世沧桑的绉纹,然而仍旧精神矍矍的拖着这座学校往前跑。因为是私立的学校,经费当然不会十分充足。"打算盘"和"讲效率"是这里的特色。可是本身却年年在演变。有人说:"我刚来时候,这里还是一片芦苇洲哩,现在已经填成陆地了!"有人说:"那里原是一片桃林,现在却起上一座洋楼了!"有人说:"南开应该在内地预备退身的地方。"我引《左传》上的话回。虽然上面的话都不过是众人的话而已,但张伯苓先生治事之精神,殊足令敬佩。就比这吧——有一次人家问他学校的经济和近况,他说:"……有人问我学校一共有多少产业?我算了算房子有百多万,地皮计值七八十万,再连书籍设备,大约有二三百万,至其来源我也不知钱怎样来的,同时,我也从不计算,我就知道干,向前进!"据此,的确,像这样三十年如一日,专心在教育事业上努力,而不管这对国家和社会文化上发生多少影响,与整个民族前途,有否裨益,仅这种积极的精神,和持久的毅力,实足值得青年景仰,并且当引为模范的了。去年夏天,他六十岁生日的那一天,学校里满贴着寿字纸条。晚上,自大学到男中,女中,小学全体多来庆祝这位老教育家,各人表演许多游艺,多半是含着赞扬他过去努力的意义,每个脸庞上都泛着感激的笑容。这种精神上的酬报,是任何物质报酬不能及的。同时,听说上海圣约翰大学校长同年大约也是六十寿辰,他的学生公送了他一辆新的汽车。我想把他来比张伯苓先生,真是差的远了。一个是有教会做后台老板,侵略教育的先驱者,一个是白手创业,民族教育的前锋,那可以相提并论呢?所以他们获得的报酬,是恰如其分了!

这里的学生,因为功课紧严的缘故不敢偷懒。拼命"啃书"的,到要占多数。晚饭后，图书馆里，总得告个满座。听说现在还算松了点呢！已前听说每年总得要开除许多学生，固然坏者居多，但里面冤枉的也许不是没有？同时并听说开除后的学生要立刻就赶着出校。因此从中造成了几次悲剧。

关于这一点的苦衷当然我们很可知道是为了爱学生，可是，冶金炉里冶不出金，不也是一件憾事吗？所以，我诚恳愿张先生能注意及此。

这一段是题外话，且不管他，一颗忧惧的种子，这一来学生们都是战战兢兢不敢大意一下，深怕受这最严重的精神底处罚，教授们授课的不马糊：开学那天就上课，上课第一天就讲书，什么来一个开场白哪，那是没这回事。而且因为教授多半住在学生〈校〉里，告假的就很少，像上海和北平那班提着皮包两头跑的宣传教授，这里倒没见过。职员更是忙着没会见空，这种实干的精神，却为别的学校少见！

学校距离城市有相当的远途。［南］开校门口有一片市集声和几家饼专为南开而开的铺子之类的以外，四面全是荒郊，可是当清早东方由鱼肚色渐渐变白的时候。这儿倒有相当闹热的，如送牛奶的啦，羊奶的啦，豆汁的啦，上工的农场工人啦，接二连三的多骑着脚踏车赶来，一瓶瓶的挨主顾分送，跟喉送报的也把当天本地的报纸带来，外面有赶骡车的"唷！唷！唷！"呼喝骡子前进声，小贩扯长喉咙的叫卖声，河上摇船的断断续续的水声。这是对于南开一点印象的速写。

（《互励月刊》第 2 卷第 3—4 期，1935 年 8 月 1 日）

翻开盆子来看看①

（1935 年 10 月 24 日）

南开大学校长张伯苓先生，是全国教育界体育界的泰斗。一天在国际大饭店国货工厂欢迎全运会女选手席上，说了一段提倡国货的绝妙词令，博得全场掌声不绝，都说这"高个子的张老先生"，的确有眼光，有见解，肯实心实力，替国货努力的。张先生说，"一样的货物，何以我们不及人家，我们只有惭愧，只有勉励，使我们的货品胜过人家。一样货物的价目，何以人家比我们便宜！我们只有惭愧，只有发奋，使我们货物的价格，比人家便宜。须知爱国的话，在目前文化未发达的中国，不是普遍可以推行的。爱精美，贪便宜，是人们的本性，决不是仅凭口头提倡，可以变换过来的。要不许人家买便宜货，购精美品，真是谈何容易？像我目下的衣着，都是用过调查工夫的，因为西装裤子，一时买不到国货呢料，吾便做了绸缎的料子，觉得也还不错。这全在大家肯抱些牺牲精神，下些决心罢了。最是痛心的，西文中国的名词，是从出产瓷器得来，可是目下西菜馆的碗碟都不是中国货了。诸位翻开盆子来看看，这是不是中国货？大菜桌上的台毯，是不是中国货？杯里的红茶牛乳，是不是中国货？一方的纸头，是不是中国货？这不是吾来杀〈煞〉风景，也不是来责备饭店主人，这是我们公共的羞耻，以数千年来出产瓷器的国家，还用不到大菜盆子，这是谁的罪过，谁的责任？诸位既知提倡国货和锻炼体格，同是复兴民族的途径，诸位都有责任，诸位如果从今以后，努力服用国货，制造国货，或者我们下次出席欢迎会时，可以见不到一件外国货，这才不负吾今天的一席话。"张老先生真诚恳

---

① 署名"仰荦"。

切，大家都为动容，认为这最是彻底最有肝胆的说话。吾很希望大家把他来咀嚼一下，反省一下，比较空喊空闹的办法，倒有些效力呢。

（《申报》，1935 年 10 月 24 日）

张伯苓先生来北碚后所有态度和谈话

（1935 年 12 月 13 日）

昨天约到午前十钟时,曾在三十七年内专门从事教育的大教育家张伯苓先生,才由温泉同三五友人,顺流浮舟东来,其时北碚各事业机关、少年义勇队、科学院、兼善校、女子职业学校、朝阳校的职员和学生,都齐集在河边欢迎。因张先生今年虽已有六十岁,但精神仍康健,身躯伟大,据说,共有二百二十几磅重量。本来张先生年高,所以北碚主人才替他准备有一乘滑竿,但张先生在到后有好几次都不肯坐上去。他说,"他们精神和身躯都不及我,那我又何必坐上去呢?"除了中间上山两段路坐上而外。若问张先生之为人,只平实、清楚、伟大、深刻八字足以盖之。

办学动机起自甲午

原来张先生从前是学海军的,在北洋水师里面做事,因愤甲午之战中国的所以败,由于中国国民一般的不长进,以教育能改造国民故,所以才退而终生从事教育,于是在天津的南开地方由私人来办学,初仅为小学,后扩充为中学,今已扩充为大学,算来已有三十七年之久,学生遍中国各地,眼前此间兼善校张博和校长,便是他的学生。不过张伯苓先生为甲午战败退而办学,而今这甲午之败的创伤,不仅并未恢复合口,自"九一八"后,且有益加扩大之势,因此,在张先生谈话中,不免深思长叹!

一、南开学校成立至南开被炸毁时期的张伯苓

223

人家比我们更刻苦

在兼善校休息时，有人谈及越王勾践卧薪尝胆一事，张伯苓先生说："自然越王勾践所以成功，虽由他本人能够刻苦，但还有一个西施去腐化吴王夫差，如今的某国人，不仅未被腐化，且比我们更刻苦。"这话虽未如何勉励一般中国人，但中国人不知作何感想。

问答式亲切谈话

便由上述在河边各欢迎团体，在大礼堂集合开了一个联合欢迎会，请张伯苓先生讲演，他一上［讲］演台后，只有一片向学生问答式的亲切谈话。应用了启发式的教学方法，且他讲起来态度很亲切，精神很兴奋。他说："他在南开办学时，在从前，总是喜欢和青年接近，而今到北碚来了，又遇着这样一回事，能够和青年不生疏，这是他的荣幸！"

人人负责讲究科学

他问："目前中国最大问题为何？"学生答："华北问题"，有的又答"中日问题"。问："世界上人口最多的国家为何？"答："中国。"问："世界上富强国家所有的特产和原料，中国都有否？"答："中国应有尽有。"问："中国是否为世界上最大国家？"答："是最大的国家。"问："世界的强国有几？"答："英美法俄日意德七国。"问："你们是何国人？"答："中国人。"于是张伯苓先生乃说："你们既然是中国人，为什么不说中国强呢？可见中国本来不强，且可见不强的原因。并不是'地'的问题，乃是'人'的问题。因中国在世界上，既为人口最多，又为物产和原料最富的国家故也。"张先生又问："中国不强的原因安在？"中间有一个学生答："自私自利，不求进取。"另一个学生答："不讲究科学"，于是张先生最后又说："不错，中国不强的原因,是由'自私自利'。正为如此,所以才自己打自己,所以才不知道国家为世界上最大组织的团体。比方,打足球的人,一经失败,总推诿在把门身上。说是'把门的不会把守,足球才会打进来。'而把门的也可这样说:'你们当前卫和后卫的人,若不把球让他踢进球门,球何至进来呢?'这是证明球之所以打输,在输球的一队,是个个人都该负责任的。反之,倘中国人要谋自己的存在,也当个个人在责任内去切实努力,才有希望,其方法便是要现代化,要讲究科学。要造成自己生存的工具,能够自给自足法。"

(《嘉陵江日报》,1935 年 12 月 13 日)

校长川行纪要

（1935 年 12 月 25 日）

汉口至重庆

四川物产丰饶，古称天府，有一百三十余万方里之土地，七千余万之人民。当此外患日烈之际，如能将得天独厚之四川，注意开发，实可为整个民族复兴之凭藉。校长久拟入川考查，乃乘全国禁烟总会在重庆开会之机会，遂决计入川，爰将校长自汉口至重庆之旅途佳话及抵渝后之公开演讲各情形，拉杂陈述，谅亦诸位校友之所乐闻也欤？

校长于上年十一月二十七日由上海搭民权轮入川，三十日抵汉口，十二月二日下午轮过"石首"，校长于百无聊赖中，曾口占七言律诗一首。观其诗，则校长此次入川之志趣，尽情流露于言表矣。其诗云：

> 大江东去我西来，
> 北地愁云何日开；
> 盼到蜀中寻乐土，
> 为酬素志育英才。

三日中午到宜昌，因须在此处换船，故轮停未发。校长于是日午后二时下轮散步，适校友安梦华君（现任宜昌私立女中校长）因先期得到校长莅宜电讯，故届时登轮迎候，并请校长赴该校参观指导及演讲。校长在该校演讲时,时以极为兴趣而深具教训之问题令学生当面答复,后又特提出:"你们以后每逢作一件自私自利的事情时候,要想到你们的校长的老校长,今天向你们所说的话。"全体学生深为感动。

四日上午与四川大学校长任叔永先生及陈衡哲女士等往游东山寺,宜昌专员派教育科长在该山伊东之土地岗苗圃招待,并请于是日下午四时向全宜中学生训话。固辞不获,届时遂在第十一小学风雨操场内演讲,共学生千余人,秩序极佳,听者动容。

四日换乘民俗轮溯江西上,十一时许入西陵峡,三时余到香溪(汉昭君故乡),校长乃吟:"群山万壑赴荆门,生长明妃尚有村"之句云。

六日晨七时余入金山峡,山势嵯峨,波涛澎湃,校长终日静坐船头观赏山景,因校长唐诗最熟,所以不断的即景诵吟,如:"巴东三峡金峡长,猿啼三声泪沾裳"及"两岸猿声啼不住,轻舟已过万重山"……。

九日下午三时抵重庆,校友前往码头欢迎者约三十余人,并各界代表十余位。校长乃一一握手问讯,嗣即坐校友预备好之四人加班大轿(平常只轿夫二人,因校长身躯魁伟,故用轿夫四人)迳往重庆唯一的大建筑美丰银行下榻。晚六时校友为校长洗尘,席设"铋香居",济济一堂,师生畅叙,颇极一时之盛云。

十一日晨九时余,校长乘川江航务局代备之汽艇赴北碚游览(距重庆一百二十里,位在嘉陵江边),并藉机参观卢作孚先生经营之中国西部科学院、兼善中学及各种建设,有老校友张士錩君陪同前往,约下午三时余即抵北碚之温泉公园,下榻于园中之"麓庄"。该处山势奇秀壮丽,水舞白练,诚世外桃源也。晚饭后并赴温泉沐浴。校长原习海军,对于游泳一道素所擅长,惟此调不弹者有年,届时乃表演各种游泳姿式,精神矍铄有如当年。

十二日晨校长乘帆船赴北碚村参观峡防局所属之各种建设暨科学院及兼善中学等。十时余抵北碚,各法团及学生等,均在江岸列队欢迎。十二时许在兼善中学演讲。午餐峡防局请吃"豆花",下午三时仍乘船返宿北碚温泉公园。

十三日校长乘"民约"轮返渝。

十四日晚赴青年会宴，与宴者百余人，均系重庆军政要人及社会知名人士，席间校长演讲:《本人与青年会之关系暨青年会服务社会之精神》[①]，语极扼要，听者动容。

十五日上午九时，在青年会电影场讲演，听讲者为该会会员及各法团人员。因恐听众过多，座不能容，所以凭券入座。

十六日上午参观各校，下午二时在青年会为财政监理处人员及商会劳动服务团团员等演讲。四时在青年会社会会堂为各女校学生演讲。

十七日上午参观乡村建设学院及重庆大学，并在各该校演讲。下午赴川东师范演讲。

十八日上午在求精中学及浮屠观演讲，下午五时半假美丰银行礼堂，请在渝校友茶会。各校友于茶会后，并假该礼堂为校长饯行，及摄影藉资纪念。校友中有中学第一班毕业王佩衡君及大学第一班毕业张士鉁君，王、张二位校友均白发苍苍矣。

十九日十二时三刻赴飞机场，一时半成都号巨型机降落，二时余起飞，校长于众校友欢送中乘巨型机凌空云霄，飞往成都矣。

校长在重庆只留九日，共作公开演讲十次，每次演讲均以"大公精神救国"及"以团结力量复兴中华民族"唤醒听众，故听讲者均受极深刻的感动。

总之校长此次四川[之行]，实予四川人极良好印象，行见南开之光将灿烂于巴蜀矣。

校长在成都——成都分会致总会函[②]

迳启者:本会前以会员人数过少，无形停顿。本年省府移蓉，会员逐渐增加，最近常有聚会，十分团结，此次伯师莅蓉，曾举行盛大宴会二次，兹特

---

① 原文见《张伯苓教育佚文全编》中《青年会在中国的地位》一文。

② 本部分作者钟体正。

将伯师在蓉各情,详述于次:

十九日午后三时四十分,伯师乘坐中国航空公司巨型机安抵成都,校友十余人,先时分乘汽车五辆,在机场迎候,车身满贴纸印之校旗。伯师下机,见状非常愉快。同时在机场迎候者,计有省府、督署、市府、军校、华大及青年会各方代表。当晚假钟市长住宅为伯师洗尘,至校友二十余人。师生惜别多年,今能欢聚一堂,十分痛快。八时许始返中国银行下榻。前大学教授孙祖瑞先生,现任中行襄理,常住重庆,此次因公留省,特别欢迎伯师下榻中行,以便畅谈一切。

二十日早,往访伯师极众,十时始出门答拜各方。午后一钟,由邹致圻、钟体正,请伯师吃便饭于成都著名之川菜馆"不醉无归小酒家";饭后,逛少城公园及民众教育馆,便道参观市立第一小学。本日天气放晴,日光可爱,乃更陪同伯师出东门,逛望江楼。相传为薛校书殉节地。特与伯师在薛涛井侧留影纪念;此地有茂林修竹,伯师颇为赞羡,因品茗小憩,藉资欣赏。伯师微觉疲劳,即于竹椅小睡,熟睡达三十分钟。四时许入城,便道参观翕华外东工厂(翕华系校友钟体正君所经营,总厂在城内奎星楼)。晚六钟,赴中央军校李明灏、彭武敏、马嗣良、任觉五等宴会。

廿一日早九钟,在县政人员训练所讲演。十一钟在华西大学讲演。午后一时赴华大博物馆主任西人葛维汉宴会。三时参加青年会举办之教育界领袖座谈会。晚六钟赴省主席宴会,散席后到任校长家与陈衡哲女士诸人谈话,至十时许始返中行。

二十二日早九钟,在军校讲演,正午赴任校长宴会,午后三钟,在省党部礼堂为中级学生讲演,晚六钟赴银行界公宴。

二十三日早九钟,在川大演讲①。正午赴各校长公宴。午后五钟,赴本会与清华同学会合组之饯别大会,到两校同学五十余人,来宾十余人,因雨未能在室外摄影,本欲在室内摄影,乃像馆不敢承应,殊为遗憾!

席间由清华同学熊祖同君及本会校友钟体正君致欢迎词毕,伯师即起立致训词。其后,曾说两次笑话,可见伯师之高兴为何如矣!

---

① 原文见《张伯苓教育佚文全编》中《国难中应有之修养》一文。

六时许南开校友、清华同学十九人，陪同伯师赴悦来戏园看川戏。因唱新戏，特点唱《樊馆借头》一出，费法币二元。七时半返中行，与校友楼兆馗、邹致圻、钟体正、冯朝亮、余顺章、余顺昭、杨伯安等谈话约三十分钟。八时许先后散去。

二十四日上[午]六点二十分，伯师、孙祖瑞先生、校友杨伯安、干天杰、卢康济、钟体正、邹致圻、楼兆馗、鲍公任、彭梓成等分乘汽车三辆，同赴机场。李主任明灏、校友任觉五、杨之敬继亦乘车赶至。飞机七点一刻起飞，吾人遂复与伯师作别矣！

伯师此次莅蓉，未得机会饱览风光，校友会代拟日程，实不能辞其责，此不能不向伯师致其歉意；尚望伯师再度入川尽情一游。（下略）

主席钟体正　二十四，十二，廿七。

（《南开校友》第 1 卷第 3 期，1935 年 12 月 15 日）

张伯苓与四川人①

（1935 年 12 月 30 日）

虽然久仰张伯苓先生之名，却是民国二十四年十二月才得一瞻丰采。

据张伯苓先生自述：四十年前，曾住水师学堂，因见甲午之役以后，我国海军人员依然腐败，毫不振作，于是立志从教育救国，创办南开学校。由私塾而中学，而大学，四十年来，不变初衷。乃困难愈多，精神益励，年事愈高，老当益壮。及今，校誉隆海内，门生遍中国。南开学生因张先生人格的影响，类能踏实做事，为社会中坚分子。张先生那种作人作事的风度，献身国家的精神，是值得国人景慕效法的。

张先生说："珠江流域的人活泼，长江流域的人聪敏，黄河流域的人沉着，四川人兼有这几种优点，足以担负复兴民族的重任。这也许是张先生鼓励四川人的话。四川人活泼聪敏，还勉强说得上，是缺乏的，便是沉着。沉着乃是劲气内敛，包含刚健与持久两项要素。具有这种特性的民族，常常产生科学家，事业家，政治家。如果仅仅聪敏活泼而不沉着，只能产生文学家或艺术家。四川历史上最著名的人物，只有几位文学家，如西汉的司马相如，扬雄，唐代的陈子昂，宋代的苏氏父子等。在学术思想上，没有开派的学者。在政治上，没有影响全国的政论家与政治家。在四川境内，有特殊事功表现的，如李冰之治水，文翁之兴教，诸葛孔明之治蜀，李德裕之筹边，张詠之平乱等，大都是外来的人。除开满清初叶，受了张献忠屠杀的反映和五省血统混合的结果，四川民族忽然强健，产生几位武将，在事功上有表现外，四川正统人才的特色，都是"短小精干，口能舌辩"。这里边要

---

① 作者谢明霄。

推张松做代表。张松才是四川土产的典型人才，直到现在，四川的人才，依然是继承张松那个系统。这无疑的是受了地理气候及一切自然环境的影响。"短小精干"，正是聪敏活泼的注脚，倘使加上沉着，有了劲气与毅力，则一切活动，必定更形伟大。

假定沉着的涵义恰如上述，固不仅四川人需要，即全中国人也都需要。不过四川人需要的程度更高。我们深感觉：中国近几十年来，外患如此迫切，而我们的科学少有发明，社会事业少有进步，政治的改革还没有及到下层，并不是我们的智力不如人，实在是我们的毅力不如人。我们许多留学生在学校的时候，往往比欧美日本人的成绩还好，回到中国，便慢慢的消沉，不能有贡献于祖国，甚至为害于祖国。虽然，中国的社会多少要负点责任，但自己缺乏坚定的意志与不拔的精神，是失败最主要的原因。最可叹有些专家，本来负有时誉，但不继续努力，而欲以宣传酬酢，维持其社会地位，结果自己毁灭了！

最近，翁文灏先生被任为行政院秘书长。从一方面看，中央当局延揽贤才，共图匡济的襟怀，与夫翁先生为国从政以求速效的热忱，都值得国人赞佩。不过从另一方面看，中国的科学，仅仅地质学在世界学术界上有独立的地位，这种成绩是翁先生和他的同志费了若干年工夫创造出来的，翁先生一朝从政，自己的研究工作，一时停顿，国内研究地质人员骤失良好导师，显然是中国学术界一种损失。而翁先生个人向未从政，缺乏政治经验与技术，其结果恐亦难如翁先生之预期。

总之，国势至险，欲速谋自存，非各尽所能，分工合作，不能达到最高效率。因此，需要全国人沉着。即从今日起，需要任何中国人有一定计划，并须不断努力，期以十年二十年，以至于终身，如像我们民族过去的贤豪和现在的领袖一样，最平淡的，也须如张伯苓先生之所为。此种需要应普及于国人，而以四川人需要之程度为最高。

（《四川县训》第 2 卷第 8 期，1935 年 12 月 30 日）

欢迎张、陈、任三先生讲演记略[①]

（1936 年 1 月 1 日）

　　十二月十日晚,公司特与川江航务处等六团体,联合欢迎张、陈、任,三位先生讲演,听众约五百余人,情形颇为热烈。惟惜纪录粗疏,殊为抱歉耳。

主席卢作孚致开会词:今天聚集了川康银行、美丰银行、省银行、川江航务管理处、财政特派员公署,与同民生公司等六个团体,欢迎张伯苓先生、任叔永先生、陈衡哲先生讲演。这三位先生,大家早已知道,用不着怎样表扬。不过现在有几点很值得注意的事,且把他作一个简短的介绍:

第一要介绍的是张伯苓先生。张先生的一切都很伟大。现在的南开大学,就是张先生一手一脚创造出来的。原来的南开大学,并不像现在这样的完备——那时是没有人,没有钱,而且没有校址。不知费了张先生若干心血,才有现在的成绩,由幼稚园而小学,而中学,一直到大学。这其间所经过的艰难困苦,是很值得我们注意的。我们晓得张先生这种伟大的精神,许多年来在华北作复兴民族的努力,于社会国家的帮助,实在很大。就是我们这个小小的事业在四川,都先后得到了不少的帮助。南开大学毕业的学生,在社会上的足迹,已经是布满了全国。目前的中国,许多人认为最有希望的要算是西南,要算是四川,所以张先生现在又把这种爱国的热诚和伟大的精神转移到西南来了,尤其是西南的四川来了。这不特是我们西南民众很庆幸的,更是我们整个国家所急切盼望的。

---

　　① 由罗任吾等记录。

第二要介绍的是任叔永先生。我们平时听到外面的人往往批评四川人不好，然而在省外的四川人却几乎个个都很好，都能惹起省外人们的敬仰。如像现在在定县努力的晏阳初先生，在《大公报》社的胡政之先生，他们在外面的努力，很得一般人的钦佩和同情，替四川人争得光荣不少。任先生，就是替四川人争取光荣当中的一位。今天以前，任先生在全国教育界努力的成绩，颇为显著，对于中国文化方面的帮助更为不小。我们要晓得，目前中国的文化研究机关就只有一个中国科学社，任先生便是创办这文化机关当中的一员。今天任先生回四川来办川大，实在是我四川民众喜出望外的一件事。今后不但四川的大学教育有新的希望，听说任先生还要为这中国最有希望的四川作各种调查研究的工作。

第三要介绍的是陈衡哲先生。陈先生，是研究哲学的大学问家。我们要晓得，在目前中国的妇女界中，很难找出几位学者来，尤其是研究哲学的人。陈先生在学术上领导着全国的女同胞，今后更要在四川来在学术上领导我们四川的女同胞，这更是我们四川女同胞的望外之幸了。

张伯苓先生演讲：

诸位，主席：

今晚六个团体这样热烈的欢迎我们，我们非常的感谢。

刚才在吃饭的时候，看见包筷子的纸上写着两句话："大胆生产，小心享用。"以个人想来，理该取销下面一句，因为个人今晚吃得很饱，算是在大量享用了。

个人这次是初到四川。在未到四川之前，已认识了不少的四川朋友，如胡政之，晏阳初，……他们都有很好的成绩。四川的学生也很用功；女生尤其努力，大有男子之风。这些，都使我非常佩服。

四川是个很有希望的地方。在全国的省份中比较起来，四川算是最有希望的了。兼之，在现在这种国情之下，四川的地位更觉重要，不但物产丰富，人民勤奋，而且很少排外的心理。这是一件最可乐观的事。

目前是中国外交最坏的一个时候，这是我们每个人都感觉到的。个人在三十四岁的时候，在北洋水师服务，那时对民族和国家很关切，眼见得外侮一天一天的加重，武官缩着头爱着自己的生命。文官尽量的贪恋着金钱，不顾其他的一切；兵舰上的军官开头便赌，靠头便嫖；我看了非常的痛心。一提起民族国家的前途，便非常悲观。

近几年来，国家比从前进步多了，中央正埋头的在苦干，军械也比从前进步得多。上月二十四号，我到杭州航空学校去参观，看见里面组织非常好，训练非常严格，这是一个很好的现象。人民组织的事业，也一天天的好起来。就以民生公司来讲，一般办事的朋友都很努力。在上海，我看到民生分公司的青年工作很有精神，不但礼拜六不休息，礼拜天也要办半天公，有暇还提倡高尚娱乐。若是每个事业都像民生公司这样发出光来，这里也在发光，那里也在发光，那么国家也就发出光来了。换言之，中国前途便有希望了。

中国人最需要的东西有两种：

第一是大公——大公的对面就是自私。中国人逐处都看见在为自己的利益打算，不惜牺牲社会，不惜牺牲国家。若是我们不将这自私的心理去掉，国家是永远没有希望的。有一次，我乘轮旅行，在船上看见有六个小孩子，大约年龄是在十岁左右，很可爱。我便问他们，"世界上那国最大？"他们说，"中国。"又问，"那国人最多？"他们说，"是中国。"我又问，"那国最弱？"他们迟疑了一会——其中有个较大的孩子答复我说，"是中国。"我又问他们，"中国地方大，人又多，为什么不强呢？"他们答复不出来。于是，我教他们作拉绳的游戏，将他们六个人分作两队，分握绳子的两端，一端四人，一端两人，教他们用力的拉。结果，四人一端的拉输了。我问，"这是什么缘故？"他们都说，"四人一端的不是共同用力。"于是，我对他们说，"中国地大，人多，敌不过外国，也就是不共同用力的缘故。"的确，这是事实，因为他们都各向一方面，都为着自己用力去了。

第二是努力更努力。中国的一切都落人之后。要赶上列强，非努力不可。若是要超过列强，那非努力上再加努力不可了。国家到了这个时候，除了努力而外，更没有别的道路好走的。

我们既然明白了这两点，就应努力的干去。我看民生公司的朋友，做事的精神很好，这便是中华民国的生命线。望诸位这样的保持着，而且更努力的下去罢。

陈衡哲先生演讲：

（略）

本来我要说的话，张先生已经很详细的说过了。我以前也到过四川。那回没有什么事情，乃是来游历的。这里申明一句，我们那时并不是自私，不愿到四川做事，实在是因为那时的四川不能做事，因为那时的防区制很严，做起事来各方面都感觉到掣肘。现在，我们觉得四川已经不是已往那样的四川了，各方面都有了很新的气象。不但是表面比从前好，就是内部的组织也大有进步。民生公司便是一个例。我们在宜昌，看见了他们作事的精神和里面的组织，使我们非常之佩服，所以我们在上海，民生公司虽然没有直航重庆的船，就是民生公司的转口船我们也情愿赶昌，有许多外国公司的船员，来劝我们搭他们的轮船到重庆。但是，为了良心的裁制，船费再贵，我们都应该搭民生公司的船。因为民生公司这个事业，他负有爱国的热诚，我们应该拥护。这虽然于金钱上的帮助不见得是好大，然而这种拥护的精神，我们是应该有的，何况民生公司的船，设备〔比〕任何公司要好，一些船员对人的态度，也比任何公司好。这里，我们也可见得船员是有相当训练的——不管是经理或茶房，给我们的印象都非常之好。由此，可见四川的事业已有了新的发展，事业的内部也有了新的组织，就是人的方面也有了训练。所以，一般人对于四川的希望非常之大，都很愿意到四川来作事。如像我在北平将要动身时，有许多朋友听说要到四川，都想与我们同路来游历。我说，"若是你们到四川去做事，我便喜欢你们与我同路。只是去游历，我就不与你们表同情了。"当时，有好些人想到四川来作事，而且他们还想做一个四川人。这样，可见一般人对于四川的怀念，是如何的深切！这些朋友都是中国和世界上数一数二的人才。有几位医生，他们都是世界上第一等的医生。有几位学者，也是世界上顶有名的人物。他们以后都愿意到四川来帮助各方面的事业。我想，四川今后若是肯在建设事业上努力，一定是不缺乏人才的帮助的，我们也愿意介绍许多朋友到四川来帮助的。谢谢大家给我这个机会，我就特来说这几句话。

任叔永先生演讲：

感谢招待！我们此次觉得有两个问题，就是入口和出口。入口问题，现在可算已经解决了。惟有出口这个问题，似乎尚难解决。本来这次我们三个人，在路上一切都是分工合作的。如像在宜昌为人写字，我们便一个说，一个写。今晚的讲演，我们也事先商量，有和约，就是请张先生一个人代表。我们深信这和约是有效的；同时张先生也还是遵守了的。不过，主席偏要来破坏我们的和约，不容商量，这当然成了一个问题了。

话得说转来。记得在五年前，曾经回四川来过。重庆、北碚各处，都曾住了一个短时间，共计住了一月光景。那是同翁詠霓先生们许多人一齐来的，当时曾抱着很大的希望而来，如像对于教育、矿业……等，都想有机会加以帮助。不过结果是失望了。我们走的时候，曾写了一信给四川当局，对于当时情形有两点建议：第一，希望从速打破防区制，完成四川统一，因为许多事业，必须全省努力才成功的。就如教育，决不是几县或十几县可以办好一个大学。第二，希望从速裁兵。当时四川……养着无用的兵，计有三四十万，每年耗去军费当在一万万元以上，因此一切事业，不但无机会办，并且亦无钱办。

今年回到四川来，一切情形却比较好了。同时，四川是中国最重要的地方，张先生已经说过。如能把四川弄好，中国现时情形纵然很坏，将来也可希望能"失之东隅，收之桑榆"的。以前因为四川情形太坏，不但不能做事，而且也无事可做。现在可好些了，可以有法做事了，所以此次才回来。

个人此次回来要办的事，就是四川大学教育的事，因此，今晚略把我办教育的意思说一点。

民生公司是办实业的，同时也是办教育的，这从公司各方面都可看得出来。就如今晚能临时聚集如此多的人来听讲，也就可以说明。卢先生说："四川原来的教育欠佳，尤其是高等教育，试看凡从四川的大学毕业出来的学生到社会上做事，薪水都要比外边来的少些"。我以为这因为四川的学生，一在中等学校毕业，都肯往省外去读书，不愿在省内读，因此可以减杀办学人的兴趣，办来无精神，同时也就不易培养高尚能力的学生出来。如果学生能力高，在社会上服务的价值也自然会高起来了。

再，中国一切什么都办不好，都不及人。就拿航业来说，招商局算是我国航业资格最老的一个了，就比日本各轮公司资格也要老，但办来的成绩，则远不如人，并且还常有遭消灭的危险。这究竟是什么原因？第一是知识不够，第二是精神不够，第三是不知运用知识，因此不知如何经营管理事业，或无实地作事的精神，事业当然办不好。现在办教育先就要从学校养成此种精神，同时并注意人格的修养。从前中国最缺陷的是科学，现在最缺陷的是运用。今后更应该有着一点知识，便把他来运用，使他发生效力于事业。日本有个中学生办理农场，特养大批羊兔。人问他是何原因，他说："因为附近地方不产鱼，人们食料中将缺乏蛋白质，因特别养兔来补救。"此一点知识，中国学生也知道，但总不及人家知道了就会运用起来。我们办教育的目的，便欲把世界上人所有的知识，完全学过来，而且完全运用。同时，还希望有相当的发明，以贡献国家和世界。

主席致谢词：

今天我们很感谢三位先生给我们的讲话。感谢张先生的两种精神：第一是大公，第二是努力。感谢陈衡哲先生既纳了捐，除本人今后要分一部份的力量来帮助四川而外，更要准备介绍许多专门人才和学者到四川来。从前四川的一般读书人，除了读几本经书而外，大多没有人肯去关心其他的学问。后来，张香涛、王壬秋先生们到四川讲学以后，才产生了许多新的学者。所以，我们相信陈衡哲先生们到了四川来以后，在学术方面，是有很好的影响的。尤其是四川的女同胞们，更盼望陈先生在学术上给以提携和领导。任先生今天不但本人以全付的精神回四川来在教育上努力，并且还带了许多科学的精神和方法回四川来,这是对于今后四川教育上有很大的希望的。

刚才张先生、陈先生都提到"中国人自私自利"这个问题,自己过去曾写了一篇文章来证明中国人并不自私自利。这里我且把它说一说——但这并不是辩驳两位先生的意见,而是这个问题的另一个解释罢了。

人都说中国人自私自利的心太强,这句话我不赞成。中国任何一个人都不是在为自己,而逐处都是在为社会。不过他们努力的那种社会,是由父族母族间所发生的亲戚关系,由个人间所发生的朋友关系,由家庭间所发生的邻里关系。因为有这三重关系,所以就形成了亲戚,邻里,朋友的一个社会。一般人对于这个社会非常之忠实。为了这个社会的要求,不但努力,而且可以作奸犯科,可以不顾生命,因此在他们有危难的时候,也只能够得到亲戚、邻里、朋友的帮助。一般人送子弟受教育,也就是为了要改换门庭,增加亲戚邻里朋友的幸福。受教育的子女,也就是为了要满足亲戚邻里朋友的欲望,达到他们的要求。我曾经编过一幕剧,这幕剧的剧情,是一个人送他的儿子去读书。有一天问他的儿子"读了书有何用处"? 他的儿子说:"读了书以后,好为社会作事"。于是这人便大发雷霆,棹上一巴掌,大骂道:"我出了这许多钱,送你去读书,你才读了书去为社会作事哪?岂有此理!"由此,可见一般人对于社会的观念了。因为一般人们从幼到老,在教育上,病苦上,也只能得到亲戚邻里朋友的帮助,所以他们也就只能忠实于亲戚邻里朋友。而且更能彼此团结互助,如在开奠、祝寿、婚嫁,便是他们团结互助的机会。所以说我认为中国人并不自私自利。我想,只要是人,他都有社会的观念,而且很忠实于社会,不过要看他忠实的那种社会是否我们现在所要求的社会罢了。我们盼望今后的人,要把旧的社会观念扩大起来,变成现有的社会观念,把亲戚邻里朋友的观念,改变成为川康银行、美丰银行、民生公司等事业的观念。要想使一般人对于社会的观念改变过来,我们就必得要先使他们得到社会的帮助,使他们的生命寄托于社会的事业上。社会为之设立学校,供给他们的知识;社会为之设立医院,为他们解除疾病的痛苦;社会为他们找寻工作,为他们解除生活上的问题。

他们的一切问题，都让社会来解决，那末，他们的脑海中当然也只有社会的观念了，事业的观念了，而唯一的如以前之为家庭亲戚邻里朋友一样的忠实一样的努力了。所以我们今天不只是为事业努力的各个朋友们本身的问题而已，我们今后更要设法去解决他们本身以外的问题，如家属职业的问题，子女教育的问题，乃至于卫生设备等问题。这是听了张先生、陈先生的讲演以后，所补充的一点意思。

（《新世界》第 85 期，1936 年 1 月 1 日）

张伯苓[①]

（1936 年 1 月 1 日）

是一个重雾的早晨，我在访问张伯苓先生。

鸡群之鹤

张校长今年整整六十岁，但是看他那老是挺着的腰板，绝对不像一个年届花甲的老头子，却好像正在四十几岁。他有一副极健壮的身躯，所以成就了他这样伟大的事业。在大庭广众中，张先生的目标极清，因为他那高高的身材，洽像立在鸡群里的仙鹤。近数年来，添戴上一副黄色的小眼镜——但在看书或看报时，便很敏捷底换戴一副远视镜，毕竟老眼也不免昏花。面目总是和蔼底，态度总是沉静底，那种安详不苟，金鼓不乱的神气，是凡认识张校长的人，差不多都会有极深的印象印在脑里。

他是一个教育家，同时更是一个演说家。有时在会场上我们可以听得他的妙论，也是那么安详而沉静。说话的神气，老是那么够味，使全场听众倾神而听。一个左手背在身后，一个右手伸着食指，很有条理底侃侃而谈，既不过火，又不太瘟。有时插个诨，幽默一下，人们在紧张的当儿，便不觉哄堂地笑了。

张先生虽然年登花甲，但他好学之心，比一般青年，实胜强万分。除此更可为一般青年师法的，便是他平生勤俭，任劳任怨。他终年不穿大绸大缎，更绝少看见他穿漂亮的西装（除了他出洋考察的时候）。现在初冬的

---

① 署名"墨农"。

天气,在校时,只一件棉袍,套着一件蓝布褂罩,一个青背心;在外面也只穿一件略看得上眼的呢袍罢了。

惨淡经营

张校长是南开学校的手创者。一个健全的学府,包括了大学,中学,女中,小学四部。从一九〇四年到今日,三十几个年头以来,造就了人才不少。从中学大学毕业出去的人,差不多在一万人以上。桃李遍满全球,各地都有很亲密的组织。现在在学校的学生:大学部四百余人;中学部一千四百余人;女中部四百余人;小学部三百余人,总计不下二千五百余人。在华北可算得一个唯一的私立学府,一切设备都比普通官立的完备而周密。

张先生创办学校的动机,是因为在三十几年前,他看见一个外国兵士,抓住一个中国人苦打。他感觉到中国人之所以被人侮辱,是因为知识落后,换言之,便是教育不普及。有了这种见解以后,他才努力教育事业。最初在严范孙先生家里,设立私塾,那时塾里,只有学生五人。这是三十七年前的话。清光绪三十年(一九〇四)成立天津私立敬业中学堂,直至民国元年始改称"南开学校"——中学部——至民国八年成立大学,十二年成立女中,十七年成立小学,才有今日的规模。

为了兴办学校,张先生奔走国内海外,历尽千辛万苦。他处处有救星,时时有帮忙的人,偌大事业,成就在他"勤俭"两个字上面。他为学校出洋共有三次:第一次在宣统元年(一九〇八);第二次在民国六年(一九一七);第三次在民国十七年(一九二八)。历游欧美各国,饱尝风霜之苦,然后对于先进国家的文明教育,能够了若指掌,对于校内各部设施,才能应付绰裕。

有人问张校长说:"假使有一千万块钱在这里,兴办一个像南开这么健全的学府,可以吗?"张先生说:"建筑是可以的;但在社会的认识,和教育的水准上,就差得多了。"的确,照南开这样学校,用一千万块钱去建筑物质上固然可以更富丽堂皇一些,实际恐怕只是一个很好看的空壳罢了。

拼命傻干

张先生时常对我们说："人就怕不干，干了就行。"他用最近天津的水灾救济联合［会］的成绩，证明他这种见解说："水灾会才干，谁想到有这样成绩？两个月有十几万块钱捐款收入！可见人就怕不干，干了就行！"他贯彻他的主张，平生只是一味傻干，所谓"但行好事，莫问前程"。

他虽然已经成就了一种伟大的事业，但他绝不自私。前月到南京时，曾向最高当局提出建议，请将南开大学收归国立。这种精神越发可佩了！我在访问的时候，问到他这桩建议的结果，他说："造就人才，也是替国家造就的，觉得由一个人负责，不如归国家整个负责为佳，所以这么建议。但当局却认为我办得还不错，教我继续干下去，我也只好干下去。"

我以为张校长一生勤劳，至少感觉一点辛苦。然而不然，他只说："人是应当勤劳的，何况兴办一种事业？困难两字，是必经的阶段，以往所受困难，固然有些，但都因不觉其苦而忘记了。"所以直至今日，张校长仍然东西奔波，只管替别人作事，替国家社会服务，不怕苦，不自私，一味拼命傻干！

人生观

张先生对我发挥他的人生观说："我从二十三岁起办学校，到如今已三十七年。三十三岁以后，信仰基督教，得宗教的帮助最大。自觉基督教对于我个人的生活，十分合适，因为耶稣便是牺牲为众，不自私，不为己的，这种印象盘固在我的脑里最深。再则孔子诲人"改过"之道，和"忠恕"二字之理，在我心里亦有极深刻的领悟。幼年读孔孟之书，得到益处很多，信奉基督教以后，越发努力自勉往前干去。"

"我的年事日长"，张先生接着说："觉得孔子垂教万世，基督教牺牲为人，总都是很好的道路，值得信仰，不是欺人的，不会令人上当或吃亏的。

就我个人的经验来说，有这样的信仰，才是生活上最好的方法。"

张校长这么说，不是在劝我信奉什么宗教，而且告诉我有了信仰，然后才能有较好的人生观——较比牢固一点的人生观。其实信奉宗教而违反教旨，或忽略了宗教的益处去胡为，甚至于借了宗教的名义招摇的，正不是没有一些。只有张先生，从他的事业上说，是一个确切认识宗教而得着宗教帮助的人。自然还有人免不得在背后嫉妒，但张先生总说："干学校不是为赚钱，我个人又不去沾名钓誉，名利两字既没有，嫉妒我的人，自然很少，只好听他。"

包办裁判

张校长是全国体育界的要人，他主张体育和教育并重的。他从我国体育萌芽时代，一直竭力培植到今天。他曾为大规模运动会的总裁判在二十几次以上。全国运动会，到今年开过六届，其中除第四届在杭州举行时没有参加外，他包办了五届大会的总裁判。担任华北运动会总裁判在十数次，远东运动会在上海举行时，也担任了总裁判两三次。教长说，张先生是"无限期总裁判"，其为全国运动员之爱戴，自不待言。裁判时公平而洽〈恰〉当，片言可解纷争，惟有他那安详而沉静的态度，会使人十分满意而服从的。

镀金婚姻

张先生曾在廿四年二月廿四日，庆祝他和他的太太王淑贞女士结婚四十周年纪念。在南开女中礼堂召集南开校友三百对夫妇，欢宴终日。在这个会场上，张先生说，他的太太有可称者三点：一，处旧式家庭之得宜；二，教育四子之成绩；和三，四十年来他个人所得的安慰。据说，张先生从来没有和太太拌过嘴，红过脸。西人以三十年为银婚，五十年为金婚，张先生说四十年是"镀金婚"。

那天一日宾客盈门,张校长即席发表了一篇妙论。他说:"旧式婚姻是比新式婚姻为好,因为新的有离婚之后门可走,旧的可使人不作他想。寻常太太总盼丈夫发财,但真个发财时,第一个不顺眼的便是你(太太)。夫妇和睦,夫负百分之六十强责任,妻只负百分之三十强。太太有一分好,丈夫赞他二分,以后她会做得更好。四十年来,内人是我拿热气吹起来的。"张先生接着说:"夫妻双方,不可自视太高,以貌言,丈夫自居是太子,太太自居是仙女,感情自易破裂,要视同一体才好。"

(《实报半月刊》第 6 期,1936 年 1 月 1 日)

张伯苓之御妻术①

（1936 年 1 月 8 日）

　　人但知张伯苓氏与彼夫人闺房之乐，胜于画眉。殊不知彼自有术。据笔者所知，现任国防委员会秘书王文山，曾毕业南开，当其结婚时，曾往谒张，请教夫妇和谐之法，张当告以忍字诀。王于娶妻后，果然融洽异常。前次张在京聚校友于一堂时，见王氏新婚逾年之伉俪，形影不离，忽触及前事，询王曰："我言如何？"王笑答曰："这忍字儿果灵！同居至今，从无勃溪之事，深赖校长，教导有方也。"

　　张掀髯而笑曰："忍虽然是好，但不能说破，汝今日在大庭广众前宣布，恐此后不灵矣。（盖是日外次徐谟夫妇，及其他贵宾夫妇偕来者，实繁有徒。）因为许多校友夫人，既明知以忍宜家，由予传授，则以后各夫人心目中，皆觉此忍非出爱人本心。所以我至今，对自己家里，虽处处用忍，然从未揭穿此幕，恐怕自搬砖，自压脚。"于是闻者莫不大笑。

（《立报》，1936 年 1 月 8 日）

---

① 署名"詠篪"。

张伯苓发轫南开大学始末记①

（1936 年 1 月 14 日）

天津私立南开大学校长张伯苓氏，在教育界夙负盛名，素为人所敬仰。此次入川考察月余，因闻南开有组织请愿之举，恐路远传闻失实，特于上月二十四日，由川乘机飞京，因欲向中央政、教两当局面陈考察经过，及关于以后振兴废革事宜，勾留一星期，任务完毕，始于岁杪（三十一日）遄返津校理处本月四日学生复课事。因此笔者趁机将其畴昔开创是校之缘由，抒写以告读者。

张氏祖籍津产〈市〉，幼年（在清季甲午前）曾为海军入伍生，迨中日衅开，张氏适随舰往渤海服役，战败，全军覆没。张目击心伤，一时深感海军无恢复望，因思欲求救国，非从作育人材著手不可。幸张习海军时，于国文素喜研习，而英、算亦有相当造诣。彼时教育界中，头脑清新，负时望，为清政府信任者仅有严范孙氏（修）一人而已，于是回津谒严，请在教育界为之位置。惟严氏虽掌教育，已患人满，见张来谒，喜其仪表不俗，英俊有为，深契之。询其能，张以所学对。严曰，"我家有数孩，正欲延聘一教师，须谙国、英、算三者，君既能之，何不馆我家。"张凤抱立己树人志，知严长者，必不相负，允之。遂教其子，不但讲解明晰，且使听者动容，不忍跬步离。深得孔子循循善诱之义。严既见张教授有方，师弟复相亲逾父兄，愈契之。从此逢人辄揄扬其师，为一张〈王〉姓盐商闻知，因有二子，虽延师，无进境，商于张，拟倍束修聘之。张有允意，而严恐张分心，荒误己子也不愿，嗣张思一两全法，上午教严子，下午课张〈王〉子，由是张劳苦倍往昔。未一

① 署名"箧"。

年,而严、张之子俱锐进,一时风声远播,津盐商子弟,皆以得列张门墙为幸。

张因兼顾已不遑,如再增,时愈苦不敷,复筹一法,向严、张〈王〉两氏提议曰,"日来适遇英国某友于途,为海军服务时,旧相识,莅津未久,冀得事。彼之英、算俱精,故拟觅一适当房屋,组一雏形学堂。国文仍自授,英、算则由彼任之。如是,不但君等子弟学业不致荒隳,既其他来学者,亦可兼收之矣。虽亟思放手一办,奈开办费无著何。"严、张二氏闻其议皆韪之,并各佽助金若干,促其成。从此新来求学者,无复向隅叹。

迨民初,外省闻风北来负笈者,亦渐众,学校由小逐渐扩大,规模略具,遂成为南开中学矣。及李纯督南京,凤闻张氏热心办学,为桑梓造福,佩之(因李津人),曾自动捐款五十万金。尚未付,忽被刺,但于未死之前夕,犹以此款嘱家人照拨。可见李为张所感也深。事后,李之家族亦恪遵遗言,先如数畀之,复增捐李氏不动遗产四分之一作为永远基金。张彼时虽骤得巨款,仍不改常态,尽心竭力,朝夕匪懈,以趋事功。嗣见校基础日益巩固,始于民十四,购地庀材兴工,越年乃成,易大学额,并建一美轮美奂之图书馆,以志不忘李氏捐金产之义。

且张氏用育南开学生,舍各项应备基本教育不计外,关于做人涉世,以及其他一切应具之常识,凡为彼所知者,无一不对学生缕述无遗,且皆得风气之先。其诲人不倦,有加无已之忱,殊可风世。故现时桃李几遍南北,人数已逾十万。此岂为张氏始料之所及。然非当年以坚苦卓绝,百折不挠,艰难缔造,三十年如一日办学之真精神,与立己救国,作育人材之一贯宗旨,历久不渝,恐亦不能成为我国今日私立大学中之巨擘也。

（《上海报》,1936 年 1 月 14,15 日）

张伯苓先生曰[①]

（1936 年 3 月 6 日）

张伯苓校长为校友会讲演,多趣语,尤富教训,择其最可爱者记之。

"诸君吃饭之勇,不减当年,可喜! 今日酒饭不齐,诸君可秩序如故,良以南开学生,向不会闹饭厅,可见校风之佳!"

"南开预备在四川办一南渝中学,建筑费十五万,现已捐到三分之一,就开工。总算有了分号。人皆谓天津文化落后,'卫嘴子'俗陋不堪,然而'卫嘴子'所办文化事业,却已远及西陲,你说怪与不怪? 座中多学教育者,请问那本教育学中,有远设分校的规定,然而我们却把分号开到万里以外去了,你说又怪也不怪?"

"在汉口曾受校友吴市长国桢之盛大招待。到四川,校友们合凑六百元,推张〈章〉功叙君随我旅行,食住行完全不用我自己管,就是没有给我做衣服。"

"在重庆,住的是唯一有电梯的美丰银行大楼,校友所介绍也,听了很好的一出四川戏《解头》(荆轲刺秦王之一节)。那园子,校友所开,那出戏,校友所点也。"

"人之老,有两种:曰老相,如发白眼花是。曰老态,如萎靡颓废是。我之老相,当然胜于诸君,而诸君之老态,却又未必不胜于我,此态万不可有,盼大家努力收拾一番。"

(《玫瑰画报》第 3 期,1936 年 3 月 6 日)

---

① 作者吴秋尘。

参加世运在求师资①

（1936 年 6 月 13 日）

在这体育当局当着最难解决的世运代表选拔问题的时候，我们体育界前辈，南开大学校长张伯苓，却也蜇〈蛰〉居上海。昨天上午，记者在新亚酒店会见了他，承他对于上述的难题发表了谈话，他的结论是"希望国人凡事从大处着想，请多利用望远镜，不要专门注视显微镜，那么所有问题皆可很容易解决了。"

起首，他说，这次他因为创办南渝中学，下学期将在四川重庆成立，所以他不能到柏林去。

当记者问到他对这次田径选拔的意见，他就侃侃地说：

"这次马约翰主办这件事，事前曾征求过我的意见，同时我们几个人（指沈嗣良、宋君复等）意见也完全一致，我们最要紧的目的，是想假此参加世运的机会得到'师资'上的助益。希望选手与会时，能多多观摩，回来的时候，服务体育界，贡献些心得，使将来我国的体育，在量和质上都有绝好的发展。因此这次选拔，除去依二原则以外，还注重这一点，比方说张龄佳，他的成绩的确不十分好，但是他研究有心，将来回来后定有很大的贡献……"

"不过，他的资格也许……"记者这样插嘴问：

"不，照我晓得，他是清华学生……"

"那么，现在外界对选拔认为不公允，反对的声浪一天大如一天，张先生有什么办法使他圆满解决？"记者问。

---

① 署名"L"。

"我只有希望大家从大处着想,国家到了这地步,体育界应该勿再斤斤死依成绩和原则,马先生的主意大概和我仿佛,外界不明内容所以反对,希望大家肯谅解才是。"

　　"外间意思说马先生有私偏的嫌疑⋯⋯"

　　"那里!我晓得马先生那个人很 Honest,外界也许误会了,我希望我们应该多用望远镜来观察,不要用显微镜来检查小点才好呢!"他在努力地替马先生申辩。

　　张氏和他的夫人是十日从南京来的,昨天下午已搭车北返了。

(《立报》,1936 年 6 月 13 日)

北平之排日学生爆炸北宁线？
黑幕为天津南开大学校长之说
我国当地派出机构紧张

（1936 年 6 月 14 日）

【天津特电十三日夜】西南之所谓以为抗日而崛起的燕京、清华两大学为中心的北平排日学生团，十三日午前十时半在永定门附近炸坏了铁路，因此天津、北平间陷入列车不能运行，事态正在恶化。上述学生运动，天津南开大学校长张伯苓被视为有力的指导者，据说为运动提供了资金。我国当地派出机关紧盯学生运动背后排日政治家的策划，重视事态状况。

（原载[日]《大阪朝日新闻》，1936 年 6 月 14 日；转引自《至竟终须合大群——南开日本研究的回顾与前瞻》，刘岳兵编，江苏人民出版社，2020 年，第 614 页）

国民党中央党部向北支学生下达抗日密令

（1936 年 6 月 18 日）

天津本社特电【十七日发】计划十六日上午举行抗日游行的天津学生运动，由于公安局的严密警戒而阻止于未然。发觉了学生运动背后重大政治魔手之活动，极大刺激了我国当地派出机关，即国民党中央党部向南下中的天津南开大学校长张伯苓发布如下抗日密令：

即时释放因为学生运动而逮捕的学生；二十九军援助学生抗日运动；在中央的命令下以学生军事训练的彻底化酿成北支全面抗日机运。

一方面有力的蓝衣社成员，带着破坏我军事运输的使命，潜伏于天津某学校，影响与铁路相关的工人。从这些事实看，抗日运动以学校为主要根据地，将顽固地反复。

（原载［日］《大阪朝日新闻》，1936 年 6 月 18 日；转引自《至竟终须合大群——南开日本研究的回顾与前瞻》，刘岳兵编，江苏人民出版社，2020 年，第 614—615 页）

一、南开学校成立至南开被炸毁时期的张伯苓

妨害我军用电信：顽强的北支学生之抗日

（1936 年 6 月 26 日）

天津本社特电【二十五日发】平津地区的学生抗日运动日益严重化，其活动酿成不可忽视的事态。最近北宁沿线我军用电信常常遭到破坏，调查的结果发现铜线的两端捆绑着青蛙而投到电线上加以破坏。犯人已经查明为天津学生抗日联合会，我国当地派出机关官宪给予早几天从南京回来的南开大学校长张伯苓重大警告，但没有一点效果。进入暑假期间，得到中国中部、南部各学校的声援，学生抗日运动有越来越恶化之征兆。此电信破坏的策划者似乎是俄共系的技术人员，学生运动的背景具有国际化的复杂性。

（原载［日］《大阪朝日新闻》，1936 年 6 月 26 日；转引自《至竟终须合大群——南开日本研究的回顾与前瞻》，刘岳兵编，江苏人民出版社，2020 年，第 615 页）

从物质建设方面来看南开大学[①]

（1936 年 10 月 17 日）

校长有一天与一位校友李君谈话,李君说:"吾有十几年没来校长的宅第,而今一看还是这样,特别是大门还是未改旧观,可以说校长自奉极简。"校长说:"人的衣食住够了就完。如果够了再求宽绰,宽绰再求富丽舒适,这都是多的。我的住宅就是本着这个原则来的,所以到今天仍然是不显眼,不美观。再看吾办学校三十余年来,社会人士都很热诚的捐款,建筑这个、建筑那个,或者亦须是人家看吾个人没盖高楼大厦,所以肯拿出钱来叫吾为学校盖高楼大厦。吾尝想物质不算什么,有人就有物质。有人说:'南开大学在初创立的时候建筑物不过是南开中学南边的一所小楼,到现在居然在八里台卫津河西岸建筑了蔚然可观的校舍。南开的进步,真是一日千里。'究竟,吾看物质不算什么。"

校长三十年来缔造南开,所建设的固然比物质要大,比物质要多,所以他说物质不算什么;但是单从物质建设方面来看,亦确是一个极大的成功。吾在民国八年九月入大学肄业,那正是大学成立的时候,全校就是一所南楼(现在南开初级中学讲室),当时除去不便在楼里边运动外,其他如住宿、吃饭、上课、自修、阅书,举凡一切室内的事,都叫南楼给包办了。宿舍与讲室有时就会一墙之隔两步就到,上班甚是方便,不像现在从宿舍到秀山堂上课须走半里多地,费七八分钟。如此的过了三年,校长的开辟经验在民国十一年春成为事实,远在墙子河外卫津河西岸八里台村附近一片荷花池塘内勘定校址,起建校舍。首先在卫津河边起盖坐北向南平房几间,

---

① 作者邹性初。

作为南开大学建筑工程办事处（现在是八里台邮局），又在南边相对着盖了几间坐南向北的号房，这几间小房本来不算什么，可是今日南大的一切建筑，实以此为滥觞。它在南大建筑历史上占很重要地位。有了这南北对峙着的两所小房，一边在监工，一边在守门，顺着大中路向南段看，西面的秀山堂，以及堂后西南几所教员住宅（西百树村），南面的思源堂；顺着大中路向北段看，西北角的两座大宿舍（第一，二宿舍）都是在民国十一年春兴工，十二年秋落成的。十二年夏正是第一班同学毕业的时候，数年局促在南楼里的同学，无日不在盼望着伸伸臂，直直腿，第一班同学为了领毕业证书，只于能在秀山堂前坐了两个钟头，散会后，就各奔西东，分道扬镳了。十二年秋南开大学乔迁，受惯了紧缩生活的先生与同学们踊跃争先地来到新厦，开始他或她们广阔的生活。刚一来的时候，看这样大的场所，固然是胸襟开展，眼界放大；但是生活起来亦感不便。因为从宿舍到讲堂不是一墙之隔了，走起来要费些时间，有时算不好就须迟到。忘了书更不容你立刻去拿。总起来说：人是满意时候少。在那个时候，学校当局就着已有的校舍，按着各方面的需要，算是大致分配过来。十六年夏为了充实图书，供给师生研究资料起见，在大中路迤北的东边起建木斋图书馆一座，隔大中路与南面的思源堂面面相观，真是互相比美，十八年十月十七日举行落成典礼。此馆建后，正好与秀山、思源两堂形成了鼎足之势，至今在全校算是中坚的建筑。南大在民国二十年以前，并没有单为女同学的宿舍，当时就在西百树村里划出几所住宅，算是女同学宿舍，百树村的别号——紫禁城——就是那时男同学所送的徽号。从民国二十年秋以后，秀山堂的西北角，西百树村北尽处，起来一座小楼——芝琴楼——，"紫禁城"的"公主"相率出百树村而入芝琴楼，连带着"紫禁城"也就易地了。在当初为什么男同学管着女同学的宿舍叫"紫禁城"，有的说是：有其重要原因在，但是又有说是：在另一方面看，亦未尝不是因为现在的宿舍要叫"芝琴楼"的原故。男同学们在民二十以前，似乎有人告诉他们说：不久的将来女同学们要有一座"芝琴楼"，谁知道他们竟把"芝琴"听作"紫禁"，至于"城"与"楼"就是不错亦没有什么关系。芝琴楼里既容纳了全体女同学，百树村里当然又能多作教职员住宅,不能感觉不够了。但是事实的宣示,为了教员的加多,不得不添建住宅。西百树村的村址是在大中路迤西的东部,村里有住宅十四所。教职员中单人(白取乐)又日见其多,住所亦感不足,在西百树村迤东起建楼房一座,名曰"新楼",但在该楼居住的教职员大半是尚未结婚者,所以又有一土名叫:"白取乐"(Bachelor)楼。西百树村以南,思源堂以东,有西式平房几所,自西而东如锻铸工试验室,应用化学研究所,电机试验室,金工实习室,机械实验室均在处。每于路过此处时,不是闻见奇怪的味,就是听见特别的声。味恐怕是化学研究所的先生们正在分析什么,声亦须是电工系的同学们正在试验什么。这几所小房子本来亦不算什么,可是他们在现代南大教学历史上亦占重要地位。以上所说的芝琴楼,西百树村,新楼,试验室等都是最近五年的建筑物,要再论百树村幼稚园那更是最近一年前的建筑了。此外如李英威铜像建立在秀山堂前莲池中心,全校师生无时不在仰望和敬佩英威将军的热心兴学。大中路中的钟,每日按时被击,师生们对于它的响声的指示,没有一个不服从的;大中路道上的时计,每日川流不息地在指示着标准时间;秀山堂以北,芝琴楼以东的百荻林,入夏在翠绿的叶丛中,显露出鲜红的花朵;北极亭矗立在木斋图书馆后校址的北极,不断有师生的足迹。这都是各班毕业同学依依不舍其亲爱的母校时,所留下纪念物。第一宿舍后面有游泳池,为健康的男女同学夏季锻炼身体的场所。更北有湖心亭,入夏荷花盛开,远望一片碧绿,杂以红白荷花,掉舟入湖,采莲而歌,更是绝妙美景。思源堂西丛丛绿林中,若隐若现地,透出来朱红架,悬着四千余公斤的大钟,这是市政府委托南大保管的古物,每年六月底,毕业式时,叩钟一声,发毕业证书一件,毕业的兄弟姊妹们在它的沉润而洪的嗡嗡声中,与其最爱的学校告别。屈指算来十七年,南开大学物质的建设从几间工程办事处起,到现在而有如此广阔的土地(约计八百余亩),高大的建筑。校长可以说物质不算什么,因为他的建设不只是特质;但是在吾们同学方面来看,这很可以代表南大建设的一方面,并且亦占南大历史里重要的一页。本期《南开校友》正是为了母校三十二周年纪念,出一专刊,内容除有会务报告及校友个人消息外,有的是纪念文字,有的是介绍文字。这篇就可以认为一种介绍文字,借着机会写写南大的特质建设(特别是建筑),给多年未来学校的诸位校友看看,至于描写地是否历历如在？闭上眼是否可得到鸟瞰？因为用笔的技巧太差,我敢说一定不能让诸位校友满意,不过有一个补救的方法,就是请你遇机或得暇来南大一游。看真的亦可,看假的有学校概型(在木斋图书馆西阅览厅内)。

(《南开校友》第 2 卷第 2 期,1936 年 10 月 17 日)

南开大学学生会执委会致全体师长同学书①

（1936 年 12 月 12 日）

校长,诸位师长和诸位同学:

关于本校《周刊》《月刊》之写真姓名问题,迁延至今已经整是一个月了。自出版委员会将此问题提交执委会以来,本会为此事曾开会八次之多。最初是检查此事对各方的影响得失,再则是商讨对此事应取的态度,我们以为在这非常环境之中,不应当为这一件事而引起一个自身的波动。所以各方设法请各院长、秘书长及教授代为折冲,但因校长意见坚决不得结果。本会因事件重大不愿独断,决由全体同学投票公决。于是本月六日发出征求同学之意见票,七日中午检查结果已经公布,投票总数不足全体同学之半,本会以为大多数同学对此事既不愿表示意见,本会即可自行规定办法,遂于八日晚本会第八次常会中通过接收校长意见,但暂行停刊,并于公布此议决案日发表此告师长同学书。

本会负责人员对此事经过报告之后,更有数语愿告于诸师长及诸同学者,数位师长以为执委会处理此事不能领导同学服从领袖。少数同学以为执委会过于怕事,不敢为同学争取此发言的权利。殊不知执委会的产生由于全体同学而应以大多数同学的意见为准则,然现在大多数同学竟放弃此种当然之权力,本会商讨再三,为避免在此严重时期中再起无谓纠纷,遂不得不接收校长命令。然就以往的经验又知势必无人投稿,定期刊物奈难发行,遂又不得不暂行停刊。窃思校长的这个命令,其动机不外两者:一是危急环境中说话不可不小心,如因一言一字肇祸团体,则为不当;二是青年做

---

① 标题为编者所拟。

事应敢作敢当,自己说话要自己负责。我们对校长的这两个动机是表示同情,但还觉得校长在方法上或有不当,我们以为如校长改换办法,招集同学告以说话要小心,告以说话要自己敢负责,使同学出自心愿以后写稿自动写真姓名,岂不较比强迫更胜几倍? 一个是不得不如此,一个是"自己要如此",我们以为还是后者来的更彻底,更有力量和更有价值。我们大胆的说出来校长忽略的一点,希望校长不要介意,我们是绝对的,没有一丝一毫的恶意。在这个危紧的环境中,我们爱校长,我们应当服从校长,我们更应把心里的话毫无隐避的告诉校长,想校长当能原谅我们。

时代真是紧急的到万分了,南大的师生是无时不在敌人的兵马之中生存着,我们决不能够在这个时候,在这个环境中再自己互相歧视,我们希望我们的师长们和同学们大家把心全联在一起。同学们一定愿遵守师长们的指导前进。师长们应当在"忍耐""小心"和"沉默"之外,更告诉我们些如何"顶",如何挣扎和如何前进。因为我们几年来"忍耐","小心"和"沉默"的太多了。这些观念在我们的心中几乎已经生了惰性。我们觉得"忍耐"之中还缺少些什么;我们觉得在沉默的考试生活中还不能够真的充实了自己;我们觉得小心的太多,挣扎的太少了。我们无论如何沉默,敌人决不能拿我们看作朋友;我们无论如何小心,敌人也一样可以随时来制造理由破坏我们。中华民族解放的重担压在我们个个人的肩头,我们希望我们的师长们领导着我们的同学们前进! 前进!!

南开大学学生会执委会发　十一月十一日

（《南大》第 1 期,1936 年 12 月 12 日）

张校长第二次的来川[①]

（1936 年 12 月 15 日）

记得,张校长第一次来川的时候,是在去年的冬天十二月里,因为这时全国禁烟总会预定在重庆开会,校长因为是禁烟会会员,遂来到四川。

在许多年以前,川中的教育界,政界,新闻界等,全都知道在天津有一位努力从事教育二三十年的南开学校校长张伯苓先生,现在敬慕的张校长居然从北方来到辽远的四川来,真是使得四川各界感到异常的欢乐!

张校长到达重庆的那天,川中政界代表,教育界代表,各校校长及南开的校友,共约四五十人均往码头欢迎,诚为一时之盛,真是热闹极了!

张校长到达重庆不几天,川中各界纷请讲演,校长遂在川东师范学校,社交会堂分别讲演。记得,校长在川东师范学校讲的是:《公能教育》。到的尽是重庆学界,各校校长,师长及学生,约有一千数百人,将川东师范学校的礼堂挤得满满的。在社交会堂讲演,也到有千人,各界都有。校长在重庆留七天,因为禁烟会会址更改,乃又飞蓉,想成都当亦有一番盛大欢迎。

但是以上所说的都已是旧话了。

这次张校长来川是在视察南渝中学校,而南渝中学校的成立却是由于校长第一次来川而产生的:

张校长第一次来川,与南开校友重聚,相别数十载,一旦远地重逢,畅谈昔日在校师生相聚的盛况,几十个人围着校长,畅畅而谈,拥拥一堂,何等欢乐!有的校友于是便倡议四川设一南开分校,校长因此次入川,看到

---

① 作者杜博民,时为南渝中学高一年级学生。

四川土地之大，物产之丰，扼鄂、湘、黔、滇、陕、甘之要道，交通甚为便利，尤其是四川青年的努力奋发，若施以良好教育，实为建设新四川，复兴中华民族的新青年。对于四川印象极佳，认为前途有无限希望。现在校友有此倡议，心不禁为之动，当时重庆的南开校友便极力主张分校设在重庆，成都的南开校友便极力主张分校设在成都，各据充足理由，议论纷纷，足见设校之心之切。以上的一切情形，都是我们从重庆或是成都的报纸上看到的。

十二月底，校长离川返津。在本年二月，我们又在重庆的报纸上忽然看见《南开中学主任喻传鉴来渝筹备建设南渝中学》的新闻，在八月初忽然又登出《南渝中学招生》的广告，川中各地男女学生大为欣乐，纷纷偕往报名，外县学生也很多，计渝、蓉两地报名投考人数将近一千人，女生为报名的也不少，但是她们都是抱着极大的希望去，而却抱着失望回来，因为招生广告上并未写明只收男生，足见川中学生希望南渝之心甚切！八月底出榜，取录二百四十余人，九月十一日便正式上课了。四川青年何幸，今日得在一个为教育而教育的学校里求学，得受此公能之教育，我们真是感到异常地欣喜！

在九月二十七日，南渝中学校开成立纪念大会的那天以前，川中各报上又登着《张伯苓即将来川》《张伯苓定二十七日飞渝》的新闻，南渝中学校的学生，南开的校友都在筹备着盛大的欢迎会，但是我们总也未见到校长的到来，在开成立大会时，听到校长的来电，知道系因事所羁，未能来川，大家都感到非常的失望。

但是我们以前已变成失望的希望，终于达到我们的愿望了。那是不久前的一天的早操上，韩主任报告我们说接到校长的来电，定于十一月十六日来渝，大家兴奋已极。早操完毕，大家都围住韩主任说："我们要到机场去迎接校长！"那知韩主任的回答，却极使我们失望，他说："你们可以不必去，校长极不愿来接去送的，这次来电，更嘱不让去迎接。"但是这句话并不能制止同学们的盛情，大家仍旧请求着："况且校长这是第一次来校，我们还是去迎接吧！?"

"我们一定要去！请韩主任让我们去吧！?"

韩主任似乎也不好制止我们的盛意了,只得对我说叫我们每班选出两个代表前往迎接。

十六日那天,天气久阴初晴,清爽极了!午饭后,华主任暨学生代表一共十四人挤满了校车上,充满了欢乐的心情,直向珊瑚坝机场驶出。别的同学仍去上课。

汽车到达珊瑚坝的时候,才十二时余,街上都排满了汽车和人力车,人更是拥挤得不得了。我们到了飞机场,场中席棚里早就挤满了人,川中政界代表,教育界代表,新闻界代表都有,南开校友已先到,见我们到来便鼓掌高呼:"欢迎!"欢迎人中,尤以政界及武装军官居多,原来今天川中政界要人徐源泉亦同机来渝。飞机原定于下午一时半到达,但是我们直等到二时半才到。后来知道沪蓉直航机到达汉口时,因候宜渝气候电报,未能按照预定时间起飞,所以耽误了一时之久。

当那飞机轧轧声停止的时候,欢迎的人们马上拥向前去,徐源泉先下机,张校长随即下机,欢迎的人们分别将他们包围起来,这时可把几个报馆的摄影记者忙坏了,他们是决不能放过这个机会的,分开众人,直穿进人群中去。张校长下机后与欢迎者一一握手,我们便站在机旁,待校长走近,我们便一致行着敬重的敬礼,校长只是对着我们点头微笑,心中像是充满了无限的喜欢!校长看了看我们,回头笑着对韩主任说着:"这是何必呀!"以后韩主任及校长都笑了。

张校长还是那样精神饱满,并不显得老迈,好似反到较第一次来川的时候更要强健得多,这时南开校友重庆分会会长张君达领导南开校友及我们同着校长在飞机前合摄一影,以留纪念。摄影后,校长便坐着市府特备的四人大轿,离了飞机场,我们也走上街道。

我们走了上来,仍旧坐校车向着学校驶去,校长、韩主任及几位校友另坐一车。我们坐在车上,手里拿着校旗,向窗外摇动着,口里唱着校歌,心中充满了无限地愉快!当校车离学校不远时,我们看见校旗在空中飘扬着,因为学校地势高,校舍一切都可历历在目,这次忽然看见校旗,知道同学们一定在欢迎着校长莅临了。只见离校门很远,同学站齐在道旁,队伍拉成一条灰黄色的长线，一直到达校门。我们到达不久，接着校长的汽车也到了。各位先生走去迎接，校长又与他们一一握手。这时号兵吹起立正号，于是全体立正，待敬校长走来。

校长等走近各队，于是全体敬礼，俟走过后礼始毕。校长等向着我们点头，脸上表现出一种快乐的笑容，好像是慈母看见了她底康健而可爱的孩子一般地欣喜！

校长等先走进学校，我们随即整队走入学校，走到课室大楼前，我们请求校长训话，校长便在课室大楼的台阶上向我们训话：

"我先谢谢诸位欢迎的盛意，在机场时，我看见先生及同学的代表欢迎我，到学校时又看见大家列队在门前欢迎，大家的精神都非常好，我感到异常地高兴。……现在我们全国在蒋委员长领导之下，自两广平定后，全国统一已经告成！现在中央非常地努力，顺着复兴中华民族、恢复中国国际地位的目标之下，向前跑去！我们也应该跟随着中央努力地向前跑！……诸位是第一期的学生，现在南开中学的第一期毕业生，在社会上都有很重要的地位，希望大家都能像他们一样地努力向前苦干！傻干！穷干！……"

校长讲演毕，即参观校舍一周，韩主任更指示着说：这里将来要建大礼堂，这里建科学馆，这里建宿舍，这里建大运动场，这里建女中部。韩主任随走随说，校长只是点头称善，见校舍布置得非常地整齐而清洁，四围的环境异常地明媚而幽美，心中好像觉得有一种说不出的欣慰！

第二天早晨，才五点多钟，起床号还没吹，我们不知是受了何种心情的驱使，却都起床了，走出宿舍，却见校长早就起床，正在田间散步，有时抬头仰望那青翠的歌乐山和那缥缈的云峰，有时登上校园附近的高坡，俯视那旷大深邃的四野和那一湾缓缓前流的嘉陵江，想校长的心情是何等地愉快啊！我们走近校长，向校长请早安，校长笑着对我们说："我昨天看到你们，我觉得太兴奋了！昨天一夜我都睡不好觉。"校长说完，仍是笑着，忽然指着那座耸立的歌乐山，向着我们说："你看，你们的环境太好了！我在天津看见你们登山的像片，我底心就感到非常地兴奋，等到将来我也同你们登山去!"校长仍不住地注视那座歌乐山,足见校长兴奋的心情!

我们上早操时,校长也加入在先生们的行列中,跟我们一同做早操。早操系由同学领导着,不到大家每个人操得满头大汗不算为止。早操的地点就在课室大楼前的广场上,我们便在宿舍门前集合,跑到早操的地点,每次到达广场,早就看见校长在那里等着我们了。有时当校长兴奋已极的时候,便对我们说:"你们领导得真好,比先生还好呢!"校长确实是太兴奋了! 不过这种过于夸奖的话,反到使得我们更加惭愧泥!

是日晚上,校长便请校中各位师长吃饭,各先生的太太、少爷、小姐都在被请之列,数十人拥于一堂,想欢乐的盛况亦尽热闹的能事了!

自从校长到学校以来,我们早就请求校长训话,或是告诉我们一些大哥哥大姊姊们在天津的情形,奈于校长因为外界的欢请,总也没有时间,好容易得到一个集会的机会,韩主任却又报告我们说:"校长看到你们太兴奋了! 每晚总是睡不好觉,只得在下午休息,所以每次集会都不能来。"

是一个星期六的上午,校中布告牌上,忽然贴出校长在第二时讲话的布告,大家都感到异常欢喜,第一时下课后,便都跑向大礼堂去了,等到大家坐好,校长便上讲台,对我们讲话了:

"……关于南开学校的历史,想喻主任已对大家说过。喻主任是南开中学第一班的毕业生,但是我创办南开中学以前,还有六年历史,喻主任知道的却不详细,现在我将我办学的动机及起始情形报告大家:

"在前三十八年,我那时是二十三岁,在我国北洋水师充当海军学生,那时正是中日甲午之战的时候,我天天看报,见中国失败的情形,心中非常难过! 结果中国海军完全失败,日本便占据了威海卫,后来威海卫租借给英国,租借的办法是日本先交给中国,中国再交给英国。我那时便是去接收威海卫的人中的　个,我曾亲眼看见中国国旗降下来,外国国旗升上去。我当时受的刺激很大,心中觉得非常地伤痛,这种刺激使我一生永也不能忘掉! 我那时便想,中国土地广大,人口众多,何以不如外国那般强盛,这个原因就是那时中国人民无知,政府腐败,国家没有力量。我那时便立志想用教育来改造中华民族! 复兴中华民国! 过了一年我的目的达到了:当时在天津有一位名翰林严范孙先生,看到当时科举制度的腐败,因欲创办学校,便聘我为教师,便在严先生家里开办,这便是南开中学的开始。

"……我因见到中国人的体质都非常衰弱,在办学开始时便极注重体育!记得,从前因为没有体育设备,我便带领学生围着严先生家的一棵大槐树跑,跳高时便用两个板凳和一个鸡毛掸子搭起来跳。后来成立南开中学时,更极注重体育,但是最初天津开运动会时,南开总不上名,但是学生仍不灰心,努力地锻炼!以后无论是天津运动会,华北运动会,全国运动会,南开学生都踊跃参加,有良好成绩。我提倡体育,由学校而社会,由社会而全国。我国共开六次全国运动会,我曾有五次任总裁判。最近世界运动大会,中国完全失败,但是我们不要灰心,这正是给我们一个刺激,使我们此后更努力锻炼!我曾说过:'失败不怕!只要不是世界末日,我们总有希望。'我国健儿此后自当努力干去!希望四年后在日本东京举行的世界运动大会,我们能将锦标夺来!我们应一致依照这种精神努力向前!我中华民族一定能复兴!……"

校长说到这里,铃铛已摇,校长本想将南开的情形,南渝经过情形及将来发展的情形,讲给我们,虽现在只讲了南开中学筹办的动机及起始的情形,但是这一小时校长的讲话,已深深地印在我们的脑子里了!每当我们上早操行升旗礼的时候,我们便想起那件使得校长受到深痛刺激的情况,使得我们十分地兴奋!但愿那可爱的国旗永在我国领土的天空飘扬着!并能在不久的将来,她能在失去的东北四省去飘扬着!永远地飘扬着!

校长曾告诉我们,校长将要去成都谒四川省主席刘湘,为我们捐款,所以在校长去成都以前,我们举行了一个"师生同乐大会",一来是欢送校长,二来师生相聚一堂,共享欢乐!

那是星期六晚上,同学很快地吃完晚饭,搬着凳子,一齐向礼堂跑去,时间还早,大家都坐满礼堂,围成半圈,上边是校长,各位师长及各位太太、少爷、小姐坐的。

当铃声摇起时,在大家鼓掌声中,校长等相继走入礼堂。主席报告毕,便请校长讲演。校长告诉我们这次来到南渝中学,看到我们底功课,体育都很好,惟有一样缺点,就是不会玩。校长便引西谚对我们说:" ' All work, No play; Make Jack a dull boy.' ——你们若只会死读书,不会玩,将来恐怕都要变成傻孩子了!"接着校长又告诉我们一些南开学校玩的情形,说他们在天津平剧、话剧及各种游艺进展的情形。真的,我们若不经校长的警示,恐怕将来真的要变成傻孩子了呢!亲爱的大哥哥大姊姊们啊!你们真会玩,你们真会欢乐,我们真是羡慕你们极了!希望你们也把你们的小弟弟带进那欢乐园去吧,不要使她刚生下来,就变成傻孩子啊!校长还说,这次并从大哥哥大姊姊那里给我们带来一架留声机,不久还要装无线电收音机,大家听了都欢喜得笑了起来。

校长说完了,忽从口袋中抽出一封信,校长告诉我们说那是喻主任从天津寄来的,是写着一些大哥哥大姊姊们的消息,校长说:"这次绥东战起,全国一致发动募捐,南开中学、女中、小学全体师生共捐三千余圆。他们即将该款购置羊绒手套,狗皮袜子各两千四百五十双,由师生代表五人,携往前线劳军。大学方面亦曾派代表五人,前往绥远慰劳守土将士。他们又组织募捐团出外劝募,一日之间,共捐得洋一千四百余圆之多。他们虽处在动荡中的华北,但是他们不怕,一直向前干去!这就在象征我国人民已知有国家观念,一致对外!这就在象征我中华民族的复兴!……"校长说时,显得异常地严肃,刚才全场欢笑的声音,这时忽然寂静下去,大家都握紧了拳头,听着校长说着,这个消息使得我们太兴奋了!亲爱的大哥哥大姊姊们啊!你们也带着我们向前干去罢!我们为了中华民族的复兴,我们是不畏一切地一直向前干去!校长接着又告诉我们说:"南开中学一九三二年毕业生办纪念册,尚余下三百多圆,他们愿捐助南渝中学,做为学术竞赛基金,钱虽不多,但是他们的盛意却极大。"真的,亲爱的大哥哥大姊姊们,是这般地鼓舞着我们向前干去,我们真是感谢他们呢!

校长讲完,便请韩主任讲演。韩主任说他如何的不会玩,如何的看着人家玩,自己觉得羡慕,希望同学都要以他为鉴。我们知道韩主任是太过于客气了,其实我们以后关于"玩"上,也正需要韩主任领导我们呢。韩主任讲演完毕,便开始游戏了。第一项:便是马绍周先生的舞火棒。当时全场电灯登时熄灭,立刻变成黑暗世界。只见马先生手持两枝火棒,走到台中,舞了起来。两条火花,上下左右宛似两条火龙,互相飞逐,将马先生脸上照得猩红,显得异常恐怖。我们看得目瞪口呆,一阵比一阵[紧]张,全场为之悚然!在大家鼓掌喝彩中,电灯又复亮了。第二项:是一个初中同学学狗叫,一时吠声四起,十分逼真,大有"蜀犬吠"之概。第三项:是初中歌咏团合唱《锄头歌》,唱来甚为和谐。第四项:是高峻乾先生,马绍周先生,张祖培先生,李新航先生的丝竹合奏,有的拉二胡,有的拉胡琴,有的弹月琴,有的打古琴,合奏起来,音调幽扬,全场寂然。第五项:是校长说笑话。校长还没说,大家便都笑了起来。说完一个,大家还嫌不够,又请校长说了一个。说完后,大家还觉没笑够,便又请方慕韩先生说了一个。哈哈之声,振动全屋,直到大家笑得肚皮痛起来,先专〈方才〉罢休。这时已是"休息十分"的时候,主席忽然报告:"今晚校长特备丰富茶点请我们,请大家不要客气。校长请我们,也就等于我们请校长,请大家痛痛快快地吃!"大家听了,都笑了起来。接过点心,也直不客气地大吃起来。我们细细嚼味,好似觉得别有一种滋味在心头!

这时校长并开留音机给我们听,几个游艺干事更将一个大灯簾挂在中间,上面写满了灯谜。我们吃着点心,听着音乐,猜着谜语,拥聚一堂,真是欢乐已极!这时校长又教我们玩了。中间放一黑板,上画一马,但是没画尾,用纸剪了马尾,让我们蒙着眼去贴,看谁能正贴到马尾的地方。校长用手绢蒙着我们的眼去贴,但是我们不是贴到马头上便是贴在马腿上,总是贴不好,却引得全场哈哈大笑。后来又教了我们一个游戏,是两个人各使单腿下跪,一手抱着左腿,两人手中,各持一烛,一个已点着,一个没点着,两人对点,看谁点得快。但是我们点来,总是跪不稳,常常跌倒,终是点不着。最后仍是引起别人大笑。但当别人做时,却又引起我们笑了。做完游戏,接着关性天先生,李新航先生也领着许多同学做游戏。游戏做完,便是张祖培先生的"击鼓传花",张先生躲在幕后打起洋鼓,先由校长手持一菊花,渐次传递,鼓声止时,花落在谁手谁便受罚,其中有许多同学遭难的,当最后鼓声终止时,那枝菊花不前不后,却仍归还校长。这时全场笑声大起,大呼："罚校长说笑话！"后来校长又笑着给我们说了一个笑话。说完便罚那些遭难的同学了，有的罚唱歌的，有的罚跳舞的，唱川戏的，最可笑的是罚一个同学向韩太太要花生吃，和罚一个同学向各位太太鞠躬。次是李新航先生领着许多同学做魔术。李先生及那些同学手中各持一碟，李先生说："做时须以目注视着我，不准看别处，随着我动作，否则就不灵了。"大家做起来时，只见许多同学随同着李先生，用一手指摸摸碟底便往脸上画，乱画半天，别的人看了都大笑起来，原来每个同学的脸上不知是谁给他们画了花脸了，到最后他们才发觉出来，但是这个魔术已变成了。后由韩太太率领同学唱欢迎校长的歌。唱毕，铃铛已摇，大家合唱校歌。唱毕，便散会了。这时已是十一时了。大家走向宿舍，还彼此说着，他唱得好，他舞得好，他真滑稽，好似余兴犹浓。只觉回味更增加了许多欢乐！真的，我们那晚太快乐了，好像是快乐得这颗心都要跳出来似的！

开过同乐会不几天，校长便飞往成都去了。在前几天我们又在重庆的报纸上看到以下的消息："……南开大学校长张伯苓氏十六日来渝后，迭与本市各方接洽南渝中学募捐事，大致已有眉目。昨日一时半乘巨型机飞省，谒刘主席，并请其赞助。闻刘主席对教育素极热心，对张氏亦甚钦佩，业有允捐表示。张氏希望在川省募得十五万元，俾下学年开办女子高中部及扩充校舍云。"我们又在从成都寄来的新闻纸上看到这段消息："……张氏今日午后飞抵此间，树德中学董事长孙德操，前上海复旦大学校长李登辉及本市教育界代表多人，及南开校友均往欢迎云云。"，"……教育厅长蒋志澄，二十八日午后六时，在沙利文欢宴张伯苓，并邀华西大学校长张凌高，本市各中小学校长、体育教员百余人作陪。七时许宾主始尽欢而散云。"

我们看到以上的消息，处处使我们兴奋。校长为了我们是这样努力地向前跑！我们决不能放过校长，我们并不因张校长因是我们的校长而放过他！我们要跟他一同跑，一直向前跑！努力拼命苦干！不到我们的失地收复，中国国际地位提高，中华民族复兴的时候，我们是不轻易地休息的！我们只知努力地拼命苦干！我们只知同着校长向前快跑！

一九三六年十二月一日于重庆南渝中学

※　※　※　※　※　※

校长自从十一月二十五日到成都后，留了一个多星期，在十二月三日那天，便又乘飞机回到重庆来了。

校长到学校的第二天，便招集同学讲话，大家知道这次校长从成都来，一定带来了很好的消息告诉我们，便都很欢喜地走进礼堂。

这次校长所讲的，是给我们学校募款的经过，后又讲到最近时局的情形。校长说："……我去年第一次来到四川，看到四川非常重要，是我国西部文化的中心，尤其是四川的青年，资质聪颖，精神很奋发。我当时看了觉得非常兴奋！便决定在四川设立学校。后来我到南京，见了蒋委员长，谈到发展四川，必先从教育、实业、交通各方面著手，尤其是教育，很是重要。我便谈到在四川设校的动机，当时蒋先生便捐助五万元，又在平津等地捐募十万一千二百余元，一共捐得十五万一千余元，做为南渝中学开办费用。所有一切地皮、建筑、设备等费都包括在内，自开学到现在已支出十五万余元，这便是我第一期募款，现在已将用完。我起初不知道需要这样大，想起从前南开刚一成立，才有七十余人，南渝还没有成立，便有近千人来考，现在校中已有学生二百数十人，想起明年人数增加，但校舍不敷应用，所以我便想办第二期的募款。这次我来到四川，便想借此机会，在四川也捐募十五万元，以为下学年扩充校舍之用。日前到成都，谒刘主席请求捐助，刘主席已允捐五万元。余十万元请重庆银行公会及各界捐助，将来校董会成立，再进行募款。现在四川教育厅更委托我校在重庆添办女中，已允每年拨助经常费，明年男女中又要增加十几班，比较南开初办的情形，真是不能相比了！这便是我为南渝募捐的经过。……"

大家听了，想到明年，又增加了不知多少同学，都觉得非常欣喜！接着校长便讲起最近时局的情形。校长说："这次绥远抗战，前线节节胜利，全国人民更团结一致，共同对外，这便是因为敌人压迫我国太甚，我国人民才有了国家的观念,充实了抗战能力,去争取中华民族的解放!前几天接到我四子张锡祜从洛阳来信,说蒋委员长对抗战已有充实准备,全国空军也已准备参战,我四子便是中央空军的一个队长,我不因为我儿子赴前敌作战,凶多吉少而悲哀,我反觉得非常地高兴!这正是中国空军历史上光荣的第一页,但望他们能把这一页给写好了!……"

我们大家正听得兴奋之际,铃声响了,校长因为还有重庆大学请讲演,竟不能再向我们多讲话了,大家在惋惜之余,想到校长所讲的,异常地受感动!

在校长回到学校的第三天——十二月五日——的晚上,校中学术干事会举办了一个国语讲演竞赛会,特请校长为总裁判,校长也亲临评判和发奖。竞赛结果,只有高中组第二名的杜博民,和初中组的第一名杜椒培二人说国语,其余全都说四川官话,校长更叫大家都学着说国语。于是此后有许多同学便整日学着校长,先生或是几个从北方来的同学的话,满校的南腔北调,真是难听,他们却觉得很好。

在十二月八日那天,校董会便开成立大会了,共有董事九人:有现任外交部长张群,实业部长吴鼎昌,四川建设厅长卢作孚,财政厅长刘航琛,重庆银行公会主席吴受彤,美丰银行总经理康心如,川康殖业银行总经理何北衡,华西公司经理胡子昂,华西公司董事胡仲实。除张、吴二部长及刘厅长三人因公在京外,余均出席。先由校长报告筹办南渝中学的经过及此后发展的计划,后又讲到第二期募款请各校董帮忙的话。各位董事都感到校长办学的热心和毅力,均十分钦佩!各位董事都负责愿为学校帮忙,分别向外界接洽捐款。听说现在进行得都有眉目了。

这次校长从成都回来,重庆各团体学校知道校长快走了,便都纷请讲演,市府教育科也请讲演,校长便在十二月十日那天,在青年会公开讲演,重庆省立、联立、县立、市立各校学生均往听讲,极为踊跃!校长讲到警惕之句,大家都感到异常地兴奋!

十二月十一日午后放学后,校长又在招集同学讲话,这次校长接着给我们讲完我们哥哥——南开——的历史,我们听到了校长从事教育三十余年如一日,惨淡经营,自南开创始以至发展光大,我们都深深地体会到此中含有极深刻的人生意义,我们更领略了校长的三干精神——苦干! 穷干! 傻干! 大家都像是带了一个重大的使命走出了礼堂。

十二月十二日的晚上,初中二年级全体童子军在大足球场举行第一次露营,并请校长及各位先生吃饭,真是一大盛举! 童子军等校长先生都到齐,便忙着开饭,饭后便举行营火会。大家围在营幕前的地上,中间生着一团火,谈谈笑笑,觉得异常快乐。队长报告毕,便请校长训话,校长说: "……刚才我看了看你们的营地和营帐,又吃了你们一顿饭,看到你们一切布置很好,饭也做得很好,这足以表示你们童子军的精神! 现在你们吃饭是自己烧火,自己煮饭;睡觉是露宿在野外的土地上,住的房子也是自己搭成的,这些刻苦、耐劳、创造、开拓、互助的精神,便是童子军的真精神! 你们不仅现在做童子军时应当具有这种精神;等到将来退出了童子军团,你们仍要本着此种精神干下去! 做一个终身的童子军! 终身童子军的精神和心灵,为社会服务! 为国家效劳! ……"校长讲毕,更开始游艺。先请校长说笑话,说了一个,大家还没笑够,便又请校长说了一个。接着又有唱歌、川戏、平剧、相声、跳舞、舞剑等项目,真是热闹极了! 直到九点多钟,这才散会。

翌日是星期日,这天上午有美丰银行职员特来校中约赛篮球,下午又有校友约赛足球,时间还很早,美丰银行的行员及校友都到了。有许多校友拿着从城里带来的《国民公报》急急地跑去见校长。原来他们带来了一个很不好的消息来,当着校长看到报上《张学良通电叛国,竟敢劫持统帅,主张推翻政府》的几个大字标题,头不住地摇着,好像是感到现在绥事正紧,国难方殷! 这那会成为事实!? 心中像是觉得异常地惊异!

校长因赶着出席全国体育协会,已定于十二月十九日飞京。大家因为校长要离开我们了,都恋恋不舍地,不忍校长淡淡地离别我们而去,校中游艺干事会便组织欢送校长大会,先生代表已请方慕韩先生致词,学生代表已选定杜博民致词,并组织游艺,以助余兴。会毕还请校长聚餐。想到当时又有一番盛况! 大家都觉得非常地高兴! 同学见着都彼此打着招呼,互相说着:"后天晚上就在'打鸭鸡'了!"①"后天晚上就要'那话'了,安逸!安逸!"②大家心中都像是充满了无限的欢乐!

但是事实上给予我们的却大不然,同学们期望着的"鸭鸡"既未"打"成;"那话"又没实现——事实是这样的,是在十二月十八日的早晨,天气非常阴沉,我们都去课室大楼前去上早操,却不见校长的到来。想起每天早操之时,校长总是很早就到了和我们一同操,今天竟为何故不来呢? 大家都很惊异! 下了早操,便急急去问韩主任,却没有找到。见到了张祖培先生,听他告诉我们说:"昨晚接到中央政府孔代院长的电报,叫校长速飞西安,是为营救蒋委员长的事。"大家听到校长走了,都觉得异常怅然! 但是听到了这个消息,又感到非常兴奋!

第二天早晨上早操的时候,听韩主任报告我们说:"校长因有急事,昨日已乘机飞到南京去了。校长这次来到四川视察我们学校,看到了先生们地热心教导,及同学的努力求学,非常高兴! 对大家欢送的盛意也非常地感谢! 只希望你们仍旧努力地干下去! 那才不辜负校长的期望!"

校长竟这样淡淡地别离我们而走了! 我们像是一个不满一生日的孩子,便离开了慈母的怀抱一样,心中充满了悲哀的情绪! 但是校长却给我们留下了一个"干!"字的印象,深刻地印在每一个同学的脑海里! 我们虽然因为校长淡淡地离开我们而感到悲哀,但当着我们努力干着我们的工作的时候,又感到莫大的安慰! 我们只希望着校长在不久的将来能重来四川,我们仍能倒在慈母的怀抱里! 任她抚爱着我们! 教训着我们! 同时也希望着在不久的将来能写完《张校长第三次的来川》,寄给我们的大哥哥大姊姊们,让他们知道他们的父亲爱护着他们的小弟弟的消息。

---

① "打鸭鸡",这是四川的方言,四川人管吃好的叫"打鸭鸡",就跟北方人叫"犒劳"一样。——作者注。

② "那话",这也是四川的方言,此言代表极广,只能会意,譬如篇中所说的欢送校长大会后有聚餐,又要吃顿好的,这是大家共知的事,便不说"吃好的"而说"那话"。"安逸!",这是四川人当着快乐极了的时候,便喊着"安逸! 安逸!"——作者注。

一九三七年元旦日续完于南渝中学

（《南开高中》第 12/13 期合刊，1936 年 12 月 15 日；第 14 期，1937 年 1 月 15 日）

一位老少年张伯苓先生①

（1937 年 1 月 17 日）

一　少年生活

张伯苓是全国最著名的教育学者,经他手创的南开学校,有大、中、女、小四部,最近并且在四川成都②创设南渝中学,现在的清华大学校长梅贻琦、中法大学校长李麟玉、天津教育局长凌勉之等,这些人都是他的学生。他办学的成绩,可以说是全国知名了。

张氏是天津人,现年六十二岁,在民国前十八年(甲午)毕业于前清水师学校。那时候年纪也不过是廿三四岁,因为自己的国家观念很强,眼看列强要瓜分中国,旅顺、大连相继被敌人夺去,所以立志要救国。当时觉得中国的民族智识陋、身体弱、道德坏,所以立志抛却海军而想从事于教育事业。

二　家庭环境

张氏天津人,父为寒儒,以爱弹琵琶著名,故有"琵琶张"之雅号,虽梦寐亦不稍释手。张氏之刚毅精神,系受其先天之遗传。胞弟张彭春,现任南开大学教授,亦即提倡中国话剧最力之一人。妹一,适马千里。

---

① 作者林冰。
② 应为重庆,本文下同。

张夫人王氏,以善持家著名,生有四子,长锡禄(南开大学教授),次锡羊(创设四川新华公司,办理川边等地运输事宜),三锡祚(患肺病,现在静养中),四锡祜(现服务于中央航空队)。

对于自己子女的教育,他当然会尽最大的努力,可是在结婚以后他便令他们各食其力的另组小家庭,所以他的家庭非常的简单。

他自己的婚姻观,是一个做大事的人,必定要有个好的太太持家,使他没有内顾之患。他不赞成旧式婚姻,同时亦不反对。在他结婚四十周年纪念的筵会上他说过,好些妇女不懂事,整天的闹她丈夫不能升官发财,可是等她丈夫升官发财以后,最先不满意的便是这位黄面婆,姨太太便不得不娶了。

他同他的夫人可以说是完全做到"夫唱妇随"的地步了。

三　四度出国

张氏最初办的教育,是严氏私塾。光绪三十年四月与严范孙同游日本,八月归国后,始决定创设中学一处。九月初八日正式成立,定名为私立中学堂。这是张氏第一次出国。

光绪三十四年七月,张氏复行赴美调查渔业,直至宣统元年,复行返校。他第三次的出国,完全为的是研究教育,并且入哥伦比亚大学教育系,是民国六年八月起程,至民国七年十二月始同严范孙、范静生等归来。四十多岁的人还努力求学,在中国的确是少见得很。在他回国以后,便积极筹设大学部。

民国十七年十二月,张氏复赴欧美各国考察教育,是翌年九月始行归国。此次在国外为南开募捐甚多,作发展学校之用。

至于他的博士学位,是上海圣约翰大学赠予的,受这名誉博士的赠予的,只有前驻俄大使颜惠庆和上海沪江大学校长李登辉。

他每次的出国,都是与南开学校的发展,有重大的关系。他一生的事业和精力,完全放在"南开"身上。

四　一生精力

张氏一生精力,完全放在南开方面,这是大家所周知的事情。颜惠庆先生曾经说过,"张先生三十年惨淡经营造成了一个'南开',从反面说南开是一个机缘,造成了一位张校长,无论国内国外,全是异口同声承认他是教育界有成绩的领袖,而[且]是一个办教育的'状元'。"几句话把他和南开的关系,可以说是暴露无遗了。

南开中学成立于光绪三十年,最初学生仅七十三人。民国八年夏大学部开始招生,十二年始迁入八里台。民国十二年春,天津市女子小学代表王文田十二人以毕业后,苦无升学处所,即上书张氏,恳求早日成立女中。是年秋,正式成立女中部。民国十七年又创设南开小学,使南开同人子女有机[会]求学。去岁张氏复鉴于四川教育落后,本办学不分地域之宗旨,在成都创设南渝中学,并拟于明春开设女中部。南开学校自严氏家塾,发展到现在情形,均系张氏一人之力,其苦干精神,实足为多人楷模。

五　办学方针

张氏因受列强压迫,而兴办学之志,故一向标榜"救国教育"。他平素以"土货运动"自居。他说要适合中国的社会环境,教育人材,而不能完全移植西洋的教育。他平素所最注重的四种教育方针:

(一)科学教育。他认为国家建设,首重科学,故对科学教育竭力提倡,以求学生智识之启发。

(二)认识社会。他不主张把学生关在书斋里念死书,而要使他们认识现社会。在中学里有社会视察,在大学里有研究所和实验区,供各生之实地研究。

(三)心力同劳。他反对士大夫教育,而提倡心力同劳。除对各项体力运动竭力提倡外,并鼓励学生参加有益社会之工作。

（四）公能并重。公的训练,用团体方法来训练以除私,用科学灌溉学生智识之能。

六　做事精神

在他同记者的谈话里,他说中国民族的最大缺点是太取巧,这个弊病对复兴民族的工作上,是一个很大的障碍。"取巧"、"欺骗"是最傻的人所做的事,只有"诚实",才是做事成功的秘诀。

"你要是对社会诚实,社会对你也是诚实的。这次南渝中学的捐款并没有费很大的力气,这是我个人得的一点教训。"他很诚恳的告诉记者。

他接着说:"只要肯安心的苦干下去,在事业方面,失败是例外,大部失败的人都是因为取巧。青年人做事,要本着'不问收获,只问耕耘'的精神,是没有不成功的。至于对付事情的方法与态度,自然要经相当的训练,最要紧的是时常用新的方法,新的态度来应付旧的工作,使自己的兴趣永远不会减低。至于我个人是主张埋头苦干,不愿意叫外人宣扬的。"

虽然是六十多的人,他仍然抱着青年的精神。最近又计划为南渝中学募捐十五万元谋发展。他这样的人,中国再有几个,对于复兴民族上,一定有很大帮助吧。在访问这位伟大的人物归来的途上,不能不有这种的想法了。

（《益世报》天津版,1937 年 1 月 17,18,19 日）

张伯苓校长来川赋呈座右①

（1937 年 2 月 20 日）

朔风横北塞，飞鸟下西川。
戎马今何似，燕云昔已捐。
树人因救国，努力可回天。
门下三千客②，人人定握拳。

张先生来自天津，对绥远战局，知之必详，再加以先生素持教育救国论者，其门下耳染目濡，当此国难严重，必思有以报效矣。

（《春云》第 1 卷第 3 期，1937 年 2 月 20 日）

---

① 署名"道南"。
② 南开学生三千余。——作者注。

欢迎南开大学校长张伯苓①

（1937 年 4 月 1 日）

天津南开大学葛泮珍通知，3 月 25 日，南开大学校长张伯苓将亲自访问崇贞学园。葛君数年前曾在日本近江八幡的建筑事务所留学，现在南开中学从事劳作教育。崇贞学园的全体师生均欢喜雀跃，从当天早晨一直等到下午 4 点，却最终未见张氏来。

第二天早晨 8 点半，到张伯苓氏下榻的旅馆拜访，他是昨天傍晚才到北平的。见面之后即辞出，我乘坐人力车尽快返回，迎接乘汽车远道而来的张校长到校，学生们鼓掌欢迎，在讲堂的高处悬挂着献堂式时张校长赠与的雕有"学道爱人"的匾额。张校长身高六尺五寸，仪表堂堂，他虽用英语演讲，却有大儒的风度，其相貌神态是纯粹的中国风格。

张伯苓二十七岁游历日本，参观大阪北野中学，认识到振兴国家无论如何都要兴办教育，遂放弃海军，回到华北的天津，与"北野"相对，以"南开"之名创立南开中学。南开中学人才云涌而出，今天的中国大学校长差不多半数出身南开中学。

中国在近年由于航空的快速发展，相对的路程变短了。张伯苓在四川重庆创立了南开大学分校，若经汉口从长江逆江而上，需要十天才能到达重庆。由于进入了飞机的时代，在天津就能够兼顾设在偏远内地的分校，早晨在天津开早会，晚上即可在重庆开职员会。因为航空线路的开辟，使张伯苓在这个国家能独树一帜。

---

① 本文对话由陆阳整理翻译，并以《有如此人物居中国，中国必不亡》为题，发表于 2014 年 6 月 25 日的《天津日报》。前后叙述部分由周德喜翻译。

张伯苓来到崇贞学园后,我向学生介绍他,请他讲话如下:

"此崇贞学园意义有三。一是此校为教会学校,宗教教育未必必要,但今日中国学校中多轻此项。二是此学校为文化机构,扬中国之文化,乃为救中国。三是此学校有国际意义,是一所通过清水先生将日本人的善意传达给中国人的好机构。有此种种意义,可谓一举三得之事。"

讲完这些话后,张伯苓走下讲坛,与学生们亲切互动,在一问一答间表现得淋漓尽致:

张校长:"诸位以为当今世界何地之国为大国?"

学生:"中国。"

张氏:"此外呢?"

学生:"俄国、美国。"

学生:"俄国、美国。"

张氏:"此外呢?"

学生:"……"

张氏:"加拿大、印度。"

学生:"……"

张氏:"中国是大国吗?"

学生:"是。"

张氏:"哪些方面大呢?"

学生:"面积巨大、人口众多且历史悠久。"

张氏:"那中国是强国吗?"

学生:"不是。"

张氏:"哪一国家是强国?"

学生:"日本、英国、美国。"

张氏:"此外呢?"

学生:"法国、德国、意大利、俄国。"

张氏:"这之中最强国家是哪一个呢?"

学生:"英、美、日。"

张氏:"正是如此。为什么中国是弱国呢?"

学生:"因为中国人缺乏团结。"

张氏:"为什么缺乏团结呢?"

学生:"……"

张氏:"为何中国国民羸弱呢?"

学生:"……"

张氏:"中国国民羸弱在于为私不为公,在谋私利而不思公益。中国国民中为人、为社会、为国家工作的人少,因此国家瘠弱。没有肯为国牺牲的人,国家就不可能强大。你们明白吗?"

学生:"明白,明白。"

张氏:"校园那边的低处有污水积存,为什么水会积在那里呢?"

学生:"……"

张氏:"因为那里地势低。与此相同,中国较之他国低,其他国家的污物皆流到我国,但一点也不需要怨恨其他国家。如若将自己的国家提高到较之他国不低,即使不高也至少与他国相同的高度,他国的污物就流不进来。我等必须为此努力。"

张伯苓的讲话以问答方式进行,很容易理解,小学生也好、中学生也好,皆凝神静气听讲,教员们之后也惊叹这一高明的讲话方式。

张伯苓和我说,如果近日得闲,一定为日本的崇贞学园募集资金。这次成为崇贞学园理事长的是吴先生。我想中国有这样的人物存在,中国绝不会亡。

(《支那之友》第 21 号,1937 年 4 月 1 日)

读张伯苓王正廷谈体育有感①

（1937 年 4 月 1 日）

余读《大公报》载张伯苓、王正廷二氏,在平津发表体育谈话,实足触动心机,使我不得不言者。二氏在中国社会地位上,皆有伟大之立场,张伯苓为教育家,王正廷为政治家,二氏之提倡体育,不遗余力。凡国内国际之大运动会,非此二子参列期间,殊不足以孚众望,倡导之热忱,实不多觏,吾国体育之有今日,论功行赏,舍彼莫属。

张伯苓氏谓:"我国体育,已有长足进步。国际运动,屡遭惨败,乃为必经之过程。惟是常恃有数之运动员,遣派参加,后无其人,有遗憾焉!欲求人材辈出,成绩进步,根本言之,先在儿童体育上,切加注意,而后可与世界抗衡。"

近数年来,我国上下,咸知体育为复兴民族之必要工具。教育部组织体育委员会,各省市县有党政军学体育促进会之成立,共策进行,以期普及,然因经费问题,奏效殊鲜,主持最高体育行政,均由欧美游学归来之受过镀金洗礼者。所见所闻,溥博广渊,当有甚大之贡献。顾于国情民性,每多疏漏,搬运西货,互相标榜,其主旨全在大学方面设想,中学次之,小学则近而忽之,乡间小学更无论矣!此为我国普遍之现象,不庸讳饰者也。张氏识见轶群,欲求体育开展,须从儿童体育肇其端,认儿童体育为复兴民族之本则,依次演进,至青年而成年,其成绩有可观也。水源则流长,本固则木茂,不揣其本,而齐其末,抑又何也?今以未免园结义为喻,张飞性躁,跃登树顶,刘备安坐树下,飞自思居长,须知树从根上起,仍居其幼,当初之劳

---

① 作者许肖传。

力徒然而废矣。我国体育，同是病根，长此以往，绝鲜希望。德之胜法，归功于小学教育，其意深且长矣，体味张氏之言，望有体育权威者急起直追也！

王正廷谓："美国体育上之学识技术均优，著作亦甚丰富。在国际间保持其王座，德、意为后起之秀，或可斟酌采用，中美体育沟通，尚能适合国民性之需要。余赴美后，当尽量将美国最新之刊物著作，以及方案介绍国人。"（编者略）

张、王二氏对于我国目前体育，发抒宏论，痛下针砭。德式体育，思欲推行我国，无非德国之雄称，自有其德式体育之精神存乎其间，此次世界运动会，德国极获胜利。我国国人，风尚所趋，渐向德国转移。赴德留学者，如雨后春笋，殊不知德国国民性，适合中国国民性乎？盖未深加考虑也。美国体育，采用德、瑞两国之菁华，参酌国民性情，另辟途径，建立所谓美国体育者。以自由联邦之国，宜有其适合联邦国民性之体育也，我国国民性为何？当知所法耳！

我国体育权威者，好唱高调，不尚实际，数十年来，幼稚如故者以此。大学中学，虽见萌芽，而儿童时之小学，则玩忽视之，瞠乎其后矣。今教育部颁布强迫课外运动，厘订办法。宣布大学体育课程，饬令施行，不可不为努力淬励也。顾根本要图，一在人才之集中，以期教养之有方；一求经济之充裕，可有完全之设备。如是而谈体育，可与列强抗衡，不致再遭惨败也。

余非反对德国体育，不能用之于我国，在军队中实施之，较为适当。学校与民众间，如王氏所言，或可斟酌采用。金兆均君之儿童体育，亦有相当之理解，民族之复兴，以儿童体育为中心，则儿童体格之健全，实为复兴民族之肇基也。愿执体育行政同行，根据张、王二氏之主张，向前迈进，其庶乎！

（《上海体育》第 1 卷第 4 期，1937 年 4 月 1 日）

校长在武汉及武汉分会成立^①

（1937 年 6 月 15 日）

"南开的人"在武汉的大概共有三四十个,可是散在三镇,不相聚会,所以历年来没有校友分会的组织,大家都有需要组织的感觉,但总缺乏一种动力的推进。去年母校在重庆筹办分校,校长因公过了这里两次。西上的时候他老人家坐船,没有在汉口上岸;东返的时候本来答应吴国桢校友(汉口市长)在汉留住几天,后来校长因为南京忽有要公,一直由四川飞走了,又没有停下来,吴校友筹备欢迎竟落一个空。我们大家都不能借机团叙,一亲老师色笑,真是怅怅极了。本月初旬我们得到重庆来信,知道校长"拟于十五日飞到汉",我们就有了组织分会的新动机,一方面有吴国桢校友先期登报宣布欢宴校长日期并邀请校友与会,一方面有几位同学又用通讯方法联络散在各处之校友,结果南开校友会武汉分会在校长领导之下于十六日下午正式成立。

十五日那天武汉刮了一上半天的风沙。我们就有些忧虑,怕渝汉间航空受气候的阻碍。到了中午半点钟时候校友马奉琛、蔡之植、张震汉、吴国桢、宁恩承、顾如都先后到了汉口飞机场。到一点钟时已听到机声,不久一架银灰的巨机在场前飞绕了半圈,下地了。我们从飞机窗眼里看见了校长同喻传鉴主任,大家都喊"来了! 来了!"这时候我们几天的等候,总怕校长临时又因事变计的担忧完全消释,反而感到喜出望外的愉快。不过九先生没有来,喻主任还得继续东飞,不能陪同校长在汉耽搁几天,有点美中不足。

---

① 作者顾如。

　　校长到武汉一共停留了三天零八个钟点，一半的时间分配给校友——会谈同欢宴；一半的时间分配给武汉、华中、中华三个大学，同汉口市府及湖北省府——讲演同宴会。这三天多的时间，除了睡觉以外，没有一个时刻不是用在会谈、讲演、参观，和领受各方的招待上面。三天连着忙，简直找不到片刻的休息。校友的拜访，固然加忙，武汉各大机关接二连三的讲演和应酬确是一付重担。不过这些都是社会对校长的敬仰的表示，也是义不容辞的。我们怕他累了，可又没有法子抽出休息的时间来。幸而校长精神矍铄，总是谈笑风生，一点没有倦容。我们的六十多岁的老师还是像从前一样的健好。这是我们所最感欣慰而羡慕的。

　　这次校长在华中的五场讲演所表现的思想同人格，自然一定有感动作用，我们用不着来做主观的估计。在我们自己呢，校长这次驾临武汉，有两件事值得记忆的：一，促成了校友会武汉分会的组织；二，又给我们一个一个都打了些气。

廿六，五，廿六。

　　（《南开校友》第 2 卷第 10 期，1937 年 6 月 15 日）

关于张伯苓博士[①]

（1937 年 6 月 30 日）

当代以办教育负海内外重望的人，当推天津南开大学校长张伯苓博士了，先生原名寿春，字伯苓，后来废去原名，以字行，天津人。努力教育事业垂三十年，桃李满天下，最著者如……[②]周恩来，国府监察院委员童冠贤，内政部次长张道藩，津金融巨子卞寿荪等，先生现已年逾耳顺，但是他那雄伟的体格和矍铄的精神，望去俨如五十许人。先生生于废清积弱之世，目击政治腐窳，国力孱弱，毅然投笔从戎，考入北洋水师学堂受业，与黄陂黎宋卿同窗苦学，深冀振兴海军，捍卫国防。彼时本有拨款四百万两，整顿海军之议，讵为西太后提去，用为修建圆明园等名胜。甲午之役，遂致我海军全师覆没，黎、张泅水而逃，得免于死。黎即改席陆军，而张则深感教育人才，唤起民心之重要，乃就前贵州提学使严修（范孙）家馆，讲授新学。时受业者仅七人耳。会严君亦灰心仕进，愿以培植人材为职责，乃改家馆为普通学校，校址在天津西北城脚，地名南开。严、张建校于此，无以名之，遂名南开，盖深知创业之不易，隐含"难开"之意也。该校经营历三十年，由私塾而中学、大学，又增设小学、女子中学，惨淡经营，实非易事。今全校学生已达三千之数，复在重庆增设分校，校中以经济关系，高傲之教授多不屑就，唯今外交次长徐谟，驻俄大使蒋廷黻，立法委员凌冰，行政院政务处长何廉，及已故之梁任公等，感于严、张之人格，甘为茹苦含辛，共同努力耳。先生尝为袁世凯聘任教育总长，坚辞不就。张学良易帜入关时，恳请担任

[①] 作者刘尚均。

[②] 编者节略。

天津特别市市长,亦避之若浼。与各界人物往巡,仅在募款办学为目的,故苏皖赣巡阅使李纯,现任军事参议院长陈调元及美国煤油大王洛克斐勒等咸助以巨款焉。民国二十年春,予谒先生于南京中央饭店,畅谈甚久,藉知先生近年已将其绝对不做官之志易为愿为政界担荷一部份真实事业之职,此盖对于党国领袖努力实干之真认识,非一般以做官为事者所能同日而语也。

（《东南日报》,1937 年 6 月 30 日）

热心教育,虽老不倦

——张伯苓印象记

(1937 年 7 月 2 日)

天津南开大学老校长,中国教育界兼体育界的权威者张伯苓先生,自从日前来沪后,工作异常忙碌,昨晚参加南开校友的招待宴,今晨又将在交大主持斐陶斐励学会的第四届全国大会,来不及等全部节目会毕,当晚便赴京,明晨转庐山,出席蒋委员长邀请的全国大学校长教授谈话会,另外还得参加中学校长受训讨论会,主讲《训育与体育》。

这位老校长,今年已经六十二岁了,他还是这样忙着各种工作,根据昨天记者和他第一次见面的印象和谈话,有几点是值得介绍的。

第一,他对时局很乐观。当记者提出华北现局问他时,他很和善的说:"现在华北平静无事,我们不要听信谣言,只要大家集中目标在国家的建设,那么敌人自然就不敢来了,过去他们用恐吓手段,自经百灵庙的战事后,他们觉悟再用军事力量,是会受到阻力的。根据这一点他们必然没有发动战争的可能。"

"关于经济合作,他们没有钱,无非是谈谈而已。以前,他们可以用局部的方法进行,现在全国统一,如果中央不理,即使他们提出条件,也没有办法。所以从去年九月起,他们的对华外交,总是失败。"

"不过,"他尽管乐观,最后的结论还是说:"我们总要知道'多难兴邦',我们要集中国内力量,团结图存,我们的前途才会比别人远大。"

第二,他对学术事业,非常热心。如果问他为什么不去川大,他说:"我舍不得南开,我不能离开南开,我宁愿老死在南开,把它作为我的毕生事业！"当他廿三岁毕业于北洋水师学校后，本"自强合作"精神创办南开至今已有卅九年的历史，由五个学生开始，增加到四百多人了，中、小学尚不在内。大学部下学期将扩充为文、理、商、工四个学院和经济、化工两个研究院。

谈到今天的斐陶斐会和十月十日的全运会，他说他是斐陶斐会的现任会长，所以必须亲自主持，里面的分子，包括上海交大、北洋工学院、燕大、金大、唐山交大、圣约翰大学、华西大学、苏州东吴、广州岭南，和南开各分会代表，及各该校毕业生中西学兼优者，目的在集合哲、工、理三方面的人才。互相研究，谋促进高等教育。斐陶斐会系民十由北洋工学院教授爱乐斯发起组织，斐陶斐三字由希腊字 PHI（哲）、TAI（工）、PHI（理）而来。

他对体育是始终觉得有很深的兴趣的，所以极力提倡，据说在南开初办时，中国缺乏体育器械，也曾经教学生用长板凳练习跳栏，用堆积书本的方法，来量长度，所以现在他看见中国体育的进步，是很欣喜的。庐山谈话后，双十节全运举行时，他又将南来忙着评判了。

（《立报》，1937 年 7 月 2 日）

张伯苓表示：短期内建立南开新规模

（1937 年 7 月 31 日）

南京卅日中央社电,关系方面据报,两日来日机在天津投弹,惨炸各处,而全城视线犹注视于八里台南开大学之烟火。缘日方因廿九日之轰炸,仅及二三处大楼,为全部毁灭计,乃于三十日下午三时许,日方派骑兵百余名,汽车数辆,满载煤油,到处放火,秀山堂、思源堂(上为二大厦,均系该校之课堂)、图书馆、教授宿舍及邻近民房,尽在火烟之中。烟头十余处,红黑相接,黑白相间,烟云蔽天,翘首观火者,皆嗟叹不已。

天津三十日中央社电,三十日下午三时,日机四架,继续向南开中学投燃烧弹,观火焰甚炽,同时日炮队亦自海光寺向南开大学射击,共中四弹,该院图书馆后,刻已起火。

天津三十日中央社路透电,今日午后日方轰炸机又大活动,对南开大学之未毁部分,及天津城西北各处,大肆攻击。城内教育区域旋起大火。南开女校与中学闻皆被毁。据避难华人云,中国法院等悉遭日机炸毁。日机去后,街中死尸枕藉。南开大学系钢骨水泥筑成,故虽遭轰炸,并未着火,日方乃派兵携煤油燃之。日兵又携煤油分赴附近各村,从事纵火工作。日当局藉口华兵在该处屡向日方射击,乃以此为今日日机活动之理由。有若干外人于午后赴南开视察,在该处除日兵外,不见一人,而日兵则以机关枪向之。

张伯苓表示

南京三十日中央社电,南开大学校被日军仇视炸毁后,王教长廿九日晚闻此消息，异常痛愤，三十日晨特往访张伯苓致惋惜慰问之意。张向王表示，决以余生，继为南开努力，决不中懈。王当郑重表示，大变敉平，政府必负责恢复该校旧有规模。

惨淡经营

南京三十日中央社电，天津南开大学经已故创办人严范孙先生，及现任校长张伯苓博士，四十年来惨淡经营，至今计成立大学、男女中学、小学四部，学生合计达三千余人，其大学、中学两部，竟于昨、今两日被日军仇视，以飞机大炮炸毁。中外人士，莫不震愤，本京教育、学术界人士，除教育部王部长三十日晨曾亲赴张氏致深切之慰问外，该校留京各校友，亦均纷纷前往向张氏表示对母校极关切之意。记者三十日下午亦曾往访，当承接见。张氏首对各方纷致慰问表示感谢，次谓，"敌人此次轰炸南开，被毁者为南开之物质，而南开之精神，将因此种挫折而愈益奋励。故本人对于此次南开物质上所遭受之损失，绝不挂怀，更当本创校一贯精神，而重为南开树立一新生命。本人惟有凭此种精神，绝不稍馁，深信于短期内不难建立一新的规模。现已在京成立南开办事处，对于下期开学一切事宜，正赶事筹划中。"等语。张谈时，态度极严肃而意志之坚强不屈，可于其目光与谈话姿势中充分表现。记者敬致慰问词后，即兴辞而出。

近四十年

按张氏创办南开学校已近四十年，最初成立中学部，嗣后相继增设大学部、女中部及小学部，以成绩优良，深得海内外及政府、社会人士之赞助。该校各部每年经费，大部系由教部津贴及各方捐助。当创办时，学生仅六人，现已达三千余人，原有校舍仅数间平房，近则大小已增至数十所。廿九日被日军轰炸之木斋图书馆（为国内著名图书馆之一）、秀山堂（即办公室及文、商学院课室）、芝琴楼（即女生宿舍）等，均该校建筑中之堂皇者也。

该校大学部除文、理、商学院外,并有南开经济研究所及南开化学试验所,均闻名全国。尤以经济研究所所发行之各种刊物,及物价指数等,在国内外经济学界,深有声誉。

摧残文化

又该校各部校舍均临近津日兵营、日飞机场等。自"九一八"以来,师生在课室中几无日不闻敌人之打靶声、飞机声。然学校纪律,因张氏主张严格训练,读书救国努力精神,始终如一,对一般之冲动的爱国主张,向抱沉着持重之态度。今且不为强暴所顾念,是敌人之坚欲根本摧残我国文化,不难于此可证。中外人士,对该校之无辜受摧残,均深表惋惜痛愤,盖该校不但为我国之一著名文化机关,且为四十年来无数智识分子血汗之产物也。

(《时报》,1937 年 7 月 31 日)

一、南开学校成立至南开被炸毁时期的张伯苓

南开精神①

（1937 年 7 月 31 日）

南开大学前、昨两天被日军轰炸，这是黄种人毁灭文明的行为，也是东亚文化史上的奇耻！我们为同种人惭愧惋惜，同时更要表现东亚正统文化的精神。

昨天南开大学校长张伯苓先生的谈话："敌人此次轰炸南开，被毁者为南开之物质，而南开之精神，将因此挫折而愈益奋励。"六十二岁的老人，三十四年中苦心经营的学府，一朝毁灭，而所表现的态度，乃"重为南开树立一新生命"。这就是南开的精神。

伟大的南开精神，伟大的张伯苓先生——正是全国人民今日奋斗中最好的榜样。中国国内一切建设，都可遭遇南开同样的命运，但是对方只能毁灭我们的物质，不能毁灭我们的精神，凭着这种精神，我们终能得着最后的胜利，树立我们国家的新生命。

全世界的文明国家，应该注视东亚最新发生的毁灭文明的行为。全国同胞，应郑重记着张伯苓先生的言论，全国同胞要发挥张先生讲的南开精神，这是对张先生最伟大的安慰，也是南开物质毁坏的唯一收获。

（《中央日报》，1937 年 7 月 31 日）

---

① 本文《中央日报》短评。

二、南开大学被迫南迁至全面抗战胜利时期的张伯苓

（1937 年 8 月—1945 年 8 月）

胜利终必归我[①]

（1937 年 10 月 1 日）

　　主席李邦典介绍：今天欢迎张伯苓先生到公司来讲演，因为我是天津人，张先生也是天津人。所以指定我当主席。刚才张先生向我说，天津有一句俗话："知根知底是老乡亲"，我的短处，你全知道，请不要因为同乡人，便自相标榜。其实，我知道，我是找不着张先生的短处的。至于他的长处，我且不说。我只介绍张先生两点精神：第一，自从甲午中日之战起，张先生看出中国之所以败得一塌糊涂，完全由于教育的力量不够，于是张先生埋头苦干，专门做教育事业。几十年功夫，卒至做到全中国也可以说全世界闻名的"南开"。无论那个省分，无论那个事业，全有"南开"毕业的学生在那里苦干。在这中间，不是没有做官的机会，但是张先生的精神，是用官来诱惑不走的。多少次的官，都被张先生拒绝了。有这种专一的精神，才能有"南开"今日的成功。这是值得介绍出来的。第二，诸位有到过天津的，亦有未到过天津的。要到过天津的，才知道南开之伟大。从前，南开仅为一片荒土，但经张先生的惨淡经营之后，由办幼稚园而初小，而高小，而南开中学，而女中，而南开大学，而研究院，卒至将一片荒土而变成文化的中心，也就是日本最忌恨的一种事业。虽然学校逐渐长大，一座一座的校舍备极壮丽整齐，但是张先生的生活并未加高。他的公馆就在学校后头，与教员学生同其甘苦，永远是那几间平房。这种清苦的精神，是值得介绍出来的。好了，诸位今天是听张伯苓先生的讲演，不是听我讲演张伯苓先生，还是请张先生上台来同我们讲演吧。

　　[①]　本文为张伯苓 9 月 16 日在卢作孚的民生公司的演讲词，由去名记录。

前年来四川，记得曾抽暇与诸位见过一次面。从那次以后，我觉得四川很是富庶，真当得起民族复兴的根据地。只可惜很多宝藏尚未开发，所以去年派人到这面来成立了一所南渝中学。一来站在发展教育的立场，感觉有此需要；再则万一北方有事，可以收容一部份南开学生。因为当时看看自己的国势，再看看日本的计划，都觉得中日终有大决斗的一天，现在果然不幸而言中。南渝校已收容了一部份南开学生，还收容了一批教习。这里所可引为遗憾的，报上载了一则中央通讯社稿子，略谓："南渝校正在计划扩充地址，以备收容南开学生，将来接得通知后，即可转学。"等语。所以现在由南开转学来的学生并不多，想是等待通知的缘故。其实，那个稿子并不是南渝校发出去的。至于南开大学部学生，已同清华、北京等大学学生，由政府在长沙及西安两地设立了两所临时大学安置。

此次到重庆来，看见南渝校学生与职教员活跃情形，给了我很大的安慰。那里的教师与学生，完全是打成一片的。譬如早操，无论教员学生，都去参加。学生的一言一动，都在教师的指导中，把训练看得比学科更紧要。这样作起来，进步很快。这因为过去有几十年的办学经验，作起来可以省很多的力。诸位有子女，可以送到那面去帮忙教育。

再谈谈南开校被炸情形，因为诸君亦是很关心南开的。这件事情，本来在意料之中，一有机会他决定要加毁坏的。该校建筑及教育设备等费，共约值二百余万元。这倒没有什么难过。在这全面抗战的时候，真是一件小事。南开校虽然被炸，但南开校的精神是永远存在的。例如上海中学，他是江苏省立学校，从前不知是办理的人不甚负责，还是旁人肯说闲话，总觉成绩不大好。自从南开校学生曾公朴接长该校后，因为他肯负责任，拿公立的学校当成私立的办，现在已经办得很有名，旁人不但不对我说闲话，还肯帮助他的钱了。只要南开校出来的学生都这样，只要各地办学校的人都这样，一个南开校被炸，简直算不得什么。就是十个、百个南开被炸，也算不得什么。中国的人数是很多的，可是向来没有计划，没有组织，于是一切皆归失败。今后只要全国人做事都有计划，都有胆识，对于一个南开之被炸，我是一点也不难过的。因为国家有，一切都有了。如果国家都没有了,岂止抗日最力的南开校没有,就是什么也没有了。自从南开被炸后,每天都要收到许多慰问的信函和电报,还有问及计划怎样去恢复的,这种关心,我是非常感激,但在全面抗战的现在,暂时决不计划怎么去恢复它。

现在,谈谈国家情形。敌人此次下了决心要征服我们,我们为了生存,只有尽力抵抗。我们都晓得,敌人要比我国强盛,因为它预备了多年。所以蒋委员长说,我们只是应战,决不求战。中国这回抗战,可以说出乎日本人乃至全世界人意料之外。第一它比我强,中国决敌不过它。第二,中国人向重保守,只要保守住这一块,那一块失了都不要紧。它觑准了我们这种委曲求全的心理,于是逼着要分化我们的华北。如果我国肯委曲签了字,则华北就算亡了。但因为我们有很好的具有革命思想的领袖,在七月十七日发表了严正的庐山谈话(这在将来抗战有结果以后,可以看出是革命史上最重要的一页。),于是举国一致的,都跟着领袖的国策走。领袖说,应该这样做,大家说好,就照这样做起来。这很特别,一切都为人所想不到。自从这个国策定过以后,中国在世界上的地位已经提高得不少了。

纵观南北战况,起初二十九军太坏,几天工夫就把北平失了。上海稳扎稳打,二月余来,还算不错。人都知道,日本是世界上第一等强国,现在与我们打了这样久,亦不过尔尔。足见我们还能够同他打。我到各地探听国人心理,亦说胜利终必归我。这真奇怪得很!原来决定战争之胜败,除军事之外,还有很多复杂问题,例如经济、政治、外交之类。

现在就从这三方面略加分晰:

1.经济。日本根本是穷的,如意、德等国一样。因为它穷,幅员又小,于是便向外拿出抢的手段。它平日财政很空虚,因为许多钱都被少壮派军人用尽方法去增涨军备预算,以便供给它的战争消耗,于是造成财政卜不平衡状态。我前曾到日本去参观过,那般真正建国的人,其坚苦精神,真是伟大,真令人佩服。而这般少壮派军人,不但不能继承遗志,简直可说是那般建国的人的罪人。此次向我侵略,除了飞机大炮的数量上比我稍多外,其士气很坏。虽然哄着那些兵,说有飞机大炮保护,不会打死,但是掩不过眼前被打死的事实。并且是征兵制,没有钱就征不出来。其经济力量之薄弱,时间短还不觉得,久了就要显出来。返观我国是农业国家,关了门可以自给自足。虽然海口交通不便,但少来点外国货,我们乐得少流出去一点金钱,毫无关系。再则我们的士气很壮,一则因为有历年仇恨在心,再则我们的兵是招募来的,他的职业就是兵,可以一心杀敌,毫无牵挂。

2.政治。日本虽在向我大举侵略,但其国内思想极不一致,都是些少壮军人造种种消息欺骗他们。如像说,"应该快点下手,再不打就不得了;"或者,"等待中国强起来,就没有日本的份了"之类。因为它的兵都是被欺骗来的,又有妻室的系念,所以很怕死;而我们的兵士则十分的勇往直前。我们都知道,越勇敢死得越少。前天听见此间行营顾主任说,平均我们一个多一点换它一个人,照原来四个换它一个的预计还差得远。战事如果像这样延长下去,它国内一定要起变化。再看我们自己,过去都是内战,以致对消自己力量。现在不同了,南京各种重要会议,都一致拥护中央,都一致团结,拥护蒋委员长领导救国,这是中国向来所没有的。这个意义很深。这便是最好的教育。我们不怕天天打败仗,只要能够长期支持住。有人疑心说,恐怕蒋先生将要代表全国与它和平签字了吧,这是绝对没有的事,还要干! 还要干! 干久了,它国内就要起变化。

3.外交。自从抗战发动以来,各国并未干涉,这是一种好现象。德国顾问仍然帮助我打日本,他说它太坏了。苏联看见我们还能抗战,所以与我们拉手,订立互不侵犯条约。如果我没有力量,它是决不肯与我拉手的。因为拉起手来,岂不把它一起拉倒了! 还有,孔院长在欧洲借款活动,也甚如意,这还是因为我们有抗战的力量和事实表现的原故。如果没有势力,谈借钱决不行。你看那些穷人,不是出三分或四分的利息都借不到钱吗?

许多人说抗战必归我胜利,分晰起来大约有上面这些因素。兼之我们的陆军很勇敢,空军尤其不弱。如像死守南口、宝山,虽一天死一千多人,但仍然前仆后继,毫不气馁。这真是民族复兴的一种表现! 相信此次战争过后,国民一定要得一个大进步,把从前自私自利的脑筋都变正过来。

我刚才的一番话,不是故抱乐观,好比一个娃儿被打,早晚他必定会得生存。这个心理我们一定应该有的。我也不说这是中国生死关头,因为已经生了。我只说这是一个重大关头,应该谨慎从事。请诸位不要看见前方战事小小失利就灰心。以后还要坏,还要坏几倍,但是决不怕,因为我们思想既一致,又有很好的领袖蒋先生。自从西安事变后,张学良先生曾说蒋先生"当英雄又当圣贤",这回是蒋先生领导民族救国,当民族唯一救星的好机会到了。

（《新世界》第 11 卷第 5 期,1937 年 10 月 1 日）

祝南开

（1937 年 10 月 17 日）

凶残□敌人，毁了旧南开校舍，却更发扬了新南开精神，不看重庆今天的纪念会，是怎样伟大与热烈！

南开其实是因祸得福了，失了几栋校舍，却得了救国教育的真髓，今后张伯苓先生领导的南开教育，其贡献国家民族之大，将更超过以前几十百倍。

岂止南开，凶残日阀，其实是援助中国不小。中国因有暴邻之故，而了解人生，而觉悟民族不奋斗则灭亡的至理。换句话，从此实实在在，明白了国防至上主义，知道无国防就不算是人类！这种活教训，我们该怎样感谢呢？新南开就是代表这种民族觉悟而兴的，大家不怨暴寇，且痛切鞭挞自己罢！

（《大公报》汉口版，1937 年 10 月 17 日）

南开学校复兴纪念今在重庆盛大举行
张校长勖全国校友继续奋斗
深信津校复兴短期必能实现

（1937 年 10 月 17 日）

南开学校校长张伯苓博士,日前由湘过汉返渝,主持该校今日在重庆南渝中学举行之复兴纪念盛会。张校长昨日致电本报,说明今后为学校为国家继续努力之决心,并请转达该校全国各校友,一致奋起。兹志原电于次:

汉口大公报鉴:

南开被毁,精神未死。本月十七日为南开中学三十三周年,南大十八周年,南开女中十五〈四〉周年,南开小学七〈九〉周年及南渝中学一年周年纪念,均在重庆南渝中学,盛大举行。南渝本年有学生七百余人,新建校舍有女生楼、科学馆及宿舍等,前途发展,甚有希望。教育报国;苓之夙志,此身未死,此志未泯。敌人所能毁者,南开之物质,敌人所未能毁者,南开之精神。兹当南开学校周年纪念之日,极望全国南开校友纪念学校,本南开苦干之精神,为国家民族努力。现敌焰仍炽,国难严重,我全国民众,均应有前方将士壮烈牺牲之精神,一致奋起,共同抗敌。矧正义人道自在人心,国际情势已呈好转,苟我能真诚团结,继续奋斗,任何牺牲,在所不惜,则最后胜利,必属我国,中国之自由平等,必可得到,津校复兴,深信亦必能于最短期间内实现也。

苓新自湘归，精神甚兴奋，极欲借贵报之力，将此意传达全国校友。不胜拜祷。

张伯苓。

又本报同人昨电复张校长，致□该校复兴纪念，文云：

重庆南渝中学张伯苓先生道鉴：

今日值贵校复兴纪念盛会，敝同人谨祝南开精神昌盛永久，愿随先生及贵校师生、校友之后，共同努力，效忠祖国。归津之日，再另为南开复兴致贺。

大公报同人敬。

南开武汉校友吴国桢、宁恩承等，以今日为南渝中学成立一周年纪念，且适值天津南开中学三十三周年纪念，特联名致电该校校长张伯苓博士，祝贺。

（《大公报》汉口版，1937 年 10 月 17 日）

从南开复兴说到一般教育[①]

（1937 年 10 月 18 日）

昨日南开学校开盛大的纪念会于重庆。年年此日，在天津开会，除该校有关系人外，多不甚注意，今年却不然。这"南开复兴"一个名辞，象征着中国民族的新精神新觉悟，所以我们于昨日已简单致祝之后，再申论其事，以贡献于战时的中国教育界。

南开学校的被毁，是中国文化机关在暴日侵华战中最初最大之牺牲，是日本居心摧毁中国教育仇视中国文化最近最显之证据。就教育界论，痛心极了，但中国却也得到了重大收获。就是，证明文化与国防之绝对不可分，证明无国防的文化，就等于亡国的文化。

张伯苓校长，是中国教育界伟大人格之一，而其所以伟大处，经此劫火，更得证明。他承继严范孙先生四十年辛苦扶植的教育事业，一旦无端为日本炮火故意摧毁，而丝毫不能消减他的勇气，反而更增长激发他的信仰。他本是一位热诚的爱国者，现在更灼热化了，并且极端乐观。他的爱子殉了国，也毫不动心。这种伟大精神，确足以代表中国民族的新觉悟，而为我们所万分钦佩的。

中国过去的教育精神，实在错误，实在不够用。近代中国，在那一天那一小时，本都是随时可受敌人的炮轰机炸，蹂躏践踏，今天的境遇，本来时时刻刻可以遭逢。以人比喻，是刻刻可死的。这样重大紧急的危险实状，我们的公私教育，并没有彻底唤起学生的觉悟，教育内容，也并没有完全针对这样的需要。中国民族，实在是一年一年混过去，学校青年们，一批一批

---

① 本文为汉口《大公报》社评。

的入了社会，也跟着混，混到九一八，混到塘沽协定，这可谓创巨痛深了，但依然没有向国防教育猛进。事到今天，一切人才不够用，而许多学校的师生，只是迁徙或流亡，在平津者，更等于做了俘虏，或者竟遭了残害。

今天证明了一个悲惨事实，就是过去的一般教育，实际上于国防无用。学生们受了多少辛勤，而今天在国家民族这种危急关头，竟然大半无从为国家效力。这是怎样可痛可危的事呢！要论其根本原因，是国家教育方针多年根本上未作真正非常时期的准备，近几年来，关于军事训练上，颇有努力，而学科上依然是承袭过去，无所刷新。一般教育家对于如此危机，也极少认真体会，大家虽然口口声声说救国，实际上仍是承平时代得过且过的心理。

我们不是单责政府，责教育界，实在就是自责。因为言论界人本身，是受过教育的，同时在言论上，也负有若干教育性质的责任。我们现在的呼吁，是请求大家一齐忏悔过去而努力将来！中国民族所受教训本来不少，早应觉悟，但是惰性太深，竟然演到今天，但今天却是最后一次教训了！这个教训，若再不诚心接受，就要注定做朝鲜人，战兢着过奴隶生活了！中国民族，今天已彻底激发了必胜的志气，下了牺牲的决心，那就要即刻彻底普遍实行国防教育！何为国防教育？就是要一切以国防需要为本，凡国防所需的，赶紧养成，其不需的或有害的，一概屏弃。中国青年，不容再空谈主义，有了独立，才有主义可论。全国青年，一定要军事化，科学化，劳动化。学校的责任，就是练成种种国防上的队伍，除直接的军事队伍之外，还要种种工程队，生产队，战时公务员工队，与民众教师队。总之，要使每一学校都有直接或间接的国防上的价值，每一学生，都负一些直接或间接的国防上的任务。全国学校，先组织起来，分配责任，各尽所能，然后藉学校而组织起全国青年少年。这个重大命题，在半年一年之内，是必须要完全解答的！总之，中国今天，撇开国防价值之外，无教育价值。就人说，若与国防无用，就不配为人，换句话，只有肯拚命救国卫民，只有其工作于救国有效用者，才配称为中国国民！假若不然，则非但活着无益，并且是国家民族之累，因为迁徙流亡徒扮演弱者的悲剧，这样人，若太多了，只有减弱民族抵抗强暴的实力而已。我们因喜见南开复兴,而论及教育上一般的需要,盼望张校长及一般教育界的重镇,决心领导全国青年,为长期抗战与备战,加紧的共同奋斗! 中国在此一战中,不但要御寇复土,并且应决心乘此确定中国千代万代的国防基础! 莫说此言夸大,民族建国的事业,只有在至危至险中,才能以不可思议的速度去完成!

(《大公报》汉口版,1937 年 10 月 18 日)

张伯苓先生[①]

（1937 年 12 月 18 日）

在长沙圣经学校大楼的三层楼上，这算是临时大学里最大的一间讲堂了：看着壁上悬着的那两盏西班牙式的壁灯和一块镌着"博爱"两字的匾额，不禁令人想起中世纪礼拜堂里的严肃景象，每个听众的脸孔都很庄重，诚恳，无论是有椅子坐着的，或是挨在墙壁角落里站着的，大家并不焦急，会所中意外的安静，因为这里将有一位受万众敬仰的老人就要出现在大家眼前了。

右旁的门开了，在一片热烈的掌声中出现了一位体态魁梧的老人，今晚他穿着一身灰色长袍，带着老光镜，不停地向听众们点头微笑着，笑容里充分地流露出他中心的愉快：要不是他头上那一蓑短发呈现出斑白，人们一定要误会他只是一个三四十岁的壮汉了。他便是南开学校的创办人张伯苓先生。的确，像张先生这样的身体，在中国恐怕再找不出第二个了。他已经是花甲以外的人，身体仍这样魁梧，结实！记得在天津时他对我们说过："只是这两条腿有些不济事，也难怪，身子太重！恐怕它们不大吃得住，……昨天我又称过了……二百四十三磅半，比去年又添了三磅半！"真的，你说恨他切骨的敌人们对于他又有什么法子呢？他一天比一天年轻，一天比一天更能苦干起来！你瞧他今晚精神何等饱满，甚至比前些年更高兴些；这一点是很使我们诧异的，他耗费四十年精力一手创成的南开毁在敌人的炮火下，他心爱的儿子参加空战被摔死……这一切难道不够他这六十四岁的老人伤心吗？为什么今晚他还是这样愉快呢？

---

① 作者何懋勋。

在张先生自己的演词里为我们解答了这个疑问,他说:"我心里真愉快极了,决不如许多关心南开的人们所料的那样:有什么值得伤心的呢?房子毁掉!算了!再盖更好的!他们毁掉天津的南开,许多更活泼更有希望的南开又开始在各处成长起来:在四川,我们又添了一个小妹妹——南渝中学——大家有机会都可以去看看,还不到一年的功夫,无论在物质方面,精神方面一切都已经超过原来的南开多多了。事情只要去干,有什么不可以成功的呢?所以我说如果中国人个个肯像我这样傻干,干什么都成。你说那一件我们中国人比不上人家?你说我们拼不过日本小鬼?"说到这里张先生高兴得笑起来,愈讲愈有精神,声音也愈宏亮!接着便讲到时局问题,他说:"谈到国事,许多人都说我乐观派,后来我向他们一解释,他们也都信我的话了。前天我们几个人在学校里开常会,散会后我又跟他们几位谈起来。我说这次抗战我们一定要胜利,毫无问题,上海失了算什么,太原失了算什么,难道这就像赛球的时候,裁判员的哨子一吹说:'The Game is over'?不是的,完全不是的:我们这一回的'Game'还早着啦!打不完的!中国有这样大,这样多的人,就容他们舒舒服服地进来霸占?系下一个圈子,说是中国人不许进去?没有这回事!决没有这回事!而且现在我们又何尝失败了呢?这不正是我们预计得到的进展吗?我的弟弟张彭春说过:'和他干!不要紧!只要我们先支持六个月,一定有人出来讲话,有人出来帮助我们。'你们看,他的话果然应了。到现在还不足五个月,苏俄的远东军不已经在满洲国的边境集中起来?我要提醒大家,目前的世界不是各人单开门独开户就行的,相互间都有着休戚相关的利害:法西斯有他们的集团,和平阵线也有着更广□的连合,并不是除了中国世界上便只剩一个日本,听他去胡搅胡闹……我这样一讲大家便都高兴起来啦!将梦麟先生原来说他身上有病的,居然马上也好了。但是,我劝你们大家每人回去写十封信,告诉你们亲戚朋友,叫他们不要害怕,中国最后是一定要胜利的!……你们想,这不比给我们吃下一剂大补药更强得多吗?"一讲到这里,听众们的确都已经兴奋起来,脸庞上透露出希望的光彩,于是张先生便接着说:"你们看!真是好现象!我一进门的时候,我看大家都像是在想心思,一脸颓丧的劲儿;现在你们各人再互相看看,多有精神,多有希望!……我在去年西安事变以前就跟你们说过,中国的确在天天好转了,真能够逢凶化吉!果然,蒋先生出来了,到现在全国已经打成一片,共产党也放弃□他们的主张,……周恩来是我的一个学生,前些年我很不赞成他,虽然那时他已经毕了业,我自己还暗暗地给他记下了三次大过;可是这一回他真不错,据说这一回竭力要保蒋先生出来的就是他,因此我也就马上把他那三个大过一次取消了,……"张先生讲得很幽默,大家都笑起来了。

最后他劝我们必须要具备两件修养功夫:第一是"公",第二是"能"。他说无论在学校,社会,国家,以至世界里,不公绝对不行;如果个个人都为私,那前途便只有黑暗!中国几千年来就是讲究"私"的人太多了,所以才弄得那样糟。还有,既做到"公",自然也连带着做到"平",无论做那一件事,不平终归是不行的;目前的世界正在慢慢改进着,当然有一天总要走到"公"的路上去。其次说到"能",说"能"并不是希望要有多么大的技术的意思,我所说"能"是要"能"干,肯吃苦,一生肯吃苦,有什么不可以成就?

张先生不停地讲了一点多钟,窗外的天色已经昏黑了,但听众们的心里都得着一个新的启示,怀着一个光明的希望。

(《抗战周刊》第 1 卷第 15 期,1937 年 12 月 18 日)

第一临大常委张伯苓先生抵滇

（1938 年 3 月 10 日）

第一临时大学常委张伯苓先生，及缪行长云台，熊校长迪之，原定于五日到滇，因飞机没班，乃于昨日乘欧亚机十五号连袂飞滇。蒋梦麟、厅长张西林、厅长龚仲钧及富行经委会职员、临大、云大教职员等亲往机场欢迎。张、缪、熊三氏抵省后，张氏下榻于愉园招待所。

记者以张氏致力教育事业有年，为我国学术界先进，特往亲访，叩访临大近况及在川办理中学情形，当蒙延见。张氏身躯魁梧，年近五十，而精神焕发，兰衫青褂，有长者风。记者与其握手为礼后，首即叩以临大近况。张氏云：自蒋梦麟诸先生来滇筹备后，深得贵省帮助，临大一切准备事项，均已大体就绪，诸如校址之择选，教职员学生之住宿，已获顺利进行，一俟筹备竣事，即可开学。记者随即叩以开学日期，是否预定于五月一日。据云，现正努力筹办，开学日期或可提早。继问：教职员学生现抵滇者共有若干，梅贻琦、胡适之两先生何日来滇。据云，教职员学生现抵滇者共约百余人，其余者，或步行，或乘车，不日亦可到达。梅贻琦先生尚在长沙办理善后，胡适之先生现在美国，将来回国，或将来滇讲学，至其他教授，因学校迁移，亦将陆续到滇。又问图书仪器如何补充，据云，除将华北事变前所保留者设法运滇外，其必不可少者，自当徐图购置，以供教学之用。记者复询以在川办理中学情形，张氏云，两年以前本人决定在重庆办一附中，男女兼收，定名南渝中学，取南开在重庆办学之义，由喻传鉴君充主任，预计分三年推广，第一年招收学生二百名，第二年而收学生竟达八百余人之多，似此情形，中学教育有再推广之必要，乃于自流井地方，将原设置蜀光中学接收，现在鸠工庀〈庇〉材建盖校舍,容纳学生以一千人为标准,约暑假即可开学,此校开学后培植学生不少,至于吾人应尽之中学教育责任,亦可稍释重负。记者又叩以对于战时教育之意见,据云,教育乃国家百年大计,国家不幸而发生战争,教育除照循序推进外,应侧重于精神讲话,以激起学生之爱国情绪与民族意识,至于后方之各种任务,如防空救护……等,则正聘专家随时教授,俾其于所学之功课外,更学些战时技能,以增厚抗战力量。后询我国抗战前途如何,据云,暴日乃一等强国,我国乃弱国,弱国与强国战,自非吃苦不可,但我国抗战,系为争取国家民族之生存而战,为维持国际正义和平而战,持之以久,必得最后胜利。又询以后是否常住本省,张氏云,今后常于昆渝之间来往,以便照料两地。本月尾,因有要公,尚须飞渝一行。谈至此,遂辞出。

(《云南日报》,1938 年 3 月 10 日)

南渝中学发展近况可象征我建国必迅速完成

（1938 年 5 月 13 日）

重庆南渝中学创办经过已略志前报。记者以中等教育为造就高等专门人才之基础,亦为一般无力再求深造迫而就业之准备,关系綦巨。川省现为我国抗敌后方重镇,中等教育在内地更为需要,而南渝中学以一人之力在短短二年之期间先后建就课堂、体育、科学、图书馆等项设备,其规模之完备较诸欧美中等学校也决无逊色,不能不叹为一伟大奇迹。爰趋谒张伯苓校长,叩以该校近况,承发表谈话如次:

民国二十五年予因禁烟会议之便入川,当时在渝、蓉等地参观,默察敌寇野心欲望无穷,而教育事业不可一日终止,故即决意在渝另建中学。返京时,谒蒋委员长建议:当时拟筹款十五万元,购地建筑校舍。当承蒋委员长采纳,首先捐助五万元。予既得最高领袖之鼓励,乃于是年二月间开始动工,五月间即有一部份完工,其后余款陆续募得,先后添建科学馆、体育馆,暑后即行开学。第一年招生二百人,第二年(即本年)原定共招收四百人,而实际则已达九百人,第三年(即暑后)原定共六百人,但预料可达一千四百人,超过一半有余,故非增加设备及经费不可。现已承蒋委员长允拨建筑费八万元,每年常年经费七万元。现建筑已完工者,计芝琴堂(科书馆)、忠恕图书馆、受彤楼(女中部)、风雨操场兼礼堂、消费合作社及银行、校医院、电机房、津南村(教职员宿舍)及课堂大楼、男女生宿舍及食堂、办公室等二十余座楼房。予对建筑之原则:(一)应用,(二)朴素美观,(三)坚固,

（四）省钱。各项建筑幸均能达到以上目的，而工程之敏捷完成，各项计划之未雨绸缪，故能迅赴事机，切合需要。然非最高领袖之目光远大，热心扶植教育事业，亦不克臻此。等语。

按张校长毕生尽瘁教育事业凡四十余年，其创办南开学校，自一简陋之家庭严、王两馆（类似私塾）发展，而为中学校、大学校，复增设女中部、小学及幼稚园，各级教育齐备。卢沟桥事变发生，敌人狰狞面目揭开，实行其破坏文化机关之毒策，南开首当其冲，最先惨遭摧毁，数十年之心血在数小时内被敌弹火炸烧殆尽，张校长虽怀痛伤感，但益增加重努力教育事业之勇气，尝语门人：敌人所可摧毁者为南开学校有形之物质，但绝不能摧毁无形之南开精神。今观南渝中学发展之速，宛然又一南开学校。记者曾翻阅津渝两校校景摄影，几疑做梦一场。南开、南渝两校建筑馆舍增添设备，从无十万二十万整数之款，纯赖张校长高尚之人格，鞠躬尽瘁之精神，始能获得社会上人士之赞助，而其善用人力财力，效率之高，无与伦比，此又堪为我国各公私机关所矜式者也。南开校友遍海内外，据该校校友总会调查，全国各地城市村镇均有该校之校友踪迹，故如张校长旅行任何地方，不带一文，不患无门人弟子招待，此虽系一种笑话，但可证明该校之实为家庭学校，门人弟子莫不视张校长为严明慈爱之家长，此实人生之最快乐事，亦社会对德高廉介教育家、事业家应有之报答也。记者体念南渝中学之勃兴与发展之猛速，实可象征我民族之绝不能被征服，我建国之必可迅速完成也。

又讯，南开校友武汉分会定于今（13 日）中午 12 时假汉口金城银行二楼聚餐，并欢迎校长张伯苓博士。

（《汉口新闻报》，1938 年 5 月 13 日）

汉南开校友会欢宴张伯苓

（1938 年 5 月 15 日）

（中央社汉口十三日电）南开校友会今举行会餐，并欢迎张校长伯苓，到校友等百余人，首由会长吴国桢致欢迎词，旋请张校长致训，述其创办南渝中学经过。谓自敌人炮击开始，摧毁南开学校，彼愈觉精神振奋，不敢自认老大，不敢病，尤不敢死。今年六十三岁，仅能自视如四十三岁，决继续为教育事业奋斗。现除重庆南渝中学外，尚拟在自流井创办一校，暑期后亦可开学。末勖各同学，鼓励品学，各尽国民天职，报效国家。次由教授徐谟致训词。

继由周恩来致词，追忆在校时受南开精神之熏陶，谓南开除严格之训练与优良之校风外，有二点至可注意：一为抗日御侮之精神，一为注重科学训练。

继由刘清扬女士致词。最后由空军勇士刘宗武报告南开同学从事空军之概况，与同学张锡祜、沈崇诲等为国捐躯之壮烈事迹。各校友莫不起崇敬之念。旋聚餐后散会。

张明午飞返渝，月底或下月初仍将来汉云。

（《革命日报》,1938 年 5 月 15 日）

张伯苓先生

（1939 年 4 月 1 日）

国民参政会副议长张伯苓先生，是一位真正能说能干的大教育家。他在清朝末年毕业于北洋水师学堂。光绪二十年，中日大战时，他在北洋水师中作小官。中国失败后，他看清楚了我国所以失败是因为教育办得不好，乃辞开水师决心创办新教育以救国家。先是在天津的严范孙和王奎章两人家中教家馆，到了光绪三十二年便正式开办今天全国有名的南开中学。民国成立后，他曾几次到欧美各国去参观外国人的学校，民国八年，便又开办南开大学。到了这个时候，他已成了国内国外大大有名的人物了；而一般青年人更都以得到南开读书为一种光荣。

张先生也决心把一生精力放在教育事业上，所以政府三番几次的邀他出来做官都没答应。卢沟桥事变后，南开是第一个被敌人毁坏的文化机关，只因他有识见，知道中日战事难免，所以早前一年就在四川设了南开中学分校，事变后，南开中学便全盘搬到四川，大学部设在昆明。

全面抗战发动后，中央聘请全国德高望重的人物，组成国民参政会，他被聘为参政会副议长。这可见政府对他的器重。

张先生原名寿春，字伯苓，老家是天津，态度和蔼，说话诚恳，也是个热诚的基督徒，曾担任过天津青年会的总干事。现年五十八岁，精神体力还很像一个壮年人。

（《田家半月报》第 6 卷第 7 期，1939 年 4 月 1 日）

校友春季大会①

（1939 年 4 月 15 日）

一

"老的毁了,新的起来了。"

是的,百分之百地正确。抗战以来,许许多多的同胞和土地是被日本法西斯的强盗给毁坏了;同时,在敌人底后方树立起游击的根据和战时的设施,并在我们底大后方进行军事的,政治的,经济的,社会的,以及文化的,各种准备长期抗战的复兴的工作。天津母校大学是敌人轰炸文化事业的第一个目标,那是在前年的七月二十九日。但是,那时只创办年余,设在重庆的新母校中学部很快地成长起来,现在学生已达一千四百人;母校的大学同北京大学和清华大学,联合起来上课,去年由长沙迁到昆明;去年,自流井的蜀光中学改组,由校长张伯苓博士任董事长,新母校中学主任喻传鉴先生任校长。"老的毁坏了,新的起来了。"谁敢说这不是今日的真理? 这个真理适用于我们中国,更适用于我们母校。

在四十分钟的训词里,校长主要地是说出这个真理,而且用种种正在成长着的具体事实来解释这个真理:"老的毁坏了,新的起来了。"

是在四月二日下午二时一刻前来为校长预祝六十晋四的寿辰的六十四位校友围成了双圈,谛听着校长底讲话。六十四,六十四,这是多么凑巧,吉利! 这预兆着我们中国前途远大,我们母校前途光明。

---

① 作者勾适生。

"我老吗？我并不老，日本帝国主义这一战，叫我在年龄上倒退二十年。"说到这里，校长指着坐在内圈的喻传鉴先生，接着讲："你们说他有多大年纪？有人说他是才三十八岁。"校长是兴奋起来，很自然地回忆起三十四年以来办学的奋斗史，又唤起校友别忘记我们底校训是"公"，是"能"。"用我们底知识能力，来为国家民族服务。"这句话把"公"和"能"给联系起来。

校长提到几件事：黄子坚先生领着西南联合大学的学生，由长沙步行到昆明；查良钊先生领着华北失学青年一千多人，由凤翔步行到天水，来建立一个国立甘肃中学；去年暑假后，教育部在西南联合大学里创立一个师范学院，黄子坚先生任院长。查良钊先生任主任导师，努力数月，获得各方的荣誉。时子周和郑通和二位先生分别在宁夏和甘肃主掌教育，在艰苦的条件之下，开辟荒地的教育事业。张锡羊先生办了新华兴业公司，虽然是"生意兴隆"，但是目的不是在发财，而是在为国家作经济开发。一个一个地叙述。校长带着笑容。严肃地，加重地，校长又说："我一向是乐观的，我现在是更加乐观。干！只有干！我们学校就是不断的干所积累起来的。很简单，这有什么复杂呢？"

在校友的鼓掌声中，校长就了座，预备听到场的各位校友底报告。

王恩东先生因事未到，由严仁颖先生代理主席，先请时子周和郑通和二位先生报告。时先生讲述西北生活的穷困，并希望校友到西北去设立工厂，又说："就是去一次，回来写几篇文章发表，引起社会人士对于西北的注意，也是好的。"郑先生条分缕析地讲述他底五种教育计划，特别着重生产和卫生方面。

接着，依照座位次序，各位校友报告生活和工作。轮到查良钊，章辑五，喻传鉴三位先生时，校长都指定要他们说得多点。查先生讲由凤翔到天水步行的经过；章先生讲办理战区中小学教师贵州服务团的经过；喻先生讲接办蜀光中学的经过。此外，从各位校友底简短的报告里，我发现有炼钢专家，无线电专家，企业专家，经济专家，教育专家，新闻专家，外交专家，还有一位在台儿庄战役时负伤失明一眼的李宗岱先生。轮到我时，我说："……我本来要到华北去视察指导宣传工作，现在取消原议了。故此我又担任中苏文化协会宣传工作委员会的委员。……"

校友总会总干事郭荣生先生，用了"亦庄亦谐"的口吻，报告南开校友总会底工作。说明他如何自去年六月一日起始办公的一番理由之后，接着讲："校友月刊已经出版到四卷五期，这在同性质的期刊中是寿命最长的一种。分会组织成功的有三十六处之多，调查到的校友已有二千人，并且作了以姓名和地名为标准的两种卡片。至于招待校友，凡是住宿、转信、代购车船票，都是样样完全义务地替校友帮忙。"郭先生每天是从早忙到夜，简直是没有假日。他说："只是因为上月我底内人由校友会搬到南岸，我回去看过三次，告三天假。"校长听着，表示满意。严仁颖先生又叙述校长如何重用郭先生："郭先生本来是帮助章辑五先生在贵阳工作，因为校友会工作必需郭先生来作，校长去年四月特地打电报，请他来；章先生为了校友会，也不得不割爱。"是一阵鼓掌声。

去年十月十七日母校卅四周年纪念，新华、华西、中央三公司，捐赠了一千个母校第三十四周年纪念章，以至少一元一个的代价，卖给校友，到现在止已卖了五百多元。这一笔钱，买了两个无线电收音机，这两收音机，由吴京和包经第夫妇为代表，一个献给校长夫妇，一个献给母校中学部（由喻先生接受），后一个于每星期六晚全体同学在礼堂听用。

经过二小时，在"渤海之滨"的校歌声中，这个校友春季大会告了结束。

二

头一日天气热得发闷，下午虽然下了雨，热并未减退多少。一夜的雨，却转变成了凉意逼人。四月二日是阴着天，毛毛细雨，大衣都穿上身，但这并未打消校友回校的热诚。上午九时起，住在城里的校友，陆陆续续地集合在苍坪街二十号校友会的会客室。在四川省政府主持统计室的李景清先生由成都赶了来，即将前往贵阳就任贵州省参议会秘书长的杜协民先生也来了。赵光宸先生带着他和时子周先生合送校长的花篮,邓颖超女士派人送来她和周恩来先生送的花篮,两辆汽车,先后于上午十时和十一时半来到沙坪坝的新母校中学。

校友们在范孙楼前下车。一进门,大家就到校长室去拜望校长,喻传鉴先生也在那里招待校友。校长底记忆力真强,校长不但问到校友个人,还问到校友底关系人。校长看见许邦友先生,就问到在上海的邦爱女士和在福建的邦华女士。

一部分校友,由教导主任孟志孙先生和事务主任华俊明先生分别领导,参观全校。有不少的学生,虽然是在这个星期日,仍是在课室内读书。课室墙上张贴着各班自办的壁报,有文章,有图画,很精致。男女生宿舍,床单都是雪白的,铺得很平整。在一个女生卧室内,挂着一张集体生活的公约。在图书馆内摆着三十多种期刊,有《全民抗战》《读书月刊》《翻译与评论》等等。

一部分校友,在风雨操场,同母校的学生作排球友谊比赛。严仁颖、胡光燕、沈崇训,诸位先生都大显身手。因为平常缺乏练习,校友们是输给学生了。张平群先生看着比球,可惜未来参加大会。

在女生新食堂里,偏右手,放了八张圆桌子。下午一点,校长领着校友,边走边谈地,步入食堂。校长询问校友个人底情形,诸位校友交互着谈话。库耆雋先生穿着长袍马褂,格外引起人底注意。韩东兰女士对着那位与他同姓的小小女童子军(校友韩大镛之女公子)非常感觉兴趣。魏焕章先生大作交际,谈家常事。王文田女士晃了一下,不知跑到那里去了。许桂英女士是很健谈。陈湖先生老是那么斯文的。

上了两道菜之后,每人吃一小碗汤面。"这是表示给校长祝寿。"严仁颖先生喊着,校长笑着,大家表示敬意。菜是八道,有鱼有肉,米饭和花卷任意吃。吃得饱饱的,大家离开了食堂。在微雨中,校友们在树下聚堆谈话,在图书馆休息室里喝茶。

在大会上,本来预备有游艺的节目,因为讲话太长,时间来不及,改在十月十七日母校第三十五周年纪念时再来补作。胡光燕先生和缪兰心女士底皮簧这次无法表演了。段茂澜先生和夫人是在开会后十五分钟才进会场的。校长正在对大家讲话,看见段先生,还让他到前面来坐,可是他表示客气。校长加了一句:"我在昆明时,看见报上载着段先生和张平群先生在重庆送法国大使上飞机,我们校友真是到处都露头角。"严伯符先生介绍自己时,向大家表示,希望校友多给新华兴业公司拉生意。华方会和王端骧二位先生争着夸耀自己底无线电工程,陈光垚先生当场散发他作的《中国文字改进学会宣言及章程》。

下午五时,雨仍是淅沥地下着。一些校友坐在一辆无篷的车上,校长特地叫人拿来十把雨伞给校友。乘车掌伞,倒是别具风味。过了些时,篷车来了,其余一些校友上了这辆车。我在这辆篷车里,看见鲍文澜女士,她很关心地问到我底妻子赵克文女士。"因为恐怕敌人检查信件,我和克文有话都不敢说。她是要来重庆,可是这一路由天津来,未免太苦了。"我在颠簸的车上,对鲍女士说着。他写下了克文底通讯处。

车子开到苍坪街,雨已经是下大了。

是的,我们还记着校长今天讲的话:

"老的毁了,新的起来了!"

二十八年四月三日夜于校友总会。

(《南开校友》第 4 卷第 6 期,1939 年 4 月 15 日)

昆明校友开欢迎校长大会①

（1939 年 4 月 15 日）

三月二十五日午后三时半，校友们赛完了足球，三三五五的拥上联大上课的三层楼头，一个个欢笑着，充满了欣庆，期待着别了几个月的校长降临，苦的是黄太太（梅美德）、陈筼谷诸先生，他们先已为这四百多校友们布置好了简朴的会场，备办好了一份一份点心。

凭窗远眺，西山苍苍，昆水茫茫，猛然忆起，"花褪残红青杏小，燕子飞时，绿水人家绕。枝上柳絮吹又少，天涯何处无荒草……"苏东坡的这几句词来。

觉得情景悉合。也正因此，欢聚中自不免小起校愁！

如果大家是不健忘的话，在八里台住过相当时间的男女同学，总会想起过去的学校生活是如何的甜美与快慰！如诗如画的佳境，循循善诱的校风，那一个角落里，没有锁着你温馨的回忆？

春来时，沿墙子河的桃树开满了花，学校大中路上也披上了绿衣新装。远望去陌头一遍杨柳色，爱打扮的女同学，春服既成，一个个试着新装。入夏，全校被包围在芙蓉绿柳的浓荫中，池塘里映日荷花别样红，"鱼戏莲叶南，鱼戏莲叶东"的渔家生活，且顺便折几枝荷蒂莲蓬。晚饭前你可到大中路，赏莲亭，在那儿徘徊，小憩，度过了晚风习习的黄昏。

大会的主席，是由林同济先生来担任，他仍旧语重提：

"……南开的伟大，在他不只是一个寻常的学校，它代表一个人格。这人格是又高大又极有重量的，极端浑正的。那个人格不是死板的，不动

---

① 作者贾朴。

的。乃是不断地生长,在蕃滋,本着一种极活动的姿态,而俨成为国家的新的力量。如果要找一个活的象征,就请大家看一看我们的校长……"

校长带着一副茶色眼镜,满脸慈祥,精神是那么奕奕,直可以说是老当益壮。他给我们讲演了一个钟头,听他的话,每一个字里都充满了力量,每一句话都使人奋发猛省。

诸位校友:①

此次为重庆校友会给大家带个好来。校友总会自从迁到重庆后,工作成绩很好,原因是有一位干事郭荣生。郭君对于到重庆的校友们,招待极热心,对于散布在各地校友的住址、职业调查得很清楚,他一个人就记得两千多校友的名字与职业。我说这些话,为的是使大家今后更来多多的帮助他,促进校友会的工作。第二样,是校友月刊,近来也由郭君主编,严仁颖君的帮忙,办的很好。最先印行五百本,现在已增加至一千八百多本,在这方面更希望大家帮助与利用。

各学校校友会,抗战以来恢复最快的,怕是首推南开。有一次《时事新报》的经理崔唯吾先生说:"中国组织最好的校友会,要算南开与黄埔军校的。"不过黄埔军校是国立的军事团体,而南开是私立的学校,多赖大家的帮忙互助。出校、在校的校友同学,要时时联络,向一个高的目标去努力。把〈被〉敌人打散后,我们的学校能很快的组织起来,校友会亦同时组织起来,效率且非常的大。这点表示出我们学校的精神,但要紧的还得大家帮助,常互通消息。总会在重庆,最大的分会在昆明,近来贵阳、桂林、西安、兰州各地的校友会卅六处也都逐渐成立了,证以离开学校的校友们都很努力。此后望大家对校友会多给一点帮忙,同时也可尽力利用校友会,大家有个知各地校友近况者,可写信向郭荣生干事探问。

个人最近九月来的情形,再稍为报告一下。

昆明,去年三月来过一回,九月底又来过一趟,这次是第三趟,按

---

① 本次讲话单独成文,由编者以引文形式编排于此处。

理说应常来,终因为南渝(现称南开)中学刚刚成立,募款设备都需要办理;四川自流井的蜀光中学,承盐务管理局缪剑霜局长之托,自接办后由初级改为高级,一切也都需整理,因此到昆明时候较少。到去年六月,政府组织国民参政会,我也在内,最初在汉口,第二次、三次开会是在重庆。蒋先生并任议长,因他要公很多,每周常会需要个人担任主席,所以一年来多留在重庆,也是不能常来的一个原因。最近九个月来,政府各方面情形,知道的稍多一点,财政、外交、军政、教育、内政各部及行政、考试、监察各院负责者,每星期五都有周详的报告,因此内幕情形较前知道多一点。从负责者看,特别从蒋先生看,有真令人高兴,我可以说一说现在的情形。

最要紧的是军队方面。

自抗战以来,当汉奸的多是文人,未有军人。就是以前为大家所怀疑的军人,都转变过来,近来打得都很好。听何应钦先生的报告,抗战初起,全国军队共有×百××多万,而直属中央的×××万,其余多属地方性者。到第二期抗战开始,全国军队反增到×百×十多万,不但数目比前加多,同时经过一番重新整理,都归于中央来统辖,这可以说是打仗而同时整军。说到敌人所占领的地带,一年来仅是几个点与线,据行政院报告,河北、河南、山西、江、浙各省有许多县到如今仍在我手,敌人不敢离铁路、公路、航路一步,到晚上小站上的敌军,还得跑回到大站上聚集。敌人要胜我,非把我们的抗战力量消灭不可。但我们反而是越战越强。二期抗战分全国军队为三部份,×分之×军队在前方应战,×分之×到敌人后方做有计划的游击战,×分之×留在后方加强训练。按军事来说,军力不但未减少,反而较前加强。这次全国教育会议,曾讨论到敌人后方的军事、教育诸问题。说到参政会,最大的成绩,即是表示了全国一致的团结,二百多参政员,各党各派,无党无派者都包括在内,而且都是国内名流时彦,虽不是民选,实足为全国人士之代表,所以这次没有人批评过人选的不好,这实在是政府一件最大的成功。据张岳军先生告诉我,这一次的推选,经过政府五次的审查考虑才通过。

第一届大会在汉口举行,表示很好,全体一致通过拥护国民党五中全会内决定的抗战建国纲领,大家精神都很好,证明抗战期间,军队政治各党各派的意志统一。第二届大会,全体参政员代表全国人民,一致拥护蒋先生抗战到底。去年十二月廿二日近卫发表宣言后,蒋先生曾召集几位参政员谈话,询问关于今后抗战的意见,各人皆有所陈述。当时我的意见是这样:我们有力量打下去,就应继续打,中途与敌妥协,敌人决不会让我们来完成建国的工作,同时世界大战终不可避免,如果我们今日不为自己打,与敌妥协后,到世界大战的那天,敌人定要逼着我们为他打,我们会由自由的战士而变成人家的战马。现在屈服下去是不行的。只要我们全国能一致与敌英勇地继续抵抗,也许碰上了世界大战,那时我们中国不难变成多少国家的好友。

再看一看国内,抗战一年多,前方将士出生入死,为国为民尽了他们最大的力量,而做汉奸的反多是些无耻的文人,结果对于抗战是武人不怕,文人害怕,上前方的武装同志不害怕,留在后方的文人倒是害怕。我向来是乐观的,大家主要的是要认识清楚,敌人一年来在占领的区域中,不但不能获利,反而是赔本的。说到损失方面,农业国家恢复的最快,工业化的国家恢复最慢,这也是我们最大的便宜处。我国目前是全军统一,全民意志统一,抗战而又建国,我是乐观的,今日实在是千载难逢的好机会,要紧的是大家认识清楚了,一起来干。(编者节略)

这次在重庆举行全国教育会议,开会时蒋先生有一篇演说,他对于教育的认识,实在清楚。二十几年来,许多人到外国研究教育,读教育书,但觉得还是太浅不够,教育是改造国家最有效的方法,蒋先生这次的演说,以及我搜集到关于他以前对教育的见解主张,总起来看,他把过去各方面的情形如何改进都完全顾到,眼光实在是远大。

南开学校四十年来精神是一贯的。中日战争之后,严范孙先生看到我们不如人的原因,我当时在北洋水师学堂受到很大的刺激,所以决定了根本从教育方面着手计划,改造中国。我一向对于体育就极端重视,全国中学有科学仪器设置的,亦以南开为最早。改造中国的目的要复兴民族与国家。

南开的校训是"公""能"两个字。"能"的意思,就是对于身体的锻练与智识的培植。"公"的意思,就是为公众,摒除自私自利。中国人向来犯这两种病,近来全国人士对南开已渐渐认识了。

近年来国人从西洋贩来许多不消化的东西——自由、平等,但目前主要的是如何撇开私人一切,来共同抵抗外力这回事。三年前我到四川办中学,蒋先生就很赞助。五年前我同蒋梦麟先生在北平去见蒋先生,他就主张教育须文武不分,他的眼光比我们远大的多。

中国现在是在难与险中争生存。难者,国家如同船行水上,逆水行舟,大家如同拉船的人,非一齐用力拉不行;险者,如同船行下水,惊涛骇浪,而且要一个人来把舵,目前蒋先生就是这个人。只要大家群策群力,向着一个目标向前走,不见得马上就好,然而前途不见得不光明。

愿南开校友,本住南开"公""能"校训往前去,同时跟随最高领袖往前走。在目前环境之下,国家对教育界不薄,教育界应当表示出一种精神来。南开精神更应加倍表示出来。目前是我民族几千年来的非常时期,是一个掀转时期,亦是一个千载难逢的好机会。前些日子,蒋先生与蒋夫人公余后到南开中学参观,后来同学们将蒋先生蒋夫人包围起来,要求训话,蒋先生当时言简意赅的说:

"现在是一个好机会,青年应当坚定志向,期为民族国家尽个人之责,加强加深自己的认识……"

今天我愿再以此语赠给各位校友诸君。

南开有许多人在社会上已经给大家开了一条路,为国家为个人都很好。这时候我们所遭遇的,虽苦虽难,只要大家努力,真可乐,为几千年所遇不到的绝好机会。假如精神一颓唐,只有给人当奴隶,恐无复反身的时候。当战马给人打仗,不如当战士为自己的国家奋斗。南开学校是长的,学校本身如此,出校校友亦如此。抗战后,日本人将我赶回二十年,我今年才四十几岁。大家正在奋发时期,希望振作起来努力,加强力量,帮助领袖抗战建国。

校长十八日午后乘机抵昆,下榻南开经济研究所,晚间各报记者纷纷往谒,笔者曾代此间《云南日报》晋访,承校长发表谈话如下:

离滇数月之参政会副议长张伯苓先生,昨日由渝返滇,记者闻讯,即往访问,当承延见。张氏精神奕奕,笑容可掬,记者首即扣问张氏对于国民参政会感想如何,据云:国民参政会精神,是在表示全国一致团结。自抗战以来,敌人对我所采取之速战速决政策,总想分化我们统一局面,破坏我国团结力量。但每届参政会均表示一致团结到底。在抗战过程中,虽有不少无耻汉奸出现,然彼等昧于正义,力量极小,不足为虑。而参政员则是包括各党各派分子在内,均系国内名流时彦,实足为全国人士之代表。每届开会无不集思广益,竭诚拥护抗战建国纲领。愚以为参政会最大贡献,即是在国内表示一致团结,而每届个别的提案,反而可以说是次要之事。自从领袖蒋先生兼任议长后,精神更为振作,所有一切提案之执行,亦较前迅速。本届大会通过组织川康视察团,由参政员担任,视察事项为吏治、兵役、治安、民生诸方面,四川分为东西南北四区,西康一区,昨蒋先生与各视察员谈话,希望此去特别努力,将视察结果报告政府,俾将见诸实行。各视察员聆训之余,已于今日(十八)欣然整队出发,预料必有一番好结果。

次询以最近捷克事件之演变于我国抗战有无影响,张氏云:捷克事件为德预定计划,惟今日始见诸实行耳。希特拉①此种不顾一切之行动,其结果惟有增加诸强国之加紧团结,最近英俄更为友好,即是一例。英俄接近,于我国英勇抗战,更为有利。

谈至此时,已午后十点余钟,记者遂兴辞而出。闻张氏在此尚有十余日勾留,本月底将返渝。

三月二十七日校长应西南联大师范学院"公训学会"之请,作公开演

① 现通译为"希特勒"。

讲。兹将昆明报章所记概要剪集如下：

联大师范学院公民训育学会，于昨日（二十六日）午后三时半，请张伯苓先生公开演讲，到会者约二百余人。张氏精神奕奕。首由主席介绍后，即开始演讲，略谓：教育事业之对象，为青年学生，是活的，生长的，离开学校后，把教育功能更可遍及于社会上。特别在目前中国社会中，教育更为需要。盖人生最低限度的需要是求生，求生须有力量，但个人之肉体力量与智识力量还不够，还需要把每个人的力量团结起来，方可对外抵抗外力，对内求民族国家之生存发展。惟欲达到此目的，尤须首由"公""能"两字做起。近年教育界由西洋贩来许多不消化的东西，并未有俾益于实际。最近全国教育会议，蒋先生曾有两次演讲，他对教育之各方面都看得很远大，今后的教育应本斯旨，先要大家认识清楚，而后向着这个目标去努力。不但要如蒋先生所言，文武并重，更须注意精神的武装，诸君应在校如此，出校后更应本此努力云。

（《南开校友》第 4 卷第 6 期，1939 年 4 月 15 日）

张伯苓之恋爱哲学[①]

（1939 年 6 月 23 日）

　　南开大学创办人张伯苓先生，身材魁梧，像一座小山，曾使白种人见了大吃一惊。年纪虽已六十开外，丝毫没有伛偻的样子，永远是笔直的凝重的，没有什么可以比拟他，惟有"山"略能仿佛他那风度。数年前，南开学生，浪漫得过火一些，他为防患于未来，将全体学生招集一堂，依着性别分为两起，然后细说恋爱的真谛道："不要为这事太费时间，太费心思，你瞧，这一堆（指他们），那一堆（指她们），挑来挑去，都在一堆里面的。"在满堂哈哈中，他继续道："恋爱自由，原也没有错，可是我也曾看见过，好些个自由恋爱而结婚的，后来也打架拌嘴了，又有好些父母之命结婚的，后来却不错。就说我和张太太吧！我们几十年来，倒没有打过架。恐怕自由恋爱是先恋爱后结婚，所以恋爱不免变化。旧式的是先结婚后恋爱，所以恋爱到是无穷……"原来南开大学有特殊的风味，师生间终像人家父子般的亲近密切，所以校长对学生也是无话不谈的。

（《正报》，1939 年 6 月 23 日）

---

① 署名"健秋"。

张伯苓先生和南开学校①

（1939 年 7 月 16 日）

三十年来,南开学校的毕业生在社会上造成了一种风气。那就是活泼,富于创造性。这种结果不能不说是由于张伯苓先生创造的南开学校的"自由教育"的成效。曾经作过清华教务长的张蓬春先生和现在清华的校长梅贻琦先生都是南开的老校友,所以"清华"的风格和"南开"很相近。如果有去过"水木清华"和"八里台"的"南大"的人,大概都可以领略那一种颇富于"牛津味"的学风,和南方几个大学的紧张和没有普遍性的活动趣味对比起来大异其趣了。

张先生是天津人,有着一个高高的结实的身材,和一个典型的"天津大肚子"。脸色是紫棠色,留了灰白的平顶头,常架着一副墨镜。张先生的魁梧的身材,真是够出色的,出席过几次远东运动会,在"指挥台上"的气派,使比较矮小的日本和菲律宾的代表都神气索然以尽了。

也可以算是半途出家罢,张先生也是先学海军后来才办教育的。在"南中"的"瑞庭礼堂"中,每年当十月十七日（南开校诞）时总可以听见张先生一段演说,每次总是从他在甲午以后所受的刺激讲起,一直讲到由家塾发展成中学,女中,大学,小学四部的历史。讲演时也是先慢慢的,后来渐渐快起来,结果总是因为觉得暴燥了,去掉眼镜,脱了披肩。听演说的人们,看了老校长这一股子兴奋的神气,保险都乐了,也都得了感动。他在天津讲演是用天津腔,到别的地方去可就改成北平话了。不过我觉得还是他的天津话的演讲生动有趣。

---

① 署名"菰蒲"。

六十几岁的人，精神还那么好，兴致还那么丰满，也真不是偶然的罢？常听他发牢骚说南大的发展，最让他费心，打算得一个机会，把"南大"送给政府算是国立的，以后专致力中等教育。不想在还没来得及交的时候就成了天津市唯一的一块光荣的焦土。现在西南联大里的"南开"，总算是国立的了。他这种精神尤其可贵的是在前几年华北那种险恶的局面里，仍旧蓬满着活力的建立"南渝学校"——在重庆北碚，现在因为纪念毁灭了的母校，已经改成"南开"了——，常常来往于京津之间计划着校务的发展。这恐怕是全凭着一股"乐观的信念"。他每次从南方回来，一定召集一次集会报告他的观感。而且总是充满了感动和乐观，他对于当时的进步觉得非常高兴，所以也常常讲他的逢凶化吉的"定命哲学"。如同两广问题，福建问题，西安事变的全都遇难成祥。其实这也是应该如此的趋势。不过在他的演说里听来，真像是一幕幕的奇迹，而在这些奇迹下面生长起来的国家，也真让人格外对她增加了爱和信心。

教育上是主张自由的，他个人的治家是真够严格。他的宅子就是靠近南中的一所瓦房，大家常常走过和看见的。他平常乘一部包车。他的思想也是颇稳健的，有些英国的绅士气，记得他曾经谈过婚姻问题，好像是赞美着旧式的。——他对这问题曾由陈衡哲先生写过一篇文章更正了。——可是他对于几个儿子的婚姻，是绝对自由的。他的第四个孩子就是张锡祜老同学，比张先生还高了许多的"长人"。听他的谈话，可以知道张先生是怎样的一个严父，可又是怎样一个可爱的父亲。张先生是把他第四个的孩子张锡祜君送给了国家的。而张君也真尽了他的责任，在一次粤海的空战中因为降落不及张伞而殉国了。后来听说张先生对于这个觉得一种尽了责任的一种安慰，然而想像着这一对父子的健美的人生观，实在让人太感动了。

前几年他的六十整寿，南开学校曾经有过一次"三六募款"会。意义是纪念他六十岁生日和三十年办学的纪念。那一次也正巧是严范孙先生铜像的揭幕礼。严先生是南开的创办人，也是晚清来的一位大教育家，张先生受他的影响不少。范孙楼就是纪念他的。听说这次"南中"劫余巍然独存的就是这座范孙楼，想起几年来的游息之地，这高大的建筑物在四面的瓦砾中，该是无限的寂寞着罢？

南中后面校园右侧，有一个花圃，是专门艺菊的。这也是张先生喜欢的地方。南开的菊花在天津可以说是首屈一指。北方天气冷得早，八月多就凉的很了，等西风一紧，向阳的花窖中满开了菊花，细碎的悬崖菊，千奇百怪的品色。玻璃窗里透进黄黄的日光，外面是虎虎的西风，里面却是暖得很，上课以后人少的时候，就常有白发的老校长的踪迹，他最喜欢一种梨香菊，是带了梨味的。这一切都是温馨的旧梦，提起来让人怀念不已。

张先生对体育是很热心提倡的，看他的担任着全国运动会的总裁判和远运的中国代表就可以知道。这就影响了"南开"对体育的狂热。曾经是全国篮球冠军和天津的足球人材总汇。这种盛况是南方学校看不到的。张先生更喜欢戏剧，张蓬春先生也是旧剧和新剧的爱好者。南开的剧团是前几年全国最活跃的话剧团体，和现在上海的活泼情形很像。那时万家宝（《雷雨》《日出》的作者曹禺）先生就是非常活跃的一个，自己导演自己演出过莫里哀的《吝啬人》，那种盛况真是不易忘记的。

"南开"像一个有趣的逆旅，不少人都在那里休息过。老舍先生就曾经是一个被人敬爱的先生，我曾经读过他发表在校刊上的短篇小说，笔名是用舒庆春，大概和《老张的哲学》的著作年代相当罢，足够一篇古董了。靳以，赵景琛也都是南开的校友。

最近看见张先生在南开三十四（？）周纪念的台上照像，微笑着，听着周恩来氏演讲。周氏也是他值得夸耀的一个学生，老先生是充满着喜悦的心情罢？我祝他康健，巨人似的身型永远在我们的路途上领导着迈进。

五月三十一日夜。

（《宇宙风》乙刊第 10 期，1939 年 7 月 16 日）

记张伯苓与郑通和[①]

（1939 年 7 月 23 日）

全国著名学校中,有三个是首先采用蓝色为校徽色的。蓝色的确是世界上最美丽的色素,艳丽而庄重,严肃而活泼。第一个采用的是北平的清华大学,为其第一任教务长张伯苓氏所手定。复张氏在津创办南开大学,乃仍采用蓝色,以示其精神一贯。是为第二个蓝色学校。复张氏之高足郑通和氏毕业于南开,至留美归国后,任省立上海中学教务长,对校务大加整顿,且建校舍于吴家巷,生气蓬勃,乃又以蓝色为校徽。盖所谓饮水思源也。

张伯苓氏之待学生素主严格,故其手持〈创〉十余年之南开,人才辈出,信誉隆重。郑通和仅其结晶之一耳。据闻,南开教室有特点一,即木壁之上凿有小孔,考试之时,张氏亲临各小孔窥视,故南开学生从无作弊情事。此诚难能而可贵者也。

郑通和氏曾在南开求学六年,故对南开之印象殊深,今虽已离南开十载,然对南开仍不疏往来。而尤以张氏为甚。盖接触之机会一多,承取师法之机会亦必多也。故郑氏则宽以待人,善用精神以感化学生,对同学从无严责,但对公众磋商,集会讨论之时,则郑氏必以正义相折,口若悬河,不稍退缩,虽至亲好友亦不顾。其豪爽若是,故人皆乐与交。安徽人尝自豪安徽出二杰,其一为卫立煌将军,其一即郑通和校长也。其因亦在此。

郑通和尤能严以律己,故熟谂其人者,所见彼之服装,仅有二色,其一为白色之中山装,彼之夏服也;其一为黑色之中山装,彼之冬服也。虽严寒

[①] 署名"枞"。

亦不稍改变,只多加穿黑大衣一件。彼生活之享受,如此而已。故现在上中学生之服装,都尚朴实而不趋摩登,亦郑氏之功也。

　　尝闻张伯苓氏言,郑氏为青出于蓝,实系张氏自谦之语。盖郑氏皆取法于张氏也。今则张氏任国民参政会副议长,郑氏任甘肃省教育厅厅长,两氏均为目前中国有数之教育家,其前途均未可限量。今寥记其一二,以备参考。

（《新闻报》,1939 年 7 月 23 日）

中国教育界两大巨星：
南有李登辉，北有张伯苓

（1939 年 9 月 18 日）

李登辉与张伯苓二位先生，是教育界的忠实服务者。

张伯苓先生生得很高大，十足的一位北方人底体魄。架一副浅黑眼镜，老穿着朴素的长袍，嗓音像洪钟，沉重有力。这一副姿态就叫人信服，因为从外貌上你可以信任他，他是一位怎样伟大的教育家。花白的头发告诉你，他始终在埋头苦干，康健的姿态证明他精神的年青。

张先生演讲的风趣就与他人不同，他常欢喜发问，或是普遍的问，或是指定一位对他个别发问。这种诚恳亲热的姿态实在叫人不忍不回答他，叫人不忍不跟着他底话儿跑。

李登辉先生确也是我国最伟大的教育家之一。李校长生得相当矮，但生得很结实，一双近视眼告诉你他是一位用苦功的有学问的长者。那一种沉着温文的姿态，正合乎一个教育家的身份，对学生底诚挚爱护的态度，实在比阿爸对儿子还真纯。

李校长给予学生底宝物，除了学问与道德之外，还有"苦干的精神""负责"，这是李校长给予我们底最伟大的启示。

李校长不但与学生感情好，即是校工夫役，也无不对他好感。复旦有一位老校工，他在复旦已快三十年了，起初是担任送信的工作，后来则专门侍候李校长。曾经有一年，有位成了名的亲友愿介绍他到一个官厅里去当听差，可以有较好的收入。但是那位校工说："不的，我原愿终身侍候李校长。"李校长也劝他出去,但是他回答说:"不,我愿意终生跟随你。"这也许是一件小事,但正反映出李校长对人态度之真挚,感人之深切了。

李校长是福建人,但早年一向住在南洋与美国,所以国语说得很不自然。李先生底英语,则在国内是数一数二的,英文著作等身,贡献殊多。过去他不大说中国语,惯用英语,那是因为那时他对于国语底说话能力还不够驯熟,可是现在不同了,近年来他总极力说国语。

曾经听得有人说过,道是"南有李登辉,北有张伯苓。"这话说得太妙了。张、李二校长确是我国教育界南北二大巨星,他们有相同的目标与志趣,他们有相当似的事业和成绩。

(《迅报》,1939 年 9 月 18 日)

新的南开[①]

（1939 年 10 月 4 日）

我们应该还记得,一九三七年的七月二十九日在天津的日本华北驻屯军先用大炮飞机轰炸,然后又派兵去放火纵烧,将三十几年来在艰苦中长成的南开学校大学、中学、女中、小学,四部完全化为瓦砾的事实。

这第一个遭受敌人毒手的文化机关——南开学校,他所以遇到这个劫数不是偶然的。三十三年来他从一个小的私塾逐渐的长成为一个中学,而后又设立了女中、大学、小学,他造就了成千百万的青年,而且他们每天都听到敌人打靶练习杀人的枪声,看到敌人和他的凶器时时从他们自己修筑的马路上踏过,在大学与中学之间站立着两个敌人的侵略机关:兵营和同文书院。他们时常的在日本租界里受到日兵的检查,他们又看着日本人将一包一包的私货公开的装入我们客车里。这许多许多的事实,教训着一批又一批的青年,从学校里走出来。这些人,他们和全国各地的青年一样,他们知道自己应该作什么,所不同的是他们平日所认识的更多的一些而已。

他们憎恨着日本,因此日本军阀憎恨着他们,也因此,他第一个在敌人的炮火之下暂时的化为瓦砾。

不错,敌人已经炸坏了我们旧的,但是我们又建设起新的。

从一九三六年的春天,南开已开始预先在重庆筹备设立分校,经过半年努力,九月十日,南渝中学在重庆市外沙坪坝开学了,学生有二百多名,教职员有十八名。他们预计第二年学生可增至四百多名,第三年可增至五百多名,但是到第二年学生总数竟达九百多名,第三年可达一千四百多名,

---

① 作者李洪。

第四年(今年)开学时至少学生可有一千六百多名了。

今年春天，南渝中学又改名为南开中学，这新的南开中学比旧的南开中学要辉煌得多，一座又一座洋楼在建立，荒山变成了学府，在这里生活着许多青年，这些人和在天津时候的学生们一样，他们知道他们应该做些什么。

当八月二十八日敌机夜袭沙坪坝后的第三天，记者到南开中学去参观，该校的创办人六十五岁的张伯苓先生，精神焕发的和记者说："日本炸毁我们一个旧的，我们建设一个新的，建设一个更好的。前天夜里敌机又到这里投弹，我不怕，他再炸毁了，我再建设一个更新的。我相信，我在不久的将来，总可以在天津的旧校址上再建设一个学校。"当记者问到他参政会的情形时，他接下去说："我以前不愿做政治活动，我以教育为自己终身的事业，以学生的成就做为自己的快乐，但是，今天我的想法变了，我们的目的是要救国，只要是有关于救国的工作，我就干，参政会内各党各派以及无党无派的参政员，大家精诚团结，为国家为民族的精神，使我十分感慰，我相信，中国解放的日子不远了。"

(《芷江民报》,1939 年 10 月 4 日)

校长伯苓先生鼓励校友热心政治

（1940 年 2 月 15 日）

政治为教育、实业、学术等凡百事业之基础，政治不稳定，国家建设无从作起，个人事业更难望其成功。即以南开而论，过去之直奉、直皖、津变诸役，俱使南开事业为之动摇。此乃政治不安定，影响于教育事业之明证。故欲建设国家，必先有良好政治；欲个人事业成功，必人人参加政治。过去政治之所以不良，实由于大家对政治不感兴趣，对政治不去过问所致。校长伯苓先生有鉴于此，认为凡吾校友，过去可以不问政治，今而后必须人人参加政治，因为你不过问政治，政治便要过问你。

参政为国民天职，南开校友之过问政治，并非放弃自己职业加入政治舞台。吾等不应以政治为生活，亦不应以干政治而思得名。吾人之热心政治，乃纯为爱国心与责任心所驱使，预备牺牲自己时间、金钱与精神作政治建设。所以吾埋头苦干各有职业之校友，应当联合起来，主持正义公道。吾人作事更应清廉、负责、不腐化，为国家图富强，为民族求生存。

此为校长最近对于政治之看法，并决定推动全体校友热心政治，更以此为校友会主要工作。至详细办法正草拟中，容后公告。

（《南开校友》第 5 卷第 4 期，1940 年 2 月 15 日）

老当益壮之张伯苓①

（1940 年 6 月 13 日）

国民参政会副议长张伯苓先生，是中国著名教育家，他一手所创办的南开大学，在天津成立足足有四十年了，战事起后搬到重庆，已完全改为国立性质，张氏仍旧担任校长一职，他对于南开确实用尽了心血和力量。虽然是一个私立学校，可是一切设备都比普通官立的完备而周密，三四十年的光阴中，造就出来的人才真正不少，毕业人数在一万以上，桃李遍全球。

他创办这个南开的动机，说起来很有趣味。在四十年前，他从外国留学回国不久，住在天津，一天，走在街头，看见一个外国兵士，抓住一个中国人苦打②。他感觉到中国人之所以被人侮辱，是因为智识落后，换句话说，便是教育不普及。他便请求他的父辈严范孙先生，设立一个学校，初名敬业学校，后来改为南开。至民国八年成立大学，张氏经营这南开大学，他对人说，自办校起至目下止，从他手中所使用的金钱，已超过了八千万元的数字③。

他现在已是六十四岁的老翁了，可是他那老而挺着腰肢，嘻嘻哈哈乐观的精神，却好像四十左右的壮年。他具有极健壮的身体，他是一位体育家，同时又是教育家和演说家，每次在会场上演说，长篇滔滔，听的人非常注意。他说话是那么安详而沉静，说话神气，老是那么够味，使全场听众倾神而听。一个左手背在背后，一个右手伸着食指，很有条理地侃侃而谈，既

---

① 署名"敉平"。
② 史实不确。
③ "八千万"数字不确。

不过火，又不太瘟，有时来一个有趣味的穿插，幽默一下，人们在紧张的当儿，便不觉哄堂地笑了。张氏虽然已六十多岁，但他的好学之心，比一般青年，实强过万分。他每天都抽出正六个钟头读书写字，一刻儿也不肯休息。除此以外，更可为一般青年所师法的，便是他生平勤俭，任劳任怨。他终年不大穿绸缎，更绝少看见他穿漂亮的西装。除了他在出洋之时，不得已才装上西服。在平时，粗布衣裤，粗布长衫，比起冯玉祥将军的粗布军服，并无多让。

张氏在体育界可算是一位前辈，他在美国所学习的是体育，著名体育家麦克乐，是他在美同学①。他主张体育应当和教育并重，他从我国体育萌芽时代，一直竭力培植到今天，虽为中国体育界出过很大的力量，他曾为大规模运动会的总裁判在三十几次以上。全国运动会，一共开过了八次，每次都是他担任大会的总裁判。担任华北运动会总裁判在二十次以上，远东运动会在上海举行时，也担任了总裁判两三次。前教育部长王世杰氏曾经和张氏开玩笑说道："张先生是中国体育界中无限期的总裁判。"他为全国运动会的爱戴，自不待言，因为张氏裁判之时，公平而恰当，片言可解纷争。惟有他那安详和沉静的态度，才会使人十分满意而服从的。

张先生的夫人王淑贞女士，是一个旧式女子，一共生了四个孩子，夫妻间的感情是很好的。张氏常在朋友面前称赞他夫人有三点好处：（一）处旧式家庭之得宜。（二）教育四子之成绩。（三）和他四十年来个人所得之安慰。据说，张氏从来没和夫人拌过嘴，红过脸。张氏年来奔走国事，他很是努力的，他因为没有家庭的羁绊。他夫人完全把家庭撑支了去，使得他能够专心于国事，这是张氏生平所最得意之处。

他在重庆，常常召集南开校友，勉励他们努力学业，不要忘去自己的责任，这不能不说是由于张氏诱掖之功！张氏是一个基督教徒，他在二十三岁时，就开始信仰基督教，他的社会服务旨趣，是以牺牲为荣，不自私，不为己，所以他能有现在伟大的成就，完全得力在宗教上面！

（《东方日报》，1940 年 6 月 13 日）

---

① 二人非为同学，无此事。

张伯苓先生①

（1940 年 12 月 10 日）

——老的毁坏了，新的起来了。

我们做自由的战士，不做人家的战马。

——张伯苓

（一）张伯苓先生的精神

国民参政会副议长张伯苓先生，是一个有见识，有计划的非凡人物。四十年来，他是中国伟大的教育家，抗战以后，他是"精诚团结，抗战到底"最有力的支柱。

他把终身献给教育，当他年青的时候，在北洋水师学堂学海军，他那时认为海军可以救国，中国的失败是海军失败所致。有一次他到了威海卫，看到外国人的体格一个个活跃健强，与自己同胞的衰落身体比较一下相隔太远了，当时他受了很大的刺激，于是他决定放弃海军而就教育。他认定挽救国运复兴民族非从教育着手不可，这一个决心使他以后从事教育四十年如一日，不曾一天懈怠。正如他常常对学生说的："不要选择阻力最小的，在人生的征途上阻力最小的路子是往往达不到目标的。"他就选定了这条阻力最大的路，走了四十多年。

他平时的生活简单，严肃，每天早上六时必起来，绕着学校散步，计划

---

① 署名"若霞"。

改进学校,某一块空地怎样处置,都是他这样慢慢的计划出来的。校园中许多学生,见到这位慈祥的校长来了,恭敬的向他鞠躬,这是他最愉快的事情。

他体格很高大而健强,头发已经斑白了,还有燕赵壮士之风。他经常穿着长衫,戴一副老花眼镜,拄一根手杖。他和他的夫人感情极好,他对别人说,他们俩从没有吵过嘴的事。他的事业成功得他的夫人的助力很大。他有四个儿子,老夫妇很想有一个女儿。他像自己的子女一样地爱护每个学生,关切所有的校友。

他做事认真,但从不轻易动气。态度和善而有威严。

对国家前途绝对乐观,他说:"我对国家一点也不慌。"他不喜欢人们空叫不满现实,而主张改造现实,他常常说:"摔倒了再爬起来,愈是倒霉的时候,愈要振作。"

他不善于词令,但他说的话,句句是经验之谈。他说话朴实,不用理论公式,不加一些点缀,可是亲切而有道理。

"南开大学的特长是长,长,长,老在长!"张先生的特长也是长,长,长。

(二)努力教育四十年

要认识今天南开的发展情状,便要从最早追溯起。在废清时有一个教育家严范孙先生,他参加戊戌维新运动,提倡改革教育失败后,为清廷所忌,因之弃官归农,从事教育事业,成立了一个私塾,张伯苓先生便被聘为英、数、理、化等科的教员。那个私塾就是今天南开的雏形。

南开学校正式成立是在满清光绪三十年,那时只有七十几个学生,张伯苓先生的惨淡经营,严范孙先生的竭力支持,发展到今天已整整的三十六年了,现在小学、中学、大学、研究所都已具备,为国家造就的人才,更是桃李满天下。

张先生办学的精神,始终一贯,日求进步,认定教育是改造国家最有效的办法，以"公能"两字作为校训，平时重视体育，提倡用科学仪器，全国以南开为最早。他常说："学校常在改变中，要不改，我们就要完了。"又说："南开教育方向是一定的，数十年方向不改变，方法是科学的，前进的……年年革命。"

天津的南开是"七七"抗战后二十天即被敌人炸毁的，可见敌人仇视南开之深。校址被炸毁后，张校长说："敌人所能毁者都是南开的物质，敌人所不能毁者，是南开的精神。南开的精神是开辟的，创造的，能创造永远不怕破坏。"所以他不等敌人炸毁老的，而新的早已建立了！

"老的毁坏了，新的起来了！"现在重庆南开中学是在抗战前一年就开了学，民国二十四年建筑时，蒋委员长也捐助了五万元建筑费。张先生有远见，有计划，能认清大势，早看出重庆是抗战的中枢，足为全国教育界的先导。他常勉励同学说："你们在天津入学，在重庆毕业，用不着感慨，这是表示敌人永远打不倒我们！"这话的见地，是多么坚决而正确。

南开有一件东西，二十年前外国人参观问张校长，学生们一个个生气勃勃是什么原因？张先生指着一面大镜和上面的字回答：那上面写着"面必净，发必理，衣必整，纽必扣，肩必平，头容正，胸容宽，背容直。"两边写着："气象：勿傲，勿暴，勿怠；颜色：宜和，宜静，宜庄。"这种镜子，现在的南开每座大楼中都有。张先生常爱以这件东西代表他训练青年的作风。

蒋委员长对张先生说："有中国就有南开。"南开虽是私立的，但他的生命与国家的生命息息相关着，一般人批评南开学校校友会与黄浦军校的校友会，是中国所有校友会中，组织最完备的一个。

（三）副议长张伯苓先生

在办教育时代的张先生，对于政治抱着孔夫子"道不行，乘桴游于海"的超然态度，一心埋头教育，却不知道"天将以夫子为木铎"的事情。

张先生十几年来对政治不热心，不参加，唯抱定宗旨办教育，认为把教育办好，责任也就完了。可是客观的环境（连年屡次的内战）都影响他的学校。"九一八"后,南开的操场常给敌兵用以操演,枪炮声音震动课堂,青年的学生们气愤填胸,张先生也受不了。于是在他心里萌芽了抗战的决心。他自信自己还很年轻,一点也不老。他说过:"抗战后,日本将我赶回二十年,我今年才四十岁。"(张先生今年是六十岁了。)他也就是"今是昨非"的跑出了教育的围墙,领导着他的学生,踏进了抗战的大时代。

"最近几年,我有一个觉悟:知道一个国家一切是以政治为基础,教育、实业、学术等皆建筑在政治方面,基础不稳定,一切皆随之动摇。"张校长一向"教育至上"的超然思想打破了,他存在的客观环境决定了他的意识,他开始转变。这一转变,影响他的一生与事业。以前对于政治可以不管,可是,现在不能不过问政治,你不管政治,政治他要你管。于是他鼓励他的学生们参政,叫学生们为国出力。他自己实地参政,而且被推为国民参政会的副议长,坚持了五届大会。但是"我们加入政治无其他作用,最大的作用是富强国家,求子孙不作奴隶,希望产生一个眼光远大,公正无私的议会,建国乃有希望。""全国好人不管政治,一定让政客们把持,这样国运便不堪设想了。"这些话充分表现了他的一片苦心,不带丝毫副作用,说明他只是为了实现宪政,实现民主政治,实现一个理想的议会。

(编者节略)

(四)抗战到底的人物

抗战以后,张先生最大的成就是做了"精诚团结,抗战到底"的有力支柱,每次参政会开会时,他以副议长的地位解决许多争执的案件,对于会场上的团体精神,更是用最大的力量维持着,发扬着。

当第一、二届参政会在武汉举行时,那时是汪精卫做议长的时候,会议上时有汪逆爪牙散布和平空气,引起大多数参政员的严重反对,他却煞费苦心的主持会场。

张先生对于抗战的认识,更为坚强彻底,根据事实,根据经验,他认为早四十年日本打中国那就危险了,现在的中国是有办法的。他坚信无疑必获胜利。他是坚持打击妥协份子，打击恐日病的有力人物，他说："中途妥协，敌人决不会让我们完成建国工作，同时世界大战终于不可避免，如果我们不为自己打，与敌人妥协后，到世界大战那天，敌人定要迫我们为他打，我们会由自由的战士而变成人家的战马，现在屈服下去是不行的。"这就是他所说的话。

他在四川创立的南开，规模宏大，设备完善，便证明他有长期抗战的决心与准备。现在他对学生说："诸位不要希望短时期内回天津，时间短便只有屈服！"

他估计敌人的力量非常透彻，"现在日本人进又困难，退又不好，他们的前途没有一点光明。他们才真苦呢！日本侵略中国决不成，他的眼光太小，用种种苛刻的手段压迫我们，我们坚决抵抗。我们这个民族，几千年来有一种大力量，对弱者可用这种力量溶化，对侵略者可用这种力量抵抗他。"这又是他正直痛快，一点不含糊的语气。

总括来说：张先生毕生努力教育事业，不懈不挠，六十岁后才参与政治，思想是愈来愈年青了。他的大公无私和他的为国努力，使得他成为中国伟大教育家中的一个。

（《现代青年（福州）》第 1 期，1940 年 12 月 10 日）

校长近况

（1941 年 4 月 15 日）

力疾参政——校长患摄护腺①发炎之症，忽忽半载有余，数月中住中央医院四次，所以未曾正式运用手术者，实因第二届参政会早已定期开会，校长须出席大会也。第二届参政会第一［次］大会，已于三月一日至十日在陪都召开，校长力疾出席，当选主席团之一，虽颇劳碌，但精神甚健，病亦未发。

入院割症——校长于三月十六日向全校师生讲演毕，即入中央医院，运用手术，割治患［摄］护［腺］炎症。于十八日上午，由王立耕大夫施行手术，同学闻讯，纷纷请往输血。经过异常良好，四月二日返校，全校师生无不称庆。

主持劝债——母校师生于四月五日晨假大操场举行兢购战债大会，校长亲自出席主持，会场情绪异常热烈。教职员为一单位，学生每班为一单位，共三十六班，校工、校警、厨工亦均参加，结果共购四万三千二百三十元之债票，成绩极为美满云。

六六诞辰——五日为校长六十六岁诞辰，正值大病初愈，故校长精神非常饱满。该日校友周恩来、杜协民、李士林百余人均返校致贺，各地校友亦多来电致贺，兹录各电电文如后：

一、张伯苓夫子钧鉴：欣逢寿诞，喜瞻南极星辉；引领江城，晋领冈陵之祝。受业蔡同方、熊遐龄叩。

二、喜值嵩辰，恭祝千秋。弟周诒春。

---

① 即前列腺，笔者注。

三、海屋添筹,寿域无疆。张松龄、赵光辰。

四、南极星辉,举世共庆。香港南开校友分会致贺。

五、今日欣逢华诞,南开校友均此称觞,弟忝得与会,同致颂忱,特电敬祝健康。弟吴鼎昌。

六、寿辰之禧。西北农院校友分会谨祝。

七、兹逢六六诞辰,又值宿症新痊,门墙小子,罔不欣欢。恭维万寿无疆,学校蒙麻,德猷日隆。功在党国,谨电遥祝,藉表微衷。受业孟琴襄、张肇海、敖世珍、钟体正、张志青敬叩。

八、万寿无疆。河南分会敬祝。

九、伯翁校长大人函丈,敬肃者:月之五日,欣逢吾师六秩晋六大庆,受业等抚今追昔,弥增兴奋。前闻吾师入院根治宿恙,经过良好。尊体康复,精神益壮。喜讯传来,不胜雀跃。敬维吾师高年硕德,为国宣劳,惓怀宗邦,每兴击揖之思。领袖群伦,益振木铎之风。今者,祖国国运,庆转鸿钧;母校前途,益增光明。花甲再周,允称人瑞;三庆齐臻,敢申贺忱。仁盼时锡南针,俾资遵循。专此奉祝,祇颂

福体,安康

万寿无疆

南开校友会重庆大学分会全体校友敬贺

三十年四月五日

(余略)

(《南开校友》第6卷第6期,1941年4月15日)

张伯苓先生谈教育①

——阐述南开的教育精神　提倡科学与注意体育

（1942 年 8 月 26 日）

国民参政员张伯苓先生，是国内著名的教育事业与体育事业的领导者，他四十年来献身教育，南开学校在天津□经敌寇的摧残，在重庆又复兴了起来。抗战以来历任国民参政会副议长，对推进团结，树立民主政治基础，厥功甚伟。

记者于日前特赴南开，访问张先生于该校南端的津南里——这有着寓有深意的名称的地方。

十年来，张先生已有些苍老，两年缠病，幸已痊愈，然从体态上看，他仍然是一位强健的老人。他的谈话充满着对中国光明前途的信心，对教育事业的热望。

"我一生与政治无缘，过去，我从来不愿意参加政治活动，更不愿意做官。当年在北方时，很多人都劝我做官，甚至三番五次的逼我，但都经我坚决的拒绝了。在那种黑暗恶劣的政治环境中，一个人是绝对不能起很大的作用，而且做了官反而不能由自主，空增加许多麻烦，所以我决定办教育。我的目的就是为的救国，要使国家变好，必定要使每个人先变好，这就要靠教育的力量。

"在那时，我办教育的情形好像一只戴了眼罩的马，不顾荆棘满途，拉着载重的车子，一直向前跑，数十年来都是向着一个不变的目标——救国。

---

① 本文为张伯苓接受《新华日报》记者克立的专访。

"现在国家的情形和以前的可不同了。现在的官，是人民的公仆，是要为人民服务，现在国内有着空前的统一，——过去互相仇恨的，政见不同的，现在都团结在一起，这就是因为大家有着抗战这一个共同的目标。蒋委员长的抗日国策是完全对的，而他能成为伟人，也就在此。

"过去政治上的一些不良现象，是在慢慢的革除。以买粮一事来说，若不是在抗战的号召下实行起来，一定是非常困难的。但由于蒋委员长的决心与再三的昭示，使人民能踊跃输将，贫苦的在纳粮，富有的也得出粮。这都是中国政治上的进步。

"在抗战五年中，虽然失去了大半土地，政府现在四川，然而国家是愈打愈强，并且得列为世界四大强国之一。中国一切都是有办法的，抗战的胜利是不成问题。

"我已说过，我一向是不愿意过问政治的，可是我现在是当选为参政员，若能因此为国家多尽一份力量的话，也还好。但是我是不善于处理许多行政上的事务的，完全卷入政治漩涡也是我不愿意的。其实说起来，教育还是脱离不了政治，教育事业是需要在贤明的政治的扶助之下，才能得到大量进展的。

"我办教育是本着'公能'二字为目标（这是南开校训），这二字非常简单，含义也明确。'公'即是教人要为国民谋利，为国家做事，而不要只贪图私利；'能'即是要训练人的智力与技能，使每人能有现代技能，建立强盛国家。这个目标四十年都没有更变过，并且将来也不会变更的。

"办教育的人，必定要以教育为终身职务，而忠于这职务，这样教育才能办得有成绩。绝不能以教育事业为暂时栖身之地，因为它不能帮助你图名获利，不然的话，就只有半途改行。南开学校今年已有三十八年的历史，我从来没有离开过，并且在这以前严范孙先生创办的六年中，我就和严先生在一起。南开的许多人员也大多数是十年前就在南开服务的。

"另一个重要的问题就是：学校要有学风，比如南开的学风，便是表现在新生到校后不过一个星期，就会全熟习和安于学校的环境，学生与学校之间，非常融洽，像是生活在自己的家庭一样。从每年来投考的报名额数，也可以看出大家对南开的景仰。去年投考来的学生有一千七八百人，今年的人数也不会少，现全学校的学生，有一千八百余人，这些学生从各省来的都有。

"总之，以'公能'为目标，办教育的人员都能忠于职务，学校自然能办得好，这是现在许多人都想向南开学习的。

"正因为南开有这特点，所以敌人非常仇视南开，当日寇一进占天津时，南开便首先被摧毁。那里我正在南京，曾有中央社记者问我的态度，我回答说：'我一定要复兴南开。'南开虽是费数十年精力经营起来的，但我决不愿意凭吊已往，或满足于过去的成就，我还要以我全部精力，恢复南开大学部、中学部，以至小学部。

"至于，南开与清华、北大三校组成的西南联大，我敢保险在抗战时期，是决不会像其他学校一样中途分开的，但在抗战胜利后也一定要分开，因为这三校都有着不同的特点，这些优点是应该保留着的。

"提起体育来，想当年我和几个年青的人，在严先生的书房中，用两个凳子，中间架起一条鸡毛帚，大家跳来跳去，想升高一些，就在两边凳子上再加上两本书，这就是我们最初的体育。后来许多学校中虽增加了体育这一科，但仍未引起社会人士重视，所以过去在体育的推动上，要费很多气力。现在政府也注意体育了，在教育部下设有专门部门主管，并且为推广国民体育，特定名为国民体育委员会，将来还有改为体育司的可能，我现在仍任中华全国体育协会主席，社会上能重视这工作，我就放心了。

"还有在科学的研究方法上，南开也曾尽□倡导之力。我国最初的学堂上理化课时，都是教师自己拿了试验器具在讲台上试验，学生呆呆的坐在下面看着，听着，但当民国元年时，美哈佛大学校长到南开参观，看到这种情形就立刻对我说：'你们不研究科学便罢，若要研究，用这种方法是不会学精的……'我听了这话，便立即把一排宿舍拆去，盖成一排试验室，使每个学生都能得到亲自研究的机会。后来各学校都这样做。南开毕业出来的学生，大部份都能升入大学，这与科学基础较好，有很大的关系。

"现在的教育，体育都不成问题，将来会更进步的，对这些我都非常放心了。"

　　张先生一直兴奋的谈了将近两个钟头，不时高兴的笑起来，在他的内心是充满着因对中国前途乐观而感到的愉快。

（《新华日报》，1942 年 8 月 26 日）

威尔基赴沙坪坝参观中大南开(节录)

(1942 年 10 月 6 日)

　　威尔基由顾次长毓琇于五日晨九时陪同前往沙坪坝,参观中大、重大、中工及南开四校。威氏一行抵达南开时,二千余学生列队欢迎,威氏遂下车为礼。学生均着制服,精神振奋,当时高呼下列英文口号:"欢迎威尔基先生""民主国家及民主主义万岁""美国万岁""中华民国万岁"。威氏极为感动,频频点首致谢。行至排尾时,见一八龄女生,威氏即趋前询问其名,且吻其额,并谓,"你这个孩子真正可爱。"

　　是时张校长伯苓率领全体教职员前来迎接,威氏即告张氏曰:"你们这样的欢迎,比较世界各首相对我的欢迎还热烈得多,本人衷心至为感谢。"张氏旋陪同至客厅休息,请其对该校有所指教。威氏询问关于学校设备情形及学生生活情形等问题,张氏一一答复,威氏极感兴趣。谈话毕,开始参观图书馆、宿舍、体育场各部门后,向学生发表演说。威氏盛赞中国五年来国民教育之成功,相信数年后中国男女均能□读,此为民主的基本的希望。威氏并称,"余昨晚与蒋委员长谈话时,渠曾谓民众教育为政府政策中之一种最重要措施云。"

　　十时许,前往重大参观。

　　威尔基五日下午　时半在寓所接见史迪威将军,……①三时四十分,张伯苓往访,谈约一小时辞出。

(《革命日报》,1942 年 10 月 6 日)

---

　　①　此处为编者节略。

南开精神①

——纪念南开三十八周年校庆

（1942 年 10 月 17 日）

南开精神何在？潜移默化在师生的言行动静中，表现在学校行政、训育、教务以及各种活动里。从创办到现在，三十八年如一日，形成今日之校风、校格和校誉。

三十八年前的南开学校，藉严范孙先生家以为校，其时仅屋一椽，学生十数人，校长张伯苓先生亲自授教。及满清末年，政治窳败，伯苓先生志以教育救国，乃约二三知己，创建天津南开学校于华北。成绩昭然，莫用褒扬。抗战初起，伯苓先生卓然徙校于重庆沙坪坝，建重庆南开于嘉陵之滨，设备完善，教训严格，图书充实，校舍巍伟而庄严，一切设施均以天津南开为依归。青年学子乐往求学者千七百余人。男中女中共六级三十六班。追昔鉴今，三十八年，发展如是，诚以元气未丧，精华日增之故。

传曰："其身正，不令而行；其身不正，虽令不从。"校长伯苓先生为人仁蔼慈祥，豪迈而严肃。有毅力，有卓见，士咸乐为之用。故能贯彻其精神及于全校师生。

然而天下事凭一人之力不足有成。南开固幸有贤明校长，亦庆有精明干部。故南开的行政机构，可称健全。南开藏书二万卷，仪器足用，所以南开的科学教育可以实验与教本密切配合，不致有纸上谈兵之讥。

南开教师，在比较严格的标准下选聘。负责勤教是他们的共同精神。

---

① 作者范祖珠。

如严父如慈母和学生生活打成一片,而学生敬师爱师也能相与感应。

整个南开的教学历程,自行政至训教各方面表现出和谐的旋律和笃行的毅力。加以南开是私立的,不受行政当局更移的影响,所以南开更具有稳定性。三十八年以来,在稳定安宁的环境中,有计划的校政下,其成绩是累积而递进的。

或谓"南开是贵族的学校",其实不然。南开学生多半来自富庶之家,实际潜伏着许多清寒子弟。学校生活简单朴素,无贫富分野,个个布衣素食,在艰苦生活中受战时教育的锻炼。南开最艰苦的是教师,然而他们不忍舍离南开,另寻待遇稍厚的工作。他们对南开有了感情,他们视南开如生命。

南开学生来自高级知识分子家庭,因为先天的优越,后天环境的优良,家庭教育的良善,无形中增加了学校教育的效能。大体说,南开学生天资聪颖,天真活泼,深思勤学,忠厚笃诚,勇毅仁侠,素而有华,卓异庸俗。他们能吃苦耐劳,有坚忍不拔之毅力,有勤学不懈之精神。他们对知识的吸收力大,消化量强;不怕难,尤其不怕考。他们能动能静,在操场上英勇壮健,活泼生动;在实验室里潜心研究,精心观察;在自修时肃静而无哗;上课时专心致志,精神饱满。

南开校友富有团结精神,关切之情,有若手足。南开毕业生如升学,十之八九可以录取;如就业,则能劳,能谦,能思,能诚;其留学回国的校友在社会各部门中多能发生宏大力量。所以南开的校誉,校格也便在一批批校友们的学行和工作成绩中,日渐增高。

今夏投考南开新生有四千余人之多。南开能有今日的声誉,非一朝一夕之功,学校的灵魂则全在于精神。

在今日南开三十八周[年]校庆,敬祝南开精神无疆,为国育才!

(《大公报》重庆版,1942 年 10 月 17 日)

二、南开大学被迫南迁至全面抗战胜利时期的张伯苓

周静安访张伯苓纵谈实验教育

（1942 年 11 月 29 日）

一个浓雾的早晨,记者同社会教育家周静安先生,自城隅转向沙坪坝。这里是有名的文化区,参观战时学府后,再转向南开,拜会了老教育家张伯苓先生。经过介绍后,周先生很谦虚的说明来意,他以坚定的语气说明现在的教育,太离开事实了。他说:"农村的子弟,百分之六十以上,是无力升学的,但是当今学校所重视的,是英文同数学,对于学生终身用之不尽的国文、史地,反而忽略了。结果,所用非所学,所学非所用。"

张先生听了,频频点头微笑。周先生更针对时弊,提供了具体的实验意见。他继续说:"将来学校教育的普及,与时间的短长,现在的初中,已相当美国九年的义务教育,教育既成为义务,自然受教育的人民,不能让他们保持特殊地位,所以在学校的训练,不能养成一种虚靡习气。湘省枫林中学实验教育的目的,即在求人尽其才,学尽其用,使社会与学校相沟通,使教育对职业有补助,使人类各部分可并用。因此,枫林的教育目标为:生产化、社会化、劳动化。为了达到三化的目的,乃有"四自""五子"的训练方法。"

谈到这里,张先生更动容了。连声的赞道:"合理!"

周先生不待他讲完,又继续说:"枫林为了配合这个目标,对实验教育的课程,也略有一点更动。第一学年(初中)应以国文为中心,史地、公民为辅助,俾充实学生国学基础,以便吸收科学知识,发表自己意见。第二年再以数学为中心,以训练其科学头脑。第三年则分为两组,升学组乃完成其初中应读之学科(侧重英、数)。就业组则予以智识技能的训练,如工艺、农艺、地方自治、簿记、文书、教育等。如此,使学生可应用其智力,发挥其力量!"

张先生听了这具体的方案后,更表现一种欣慰的情绪,随即以诚挚的态度说:"现教育确不合理,正需要有热忱的教育家,去另谋出路!"并且以手指划成"长"字说:"这种教育事业的收效,必需有长的时间,因积长期的奋斗,始可转移社会风气,扩大实验范围,同时为了充实实验内容,也需要相当的设备经费!"

周先生听了这一番话后,更以坚定的语气,说明他为教育奋斗的决定,说:"在二十年以前,我已从事于教育事业,经过了长期的奋斗,更树立了我的信心。回首在二十一年以前,开创民范女子职业学校,最初仅二十元成本,现在虽房子毁了,毁于长沙大火,剩下的地皮机器,还要值几十万呢。十一年前创办枫林学校时,最初仅十元开始,后来居然博得大众的同情,一时长沙教育界名师,均为我义务任教,热心社会事业者,也慷慨输将,终奠定了枫林中学今日的初步基础,这全是社会人士共同协助的结果。所以我常说:十元兴学,功在众人。关于经费问题,我向来不甚重视,认为无'贝'之'才'比有'贝'之'财'还要紧些!"

说到这里,张先生连声的说道:"很好!""很好!"……"你可努力做下去!"

坐谈已近一点钟了,张先生刚从病中好起来不便再谈下去,于是周先生和记者就和这位长者告别。

(《中央日报扫荡报》合版,1942 年 11 月 29 日)

张伯苓信人到底①

（1942 年 12 月 25 日）

"自信深，信人亦深。"这是一件很明显的事，"疑人莫用，用人莫疑。"这是大人物行事的信条。前南开大学校长张伯苓，他能驰誉于国际之间，完全在他的有德有容有量，事事信托别人。他曾经这样说过："我不信则已，我相信的人，如果有事情托他，即使他办错了，我还是用的。因为错了可以改正，有错的经验，才有不错的发明。"这几句话，不独是深中肯綮，而且绰有蔼然长者之风。

不过，信人也不是易事，必其人有可信之点，才可以相信他。这要在有识人的目光，不是胡乱可以做得的。张伯苓眼光好，所以才不会托错了人，损及他们的令誉，而终于博得了信人之名。

（《海报》，1942 年 12 月 25 日）

---

① 署名"楚峰"。

伯苓校长诞辰荣庆

（1943 年 10 月 17 日）

到会校友

今年四月五日,为张校长伯苓六秩晋八诞辰。在渝校友于四日在南开中学聚会,预祝校长寿辰。校长于五日备餐,招待校友。南中学生于五日晚举行祝寿游艺大会。校友送来贺件甚多。四月四日上午起,即有校友来校,久别重逢,倍极亲热。开会前,在签到薄〈簿〉上签名者,先后有雷法章、查良鉴、唐际清、施念远等一百五十七位。

校长训词

四日下午五时半,校友会在南开中学图书馆开会。首由校友会主席张平群宣布开会意义,旋即请张校长训词。校长于校友鼓掌声中起立,向大家含笑道谢,精神甚为愉快。校长今年六十有八,看样子是要年青些。近年来虽患摄护腺炎,时须休养,但仍健壮如常。至于精神之好,尤不减当年。校长说,"我才只有六十八岁,距八十岁还有十二年,我至少还要再干十二年。"真是不服老。校长申述对于校友的希望,除去希望校友各在职位上,为社会服务外,并希望校友帮忙母校,恢复旧的,发展新的。大学是要恢复要独立的,而且要在他处分设一、二学院。至于中学,重庆的继续存在,天津的恢复。将来的首都要新设一校,他处如有可能,亦可分设。"校长加重解释南开"公"与"能"之精神,且谓,"欲保持而发扬此种精神,南开永远必须是私立的",因此校长希望校友以人力或财力帮助母校,达到恢复与发展的目的。校长训词达四十分钟,于校友鼓掌声中就坐。

校友欢聚

校长训词后,主席张平群提议筹募"伯苓校长奖助金",全体一致通过(详见另条)。次有校友薛桂轮、雷法章、魏文翰、范士奎相继致词,表示爱戴校长,协助母校,以求恢复与发展,并响应主席之提议,决定筹募"伯苓校长奖助金"。将近下午七时,由王文田与张淑贞(张希陆夫人)招待校友,鱼贯而进女中食堂吃寿面。打卤、炸酱、溜黄菜、面筋丝炒豆芽及其他,不免引起校友回忆起"天津味",当然更增加一分"打回老家去"的决心。一顿盛餐,皆大欢喜。又重进图书馆,个别接谈之外,且有平剧清唱、笑谈。晚九时许,大家始尽欢而散。

校长招待校友

四月五日为校长诞辰正日。是日上午十时校友陆续到津南村三号公馆,个别向"寿"字行礼,有师母与公子、儿媳还礼。张伯苓与各位校友握手招呼,垂询个人情况。十一时半起,校友先后在校长公馆吃寿面,至下午二时许始毕。第一日未到而第二日到者,又有校长之令妹张祝春(马千里夫人)与外甥马秋官,以及校友梅贻琳与王正儒等三十余人。此外,南中学生三十六班,每班各举代表一人,赴校长公馆祝寿。

游艺大会

当晚七时,南中学生在礼堂举行祝寿游艺大会,有女学生上演之《野玫瑰》,男生上演之《可怜的斐迦》,中大与重大校友上演之《婚后》。中间复插以歌咏、舞蹈、火棒等。节目精彩,观众特多,热闹异常。寿翁偕师母到场,时露笑容,直至夜十时许,始返舍休息。

贺　联

校友分会与个人先后拍来之电报,与寄来信函表示庆贺者颇多,且均富有意义。兹录二联,以示一斑。

尼父在朝北辰拱曜,
文翁入蜀南极腾辉。

王东原、杜建时敬贺

献寿今年聚桃李,
称觞明岁醉津沽。

校友总会敬贺

"四""七"奖助金

四月四日晚间,在张校长诞辰庆祝大会席上,主席张平群宣布,明年四月五日,为校长六秩晋九大庆之日,依庆九不庆十之惯例,明年校长诞辰,须扩大庆祝。又加以明年十月十七日,为母校四十周年纪念大庆,更应谋有以纪念。兹承一部分校友之请,提议筹募"伯苓校长资助金",一以奖励服务勤劳之同事,一以补助家境清寒之优良学生。为纪念四十周年,款额暂定为四十万元,希望实得之数,为四十万之数倍也。此议一提,全场校友鼓掌响应,一致通过。惟嫌四十万为数之太小。(按此数后有校友建议改为四十与七十相乘,即二百八十万元。后经筹募委员会商订,改为四十与七十相加,即一百一十万元。如能超过此数,自所深盼。)旋即选举筹募委员会十五人,进行筹划。当选者为何淬廉、伉乃如、喻传鉴、张平群、王文田、王恩东、潘仰山、周恩来、魏文翰、薛桂轮、张锡羊、郑通和、杜建时、李子明、施念远等诸校友。筹募委员会于四月二十五日在南中津南村召开首次会议,决议事项如下:

（一）设常务委员会五人,喻传鉴、张平群、王文田、王恩东、潘仰山。

（二）设顾问二人,伉乃如、何淬廉。

（三）筹募缘起与办法,推喻传鉴先生起草。

（四）名称订为"四""七"奖助金募款委员会。

（五）筹募款额暂定为一百一十万元。

（六）募款自十月十七日起始,至十二月卅一日结束。

（七）募款以选择校友较多之地点为中心。

（八）募款时,各地校友得分队进行。

（《南开校友》第 7 卷第 1 期,1943 年 10 月 17 日）

校长的健康情形①

（1943 年 10 月 17 日）

关于校长的健康状况，我想这是多数住在远方同学所想知道的。

他的身体，在三十岁以前，是很瘦，可是后来渐渐的胖起来，康健就也随着年龄增加起来。他的食量很好，每天的早点，可以足够一个青年人的一顿午饭。他又能睡，每天大约可以酣睡十一、二小时，据医生说，这就是他所以健康的原故。而他现在所有的摄护腺肥大病，据医生说，是身体康健而年龄到了六七十岁的人，所常有的现象。

他的摄护腺肥大病，是在二十九年发现的，在七月里的一天，忽然小便阻塞，当时急送到歌乐山中央医院，由该院外科主任王历耕医师诊治。王医师是现在国内首屈一指的专门泌尿科医师，而对于校长的病，又是加上一百倍的小心治疗，据他说这摄护腺肥大的病，在西洋人患的很多，我国人因为体质稍弱，所以患的少。病状就是小便阻塞，尿血，如果将摄护腺整个割去，恐怕手术太大。后方的设备不完备，未免危险性大，暂时先用橡皮管通尿。当时发现里面是被血块堵塞，经放出后一时小便可以通畅。后来王医师主张暂用电刀，将摄护腺肥大的一部分烧去，这样手术既简单，危险性又小，不过该院的电刀，机器坏了，自己不能修。于是同学王端骧君给介绍中国建设工程公司免费修理。真空管坏了，又在美国和上海配得真空管，一切都是同学们的热心帮忙。而中央医院里的医师、护士，又多是南开同学，如蔡同方医师，和几位同学的护士小姐，他们的一番热心至诚，简直是一家人也难得这样。后来机器一切都修好了，动手术一切经过良好。同学

① 作者张锡祚。

们来探病的,每日络绎不绝,很可以在歌乐山开一个校友大会。

两个星期后出院,一切如常人。不过他不能太劳累,不能坐得时间太长久。一劳累了,时常小便里有血。医师嘱咐他要多平躺,那样摄护腺所受的血的压力,可以减轻。每次小便里有血就立刻要躺下,经过四十八小时后,就可以长好。病是不会有什么危险,就是不能太劳累。最近差不多有半年的功夫旧病未发,身体精神倍觉健爽。九月十七日起参政会开会,校长每日出席,不感疲劳云。

(《南开校友》第 7 卷第 1 期,1943 年 10 月 17 日)

联大六周年纪念感言①

——谈联大的精神

（1943 年 11 月 1 日）

今年十一月一日,是国立西南联合大学的六周年纪念日,我回忆六年来的经过,免不了有多少感想,因而草成此篇以志不忘。

联大的当局,虽因民国二十六年的这一天是联大开始上课的日子,而定为校庆,然而联大的诞生,却在这个日子之先,民国二十六年八月十九日,教育部在南京召集北京、清华与南开三个大学的负责人开会,决定这三个大学合并为国立长沙临时大学。我们可以说,这一天就是联大诞生的日子。

我们知道自七七事件发生以后,国立大学、私立大学,以至教会大学之合并或计划合并为联合大学的,并不只是北京、清华与南开这三个大学,然而有的合并以后而分开,有的始终没有合并,只有国立西南联合大学,至今还是一个联合大学,所以"联大"这个名字,现在已变为国立西南联合大学的特有的名字。

其实,联大不只在名义上是一个联合大学,而且在事实上是等于一个大学,然而联大之所以能够这样,不外是因为这三个大学的当局,同事,以至同学,有了真正的合作的精神。

我记得自教育部与三校负责人决定三校合并为国立长沙临时大学的次日,我就离开南京而到长沙。我到长沙的时候,因为筹备"临大"的负责

---

① 作者陈序经。

人还尚未到长沙，我因为在旅馆住得不便，乃到湖南教育厅问朱经农先生，我能否搬入长沙圣经学校居住，朱先生告诉我道：圣经学校虽已商定为"临大"校址，可是"临大"能否成立，还是一个问题。我得到这个回答之后，只好先迁到青年会居住。

我要指出，在那个时候，不只朱先生不能预料临大能否成立，就是一般的教育界人士，以至北京、清华与南开这三个大学的同人，也很怀疑"临大"的能够成立。因为这三个大学，不只因为历史、环境、学风，都有不同之处，而且因为经费上的支配，课程上的分配，以及其他的好多问题，并不容易解决。然而经过两个余月的筹备，国立长沙临时大学，终于十一月一日上课。

南京失守以后，长沙人心恐惶，这个时候，教育部的主管当局也有更动。外间传说"临大"就要解散，然而事实上，所谓临时大学的"临时"性质，反而改为比较永久的学府。我们从湖南迁到云南，我们的长沙临时大学，遂改为西南联合大学。

而且，在长沙的时候，因为是临时性质，我们只分为二十余系，到了云南之后，把各系归入四个学院，这就是文、理、法商、工四院，后来又加了一个师范学院，而成为五个学院。现在从行政的系统来看，联大可以说是一个大学，而这三个大学之所以能够联合，而成为一个大学，正如我在上面所说，不外是因为这三个大学的当局、同事，以至同学们，有了真正的合作的精神。

我们有三个校长，现在是叫作常务委员会委员，这就是蒋孟邻、梅月涵与张伯苓三位先生。张伯苓先生年来因要调养身体，少到昆明，他常常告诉蒋孟邻与梅月涵两位先生道：我请您两位"代我的表"。蒋孟邻先生却很客气的叫张伯苓先生为"老大哥"。至于梅月涵先生，是南开的第一班毕业生，他与张伯苓先生的关系的密切，是用不着说的。

张伯苓先生既很少来昆明，主持联大的事务，在实际上，是得力于蒋孟邻与梅月涵两位先生。同时，在他们两位之间，前者是偏重于对外的事务，而后者是偏重于对内的事务。他们真可以说是尽了分工合作的能事。而且他们三位，曾一再声明，在抗战未得最后胜利之前，这三个大学是决不会分开的。我们回想六年以来，每当联大遇着困难较多，环境较劣的时候，如从长沙迁来昆明，如前数年的轰炸，如去年缅甸失陷之后，坊间每每传说联大的三校就要分家，然而事实却恰恰相反。因为在困难愈多，环境愈劣的时候，我们的合作精神，愈能表现出来。

我们三位校长的合作精神，固是随处可以看出来，我们的同事之间以至师生之间的合作精神，也是随处可以看出来。我们在最初合并的时候，在同事之间，比较困难的问题，是功课上的分配，因为有些同样的科目为数校数位同事所专长，而同时又有些必修科目，未必为三校同人所愿意教授，然而这些问题，经过同人的接洽之后，都很容易的解决了。同事之间在这数年来过从之密，是超了所谓校与校间的界限。在同学之间，在最初三四年间虽尚有北大、清华与南开之分，然而上课食宿，并没有这种区别。近二年来，我们差不多完全只有"联字号"的同学，而没有三校之分。至于师生之间，六年以来可以说是很为融洽。记得二年前，同学对于总考声言反对，但是经过教授分别劝告之后，总考也终于总考了。

联大之所以成为联大，除了有了真正合作精神之外，又有其真能吃苦的精神。我们知道这三个大学，在北平、天津的时候，不只学校环境较好，而且教职员以至同学的生活也较为优裕。离开平津以后，而特别是到了昆明之后，因为物价的增涨，薪津的低薄，不只比之以往的生活有了天渊之别，就是比之昆明一般的车夫工人的收入，尚且不如，故其困苦的情况，可想而知。不久以前，一位同人因为有了小孩，太太不能工作，不得已而请老妈。可是加了老妈一个人吃饭，米不够吃了。他自己只好吃稀饭。有一天老妈问他为什么老不吃饭，他不好意思说出实在的苦处，只好告诉她，因为胃痛不能吃饭。然而因为这样，他的身体日弱一日，结果是害了一场大病。其实，假使他愿意另找职业，他必不致若此之苦。这不过是一个例子。就是我们的校长的太太，也不得不到外边找事情做，以资弥补。至于同学方面的经济的困难，也较甚于别的大学的学生。又如他们从前从长沙步行几千里而到云南，也是这种吃苦的精神的表现。

联大的师生,虽然很困苦,然而联大的教授,尤其是三校的同人,很少离开了联大。又自缅甸失守,越南被占之后,交通虽很为不便,可是学生之负笈到联大求学的勇气,并不因之而消沉。比方:去年我们招了六百余位新生,本来预备二分之一至三分之一,是因生活太贵与交通不便而不能来的,然而他们差不多通通都来了。结果是使宿舍、课堂,都成了很大的问题。

联大本来是国难的产儿,而在国难的时期里,学校方面既又有了很多的校难,同人方面又受了不少的困苦,可是联大之所以成为联大,也就是我们能以真正的合作的精神,去征服我们的困难,去忍受我们的困苦。

（《大公报》重庆版,1943 年 11 月 1 日）

今之师表,古稀之寿:张伯苓诞辰

(1944 年 4 月 4 日)

明日为南开学校张校长伯苓七旬华诞,南开校友总会暨南开中学,于是日举行庆祝大会,蒋主席亲题"南极辉光"祝贺张校长诞辰。去年张校长诞辰发起之"伯苓四七奖学基金"并纪念南开成立四十年,经一年来之捐募,已超过预定之一百十万元,由校友总会呈献以志庆祝。按该项奖助金,一以奖励服务勤劳之同事,一以补助家境贫寒之学生。又南开中学部主任喻廎涧编印《七十年来之张伯苓先生》纪念册,叙述张氏生平事迹甚详,兹摘要于后:

志在教育救国

张校长诞生于清光绪二年四月五日,十四岁考入北洋水师学堂,以最优等第一名毕业,廿岁被派在通济练习舰上服务,练习枪炮鱼雷及驾驶等。先生在轮上服务三年,目睹清朝统治窳败,欲救危亡,非造就新人才,非兴办新教育不可,遂慨然发"教育救国"之宏愿。是年九月先生应严范孙先生之聘,设帐严宅,严、张二氏志同道合,从事教育,遂奠定其后南开之始基。廿八岁游日本,东游归来,益信欲救中国须从教育入手,遂决心创办中学。中学既立,苦乏师资,乃设立师范班,造就师资。先生办学主旨注重道德训练、体格锻炼、科学实验、团体组织,及培养爱国实力。三十四岁先生对于基督教义深有研究,是年遂受洗为基督教徒,期得宗教热诚,多为社会服务。

提倡体育尤力

先生对于体育提倡不遗余力，每届全国运动会，总裁判之职多由先生任之。民国元年民国成立，革命告一段落，先生对于国事深为乐观，对于教育界更发宏愿。先生嗣以办理高等教育两次失败，深感办学之困难，于四十二岁第二次渡美入哥伦比亚师范学院研究教育，四十四岁返国，一面扩充中学，一面筹募经费。民国八年南开大学正式成立。民国十六年先生鉴于东北四省矿藏至富，日本谋我至急，不可不谋抵制，于是有东北研究会之组织，并组织东北视察团，将重要材料编为东北地理，作中学课本，于是南开学校更受日人之嫉视。

人称典型夫妇

民十七年南开小学成立，至五十九岁先生与王夫人结褵已四十年，伉俪甚笃，人称之为"典型夫妇"。民二十三年大学经济研究所成立，一方注重高深学理研究，一方注重实际问题之解决。当中国初建空军，先生知空军对国防之重要，航校招生，鼓励学生投考，四子锡祜亦习空军。民二十六年锡祜不幸殉职，先生闻耗，久之黯然曰："吾早以此子许国，今日之事，自在意中，求仁得仁，复何恸为。"民二十五年先生自蜀归，鉴于华北形势紧急，果有变，南开必不保。为谋南开教育事业推广，遂决定在川设校。"七七"事变后，平津沦陷，南开各部校舍首遭敌机炸毁，先生适在京，闻之滋痛，蒋委员长谓："南开为中国而牺牲，有中国即有南开。"力予劝慰。民二十七年，国民参政会成立，先生被选为参政员，并当选为副议长。

三民主义信徒

民三十年氏六十六岁，加入国民党。先生上年患摄护腺胀大，仅用小手术,病根未除。是年二月复患肾盂炎,乃入医院,健康恢复出院后,终因劳累,数月间入院四次。先生病中承蒋委员长轸念,两次亲临医院及住所视疾慰问。现健康恢复,神采奕奕。民三十三年先生六十九岁,国民政府以先生终身从事教育有功于国,于是年一月一日颁布明令:给予一等景星勋章,以示优异。

(《中央日报》重庆版,1944 年 4 月 4 日)

尊师运动声中之张伯苓先生古稀大寿

（1944 年 5 月 1 日）

南开大学校长张伯苓先生七旬大庆，蒋主席题词祝贺，在尊师运动声中，这是倍有意义的。

蒋主席尊师重道，领袖群伦，对他自己的事业，崇敬非常，对国父也是以师事之，所以对国内年高德劭如张伯苓诸先生，备〈倍〉加优礼。

师之可尊，在其有道。张伯苓先生以教育为毕生事业，持之以恒，老而弥坚，他常告诫青年人，谓勿以大材小用为忧，须以小材大用为戒。又谓花早开，必以力量有限且亦必早谢。故盘根错节，大器晚成。

张先生的高风亮节，热心国是，实足为人之师表。

（《陕北日报》，1944 年 5 月 1 日）

祝寿记

（1944 年 5 月 5 日）

本年四月五日，为伯苓校长七旬寿辰，校友总会，追溯南开经营缔造之艰难，校长坚〈艰〉苦奋斗之劳绩；全校师生以校长年来身体康健，复校建国，前程正远；欣逢华诞，均谋有以为校长寿。又本年一月一日，政府颁布明令，给予一等景星勋章，表彰校长四十年来为国服务之功勋，更应有以为校长庆！总会除发起"伯苓四七奖金"，并编印一寿辰纪念册外，复会同在校师生，于校长诞辰，举行盛大庆祝典礼。是日，春光明媚，天气和煦，校长精神矍铄，心情愉快！自早至暮，沙坪坝上，车马络绎；祝寿堂中，贺客常满；共仰德泽之光，同庆古稀之年，济济盈盈，笑语喧腾，全校空气，整个笼罩在热烈欢欣之情绪中，洵盛会也。兹分记于左：

院中点缀

本日全校，无特殊点缀，仅各楼顶旗帜飘扬，校门前结彩悬旗，示人以校有大庆之意。自入门经范孙楼，忠恕馆，受彤楼，直达校长寓所，墙上路侧，遍贴祝寿标语，如"校长万岁""南开万岁""祝校长精神不老""祝校长苦干成功""发扬南开精神""实践公能校训""祝校长为国家建设努力""祝校长为南开复校奋斗"等，用红绿纸缮写，不下数百纸。院中各处，平日颇整洁，本日复大加扫除，尤觉清净无尘。三友路上，一花一木，均经老人匠心独运，加以栽植，今在明媚和煦之春光中，更觉有欣欣向荣之意。十年树木，松柏已成荫，百年树人，桃李满天下，老人之乐可知也。

寿堂布置

寿堂设图书馆内，门悬彩绸，上缀"寿堂"二大字。入门见报架上满陈贺电，贺束。再进，见中门及楼梯两旁，遍悬各方所送祝寿字画。登楼，见楼正中悬蒋主席所题"南极辉光"四大字。东西两大阅览厅，壁上柱间，则寿屏，寿轴，贺联，贺诗，贺画等悬挂殆无隙处。寿堂设阅览厅西端，中悬白健生部长所送大幅湘绣"麻姑献寿图"，左右悬校友总会寿联。堂前设一香案，陈列政府颁给之一等景星勋章，及韩文信校友所送之大寿糕，上插寿蜡七十，表示七十寿辰之意。案两旁设长桌各一，分列各方友好所送册页寿序及各种纪念礼品。案前陈列香花多盆及花篮多件，厅中八柱遍绕翠柏，上嵌"寿比南山""福如东海"八大字；柱下四周绕以鲜花，柱中夹道，铺以红氈。整个礼堂，庄严肃穆。老人本日在此，招待宾客，笑容满面，整日无倦容。

受祝盛况

是日清早八时起，即有客自远处来祝寿。寿星莅临礼堂，正式受贺，乃自上午九时开始。蒋主席由陈布雷先生代表签名，中央政府首长及党政军、文化、实业各界友好，到者有王宠惠、吴铁城、邵力子、江庸、许世英、何应钦、白崇禧、张治中、王正廷、翁文灏、莫德惠、沈鸿烈、商震、朱家骅、贺耀祖、胡庶华、顾毓琇、余井塘、卢作孚、胡政之、贾景德、钱永铭、许静芝、谭熙鸿、张廷谔、金宝善、朱经农、刘尚清、张元夫、洪兰友、雷震等二百余人。校友或携带眷属来校祝寿，或代表各地分会，或代表各部各年级者，有时子周、张历生、张道藩、张平群、宁恩承、凌勉之、唐际清、杜协民、梅贻琦、张兹闿、胡仲实、王佩衡、王恩东、许桂英、刘菊淡、吴瀚涛、赵漠野、韩仁、李锐、查良鉴、曹云先、潘仰山、潘述庵、郑通和等，不下四百余人。此外在校服务同人，及各部学生代表三百六十余人，分队致贺。老人一一招待，深表感谢及欣悦之意。

校友祝寿

校友总会主办之祝寿大会,于下午五时在图书馆二楼东阅览厅举行。出席者,严氏家塾代表严智钟,师范班代表时子周,高等班代表王九苓,大学各班代表郑通和等,中学各班代表梅耀韩等,女中各班代表邓蔼箴等,小学各班代表喻娴士等,各地分会代表凌勉之等二百数十人,全体向校长行三鞠躬礼祝寿后,即就座开会。主席张平群校友,因是日出席招待新闻记者会,未克及时赶到,公推陈学荣女士宣布开会。次由喻传鉴校友报告"伯苓四七奖助基金"筹划经过,谓承各校友负责推动,社会各方热心赞助,总数已达四七〇万元,是诚为初料之所不及。总会特向诸校友及捐款人,深致感谢之忱! 当由陈学荣女士代表总会呈献,由张校长接受,表示谢意,全场热烈鼓掌。适孔副院长莅止,乃邀请训话。先由张校长介绍,谓:"适承孔副院长驾临,本人于竭诚欢迎之余,深深感到荣幸! 孔先生为党国先进,辅佐主席抗战建国,海内同深钦仰! 诸位校友不少在孔先生领导下之各部门从事工作,直接间接获益很多,现在欢迎孔先生致训词。"

孔副院长致词

"张校长、张夫人,以及诸位先生:

"本人本拟上午来此致贺,适因诸事较忙,又逢三民主义青年团大会闭幕,故来到较迟。现在看见诸位精神振奋欢快,我觉得非常高兴。张校长七十大庆,身体健康,可称'德、爵、齿'三者俱全,实属人生一大快事。我国旧曰'尊贤敬老',张先生为国之大老,应受全国人士的尊敬。张先生为救国而从事教育,放弃海军,创办南开,经四十年来惨淡经营,造就了无数的爱国人才服务社会,今更为复兴国家民族而奋斗,更是功在党国。

"四十年前,个人由美国归来,在天津遇到张先生。当时张先生正在创办南开，我也回去创办铭贤，可以说我们是同道。我们都想造就人才来救国，都想由中学而创办大学，可是南开已经做到了，这是铭贤所不及的。

"张校长四十年奋斗的结果，使南开不但栽培了许多有能的人，而且更是发动爱国运动的先驱，所以最遭敌人的嫉妒。'七七'事起，敌人遂首先摧毁了天津的南开学校。战前，张先生来川办学，一般人不明了他的用意，现在才都佩服张先生的眼光远大。四川为民族复兴根据地，自然需要良好的教育，张先生有先见之明，使现在许多优秀青年，能够进到这样好的学校，这对于国家的贡献实在很大。

"现在正在建国，建国是需要大匠的。张校长正是一位大匠。有了大匠，领导着各级匠人，造成完善的设计，运用各种材料，自然就能完成伟大的事业。不过要紧的还是各级匠人有良好的品格，有牺牲的精神，肯吃苦，肯实干才行。张校长以身作则，首先树立起良好的榜样来，所以南开的校友和学生，当兹庆祝校长寿辰的大典，必须效法张校长为国服务的精神，本着南开的校训，努力工作，以求对于民族国家有伟大的贡献；不仅使南开在建国史上写成光荣的一页，更要使私立的南开学校与英国的牛津、剑桥，和美国的哈佛、雅礼并驾齐驱。南开的基础，已由张校长奠定了，南开的发展则有赖南开的校友们共同努力，祝贵校前途远大，并祝张校长健康！"（全体热烈鼓掌。）继由

张校长致词

略谓："今天承孔副院长光临致训，我深得很荣幸，也很感激！孔先生以教育与救国相勖勉，本人四十年来办学目的亦即在此。抗战七年，愈战愈强，现在胜利是无问题了。建国须靠大家齐心合力。南开校友在各界服务，均能为事业的中坚分子，这是很可喜的。诸位听到孔先生的话，更应当各在本位上，认真的积极的努力工作。

"这次'四七'捐款，原定为一百一十万，继增为二百八十万，现在已达到四百七十万，这说明了校友诸君对于母校之爱护，亦证明了社会各方对

南开有良好之反应。当天津南开被敌人摧毁时,蒋主席曾告本人'南开为中国而牺牲,有中国即有南开。'现在,中国不仅有了,而且强了,故南开也必成一新南开、大南开。余誓为南开复校,地点决仍在天津原址——南开和八里台,届时,蒋主席和孔先生一定能赐予许多的帮助。(全场热烈鼓掌)

"中国复员以后,一定要工业化。中国资源很多,特别是东北,这要我们来开发。要开发资源,要发展工业,必须先从教育上着手。我们人口众多,物产丰富,强国是毫无疑问的,因为强国的条件,都已具备了。所差的只是人的问题。南开要造人,要造就有用的人。我们的校训是'公能',我们要'公',要大公无私,要有为公牺牲的精神;我们要'能',要有智识能干,要有为公服务的本领。

"日本人看见中国一天一天的进步了,想阻碍我们,于是动兵来打我们。但是结果呢,适得其反:愈打而中国人愈醒悟,愈打而中国人愈团结,这是我们的不幸之幸!(编者节略)

"中国目前正在建国,建国有两大目标,第一是实施宪政,第二是科学生产。关于第一点,现在校内师生正在从事研究宪草,希望诸位校友亦特别注意。关于第二点,诸位正在生产的各部门做事,务望各本本校的校训,努力服务,认真工作,以求生产事业的突飞猛进。

"在政治方面,现在实有许多进步,与二十年以至十年前比较起来,真是不可同年而语。有人问我'身体可好',我说'身体好',我们的领袖随时都在忙,我们的环境随时都在改进,在这种好的环境中,不能不好。总之国家光亮了,大大进步了。望今天到会各校友,回到自己的本位以后,都要高高兴兴的往前做,齐心合力的向前做。南开复校是绝无问题的,这点请诸位放心,也需要大家共同努力。

"今天开会,我看看国家,看看学校,看看诸位的工作和精神,真高兴极了!末了,谢谢孔先生,谢谢诸位校友。"

校长致词毕,由喻传鉴君报告,关于招待事项数则。次由全体校友三呼"校长万岁,南开万岁,中华民国万岁"而散。

祝寿宴

祝寿大会散后,诸校友偕同寿星、寿母齐赴女生部食堂举行公宴,凡三十余席,中特设二席为校长家属预备。七时开宴,寿桃寿面,六大盘,一时风起云涌,精神抖擞,不减当年本色,大家亲爱热诚,情绪尤为愉快。一九二六班校友刘濬业、王子建等到者八人,自以为人多,向各班挑战,谓何班到者最多,当请寿母奖给寿糕一盒。而一九二一班邓毓鼎、杜协民等竟有十人之多,于是寿糕遂为该班所得。寿母不肯使人失望,特奖赐两盒,两班各如所愿。于是皆大欢喜,是亦祝寿声中之插闻也。餐毕,校长陪同来宾及校友等同至礼堂观剧。

国剧

国剧共演四场,二场为南友剧社主办,二场为夏声剧社公演。

1.南友剧社:校友总会为庆祝校长诞辰,特由南友剧社主办,公演国剧两晚,校友擅长国剧者,多粉墨登场。四日晚,剧目为杨富荣先生《百寿图》,唐其镜君《女起解》,陆恺章先生《春秋配》,邹功甫、司子芸诸校友《群英会》。五日晚剧目为杨富荣先生《八仙上寿》,刘承懋、张志青、仇铁儒诸校友《法门寺》,李祖芬太太、王恩东太太《坐宫》,李声叔先生《坐寨盗马》,俞珊、郭建英二校友《奇双会》,陆恺章、邹功甫、司子芸、程维菊诸先生《红鬃烈马》,张伯驹、丁英奇两先生《盗宗卷》等。较第一日尤为精彩,礼堂观众之拥挤,得未曾有。

2.夏声剧社:西安夏声剧社,系校友郭建英与刘仲秋先生所创办。郭校友为补祝校长生辰,于四月十五日返陕之前,特约全班来校公演两场,日场为《梁红玉》,夜场为《陆文龙》。情节动人,演员个个出色,盛况尤属空前。售票余款得三万元,并捐作"伯苓四七奖助基金"。郭校友之热心爱校,实令人钦佩不置!

话剧

《桃李春风》系校友舒舍予先生与赵清阁女士合编,为本年得教育部首奖之剧本。在校师生,以该剧情节,系描写一中学教员办学奋斗之故事,与张校长一生努力教育之宗旨相同,特由陈湘燕先生,常正文、杨友鸾、张漳民、马景融、瞿宁武、张海威、徐应超、刘基培、张尔瑜诸同学,及王铨、黄中江二校友,分饰剧中各角,外复约请沈刬先生为导演,丁辅仁及张亚丽二先生任筹备及照料之责。在短期中,积极排演,预备一切,于五月六日晚出演。原定出演二日,后再续演一日,成绩甚佳。校长亲临观剧,大加赞赏云。

纪念册

《校长七旬诞辰纪念册》为喻传鉴校友所编,仿年谱体裁,自校长诞生至本年寿辰;自津校创始,至现时南开,重要事项,分年记载,观者可以知校长过去一生行事,及南开学校发展经过。该册原来为喻君个人致送校长生辰礼物,后有校友见之,谓宜付梓,俾便传阅。遂由校友会及在校学生,合资付印,于校长生辰,分赠全体师生及来校祝寿宾客,藉资纪念!

祝寿歌

祝寿歌系由阮北英先生选谱,孟志孙校友填词,于六日晚公演《桃李春风》前,由阮北英指挥,高中歌咏队六十余人合唱,表示全校师生祝贺之忱! 兹将歌词录后,以终是篇。

其一

正春风雩舞,三月嘉陵江畔路,嘉陵江畔路。少长咸集,筹添海屋,期颐上寿定卜。似黄花傲霜老圃,南极光辉吐。此日称觞献寿,小会南开侣。

国运喜中兴,指顾收复失土。待明年凯歌声里,捧觥津沽聚。

其二

从心不逾矩,桃李芳菲千万树,桃李千万树。公能作育,建教兴邦,卅年功高劳苦。清和任家风儒素,盛德谁比数。此日称觞献寿,小会南开侣。国运喜中兴,指顾收复失土。待明年凯歌声里,捧觥津沽聚。

(《南开校友·张校长七旬寿辰特辑》第 7 卷第 4 期,1944 年 5 月 5 日)

张伯苓先生七十寿序①

（1944 年 5 月 5 日）

　　曩读《南北史·伏曼容传》，曼容讲学安邱，学子从者数千人，事之若严君。《唐书·王仲淹传》，仲淹设教河汾，蔚为风气，唐代公卿如房、杜多出其门。然后知六朝丧乱之余，而士风弗坠，卒得拨乱而返治者，实赖此先觉觉人之君子为之树风声，励气节，传绝学，孜孜矻矻，诱导后进，开辟风气，有以使之然也。

　　张伯苓先生，生丁清季，旧学既窳，新知初萌。先生独慨然知兴学之为重，与严范孙先生创办南开中学于天津。其初，规范固不甚弘，而先生锲而不舍，备历艰辛，卒克睹大效，驰誉全国。未二十年，更由中学进建大学，尤有名于当世。卒业学子遍中夏，亦多有令闻于时。而先生之德望亦随为举世所景慕。

　　窃谓先生树教之所以成功，而为吾人所应取法者有三：首为以身作则之教育。良以作育人才，必久而后成；率导青年，必成而后孚。先生从事教育凡四十年，政府奖掖贤能，屡欲加以重任，概辞不就，以教育为终身事业，精诚专一。以此为教，其于感人也尤深。

　　先生之致力于教育也，居尝以“公”“能”二字为揭橥，惟公故能祛私，惟能故能致用，因而所育之才，立身有正确之志愿，任事富前进之精神，匪不致用于世。

　　先生对于国家夙具忠诚，虽值国政改革之交，士论间未臻一致，先生一以国是为重，正义是从，作后辈率导，历数十年如一日。以斯三义，益使先

────────────

　　① 作者翁文灏。

生之名德彰著于当世。

"九一八"事变后，先生慨于国家艰危，抗战难免，津沽地濒东北，未易为学子安心向学之地，因即在渝创建校舍，从容布置，尤见烛见机先之卓识。且能对于国事尽怀所及，时有献替，深为当局所引重。

抗战时期，政府为博征民意，创设国民参政会，先生任副议长，且迭主议席。于重大政务，率皆公正立言，不偏不倚，为一时所宗仰。

兹国运聿新，建设方始，先生导领后进，贡献正未有艾，今岁四月五日为先生七十揽揆之辰，海内同声庆祝，余景仰有年，今更衡宇相望，于先生育人爱国之热忱，知之尤切。值兹嘉辰，尤应有辞。忆昔读王子山《鲁灵光殿赋》，谓为"神明依凭，以保汉室。"先生其亦为教育界之鲁灵光殿，岿然巍然，屹立中夏，将永为国人所依凭焉。

翁文灏拜撰并祝

（《南开校友·张校长七旬寿辰特辑》第 7 卷第 4 期，1944 年 5 月 5 日）

张伯苓先生七十寿序①

(1944 年 5 月 5 日)

曩者卢沟桥事起,不佞遇张伯苓先生于牯岭道中,因从容询南开事,先生若有深忧者。比抵京,不数日,南开果以炸毁闻矣。先生乃大恸,都人士亦大恸,今国府主席兼大元帅蒋公则慰之曰:"南开为中国而牺牲,有中国即有南开。"语至明断而诚恳。先生乃自慰,都人士闻而亦慰。于是南开学校隐然与中国共休戚矣。然国内公私机构何限,学校又何限,孰非倭寇欲得而甘心者。而国人寄其同情,或得或不得若是者何也?

夫南开正当津市,弹丸地耳。其建校也,前贵州学政严范孙氏首创之,而先生实成之。自清末迄今历四十余年,由私塾而中学,而大学,成才而去者盈天下。天下期之愈深,而倭寇嫉之亦愈亟。盖倭自甲午战役而还,乘清廷暗弱,即有囊括华北之心。又利我民智未开,得恣所欲为,靡有顾忌。先生有忧之,乃弃素所研习之海军,毅然从事教育。更揭橥科学、体育二事,用诏学子,兼以导天下。始播诸口说,继乃联国人,策协进,以此二事为鹄,务祈必达。卒之,风声所被,无远弗届,而倭已侧目矣。

及辛壬改步,先生数数游美,益知大学不可缓。先生归而奔走南北,规校舍,筹经费,揽人才,厘科目,苾筹伟画,必周必实,而大学卒于民国八年秋间成立。复数年,更设女中,设小学,于是南开屹然为华北完备学校。是时倭虽嫉之而无隙可乘。及倭窥东北益急,先生既组东北研究会,亲历关外。又遣教授何廉、蒋廷黻等别组东北视察团,搜征地理、经济资料,编制教材。不二年,沈阳变果起,津学生痛国土丧失,奋起呼号,南开实为之主。

---

① 由汪辟疆代表成志学社撰拟,黄炎培书写。

倭海光寺兵营遂时时藉演习据操场，裂校门收复失土旗帜。甚者架机枪［瞄］准课室施放，而南开乃岌岌不可终日。二十五年先生归自蜀，见华北局势濒危，乃决设渝校。及津校被毁，而南开犹得屹立西南，弦诵弗绝。先生更出而参政，望益隆，校益拓，而先生亦垂垂老矣。

夫贞固之才，乘时赴事，其自信也必坚，其为之也必果，况又持之以公，贯之以诚。始则自效一隅而无所于慊，终则利被天下而不以自多，当其震撼忧勤，劳身焦思，不挠于外物，不屈于威势，坦然行其心之所安。故乐其成者，则群伦爱悦；闻其毁者，则忧蹙相告，若己身所加。此固出于人心之公，非别有阿私也。且先生经营南开之初，未必果预测局势剧变若此，彼其冥心孤往独运，于众人所不及见者。若惟恐时日不给，兼程并进，亦不过自奋于义所应为而已。及其朕已著，其事大明，乃不惜撄其锷，搥其胸，以求自存之道。孙卿所谓起废应贯，理贯不乱者，先生有之。

今者寇亡不远，而先生康强，逢吉振奋，乃愈于前。是暴日虽能毁其津校，而不能遏其方兴之业。况得元首之奖掖，邦人之提携，他日海宇清义，横舍大开，即遍中国省部皆有一南开可也。爰于先生七十览揆之辰，书以纪之。

汪辟疆撰

成志学社

孔祥熙	王宠惠	王正廷	王志莘	王贺宸	朱庭祺	朱君毅
朱经农	任宗济	何廉	贝淞孙	李紫东	李广钊	李熙谋
李锐	李晋	吴大钧	汪彻	余茂功	沈克非	金宝善
林疑今	林旭如	岳良木	胡宣明	查良鉴	柳无忌	柳哲铭
茅以升	侯蔼昌	马德骥	倪征噢	秦汾	高大经	范定九
徐君佩	浦薛凤	韦锡九	陶行知	陈可忠	陈念中	陈国平
陈国康	陈思义	陈光甫	陈宏振	陈行	贺仰光	曾膺联
程绍迥	黄炎培	黄桢祥	黄觉民	张可治	张道宏	张家祉
张星联	张鸿钧	张资珙	梅汝璈	童季龄	董显光	董时进
董承道	杨承训	赵任	熊祖同	潘铭新	齐泮林	刘大钧
刘鸿生	冀朝鼎	卢钺章	霍宝树	阎宝航	蒋廷黼	戴志骞
薛桂伦	薛次莘					

等公祝

黄炎培并书

（《南开校友·张校长七旬寿辰特辑》第 7 卷第 4 期，1944 年 5 月 5 日）

张伯苓先生七秩寿言[①]

（1944 年 5 月 5 日）

国孰与立？曰惟人才。人才曷由？曰惟学校。凡人能自效其才于国，莫不有其成就然。而其成就之量，则创建学校，为国培才，为尤宏也。

南开学校在吾国教育史上之地位，及其培成之人才之众，与伯苓先生之于南开保抱扶持，以至成长，四十年如一日，皆国人所稔知，无俟梦麟等烦言。先生学于水师，或谓，吾国海军最落后，倘先生本其所学，以其建立南开之毅力宏愿施于海军，其有裨于吾国则何如？不知先生已筹之熟也。先生最长于自然科学与其基本之数学。或又谓，我国生产落后，故贫，贫故弱，倘先生出其所长，以建立南开之毅力宏愿经营生产事业，或从事于科学研究，以促进生产事业，其有裨于吾国则何如？不知先生亦筹之熟也。先生尝总教务于保定高等学堂，不一年而去；又总教务于清华学校，不一年而亦去。主其事者皆一时之贤，其事又有合于先生之祈求，然而先生皆去之，盖犹有不能行其志者。先生当胜清之季，见国之不救，谓非不可救，乃无人欲救之，慨然有教育救国之志。其后屡屡东渡，三次游欧美诸国，慕彼邦之所以富，所以强，征吾国之所以贫，所以弱，遂益坚其所信。又见公校之不能尽行其志，在初期兴学之际尤然，乃决以其伟大之生命全部提供于创建学校，以有今日之南开。孟子谓："得天下英才而教育之，为一乐。"先生诚亦有乐乎其中，不知其志，则苦其事，尤不得已也。曩之秉国钧者一度欲请先生主全国教育，先生谢之。先生自不能贸然为之，谓其有所不屑者，亦岂知先生之心哉！

---

① 由蒋梦麟、吴铁城、曾养甫、周诒春等 36 人撰。

先生办学主旨,曰道德训练,体魄锻炼,注重科学,课外活动。其于学子德智体三育,皆能予以专精有力之陶冶,而确保其平衡。国内提倡体育,先生盖为第一人。全国体育得有今日之成就,悉赖先生之领导擘画弗少懈。课外活动尤着重于养成学子之团体组织能力,盖当胜清德宗三十年代,先生已觉群育之不容缓也。如此,其教南开学子者,曰公曰能,则以身教尤重于以言教也。今南开学子卓然有以自见于国内各事业部门者几千百人。

视或者之欲先生自效其才,其绩果何如也? 先生为学,本践履笃实,尝从屈伯德氏[①]研究其设计教育,归国即付诸实施,于教学,于管理,无不以计划行之。又以受科学训练有素,凡所计划皆准确而合理,南开于并时诸校用能具有独特风格。杜威氏考察中国教育,于中等教育多所批导,独于南开之中学部无间言,亦以先生能能行其所学于氏者。故先生六十寿时,南开适成立三十周年,国内因有三六奖学金之集。今于国难中度过十年,先生感于奉化蒋公之再造国家,奋身参与政务。蒋公于先生礼遇逾常,先生时有所建白,蒋公与参政会同人以及政府诸当局一致尊重,并移南开于抗战根据地之西南,而先生体益康强,每诏于人曰:胜利在望,南开复校可期,吾当为南开努力至八十岁。爱南开,敬先生者,爰赓前议,再集四七奖学金。梦麟等或纳交于先生有年,或缘参与今兹四七奖学金之役而得备闻先生之生平,谨以言为先生寿。先生其一笑而受之乎!

蒋梦麟	吴铁城	曾养甫	杜　镛	朱霁青	周诒春	李书华	徐恩曾
韦以黻	鲁佩璋	茅以升	许静芝	江家球	李熙谋	陈钟声	胡博渊
刘贻燕	赵祖康	吴承洛	欧阳仑	邵逸周	汪英宾	吴祥麟	张嘉铸
刘振东	葛敬中	常宗会	皮作琼	冯明英	马寿征	陈廷煦	赵　冠
郑达生	江家瑁	欧阳希丞	谭熙鸿				

同拜祝

(《南开校友·张校长七旬寿辰特辑》第 7 卷第 4 期,1944 年 5 月 5 日)

---

　① 　通译为"克伯屈",今有译为"基尔帕特里克"者。

张伯苓先生七十寿序①

（1944 年 5 月 5 日）

盖闻北学大师,秉幽燕之间气;中朝时栋,郁河汾之群英。此文中子与孙夏峰、颜习斋诸耆儒所为,炳耀寰区,阐扬道范,声闻仁泽,赖以寿考作人者,而况本通经博艺之才,负铸美镕欧之学。图书百国,网罗在胸,鞮译一家,脉络相贯。主鳣堂者,垂四十年;展鹏轸者,逮九万里。于成德达材之会,有扶翊世运之功;于贞下起元之时,有专席参筹之盛。皤皤黄绮,位列商山;湛湛绯衣,礼崇黉府。如吾伯苓先生之宏规壮略,夐乎迈哉,弗可及已。先生籍占蓟疆,家承京兆,幼即通敏,长益蜚声;始毕业水师学校,继服务通济轮船。嗣见知于严范孙先生,聘主家塾,造诣滋深。甲午以还,世变日亟,先生因鉴国势阽危,谓非新教育不足造新人才,非新人才不足造新邦国,慨然誓以教育救国为唯一坚定职志。历试诸难,克扬伟业,综厥行谊,敢托挨张。先生揽辔澄清,渡瀛考察,归即组织敬业中学,旋在南开得地十亩,遂成立南开中学。筚路蓝缕,以启山林;振旧革新,以奋师导。是即为手创南开之先河。本坚苦卓绝之精神,为任重致远之期待。繇是而分设专科,扩充大学,又成立女中,济济学林,允储多士;觥觥河朔,争重扶轮。虽盘错屡更,而精勤益进。爰涉重洋,爰藉挹注。既莅英美,复遍游日、法、瑞、意诸国,揽寰海之奇文,饱瑯嬛于鸿笈。亘沧桑之演蜕,励风雨于鸡鸣;殿拟灵光,星移井络;千秋永峙,百折靡移。此先生之有功教育者一也。

先生既主南开,复于保定高等、北平清华,暨齐鲁大学、东北大学先后任总教习、教务长、董事长。似太邱之道广,教泽平分;正北斗之躔临,光芒

---

① 南开矿科创办人之一李晋与南开大学矿科师生同祝。

共被。复以重视体育,提倡强国,对全国运动会、远东运动会,或总领队,或总裁判,几于无役不从,乘风斯应。起全民于朝气勃兴,合炎胄于精诚团结,信为吾国五千年历史中发一新兴异彩。而其参观博览,精研教育,遍大陆遨游,撷西欧述艺;导中华新命之策源,洗东亚病夫之诟耻。以腾材智,以展经纶。此又先生之有功教育者二也。

先生于教育事业实已全力以赴,太学隆为祭酒,薄海并仰名流。圣约翰大学亦曾以荣誉博士学位相赠。兴远人起居,斯为俊杰;朝端辅翼,更赖耆贤。今国民政府主席蒋公以先生老成宏硕,夙冠彝伦;共坐论思,宜班槐棘。于是有参政会副议长及主席团主席之推任,兼授一等景星勋章。陶相山中,咨诹必迪;申公座上,礼数频隆,固已极乞言宪德代旷之威仪,开三老五更辟雍之盛典。先生则躬躬如下,抑抑不矜。际兹抗战期间,虽以南开大学并入联大,以南渝中学易为南开中学,分工合作,惨淡辛劬,而蒲车逡还,始终彻贯。尤其当往昔创建南开大学时,在校增设矿科,对于矿工人才力为倡导培植,今且分布于国内各大矿厂,景从云萃,赖以为战时重工业伟大之助力,以赞我国家于无疆之丕基。此又先生之有功教育,而兼有功抗建者三也。

晋幸同契合,久接琴尊,于先生固缔道义之交亲,于南开亦深有渊源之雅故。今年四月为先生七秩揽揆之辰,不欲以摘藻词进,而征诸实录,聊当引喤。梁案雍容,羡齐眉于白首;兰阶馥郁,喜济美于清门。以金鉴之传家,助莱衣之舞彩;以宾筵之几杖,陈洛社之画图。弧极春长,定臻纯嘏;郫筒酿熟,待听铙歌。我如李委腰笛而来,顾赓生日坡仙之祝。公于虞典,引年以纪;请视上庠,国老之尊。谨序。

弟　李晋敬祝

南开大学矿科教授薛桂伦、李珠、曹诚克、沈天民、王德滋、应尚才、臧赞鼎;矿科学生侯宝政、薛晓庸、陈宇、褚保熙、郁森、刘宝善、刘荟高、许培、杨锡祥、王朝佐、朱承楠、陆沅、曹巨源、冯炳曾、董龙辰、陈向武、王乃宽、侯汝勋、谢季纲、林文彪、张松龄、丁子培、张树楠、王锡龄、孙紫均、黄继武、彭

矗、尹贤容、杜毓涵、朱法文、李境、钱宝舆、姜长英、刘梦符、苏广祥、程本正、沈士骏、闵传经、张道贤、田辙、孙其正、李承三

同敬祝

（《南开校友·张校长七旬寿辰特辑》第 7 卷第 4 期，1944 年 5 月 5 日）

天津张先生七秩弧旦暨
南开学校四十周年校庆祝词并序^①

（1944 年 5 月 5 日）

天津张伯苓先生，创设南开学校，毕生尽瘁教育数十年，得士称盛；莘莘桃李，散在四方，并得一时桢干，为国培元，是盖得树人之要者。至若诲人不倦，名教自乐，此尤仰其高风。"九一八"后，国步日艰，先生怵于日寇谋我之亟，知津沽门户洞开，一旦爨启，繁华必为焦土，爰在渝州建分校，预为迁置地，号南渝中学。迨后虏骑纵横，文化劫灰，则瞻乌爰止，非君子见机而作者，又乌克臻此。抗战军兴，政府以清望辟为国民参政兼副议长，凡所建白均关远大。时流尚民主，唯公拾遗辑众，宣隐解纷，足以当之。今岁四月五日为先生七十初度令辰，并值南开建校四十周年之期，群以为先生硕德高年，宜与名业并寿，乃发起同时举行庆祝，以留永念。一倡百应，想人心之同得。同人不敏，推行戏剧教育，薄有所成，虽泰山土壤，未堪比附；第论志事，则亦见贤思齐之意焉尔。兹以旅行习演，欣逢其盛，辄率献芜词，用代颂祷。

嶷嶷先生，为时英彦。渟渊峙岳，禀异钟灵。
闻当早岁，夙号俊秀。中西淹贯，天人并究。
不求闻达，澹泊为怀。十年树木，乐育英才。
初开弘序，乐成谁与。匪创也艰，实撑之苦。

---

① 作者刘种秋。

立行为师，作则以身。且开金石，矧在同伦。

夙夜以之，颠沛造次。得士天下，人文蔚起。

海倭犯顺，屡寇大邦。际九一八，坏我岩疆。

月晕而风，础润而雨。知几其神，明可送睹。

天津四战，兵动难休。相地迁置，曰宜渝州。

卢沟之变，金瓯缺残。文物都尽，鲁殿独完。

既绵校脉，犹续族命。斯文不丧，虏谋焉纵。

膺之惩之，乃振义师。征贤翊政，用广询咨。

推主议坛，名归实至。竭虑殚精，勤其献替。

秋稚未学，惭事伶工。宁企艺美，尤乐化宏。

战鏖一载，爰集同好。兴学渭滨，以辅社教。

后尘不竞，前业失华。日力倘假，培本扬葩。

期之也厚，掖之也显。谬采虚声，幸以表见。

星星爝火，岂并炎阳。窃师其意，附骥益彰。

识小取易，殊运同的。善尽厥功，趋归则一。

校龄不惑，人寿古稀。华堂双庆，德业长辉。

北定有期，还京可待。百岁再觞，奉卮一快。

夏声剧校校长刘仲秋敬祝

（《南开校友·张校长七旬寿辰特辑》第 7 卷第 4 期，1944 年 5 月 5 日）

孔祥熙撰祝寿诗

（1944 年 5 月 5 日）

用世南开学，声名看日振。

九州记腾踔，万汇荷陶甄。

长养菁莪大，光辉桃李新。

英才方蔚起，好靖海东尘。

老至心犹壮，能探教化源。

雄堂启西蜀，微学衍南轩。

大政资扬榷，高名迈等伦。

春风千万寿，一盏为君温。

孔祥熙　敬祝

（《南开校友·张校长七旬寿辰特辑》第 7 卷第 4 期，1944 年 5 月 5 日）

二、南开大学被迫南迁至全面抗战胜利时期的张伯苓

戴季陶撰祝寿诗

（1944 年 5 月 5 日）

南山有台,北山有莱,
乐只君子,邦家之基,
乐只君子,万寿无期。

南山有桑,北山有杨,
乐只君子,邦家之光,
乐只君子,万寿无疆。

南山有杞,北山有李,
乐只君子,民之父母,
乐只君子,德音不已。

戴传贤　书祝

（《南开校友·张校长七旬寿辰特辑》第 7 卷第 4 期,1944 年 5 月 5 日）

莫德惠等祝寿诗

（1944 年 5 月 5 日）

中华民国三十三年四月五日,南开校友为伯苓先生七十大庆暨南开学校四十周年校庆举行隆重庆典。于时先生主持国民参政会议席亦越六年,德惠等添附同舟,欣逢盛会,不可无以纪念,爰缀质词,以当祝颂。

四十年前,津门先觉。

奠基南开,壹志兴学。

惨淡经营,以渐恢宏。

俊秀连袂,如坐春风。

寇氛日亟,精神不摧。

巴渝择地,远瞩高瞻。

广厦重开,弦诵未辍。

如日中天,普沾教泽。

公主议席,立诚抱冲。

综贯众说,蹈和履中。

建策献猷,常洁其大。

宪政初基,莫之能外。

硕德耆贤,贞心毅力。

育才弼政,两俱著绩。

楷模当世,端赖老成。

虔祝康强,永享遐龄。

莫德惠　邵力子　王宠惠　王世杰　江　庸　雷　震　敬祝

（《南开校友·张校长七旬寿辰特辑》第 7 卷第 4 期,1944 年 5 月 5 日）

白崇禧祝寿诗

（1944 年 5 月 5 日）

高名尊碣石，令望重清河。
秘箓稀龄永，虞庠雅化多。
议坛传国论，春酒泛江波。
待扫夷氛靖，台莱荐咏歌。

白崇禧　敬祝

（《南开校友·张校长七旬寿辰特辑》第 7 卷第 4 期，1944 年 5 月 5 日）

谢冠生祝寿诗

（1944 年 5 月 5 日）

有君子兮如麟凤，早岁峥嵘已殊众。

美洲负笈几经秋，归来兴学谁堪共。

辛苦津门辟草莱，学风第一数南开。

严夫子与张夫子，桃李成蹊手自栽。

渔阳动地来鼙鼓，烽烟校舍成焦土。

早日南迁据上游，危机伏处能先睹。

回首经营四十年，达材弟子已三千。

鱼头骨鲠膺参政，直上青云志益坚。

夫妇齐眉双鬓皓，佳儿膝下争环绕。

百忍堂前瑞霭高，苍松翠柏年年好。

谢冠生　拜祝

（《南开校友·张校长七旬寿辰特辑》第 7 卷第 4 期，1944 年 5 月 5 日）

吴忠信祝寿诗

（1944 年 5 月 5 日）

挺出艰难际，操持郢匠斤。
讲堂开曩构，爽气必殊伦。
翠柏留深景，青云满后尘。
南飞双白鹤，精力老弥神。

弟吴忠信集杜诗　敬祝

（《南开校友·张校长七旬寿辰特辑》第 7 卷第 4 期，1944 年 5 月 5 日）

陈立夫、顾毓琇、余井塘祝寿诗

（1944 年 5 月 5 日）

春风时雨化群流，
松柏争辉南极楼。
云拥山城开五色，
桃蟠绛邑熟千秋。
膠庠士竞华封祝，
坛坫人赓海屋筹。
明岁楔亭应更健，
簪花揽胜析津游。

陈立夫　顾毓琇　余井塘　拜祝

（《南开校友·张校长七旬寿辰特辑》第 7 卷第 4 期, 1944 年 5 月 5 日）

谷正纲祝寿诗

（1944 年 5 月 5 日）

早岁高名渤海滨，

晚持亮节脱胡尘。

斗山一代宗耆德，

桃李三千护好春。

难老心从鸿案永，

擎天手领议坛新。

凯歌正协冈陵颂，

杖国觞倾未觉频。

谷正纲　敬祝

（《南开校友·张校长七旬寿辰特辑》第 7 卷第 4 期，1944 年 5 月 5 日）

张之江祝寿诗

（1944 年 5 月 5 日）

稀龄德懋仰高风，

志节清超文望隆。

兴学育才垂教泽，

世瞻山斗颂儒宗。

桃李峥嵘满天下，

英才争羡出其门。

科学救国裨抗建，

业隆匡济百世人。

张之江撰题　敬祝

（《南开校友·张校长七旬寿辰特辑》第 7 卷第 4 期，1944 年 5 月 5 日）

张洪沅祝寿诗

（1944 年 5 月 5 日）

含和蓄德乐天真，
得晋遐龄信有因。
鸿案齐眉称耄耋，
莱衣绕膝庆孙曾。
百年礼乐推前辈，
寿世文章享大名。
岁月增新觇国瑞，
高瞻南极耀星辰。

张洪沅　敬祝

（《南开校友·张校长七旬寿辰特辑》第 7 卷第 4 期, 1944 年 5 月 5 日）

二、南开大学被迫南迁至全面抗战胜利时期的张伯苓

陶行知祝寿诗

（1944 年 5 月 5 日）

有中国必有南开，
四十年乐育英才。
从心所欲不逾矩，
凯歌光复八里台。

陶行知　拜祝

（《南开校友·张校长七旬寿辰特辑》第 7 卷第 4 期，1944 年 5 月 5 日）

冀朝鼎祝寿诗

（1944 年 5 月 5 日）

一时贤士尽从游，
共仰当今最胜流。
卅载春风弘乐育，
万间广厦费经谋。
盰衡国是崇坛坫，
洞达民疯畅舌喉。
龙马精神原不老，
壮怀犹欲济齐州。

愚姪冀朝鼎　　敬祝并书

（《南开校友·张校长七旬寿辰特辑》第 7 卷第 4 期,1944 年 5 月 5 日）

李毓万、马珠官祝寿诗①

（1944年5月5日）

运筹借著绍家风，
横海楼船命世雄。
忧乐常为天下计，
襟怀期与古人同。
七年参政言无间，
八表尊贤论自公。
花灿山城春不老，
极嫡照坐正融融。

手创南开四十年，
人伦师表著先鞭。
江山丽藻昌文运，
桃李芳菲拱寿躔。
悟道独超天地外，
诒谋争羡子孙贤。
跻堂倚玉吾何幸，
莱彩随班舞客筵。

---

① 马珠官为张祝春与马千里之女，张伯苓之外甥女，李毓万为其夫婿，

甥　婿　李毓万

　　女　马珠官　叩祝

(《南开校友·张校长七旬寿辰特辑》第 7 卷第 4 期,1944 年 5 月 5 日)

二、南开大学被迫南迁至全面抗战胜利时期的张伯苓

凌勉之祝寿诗

（1944 年 5 月 5 日）

儒宗一代起颓风，
朴学于今见事功。
赤氛早防成巨浸，
黄扉群仰翊元戎。
荆榛披后山林启，
桃李开时景物融。
日近长安仍未远，
檀堂趋拜庆呼嵩。

受业凌勉之　敬献

（《南开校友·张校长七旬寿辰特辑》第 7 卷第 4 期，1944 年 5 月 5 日）

杜建时祝寿诗

（1944 年 5 月 5 日）

桃李争妍日正中，

嘉陵江畔乐融融。

年高杖国松筠并，

道大从心炬爟同。

盛业南开霏化雨，

平生北面坐春风。

称觞猥效巴人调，

献曝华封愧未工。

受业杜建时　谨祝

（《南开校友·张校长七旬寿辰特辑》第 7 卷第 4 期，1944 年 5 月 5 日）

二、南开大学被迫南迁至全面抗战胜利时期的张伯苓

中华全国体育协进会祝寿诗

（1944 年 5 月 5 日）

民国三十三年四月五日，为本会理事长伯苓先生古稀初度，海屋添筹，鸠杖生辉。薄海同钦德祜，本会尤沐培沃。

先生以教育为建国之本，乃于清之末叶举办南开学校，不数十年，自小学而研究院，各级咸备，春风桃李，普被海宇。

先生之兴学也，独具卓识，首重体育，始组华北体育联合会，创办中华全国体育协进会，皆躬亲主持。国家耆英，民族砥柱。当兹大庆，安可无歌。爰献俚辞，以侑寿觞尔（用新韵）。

莺歌柳陌，沽河之津。

七十载前，诞斯哲人。

天降大任，始习水军。

扁我尧疆，教育为根。

继夫子志，南开以闻。

桃李巨细，举世同钦。

振迅体育，吼于高冈。

威煇华夏，夺锦重洋。

立德明道，簪缨不遑。

嵎夷于趱，参政挽狂。

蓬山春暖，松烁鹤翔。

期颐弥晔，庆筵更张。

中华全国体育协进会　敬祝

(《南开校友·张校长七旬寿辰特辑》第 7 卷第 4 期,1944 年 5 月 5 日)

二、南开大学被迫南迁至全面抗战胜利时期的张伯苓

华莱士莅沙坪坝参观重庆南开中学①

（1944 年 6 月 22 日）

华莱士副总统于今（廿一日）下午三时起，由陈部长立夫、顾次长毓琇、中国工业合作协会总干事徐维廉，及外交部张振淮，陪同前往沙坪坝工厂学校等处参观。

四时半，驱车至南开中学，男女学生千余人列队执旗欢迎，并呼英文口号："欢迎华莱士副总统！"华氏含笑还礼。当由张校长伯苓招待至会客室休息进茶。华氏首询该校所注意之课程为何，张氏答谓一般科学、生物学及化学等。复询有无外国文字课程，张氏告以英语为学生所必修。华氏询以学生用费如何，张氏答称：在物价高涨情形下，学生目前之担负尚不甚重。华氏询以学生升大学之百分比率如何，张氏答谓：约有百分之九十五升入中央大学、西南联大及成都各大学等。华氏询以攻读农业之学生数目如何，张氏答约占百分之五，顾次长并答以中国约有五千余学生攻读农业学科。华氏询以中国有若干人民从事于农事工作，陈部长、张校长等皆笑答当有百分[之]八十以上，盖中国为农业国也。华氏询以学生之健康情形，张校长答称：尚佳，惟学生多患沙眼及疟疾等病。华氏闻此，对于医药设施表示关切。晤谈毕，华氏参观各种图片展览，极表欣赏。旋至大礼堂向全体学生讲演。华氏演词为：

我知道你们都很尊敬师长，并且我也知道你们都可升入大学读书。我相信你们都是中国未来的社会领袖，因为你们皆可升入大学，

---

① 本文节录自《国宾在陪都之第二日，华莱士访各界》。本标题为编者拟定。

所以你们必能肩负重任。希望努力工作,将来中国可成为一世界上最强大的国家。我更希望中国将来能一跃而为工业化、电气化的国家。中国为一历史悠久的古国,欲求工业化,自必需要西方的科学援助,我深信中国一定会成功一个很强盛很和平的国家。

词毕,在学生欢呼中辞出,迳往重庆大学及中央大学参观。

(《中央日报》重庆版,1944 年 6 月 22 日)

张校长勖南开校友努力建国复校①

（1944 年 10 月 16 日）

本市南开学校原设天津，初创时系一私塾，仅有学生五六人，经张校长伯苓四十余年惨淡经营，至抗战前学校有大学、中学、小学及研究所四部，学生达三千余人，为国内私立学校中之首屈一指者。明日为该校四十周年纪念日，校中除举行隆重之庆祝典礼外，尚有成绩展览，欢迎各界人士及学生家长光临指导。体育表演及运动会，欢迎出校校友参加。晚有话剧等节目助兴。又张校长为鼓励全国校友努力抗建工作，特发表书面谈话一则，又回忆四十年奋斗经过，颇多感触，特撰《南开四十年》一文分送各方。张校长谈话其要点为：四十年来虽在内乱外患重重压迫之中，而南开学校终不断在扩充在进步，此种不断创造日求长进之精神，遂以造成今日之南开。现在国势好转，大局光明，暴日之崩溃为期定不远，今后苓之工作厥为建国与复校。战后世界和平将产生一个新的世界，中国国内亦必须和平，建设一个新的国家。南开为国难而产生，因国难而毁灭，国家中兴，南开亦必复兴。凡我校友当此胜利在望建国迫切之际，务各坚定必胜信念，拥护最高领袖，一致奋起，加倍努力，参加建国，助我复校。

（《中央日报》重庆版，1944 年 10 月 16 日）

---

① 本文原题为《南开四十周年纪念——明日庆祝并有展览及运动会，张校长勖校友努力建国复校》。

南开精神①

（1944 年 10 月 20 日）

本年十月十七日为南开学堂四十周年校庆，不佞以乡后学之关系，对此亲炙心仪之老校长，对此学教广被之老学府，重以子弟叨蒙训诲之厚，不能无所表示，以致敬意，乃为俚句以祝：

四十年前一陋村，

山林初启郁苍森，

谁知桃李盈天下？

坐看甄成论古今！

追怀有道人伦表，

亲炙桃江矍铄身。

匹夫扼腕兴亡责，

求艾能无种树人。

南开学校之前身为严范孙先生之家塾，而严先生实为吾国晚近最典型的教育家，足当人伦师表而无愧，求之国史，则东汉之郭林宗差可相拟。惟南开学校之实际负责人，则为行年古稀矍铄不衰之老校长张伯苓先生。其诲人致用，功被天下，求之古代教育家，不免忆及王阳明。据实以颂，非溢美也。

（《大公晚报》，1944 年 10 月 20 日）

---

① 署名"敬伯"。

参政回忆录　首届二次会
不举手一场舌战　抗到底莫讲和平①

（1945 年 7 月 6 日）

　　武汉撤退，重庆新奠陪都基础。二十七年十月二十八日第一届第二次会续开于嘉陵江畔的重大礼堂，时已入冬，四周仍有花香鸟语，青山在望，翠柏成屏，象征抗战局面，至为深刻。

　　会期内外不乏"和平"气氛，十一月一日傍晚灯黯，忽有动议将胡景伊四十四人之《持久抗战案》，张一麐四十一人之《抗战到底案》，陈绍禹七十三人之《全民团结案》，陈嘉庚二十一人之《公务员不得言和案》，王造时六十六人之《继续抗战案》，合并为一案，表示拥蒋委员长坚决抗战决不屈服。欢声顿时雷动。

　　全场一致举手中，只有一位不举手。梁实秋参政员反对将陈嘉庚一案与其他四案并列。据云："陈案本意很好，但字面不妥。本着良心，谁都可以说话，不能一谈和平就指为汉奸，你看这匾额——"他并指主席台上的"忠孝仁爱信义和平"末二字。他说他深恨"另有鬼胎的人，不能盲从。"

　　汪精卫制止不着大家，此起彼落，痛斥和平谬论，只得在黑暗中让众口舌伐近小时。张伯苓最后打圆场，谓"为大局请压下私人的感情，大家对拥护蒋委员长既然一致；他是不会言和的，那还再辩论什么！"

　　（《大公晚报》，1945 年 7 月 6 日）

---

①　署名"吴未参"。

校长七十寿辰志盛[①]

(1945 年 7 月)

小 楔

今年(三十四年)四月五日,是我们老校长张公伯苓七十寿辰纪念日。是日及前一晚上,大鼓、京戏表演,有同学的祝寿游艺大会,有校友们的庆贺大会,益以天朗气清,鸟语花香,桃红柳绿,万物欣欣以向荣,宾客熙熙以祝寿,使宾主欢叙一堂,弥增欣忭之情,而为校长之高寿贺,为南开前途以喜,更为中华民族前途寄予无穷的期望。吾人深受学校作育之恩,春风化雨,在学业、品德、体魄各方面得以日益滋长。际此学校创办人——校长的寿辰,尤不能不兴感于怀,爰特濡笔,一志当时盛况以为纪念,并藉表我们对校长的钦仰的微忱。

同学们的祝寿大会

四月四日晚,即校长寿辰的前一晚,南开高、初中男女同学约千余人挤满了广大、宽敞的午晴堂——礼堂的每一个角落,其中,不少同学——后来的同学们,他们无怨的、泰然的享受着"站票"的特权。这是一个愉快的晚会——祝寿大会,它比平日在这儿(礼堂)过那沉寂肃穆的考试空气要轻松的多,它比美国新闻处来这儿放电影的晚上还有意义,它比花了钱才能

---

① 作者公能报社。

进来看戏时的心情要痛快,要舒适。的确,这是一个有价值的晚会! 在主席简短致词后,即开始游艺。

在喝采声中,步入了我们的寿翁夫妇——老校长夫妇。全场掌声四起,不管是台上台下,热烈欢呼,有些同学,简直忘乎了平时学校的禁令——不准踩踏座椅,他们高站在椅上跳跃欢呼,并一瞻老校长今晚的风采——虽然平时我们已看惯、记熟了老校长的和蔼、雍容而仁慈的仪容,今晚似乎还要在他老人家笑盈的面颊里找寻什么一样! 有些同学简直不知道要喊个什么词句,才能表示他今晚对校长祝寿的衷情,表示他心田的一种兴奋,只得让情感不自主的由口头抓些词令——他未想到的! 他们都毫不顾忌的欢呼出各地的"土腔",他不管别人懂不懂,只要他自己明白是在祝贺校长就行了,真是南腔北调,热闹一堂。这一切明显地象征着校长的德泽已滋长在中国版图内各地选来的优秀青年底心灵,他们将永不会忘了校长平日的诲诫、人格的熏陶,他将来才能的成长,将报效国家,决不负校长育才以救国的抱负。

掌声、欢呼声历十余分钟始趋平静,一位外面的观者告诉我:"我从没有看见过一个学校的同学对他的校长有如此的热烈拥戴,这情况使我太感动了!"

由女生部、男高、初中三部分凑起来的游艺节目,也相当可观了。其中一位校友介绍二位美国盟友来演魔术,共廿余套,皆甚精彩。尤以数块小手巾,搓揉手中,立即变成一块完整的大手巾,并包着一束鲜花,观众喝采不已,誉为此次大会最好的节目。张校长在前排不时发出响亮的笑声,表示他对盟友技术的喜悦。女高二出演独幕剧《候车室》,声声"亲爱的",喊得透亲热,闭幕前临走的柳腰一袅,两臂平举,"Bye"声,飘然而去,引起全场哄然笑声。高初中合演《这不过是春天》一剧中饰厅长太太者,亭亭玉立,话音婉转,左右指使,极尽女人之能事,而男扮女装,酷肖逼真。女中双簧祝寿,一肥一瘦,相映成趣。正声乐社娓娓琴音,全场幽然陶醉,洗耳静听。

大约十二时祝寿的盛会才完毕,同学们才冒着微雨散回宿舍。寿星翁也安详的由汽车送到津南村×号。平静地追忆今晚的盛会，七十年来事业的成就及对国家、社会一种不可磨灭底伟绩的贡献。

校友们的祝寿大会

在四月五日一大早，便布置起寿堂。在忠恕图书馆楼上的东西两厅，四壁贴满所送祝寿对联、彩绣，俱皆辉煌，琳琅满目。最惹人注目的如中共要人周恩来先生和他的夫人也共送一幅中条，其他如李宗仁、白崇禧、吴铁城、陈布雷等中枢要人都送有精贵的联对。以那上面十多个字，各以不同的字句、意义，尽情的写下老校长平生的丰功伟绩。这种以对联来表示祝贺别人的礼品，实在是中国历来传统的精神，也是一种高尚的礼品。至于老校长的高足，如中工职校校长魏元光先生、重庆市教育局长任觉五先生，皆各送有亲自撰词的中堂。魏先生以现身长理化，又同为河北人，故对老校长早年办学，提倡理化之先明和英见，备致颂扬。任觉五先生更誉老校长是他平生中足以钦仰的两人的一个（一个是黄埔军校校长蒋中正先生）。

约在是日上午八点钟时候，许多校友们及河北同乡们都来向这位德硕耆年的老校长拜寿，一共有二百人左右。有的驾了小汽车来，因此图书馆门前各式各样的小汽车聚[集]，排满小花园前面的一块隙地。有的偕同夫人一道，因为有的夫人也是南开的校友。他们看到大后方的重庆南开学校，曾屹立在敌人疯狂轰炸下达八年之久的南开，被誉为天津南开中学生命的延续者的南开。当他们想到天津南开——他们的母校，在华北惨遭日寇放第一颗炸弹落在文化机关，而被迫停课，甚至解散，使数千莘莘学子失学辍业，而老校长毅然地在民族复兴地的四川的心脏——重庆，重竖起南开的基业，使数千学子，仍然陶育在它优美的环境、完备的设备的校园中，弦歌不辍，一样地为国家培植英才。那幢幢高峻矗立的红楼，那阔叶、长叶整齐成行的梧桐、棕榈，那矮矮胖胖成一线的翠柏，那方块不紊的小洋房的教员宿舍——津南村和（校医室侧）那幽静、清澈而四周绿柳成荫的鱼池……这一切都说明今日南开的繁荣，——大后方各级学校的楷模。它的成就,在在说明是老校长绞费脑汁,用尽力和汗的代价、的酬劳、的慰安。老校长的目光远大,办事认真及苦干的精神,该使每个校友如何感佩而效法啊！真的,每个校友看到南开的逢〈蓬〉勃向上进,日新月异,益使他们在社会上以为南开校友而光荣,而骄傲。当他们步入这块足以启示一个人应当具有宽阔胸襟的母校的园地,他们本能的会心的微笑了——丝毫也不勉强。

校友会又特请城中著名的"厉家班"京戏团来校内礼堂演戏。大约午后一时,礼堂里祝寿的戏开锣了,该班班主厉彦菁特送唱给校长的两台祝寿戏《穆柯寨》和《古城会》。礼堂里挤满了人,校长也高兴地来看了半场戏。午后五时,校友们都聚在图书馆开校友会,由校长畅谈复校计划,后来,校友会讨论决议募款,在渝找一校友会址。此外,在贺客中,有他老人家在严王馆时代最老的学生陶孟和、严智钟二先生,有南大教授蒋廷黻、姜立夫等先生,有校董张直卿先生,还有徐部长堪、任觉五、魏元光等校友及梅贻琦、周诒春、梅贻宝、顾毓琇等。

晚上,又有校友演的旧剧,直到十二时由专备的校车送各位校友返城。

尾　　语

热闹了一整天另一个晚上,这位举世间闻名的教育家的生辰便在闹哄哄的气氛中过去了。孔子说:"七十杖于国。"以今日老校长事业的成就,对国家的效劳,无论那方面,实无愧于"杖于国"。但老校长自己并不以为老而退休,他老人家还要积十五年的精力,为国家为民族效忠尽力,他正筹划哈尔滨南开工商学院,长春、北平等南开中学分校。啊！老校长太伟大了,无怪蒋主席誉"有中国就有南开"。我们既尊仰老校长如渊如玉的人格,至大至刚的精神,我们更觉得"人生七十古来稀"的七十寿辰纪念日的盛况,有写下的必要,所以不嫌文字的芜陋,将它拉杂的写下来,尚希各同学正之。

(《南开高中》创刊号,1945年7月)

南开学校张校长伯苓访问记①

（1945 年 8 月 15 日）

　　远远地望见，那紫红色立方体的建筑，随着我们的脚步，一步一步从地平线上升腾起来。我们进了校门，两旁的冬青树依旧长得那么丰满，绿油油的。朗朗的书声从范孙楼、芝琴馆里不断的传来。这时候我们已经站在操场边际那排梧桐树下，我们的目光不约而同匆匆地巡视了全校一周，仿佛是说："可敬可爱的南开学校啊！你是中国新青年的摇篮。"

　　我们的名片递进去后，不到一分钟，那位传达就从校长办公室推门出来了，"请进来！"我们走进了校长办公室，那是一间长方形的房子，年高德劭的校长正坐在靠窗边的一张红漆的大办公桌后面，桌上简单的陈列着两瓶墨水和一些笔砚，后面是一座堆得满满的红木书架。墙上悬着几幅织锦，蒋主席的玉照，和几轴字画。窗外是一个花园，正开着芙蓉花，迎风招展，不时有一阵阵的花香扑鼻。

　　向校长说明了我们的来意，并且送了他一本《学生杂志》。他换了一副眼镜仔细把这本小小的杂志端详了一番，接着就说："我很喜欢跟你们年青人多谈谈，尤其是谈到教育的问题。至于将来战后如何复校的计划倒不必替我们宣传。今天我可以稍跟你们说一点几十年来我办教育的宗旨，以及最初草创南开的情形。"

　　"我起初是一员水师——海军——那时中国的海军居世界第四位，是聘英国人来帮我们训练的。刚刚甲午那年我从水师学堂毕业出来，中日之战就爆发了，我国海陆军俱大败，北洋水师几乎全军覆没。甲午战败之后

---

① 作者王学哲、潘大雄。

国势日衰,遂启外人觊觎之心,旅顺、大连、胶州湾、广州湾,相继被列强租借以去,英国也在是年强租我威海卫（中日战时为日本所占）。我带了通济轮代表中国去接收威海卫,第一天先把日本国旗降下,乃升国旗,那时候还是满清的龙旗,隔一天又把国旗降下,换上英旗。当时亲眼看见这种情景,真是触目惊心,饱受刺激。我就想,中国是一个大国,地大物博人众,日本是一个小国,英国也是一个小小的岛国,为什么中国（大国）的地方从日本（小国）手里拿回来,又要交给英国（小国）呢？想来想去,最后才豁然发现中国虽说地大物博人众,而国势衰弱,受人侵略,原因是在无'人'——能真正为国牺牲奋斗的人。所以要挽救中国,非造就新人才不可,欲造就新人才,非举办新教育不可,于是我就立定了'教育救国'的志愿,那时我正是二十三岁的时候。"

南开学校的前身是严馆,最初只有学生五人,当时有一位严范孙先生（名修）,是前清名翰林,曾任贵州学政,又曾奏请废科举,开经济特科。戊戌政变以后,致仕家居,深信中国欲图自强,非变法维新不可,而创办新教育实为救国的根本要图。张校长是时亦适返天津,与严范孙先生颇有同感,严先生遂聘张校长至其家教授子侄,是为严馆。"所教的课程有国文、英文、算学、物理、化学、博物、历史、地理等,还有一样在当时是最特别的,乃是体育。因为当时的风气是一般读书人讲究养长指甲,讲究弯腰驼背。这种风气非改不可,我就每天带着他们到院子里去跑跑跳跳,有时候就在书房里用一根鸡毛帚子架在两张小板凳上教他们跳高。严先生头脑很新,对于此种教授法颇以为然。"翌年,津绅王奎章先生亦礼聘张校长以西学授其子弟,张校长乃每日上午在严馆,下午即至王馆授课（陶孟和氏即当时学生之一）。如此者凡六阅寒暑,至清光绪三十年,张校长自日本考察归国,益信欲救中国,须自教育入手,遂决心创办中学。校址在严宅偏院,仅小屋数椽,学生增至七十余人。光绪三十三年,以校舍不敷,乃迁城西南地名南开,学校遂更名南开中学。此后校务即蒸蒸日上,学生自两百人,五百人逐步增加;至民国八年成立南开大学,民国十二年女中部亦告成,大学部则迁入八里台新址,全校学生增至一千八百余人。十七年增设小学,二十年又添设研究所,学生总数乃达三千人矣。

"九一八"事变,举国震惊,天津学生发起爱国运动,南开学生实为领导,而日本华北驻屯军之海光寺兵营正位于南开大学与中学之间,学生游行必经其地,因此深遭日寇痛嫉。校门前所悬之"收复失土"之旗帜亦为日兵用枪刺取下,寄归本国,认为南开抗敌之证据。平时日兵操演,任意占据操场,甚或将机关枪队开入,如临大敌。南开师生处此逆境之下,奋发蹈励,益坚报国之志。

二十五年,张校长自蜀中归,鉴于华北情势紧急,日寇随时可能发动侵略,一旦有事,南开必首当其冲;校长为继续南开事业,发展西南教育起见,乃决定在四川设立中学。是年秋南渝中学(重庆南开中学)即已开课。

"七七"事变发生,七月二十八日南开大学、中学全部校舍首遭敌机炸毁。是时张校长适在南京,闻南开被毁,至恸。蒋主席乃劝慰之云:"南开为中国而牺牲,有中国必有南开。"

对于国家前途张校长素抱乐观,他说:"中国将来行也得行,不行也得行,非行不可!"这几个简截的字眼里实包含着无限的毅力和希望。"我们中国人的聪明才力决不在外人之下,我们中国的'先天'亦特别充足,但是由于数千年来专制政体的影响,使我们国人习于高压愚民政策之下,教育不能普及,人民多昏昧无知,亦因国人久蛰于专制淫威之下,严禁集会结社,故不善组织,不能团结,遂致个人私心太重,自私自利,不讲公德,只知个人,不知团体,整个民族有如一盘散沙。此乃我民族衰弱招致外侮之主因。因此当南开成立之初,即揭橥'公''能'二义作为校训,惟'公'故能化'私',惟'能'故能去'愚',以治民族之大病,而作育建国之人材也。"

慢慢的,我们又谈到了办教育的问题,张校长说:"现在的一些人都不知道办教育,只知道说学生们腐化,学生们的意志消沉,成绩水准降低,又不安心读书。但是,试问在一个环境恶劣,没有适当的运动场、图书设备,没有一切卫生设备,吃不饱穿不暖,生活丝毫不能安定的情形下,学生们怎能安心读书,成绩水准怎能不降低?"张校长说到这里,态度是非常的激奋,他对于目前的一般学生是表示同情的。"假如所有的学校都有优美的环境,有球场、跑道,有图书馆、试验室,舒适的宿舍、膳堂、洗浴室等等,使学生对于日常的生活不感觉困难,我绝对不相信,同学们会不安心读书!"这一句话,几乎使我们禁不住要喝起彩来。

现在眼看抗战即将胜利结束,校长表示,"将来南开不仅要在天津复校,重庆南开中学仍将继续,还要在北平设一个初中,在长春设立一个大规模的高初中,并将在哈尔滨设立一个大学分校。因为在沦陷区里的青年,尤其是在东北四省,这些年来暗无天日,受着敌人的奴化教育,将来我们收复失地,首先要使他们重新获得自由教育的机会,灌输他们国家民族的意识,使他们重新做一个健全的中国公民。"

下课号把我们惊醒了,我们一看校长右手腕上的表正指着十一点钟,不觉已经谈了一个多钟点,应该让他老人家休息一会了。"校长恐怕您很累了罢! 您应该休息一会儿了!"我们即起立告辞。校长仍是精神奕奕地说:"不累,一点儿都不累,时间还早,还可以再坐一会儿,我是很愿意跟你们年青人多接触的。"临行的时候,校长分赠了我们几本《南开校友》《校庆特刊》《南开四十年》,以及庆祝校长七旬寿辰的纪念册。我们道谢了校长今天宝贵的训示,及所赐的书刊,辞退出来。我们离了范孙楼,去到操场中间,回过头来又看见了校长,他那魁伟的身材着了一件白色夏布长衫,戴着一顶特制的大草帽,正向津南村走去,精神矍铄,连拐杖都不用。我们注视着他的背影出神。如果你曾经有过崇拜伟人的心理,那么我们那时的心理正是如此。我们一直看着他的背影,一摇一曳地渐渐消失在梅林里,我们心中实有无限的景仰和钦佩的情绪在忐忑着。

六月二十日晚二时

（《学生杂志》第 22 卷第 9 期,1945 年 8 月 15 日）

公能教育文库 ｜ 张元龙 总主编　　张鉴远 总策划

铅字流芳大先生
近代报刊中的张伯苓

下

张兰普　梁吉生　编

天津社会科学院出版社

照南先生靈右

我公為世界巨商能聚財尤能散財勸學不忘財學

玄法造來生宏福真信佛乃真皈佛彌留猶誦佛多

助

聲

天津南開大學校長張伯苓敬輓

吊简照南挽联,《简照南哀挽录》,1923 年

追悼馬校長千里紀念特刊

河北省立第一中學校學生自治會

張伯苓題

《追悼马校长千里纪念特刊》题签,1930 年 3 月

博純先生逝世廿週紀念

同志舊雨　瞬別廿年
民眾教育　提倡寰先
精神不死　道貌依然
愛之敬之　靈其鑒旃

張伯苓拜題

为伍达逝世二十周年纪念题词，
《民众教育》第 3 卷第 7 期,1931 年 6 月 1 日

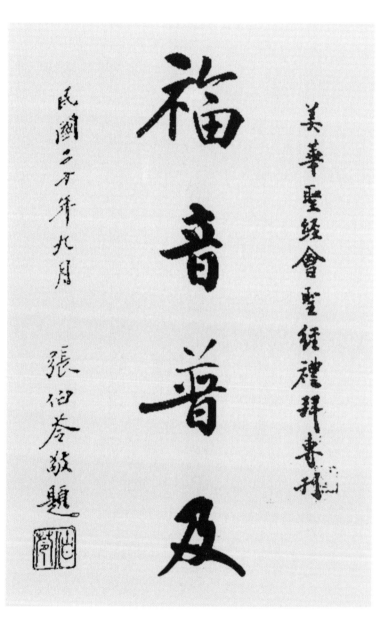

《圣经会季刊》题词,1931 年 9 月

這等裨益體育前途的刊物

祝你風行全國

張伯苓敬題

《体育新声》创刊号，1931 年 10 月

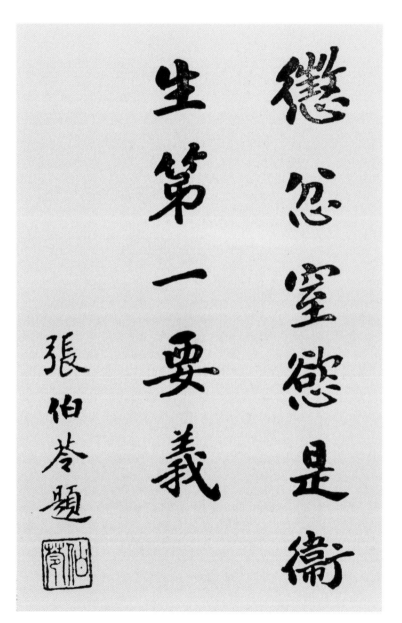

惩忿窒慾惩是衞生第一要義

張伯苓題

《中国卫生杂志》(二年全集),1931 年

精神缔造卅五经秊

中学之冠蔚起英贤

南洋中学三十五週年纪念彙刊

张伯苓敬题

《南洋中学三十五周年纪念汇刊》,1931 年

《南开女中校刊》题签,1932 年 6 月

《圣经之婚姻观》题签(陈建勋编,中华信义会书报部出版),1932 年 7 月

《体育研究与通讯》第 1 卷第 1 期,1932 年 12 月

警鐘

國難專報社祝詞

張伯苓題

《国难专报》第 5 期,1932 年 12 月

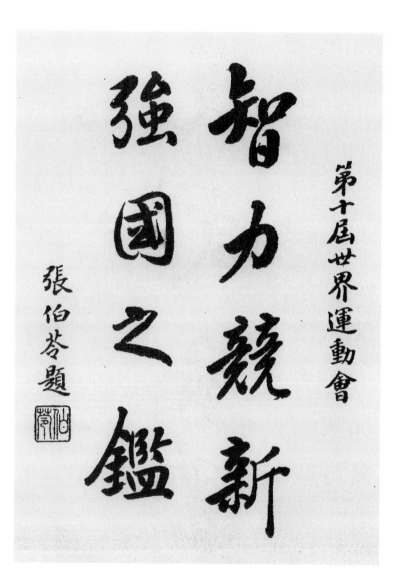

智力競新

強國之鑑

第十屆世界運動會

張伯苓題

为第十届世界运动会题词,1932 年

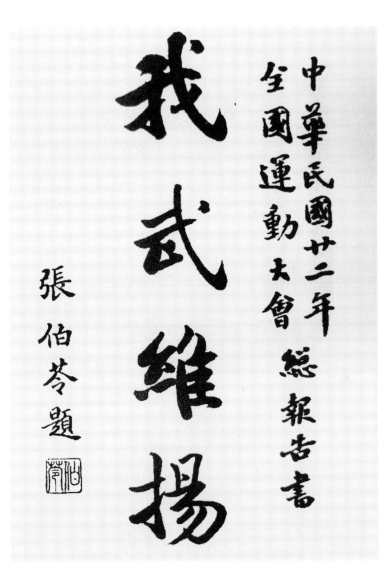

中華民國廿二年
全國運動大會 總報告書

我武維揚

張伯苓題

《中华民国二十二年全国运动大会总报告》,1933 年

积渐为雄益晋七载

奋裝峥嵘光彪薄海

江南大学体育协会七载成绩报告

张伯苓题

《江南大学体育协会七载成绩报告书》,1933 年

徐文定公第三百週年紀念

信天樂道 先覺一人
歷年三百 生氣猶存
科學泰斗 西化梁津
警彼日月 光景常新
繩繩藝藝 垂澤無垠

張伯苓撰祝

《徐文定公逝世第三百周年纪念文汇编》,1934 年 4 月

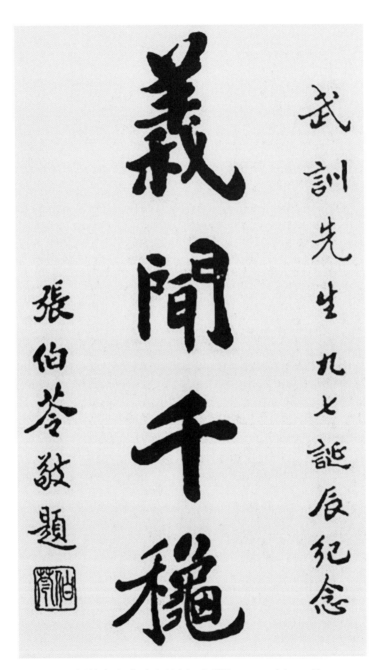

《武训先生九七诞辰纪念册》，1934 年 12 月

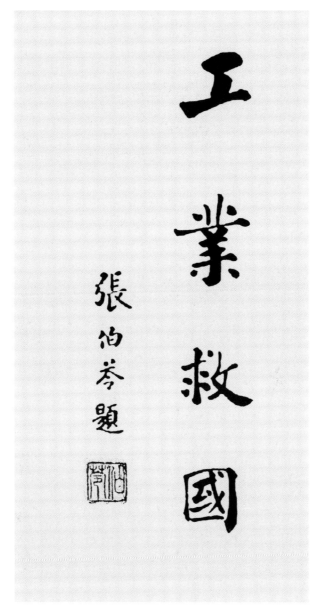

工業救國

張伯苓題

《东亚毛纺织厂年刊》,1934 年

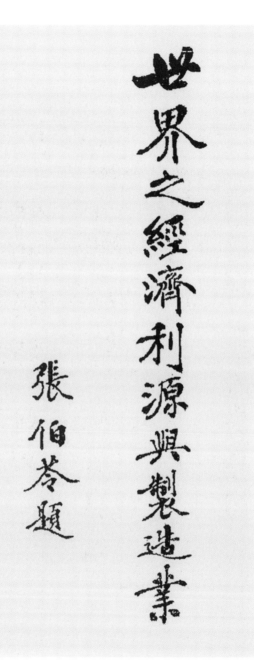

《世界之经济利源与制造业》题签，周志骅编，商务印书馆，1934 年

體育雜誌　創刊

一編示範萬眾競強
鼓勇捄國華族之光

張伯苓題

《体育杂志》创刊号，1935 年 4 月(1934 年)

天津私立匯文中學校第四十五週年紀念特刊

桑育無疆

張伯苓題

富國英乂

張伯苓題

天津工商学院 1935 班纪念册,1935 年 6 月

《天津青年》题签，1935 年 10 月 15 日

亚東出版社全國運動會指南

體育促進我武維揚

奮勇踔厲爭國之光

張伯苓題

《第六届全国运动会指南》，1935 年 10 月

實業部 工業標準 與度量衡 月刊

絡度量涵劉一推り挥工業之
標準抵實業之新解业俗
沪以俟矣乃弊死風渍诛
迚國之美政署而新民以巢
利於麐序

張伯苓題詞

民族英雄

张伯苓题

林公则徐焚燬鸦片纪念专刊

《禁烟半月刊》创刊号，1936 年 6 月

南開同學錄

中華民國二十五年秋季

張伯苓題

《南开同学录》,1936 年秋

《廿五年班毕业同学纪念专册》(南开中学), 1936 年 6 月

《南开童子军》创刊号, 1936 年 10 月

文化工具體例翻新

薈飼並飲普益士林

績學浮峴不朽之珍

張伯苓

《英汉四用辞典》题词,1936 年

艱難邁進肇序先河

春風薿育造士楷模

河北省省立天津中學校廿五年度一覽

張伯苓題

《河北省省立天津中學校一覽》，1936 年 12 月

《救灾会刊》第 14 卷第 4 期,1937 年 1 月

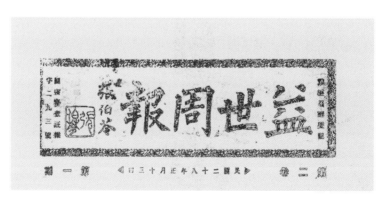

《益世周报》题头,1939 年 1 月

急起直追

世運代表團報告書

張伯苓題

《出席第十一届世界协进会中华代表团报告》题字，1937 年

私立中國中學一覽

菁莪造士域樸作人中行俊杰悉
受陶甄有美皆備無風不春三載考
績三育精神教亦多術進步永新

張伯苓題

《私立中国中学第二届毕业纪念册》题词,1937 年

曙光學校五週紀念刊

春風化育海南天桃李欣欣競向妍

任有蒼波別疆域不教黃胄斷歌絃

歲當考績思追古義重培才喜集賢

為祝黌宮無量美揮毫待句寫來牋

張伯苓題

《菲律宾华侨曙光学校五周年纪念刊》题词,1939 年 2 月

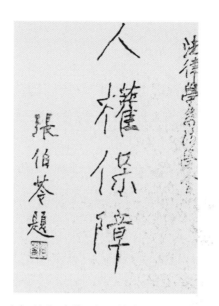

为西南联大法律系法学会题词,1939 年

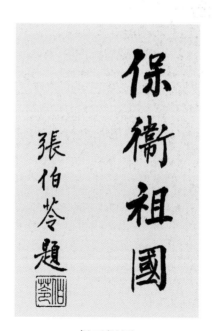

保卫祖国

好學力行 知恥

張伯苓題

自贡蜀光中学第一届高中毕业班题词,1941 年 6 月

为《七七通讯》题签,1942 年 7 月

《沙坪坝消费合作社三周年纪念特刊》题词，1943 年 9 月

《中华全国体育协进会体育通讯》题头，1944 年 9 月 1 日

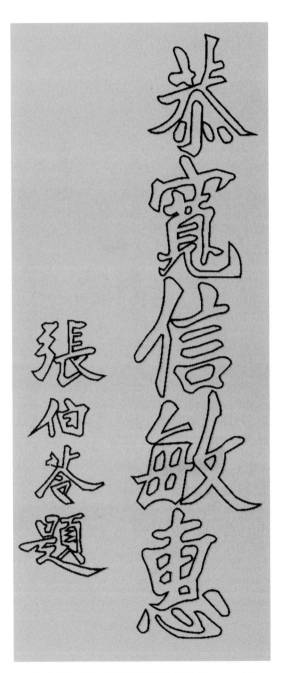

恭寛信敏惠

張伯苓題

重庆南开中学《公能报》题词,1944 年

《南开高中》创刊号,1945 年 7 月

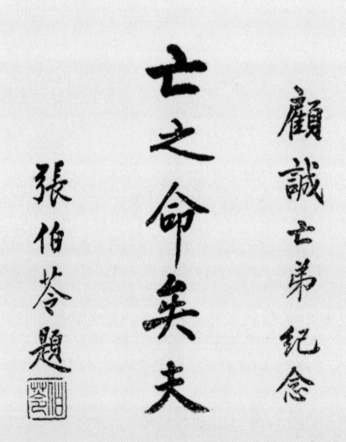

顾诚
士弟
纪念

士之命矣夫

张伯苓题

《顾诚同学纪念册》题词，1946 年 1 月

一九四六級畢業紀念

允公允能

張伯苓題

重庆南开中学 1946 级毕业纪念，1946 年

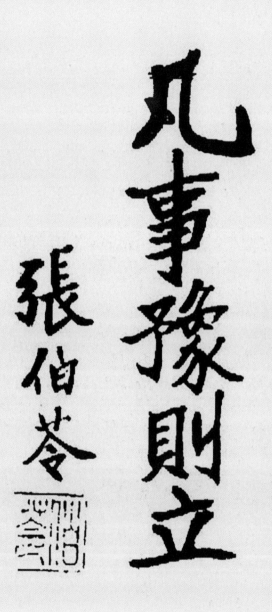

《重庆南开中学学生纪念册》题词,1946 年

四四通訊

張伯苓題

《四四通讯》第 2 卷第 2 期,1947 年 5 月

《重庆南开校刊》封面题签,1948 年 5 月 15 日

赠张荩忱将军　　张伯苓

三战中原战踵多丹心欲挽鲁阳戈成仁大节
惊寰宇毅魄英名动凯歌绣裙将军灵返郢水
不教纤骑渡襄河悼公海内衰音满长使苍生
叹奈何

《张上将自忠纪念集》题词，1948 年 9 月 9 日

《辅导通讯》(第 18/19 期)题签,1948 年 9 月 30 日

中華醫藥報復刊題詞

術妙岐黃曰稽自古
光而大之其利也溥

張伯苓 [印章]

張考試院長題詞

《中华医药报》复字第 12 期,1948 年 12 月 10 月

協濟月刊 題詞

疾病相扶患難相恤

樂善好施端資羣力

張伯苓

《协济》第 1 期题词,1949 年 1 月

《上海通讯》题签

《周秦》题签

三、全面抗战胜利后天津南开大、中学校复校时期的张伯苓

（1945 年 9 月—1949 年 9 月）

毛泽东访晤张伯苓[①]

（1945 年 9 月 7 日）

昨日（六日）毛泽东同志和周恩来、王若飞两同志应于院长午宴，席间到有丁维汾、叶楚伧、陈立夫、张治中、张群、邵力子等七先生。宴毕先后访晤居院长和中正学校、中央大学故旧，暨柳亚子、张伯苓两先生。晚应中国保卫同盟孙夫人宴会，宴毕访问苏大使。

（《新华日报》重庆版，1945 年 9 月 7 日）

---

① 本文原题为《于院长和孙夫人昨宴毛泽东同志》，由编者改为本标题。

张伯苓在校友会讲述南开复校计划

（1945 年 10 月 7 日）

南开校友六日上午十一时，假中宣部礼堂举行聚餐会，到二百余人。由会长马师亮主席报告集会意义后，请张校长伯苓训话，略谓：

"抗战胜利，本人异常兴奋，国家有办法，有进步，南开亦应跟着有办法，有进步。重庆南开中学为抗战前一年创办，仍继续办理，无所谓复员，但天津南开大学、中学及女中，必须恢复。喻主任等已赴津筹划复校，本人下月初将前往一行。北平将办一初中，免年幼学生往返之劳。东北为吾国重镇，南开素注重东北之研究，拟在长春设一南开中学分校，以偿初愿。政府与社会对南开爱护备至，今后发展，大可乐观。出校同学，大都能本母校'公''能'校训，服务国家，实符合'教育救国'之旨，衷心愉快。"云。继请甫自美返国之张彭春教授讲演，题为《生产方式落后国家之国际重要性》，就其数年出使中东及南美各国观察所得，有精辟之分析。张氏词毕，聚餐。校友郑道儒氏讲演，勉全体同学接受校长之鼓励，发扬南开精神，为国家社会服务云。

（《中央日报》（重庆），1945 年 10 月 7 日）

祝我母校四十一周年纪念[①]

（1945 年 10 月）

今年是南开学校四十一周年纪念,去年是四十周年,我在津校友,因处于桎梏环境之下,只是内心的庆祝,未能表现动作的庆祝,想是各位校友所同感不快的。今年和平实现,大地重光,不仅是我全国同胞欢欣鼓舞地庆祝国家第三十四周年之双十节,而且全国校友亦在喜气洋洋地庆祝母校第四十一周年之纪念。吾们所喜的是四十年来为教育而奋斗的校长张伯苓先生,古稀高年,精神矍铄,过去在尽力教育救国的工作,所被春风的桃李,已发华结实,并且已能励行校长的训勉,有为公牺牲的精神和为公服务的能力。八年来校长谋国护校,不遗余力,今后将更要本着坚强的意志,开始教育建国的事业。吾们显然可以看到先生以前是为救国而办教育,以后是为建国而办教育,所以创立南开学校是有目的的,发展南开学校是有步骤的。同时再看四十年来的南开在进展的行程里,经过多少艰难,遇到多少困苦,最后又在抗战八年的长时间,津校毁于国难,渝校屡遭轰炸,而校长信心益坚,卒能逢凶化吉,踏上光明之路。吾们所庆的是四十年来经过校长一手艰难缔造的南开学校,将必要适应新国家的需要,在质的方面,有十足的进步;在量的方面,有充分的发展。如此不仅津校复兴,渝校继续,并且将在全国重要地区,设立分校,使我朴厚苦干的南开精神,广为传布。国家之复兴,民族之强健,非具有此种精神之国民,不能负起这样重的责任,更不能实行这样大的工作。以前的南开是进步的,以后的南开亦更是进步的,就是因为校长常说,南开就有难的遭遇,不怕难,更要顶过难,经过一番

---

① 作者阎子亨。

难，就进步一块，愈难愈顶，愈顶愈进步，愈进步愈不知足，愈不知足愈有进步。校长这样伟大的话语，让吾们羡慕，吾们钦佩。今年的母校周年纪念，价值大的很，意义深的很，我们要喜欢，我们要兴奋，我们要效法校长的精神，敬祝我校长万岁！南开学校万岁！

（《南开校友》特刊，1945 年 10 月）

记参政院副议长张伯苓[①]

（1946 年 1 月 16 日）

中国教育界耆宿自从蔡元培逝世之后，鲁殿灵光，要算天津南开大学校长张伯苓先生是唯一无二的人物了。长方的面庞，高大的身材，足足有六尺来长，再加之于头上留着一寸高的平顶发，格外显得他是特别的高。两道浓厚的乌眉衬着一双慈祥而英锐的巨眼，声如洪钟，精神满足，一望而知其是极有魄力，了不起的教育家。任何人站在他面前只觉得渺小；尤其从前开屡次远东运动会时，他都是以副会长名义代表中国出席，把一班日本小鬼相形得矮小不堪，这是他的伟大，也就是中国的伟大。

天津家世　水师出身

他名叫寿春，字伯苓，与最近到上海来替南大募捐建筑校舍，现任土耳其大使，曾在美洲大捧而特捧过梅兰芳演《木兰从军》的戏剧大家，张彭春，字仲述，是胞兄弟。一同生长在天津，都是基督教徒。自从五四运动以后，他就不名寿春而以字行了。他虽是终身办教育，但出身并不是教育，乃是北洋水师学堂，和黎元洪同过学，甲午之役听说还在兵舰里当过小头目，不过他的中西文字相当有根底，而且手不释卷，进益不已，终于脱离海军界而当起西席先生来了。

---

① 署名"加陵"。

办学之名　由小而大

这也是天津的巨绅严范孙(修)先生识人，在清末维新之际，一把抓住他，不放松，要办严氏私塾，有子弟及亲串十余人，请他担任教师。就这样一年一年地担任下去，由私塾而小学，由小学而中学而女学，皆名之为南开，在民国初年时代已有一千多人。校址不够，逐渐扩充；经费不敷，尽管劝募，从来不曾要过公家一文津贴。名义上是伯苓先生做校长，实际上因为校董严范孙先生的声望，和其学生家族(大多数是望族)爱校之殷，兼之毕业多期，校友遍天下，欧美各国都有分会，所以每届校庆日，各地同学贺电献金纷至沓来，形成南开的特色。其中校友闻人之多不下北大；如鼎鼎大名的共产党副主席周恩来便是一个，现任内政部长张厉生、吉林主席郑道儒、甘肃省教育厅长郑通和也是。其他学术界、实业界知名之士尤多得不可胜数。这都是张校长五十年来培植之功。

观光美洲　介弟代疱

在民国五六年时，国内新潮澎湃，求知欲甚旺，他不服老，到美国哥伦比亚大学去研究教育两年，以求深造。一面到处演讲，把南开的各种成绩照片给美国人看，由此募得捐款不少；一面又在物色名教授几位，如梅光迪、凌冰、何廉之流，预备回来兴办大学。

校内事暂由介弟彭春先生代理，一切萧规曹随，办得井井有条。犹忆张先生由美归来时，大雪纷飞，全体师生赴车站迎接，备有马车，他不愿意独乘，一齐步行回校，路过家门而不入，只向门口老母请请安，妻子问问好，迳赴校门口广场，和师生们一个个握手，整整三十分钟始握毕，还个别分询校工们两年来的家庭情形，其态度温和而亲切动人有如此！

这也可见得南开校誉是全国皆知，并不是仅仅北方的一只大学。

它怎样能够做到这种地步呢？说来话长，当然是张校长的精神贯注，把学校当作一个家庭,教育看作终身事业;里面的教授教师大多是校友,所谓三代同堂并不是虚言。打校门口一看,经过办公室,会客室,礼堂,图书馆,教室,一直到宿舍,饭堂,厕所和校园,没有一样东西不是注明某年某期毕业同学赠送的。在校同学受了这种陶溶,一旦离开,仍然不忘其爱校之心,决不会视师长如路人。校内集会甚多,每星期六晚都有正当娱乐,其话剧有布景、导演,尤负盛名;所以南开的学生,个个蓝布长衫,虽在放假日期不大在外边乱逛花费,养成一种活泼而朴实风气,迥非其他时髦大学野鸡大学可比。

昌言抗战　校舍为墟

因为他们有了这种学风的训练,好像是关起门来死读书。可是他们一点儿也不死,他们是如同生龙活虎般的活泼,他们仍然抱住着燕赵慷慨悲歌之风,这就看"七七"事变"前他们的态度便知道。那知北平的各大学生都走的走,逃的逃,都撑不住气了。只有南开是彰明较著大声疾呼地与恶敌奋斗,公然地宣传演讲与敌伪作殊死争,差不多把一个最高学府变成华北抗日思想的大本营。所以日寇恨之切骨,在北平尚未失陷以前,就架起大炮来把南开全部校舍轰得干干净净,还怕轰不完,再把煤油浇上去,点上一把火,这才瓦砾无存。可是烧完的只是南开的形体,不能损坏他们一点的一颗热烈的心,他们终于到昆明和北大、清华合并起来,成了联合大学,继续做抗战的工作,比以前还要厉害。

勉子尽忠　直冲敌机

张校长看看教育能收到这么大的效果,心里很满足;到了重庆后还继续地在成都①办了一个南开中学部,仍旧以老校友喻麐涧为主任,教化西

---

① 应为自贡。

行，求学者更众。他有两位公子，大公子学航空①，与山东飞行家孙桐岗齐名，其单斗技术之精尤为孙所望尘莫及。适敌有巨舰"出云"号停上海浦江上，环顾国内航空人员无人能任其破坏工作者，惟张大公子(忘其名)为能，奋勇请缨，志在必死。人多尾其行，而张校长独不稍动，慷慨挥泪，勉其移孝作忠，完成任务。听说蒋委员长还有一幕活祭的悲壮举动。"壮士一去兮不复还"，果然张大公子独架战斗机，对准了"出云"舰的主力所在，就拼命地向下一撞，同归于尽，完成任务。从此长江无敌主力舰，张公子之功固不朽，而伯苓先生公忠为国的精神更为世所称道弗衰②。

德高望重　荣膺议长

无疑地他是名高泰斗，物望所归，等到参政院召开的时候，他便当选了副议长。就是最负盛名，年高德劭，提倡组织老子军的苏州名宿张一麐的地位，也不过是首席参政员，地位还比他不过。他老先生以七十高龄，终身尽瘁教育，不愿做官；但是这替老百姓说话的事，他是很愿意做的，八年以来未尝离开重庆一步，热心会务，不遗余力。当兹天日重光，敌寇屈服，南开之精神依旧，爱儿之壮志已伸，含笑回津，彪炳史册。我们希望他精神矍铄，为国珍重，除了南开复校外再在建国工作上多尽一些力，千万不能逍遥事外，明哲保身，让别人乱七八糟，东抢西夺也！

(《铁报》,1946 年 1 月 16 日)

---

① 张伯苓有四位公子，学航空者为其四公子张锡祜。
② 此段叙述与事实出入甚大，于史无据。

联大的结合[①]

（1946 年 1 月 25 日）

　　抗战初起,北大,清华,南开在长沙小吴门外圣经学院组成了临时大学,因着战局的紧张,临大决迁昆明。一部分师友由香港海防去昆明。一部分同学在勤苦的亲切的曾昭抡教授领导下,跋涉新修成的西南公路,徒步到达昆明。借用昆华农校的校舍,继续开课,长沙临时大学改称西南联合大学,并增设师范学院,大西门外的新建校舍完成,校本部,文、法、理三院进入新舍,工学院设在城东拓东路。

　　联大用常务委员会代替了校长,常委三人,由三大学校长充任。张伯苓先生老了,到校的机会很少。对内的一切,经常由梅贻琦先生主持。对外的一切,由蒋梦麟先生负责。感谢三位常委先生,由于他们的互信互让,由于他们的相忍相成,促成庞大的联大"联而合",从没有私见,从没有龃龉,成千的师生,载歌载舞,融融泄泄,追求真理,创造新生命,新学风。

　　常委会虽然是学校最高行政机构,决定校务的,却大半是教授选举代表组成的教授会议。教授会议真的值得赞颂称羡,由于他们高度发扬民主作风,克服了重重困难,由于他们人格崇高,学问渊博,赋有继承自由传统,创建新文化的使命,使学校和地方当局融洽,使万千学子拳拳服膺,心悦诚服,更使三校学风和精神互相调和,进一步助长了"联而合"。

　　联大的师友,来自海外,来自国内每一角落,操着不同的方言,但聚会时,即使蹩脚的国语,也得说出,生活起居的方式虽有不同,但在追求真理下共同研究学习,表现得特别友爱亲切,无形中增进了"联而合"。八年来

---

　　① 本文摘自署名沈石的《西南联大群相》一文。

的联大，在教育史上占有光荣的一页，它的发展，证明了优良学风的培育，要有一贯的高度的自由的民主精神，说明了政治的安定，在容忍，在开诚布公，在实事求是，也就说：只有民主，才能展开政治的新生。

（《申报》，1946 年 1 月 25 日）

张伯苓反对自由恋爱[①]

（1946 年 2 月 27 日）

参政会议长张伯苓,是我国顶著名的教育家,他一手创办南开大学,造就不少有用的人材。同时,中国体育的提倡和进步,张先生也是功绩甚伟的。张先生在被选参政会议长后,除办学外,更多了政务工作,抗战八年期间,他的艰辛和劳顿,不难想像,因此,他的精神也远逊从前了。报载张先生已由重庆飞跃太平洋,至美国西部从事休养,并有一位公子随侍。这电讯非常简单,但各方关切张先生健康的,却因此大为担心。

张先生的思想言行,这里毋需介绍。可是有一点值得一提的,那便是他始终反对自由恋爱而拥护我国固有的明媒正娶。他曾经累次训诫学生,自由恋爱不适合中国之情,因自由恋爱而在明媒之后,男女双方考虑一下就行,总之,应该结婚在前,恋爱在后,倘因果倒置,实期期以为不可! 他在阐发这一泡理论之后,更举出许多人证,据说,他自己便是旧式的结合,而结果倒是异常美满的。

（《七日谈》第 11 期,1946 年 2 月 27 日）

---

① 署名"文沙"。

张伯苓上台大开口　郑通和甩纱帽①

（1946 年 3 月 8 日）

　　战前南开大学校长张伯苓，每次到上海来，总要到省立上海中学去对他那几千门孙去化上两个钟头说说笑笑，因为省上中的校长，现任甘肃教育厅厅长的郑通和就是他的学生，所以省上中的学生，是他学生的学生，他亦就是他们校长的校长了。

　　他长着一个北方型的又大又长的脸，爱戴一付墨晶眼镜，他站在台上对几千个门孙演讲起来，很随便，比家常还随便。他是一个大块头，好像北方人那么大的块头并不能算大，开场之前他当场先要脱去一件皮袍子，冬天他总是穿两件皮袍子，难怪他的外形架子更大了，实际他是一点没有架子的。

　　他讲起来的措词是很浅白，譬喻也很普通，一张嘴从开头讲一直要笑到讲完。那时候正是郑通和一手把四百五十亩大的钢骨水泥的新校舍落成，成为全中国最大规模的中学。外界对郑氏的精神与毅力，非常钦佩和景仰。但是张伯苓对他的门孙说，一点呒啥希奇。又把他的南开附中和省上中来比较：无论学生、建筑、设备、仪器等都是省上中的多，省上中的好。他说这些不足为奇，要看将来毕业生在社会上服务的精神和成绩的批评来比较。他肯定的说省上中的学生一定比不过南开，当时在座的都是血气方刚的青年，听了大家心里很不服气。张伯苓这点青年心理怎会摸勿着？他说："你们不相信，我举一个眼前的例子给你们看，你们比你们的校长怎么样？你们能及得上你们校长的精神吗？你们对你们的校长敬佩不敬佩？

---

　　①　署名"紫虹"。

你们知道你们的校长是什么学校里出来的？是什么人的学生？我说这话，你们不要'气'，只要'记'！还早呢，十年之后，我们社会上见！"

当国共还没有合作，敌日虎视眈眈，野心勃勃的时候，张伯苓因为担任全国运动会的总裁判到上海来，也到省上中对他的门孙说："我有两件事问你们，第一件是拔河运动。就是一根绳，两边人各拉一端，一边是四个人，一边是六个人，不过所不同的，四个人的那一边的绳子是一条，而六个人的那一边的绳子岔开六条，这样两边出力拉起来，是那一边输？你们想想看！

"第二件是踢足球运动。往往赢了对方，都以为是前锋的功劳；而输了球，就怪守门的不好。要知道在球门前面各岗位的球员为什么会让对方把球攻进来呢？既攻了进来，球门果然不好。但总不能全怪守门的，这是整个团体的精神呀！"

后来国共间有摩擦的现象发生，张伯苓那时已是参政会的副会长了，他对国共的比喻更妙，说："像江水浅的地方，行舟更是困难，往往要人背纤，船上栓了背纤的绳子，左面也有人努力的背，右边也有人背，可是这只船，也不左也不右的向着同一个目标前进着。"

胜利之后，张伯苓来到过上海，相继的郑通和也来到了上海。郑通和还是心理舍不得那一手创办的省上中，吴家巷那四百五十亩，被毁残剩的建筑，他决心推动一万万捐款重修省上中学舍，他觉得做官还没有兴学来得实际，所以情愿不惜放弃官职，重兴那被誉为全国模范的省立上海中学。

（《大观园周报》第 12 期，1946 年 3 月 8 日）

张伯苓一怒赴美①

（1946 年 3 月 26 日）

本月十八日，南开大学校友会在国际饭店十四楼，欢送校长张伯苓赴美养疴，席间有许多校友请张氏宣布感想，张竟拒绝了，他似有难言之隐，面部流露着怨愤和伤感！

据说张氏在重庆，一向担任参政会议长的职位，当局对他的信任，远异一班政客，可是最近却有一件事，使他突然消极。原来胜利以后，许多因抗战而内迁的大学。纷纷谋复校或迁回原址，张氏手创的南开大学，原校在天津，校舍设备，尽已毁于炮火，此次张氏特向当局要求由政府拨巨款一笔，作重建校舍之用，当局对于这个要求，原则表示接受，可是类此情形的要求，不下数十校，一时应付为难，所以拨款便迟迟不理了。张氏却以为南开毁校救国，自己八年来为国效劳，不无功绩，如今结果如此，灰心达于极点，因此辞职，以养病为由，暂时离开政治舞台了！

（《海星周报》第 6 期，1946 年 3 月 26 日）

---

① 署名"难友"。

张伯苓赞成旧式婚姻[①]

(1946 年 4 月 13 日)

　　南开校长七十老人张伯苓氏,不久前来沪转美疗养,他身体异常结实,丝毫没有伛偻臃肿神态,最近二年来,因过度辛劳,才时感不适,四十年教育生涯,竟能一年年苦干下去,在中国的确找不出第三〈二〉个人来。

　　张氏为人坦白乐观,和学生演说,也不是用什么大幌子和正言说论。十五年前,天津南开有一对浪漫孩子弄了一点过火的浪漫行为,于是他召集全校同学,大谈爱经和婚姻问题。下面是他的主张:

　　"自由恋爱本来是满好的,可是我曾看见过许多因自由恋爱而结婚的,后来也打架吵嘴了,倒是好多父母之命媒妁之言结婚的,竟融融泄泄恩爱异常。就说我和张太太罢,我们几十年来,倒没有打过架,所以我以为自由恋爱乃是先恋爱后结婚,恋爱不免变化。旧式婚姻是先结婚后恋爱,所以滋味无穷……。"

　　这一番言论,倒有点像蒋梦麟先生的"中国老法婚姻如狗皮膏药"的意味,据说张伯苓氏的几位得意高足,也全是效法老师,用他的方法来获取老婆的。

(《海派》第 3 期,1946 年 4 月 13 日)

---

① 署名"石磊"。

张伯苓劫后办南开①

（1946 年 4 月 21 日）

在胜利来临，各收复地区力谋复兴教育的时期，我们当代以办理教育而负海内外重望的张伯苓博士，却赴美国去颐养其天年去了。博士原名寿春，字伯苓，后来废去了原名便以字行。他是天津人，在本乡创办南开大学，孜孜恳恳，努力于教育事业，垂三十余年之久，直到华北沦陷，南开迁入内地，博士始终不放弃他的本位工作。

因其办理教育时期太久长了，所以门墙桃李，遍满天下，现如今出席政治协商会议的延安代表周恩来，国府监察院委员的童冠贤，教育部次长的张道藩，天津金融界巨子的卞寿荪等等都是的，我们只要最近一查在上海成立的南开旅沪校友会中名册，社会上知名之士，多出南开，正是"同学少年多不贱，五陵裘马自轻肥"了。张博士创办南开，其经过却有一段珍贵的史实。原来博士生当逊清末叶，国势积弱之世，目击政治的腐窳国力的孱弱，毅然决然，投笔从戎，考入北洋水师学堂去受业，和黄陂黎元洪（宋卿）同窗苦学，深冀学有所成，振兴海军，为捍卫中国的国防，增厚力量。那时清廷本有拨款四百万两，整顿海军的决议。不料该款被西太后提去，作为修盖圆明园等名胜之用。

训练海军的经费既然无着，所以甲午之役，致我国海军全师覆没，黎宋卿和张博士都是泅水得脱，幸免于死。黎即改习陆军，张则深感中国教育人才太嫌缺少，要使教育的普及，必须培养出教育人才来。但是赤手空拳，谈何容易，而本身又苦于失业。那时适有前贵州提学使严修（范孙）要物

---

① 署名"国柱"。

色一位家庭教师,经人介绍,张就去坐馆,每日讲授新学,受业的学生只有七人。

在当时严范孙也灰心仕进,愿以培植人才为己任,和张博士意气相投,会商之下,立把这所家馆改为普通学校,校址就在天津的西北城脚下,地名南开。严、张建筑校舍,无以命名,以地址在南开,就以南开两字为校名。严范孙曾和张博士戏言道,风气未开,办学不易,前途如何,难以逆料,我们办理得好,就南开下去,倘使不好,尔我就就此离开。

这南开经张博士三十余年的惨淡经营,勤勉努力,由私塾而中学而大学,又增设小学,女子中学,在战事以前,全校学生达三千余人。要没有战乱的侵击,在今日的发达情形,正不可以记述了。八一三变乱①,博士把全校搬至重庆。这番复校,教育部也特别注意予以资助。不过张博士却于复校声中,作海外的休养,虽然他已年逾古稀的老翁,但他雄伟的体格和矍铄的精神,还可以为南开努力呢。

南开在北洋政府时代,也获一般要人的助力,如李纯、陈调元辈都捐巨资,而以美国煤油大王洛克所捐尤大。但校中经济,始终没有富庶,因为尽用于学校建设和设备上,所以在那时,一般高傲的教授,多不肯就聘。惟有现在国府要人如徐谟、何廉、蒋廷黻、凌冰,以及已故的梁任公等感于严、张两人的人格,甘为茹苦含辛,共同努力,致有今日的成绩。虽然张博士到美国纽约就医去了,屈指行程,正在海天茫茫中,已可抵达。我们希望其健康胜昔,更希望继张之后的,当遵循博士筹款兴学大道,努力迈进。

(《沪光》第 4 期,1946 年 4 月 21 日)

---

① 应为"七七"事变。

张伯苓的御妻妙语①

（1946 年 5 月 1 日）

最近在美疗疾的张伯苓博士，以古稀之年，尽瘁教育，真值得人钦佩。南开大学在这次战争中毁于炮火，但他仍然抱着以往办学的精神，要力图重建一个新的南开，为国家培植有用的人才。张老先生待人很诚恳，对于他的学生，如同亲生的子女一样。他常说："我老了，但精神却还是很年青，这一群活泼的青年的心，常活跃在我的心里。"你〈他〉的爱青年，可以从他平日的谈吐中听出。

张博士不但是一个教育家，同是也是一个幽默家。他很欢喜读英文豪萧伯纳的文章和马克·吐温的小说，他说他最爱领会那些作品中的人物的幽默情调。他实在是一个很有风趣的人。南开大学校友的结婚礼，总少不了他。许多人士喜欢请他证婚，一方面因为他是一位教育界的前辈，一方面却由于他善于辞令，在喜气洋洋的场合，有了［他］更可以吸引来宾，平添不少佳话。大家都知道：张博士一到，广座间一定可聆其幽默妙语。

有一次南开有一位姓费的同学和一位名门小组结婚，由张博士证婚，他的演词很有趣："你们两位结了婚以后，要互相体贴，互相安慰，切不要为了一些小事而争吵，像小孩子样的。像我和我的内人结婚多年，而情爱不减于昔。我觉得夫妇间的口角，总是男人不善御妻，做丈夫的一定要了解妻子的内心需要，不要只顾自己的利益，要以种种'技术'，使妻子能得到某种满足。"他说到"技术"两个字，把那一对小伙子的脸都说得红了，来宾笑得合不拢了口。接着他又说："有人说，绵羊似的女人，最讨男人的欢

----

① 署名"柳青"。

心,其实有不少女人也同样欢喜自己的丈夫,以一般妻子样的体贴入微的态度和表情对待她们。人家说怕老婆不好,我到看见十有八九的夫妇,他们的感情融洽,往往由于男人多迁就些做妻子的,这并非示弱,这实在是御妻之道。真要能博女人的心,须使她们心悦诚服,因为男人和女人的心理大不相同,不能不加以研究。总之,御妻并无别法,惟有相处以忍,相爱以敬,不要太重自己,要多给点安慰给妻子,与其教她们如何如何,不如用抚慰的方法来得有效。"这段妙论刚发出,许多人都给这位张博士加了一个封号:"惧内博士",而张博士却始终不承认人家说他是怕老婆,他说:"如果说我是惧内,那我的太太应该说是惧外了,我们都互相惧,也都互相爱。"

(《新天地》第 5 期,1946 年 5 月 1 日)

三位常委　情同兄妹①

（1946 年 5 月 14 日）

联大于二十七年"五四"在昆始业，至三十五年"五四"在昆结业。北大、清华、南开三校，既有不同的历史与各异的学风，而能在此八年中，苦辛支持，合作无间，这不能不归功我联大教职员，尤其是三位领导人——蒋梦麟、梅贻琦、张伯苓。有人把联大譬作一个大家庭，把三位常委比同三兄妹。蒋常委办外交，梅常委主中馈，张常委专驻陪都，担任联络，协助联大的外交内政，办外者放得开，主中馈者收得拢，交相为谋，相得益彰。北大虽为"五四"精神的摇篮，而新生的联大，仍如"五四"前后的大家庭，其中不久〈乏〉新旧思想的矛盾。蒋常委对师生谈话时，一则曰赛先生，再则曰德先生，这仍是"五四"运动所努力的途径。故在这大家庭中，纵有"违千夫之诺诺，作一士之谔谔"者，卒能兼容并包，"同无妨异，异不害同"。所指联大精神，殆即在此。联大之所以能和合八年而未分裂者，恐亦因此而致。

（《申报》，1946 年 5 月 14 日）

---

① 本文摘自《申报》记者撰写的《在昆明奋斗八年，北返在即，西南联大树立纪念碑》一文。

曹禺是张伯苓的高足

（1946 年 5 月 22 日）

曾在重庆唐家沱一只破船上埋头写《天桥》的剧作家曹禺这次去美讲学，大家都知道他是《雷雨》《蜕变》《正在想》的作者，一个大戏剧家。可是他原来却不是读戏剧的，读过工程学。而且原来是由南开大学转入清华的。因此他是张伯苓的高足。

在重庆，张伯苓每对人讲起时，总要提到他这位得意门生。曹得张氏的宣扬，他使国际友人更为熟习了。

据张伯苓说，他平生只有两个得意门生，曹禺便是其中之一。但是这位原名万家宝的曹禺先生虽然现在赴美做起讲师，而且名满国际戏剧文艺界，但是在当年，考留欧美的学生中，他是两度落选的人物。可见考试制度不一定是可靠的，他的《雷雨》一举成名后，终使他比一般留学生更神气的当起外国讲师来了。至于同去的老舍却是比他资格老的多了。

（《新闻周报》第 1 期，1946 年 5 月 22 日）

张伯苓："把儿子供献给国家"①

（1946 年 6 月 3 日）

张伯苓老先生，一手创办南开大学，桃李满天下，近年复主持参政会，忠勤为国，老而弥坚！

张有子名锡祜，毕业中央航空学校，身材魁梧，无与伦比，两足长盈尺，空军人员中，无出其右，为人忠诚，办事努力，颇有父风，惜在武汉上空作战阵亡，张老先生得悉，哀戚不已，在某次演讲会上，老泪横流，哽咽云："我已经把我的儿子，供献给国家了！"

（《吉普周报》第 29 期，1946 年 6 月 3 日）

---

① 署名"山僧"。

司徒雷登先生与张伯苓先生[①]

（1946 年 6 月 24 日）

本年六月二十四日乃司徒雷登先生之古稀寿辰也。友生及门，共举觞庆祝。而据报载南开大学校长张伯苓先生亦于本年五月中度七十大庆于纽约。余维二先生在中国办学，俱有将近半世纪之历史，资格最老，成绩最著，论中国当代教育者必以二先生为首。而二先生又适年寿相同，志趣相同，声名亦相若，其巧合也如是。而一则籍属美邦而庆寿于中国古老之故都，一则生于中华而庆寿于新陆最繁华之都市，此虽若偶然，亦足以象征二先生办学精神之异同焉。

司徒先生美人也，而于中国文化有深刻之认识，于中国民族具无限之同情，而于中国之前途则尤抱无限之信仰与希望。故其兴学也，一以发扬中国固有之文化，适应中国之需要为宗旨。不知燕京者，以为款项既多由美方捐募而来，司徒校务长又系美人，西籍教员为数甚多，必以为燕京乃一极洋化之学府。而及一涉足燕京，则望其建筑，朱门碧垣，画柱雕梁，俨然中国之宫阙也。入其藏书楼则锦轶牙签，卷帙插架，中籍多于西籍也。接其师生则温柔敦厚，博通中西，非徒禅贩西学，数典忘祖者比也。观其研究成绩，则不特《燕京学报》《史学年报》《文学年报》皆以阐明国学，蜚声学林，即理科、法科之研究，亦无不以中国之问题为对象焉。燕大对于世界学术之贡献，即在以西方科学方法整理中国之文献，研究中国问题，发扬中国文化，此皆司徒先生领导感召之力也。

张伯苓先生中国人也，而自幼年即感觉欲救亡图存，非介绍西学，提倡

---

① 作者齐思和。

理工不可。故先生办学以提倡科学，维新变法为主旨。故南开建筑，完全西式，图书设备，亦以西籍与科学仪器为丰，而南中、南大皆以理科著闻于世，此亦张先生倡导之力也。

和也何幸，于二先生皆曾亲炙，沃闻绪论，而于司徒先生师事尤久。幼入南开中学，深感张先生人格之伟大，颇拟研究化学，冀有贡献于国家社会，故修学成绩亦以此方面为略优。及入燕京则又受司徒先生及诸师长之熏陶，则又深感我国文献之富，历史之久，董理发扬，实吾辈之责任，遂又专修历史，冀于邦国文献，略尽棉薄。及年事略长，始悟二先生之办学，取径若或不同，而异曲同工，皆从事百年大计，为国储才，则无二致也。且二先生不惟私交甚笃，其在事业上亦多联系。张先生办学，喜以燕大毕业生为臂助；而燕京大学生中亦颇多南中卒业生。是二先生之事业，殆所谓殊途同归，相得益彰欤？

二先生皆体格雄伟，精神矍铄。张先生自谓年虽古稀，尚可为教育界服务十五年。惟近年多病，现养疴于新陆。司徒先生则年弥高而德弥劭，业愈盛而体愈健，步履若飞，终日无倦容，虽青年弗逮也。则其服务教育又岂十五年之所能限哉？

昔孟子尚论古人，谓伯夷、叔齐二老者，天下之大老也。今司徒先生与张先生二老之高风亮节，虽夷齐无以远过；而其诲人不倦，热心救世，则又孔子之振铎、墨子之放踵也。孟子不得见夷齐，和也何幸，于二公不惟生逢同世，且得俱列门墙。虽鼹鼠之饮，难尽于大海，而洪钟之撞，或资乎寸莛。兹值司徒先生寿庆古稀，序值揽揆，爰就蠡测管窥所得者，书之于上，以为素仰先生之高风而不得亲事者告焉。

（《燕大双月刊》第 15 期，1946 年 6 月 24 日）

教育界铁汉张伯苓[①]

（1946 年 6 月 25 日）

　　教育界中的张伯苓，出名是个铁汉，当"九一八"之后，张氏爱国心长，策动了学生界的爱国运动，侵略者对于北方的教育界，恨为切齿，所以战事发生以后，遭受轰炸最烈的，便是南开大学，张氏目击情况，悲愤填膺，以不怕死的精神，把大学部分迁向昆明，中学部分迁向重庆。蒋主席对于张伯苓的牺牲精神，非常嘉奖，一次就捐了五万元，作为建筑校舍之用。在八年之中，南开大学在后方所造就的学生，成就最佳，人数亦最多，无论学生界，学术界，提到了张伯苓，都翘起了大拇指，说他是了不起的人物，而且是教育界的铁汉！

　　胜利以后，南开大学迁回天津，张伯苓本人，则已出国赴美利坚休养了。

（《海星周报》第 19 期，1946 年 6 月 25 日）

---

① 署名"环珮"。

张伯苓先生七十大庆[①]

（1946 年 7 月 6 日）

南开学校张校长伯苓，最近来美治疾，赴医疗后，业已大复健康。六月九日下午，南开旅美校友七十余人，集会纽约，补祝张氏七十大寿。张氏扶杖参加，精神畅旺。席间由老舍、曹禺两君朗诵祝寿诗，庄谐并陈，极一时之盛。其诗如下：

（本报记者附记）

知道有个中国的，
便也知道有个南开。
　这不是吹，
　也不是嗙，
真的，天下谁人不知，
南开有位张校长？！

　不用胡吹，
　不要乱讲，
一提起我们的张校长，
就仿佛提到华盛顿，
或莎士比亚那个样，
虽然他并不稀罕作几任总统，

---

① 作者老舍，曹禺。

或写几部戏剧教人鼓掌，

可是他会把成千论万的小淘气儿，

用人格的薰陶，

与身心的教养，

造成华盛顿或不朽的写家，

把古老的中华，

变得比英美还更棒！

在天津，他把臭水坑子，

变成天下闻名的学校。

　　他不慌，

　　也不忙，

骑驴看小说，走着瞧吧。

不久，他把八里台的荒凉一片，

也变成学府，带着绿柳与荷塘！

看这股子劲儿！

　　哼！这真是股子劲儿！

他永不悲观！

　　永不绝望，

天大的困难，

他不皱眉头，

而慢条斯理的横打鼻梁！

就是这点劲儿，

教小日本恨上了他。

哼！小鬼们说：有这个老头子，

我们吃了天津萝卜也不会消化！

烧啊！毁啊！

小鬼儿们到处连烧带杀，

特别加劲儿祸害张校长的家！

　　他的家，他的家，

只是几条板凳，几件粗布大褂，

他们烧毁的是南开大学：

学生们是他的子女，

八里台才真是他的家！

可是，他有准备！

　　他才不怕！

你们把天津烧毁，

抹一抹鼻梁，

哼！咱老子还有昆明和沙坪坝！

　　什么话呢：

有一天中国便有一天南开，

中国不会亡，南开也不会垮台！

沙坪坝，不久，

又变成他的家：

　　也有荷塘，也有楼馆，

还有啊，红梅绿梅，

和那四时不谢之花！

人老心可不老，

真的！可请别误会：

他并不求名，也不图利，

他只深信教育青年真对！

对，就干吧！

　　干吧！

说句村话：

有本事不干，

简直是装蒜！

胜利了，

他的雄心随着想象狂驰：

他要留着沙坪坝，

还须重建八里台；

另外，在东北，

在上海，

到处都设立南开！

南开越大，

中国就越强！

这并不是他个人的主张，

而是大家的信念与希望！

他不吸烟，

也不喝酒，

一辈子也不摸：

麻将和牌九。

他爱的是学生，

想念的是校友；

他的一颗永远不老的心，

只有时候想听几句郝寿臣，

可永不高兴梅博士的《贵妃醉酒》。

张校长！

您今年才七十，

小的很呢！

杜甫不是圣人，

所以才说"人生七十古来稀"！

我们：

　　您的学生，

　　和您的朋友，

都相信：您还小得很呢！

起码，还并费不了多大的劲，

您还有三四十年的好运！

您的好运也就是中国的幸福，

因为只有您不撒手南开，

中国人才能不老那么糊涂！

张校长！

今天我们祝您健康，

祝您快乐！

在您的健康快乐中，

我们好追随着，

建设起和平的幸福的新中国。

（六月十日寄自纽约）

（《大公报》天津版,1946 年 7 月 6 日）

一位教育界权威的训示：
苦闷的青年应当怎样?[①]

—— 拜见离国前的张伯苓校长

(1946 年 7 月 18 日)

真的，我觉得温暖了许多，虽然是冷寂的日子，有威胁着人的冰霜。

离开了美丽的学校，离开了敬爱的校长，在阵营里来，已度过了两年多的时光，我时常怀念着母校，更时常怀念着老而且壮的慈祥的校长。

那时，我们正驻防上海，见报上载有他飞沪而且即将赴美养疴的消息，我的心有些跳动，也许是一种无言的愉快，更使我把离开他以来两年多的生活，来一番彻底的检讨。第二天的早上，我请了假去拜见他，搭了我们开黄浦滩的汽车，又转搭电车，到跑马厅的国际大饭店。

校长是住在国际大饭店的第十七层楼的第一号，由电梯上去，敲了一下第一号的门，里面有很清脆的声音答应：Come in——

一进门，我的目光，就被那穿着蓝袍，头发苍白，宽阔面孔而戴着眼镜的慈祥的校长所抓住。他一见来访的是一个小兵，有些奇怪，但即刻他就认识我了。给我握了握手，叫我坐下，并给我介绍室内的其余的人——他们都是已四十岁的人，他说："他们是哥哥，姐姐，你是小弟弟。"大家都哈哈的笑了，笑里流露着家庭的温馨。

"校长！离开你后，时常惦念你，见报上有校长已来沪的消息，欢喜得

---

① 作者光霞。

很,特来拜见。"我说明来意后,选了一个适当的位置坐下。

大家是围坐在一张长桌的旁边,桌上花瓶里的水仙,有的初放,有的含苞欲发,我面对窗子,因为在那较高的地方——遥望得非常辽远,想在这里拜见校长,心里真充满了快慰。

因为那时正是上海的青年学生,采取行动,要求祖国的富强自由,大家的话题转到青年学生了,我还能深刻的记得,当时校长这样说:"我只希望青年学生们,能够对于事物,尽量的去观察、研究、探讨,这样,他们将会感到不够而求进步的,青年的本身是纯洁的、热忱的,他们自身没有什么毛病可言,最重要的是在领导青年的人。"

大家又琐碎的谈了许多话,我问他赴美后,什么时候回来,他说:"一定要在五月五日以前回来,好参加国民大会,我要亲眼看到祖国的复兴。"

电话传来,十分钟后有新闻记者来访,我看时间不早,已经十一点多了,我厌恶时间过得这样快,好像心里蓄着许多要讲的话,假如这样就回去的话,未免太不满足,我有些急了终于发出这样的疑问。

"校长,我在军队来,瞬已两年多的时间,现在——尤其是现在觉到更加的模糊了,对外界的一切,以及对于自己本身,都有些茫然看不清楚,……"我还没有说完,他微笑地做着手势在桌上指画着:

"世界上绝没有一个现存的你所满意的环境,因为这样,人类才会努力向前;因为不满于现状,才会努力去创造新的。"初一听到,好像这距离我的问话太远,但是,他却是看到我心的深处和我话底里的隐藏。我脸上有些发热,由他简单的几句话引发了我内心的惭愧——我是一个懦弱的人。

"像你现在,离开了家庭,离开了学校,踏入了更广大的人群,一定有许多的事情,使你不满和憎恶,"他继续下去,他的眼睛在眼镜底下向我闪烁着光辉,"但这些是给予你的教训,现在你所不满的和你所憎恶的,将来就不要去作,切不可因为现在的不满而灰心颓丧下去,你必须要有坚定的意志,努力向上,尽量避免涉想到坏、恨的方面去。"他歇了一歇,注视着我,好像在问是否全懂得他话的意思。

"许多青年人,常因不满现状而烦闷、苦恼,那是因为他纯洁,看到丑恶的事情就愤恨、厌恶,但他又缺乏勇气去改变它,同时自己又看得太远,说是尚未得到适当的机会。因此,他烦闷,他苦恼。"

"常陷于苦恼烦闷的人是懦弱的,"他更提高了嗓子,"我们的志向应该要远大,但要一步步从小的地方作去,我不是时常告诉你们应当要强,不要忘记,要强!任何时候要强!只有坚定意志,努力向上的人那是永远快乐的。"

是的,常陷于苦恼烦闷的人那是懦弱的,只有坚定意志,努力向上的人那是永远快乐的。强!任何时候都要强!⋯⋯不断的在我的脑子里回旋着。

他休息了一会,好像又想到了什么事:"还有一点,我要告诉你的,咱们国家是最缺乏小领袖,所以许多的事都弄不好,你们现在应该练习做小领袖,无形中领导着别人走向善的方面去。现在我们正是走向民主、建设新中国的时候,更需要各方面的小领袖,无论在科学、政治⋯⋯任何方面。"更举了许多例子,解释领袖的真意,直到我十分的了解。

时间还差一刻到十二点,新闻记者来访,我也不便久留,只好站起来告辞,我说:"今天在这里得见校长,感到非常温暖,好像回到了学校一样,又得到校长许多宝贵的训示,真快慰极了。再见,祝校长早日痊愈。"向他行了一鞠躬就退出门来!

真的,我觉得温暖了许多,虽然是冷寂的日子,有威胁着人的冰霜。

三五,一,十七于上海军次。

(《一周间》长春版第 3 期,1946 年 7 月 18 日)

张伯苓的两次发言①

（1946 年 8 月 27 日）

昨天，不知怎样忽然想起张伯苓先生的两次发言来，不禁感慨系之。

第一次，是在"国防参议会"（民国参政会之前身）首次开会之夕，张老起立发言道："这会是不是各党各派全在？我们今日全体签字，各党各派不再斗争，团结一致，共同作战。我们全体签字。来，来，我愿一个签。"那时候，周恩来（代表毛泽东），张君劢，曾左等都在坐。大家相顾无言。

第二次，是在第一届国民参政会大会开会之末，有若干人在一起商量分配驻会委员会名额。张老先生忽地起立，发言道："看这样子，我真想组党，越小越好，越小越便宜。"

（《世界晨报》，1946 年 8 月 27 日）

---

① 署名"旁听人"。

庆南开四二周年[①]

（1946 年 10 月 17 日）

　　甲午战役,中国的国旗从停泊在刘公岛一只中国战舰上被降落了。这情景触动了,刺伤了在场的一位中国青年海军士官的心。他开始想了,他想船坚炮利,绝不足恃;他想救国究竟是不是一个海军士[官]的能力所能做到? 他想联合武装同志共起御侮,纵然能够胜利一时,然而无补于国民的贫弱愚。他想……他想……他决定了。

　　他脱去军服,悄然归津。他见着严范孙先生说他的怀想——"只有教育才能救国!"他决定把毕生的时间和精力贡献于教育事业。严先生——时代伟人,高瞻远瞩,慨然助成他的宏愿,这便是南开的胚基。这小小的学塾,由严馆,而严王两馆,而私立中学堂,而私立敬业中学堂,而私立第一中学堂,而天津南开学校,而南开大学,而南开女中,而南开小学。由七十人,而五百人,而千人,而两千六百人。这位矢志教育的海军士官由青年,而壮年,而老年,而七十高龄,犹说:"我将再为南开服务十五年。"救国不一其道,言者不一其人;不言而行,行之弥久,愈久愈大愈难而行愈力;高官厚利,不摇其志,贯彻始终,厥惟一人。履霜知冰,见霰知雪。识在机先,无人能比。知东北之必多事,而先有研究会,知北方有〈之〉必先沦陷,而早设南渝,八年内迁,校脉不绝。

　　国难临头,抗战出力独多的是夫子的弟子;建国人才,比比都是南开所陶育。九年前敌炸南开,世人都恨其悖人道,蔑公理,但敌人却真是南开的知己。炸罢! 炸罢! 有什么关系! 物质虽毁,精神难摧。请看,胜利后才

---

① 作者关健南。

半个月的时间,我们便首先把南开重新扶起。再半年后,健〈虽〉仅三个月的经营,南开又迁回旧址,这是南开真精神,这精神却受夫子,夫子伊谁?便是五十二年前目睹国旗被敌人降落,因而发愿以教育救国的那位青年海军士官,也便是我们四十二年来从未做官,尽瘁教育,始终不渝的张伯苓校长。

喻传鉴先生衣钵亲承,高风能继,敝屣荣利,埋头在寂寞的学校里,"南开要我,我爱南开。"这是十五年前一个晚间他对我倾吐的衷曲。我呢,已抛弃了优裕和安逸。过去既有十九年的时光献给教育,今后更要把所有的岁月作为今日校庆的贺礼。

(《大公报》天津版,1946 年 10 月 17 日)

南开之展望

（1946 年 10 月 17 日）

本年十月十七日,为南开学校四十二周年纪念日,同时亦为天津南开中学复校周年纪念日。南开复校,迄今一载,仰承社会人士及校友多方赞助,复校工作始得顺利进行。值此负有光荣历史之纪念日,展望复校未来大计,尚待继续完成,深盼我同人同学齐心努力,携手并进,务使我南开学校,日新月异,发展无穷!

校长复校计划:南开大学必设八里台,南开中学仍在旧址。今南开高中部旧址,业经鸠工修缮,大部焕然一新;大学工程,最近期内,亦可告竣,并定于校庆日报到开学。惟南开初中部,校舍已被敌人夷为平地;南开女中部校舍,仅存宿舍之一部。所有讲室、礼堂等建筑物,均炸毁无遗;南开小学部被敌人改作硝皮工场,且中经火灾,只余四壁。以上三处原有校舍,若重新兴建,恢复旧观,经济力量,势所不能。幸蒙政府体念南开学校首为抗战而牺牲,准将本市前日本创设之国民学校、青年学校、松岛高等女子学校及芙蓉小学等全部校舍,均拨给南开学校应用。现以上项新校址,或为美军占用,或为教育部天津临时中学占用,致本校复校扩充计划,不能积极进行,一俟允拨之各校舍腾出,本校拟将前日本国民学校及青年学校改为南开初中部,可容学生二十余班;松岛高等女子学校,改为南开女中部,能收学生十班以上;芙蓉小学改为南开小学,可招生二十班左右。如能早日接管,逐步充实,则南开学校之前途,实极为远大!

南开设校,并非限于一隅,故于抗战之前一年,即创设重庆南开中学,其规模之宏大,设备之完善,咸誉为抗战后方惟一之中等学校焉。兹者抗战胜利,教育尤为建国之基,南开学校,今后誓更为建国教育而努力。故南开学校除恢复天津各部外,并拟在北平设立初中一处,俾北平南开初中学生毕业后,即可迳升天津南开高中肄业。再东北各省久被敌人摧残,教育亟待发展,因此拟在长春设一规模较大高初中俱备之南开中学。现以环境关系未克实现。顾我南开精神,旨在奋斗,所谓"有志者事竟成",深望将来故都及白山黑水间,亦有我南开学校弦诵之声也。

校长于四十周年纪念时曾谓:"苓行年七十矣!但体力尚健精神尚在,不敢言老!今后为南开、为国家,更当尽其余年,致力于教育及建国工作。南开一日不复兴,建国一日不完成,苓誓一日不退休。"校长此等昭告,凡我同人同学,广逖闻之下莫不深自奋勉。

（《大公报》天津版,1946 年 10 月 17 日）

母校重光①

——南开四二校庆祝辞

（1946 年 10 月 17 日）

南开——我的母校的一生，四十二年的经历可以说是一部奋斗成功史，从贫乏中生长起来，而在艰难困窘中，天天求发展，年年有进步，便在贫乏窘迫中慢慢长大起来。民国二十六年，是我们的国家最惨痛的一页，我们母校的史迹亦是一页最堪悲痛的。因为南开是校长和历年师生，经过三十余年的奋斗，用心血一点一点的堆积，象是用芝麻垒积成的一座黄金塔，一旦毁于炮弹的一声爆炸，人间如果不乏悲痛的事，那么南开的毁于敌人，要算是最足悲痛的了。

然而南开生于艰难，长于困窘，所以最不怕厄运。它在悲惨的变局之下，仍然挣扎求"存"，求"长"，求"精"，求"进"；它愈遭逢困难，生命力亦愈加强，于是南渝（民国二十五年创立，二十七年更名为私立南开中学②）由二百学生突增到九百余人，最后约二千人，长成和老校一样的大了。南大在昆明开学，联合北大、清华，组成国内负盛名的巍巍学府，西南联大。二十九年临时小学成立，学生百余人。南开在逃亡流离中，又长成了四部。谁说南开经敌人的炮火而灭亡，停滞了一步，南开的生命火花，又灿烂辉耀，照遍了宇宙。

民国二十六年，在沉痛悲愤的气氛中，举行三十二〈三〉周年校庆，校长发表告全体校友书，说："敌人所能毁者，南开之物质；敌人所不能毁者，

---

① 作者杨坚白。
② 应为私立重庆南开中学。

南开之精神。津校恢复，必能于短期实现。"

这句坚毅刚决的训示，在校友心版上镌刻着。在母校澹淡经营三十余年的校舍被毁成灰烬，图书仪器被劫夺拆毁，树木亭园被斫伐破坏的时候，重庆南开同时更积极的发展，配合着抗战工作，而为国育才储才，供献人力物力，这是巍巍峨峨的南开精神！

在天津——母校的摇篮，一些受任保校的先生，一些志在教育的教师，和为南开精神滋养起来的学生，他们虽未走出天津，但他们的心，仍时时以"母校"为念。天津的"南开精神"并未死亡，它像是寒冬坚冰下层的流水，在严寒厉风中保持它的存在，在沉默中谋求推展前进。

南开的教师，在沦陷时间，所受的痛苦超出一般教者，他们在物质上的痛苦，吃不饱，穿不暖，自己衣服褴褛，亲小啼饥号寒，他们仍不肯离开岗位一步。此外，南开的被毁，由于它办教育，确是诚心敬意的在救中国。中国强盛，人才济济，是敌人所忧怖的，所以他先毁南开。因之，南开先生和学生，亦时时在人家的算计之中。所以南开留津的先生，一直沉默了八年，一直缄口而积极的把南开精神注到青年的血管里，潜在冰下的奔流，待到春风解冻，你就听到它的澎湃，见到它的腾涌了。

胜利了，民国三十四年十月二日，喻先生随了市长飞津，一阵春风飘了来。在四十一周年校庆日，由校友会主办的庆祝会，假光明影院举行，同时喻先生宣布南开复校，这是天津南开的复活日。

于是一面接收校舍，一面借地招生。由招考至开学，仅仅用两星期的功夫。那时已是秋季开学的第七八周了，天津青年学子，早已各有各人的学校，但南开招生的消息传出，竟有一千六七百人来争先报名，有的牺牲学费，有的降低学级，有的舍附近学校，而甘于趋就荒郊。一番热烈，留津的南开先生看了"我们八年沉默的工作未曾枉费了心血"。他们是这样自慰，无言的笑了。

在复校的一周年内，南开依然沉默着，低下头，沉下气，安稳的迈着步，向前进。复员的工作，除了丁主任是自重庆奔来的，所有工作的同仁，甚至连校工，都是母校的老同志，老搭档。他们投到南开，依然是吃不饱，依然是无力制新衣，但他们的精神愉快，意志坚毅不移，工作严肃紧张，依然缄口奋振，努力实现校长"津校恢复，必能于短期实现"的壮语。

沦陷时，是津校同仁在准备复校的预备期，像是农家在播种；胜利给南开带来的，的的确确的温暖的春风，只是在南开的一方田陇上，见到嫩嫩油油的新芽，这是埋在土下的种子茁生了。

在物质方面，南开是被毁得是一无所有了。今日的校舍，由丁主任和严伯符、杨叙才先生的经营擘划，全部一新了。凡到南开参观的，都面对整洁光新的校舍，发出一声"惊诧的"赞语，"这么快！竟变成了这个样子，焕然一新！"

在精神方面，在天津南开的精神根本未死，亦未曾蜇眠，所以能一呼即起。这一年，由关主任领导，和顾子范、刘伯高、杨叙才、孙养林，坚白亦追随后面，一齐积极加紧的工作，虽未能尽如理想，但又看见坚白在学校求学时期的样子了。（至恢复的实况，本刊另有专文分述，兹不赘。）

在物质缺乏的今日，在精神涣散的今日，在全国各地到处响着枪声硝烟气浓的今日，在全国各地嚷着苦痛，饥莩遍地的今日，在流亡民众嚷着归乡，而叹归家不得的今日，在教育复员声中嚷着复校，而叹恢复太难的今日，南开也在这多难的环境中，南开的同仁亦在这苦重的情况下，听着国人叫苦、叹息，眼看着国家破坏纷乱，其能遵蒋主席的指示"新""速""实"，而有实际的成绩，摆在国人面前，我不敢说国内无一处，如有，天津南开是一个。

校舍一"新"了，南开师生工作的精神一"新"了。这一个"新"，在困难的情形下，在十数人的工作下，效率不得说是不高，以时间论，不得说是不"速"。我们只低头工作，不谈"高"的理论，不做"空"的宣传，只是师生携着手，脚踏实地的去作，我们不求誉，不望酬，只是做我们应该做的事。我们今日的总目标是"建国"。凡不离此轨迹的工作，我们都积极去做。我们领导同学认真的工作，团结合作为公服务，增长能力，我们亦参加校外的竞赛，如征文，如讲演，我们不为争取荣誉，我们是测验自己的工作够不够实在！我们所做的，是实在的，拿出给人看，是实在内的。这一点微微的成果,证明我们师生的努力不算徒然。

现在是恢复旧观了,但仍不自足,依然时时在求改进,求发展。未来的事,我们不愿意说,愿意做出来,再捧献国人的眼前。

复校周年,是母校新生的周年。我们全体师生在今天,热盼校长返校的情绪下,愿校长康宁,早日莅校,我们把周年工作的成果,代表一束灿烂的鲜花奉献校长面前,希望得到校长安慰的一粲。"在这样短短的一年中,我手自经营的南开又重光了。"

（《大公报》天津版,1946 年 10 月 17 日）

走错了一着棋的张伯苓[①]

（1946 年 10 月 31 日）

他在《南开四十年》一文中说：今后为南开，为国家，当更尽其余年，致力于教育及建国工作，南开一日不复兴，建国一日不成功，苓誓一日不退休。

张伯苓，这中国海军界的老前辈，自从甲午战后在通济舰上受了"一日三易国帜"的刺激以后[②]，目击当时国势阽危，外侮日急，他觉得国家积弱至此，若再不自强，将不能复兴了。而自强之道，首在教育，于是便肇始了他教育救国的志愿，从天津严范孙家塾起，到现在的南开，他一贯办学的目的，旨在痛矫时弊，创办教育，训练新人才。他觉得中华民族的大病有五种："愚""弱""贫""散""私"，针对着这五大病，他教育的方针也有五点：一为重视体育，二为提倡科学，三为团体组织，四为道德训练，五为养成救国力量，主要在实施"公""能"二义。经过四十多年的惨淡经营，现在南开已誉满中外，张门桃李也满天下了。这四五十年来的中国史，也正如南开校史一样，在四十多年内有了多大转变，张伯苓四十年如一日。今年他已经七十二岁了，可是他自己说："体力尚健，精神尚佳，不敢言老。"看上去他似乎更年青，更乐观了。

---

① 作者马平。
② 清光绪二十三年（1897），英人继德、俄之后，强租我威海卫，清廷力不能拒，允之。威海卫于甲午战败，为日所夺，至是交还，清廷派通济轮前往接收，移交英国。其时张伯苓适毕业于北洋水师，在该轮服务，亲身参与其事。接收时先下日旗，后升国旗，隔一日改悬英旗，目睹国帜三易，乃深受刺激。——本文作者注

他身体魁梧，经常戴一幅黑眼镜，很爱讲话，一口天津味，可是有浓重的东北音。他虽然不服老，可是到底上了岁数，讲起话来不像当年了，似乎很啰唆，谈风并不好。记得当第三届国民参政会在重庆开会时，有一天《新民报》记者笔下的会场特写中说："主席张伯苓，老态龙钟，有如导演无声电影。"这话虽然有几分新闻性的夸张，但事实上也差不了多少。在他的谈话中，总是很乐观的，他的口头禅是"逢凶化吉"，并且是"逢大凶化大吉"。他说中国的事情要用望远镜看，而不能用显微镜看。他也是非常崇敬蒋主席的，他常说："推翻满清是孙先生之功，统一中国，实蒋先生之力。蒋先生实在是中国的大伟人，民族的大救星！"在今年一月政治协商会议开会前，我曾听到许多朋友们说："假如张伯苓未加入国民党，这次协商会议，他毫无疑问的必是社会贤达代表，因为他是倾向于政府的，可惜的是他现在已经参加了国民党，在国民党内他却谈不到什么了。"这话倒也是实情。张伯苓一向以目光远大著称，可是在他个人来讲，他在""七七"事变"以后的参加国民党，却是一个大失策，在国民党方面不但发生不了力量，反是国民党的损失，无论如何，张伯苓这一着棋是走错了。

有中国必有南开

他的毅力是可钦佩的，他真是以教育为终身职业的人，四十多年他始终坚贞自励，志在教育，谢决了政府数度的邀请，力辞了教育总长及天津市长等职务，未尝离开教育岗位，他个人的事业才得以保全。（国民参政会是另一回事。）而这位坚贞的老人的意志，在""七七"事变"后更可看出。当民国二十六年七月二十八日南开全毁于敌人有计划的轰炸之下，那时张伯苓在南京，当教育部王世杰部长去慰问时，他就以坚定的口吻说："敌人所能毁者，南开之物质，敌人所不得毁者，南开之精神！"这是张伯苓的伟大，其实也是南开的光荣，因为那是"七七"以后敌人首先报复的文化机关。记得有人说日本于天津战事时，第一炮用在南开，是军部和参谋的不智，这些话都错了。日本人是以小聪明著名的，侵略专家的算盘岂能打错？

因为南开一贯的救国表现，正触敌人的怀恨，平日他们就一向宣传，说南开是抗日大本营，被炸之次日，他们又广播说共产党大本营南开被毁，这种造谣伎俩，实在可笑，难道他们真的怕共产党么？恐怕是这位教育界的老领袖，老英雄，他们才最怕，最恨，最放心不下，但这正是南开成功的原因，也是值得使张伯苓自豪的。便是蒋主席也再三向他保证："南开为中国而牺牲，有中国必有南开！"他也屡次不厌其繁的向学生们讲习，因为这对他是安慰，是鼓励，也是政府对他精神上的报答！

少了一股热劲

普通的学校差不多都是叫学生读死书，死读书，而张伯苓却是让学生读活书，是生活的教育。四十年来，他一直倡导着"公能"校训。孔子说："己欲立而立人，己欲达而达人。"又说："惟仁者能恶人能好人。"这都是公的至境，也是南开教育的基本精神。在重庆南开学校升旗台对面的草坪上，就有着极其醒目的八个大字："日新月异，允公允能"（记得有一次，不知是什么人恶作剧，趁夜晚无人，在允字上添了两笔，第二天早上"允公允能"变成了"充公充能"，一时传为笑谈，学校当局是气个不了。）。这几年来他自己实际上已将一切校务交给几个主任负责，所以有很多地方他全有了多少隔膜。说句老实话，这几年来由于师资普遍的降低，再受时局的影响，多少南开老校友都在感叹着："学校已没有当年那股活力，学生倒都是循规蹈矩，学校也是无风无波，但总少了一种热劲。"不过在重庆，抗战八年中，他一直是风头最足的学府，这是由于老校长的号召力，南开牌子老，以及得天独厚的完善建筑，在后方便像鹤立鸡群似的居于第一把交椅。可惜自胜利复员以后，便逐渐的走向下坡，据说以后更要紧缩。天津方面虽已复校，但复校工作，千头万绪，世事纷纷，重起炉灶也不是马到成功的事。若想恢复当年盛况，岂一朝一夕所可办到？由于时局，长春建校的计划已成泡影（至少目前不成）。北平南开的创设，更是谈何容易？南大教授叫座力不够，等于草创，同北大，清华一比，南大实在显得单薄，寒酸，可怜。

自然南大不愁没学生,可是"宁缺勿滥",是南开一贯作风,返首前尘,实不胜今昔之感,这也是南开的悲哀,这怪什么呢? 是怪日本挑起来的八年血战? 还是怪政府改南大为国立的不该?

校友不少是名人

因为南开四十年悠久的历史,南开也着实出了不少当今有名的人物。张伯苓常常夸耀似的说出一串一串现在听来挺熟的名字,如周恩来、张道藩、吴国桢、张彭春……这些都是南开"有名"的校友。(周恩来据说是被南开开除的,当日校友录上都没有他的名字,可是曾几何时,"周恩来"三字又出现在南开刊物中了。)另外如今日戏剧界第一流红人万家宝(即曹禺),也是南开出身。余如名剧人黄宗江,司马英才,名记者严仁颖,唐际清,当年也都是南开校友。即使以演《秋子》大歌剧而红满重庆的男高音歌者莫桂新,在《秋子》演过后也以"校友"姿态出现于南开,说者谓:"凡是名气响亮,或有一技之长的人,往往都是南开校友,可是资格浅,没声名的人即使是南开校友也没人提起。"说真个〈格〉的,这些张门桃李,倒也真替母校争气,替老校长增光,南开之有今日,多少也有赖校友的爱护和帮忙。例如今日天津市长张廷谔,据说是由于张伯苓的保荐,天津市各局各处首长,似乎除了社会局外都是南开校友,甚至代表民意机关的市参议会,正副议长时子周及喻传鉴,也都是南开校友。时是中央委员,又是才辞职的市党部主委,喻传鉴是中学部的主任。余如副市长杜建时,教育局长黄子坚等人更不用说了。总之,天津现在已是清一色的南开世界,天时地利人和,南开的复兴,在天津已经是有足够的环境和方便了。

周恩来反串女角

张伯苓是很爱好戏剧的,远在逊清宣统元年,南开就倡导戏剧,他并且自编自导自演,第一次演出者为《用非所学》三幕剧。演员有时子周、严仁颖等人,张伯苓并亲自登台。以后又曾由周恩来及时子周等人编演了《一元钱》《一念差》《新少年》等所谓的新戏。顺便提一提,当日周恩来,每次登台大半反串女角,据说也维妙维肖,谁想到今天的不可一世? 另外如他的学生可也是他的弟弟张彭春,更是一个不折不扣的戏迷。由美回国以后,更助长了他对戏剧的兴趣,于是《国民公敌》《娜拉》《争强》等世界名著都先后搬上了南开的舞台,这在当日北方文化界该是如何重大事情。曹禺反串饰娜拉,以及《争强》中的老者,都有极优秀的演技,这当代的剧作家,便是在这种浑厚的戏剧空气下铸冶出来的。不仅曹禺,另外如以演《莎乐美》而成名的俞珊,这剧坛的逆子也是南开的种子,"南有南国,北有南开",张伯苓领导下的南开新剧团,同"南国社"一样,是个不平凡的爱美剧园地,可是二十多年过去了,南开今日却仍是不准男女同台合演,这在当日倡导新剧甚力,不惜现身说法的张伯苓心中,又该是怎样的感觉呢?

抱着中庸的人生观

抗战八年中,他除了偶而去昆明一两次而外,他一直住在重庆沙坪坝南开校园内。他的寓所在津南村三号,一所灰色的西式平房,门前一片草圃,下面是清彻的鱼池,歌乐山影就倒栽在水里。我常看见他一个人站在门首向天遥望,老人家的眼中有无限希望的光芒,有人认为他只是一个平庸的学者,由于抗战反而增加了他的声望,我觉得"平庸"二字中实在含有侮辱的成份,他倒是抱着中庸的人生观,但中庸却决不是平庸。他对政治,对教育,甚且对他自己,也都是一种态度,一个观点。……①

老人始终是乐观

前面说过,他是一个很乐观的人,由北伐,到抗战,他一直是乐观的,即使在前年湘桂战事大失利的阶段,那时贵阳告紧,重庆动摇,人心乱哄哄,

---

① 此处由编者节略。

一日谣言数起，他依然乐观，依然有着必胜的信念。整日以"亮了"！"天快亮了"！"逢大凶化大吉"鼓励着同学。可是在胜利以后，去年初冬的一个周末黄昏，我去看他，他态度很消沉，声调很低微，时时叹气，决不像以前那样谈笑自若。他同我说："这一阵子我很悲观！抗战好容易胜利了，可是自己又打起来了，我认为这是内乱，而决不是内战！"他又指着才由天津寄来的天津校友会编印的《校庆特刊》封面说："这上面说错了，世界不会和平的，不但东北有问题，美国同苏联也免不了有问题！"说完他苦笑，叹口气说："紫色是我们的校色，为什么封面用黑色的呢？"我看那封面并不是黑的而是紫的，上面赫赫的有八个大字："庆祝胜利，世界和平。"我心里些微地感到酸楚，同他说："封面是紫色。"他笑了，"是么？"睁开眼睛又拿起特刊来看，我那次觉得他真的老了。又一个周末黄昏，我才见到他，老人家便向我说："自从原子弹秘密不公开以后，又不悲观了。"果然，那天他神气开朗得多。

他自己在《南开四十年》一文中曾写着："今后为南开，为国家，当更尽其余年，致力于教育及建国工作，南开一日不复兴，建国一日不成功，苓誓一日不退休！"他并且兴奋的说："我起码还要干十五年！"老人家的心愿的确令人佩服！蒋主席在他七十寿辰时亲笔题赠"南极辉光"四字，是极为珍贵的纪念品。他四十年来依然两袖清风，家中没有华贵的饰品，他的那部汽车，还是校友会送的。这次他去美治病，还是赖政府借给的一万美金才得成行的。但愿此行治愈多年宿疾，并能替南大多延聘些有名的教授，快些回国主持复校的大计！

当年张伯苓是时代的先驱者，有眼光，有魄力，在今日，却已和时代平行了，以后呢？他该不会掉在时代后面罢？我祝福这坚毅的老人！

三十五年六月离渝前，八塘灯下。

（《新闻天地》第 11 期，1946 年 10 月 31 日）

张伯苓劝人做流氓

（1946 年 11 月 8 日）

张伯苓这位老教育家，现在他在美国疗病，不久便要回国了。以他门弟子的多，以及显赫者也不少，在民主政治中，自然有崇高的地位。他在美国，仍旧受人注意。最近有人问他，对时局有什么想法？他说既未感亦未想，所以说不明。不过，在此建国时期，我希望大家，尤其是当国者，要过流氓生活。问他的人，自然不懂。他跟着就解释，希望大家到各处去跑跑，这是"流"。国人眼光太短，不要说国外，有些人对于国内也还弄不清呢？眼光放开了，内乱自然没有。能到国外的，看人家怎样？自然无处不惭愧。氓呢，是忙碌的忙，大家要忙，要忙于建国工作。建国的时机，不可再错失，大家不可偷懒。这些话，都是不脱教育家的口气。

闻张氏不久即将归国，仍致力于教育事业云。

（《文饭》第 31 期，1946 年 11 月 8 日）

张伯苓与司徒雷登①

(1946 年 12 月 1 日)

今天是本院第二期新闻学讲习班开学的一天,本人特地远从杭州跑来参加,得与诸位相见,心中引为快慰。本院创立迄今,仅八阅月,初设新闻学及工商档案管理学两系。最近,除添设文学系敦聘赵景深先生主持外,新闻系亦增中文速记科,由范资深先生担任教授。并预定于十二月份起添办教育系,先设"小学与家庭教育"一科,请陈鹤琴、胡祖荫先生主持。截至最近为止,各系科学员已达六百余人,遍及国内诸省份及香港、菲律宾、南洋群岛等地。由于本院从艰难的环境中创立起来,使我想到我的两位老师的伟大底办学精神。本人中学毕业于南开,大学毕业于燕京。今晚愿就记忆所及,将以上两校从筚路蓝缕的草创时期,直至蔚为今日两大最高学府的经过,奉告诸位,特别将本人所认识而景仰的两位老师——张伯苓与司徒雷登先生,作一介绍。

张伯苓先生与南开大学

一八四二年七月廿四日,我国因失败于鸦片之役,与英帝国缔结《南京条约》,除割地及赔款之外,并将广州、福州、厦门、宁波及上海五处辟为通商口岸;从此,我国的"铜墙铁壁"被敲破了,在外人的眼中,中华民〈帝〉国不复为马可·波罗笔下诱惑想像的对象,威仪万千的天朝了。不仅此也,紧着而来的是一连串血泪斑斑的丧权辱国史。直到一八九四年,更因

---

① 本文为王揆生在上海文化函授学院第二期新闻学讲习班开学演讲词。

朝鲜东学党之乱,触发了中日之战。当时我国因怵于鸦片及英法联军两役的惨败,殷鉴不远,奋发图强,在陆军及海军两方面均有二十多年的准备。然而,甲午一役,我国败于扶桑三岛的日本之手,可怜寒伧的海军舰队,在丰岛,在黄海,在威海卫,在澎湖,在南海,先后为日本舰队所击沉,败得真惨,而张伯苓先生正是当时铩羽归来的失败英雄之一。

伯苓先生于清光绪二十年(时年十九岁)以最优等第一,毕业于北洋水师学堂,出校后投入海军提督丁汝昌部下。他在甲午一役中,目睹我国海军幼稚贫弱得可怜,船不及人家坚,炮不及人家利,速力远落日舰之后,甚至一枚榴霰弹也没有。这些还在其次,最令人气短的,海军将士个个身体瘦弱,拖着长辫。加以各舰指挥不统一,那堪一击?伯苓先生目触心惊,认为"旧瓶里不能装新酒",我国欲图富强御侮,非从根本上作"人的改造"不可。于是,他毅然放弃了学习多年的海军,献身百年树人的教育事业,庄严地工作着,以迄于今。

清光绪二十四年,伯苓先生舍海军而办学。当他单人匹马回到天津的时候,逢人便说办学的决心。由于一个偶然的机会,经人介绍得与严范孙先生晤面。严先生是一著名的翰林,戊戌政变之前,曾任贵州学政,以奏请废科举,开经济特科,有声于时。彼深信我国欲图自强非变法维新,创办教育不可,与伯苓先生志同道合。二人接谈一下,异常融洽,乃由严召集其子弟,礼聘伯苓先生执教,定名"严馆"。最初仅有学生五名,但伯苓先生未因人少而稍懈,且更认真教授,严氏极为满意,辗转劝告亲友送其子侄入学。嗣后津绅王奎章先生,慕先生名,礼聘先生以西学授其子弟六人,定名"王馆"。于是先生每日上午课严馆,下午课王馆,诲人不倦,认真异常。不但严、王两氏及其亲友的子弟前来就学,各方闻名陆续送来者,日必数起。于是,原有的二馆无法容纳。光绪三十年,伯苓先生东游日本归来,靠严范孙、王奎章二氏月各百两的资助及各方的鼓励,在天津严宅偏院数椽小屋内正式创办中学,筚路蓝缕,惨淡经营。初称敬业中学堂,半年后改私立第一中学堂,因为同时私人设立的中学,尚有数处。不数年,该校蔚为北方的模范中学。教授之认真,管理之严格,学风之淳朴,各方交誉。惟师资

477

颇感缺乏，乃设立师范班，以严、王二馆中学生年长学优的陶孟和及时子周等充任师范生，半教半读。先生自己亲授英、算、理化、史地、体育诸科。同时，为开通民智提高小学教员程度，时在文庙举行科学通俗讲演，并为小学教员讲授数理学科，贡献至伟。清光绪三十三年，中学成立倏已四年，来学者日众，而校舍逼仄，就在天津城西南名叫南开的地方，得邑绅郑菊如先生捐地共十亩，另建新舍，始改校名为南开。次年中学第一班学生毕业，有梅贻琦、张彭春、李圣章、喻传鉴等卅二人。那年秋天，先生以直隶省代表的资格，赴美参观渔业博览会，同时考察新大陆及英国教育，深有所得。归国办理大学教育，因为限于人力及物力，二次试验均告失败。

民国六年秋，先生以一中学校长之资格再渡重洋，赴美入哥伦比亚大学师范学院，专攻教育并考察美国私立大学教育之组织及其发展，为将来重办大学的借鉴。杜威博士做过他的导师。先生常被杜威博士"请"了起来，问他从事教育事业的实际经验。以杜威博士的学理，参以伯苓先生的经验，融会而贯通之，当然相得益彰了。先生对于小学教育，亦感兴趣，在美国时曾从学于克伯屈教授。民国十七年八月，南开小学成立，先生特请克氏弟子阮芝仪博士担任实验导师，从事设计教学法的实验。

民国八年，伯苓先生学成归国，一面力求扩充南开中学，一面为适应国内客观环境的需要，决心再办南开大学。与严范孙先生南北奔走，筹募经费。那年秋天，南开大学在天津八里台正式成立①，占地四百余亩，招生百余人，设文、理、商等三科。我国之有私立大学，当自南开始。当时教育界的有心人为伯苓先生担忧，忧他成于办中学，将败于办大学。因为当时的政治环境，坏到极顶，军阀政客个个跋扈嚣张，在他们的心目中，教育事业顺我者生，逆我者死。然而伯苓先生不稍为馁，反而如火之燃，如泉之达，始终维持着一往勇前的精神。当时除了有心人为他担忧以外，更有不少冷眼旁观者，暗中发笑，有时更流露出这样的刻薄话："张伯苓，一个水师学堂的毕业生，看他有多大的能耐，居然要办大学，当个大学校长！"伯苓先生对于不时发来，但不知来自何方的刻薄话，未尝没有听得，然而他抱定

---

① 南开大学最初的校舍仍在南开中学南侧，1923 年始迁入八里台校园。

"以勤补拙"的精神,但知耕耘,不问收获。先生曾经说过:"本人没有奇才异能,所以能够不断努力,稍有成就,无非因为对于教育有信心,有兴趣!"于是,天津八里台的房子一幢一幢的多起来了。从通都大邑,从穷乡僻壤,慕名而来的学生也一个一个的多起来了。他保持创办南开中学时代的优点:认真的教授,严格的管理,淳朴的学风,更发扬而光大之。他没有使为他担忧的有心人失望;他更给那些只会说刻薄话的冷眼旁观者一个事实的答复:"看谁有能耐!"

"九一八"事变发生,全国震动。天津学生发起爱国运动,南开学生领导其间,校门前高悬"收复失土"的鲜明旗帜,与海光寺日本兵营,旗鼓相当,日本官兵大为侧目,乃用枪刺将"收复失土"的旗帜取下,寄归本国,作为南开抗日的证据。平时日兵操演,因与南开衡宇相望,任意占用学校操场,甚至将机枪队开入校内,对准课堂施放,如临大敌,南开师生为国家痛,为学校危,益坚报国之志。伯苓先生忧国伤时,深觉学生太可爱了,而情势也太险恶了,不能不未雨绸缪,因于民国二十五年春,派员入川视察教育,购妥沙坪坝校址,建校舍、招新生。秋间,南渝中学成立。十一月先生亲自入川,为南渝中学筹款,兴建第二期校舍。

民国二十六年,"七七"事变,平津沦陷。南开于七月二十九日及卅日两日,各部校舍为敌机轰毁,顿成一片灰烬。当时先生在京,晋谒蒋主席面陈南开遭难详情,主席劝慰有加,对先生说:"南开为国而牺牲,有中国即有南开。"

抗战期间,先生被选为参议员,并任副议长,对于抗战国策,支持唯恐不力,大声疾呼,盼国人体认意志集中,力量集中的必要。民国二十八年,国民参政会议长汪精卫通敌,发表荒谬绝伦的艳电,一时谣诼纷然,人心浮动。先生应主席之召陈其所见:"今日之事,在能战不能战,如能战,必须抗战到底,义无反顾。"主席为之动容。

其时,先生主持之南开大学与北京、清华两大学,初迁长沙,称为临时大学,嗣迁昆明,改称西南联大,与蒋梦麟及梅贻琦二校长和衷共济,协力进行,使西南联大精诚合作,直至抗战胜利,成为国内最负盛名的学府。

据说有一天,伯苓先生不知那来的兴致,说要上峨嵋山。当时有他的四个学生,自告奋勇,愿意客串轿夫,共抬先生上山,但给他一笑谢绝了。这四个学生就是吴国桢、周恩来、郑通和,及施奎龄。有人问伯苓先生:"学生们为什么待你这样好?"他说:"我有上万个学生,就是怎样想待他们好,也不可能。假如说我对他们有什么好处,那就是我在学校里时常用来叮嘱他们的两个字:'公'与'能'。我国大儒王阳明先生曾经说过:'去山中贼易,去心中贼难。'所谓心中贼,就是'公'的反面'私'。一个人羁于名缰利锁,纵有大能,也无由施展。南开造就的学生,能够受用这两个字,而身体力行的,才是好学生。"伯苓先生的话一点也不错。南开出身的校友,为国家社会尽大力的着实不少,就以郑通和同学而言,他为什么能把省立上海中学办好,而闻名遐迩呢?一言以蔽之,实行南开精神,因"公"施"能"而已。

最后,本人愿意将对于伯苓先生的几点认识加以叙述:

(一)他整日为校务奔忙,有时忙中偷闲,对教授作个别的访问,说的是家常话,然而听者心中的感激是不可言状的。他见了人,总是满面春风,使人有亲切感,所以南开是一个大家庭。至于他自己的家庭,太太是旧式的,但是,这位旧式太太可真了不起,她跟伯苓先生结婚数十年,始终没有红过一次脸,处处体贴备至,更积极地予以安慰与鼓励,使他无内顾之忧。先生终年忙于教育事业,家无积蓄,但他的太太始终没有自动开口向伯苓先生要过一个钱,以免扰乱他的事业心。这是先生一生事业所以成功的主要条件之一。

(二)伯苓先生叫学生"公",他自己也实践了它。他的第四个儿子锡祜投入空军,不幸殉职,有人安慰他,他说:"抗战一起,在我的算盘上,就少了这粒珠子。就父子的情分言,难免伤心;然而这孩子不成功,即成仁,全对得起我,也对得起国家。"

(三)今年春天,伯苓先生赴美养病,行前出席上海同学欢送会,席间大声疾呼:"目前很多中国人给当前环境的腐败冲昏了,也气馁了。我觉得当前环境固属腐败,然而,决不致令人气馁。假如气馁而趋于消极,那才是真正的危机。我在满清专制政体下办教育,在北洋军阀横行下办教育,难关重重,尚且要一一越过。今而后定系康庄大道,何用暴弃!"

(四)先生从事教育四十年,从未离开教育的岗位。民国十五年,颜惠庆(骏人)博士组阁,征先生为教育总长,先生立志不做官,辞不就。十六年,奉军主持北方政局,任先生为天津市长,又辞不就。这种专一的精神,足为后生的模楷。

总之,伯苓先生的所以成功,就我个人看法,他一方面承受我国儒家那种锲而不舍的精神,贯彻到底;一方面实践西方人的长处,科学化与力行。

先生今年在美国度其七十华诞时,老舍、曹禺曾合著一颂诗,内有这么精彩的话:"你有能耐,不干,就是装蒜。""装蒜"是天津的土语,意即凡有本事,而不愿施展者。我们相信,先生还能为南开的事工尽三十的之劳,到了百龄高年,纵然他自己还要干,他的学生,他的朋友,以及中国人民也不能让他干了。还有一句说:"才七十岁,小得很呢! 你还有三十年的好运。"是的,先生的不服老,我们信得过。中国将在他老先生今后的三十年好运中壮大起来,我们更信得过。然而我们年青的人更要努力!

司徒雷登博士与燕京大学

揆生毕业于南开中学后,即投考燕京大学,受教于司徒雷登博士,在校攻读五年(一年为研究院)。兹就本人所知司徒雷登校长一生的事业,简略告诉诸君,作为诸位立身行事的箴式。

司徒先生就任驻华大使时,曾对燕大同学说:"我说不出自己是美国人,还是中国人。"在血统上,他是兼及英美两国的,然而除了在美国受过二十年的教育以外,他以大半生尽瘁于中国的教育事业。去年,更以古稀之年,为中国的团结统一,致其最大的努力。

司徒先生的家族是由英国移居美国的,Stuart Family 在美为一望族。他的父母,和成千成万的美国传教师〈士〉一样,从远洋的彼岸怀着抱道出门的精神,前来我国杭州宣扬基督教义。司徒先生就是在杭州天汉洲桥耶稣堂弄出世的，道地的"牙儿"。幼时与我国儿童一同游戏一同读书。今年秋间，他到杭州参加基督教青年会复员典礼，同时扫拜先人的墓园，得与六十年前青梅竹马时代的总角交相见。据说，他在幼时，每遇同辈相持不下，以致头破血流的时候，即以调人的姿态出现，坚守息事宁人的立场，往往一语而纠纷立解。想不到六十年后的今日，他更从事排解关系我国存亡及世界安危的大纠纷。

司徒先生十一岁时，就给他的父母送返美国读书，直至三十岁，毕业于西德尼大学（Sydney College），协和神学院（Union Theological Seminary），并且过了几年的研究学术生涯，与慕惟德夫妇同船，重来我国，继承父业。起初在余杭传教，受尽乡间反对者的凌辱，甚至用石头打击他。而他内心所抱负为真理而牺牲及服务的精神，处处忍辱负重。未二年，应南京金陵神学院聘担任教授，全院师生对他极敬重，他亦沉浸于安静的学校生活中。潜心向学执教之余，编纂《〈新约〉希英汉辞典》《〈新约〉启方录新注解》《〈新约〉原文必读》《战争之替代》四书，可以说是一生的黄金时代。

先生的英文及希腊文造诣极深，对于中文，亦有相当修养，他以中语演讲，出口成章，颇为流利，著述时，词藻亦极考究，否则何敢贸然编纂《希英汉辞典》。至于《启方录注解》是先生于宗教的独特的见解。

民国六年北平的教会，计划归并男女协和大学及汇文大学，创办一所联合大学。当时感到棘手的，首为名称的决定。协和与汇文各执己见，后来商定，学校既在北平，就定名为燕京，名称的问题总算解决了。其次最难的为校长的人选，结果决定另外礼聘一位具有学者风度而超然于协和与汇文之外的新人物，于是把这承前启后的重担子，放在先生的肩上。

当时先生执教于金陵神学院，对于这新任务，事前毫无所闻。他接到北平教会聘为燕大校长的电报时，确实不知所措，无从考虑。但他在祈祷之后，毅然决然出任燕大校长之职。

到了北平，先生与北平教会领袖商谈建校计划，当即决定：一、这所大学必须办成中国的一个理想大学；二、校址必须迁往郊外，以便扩充。

究竟怎样才能称得起一所理想的大学呢？校址的广大不过是条件之

一，他如校舍的壮丽，人才的上乘，课程的充实，在在均待努力。

先生虚怀若谷，在建校计划决定以后，就专访当时的北京大学校长蔡子民(元培)先生请教，子民先生知无不言言无不尽，先生获益匪浅，益坚办学的决心与信念。

从计划到执行，从理想到现实，其间是有一段颇长的过程的。

燕大原校址在北平东城盔甲厂，校舍逼仄，环境喧嚣，在先生的心目中，难有自由驰骋的余地，于是，多方寻觅校址，经江朝宗的介绍，获悉海甸有一私人花园，景色宜人，先生大喜若狂，但这所花园为当时陕西督军陈树藩所有，虽然园内阒无一人，欲加租用，非陈允许不可。先生办学心切，决定单身前往西安，与陈树藩面洽。北平与西安间有数千里之遥，当时交通工具简陋，先生不辞劳瘁，雇了骡车，一路巅踬，于黄沙弥漫之中，崎岖古道之上，艰苦备尝，到了西安。陈树藩见一外人为办学远道而来，深受感动，立允租用花园为校舍的请求，司徒先生亦允陕西保送免费生若干人。

西安之行的圆满结果，算是先生给燕大立下的第一功。但是，有了地方没有房子，没有教员，没有学生，一切有待努力。当时北平有一位美籍建筑师，名叫 Muphy，先生请他为燕大设计校舍，原则上必须坚固壮丽，不必考虑到经济的条件，务使燕大的建筑及布置，臻于最理想的境地。

燕大在美国曾组织一托事部(Board of Trustee)，负责筹划经费。起初，组织不甚健全，托事部诸人对于燕大的发展前途，漠不关心。先生返美后，即将托事部改组，添聘若干有力人士为之支援，以六百万美金为第一期捐款的目标。先生并与托事部诸委员相约，遇到可能捐款的机会，立即电知，以便亲自到美进行。于是，先生一年数次来往于中美之间奔走校事。某次，一位富有的老太太，因为感到体力不济，准备预立遗嘱，这消息一经传到托事部委员们的耳中，立即电知先生，亲往接洽，请其在遗嘱中指定一部分款项捐助燕大。先生有时甚至因为要给燕大捐款，在法庭上充当某造的证人，亦所不辞。

先生每次赴美，必携 Muphy 所设计的燕大全图，见了财力雄厚的人，常常这样说："请你捐款给燕大造一座图书馆吧！""请你捐款给燕大造一所科学馆!""一所健身房!""一座水塔!"就这样托钵化缘似地,燕大一幢一幢的房子造起来了,那一幢不是先生用了热诚和毅力挣来的呢。有一次,先生自美捐款归来,他说:"每次我看见叫花子,我总觉得,我是属于他们的行会的。"但所不同的,叫花子在出卖悲哀,以图苟延残喘,而司徒先生为追求光明与智识的莘莘学子请命。

然而,办一所大学,尤其一所理想的大学,谈何容易。一草一木,一砖一石,那一样不要钱。先生尝说:"燕大好像一匹庞大的饿兽一样,你把所有的钱扔给他,他立刻吞噬无余,而且永远没有厌足的时候。"

先生不但对外觅地捐款,以建校基,同时还须对内聘教员、招学生、设课程,事必躬亲。

谈到对内,先生处境之难比较对外,有过之无不及。男女协和及汇文的老职教员,对于先生最初因认识不深切,难免有隔阂之虞,然而先生以校事为重,处处逆来顺受,以诚服人,至终得着全体拥护和信仰。

对内问题中最感困难莫如人事。先生自长燕大后,陆续聘请陈援菴、吴雷川、洪煨莲、刘廷芳、陆志韦、徐淑希、赵紫宸诸先生执教,并吸收北大、师大教授中的优秀份子,如沈士远及沈尹默等。"九一八"前后又敦聘张东荪、张君劢、冯友兰诸先生来校讲学。先生谋定后动,表面上尽管谦虚忍耐,内心却坚毅不可撼。洪煨莲、刘廷芳二先生曾出任宗教学院院长及教务长,这在教会大学中开了重用中国人的先例。(当时教会里的保守份子,经协和、汇文老职教员的怂恿,对此提出责难,先生坦然答道:"你们既给我地位,就得给我权柄。成败与否,须假我以时日。"任何责难到了先生以去留力争的时候,也就云消雾散了。)

关于教会大学的立案问题,教会中颇有不同意见,而先生坚决主张:既以服务中国为宗旨,就得遵守中国政府的法令。于是燕大是教会大学中首先向我国政府申请立案,证诸目前的情形,我们不能不佩服先生的高瞻远瞩。

关于宗教自由问题,教会中人不免有主张采取强迫的形式者,而先生独持异议,认为信仰自由为人类的基本权利,不应剥削,强迫得来的信仰是虚伪的。教会学校及教堂里一般"吃教"者(这个名字,起得很好,因为事实上,确有许多人靠信教为谋生之路。)什九假冒为善,燕大同学中固不乏基督教徒,但非教徒对于基督教及燕大均保持相当的好感,这该归功于先生提倡信仰自由。

本人于在校及离校后受教于先生二十余年,深觉先生所以有今日的地位,燕大所以蔚为教育最高学府之一,不外:

一、先生自奉俭朴;从不浪费燕大半文钱。他常跟学生说,这些钱来处不易啊。但应当用钱时虽自己负债亦决不吝惜。

二、先生的谦虚、深沉、忍耐、坚毅,任何人只要凝视他底两只眼睛,就可领会他的全人格。他是爱与同情的化身;他是燕大成千成万人的"妈妈"。谢冰心女士说得好:"这上千上万的人的生婚病死,四件大事里,都少不了他。为婴孩施洗的是他,证婚的是他,丧礼主仪的是他。……这使我拜服,惊异,他那得有这些精力与工夫?"是的,一个人的"伟大"往往表现在"细小"的地方。

三、先生对于中国人的尊重在一般外国人之上,因此取得被尊重的中国人的合作。

四、先生对于青年一方面诲人不倦,一方面也谆谆善诱。民国二十四年初,榆关告急,燕大同学为爱国心所激励,全体议决罢课停考,参加爱国运动,议案交到抗日会执行,经彻夜的讨论终于决定执行。当时先生正在上海,校务委员会中有主张将抗日会的主要份子吴世昌等十一人开除学籍,但又犹豫不决,于是电促先生返校亲自处理。先生返校后束邀吴世昌等十一位同学到临湖轩饮茶,家人父子似地垂询全体同学议决罢课停考的理由,及办理爱国运动的经过,同时,他也把教职员对于全体同学罢课停考的看法加以详细的解释,一片至诚,溢于言表,最后他说:"让我们大家想想,怎么样才对中国有益。只要有具体的办法,我负责去请教职员,连外籍教员在内大伙儿齐做。"就这样,罢课停考的风潮立即云消雾散,师生合作的万顶钢盔运动终于完成了。根据这样实例,我们看出先生对于年青学子的将护之周与诱导之切。

五、先生的气概实在大，他认为一个理想的大学，首先要做到全国性的，因此，招生的对象，不能仅限于华北一隅，须遍及各地。故燕大同学颇多来自穷乡僻壤及南洋各地者。各地同学各有特长，彼此交流而攻错之，各取他人之长，以补自身之短，燕大同学个个健全了，燕大这个整体焉有不健全之理。

六、先生不但要把燕大造成一个全国性的大学，更是一个世界性的。经他的奔走与努力，燕大与美国普林士登大学合办社会学系，与米〈密〉苏里大学合办新闻学系，并与哈佛大学合组燕京哈佛学社，互换教授，我国教会大学在国际上的地位，没有一个能与燕京相比拟的。

七、先生的完美人格是中美英三国优良传统化身，中国人锲而不舍，美国人想像创造，英国人冷静坚毅，集于他一身。

最后，本人愿意将燕大的校训"因真理得自由而服务"，根据司徒先生的解释，转述给诸位听，作为结束：

"世界上许多人无形中受成见与偏见的捆绑，见不到事实的真相，往往误入歧途，演成个人的悲剧，以至世界的悲剧。什么是成见与偏见呢？就是戴着有色眼镜，看五色缤纷的世界，于是客观的环境，无论怎样变化演进，主观中的世界总〈终〉究逃不出有色眼镜的小圈子，于是是非不明，黑白颠倒。世界上能够用来明是非，辨黑白的只有真理。只有经过千百锤炼的真理，才能使人类不再做成见与偏见的奴隶，而重获自由，发挥至上的服务精神。"

先生在就任大使的时候，曾宣示其抱负，希望在他的任内，帮助中国成为美苏之间的桥梁，以保障世界的和平。我们钦佩司徒先生的抱负，真正爱中国，爱和平的中国人，应该全力帮助司徒先生完成"中国为美苏之间的桥梁，以保障世界的和平"的伟大抱负。

（《上海文化》第 11 期，12 期，1946 年 12 月 1 日，8 日）

不　老①

（1946 年 12 月 19 日）

张伯苓先生昨日自海外归来,这位不老的老人,当我们想起他的"朝抵抗力最大之路走去"那句身体力行的名言时,不由不令人肃然起敬。

伯苓先生毕身从事教育,四十年如一日,南开对于民族国家有贡献,是无可否认的事实,假使他仍在海军方面工作到现在,其所产生的影响,恐不致能超过他主持南开的成就罢!

胜利前在汉口,在重庆,在参政会里,常听到张先生立在主席台上发言,他的低沉的声音,说明了他的年迈,但每个听到他的声音的人,很少不受感动的。可是他决不服老,除非睡倒下来,参政会从不缺席,处理南开的事务也从不中断。

最使人焦虑的,就是去年春夏之间的张先生那一次重病,大家都关怀着,都在祝祷他早占勿药,蒋主席也曾亲往探视,果然,不久便痊复了。此次海外休养归来,想身体益发健朗,工作也会格外起劲的。

这是一个最好的标准,从张先生的生活行为,向我们说明着下列四事:

(一)有恒。

(二)永远年青。

(三)不畏难。

(四)有事业计划。

我们做人,如果能具备上列的条件,还有什么事不成,自然无往而不利了。

（《申报》,1946 年 12 月 19 日）

---

①　署名"少夫"

访张伯苓先生①

（1946 年 12 月 20 日）

随着电铃声，里面跑出一位学生模样的少年，把我引着穿过一座□□的小花园，到达一间小小的会客室，他便让我坐下，拿着名片上楼去了！

张伯苓先生就住在楼上靠南边一间小房内。特从北平赶来迎接张先生的，南大教务长陈序经先生把我引上楼，张先生站在房门口送客。他穿着一件红呢睡衣，下边露出两只灰西服裤脚，一双黑皮鞋。一个高大的身材，戴着一副水晶片黑眼镜，再加上他那重浊的声音，却像一个巨人站在面前，令人想起他治学的精神，和寓"公能"于学生团体活动中的教义来，好像他仍然没有老。提起他这次回国，是不是为了赶着参加国大，他回答说：

"本来早该回来了！在美国洗澡又跌了一交〈跤〉，把背脊骨跌断了。刚医好，准备回来，又赶上美国海员罢工，所以一直到今天才回来。"

"张先生对于这次国大有什么感想？"

"我很乐观，我觉得中国前途现在光明极了。过去五十年，中国完全是外交国际上种种不平等条约束缚着我们，把一般人民弄得麻木，一点弹性也没有。这一点最可怕。现在日本打倒了，不平等条约取消了，我们现在要怎样做，就怎样做，谁也不来干涉我们了，这还不是千载一时的好机会吗？"

"这次国民大会中青年党和民主社会党与国民党争执，要维持政协宪草，国民党则坚持五五宪草，一度引起青年党与民社党要退出大会，张老先生对这有什么意见？"

---

① 作者张思维。

"我刚回来,过去也没有同他们在一伙,还不大清楚,不过,行宪最要紧,有好的宪法,不去执行也是空的。现在的事应该要全国人民来做,靠一个领袖无论如何是没有办法的。"

"美国一般舆论对我们当前局势有什么反映?"

"美国是民主国家,言论是极不一致的。如果专注意他们的言论,把人累死了呢!我们现在只要觉得是应该做的就做,不应该做的就不做。我们国家有这样优越的条件,地大物博,人多,而且每一个人都有一个很聪敏的头脑,再要有爱国心,还怕国家不强?专门依赖人家的思想是最要不得的。"

谈到教育问题,他□□□非常兴奋。据他说美国教育在全世界第一,任何国家也比不上。美国根本没有什么特定的教育环境,随时都在教育,随地都是教育。他又说:"人家都说苏联教育普及,其实苏联比美国还差得很远。"

"张老先生这次从美国考察教育回国后,对南开有什么新的设施?教育计划有何改进?"

"要学生更爱国,爱国就是爱自己。我在纽约看到联合国大会参加的五十几国,我深深感到中国人民爱国心不够。"

"张老先生何时去南京?以后常住在什么地方?"

"五天后去南京。以后拿四成时间住天津,二成半住上海,二成住南京,一成半住重庆。"

说到这里,又有客人进来,我便站起来。窗外的阳光已经偏西,我便开始告别了这位老人,在十二月的冷天里,却咀嚼□□爱国的话语。

(《中华时报》,1946 年 12 月 20 日)

可敬的老人

——南开校长张伯苓①

（1946 年 12 月 22 日）

有着高高的身材，紫棠色的脸儿，灰白的平顶头，架着一副墨眼镜，握了一根手杖，典型的"天津大肚子"，我们这位张伯苓先生，从美国回来了。虽然已是七十多岁的年纪，但仍有着"燕赵壮士"之风。

张先生是旧式婚姻的信徒，他说过："新式太太，虚荣心比旧式女子来得大，旧式女子没有什么理论，她们只知道埋了头做，但是比能说能写而不会做的好得多。而且新式婚姻离婚很容易，一有不合，各自分飞，不比旧式婚姻的'此路不通'，只好大家让一步，那不是就没有事了么?"

事实上，张先生便是在"身体力行"着的，他和夫人王淑贞女士，向来是有名的模范夫妻。民国二十四年，南开校友曾盛会庆祝张校长结婚四十周年纪念。因为离"金婚"还差十年，张先生就自称为"镀金婚"。据他自己说：他和夫人从没吵过一回架，他的事业，都是他这位不识字的夫人帮助成功的。他称他夫人叫"喂!"。

张氏的刚毅精神，系受先天遗传。他父亲是天津一介寒儒，爱弹琵琶，号称"琵琶张"。其胞弟彭春，是提倡中国话剧最力的一人。

张先生小时在北洋水师学堂读书，立志当个海上英雄。后来觉得中国的民族智识浅陋，身体坏，决定弃海军而就教育。清末严范孙在天津设立了一个私塾，请张先生担任理化英数等科教授，那个私塾，便成了今日有名

---

① 署名"征凡"。

的南开大学的雏型。

南开刚开办的时候,学生不过七十余人,然而在张先生惨淡经营下,学校事业渐次发展,由私塾发展成小学,中学,女中,大学,以及研究院。创校至今,不知造就了多少人材。

在南开的时候,每天早晨六时起来,绕着学校散步,计划着怎样改进学校。他不善词令,但是说话亲切朴实。他常常说着这句话:"南开的特长是长,长,长,老是在长!"

张先生对政治一向抱着"道不行,乘桴浮于海"的超然态度,不热心,不参加。但是抗战时,他毅然地领导了他的学生,踏入了抗建的大时代,他被推为国民参政会的副议长,他能忍劳耐怨,始终的苦干,实干,硬干!

他的毕生致力教育事业,只问耕耘,不问收获,不懈不挠,神采奕奕,使我们觉得:张伯苓先生是愈来愈年青了!

(《申报》,1946 年 12 月 22 日)

不必彷徨悲观　应当勇迈前进

——张伯苓校长访问记

（1946 年 12 月 23 日）

二十日清早记者特往谒刚从海外归来的南开大学校长张伯苓氏，因为时间太早，张校长刚刚起床，正在修面理发，记者暂在楼下客厅休息。

在客厅会见董守义和随张校长同时返国之魏振武。董氏系中华全国体育协进会的总干事，魏氏系方自美国春田学院毕业的留学生，不日即离沪赴平就任国立北平师范学院体育系教职，两位都是体育专家，不由得便谈到体育方面。据魏氏谈，美国民众生活几乎大部都放在体育上，他们非但以强健身体为满足，并且还要发扬守纪律爱进取的精神。美国人的生活，从集体运动中，表现出互助合作的精神。报章杂志，登载体育的消息亦最多。他们对于体育运动，无论老幼男女，均非常认真热烈，毫不怠懈。美国人的活泼与爱好进取，便是在他们日常体育生活上训练出来的。

不久张校长请记者上楼，笑容满面，把记者让进他的卧室。张氏虽以七十高龄，然精神非常饱满。他说："我出国赴美共四次，第一、二次是考察教育，第三次为南开募捐，这次是养病。到美不久，又将脊骨跌伤，现已康复。此次返国后，当尽全力于教育事业，数日内即进京，然后赴津。"

记者请问其此次赴美之感想若何？张氏欣然答云："我觉世界前途，非常光明，中国方兴的朝气，更是绝对乐观。我在美国适逢联合国开会，有人悲观或乐观，各有不同见解。但我的看法，世界在二十年或三十年以至于四十年中，绝不会再有战争。第一次大战结束后，美国即行退出国际组织。这一次大战完了，是由美与中、苏、英、法各大国合作，情形与前次大不相同,国际关系日益密切,和平自有保障。中国地大物博,人民众多,强国基础根深蒂固。自鸦片战争后,中国受外族侵略,加了许多束缚。庚子之乱,又加了许多不平等条约,自救不遑,人民习于苟安不知爱国。现在抗战胜利,不平等条约取消,外界压迫尽除,正是我们雄飞高瞰的时候,我们不必彷徨悲观,我们应勇迈前进,发奋图强,光明灿烂的前程,是绝对可乐观的。这是千载一时的机会,我们要把握时机,把中国过去的一切阴霾扫尽。"

张校长于谈话中,满面现出非常高兴的气色。记者也感到兴奋,欣然辞出。

(《华北日报》,1946 年 12 月 23 日)

三、全面抗战胜利后天津南开大、中学校复校时期的张伯苓

老教育家张伯苓①

（1947 年 1 月 1 日）

谈到四五十年来，吾国教育界中，能够终身致力教育事业几十年如一日的，恐怕要算到胡元倓和张伯苓两人吧。胡氏是在湖南主办明德学校，已于前几年逝世了。张至今还是办理南开大学，教育界的鲁殿灵光，不能不推这位张先生了。

这位老教育家张先生，是天津人，本名寿春，在前清时，毕业北洋水师学堂。他少年时眼见着旅顺，大连湾、威海卫等地，都给外人占夺，觉得非常痛心，就发奋从事救亡工作，于是决定从教育入手。不久，到日本考察教育事业，回国后，即创办敬业学堂。过了些时，天津严范孙（修）把南开水闸旁余地十多亩捐做校址，改建新校舍，落成时，就改名南开学堂。关于人事经济等，严氏是天津最有地位的绅耆，又做过教育总长，故帮助他极大。这样一来，南开由中学而大学，蒸蒸日上了。张氏因为要广求知识，不得不博采周谘，先后到欧美实际考察教育四次，来做扩张校务之借镜。

张氏今年七十多岁了，身体本来很健康，老是挺着腰板，绝对不像一个年逾花甲的老头子。在大庭广众中，是成了众人注目的目标，因为他身材高大，加上一副茶色小眼镜，态度总是和蔼中含着沉静，那种安详不苟，金鼓不乱的神气，凡是会过他的人都有着深刻的印象。他长于演说，说话够味，有时夹着几句幽默话，人们在紧张空气中，也不觉地哄堂了。

说到他的办学，南开是包括大学、中学、女中、小学四部，在抗战前全部学生有一千五百多人，在华北算是一个第一等的私立学府，一切设备，较之

---

① 署名"枫园"。

许多学校来得完备。有一次,有人问他:"假使有五千万元在这里,创办一个像南开这么健全的学府,可以成功吗?"他说:"校舍和设备是可以的,但在社会的认识和信仰,与教育的水准上来比较,那就很难说了。"可见办学不是一个空壳,最要紧的,还是内容和一贯的精神。

张氏一生是勤劳苦干,任劳任怨。冬天时,一件棉袍,加上一件蓝布大褂,青背心,是他在北方的常服。即使穿西装,也不是时髦的。刻苦耐劳,埋头苦干,就是他从一九〇四年到今日三十七①个年头办学的一贯精神。他曾发挥他的人生观说:"从开始办学到今日三十多年,三十三岁以后,才入基督教,得宗教的帮助极大。感觉耶稣基督救世服务的精神,和他个人生活,异常适合,至于孔仲尼的改过和忠恕的道理,也得极深切的领悟。幼年读孔孟之书,得益也不少。中年皈依基督,越发努力苦干。年事日长,对于孔子垂教万世,基督牺牲为人,都是人生顶好的模范,值得信仰,他不欺人,也不会令人吃亏。有了信仰,才是生活上最好方法。"这些话,句句由衷,可以知道他的成就伟大的事业根源了。

他的太太王淑贞女士,是一个旧式女子,夫妻间相敬如宾,从来没有拌过嘴,红过脸。前几年是他们俩结婚四十年镀金婚纪念,当时张氏对戚友同学们说,他的夫人可称的有三点:一、处旧式家的得宜,二、教育四子的成绩,三、四十年来他个人所得的安慰。又说:夫妻双方,切不可自视太高,如从面貌说,丈夫自居是太子,太太自居是仙女,感情必定易于破裂,故我们要视一体,才能相安下去。

这些话都是阅历之谈。

(《礼拜六》第 760、761 期合刊,1947 年 1 月 1 日)

---

① 应为"四十三"。

张伯苓博士与中国医药卫生进步五十年①

(1947 年 1 月 15 日)

张伯苓博士在扬名海外的中国学者中是最杰出的一位。其他的学者或则以从事政治,或则以在外国出版著作进行讲学而得到了外人的赞赏,而张伯苓博士却既未曾在政府中得到一官半职,也没有在外国下过自我吹嘘式的工夫。他之所以能够得到世界——尤其是美国——学术界一致的推许尊敬,完全是因为他自己以中国人的立场办中国人的教育工作,而有了不可磨灭的成绩之故。在一部份看惯了"学而优则仕"的中国学者的外国人眼中,张博士的不凡的操守与抱负是更能引起十分的钦佩的。威尔基氏在《天下一家》中曾说过:"张伯苓博士气宇轩昂,有学者严肃沉思的风度,但又具有一种温爽的幽默感。无论我们论到印度,战争,还是美国的大学,他的知识背景与判断,在美国都是难以望其项背的。"张博士自至美疗病之后,迟迟未归,且因不慎跌伤,又重入医院治疗,很使国内期盼。现在博士已康复返国,连日在京沪各地受到南开校友与社会人士的盛大欢迎,酬酢甚劳,想不日一定可以北返主持南开校务了。兹特将纽约出版的英文《中国月报》上年八月号所刊休姆博士(Edward H.Hume)一文译出,略表欢迎张博士的意思。

译者志

张伯苓校长的一生与中国悠长的医药卫生历史的最富创造性的一页恰相吻合。中国古书中再也没有像下面的几句话一样能描写他的了:"温

---

① 休姆著,司徒美新译。

故而知新,可以为人师。"

张博士分别保有了中国的新旧二面。他一生的前一半是在满清皇帝治下度过的,而后一半则在民国的幼年。他于一八七六年四月出生,活过了三十三年光绪朝代和三年的宣统,方有一九一一年的革命推翻满清与帝制传统。

早在满清人得到政权以前,早在明、元、宋、唐以前,差不多至少在唐朝以前一千五百年,一个古代统治者,黄帝,与他的顾问岐伯合写成了《内经》一书。在那部有名的著作中有下面的几句值得注意的话:"古之医者不药已病而救未病。"换言之,预防医学的根本在那遥远的古代已然在中国统治[者]心中萌芽了。但是历朝历代多少年来这个基本概念却未能有所增长。事实上,自远古以来,通常相信皇帝只有在人民共同允诺之下方能统治。这种思想在"古之时,民为主,君为客"的古箴言中很明显地表现出来。在公元一六六二年以后六十年中,一群卓越的耶稣会学者在康熙皇帝(中国皇帝中最值注意的一个)的朝廷中常川侍奉。依洛爱·希伯特在其《圣耶稣会在中国的奇遇》一书中记载:"为了使皇上喜悦,他们向欧洲采办数学仪器,献给他个人应用。这使他非常满意,没有别的礼物是如此地受到欢迎而被欣赏。"但是仅向皇上进贡礼物仍是不够的,"除了实地做试验外,没有能使他满意的。不久在宫中便建立起了一个大实验室。那些不幸的神甫们整天站在那里搅拌大镬的沸腾的流质,尽他们所能地去制造能解救人体通常疾患的药剂。他们抗议说他们不是医师,但是全然无用。康熙皇帝那时已然相信他们是精通每一种知识的了。"

无怪乎当皇上害严重疟疾的时候,他相信神甫们能够造成奇迹了。三位神父,布凡、方德耐、和杰耳必庸,用一个金鸡纳树皮浸酒制成的药剂医好了他。那时候金鸡纳树皮正开始被自秘鲁送到梵蒂冈教廷,再分布向世界各处。这次的医愈疟疾使康熙帝成为耶稣会教士多年的朋友。但是他与他后面多少代帝王都未能以了解近代卫生问题而知名,虽然光绪(一八七一——一九〇八)允诺了一个由他的聪明的顾问们计划的教育卫生改革计划。这个计划在一八九八年被西太后的魔手所阻止,进步被无定期的阻延了。

张校长和政治与卫生的历史的联系之另一证据,是他的一生与另一个在他之前十年于广东降生的青年同时。这个青年,一个农夫家庭的儿子,就是孙逸仙。虽然孙先生并不是中国第一个近代医生,他的政治的梦想与推翻满清的决心使他成为张博士同时医药界中最引人注意的人物。张博士在教育界与孙先生在政治与保健界中的生活,自一九○○年至一九二五年是十分平行。二人都是天生革命的,彻底民主的,二人都要建立新中国。

中国最早的医生是黄凤(译音)博士。他在一八四六年被磨理逊学校校长布朗带到美国。他从美国又到英国入爱丁堡大学,成为中国第一位在外洋学习医学的人。在苏格兰得到了医学学位之后他回到香港成为第一个开业的中国医生。他在一八七八年逝世,恰在张博士降生之前〈后〉二年。张校长的生命史因此一直回溯到近代医学在中国的肇端。医药使中国与近代世界接触,一八六六年曼生爵士到达厦门,立下了热带医学的基础。当时厦门已然成为社会改革的中心,中国第一个反对缠足会便在此时在厦门成立。身心双方都要解除束缚的新时代已开始在中国人心中出现。张博士降生之年,正在李斯德博士在英国立了外科消毒原则之后一年,在上海格兹拉夫医院中,中国第一次消毒完备的开刀手术成功了。次年曼生发表他划时代的报告,确立蚊虫为传染病的媒介。中国第一个医药学报在一八八○年由克尔博士印行。

在张伯苓博士的家乡,在他五岁的时候,直隶总督开了一个新式的医院学校。他的太太李夫人为伦敦教会的麦根济医生所治愈,他受到了影响。从天津保健运动传布到其他城市。上海公共租界在一八八○年设立了卫生局,次年两广总督在广东设立防疫接种中心。一八八五年,金雅林女士(译音),一个年青而热诚的妇人,从纽约学医科毕业,不久便来到天津以毕生从事医药,成为女医士中的领袖。

我们回顾中国近代医院与医科学校创立的历史,可以看出向中国介绍近代保健思想与方法的工作一起头便比在日本为民主化。二者步骤的不同,反映了二国对人生看法的不同。在中国,每逢外洋医生来施术,或者外国教师来讲授,必须先说服人民,认清新方法是较为优良的。一旦信服之后,他们成为热心的信徒。在日本则反之,像西洋医药或教育一类的改革只有用皇帝的诏书方能推行。

中国的革命在张校长一生七十年的中途点来到。全中国的心被一个为人类、社会,与身体的幸福的新时代的开始之希望所高扬。不幸袁世凯死后十年中中国动乱不宁,军阀大肆割据争斗。在孙中山先生死亡的一九二五年后,新时代方真正开始。

在一九二六年蒋介石氏自广州率领国民党军开始北伐,使延长多少年的内争终止,在南京设立新政府,当紫金山坡上造起了孙中山先生光荣伟大的陵寝时,张博士感激地看见了山脚下不远造成了全国卫生署的建筑物,两旁围拥着中央医学院,与其医院,看护学校,公共卫生实验室,与研究机构。他觉到他毕生希望之一,新教育与卫生运动,已在真正开始实现了。

过去二十年中,目睹近代医药与卫生的真实果实在中国结成。在天津,全绍清博士成为北洋医学院的首脑;相类的机构在全国各地中心次第成立。许多以不适用的设备在简陋的屋宇中由训练不足的学生开始的慢慢都成功了,一连串的医学校开始创立起来。北平协和医学院,在一九〇六年由汤马斯考屈兰博士创立的,被罗氏基金会接办,不久成为一个卓越的教育中心。在许多医学校的教员中有不少南开大学的毕业生,张博士的心血脑汁的婴儿,加入执教,特别在医预科中间。而医学生中更有不少在南开大学的实验室中取得技术训练与灵感的。

张博士的亲近友人时常注意到他的两个特质,他由这两个特质而在他生活与处事手腕上有极大的力量与远见。一个是他生活中的基督教影响,这影响在他尚为一年青人时进入他的生活中,领导他毕生把人格的发展看得最重要。第二个因素是他永远保有的近代教育观点。一个学校,一所医院,一个健康机构,在他心目中永是替国家造就公民的机关。他一生的生活范围极其广大,各处的人都多少要感谢他为中国教育与健康的努力。

(《华北日报》,1947 年 1 月 15 日)

天下平而后国治①

——张伯苓抵渝之谈话

（1947 年 1 月 15）

　　山城深冬,阴沉云翳低压;烟露蒙蒙中,张伯苓,一位一生献身教育,为国家培养了而且正在教育着菁英的一代教育家,在阔别重庆恰恰一年后,归来了。

　　昨天气候的恶劣,没有想到沪渝班机却照常飞行。当下午三时零五分飞机降落在珊瑚坝时,很少人知道张伯苓校长到重庆来了。虽然山城已传说着张校长回来的消息。人们这样关心他,实因他在渝手建的南开中学,给予这里的人们,不能或忘的印象。所以一年的别离,大家就格外的关心。

　　到沙坪坝时,已夜色苍茫。南开中学的草坪上,夜雾弥漫。但"范孙楼"突射出的灯光,映照着路旁树枝上"欢迎校长"的标语。夹着书本的学生们,一面往教室里迈步,一面在谈:"校长归来了","校长很健康",这种精神上的安慰,令人至此方知"得天下英才而教育之"的乐趣。

　　绕过"三友路",伫足在"津南村"。那里,夜,静静的;微风吹送着梅花芳香的深处,是张校长的家。

四度访美

　　方砖砌起的院墙。门栏边贴着红色的对联,"欢迎返国","敬祝健

---

　　① 署名"希平"。

康"。小小的庭院,花草遍地,清静幽雅。

对于访问,他似乎感到很快乐,经过了"寒暄",他没有等发问便说:"我这次到美国是第四次了。"

三十九年前,为了考察教育,张校长首次远涉重洋赴美。九年后,再度访美,到哥伦比亚大学,专心教育的研究工作。两次赴美,张校长在美国已不是陌生人了,特别是美国教育界,对他的认识更深刻。在二十年前为了给南开大学募款,第三次到了美国。待老迈之年,为了身体又一次横渡太平洋。

在美国张校长住了将近一年。起初的岁月是消磨在医院里,因美国医学的发达,他的健康很快的就恢复了。

出院时,联合国大会,已在纽约开幕,他带着愉快的心情,到联合国的会场里去。他说到这里,似乎对当时的情形,犹感神往。他神态镇静的,慢慢地叙述着他对联合国大会的感想:"我在联合国大会旁听,心内感触万端。五十一国集于一堂,讨论世界和平,这一件事无疑是伟大的。中国自鸦片战争以后,百年来受着外力的压迫,不平等条约的束缚,租界、治外法权、关税不能自主,重重压力,对国家影响颇大。第一次世界大战结束,俄、奥、德三国虽已战败解除了对中国的不平等条约,其他国家的压力依然存在,日本的气焰更炽。现在,不平等条约废除了,联合国大会,又在讨论缔造世界永久和平,中国的前途是非常乐观的。大学上有句话,是"国治而后天下平",我可以把它倒过来,"天下平而后国治"。

和平一定会得到

"张校长在美国将近一年,看到美国人民对中国当前局势的看法如何?"对于这个问题,张校长的看法显然是重视着美国政府的政策:"舆论乱得很,各人有各人的说法,当然这是民主国最大的优点。仅可知道的是美国对华政策不变。"

张校长自美归来,对国内的大局颇表乐观。基于他那"天下平而后国治"的看法："现在天下趋于平，中国当可以走上治世。回国时，首先看到宪法的制定，不啻为一大进步，我非常乐观。"

"对和平采取的途径，张校长有何感想？"

"和平一定会得到的。"离国一载的张校长如此说。

复员后的南开

张校长预备在重庆住两个礼拜，就要到天津去了。他回国后，还没有到南开大学去。

对复员后南大的新计划，张校长未出国前已拟就，现在即照原计划实行。大学部设文、理、法三院。以理科抽出工科的办法筹设工学院，将由理科抽出电工、化工、机械工等，如此，将来可成四院。文学院准备增加新闻系。中学部：现在已有两所，天津为第一，重庆为第二。计划中的第三个南开中学设上海，第四设东北。

张校长虽然在侃侃而谈，但眉宇间难隐倦容。临别时，他说："请告诉重庆关心我的人，我带给重庆的是一个好消息：天下趋于平，国家趋于治。"

（《大公报》重庆版，1947 年 1 月 15 日）

张伯苓苦干华美社[①]

（1947 年 2 月 11 日）

张伯苓先生近岁默默无闻，度着很清苦的生涯，此老亦为"唯美派"，一切跟着亲美份子走，因此美国朋友多得"热昏"。新岁以来，此老也不甘落寞，四出活动，给他弄到手华美协进会董事职位，与胡适、司徒雷登、李铭等沆瀣一气，过从甚密。此华美协进社之宗旨，表面上为沟通中美文化，实则是促成中国自由派人士的大团结，进而改革国事，用意实在很深，但有碧眼儿帮忙，事体就便利不少。闻纽约也有分社，由鲁斯主持。上海分社房屋，则正在请行政院代觅。目下声势虽小，但安知数十年后，不蜕变为一个无敌的大党哩。看情形，张伯苓先生快要交老运了。

（《飞报》,1947 年 2 月 11 日）

---

① 署名"金山"。

欢迎张校长返津献词①

（1947 年 2 月 15 日）

十年阔别令人昕夕想念之张校长，今日重返天津，我人又欣瞻校长之慈颜矣。我人所企望于我校长，重返兹土，非徒一亲校长之慈范已也，盖知我校长之伟大品格众望所归，从政者资为辅导，教育界资为津梁，社会资为楷模耳。

校长自早年，即以教育救国为素志；今也国土光复，夙志已尝；胜利以还，建国日亟。而人才之培育，最为迫急。校长归国，誓将致力于是，以贯彻最近以教育建国之主张。我南开创于校长之手，以公能二字训示诸生，以苦干硬干之精神，表率群伦，自师生数人，校舍数楹，惨淡经营，以至今日之盛，其所造就之人材，遍布世界，南开校友之有服务魄力，与研究之精神者，咸公能与苦干之惠予也。即至于社会人士，在不知不觉中，受其熏陶，顽廉懦立，因而成功者，比比然也。是可知我南开在社会各界内，已有移风易俗之力，存乎其间，其非校长之训哉。我南开校舍及校中设备，经敌人八年摧毁，可谓破坏无遗，自客冬开始修复以来，业已略见规模，校务亦逐渐展开，现仍在努力中。将来轮奂之美，教学之隆，不难快睹。此亦南开苦干精神之实现，是亦我校长之有以致之也。校长毕生精力，专用于教育，从不营其个人之利益，惟一宗旨，即以兴办教育为谋国之急务。今届古稀之年，而精神充沛，体力康强，不改其平生主张，仍夙夜孜孜，从事教育，辅助社会，赞襄国家。其精神，其道德，其慈范，直堪为世人模楷，真令人景仰向往不已。

---

① 作者阎子亨。

我国抗战八年,敌人俯首,现在从事建设,其艰难程度,不减于抗战,而切时需要,又不仅在人力物力,厥最感于需要者,端在大德硕望如校长者之指导耳。我人企望者久矣,今日喜见吾校长海外归来,从此国家、社会、教育,皆有所依,曷胜庆幸欢忭。抑尤有进者,津市自筹建新港以来,华北之农工商矿渔盐诸业,将有长足之进展,骎骎然有驾乎上海之势。今则伟大教育家之张校长,重返天津,华北教育之复兴,固可立待;而教育为发展百业之母,则津市百业之繁盛,当可预卜矣。

(《南开校友》第 2 号,1947 年 2 月 15 日)

欢迎张校长①

（1947 年 2 月 15 日）

南开对于中国，正如牛津、剑桥对于大不列颠，给国家的贡献和影响是同其重大的。不过在性格上有所不同：牛津、剑桥使新兴的岛屿帝国深含蓄了，而南开给这大陆古国一种新生的朝气。假使我们熟悉中国四十年来的奋斗史，我们会承认这并非过誉。

南开是张校长手自经营的，张校长实是南开精神的源泉。因此，我们对张校长有一种由衷的钦仰！

最近张校长道经上海时曾经兴奋的说："现在我们总算解除不平等条约，这是千载难逢的好机会，要赶快建国！要赶快建国！"从这几句话，可以想见这七十高龄的老人家的心境。张校长的精神是永不会衰老的，他的话使我们振奋，使我们感动！

久别故乡的老校长现在胜利归来了，看见他四十年惨淡经营的南开饱受敌寇的摧残，能不黯然伤心！但是请欢欣鼓舞吧——南开精神已经渗透全国，南开学校将更伟大辉煌，南开的命运和国运是一致的，好像原野上的草，一经劫火反而愈加茂盛！

（《南开校友》第 2 号，1947 年 2 月 15 日）

---

① 作者杜建时。

母校张校长返津感言[①]

（1947 年 2 月 15 日）

　　校长归来矣，以古稀老翁，夙疾霍然，胜利后重履故乡，再建南开，凡我校友，欢欣鼓舞，喜可知也。顾在我校长坚忍不拔之毅力视之，必曰，此亦寻常事，乌足言。然则"再为南开努力十五年"，并非豪语，乃自信信人之言，即南开精神之真谛也。

　　母校重光，敌寇能毁者，南开之物质，不能毁者，南开之精神，言果克践矣。举凡我南开校友，与夫爱护南开者，莫不额手相庆，宜也。然窃以为歌功颂德，或非我校长所乐闻，而瞻望复员后之母校，实有不能已于言者在。夫校舍之因陋就简，设备之残缺不完，经费之捉襟见肘，教授之待遇清苦，此固为当前之难关，处公私交困之今日，未易解决者也。惟心尤谓危者，则人事问题是。盖我母校自昔，即恒在艰苦奋斗之中，然能跻于全国诸大学府之林，毫无逊色，而有足称道者，端赖我南开苦干之精神，和衷共济，有以致之。校长归来，深庆领导有人，统筹全局，承丕绪于既往，开盛业于未来。此余于校长返津之日，不欲徒贡谀词，而窃愿我母校负责诸师长，群策群力，毋堕往誉，不负"有中国即有南开"之光荣及期许，跂足望之，馨香祷之也。

　　（《南开校友》第 2 号，1947 年 2 月 15 日）

---

　　① 作者胡仲文。

欢迎校长归国①

（1947 年 2 月 15 日）

校长因为健康的关系去美，现在已经病愈归国，过上海、南京，往重庆看战时成长起来的南开中学，不久又将去天津看战后复员的母校。校长在美时就念念不忘南开上海建校的计划，希望把南开实干、苦干、硬干的精神在江南滋生蔓长。回国以后，这一计划当更会进展的快早日实现，使我们欢迎校长的心，不仅像家人重聚的一团喜气，更觉着一种希望。

校长常常说他的从事教育是激于国家衰危，外族侵凌不已，想藉教育的努力来救国家。但更令我们敬佩校长，我们要为国家感激校长的是：校长的"公"和"能"的信念孕育了无数校友——甚至于同校长接近的人——的干的精神。细察全国校友，在这世风走向一种利禄、自私、短见无能的颓风中，多少校友不〈还〉在沉着的干，坚苦的干，促进国家的进步，民生的改善。而今后将有更多青年学生得机会受母校公能的训练，干的精神的培育，行将见母校精神以天津、重庆、上海为发扬基点，广被中国，其结果将带国家更快的进步，这是使我们感觉希望的原因。

今天，国家的灾难正深，民生也见困苦非常，但是校长说："国家的前途光明，有希望。"校长说："我还年青。"这使我们好像置身母校课室，感觉生命正长；这也像远方光明的召唤和激励，鼓起努力的信心。校长的精神和努力，真常常使我们感觉新生和向上。我们欢迎校长归国，真衷心祝祷校长健康永寿。

（《南开校友》第 2 号，1947 年 2 月 15 日）

---

① 作者查良鉴。

欢迎与致敬①

（1947 年 2 月 15 日）

张校长献身于教育事业垂四十余年，一贯到底，始终不懈，为国内有数之教育专家，已为识者所共认。张校长为何致力教育事业？曰，为救国。又为何致力于教育事业能成大功？一曰有识，二曰有志，三曰有恒。识者知之，知之为何？曰，知己知彼也。

校长之着眼处在世界，故知彼，为认识国际；因认识国际，故知己，为力图富强，提高国格。富强之道，途径正多，言人人殊。张校长教育途径，乃奠本培元之计，故自有清末叶迄至今日，矢志教育，未尝或驰，其一贯之精神，实非常人所能及。一考其因，又实为坚忍不拔之志所推动。有此坚志，畅所欲为，何事不成。有志节，有定向，定向既定，则必期走向目的地。其间程途，荆棘横生，障碍当前，又往往为裹足不前之因素。而我校长则以恒胜过。回忆民初受教时，每星期三第六时所谓之修身班，为一极珍贵之课堂。校长不惮烦劳，每以经营校事历程昭示学生，每以名人嘉言懿行励勉学生于丰采言语间，深知校长之有识、有志、有恒。并尝以中华民族不能比美先进国之民族为耻，更常言南开师生不畏难、不苟安，事之愈艰难者，愈顶愈干。又谓同是圆颅方趾，同此七尺之躯，人能为者，我亦能为之，为何自甘暴弃？凡聆校长之训者，无不有动于衷，有为于外，其施教之功绩，远在学科以外，而更在学科以上。所谓大区落墨，实欲就莘莘之学子，赞成有为之青年，献身于国家也。今试一寻其轨迹。

校长之办教育，约为二期。自清末迄胜利前，为救国教育；胜利以后，

---

① 作者邹性初。

为建国教育。救国乃恐其亡，建国乃促其兴，出发点何等伟大，归宿点何等光明。校长爱护学校，情殷意笃。抗战前惨淡经营三十余年之南开，已有大、中、女、小四部，蔚然可观。初以日敌侵略野心已露端倪，校长洞知华北不安，于抗战前一年即移南中于渝市。其后则于炮火隆隆中，更迁大学于昆明。茹苦含辛，荏苒八年，以护此学府。去岁胜利降临，校长虽已七旬高龄，而心境犹如往昔，胜利后之第一学校纪念日，曾向全国校友播讲精神思想，弥可钦佩。各地桃李，听者动容，益发兴奋。试问年事已高而不自认为老者，能有几人？试问本应退休而仍愿歧力教育事业者，又能有几人？自古仅寿高者尊为人瑞，若校长者，则非仅寿高，且又业伟，可景仰者在此，可楷模者亦在此。

客岁胜利后，母校筹备复校，我津市校友热烈狂欢，急欲一瞻校长丰采，一聆校长训诲。无如校长以身体违和，由渝抵沪，自沪渡美，又一寒暑，始于去年圣诞前一周安然抵沪。今者校长莅津，主持复校大政，由物质方面观之，行将见我残垣断壁，设备荡然无存，已在因陋就简状况下复员之母校，渡过难关，踏上复兴建设之途。自精神方面论之，在津校友及在校同学又得同受教导。我校长之人生观，在以大智大勇有大为，今后吾国建设万端，校长别具只眼，自必有一适应时代之卓识，而亦自必有一切合实际之方策。

当此建设肇端之时，凡属国民，莫不关心国事，殊途同归，固有其是。然有先锋者之引领，成竹在胸，步伐齐一，事半功倍，成效实可期也。校长来津，今昔彼春风者，额手称庆，由于内心之仰望而发为外貌之欢迎。庸讵知仰望与欢迎，为吾侪自然之流露，岂仅此而已耶！必也乘此心弦振奋之际，对自身加以省察，对人群有所供献，追随校长之后，为奠基建国教育之石，多作工夫，非只吾侪同学之共鸣，实亦贤达人士所赞许也。

（《南开校友》第 2 号，1947 年 2 月 15 日）

民间的文化交流①

（1947 年 2 月 19 日）

古代以政治武功，开辟疆土，为文化传输的捷径。如希腊亚历山大，征服印度，但希腊主义也随之而消沉；拿破仑侵入莫斯科，而法国文化惨淡无颜色。可见欲以政治与武力，压迫他人的国土，毁灭他人的文物，结果自己国势一蹶不振，徒留些夸大狂的形式，以供后人凭吊而已。惟有民间的文化交流，民间的友情互助，可以把不同的种族界限打消，把国际误会解除。所以当初国际联盟，设了文化合作的机构，选各国的社会贤达，不代表其国家，用意就是使民间的友情互助，彼此认识，减少误会。不用政治力量，让文化交流，世界和平，才可希望进步。

现在联合国文化科学教育会议，变更从前的方法，各国派定代表参加，自然也能收到许多合作的效果，如设营养中心站，扫除文盲的识字运动，种种计划为人类谋福利。但彼此了解的力量，互助热诚，远不如民间的文化交流，来得直接而深切。欲帮助这种世界的合作运动，还是要社会贤达，学术专家，道高德重的人，出来主持，出来领导，人民与人民，才能团结得坚实。张伯苓从美国回来，满载了中国复兴的希望。有人问他将来作何事业，他表示除教育工作外，还要尽力中美文化协会。他恳切的说，民间的文化交流，比政治外交还重要。这种实在是有远见的卓识。世界将来，也许由这条光明的大道，走到和平的路上。真正的文化复兴，必定由各国民间合作，才能觅到公是公非。今日我们在经济混乱，学术荒芜的中国，除了普及教育发展工业之外，特别应注重民间的友情互助。

（《申报》，1947 年 2 月 19 日）

---

① 署名"华林"。

张伯苓与华美社[①]

（1947 年 3 月 1 日）

这一年来，有一位在抗战期中显赫一时的人物好像已被大家遗忘，直至最近他自美病愈归国，才又为人所注意，这位人物就是参政会副主席张伯苓。

张伯苓先生，提起他的大名，可说无人不知，尤其在教育界中，因为张先生一手创立南开中学和南开大学更是有口皆碑。记得在抗战末期时，参政会在重庆有几次大会，都由张先生代蒋主席担任主席，由于他那种文质彬彬和雍容博爱的风度，使会场上总存在着一种和谐空气，所以后来有人说："张伯苓干政治和他干教育一样，稳重，和平而有潜力。"这很可说明，张先生除开教育，就是在政治上，他也有相当超然的地位。

张先生的高龄，今天大概在七十岁上下，他的样子，很为一般人熟悉，高大魁梧，和阿拉伯人有点相像，而且，他生就一付黝黑的皮肤，说话沉重有力，看上去又有点甘地之风。他在重庆时，除参政会开会期间外，大多住在沙坪坝南开中学，那时他正患肠病，不大出来走动，有几次病危，都是南开学生为他输血，而且林故主席和蒋主席（那时还是委员长）也常来看他的病，因之，他的声望很高，红透了半边天。

胜利以后，张先生已出国治病去了，加以国内各党派纷争无已，他这个"和事佬"便更被遗忘。他在美国一方面因病，一方因无心政治，所以他没有一点活动。不过，知道的人都说，他还经常和国内各显要常通款曲。他的美国朋友很多，他自己也是个"唯美主义"，但有一点好处，是他只致力

---

① 署名"丁洪"。

于学术教育,不像其他那些人,热昏得以为外国月亮都比中国亮。

这里可以一说的,是张先生与华美协进社的关系。华美社的宗旨,表面上是沟通中美文化,主要的人物像胡适、司徒雷登和李铭等,都是中美教育界名流,他们实际上的目的,是促成中国自由派人士的团结进而谋改进国事,用意很深,而且有美国友人帮忙,所以势力发展得很快。

张先生在华美社与胡适等是中坚份子,他们的政治主张,不是积极的。就是说,在国民党政治下,徐谋民主政治的完成。在美国方面,还有一位名人也是华美社的支持者,那就是杂志大王鲁斯,他在纽约特别弄了一所房子,做华美社分社办事处。

最近,张先生回国以后,他就在致力于华美社的发展,上海方面的分社正在找房子,即可成立。听说张先生自己不甘寂寞,总会利用这个学术性的团体,再度迈进政治之门。大概不久以后,我们又可在报上看见这位老先生的大名了。办学校的人多了,以办学而踏入政治舞台像张伯苓者,在我国实很少有人能出其右。南开学校是张伯苓所手创,而南开已把张伯苓抬起来了;一度沉罪〈寂〉之后的张伯苓,所创的华美社的作用如何,且让我们拭目以观罢!

(《北极阁》第 4 期,1947 年 3 月 1 日)

张伯苓先生教育救国纪实①

（1947 年 3 月 19 日）

吾乡张伯苓先生，教化南渝，疗疾北美，驰飞京、沪、重庆，幡然北归，三津人士，举欣欣然有喜色而相告曰："南开校长张五先生返里矣。欢迎！欢迎！"不贤于欢迎声中，综记先生既往之建树，有似翠柏苍松，凌风知劲节，负雪见贞心，质诸国人，或无闲言。

斗瞻

伯苓先生原名寿春，以字行。天津人。生于清光绪二年（公元一八七六）丙子四月五日。幼岐嶷，五岁从太翁久庵公受四子书。公为名诸生，雅擅音乐，久困场屋，遂弃举子业，以授徒教子自娱。教授重启发，贵实践，深合教育原理。于公泽九题公像有句："功名蹭蹬老风尘，寄傲弦歌乐此身。置散投闲殊自得，读书有子不嫌贫。"

先生年十四，考入北洋水师学堂。时水师分驾驶、管轮两班，年幼而文理通顺者，入驾驶班，先生被派习驾驶，肄业五年，十试九冠其曹。以最优等第一毕业。时值甲午战败，无船，闲居一年。嗣派在通济船练习枪炮、鱼雷及驾驶。时国势不振，遂启外人觊觎之心。旅顺、大连、胶州湾、广州湾相继失去。英又藉口利益均沾，于光绪二十三年，强租我威海卫。威海卫中日战时，已为日本所据，至是交还我国，再移转英国。我派通济轮往接收，先生身临其境，亲睹国帜三易——先下日旗，后升国旗，隔一日，改悬英旗——痛心外侮，饱受刺激，遂有为国雪耻之志。在船三载，目睹清政窳

---

① 作者王斗瞻。

败,知海军不足以有为;又觉中国地大物博人众,而国势衰弱,受人侵略,原因即在无人才,欲救危亡,非造就新人才不可;欲造就新人才,非兴办新教育不可,遂慨然发"教育救国"之宏愿。于是离船。时戊戌政变。先生年二十三。

严公范孙,致仕家居,蓄意兴学,于是声应气求,延先生为家塾师。志同道合,时与林墨青、王寅皆诸公,终日讨论兴学事;庚子变作,津沽预知其非者,唯张、严、林、王,及陶仲明、陈奉周数公而已,但訾议横生,屡遭诽谤。而友朋倡导新学,莫不推重先生,时宋公则久,客居沪上,林公函告之曰:"新得一友,张君伯苓,颇有热肠,能持正气。家本寒素,此刻宁甘食苦,不就都统衙门翻译,盖贫而能守者也。"此言与于公题太翁像赞,足征乔梓甘苦,非阿谀标榜语也。

先生课徒,尤善启发,一经陶镕,虽十余龄童子,皆有游历外洋、为国宣劳之志略。王公奎章亦礼聘先生,以西学授其子弟。从此上午课严馆,下午课王馆。迨癸卯先生游日本,考察教育,参观博览会,并购理化仪器而归。知彼邦富强,实由教育,益觉救中国应从教育入手,"教育救国"之志益坚。光绪三十年甲辰秋,严馆改为敬业中学堂,招生七十余人。经费严、王两氏分担。中学既立,而苦乏师资,乃设立师范班,以严、王二馆年长学优者,陶孟和、时子周诸君充任师范生,半教半读,循序深造,终归成名。彼时英、算、理化、史地、体育诸科,则先生一人任之。先生领导运动,矫正积习,每用二椅,分置左右,梱上置竹竿,演习跳高,因设备不足,用心良苦。从此提倡体育,不遗余力,至今已成风气。每届全国运动会,或华北运动会开会,总裁判多由先生任之,每有争执,得先生一言而解。远东运动会或任总领队,或任会长。并组织中华业余运动会,公推任会长。近人知重注体育,实先生所倡始。

当小学渐兴时,通西学者少,先生时在文庙举行科学演讲,并为教师讲授数理,其地即严公创立崇化学会讲学处也。学会宗旨则在研究历代学术源流之得失,侧重从历史上以窥吾国民族之盛衰起伏,而寻民族日强之途径,一面从时间搜寻周秦以下政治经济之变迁发展资料,一面从空间探讨其影响各时代之结果,而目的则在为今日政治经济改革之参考。至今犹有先生讲学之流风。

敬业中学成立四载,从学日众,校舍逼仄不能容。郑公菊如(现任北洋大学教授)慨捐南开田地十亩,募建新舍,于[清光绪]三十三年秋,迁入新址,更校名为南开中学。先生办学主旨,在造就新人才,故侧重"人才教育"、"领袖教育"。训导方法,注意以下数点:

一、道德训练:先生鉴于民族精神颓靡,个人生活习惯不良,欲矫时弊。凡饮酒、赌博、冶游、吸烟、早婚等事,均悬为厉禁,犯者退学,决不宽假。在校门之侧,悬一大镜,镜旁镌箴词:"面必净,发必理,衣必整,纽必结;头容正,肩容平,胸容宽,背容直。气象:勿傲、勿暴、勿怠;颜色:宜和,宜静,宜庄。"俾诸生出入,知所儆戒。此与新生活运动所提倡者,若合符节。先生又于每星期三,在礼堂训话,名为"修身班",阐述行己处世之方,及求学爱国之道,语多警惕,学生多永矢服膺。

二、体格锻炼:国人身体衰弱,精神不振,端由于不注意体育所致。先生竭力提倡体育,先学校,后社会。谓学生在校有良好运动习惯,则出校定可为社会造成运动风气。故南开之体育设备,运动场地,力求完善;体育组织,运动比赛,力求普遍;以期个个学生均有坚强之体魄,及健全之精神。

三、科学实验:我国科学不发达,物质文明远不如人,故在校亟亟提倡科学,训练学生注重实验。购置理化仪器,开辟实验室,令诸生自己动手去做,藉以培养科学精神。美国哈佛大学校长 Dr.Eliot 参观南开,见中学有如此之设备,深为叹服!

四、团体组织:先生又鉴于国人团结力薄弱,涣散无组织,原因在不能合作,故常鼓励学生组织课外团体,练习作事。凡学生自动组织之学术研究、讲演、出版、话剧、音乐、体育等团体,莫不力予赞助,使学生多有参加活动之机会。

五、培养爱国实力:先生鉴于国势危急,自身复饱受刺激,故从事教育,目的在雪耻图存;其训导学生,则重在读书救国。关于国际形势,世界大事,及中国积弱之由,与夫所以救济之方,时对学生剀切训话,藉以灌输民族意识，及增强爱国观念。先生爱国主积极，重实践，认定学生在求学时代，必须充分准备救国能力；在服务时间，必须真切实行救国志愿。有爱国之心，兼有救国之力，此先生所期望于南开个个学生者也。

先生行事，重实践，不尚空谈；求前进，不喜保守。凡事，行前必计划周到，行时必认真执行，行后必切实检讨，每得一次经验，必多一次进步。平日常好以"干到底"，"顶到头"，"日新月异"，"不走近路"，"勿择阻力最小之路"诸语，勖勉生徒。先生事事能以身作则，遂养成南开朴厚苦干之特殊精神也。

先生又觉中学教育逐渐发达，而师资缺乏，不可不预为之计，乃又与北洋大学总教习王公少泉筹设师范班，河北女师学院齐璧亭，西北师范学院李湘宸，即当时之师范生。光绪三十四年，南开第一班毕业生梅贻琦、张彭春、李圣章、喻传鉴等三十二人，今皆分道扬镳，为国宣劳矣。是年先生代表直隶省参观美国渔业博览会，并考察新大陆教育。由美赴英，冬始返国。

清宣统三年，清华学校总办范公静生，聘先生为教务长，终以南开故，任职半年，辞职返津。民国成立，先生深为乐观，益奋"教育救国"之宏愿，连年添筹经费，购置新地，建筑校舍，学生由数十人增至五百人。厥后增设专门部，高等师范部，两次均以困难而停顿。先生深感办学之不易，乃于民国六年再渡美，入哥伦比亚大学师范学院，研究教育，并考察私立大学教育之组织及其发展，为重办大学之借镜。时先生年四十二矣。次年冬同严范孙、范静生、孙子文诸公游美归国，乃议设南开大学，由徐菊人诸氏之赞助，初建校舍于中学之南。于[民国]八年秋，招生百余人，设文、理、商三科。[民国]十年在南郊八里台，得地四百余亩，起建新校舍，江苏督军李秀山遗嘱，以家产四分之一，充南大基金，为立秀山堂以垂纪念。更得美国罗氏基金团及袁公述之之助，起建科学馆，颜曰思源堂。

先生知东北四省，矿产至富，而日人谋我至急，不可不谋抵制之方，于是有东北研究会之组织。先生身历东北各地，亲自考察，所至深受当地人士之欢迎，乃引起日人之注意；后复派南大何淬廉、蒋廷黻、张彭春、傅恩龄诸教授，组织东北视察团，对于东北经济，专作实际之调查与研究；并将重要材料,编为东北地理,以作中学之教本。于是南开学校,遂更受日本之嫉视。时民国十六年。次年,先生三次出国,考察教育,并为大学筹募经费,足迹遍英、美、日、法、瑞、意诸国,所至受彼邦人士及南开校友之热烈欢迎,精神愉快! 有如何耶! 更得卢公木斋捐建木斋图书馆,藏书三十万册,于是大学设备,更为充实。

大学本注重科学教育,但科学之终鹄,厥为利用厚生。先生知应用科学之重要,于民国二十一年,在理学院,添设化学工程及电机工程两系,于研究纯粹科学外,复趋向技术人才之养成。次年复设立化学研究所,目的在应工业界实际问题之咨询,藉以训练化学工业之专门人才。

大学经济研究所之成立,则在[民国]二十三年。先生办大学,一方面注意高深学理之研究,一方面注重实际问题之解决;[民国]十六年即有社会经济研究委员会之组织,并训练大学生作解决社会经济实际问题之准备。遵部章成立经济研究所,以何廉任所长,方显廷为研究主任。南大概况约略如此。

南开女中,乃先生应社会之需要,女学生之请求,成立于民国十二年,购地建舍,完备于[民国]十四年。

南开小学,动机于先生在美研究教育时,从学于哥伦比亚大学教授克伯屈。克氏对于小学教育,素有兴趣,先生亦颇受其影响。乃于[民国]十七年设立小学,聘克氏弟子阮芝仪博士,为实验导师,从事于设计教学法之实验。开办二载,来学日众,亟需建筑新舍,先生尝谓:"儿女众多,年年长大,个个当添新衣,虽疼爱幼儿,其如手头拮据何!"小学生乃联名致函大学、中学、女中各部同学,谓:"哥哥姊姊们都有轮奂的校舍,宽大的运动场,独我小学,则付缺如! 请哥哥姊姊们,帮同校长替我们设法。"各部学生读之,深受感动,每人自动认捐十元,于是小学生梦想宏大之校舍,越半年即告实现。

先生办学由中学、大学、女中、小学,相继成立,虽在时局混乱之中,各部仍多发展。校友某君,深佩先生创业精神,谓先生"实一拙笨之人。惟因拙笨,故不学聪明人投机取巧,而能脚踏实地,埋头苦干,成功一番事业。"先生引为知言。尝自谓："个人无奇才异能,其所以能不断努力,稍有成就者,实因对于教育有信心有兴趣耳。"深痛国人自私心太重,知识能力薄弱,欲砭此弊,乃揭橥"公""能"二字,为南开学校校训,训练学生有为公牺牲之精神,及为公服务之能力。又尝以"拉绳"(先令一年长力强之甲学生,将数绳之一端紧握在手,再令数学生分执各绳之一端。此数生如向不同之方向拉甲,甲可屹立不动;如改为同一之方向,则甲可立倒。)及"折茅"(先与学生茅一枚,令折之;后与茅一束,再令折之。)等实例,令学生于集会时表演,证明"聚则力强,散则力弱","分则易折,合则难摧"之原则,藉以加强学生对于"团结"及"合作"之观念。

民国十九年,先生为南大经费事,去南京。经孔公庸之介绍,第一次谒蒋主席,相谈甚欢,相见恨晚!先生识南北要人多矣!但胸襟豁达,无有如蒋先生者,遂以为领袖人民,挽救中国,非蒋公莫属。归后,约集天津报界友好,《大公报》张公季鸾,报告个人对于蒋主席之认识,及居京之感想。

次年"九一八"事变,全国震惊。天津学生发起爱国运动,南开实为之主。而日本海光寺兵营,正位于大学与中学之间,学生游行,必经过其地,大为日人所侧目。校门前悬挂"收复失土"旗帜,为日兵官用枪刺取下,寄归本国,认此为南开抗日证据。平日日兵操演,任意占据操场,甚或将机枪队开入校内,对准教室施放,如临大敌。南开师生深为国家痛,复为学校危,遂益坚为国宣劳之志。

中国初建空军,先生知空军对国防之重,航校招生,必鼓励南开学生多往投考;四子锡祜亦习空军,二十三年夏毕业。举行毕业典礼时,蒋校长亲临训话,先生代表家长致词,谓:"昔年岳母怵于外侮,勖子尽忠报国。今日外患甚于往昔,吾辈家长当效法岳母,毕业同学当追踪武穆;人人应以捍卫国家,抵御外侮为职志。"按航校设杭州,为岳墓所在地,故先生引岳母事以相勉云。

是年中学新礼堂完成,可容学生二千人。至是各部校舍及设备,逐渐充实。先生历年办学,时遭挫折,尝自比不倒翁,谓:"非不倒也,倒后能复起也。"连年为学校经费,向各方呼吁,虽时遭失败,从不灰心。谓"渔人网鱼,非每网必有鱼,但彼不因失空而弃网,终日勤劳,必有所获,最要者乃在自己有信心,有毅力耳。"

民国二十四年,先生六十诞辰。校友会及在校师生举行祝寿大会,先生莅场受贺,全校腾欢!校友及各部学生,复分在各部礼堂,表演、游艺话剧及国剧,以志庆祝。校友会为纪念南开学校三十周年,及先生六十寿辰,发起"三六奖学金"筹款运动,竟得六万九千元,几至超过所期之一倍。

是年先生被派为禁烟委员会委员,十一月赴重庆与会,得览川中名胜。川省号称天府,且为文化中心,前途发展,未可限量。川中南开学生甚多,所至备受欢迎!蓉、渝两地校友,希望南开在川设立分校。先生漫应之。次年自蜀归,知华北形势紧急,日人有随时发动之可能。果有变,南开必不保。即不然,亦仅能维持现状,难图发展。为谋南开教育之推广,遂有在川设立中学之意。乃命喻主任传鉴入川,视察计划,严伯符、宋挚民二君筹备建校。购地于沙坪坝,命名为南渝中学。蒋主席赞助捐款。十一月先生二次入川,值西安事变,全国震骇!先生素抱乐观,谓:"逢大凶化大吉。"乃电致西安痛陈利害。后主席果得脱险归京。

"七七"变起,平津沦陷!南开于七月二十九及三十两日,各部校舍首遭敌机轰炸焚毁。时先生适在京,以数十年惨淡经营之学校,毁于一旦,闻之滋痛!蒋主席谓:"南开为中国而牺牲,有中国即有南开。"力予劝慰。

爱子锡祜,为空军第三届毕业生,轰炸队员,战事初起,我国空军健儿,奋起抗敌,英勇作战,锡祜其一也。是年八月,在吉安奉命赴前线,中途失事,机坠人亡!人恐先生迭遭剧变不能自持。先生闻耗,默然久之,曰:"吾早以此子许国,今日之事,自在意中,求仁得仁,复何恸为!"

十月十七日,南开校庆纪念,先生托汉口《大公报》及中央社通电全国校友,谓:"教育救国,苓之夙志。此身未死,此志未泯。敌人所能毁者,南开之物质;敌人所不能毁者,南开之精神。极望全国南开校友纪念学校,本南开苦干之精神,为国家民族努力。……深信津校复兴,必能于最短期内实现也。"

徇校友会之请,将南渝中学,更名为重庆南开中学。因战区来渝学生纷请入学,学额增至一千六百人。

国民参政会成立,先生被选为参政员。大会于[民国]廿七年七月七日,在汉口举行第一次会议,先生当选为副议长,对于政府抗战国策,多所建树。在开会词中,先生力陈意志集中,力量集中之必要,谓:"中国现时在'难'与'险'中求生存。譬如船行川江,逆水行舟,可谓难矣!但拉纤之人,倘能一齐用力,朝着一个方向努力,定可达到彼岸。下行急湍,惊涛骇浪,可谓险矣!但舵主倘有经验,船客均能信任舵主,服从命令,亦必能同舟共济。现时中国之环境正是如此,必须全国统一,拥护政府,中国方有出路……"语重心长,闻者动容。

南开大学自被毁后,教育部即命与北京大学及清华大学合并,迁长沙,称临时大学。后复迁至昆明,改称西南联大。先生与蒋梦麟、梅贻琦二校长,共任常委。先生于一年中,由重庆数度飞昆,为联大筹划经费及校地等事。先生尝谓国人最大之通病,在不能合作,西南联大在战事结束前,必合作到底。以是三校同仁体先生之旨,凡事均能和衷共济,协力进行。故西南联大,在抗战时期,已成为国内外最负盛名之学府矣。

南开大学经济研究所,于[民国]二十八年九月在重庆恢复。以何淬廉任所长,方显廷为代理所长,陈序经为研究主任,招研究生十人,正式开始工作。

国民参政会议长汪精卫通敌,潜行离渝,一时谣诼纷然,人心摇动!蒋主席召参政员张君劢、左舜生、李璜及先生谈话,垂询抗战前途。末及先生,先生谓:"今日之事,在能战不能战。如能战,必抗战到底,义无反顾。"主席为之动容。

抗战四年时,前途尚难乐观。夏日炎热,天久不雨,旱象已成,加以滇缅路断,外交空气恶劣,警报频传,敌机滥施轰炸,先生平日最乐观,至是亦不免烦闷。忧时心切,[民国]二十九年七月竟患摄护腺肿大病,便道阻塞,尿血,颇觉痛苦,即赴中央医院,由泌尿科专家王历耕医师诊治,两星期出院。九月第二届参政会开会,用主席团制,先生被推为主席之一,力疾赴会,从未缺席。

是年八月二十二日，敌机以南开为目标，投落巨弹三十余枚，一部校舍或直接中弹，或震动被毁，损失颇巨，事后先生命人立即进行修建。有人询修后再炸奈何？先生谓："炸后再修。"是以是年敌机威胁虽重，而学校工作未尝因之停顿。

中国独立抗战数年，盟邦初未积极援我，而强寇日本则大量得到美国军火之供给，先生愁焉忧之！乃于是年一月对美播讲，申述四义：（一）中国为自由生存而战，准备一切牺牲，抗战到底；（二）日本如无国外之军火供给，对中国侵略之力量，必大为减少；（三）美国对于停止供给日本军火之任何工作，大有助于远东局势之安定，及全世界之和平；（四）美国对中国有传统之友谊，且爱好自由和主持正义，深信中国必能得到美国之积极援助。

先生因病，对于国事校事，感触多端！一日，召集干部同人谈话，谓："今夕谈话，与三十八年前，在天津召集干部同人谈话，情形相同。不过当时在座之人如华九先生午晴、严大先生约冲、严二先生慈约、严三先生约敏俱已殁□！而今晚则多是第二代之人。我个人一生从事教育，此志不渝，虽近因参政会事，和政治发生关系，但决不忘掉本身事业。近为病魔所扰，但自信体力甚强，不久必可恢复。国家前途光明，教育工作重要，希望大家为国为校，多多努力。"

先生专心"教育救国"，不问政治，但因政治紊乱，致所办之学校屡受内战影响。学生有从政者，亦多予鼓励。但谓："要做事，不要做官"而已。抗战后，累与蒋主席晤谈，深幸国事主持得人，谓："推翻满清，建立共和，是孙先生之功；统一中国，抵抗外侮，实蒋先生之力。而三民主义，体大思精，尤应彻底实施。今后国人，倘均能服从领袖，信仰主义，中国前途定放光明。"

先生前病未愈，又患肾盂炎，入医院四次。病中承蒋委员长挂念，两次亲临中央医院及沙坪坝寓所，视疾慰问。

第三届参政会，先生仍被选为参政员及主席团主席。

美国罗斯福总统私人代表威尔基，来华访问，参观南开，以在抗战后方,有如此大规模之中学,对先生深为钦佩!威氏回国后,著《天下一家》一书,对先生推崇备至。谓:"他气宇轩昂,有学者严肃沉思的风度,但又具有一种温爽的幽默感⋯⋯无论我们论到印度、战争,或是美国的大学,他的知识背景,和判断,在美国都是难以望其项背的。"

先生鉴于国势好转,精神倍觉兴奋!自言:"为国家,为南开,当再努力十二年,至八十岁再行退休。"并尝告在学校服务之老学生曰:"我未老,汝辈不得言老。"于[民国]三十二年举行校庆时,先生自述感想,谓:"南开之有今日,实诚不易,严馆开始时,学生仅五人,中学成立时,学生亦仅七十三人。经三十余年,惨淡经营,教职员同人齐心协力,学生逐年增加,设备逐年扩充,至抗战前,大学、中学、小学、研究所学生,几达三千人;而规模宏大,设备充实,在国人自办之私立学校中,尚不多觏。至重庆南开,创始于军兴之前,成长于抗战之中,规模设备,在后方中学中,亦称仅有。盖南开过去,无时不在奋斗中,亦无日不在发展中。南开学校如果算是成功的话,则一部南开史,实一部奋斗成功史也。"继又述自己工作,谓可分三个阶段:"自中学创始至大学成立,为第一阶段;大学成立至南开被毁,为第二阶段;今后尽其余年,致力于教育及建国工作,当为第三阶段。第一阶段,惨淡经营,致力于中学;第二阶段,竭尽心力,多为大学奔走;至计划复校,协助建国,则当为一生事业第三阶段中之主要工作。在第一阶段,学校创设伊始,规模虽小,费力实多。至第二阶段,学生日多,规模日宏,费力大成功亦大。今后到第三阶段,深信以同样之努力,定可得加倍之成功。"先生创办南开,目的即在救国。抗战八年,国家统一,国际地位日高,先生认为今后教育之主旨,应不在救国,而在建国。读蒋主席所著之《中国之命运》后,即招集同人商讨"建国教育"方案,并召开宪政座谈会。

[民国]三十三年,国民政府以先生终身从事教育,有功国家,于一月一日颁布明令,给予一等景星勋章,以示优异。去岁先生七十大庆,又值南开成立四十年,"四七奖助金"又过乎"三六"矣。

综录先生七十年之言行,不愧为当代第一流人物,岂止一乡一邑之荣。推原事业成功之因素,管窥约有数端:

一、幼承庭训，读书能得真义。先生之"先知先觉"，乃为夙慧，能以"先知觉后知，先觉觉后觉"者，亦先生之夙性。深明"士不可以不弘毅"之旨，故眼光放得宽广，作事强忍到底不懈。具有"知其不可而为之"之精神，故百折不回。更以"富贵不能淫"其心，"贫贱不能移"其节，"威武不能屈"其志，无怪乎其为大丈夫！读书而能切己体察，先生之谓也。

二、笃信基督。先生多与西人往还，对于基督教义，深有研究，壮年即受洗礼为基督徒，以宗教热诚，故肯牺牲个人，多为社会服务。

三、严公范孙引为同调。范公于己巳作古，先生时在美国，闻之深为哀恸，谓："严先生道德学问，万流共仰！个人追随颇久，深受其人格之陶冶；南开之有今日，严先生之力尤多。严公逝世，在个人失一同志，在学校失一导师，应尊严先生为校父。"校友募款建立范孙楼，并铸铜像，永垂不朽。严公贤哲，谦撝自抑，往岁赋诗有句曰："庠序莘莘人艳说，吾心功过未分明。"敢请伯苓先生易之曰："吾心功过始分明。"时至今日，则张先生所以报知己者，亦云尽矣。

四、王夫人贤内助。先生年二十，续室王夫人，当决心终身从事教育时，乃谓夫人曰："教育清苦事业，所入无多，当量入以为出，家中事悉以累汝。"夫人善体先生意，勤俭治家，从不以家用匮乏扰先生。先生因得专心教育，解内顾忧。先生尝谓："余一生事业，得助于夫人之处甚多，每遇困难，中心抑郁，夫人则以遭遇一次挫折，学校必多一次发展之语相勖，实予我以精神上之鼓励。"伉俪敬爱，人称之为"典型夫妇"。民国廿三年先生结缡四十年纪念，特集友好同仁夫妇茶会。席间先生演说，力劝受新教育女子，不可徒事享乐，专心骛外，并谓："贤妇人应规劝其夫致力于应做之事业，不可企图非分。男人倘得升官发财，第一看不顺眼的，就是太太。"语虽近谑，实含真理。

不贤识小，今于张先生凯旋归乡时，撮纪事实，藉作献辞。至于南开复员工作，黄子坚、喻传鉴、关键南、丁辅仁诸君，当有记述。抑更有望于吾南开校友者：当民国十五年，颜惠庆博士组阁，征先生为教育总长；翌年，奉军主持北方政局，任先生为天津市长；先生立志不做官，均辞弗就。故以"作大事,不要做大官"勉校友。所谓大事者,即认定某一桩建国事业,从头至尾,彻底做成功,便是大事。此亦国父所昭告于国人者。如既能做大官,更易办大事,万不可做官不办事;但办一事,必须着眼为民族为国家为社会谋福利。南开校友果能咸体此旨,则十年以后,重写"张校长建国事业"时,特标门人某也致力于某事,某也致力于某事,著录姓氏愈多!建国事业愈大!则南开校友愈光明磊落!南开精神愈充沛天壤!民族幸甚!国家幸甚!

丙戌岁杪,大雪呵冻写于斗室。

(《大公报》天津版,1947 年 3 月 19 日,23 日,27 日,30 日,4 月 2 日,6 日,9 日,13 日)

欢迎张伯苓先生①

（1947 年 3 月 19 日）

　　张伯苓先生从美国回来了。这次津沽久别的白发老人，又将时时出现于从南开到八里台子的大路上了。他给南开学校，给北方文化教育界，好像带来了无限的兴奋。伯苓先生二十六年夏天离开天津，"七七"事变以后，七月二十八日日本军队以残暴的手段，用飞机炸毁南开大学的时候，他在南京。后来抗战重心西移，又因为担任国民参政会副议长，亦就随着政府去武汉，转重庆。在抗战期间，一直就在重庆。前年抗战胜利，出国就医并考察教育。伯苓先生赴美进修或考察，这一次是第四次。第一次是在前清光绪三十三年；第二次是在民国六年，陪伴着南开学校的创始人严范孙先生一同去的；第三次是在民国十七年。最近出国的这一次是民国三十四年冬季。在这坚信教育救国而埋头办学的七二高龄的老教育家归来的时候，他的事业，是值得介绍的。

　　伯苓先生北洋水师学堂毕业，最初在天津西头文昌宫严范孙先生家中，设馆授徒，校舍讲室两间，学生数十；所教课程，由国文、史地到英、数、理化，概由一人担任。上体操课，时常拿一根鸡毛帚，放在两张凳子上，当跳高架子，教学生跳高。有时演出话剧，编剧、导演，甚至于主演的演员，也都由先生一人兼顾。教给学生会玩会编，一改书呆作风。

　　学校迁到了南开，学生越来越多，校舍、校址也越扩展越大，教学的方法，也愈进步。南开的教授法，重启发，不重硬灌输。

　　从前伯苓先生给学生上修身班的时候，常讲赛足球。他指出自私的，

---

　　① 作者王树勋。

独自带球建功的球员,对于团体的害处。更指出十一个球员的传球合作,注重团体,是胜利的不二法门。这个道理一般人士都懂,一旦用到实际的事情上去,可就又糊涂了。今天是有多少人正犯着不高兴传球的毛病呀!伯苓先生的赛球讲演,有些学生听了许多遍了,觉得有些厌烦,说道:"张校长,怎么总讲这一套?"先生喟然答道:"这是顶重要的,总讲大家还学不会呢!"

民国二十一年,日寇进犯长城各口,南开最先组织慰劳宣传队,喜峰口战斗开始,师生上前线担任运送救护工作。民国二十四年,中央军被强迫撤退到黄河以南,日本浪人在华北到处横行,日本军人时常真枪实弹的到南开来演习,而南开的反日工作暗中更形加紧。伯苓先生在万难之中苦撑危局,他一再向全校师生宣布:办学校是有原则的,学校宁可停办,学校行政和教学自由不能受威胁。这老先生像一棵狂风暴雨中的大树,坚定不摇的挺立着,这也就是"七七"事变后,南开首先遭到破坏的原因!抗战期间,伯苓先生将大学部与清华、北大联合起来在昆明开学,中学部、女中部合并到重庆南开分校。在战时南开的学生大都参加了抗战工作。

伯苓先生在战前月薪二百元,平时没有小汽车,每天坐胶皮(人力车)从中学去大学办公。抗战期间在重庆,过的是苦难的日子。前方战事节节失利,物价天天波动,敌机不断的日以继夜的轰炸,再加上重庆的迷雾,人们心里都不知如何是好,唯独伯苓先生对国家的前途乐观,鼓励大家努力。

在中国办一个私立学校,不容易,这种事业,社会上没有人愿意提倡。政府的辅助有限,支持一所大学,尤其困难。教授的待遇低了,就请不来;职员薪俸少了,干不长久;工人工资减了,就会停工。每逢月底发薪以前,就得为一回难。建房舍,添置图书仪器就更困难了。伯苓先生的确不易,一个人支持一个大学,南开的办事人员最讲求效率,拿一个钱,要当十个钱用。但效率再大,若开源无门,不也是没有办法吗!伯苓先生,将中学发展的达到了相当阶段后,为南大的确费尽心血,绞干了脑汁。最近南开大学改国立了,国立十年,待一切都恢复完整了,还要改成私立大学。伯苓先生虽然为南大的重担,压得头发都白了,但是他晓得私立学校的长处!

伯苓先生怀着愉快的心情，远游归来。南开学校正需要他重整旗鼓，复兴南开，扩大南开！全国教育界也正期待着他。

（《大公报》天津版，1947 年 3 月 19 日）

抢救教育,抢救青年①

——欢迎张伯苓先生

(1947 年 3 月 19 日)

南开校长张伯苓先生昨由渝莅平,定今日来津。张校长与天津人士一别十年,中更多故,今日归来,目睹南开重建,复兴在望,心情当甚愉快。我们特致欢迎之意,并愿趁机一论当前教育问题。

教育问题,广泛繁复,现只提出两点来说:

其一,中国教育正步步走入崎岖困顿的狭窄之路。经费奇窘,物质设备极缺,只此已足构成今日教育事业的致命伤。尤以在精神方面,学生苦闷,教师迷惘:此现象极可虑,且蕴含着不少危机。张校长尽瘁教育四十余年,最近聆其由美归来在京沪各地谈话,乐观情绪溢于言表。在这迷惘的时代,似乎正需要这种卓立不惑的精神。以张先生在今日的地位言,其北归使命,应不仅为复兴南开,而须着眼全局,在北方领导起以下两大工作:抢救教育,抢救青年。这工作,最庄严,最急迫,却也最令人困恼。今日智识青年所以普遍感觉苦闷,其中自然夹杂着一些浮躁幼稚而过于天真的成份;然而青年大群痛恶现实,憧憬光明,富有正义感和责任心,感觉敏而反应速,实为其苦闷的主要原因。所以要解除青年的苦闷,并领导他们走入独立思想、自由研究及笃实向学的正路,实在不是一桩简单的工作。空洞迂阔的腐论,武断的说教,在这里固然无用;而专事逃避现实,躲闪问题,自尤不足以让青年们心服。所以在这动荡的时代,许多办教育的人们,也正

① 《大公报》天津版社评。

因此而陷于迷惘。就大学说，当然须申纪律，重研究，让学生以谨严态度，勤劬治学。然而学生出了课堂，外界万象，刻刻在刺激他们，逼着他们思索，甚至逼着他们呼喊。他们没有老僧入定的功夫。而这就构成了现今所谓学生活动。对于这些学生活动，不论由任何角度看去，决不可以专断的态度加以干涉，亦绝不可拿循旧路读死书等已老得生锈的教训，给学生来个泰山压顶，以致学术思想自由因此窒息。在这里，惟有以恢宏气度和容忍精神，于活泼泼地自由环境中，领导青年走入探究真理的大道。这领导工作，自一种意义言，可说是文化战斗的工作，其领导者必须真有抱负理想，真能站在时代潮流的前面，能见其大，并看得远。这是抢救青年抢救教育的有效的步骤。各大学校长须负此责任，并愿以此属望于张校长。

其二，担负教育责任的人，不能忽视教育的创造性和革命性。教育是前进的。南开校训就是"日新月异，允公允能"。所谓日新月异，依其正常的诠释，是追求进步，不肯落伍。回溯四十年前，张伯苓先生以亲历甲午战役的热血青年，教授于西头文昌宫严馆，其教育方法及课程，都得风气之先，对旧式教育为一大革命。例如重视体育，究心科学，都是证明其大胆的创造精神，为那时死水般的社会放一异彩，终以造成后来南开的崇高的声誉。这种精神，绵延多年，遂使南开常在日新月异的程途中。本来时代迈进，社会蜕变，世界文化思潮，有如长江后浪推前浪，无瞬息的停滞。所以教育事业须刻刻去腐生新，而无取乎守成规，开倒车。稍存故步自封的念头，其所生恶果便将不忍想像。以此种观点领导今日青年，就可能如领水员陷入断潢绝港，或至覆舟灭顶。颇闻近年论者认为南开以时会艰难，稍趋保守，其言是否允当，见仁见智，未易遽下断语。然就一般而论，一种事业成长发展至相当阶段，往往创业的精神渐减少，而守成的姿态渐显露。此在学校，或亦有然。但是揆诸"日新月异"的校训，推本南开创立的历史，逢此时代，其负责干部必然没有自限自画之理。高瞻远瞩，及时迈进，以善尽领导青年的使命，是我们对于张校长及负责抢救青年的教育家们的殷切希望。

抗战初起，南开首遭摧毁，残破最甚，今张校长归来，整顿经营，自可逐渐恢复,继续光大。所以校友及一般社会公众,对于南开重建,自必加意扶植,俾得早日观成。事属当然,不待申论。

(《大公报》天津版,1947 年 3 月 19 日)

三、全面抗战胜利后天津南开大、中学校复校时期的张伯苓

欢迎张伯苓先生①

（1947 年 3 月 19 日）

天津南开大学校长张伯苓先生今日返抵津门矣。张校长远在清末即以教育救国自矢，艰苦备尝，而持志弥坚；诱惑滋多，然迄不动摇。风声所播，得道多助。南开发荣滋长于严氏私塾，由中学而大学而女中，以至小学。"七七"前夕，复能高瞻远瞩，创南渝于陪都，开抗战时期内地教育之先河。各校历年毕业生，为数不可胜计。服务社会，效忠国家，蔚成相当有力之一军。抗战胜利，国家得救，南开之功不可泯。"教育救国"，张校长有志竟成矣。

中国办新式教育盖亦有年，办学之人，多如江鲫。而张校长劳苦功高，南开独享盛名，殆非无因。中国教育之通象为衙门化，机械化。办学如作官，教书为钟点，学生学业则不外学分之总合。学校、教师、学生，三而三焉。学生修业期满，上焉者，学得一技之长，差堪仰事俯畜。下焉者，一纸文凭而已。南开则以学校为家庭，师生如父子。南开教育，非数学公式，国文修辞或历史地理。南开之教，简言之，学生毕生不能忘者是也。此不能忘之教育，亦即活的教育，长的教育，一生受用不尽之教育。记者行能至无似，亦曾添列张校长之门墙。今试执而问之曰：君所得于南开者为何？曰：非历史也，非数学也，非政治经济也。凡此种种，俱已与时寝忘之矣。然尚有未忘，永不能忘，且随时可以得力者在焉。斯乃南开之教育，亦吾以为真正之教育也。张校长者，即此教育之象征也。

犹忆，张校长尝语诸生曰：南开者，"难开"也；意谓经济困难，不易开

---

① 本文为《益世报》天津版社论。

也。校长继挥拳击案而厉声曰:天下无难事! 艰巨非异人任! 吾又屡于"修身班"聆校长之言曰:思之! 重思之! 难题定可迎刃而解。人有脑不用,鸡卵弗若也! 因卵犹可烹而食焉。张校长痛心国人不善组织,不能团结;特揭橥"聚则力强,散则力弱;分则易折,合则难摧"之理,并取干柴大小二束当众折之,诸生谛听而审视,相率领悟矣。凡此例证,无待缕举。此虽事理之常,初无深文奥义;然倘能于学龄体会、贯通,并从而实践之,于人生,于事业,其为用大矣。吾所谓长的教育,活的教育,不能忘的教育,殆指此也。南开之有今日,亦张校长及其同志,把握此平易近人之真理而不失,有以致之也。

四十年来,张校长为国家为社会,立不朽之功,建不世之业。今年逾古稀,归抵里门,谓宜退隐林园,颐养余年。惟举目四望,国难方殷。挽狂澜,扶颠危,贤者之责,义不容辞。诸如南开今后之复兴,门墙桃李之掖导,险恶时局之拯救;在在犹待此"天下之大老",奋其雷霆万钧之力也。兹值张校长万里归来,征尘甫卸;谨略志数语,藉表欢迎。

(《益世报》天津版,1947 年 3 月 19 日)

对张校长的三点希望①

（1947 年 3 月 19 日）

张伯苓先生原来是学海军的,甲午之役,他亲眼看见我国彼时的国旗降下,改升日寇的旭日旗;含着两泡清泪,从那时起,便咬紧牙关,立下宏愿,努力于雪耻建国的基本工作。回到天津来,承继了严范孙先生多年辛苦培植的教育事业,而加以发扬光大,由私塾而中学,由中学而大学。及至抗战军兴,惨淡经营的南开受敌人残暴炮火的摧毁,心爱的儿子为抗战而殉国;并不能消灭他勃勃的勇气,灼热的爱国心,仍旧鼓起老当益壮的精神,开辟沙坪坝,建设南渝,并积极领导参政会赞助抗建。胜利后他始能偷闲去美疗疾。此次海外归来,仆仆风尘,由京而渝,由渝而津,又要肩起复兴南开的重担。岂只南开同人,又岂止是天津卫的老乡,相信全国的人民都将向他表示欢迎和敬意。

张先生艰苦卓绝的精神与其崇高的人格,可谓誉之不足增益,毁之不能减损,何待阐述推重? 而且老先生回到天津,还怕好听的话听得不够? 爰本"惟善人能受善言"之旨,贡献三点意见:

（一）中国希望张校长的是什么? 张氏养了一年多的病,他的病是好了;中国的病却没有好。不特没有好,反而更加沉重。从边谈边打到谈谈打打,又由谈谈打打搞成现在专打不谈的局面,外国医生也就束手无策,表示另请高明。从胜利到目前的各种演变似乎只能告诉我们两个结论:其一,天助自助,中国人的事还得由中国人自己解决。中国人自己如不能解决,别人也许要集团的代为决定我们的命运。其二,不管任何一方的自我

---

① 本文为天津《益世报》社论。

催眠,事实摆在眼前:国既打不倒共,共亦拖不垮国;惟有民生疾苦却是真的。人民需要安定,社会要仗义直言的正论清议再无有甚于此时者矣。然而"学而优则仕"是中国的普遍思想。身在山林心在朝廷的情感支配了许多读书人的心理。因此,毫无私心的正论清议乃成为难能可贵的东西。大家都知道张校长是不要做官的,但是他个性偏向于维持传统。他有的是大公无私的素质,如能再发挥前进和用中精神,随时随地向各方面负责民生痛苦的人进攻;则固然不能在乱糟糟的局面下变腐朽为神奇,至少可以增强要求和平的主流而能早日□于民主大海。

(二)天津希望张校长的是什么?天津是中国的一点,举国都在水深火热之中,无论点也好,线也好,面也好,又岂能独异?当然有许多不能使人满意及有待更大更多努力的事。天津是张校长的老家,几十年来,他却从不干预他分〈份〉外的事,例如战前连天津市的教育行政,他都不作批评。然而以他的声望之隆,门生故旧之多,以及乡梓关怀之切,其言行举止,自为一般事业主持人所景仰尊崇。"我所最喜欢的不是好听的话,不是好看的计划,不是纸上美妙的辞句,而是具体的事实。"这应当是张校长所要说的话,也就是天津希望他说的话。张校长做事的作风是从不开空头支票的。犹忆第一次欧战后,他自美返国。彼时对于创办大学的计划,业已成竹在胸。但是在中学礼堂欢迎会中,他告诉同学对于大学不要希望过切,否则他将要求改欢迎会为欢送会,以免对不起大家的热诚。可是在短短的数年中,南开大学已依预定计划发荣滋长,到现在实已蔚然成林。中国的社会太虚伪了,我们需要张校长脚踏实地的态度。这种精神应当推广到天津的每一事业,每一角落。他有推广的责任。

(三)南开希望张校长的是什么?南开有南开的难题,想像难题之中,南大恐尤甚于南中。第一,目前青年的苦闷是普遍性的。社会让青年苦闷,学校想法让他们不苦闷。但针对着苦闷的环境,要有严肃的生活,刻苦的锻炼!否则必然流于疏放浮躁,非特跳不出当前的悲哀,反能增加将来更大的苦闷。这倒不能说不是学校当局的责任。第二,学校如粥厂,黄子坚先生已慨乎言之。目前教授所得,不如汽车司机,生活艰苦精神困顿。

设非忠贞自持之士,多已流窜他途。一般待遇,格于通章,无法改善,似宜酌增研究费,以资补助,始能维护善良师资,延揽新进也。第三,图书仪器,辗转迁徙,设备简陋,□□尤缺,其应充实,更何待言?南大不特应妥筹一部专款办理此事,且应倡先向外汇管理机关建议对于购买书籍仪器之外汇申请应有迅速优先之措施。再则津市不乏藏书丰富之缙绅世家,私人管理庋藏均有不便,张校长如能发起一图书集中保管运动,想必不乏赞助人士也。

(《益世报》天津版,1947 年 3 月 19 日)

张伯苓抵津盛况

（1947 年 3 月 20 日）

南开学校校长张伯苓氏，昨日正午由平搭特快车重返其一别十年之故乡与其一手缔造之学校。昨晨微雨，天气阴寒，而欢迎者自下午一时起即开始在东车站出现，陆续聚集达数千人之多，盛况为本市自复员以来所未有。除南大、南中、女中各部学生及出身南开在各界服务之校友外，张氏在津之友好，如张副市长子奇、时议长子周夫妇、郝遇林秘书长、梁子青秘书长、师管区李兆谟司令、警备司令部严家诰参谋长、中信局经理恽思、冀北电力公司顾敬曾、资源委员会津处马师亮、财政局长李金洲、新任新闻处长李大为、仁立公司经理朱继圣、东亚毛织厂经理宋棐卿、士绅雍剑秋以及电车公司、汽车公司各高级职员、煤商公会人员等，挤满月台，人数之多，无法一一记其名姓。南开学生及校友各执校旗，自天桥下望，但见一片紫白色，人声鼎沸中，"渤海之滨，白河之津……"之南开校歌，由各部学生时作混声之大齐唱，以作最后一次之预习。声势之盛，为过去所少见。

下车一幕

下午二时半，火车自远处薄雾中驶来，甫一出现，歌声、欢呼声与军号声立即爆发，同时南开校旗开始摇动。车入站后，歌声、号声戛然而止，此七十二岁高龄之老校长，由赴平迎接之黄秘书长子坚、陈教务长序经、伉乃如、张锡羊夫人，及自北站上车之杜市长，陪同扶持下车，立即被欢迎者包围，由女童军献花一束后，校友严仁颖在前引导，缓步前进。惟欢迎者拥挤不堪,有行不得也之叹。张氏左为张锡羊夫人,右为杜市长,尽力维护。

精神健旺

张氏下车后即脱帽向欢迎者还礼,露出其满头银丝,频频点首。面貌已较在后方时稍为清癯,惟精神健旺,一如战前。氏身着洋绸夹袍,青马褂,外罩青毛葛之夹大衣。手持牛角手杖,时在其黄色眼镜后,露出微笑。张氏仍操地道之天津话,正唐诗中所谓"乡音无改鬓毛摧〈衰〉",惟对诸校友仍能一一记忆,每见一老校友,便笑着说:"你也来了?"

挤出车站

为便于摄影者之拍照,张氏曾稍一停顿,致前拥后挤,层层围住,缓缓前行,过天桥后,已是走投无路,再行向后转,杜市长趋前,排开群众,乃得踏上桥板。在行进中,四周"张校长万岁!""南开万岁!"之口号,此起彼和,呼应不停。下桥,由贵宾室之小门出站,在紊乱情形下,竟将门上玻璃挤破一块。张氏出站后,即搭车赴南大休息。

老当益壮

到达南大后,赴东百树村四十二号小憩,往访者多不得其门而入。惟杜市长等均未离去,群集优乃如氏宿舍闲谈。忽有差役传报,"张校长已经离开宿舍,向胜利楼去了!"于是杜市长、陈教务长等又跟踪而去。张氏在楼内巡视后,至大门外遥望芝琴楼,更欲赴木斋图书馆旧址。经众人的拦阻,遂回校长办公室,旋在会客厅中,会晤各校友暨新闻记者,发表谈话加略称:

张氏谈话

四十九年前因感于帝国主义之压迫,而决心从事教育。初与严范孙先生办学,学生不过五人,今日南开学生已不可胜计。中国经此次抗战,不平等条约终获解除,此即为余数十年前办学之目的。试想津市一地以前即有八国租界之多,经第一次世界大战,仅收回俄、德、奥三租界。战前由南开大学至南开中学,尚须经过海光寺日军营,感触殊难尽述。醉生梦死者,或不感租界之不平等,唯有心为国者,深知所受压迫,亦得知不平等条约解除之快乐。余并深信中国前途极为光明,盖中国人有智慧,能吃苦,并具有老文化,此老文化与各国较,各有短长,我人决不能丢弃。至此次抗战,大家当均知系赖何人所领导,蒋主席之伟大,我人今日或尚不能完全认识,然若干年后必可益见其崇伟。马歇尔使华最可宝贵者,即其已获认识蒋主席。返国后出任国务卿,尤属恰当。至今日世界犹未至完全遵守公理之时期,故武力并非完全坏的东西,而在善于运用,如美国即具有最强大武力,然不以侵略为目的,是以有益于维持世界和平。就国内言,政府亦拥有优势武力,然并未随意使用武力,故相信国内问题亦总可获得解决。总之,中国前途极为光明,惟大家[毋]自暴自弃,努力为之,只要一切安定,基础稳固,中国之发展定可一日千里。

张氏之乐观精神有为青年人所不及者。据悉,张氏在津将有相当时间之逗留,参政会召开时仍将去京。

(《大公报》天津版,1947 年 3 月 20 日)

南开在津各校友昨盛大欢迎张伯苓

（1947 年 3 月 24 日）

南开学校在津校友昨（二十三日）假南开中学举行欢迎张伯苓校长返津大会。聚餐会定于中午十二时在范孙楼举行，校友丁辅仁、杨坚白、杨肖彭、姒南笙、严仁颖、孙家玉、胡仲文、陈靖宇、冯紫墀、顾敬曾，及校友眷属等千余人均提前到校。将近十二时，张校长由杜建时、阎子亨、陈序经、黄子坚、张锡羊等陪同莅临，全体校友均鹄立校门迎候，于张下车后，即鼓掌欢迎，旋即合摄一影。稍作休息后，即开始聚餐。所食者虽为节约餐（六菜一汤），然量极丰富，味亦特别鲜美，且千余校友平日甚难聚首一堂，此日因欢迎老校长而得会晤，其热烈之情况为十年来所仅有。

师生且吃且谈，其乐融融。餐毕，下午一时半在瑞廷大礼堂举行欢迎游艺大会，由阎子亨主席，并作致词，对张校长此次重返故土，感觉无限欣幸，认为不仅予各校友以重亲老校长之机会，且为社会各界带来足资效法之楷模。

继由杜建时代表全体校友致欢迎词，略谓："九年以前学校被毁，迫迁陪都。八年抗战中，无论国内外前后方校友，无不有抗战胜利学校光复校长回津之愿望，如今皆逐一实现，吾人无不欣悦。年前校长出国疗病，津市同学无时不在关怀之中，今见海外归来，健硕如昔，精神尤胜青年，并且告诉大家国家前途有无限光明。我们从校长处得到指示，且师生重聚一堂，内心充满欢愉。相信这种欢喜，在校长领导之下，必绵亘无疆。"辞毕，并领导全体高呼口号：

（一）服从校长领导；

（二）发扬南开精神；

（三）有中国方有南开；

（四）南开可以建设中国；

（五）南开万岁；

（六）张校长万岁。

继由张伯苓训词，略谓："八年来在后方在国外，见到各地各业，无不有南开校友，皆能牢守岗位，力行其责，衷心至为欣慰，深觉数十年来心血尚未付诸东流。年前去美国疗病，见科学发达，样样机械化，回来以后，觉得我国亦非不能，只为不安定所阻。然我们不必忧虑一切，皆须往好处着想，往好处力行。如今国家在主席领导下，走向建国大道，要将几千年来的旧生活改变为新生活，将历来的君主政制改为民主政治。惟凡此皆非容易，必须大家要具有充分的忍耐，丰富的学识。南开校训'公''能'两字之要义，即在于此。希望大家振作精神，迎向新时代。此次回到天津，最低愿望，要领导校友们往好处干，努力生产，努力建国。"张氏辞毕，情绪仍极兴奋，于掌声雷动中退席。

继即开始游艺节目。首由校友刘友洁、吴世彦、訾牧斋三人表演相声《数来宝》，词极新颖切实，极尽滑稽突梯之能事，全场为之捧腹。嗣由七旬高龄之校友朱作舟表演《跳武加官》，严仁颖夫妇表演《背板凳》，冯德华、沈希咏、卢毅仁、顾贤哲、陈跃洲等合演《得意缘》，訾学谦、王家齐、胡仲文、陈跃洲、刘仲鸣、李培基、赵德葆、孙传文、孟鑫武、张继生、郑继先、李伯冻等合演《龙凤呈祥》，均为精彩节目。最后为严仁颖表演草裙武。

游艺会于极度愉快融洽之空气中结束。张校长于游艺会中不时流露笑容，内心似有无限快慰，直至终场后始行离去。

（《益世报》天津版，1947 年 3 月 24 日）

张伯苓校长①

（1947 年 4 月 3 日）

清光绪二十一年，一个阴沉沉的上午，在山东威海卫港口里停着一条军舰，上面的人们都在熙熙攘攘，出出进进。忽然一声口令，全体集合，整队下船，肃立在一个旗杆旁边，一会儿就看见一面龙旗从旗杆顶上渐渐下降，下降，降，一直降到底下被卷起。突然军乐大作，歌声四起，英国的国旗随着这乐声一直上升，上升，升，升到紧顶上，展开在飘扬。这时中国海军队里有一个青年，黑堂堂的面孔，身长六尺儿，典型的彪形大汉，站起排来，出人头地。平素他本来极活泼，有说有笑，可是今天的情形与往日大不相同，他一声不响，脸的颜色，跟着那军乐声一阵青一阵紫。忽而注视那被卷起的龙旗，忽而目瞪那飘扬的英国旗子，他心里有无限的隐痛，无限的怒恨。他暗自下了决心："我今生必雪此耻！"这个青年大汉是谁？就是天津南开学校的张伯苓校长。

张伯苓今年已经是七十二岁的高龄。去年因为疗治宿疾，曾来美国，在纽约休养了一个时期，旧病霍然，于十一月中旬乘船返国。凡是近来看见过他的人，都会惊讶他的身体，精神和谈笑的风度，尤如当年在学校大礼堂一样，一口道地的天津话，有声有色，讲起来是那么一句一句的沉重有力，虽然有时候话一开头也许撇几句京腔。

他这一辈子始终干着一件事，那就是办南开学校。他自己常自谦地说："我并没有什么特别聪明，也没有高深的专长，今日这一点小小的成绩，完全因为我对于教育有坚深的信仰和浑厚的兴趣。"他开始在私塾教

---

① 作者范士奎。

五个小蒙童，以后年年发展，逐步扩充，到了民国二十一年，在天津的南开学校包括：大学部，研究院，男中部，女中部，小学部，总共学生的数目，已达三千人，但是在二十六年抗战一起，全部被日本轰炸的精光。

张校长是天津人，生于民国纪元前三十六年（公历一八七六年）四月五日。父亲是一个多才多艺的学者，但尚武，精通骑射，又笃好音乐，弹得一手好琵琶。性情豁达豪放，早年生活很优遇，后来家道中落，不得已乃以教书为生，张校长就降生在这个贫困的时候。他幼承家教，十三岁就考入天津北洋水师学堂。读了五年，以第一名毕业，那年他只有十八岁。就是那一年，正赶上甲午之战，中国败于日本，全部海军被毁。他等候了一年，才被派在一个军舰上实习，在那一个期间，有一件事给他的刺激最深，使他终身不能忘记，就因此他决定了他的终身事业。

中国在甲午战败之后，国势危急，各国除掉攘夺地盘，划分势力范围之外，还公开地讨论瓜分中国。山东的威海卫港，原被日本占据，后来退还中国，但又被英国强迫租去。他那条实习的军舰被派去办理这件"接""交"的任务。"我就在那条船上亲眼看见威海卫在两天之内换了三回旗子，"他说，"头一天刚把日本旗子降下，升上龙旗，第二天又把龙旗换了英国旗，我心里的难过和愤怒简直无法说出。经我深深思索之后，我发觉我们国家想图生存于今日之世界，必须兴办新教育，造就新人材，于是我决定此生献身教育，以救国家。"

那时候正是"戊戌变政"以后，许多维新人物被迫的死走逃亡。天津有一位学者严范孙先生，作过多年官，他的思想很开明很前进，那次也告退回家。他认为自己的新学识不够，于是就聘刚从军舰退职下来的伯苓先生为他的家庭教师，教他自己和朋友们的小孩，注重西洋学问。一共有五个小学生，名为"严馆"，这就是伯苓先生教育事业的开始，那年他二十二岁。三年之后，又有一位王益孙先生也聘请伯苓先生每天下午去教书，是称"王馆"。

伯苓先生长于教授法，对于英文，算学和其他基本的科学功课，讲的非常清楚透彻，很能引起学生的兴趣，并且想出许多比方叫学生容易了解。

他非常注重体育,教学生器械操,又常同学生一起作户外运动,骑自行车,跳高,跳远和足球,他都领着学生一块儿干。他这种活动精神,打破前例,但是给中国近代民主自由文艺的教育,打开一条路子,并立下一个基础。

民国纪元前八年,严范孙先生和张校长连袂往日本考察教育,对于日本教育的突飞猛进印象极深,回国之后,就把严王二馆合并又加以扩充,改为中学,第二年乃正式改名为"私立第一中学堂",这就是南开学校的前身。占用严宅一部分房子,乃开学授课。共有学生七十三人,教师四位,每月经费二百两银子,严、王两家各担负一半,为了推动新式教育,同时又开办师范班,造就师资人才。

又二年之后,有人在天津城南捐赠学校十二亩地,于是更向各方面募款,在那块新地上建造校舍,翌年(公历一九○七年)学校迁到那地方上课,改名为"私立南开中学堂"。将来中国教育史上,"南开"之名即自彼时起。("开"者,天津语,指城外之窪地,"南开"者,天津城南之开窪地方也。)

南开学校在以后的三十年,无时不在发展,扩充,前进中,那正是张校长精神的表现。中学的基础已渐稳固之后,张校长为了造就高深人才,以及吸取西方的民主与自由文艺思想起见,决定办一个大学。他试了几次,都不成功;然而他并不恢心,仍是勇往迈进。一面筹措经费,一面自己到美国哥伦比亚大学教育学院来深造,并且物色教授。

后来,到底在民国八年暑期,大学正式成立了。初设文,理,商三科,第二年夏,又添设矿科,民国二十年成立经济研究所,二十一年成立化学研究所。

大学究不比中学易办,教授,书籍,仪器等等设备,所需经费甚大,开办了没有两年,天天在经济困难中挣扎奋斗,正在濒于危急的时候,幸得江西将军李纯遗嘱(在任上自杀)捐赠南开大学五十万元作为经费,于是大学的初步难关过去了。以后的扩充不是由政府补助,就是陆续由各方面捐赠来的。

民国十二年添办女子中学,十七年又加了一所实验教育法的小学,到民国二十一年南开学校上至研究院，下至小学应有尽有了！

南开之有今日，完全是张校长的领导，和伟大的魄力与识见所致。南开是一个私立学校，经费多半靠社会人士及团体的捐赠和补助，因此筹划财政和向各方面募款，就成为张校长主要工作之一。学校的经济常常发生困难，甚且有时到了恐慌的程度，但是他从不发愁，而且常说："南开难开，我非开不可；越难（南）开，我越要开。"记得大学的科学馆——思源堂——的建筑设备等费，先在美国罗氏基金团捐到一半的款子，那一半丝毫还没有着落，他就设计招标开工，后来包工的款几乎无法应付，但是终归有办法，得到一位袁先生捐了那一半的大多数，又设法由学校东挪西凑，补足尾款，到底把这所巍巍的大楼完成了。战前那是全国数一数二的科学馆，理化设备相当完善，特别是算学系的仪器和参考资料，全国尚少有第二份。

远在"九一八"以前四年，张校长早已看出日本的野心，民国十六年他亲赴东北各地视察，归来即在大学成立东北问题研究会，并且派教授们也去实地调查，常常举行东北问题演讲会。发行刊物，唤起国人之注意。果有"九一八"事变发生！又两年之后，日本渐渐侵入平津区，南开大学与中学之间，隔着一个日本兵营，那是日本侵略华北的司令部。日兵常常布放电网，阻断大学中学的联系，又常藉故去大学里面巡视，但张校长照旧每天坐着洋车，往来大学中学办公，从不间断。虽然日本那样张动声势，华北各学〔校〕的爱国运动如火如荼，民众大会就在南开中学操场举行，南开学生每次都是率先参加，因此遭了日本的忌恨，所以民国二十六年七月二十九和三十两天，平津刚一陷落，南开学校就被日本轰炸和烧毁，全部夷为平地！那时张校长正在南京，消息传来，蒋主席向他说："南开是为国家而牺牲，有中国即有南开。"

南开学校被毁不久，张校长的四子锡祜在江西接到命令，驾着轰炸机赴前线杀敌，不幸因雾触山殉难。锡祜是杭州航空学校第三班的毕业生，张校长听到他的四子殉难消息，他一点也没难过，他说："我已经把他献给国家，他已经完成他的任务。"

张校长已经料到日本侵略华北时，南开难以幸免，廿五年即在重庆办了一个分校,初名南渝中学,二十七年改称重庆南开中学。

南开大学战时和清华大学、北京大学同在昆明合并上课,称为"国立西南联合大学",经费由教育部发给。

南开经济研究所二十八年在重庆南开中学内恢复,继续招收研究生,并照旧发行刊物。对于战时的物价研究,有特殊贡献。二十九年小学也开了,还添了一班幼稚园。那两年重庆正是被日本轰炸最厉害的时候,校内也落了不少炸弹,建筑有损坏,但立刻修复,从未伤过一个人,并且没有因为日本的轰炸停过一天课。

张校长是一个爱国志士,自然很关心国家的政治,但是政府几次要他出来担任教育部长,或天津市长,他都婉言辞谢,因为他要全副精力来办南开的教育。然而自抗战军兴一直到今天,他始终襄赞中枢政务。初为参政会副议长,后为参政会主席团之一,因为他坚信这是民主议会制度的一个试验,所以他除了有几次因为身体不适未能到会之外,他从来不缺席。

张校长因鉴于中国人的身体文弱,极力提倡体育,尤其注意体育的道德,运动上的仁侠精神(Sportsmanship),因此华北,全国和远东运动会大会的总裁判,一向由他担任。他很喜欢看运动比赛,他常说:"不但一个喜欢运动的人,会时常高兴,就是爱看运动的人,也容易乐观。你看那些在场看运动的人,有一个板着面孔的吗?"又说:"常看运动会使你觉着年轻。"这是他的体育哲学。

团体活动与合作,这又是中国人的短处。他在南开学校极力提倡学生课外组织与活动,每个学生必得参加一样,如演剧,出版,演讲,辩论自治会等,他常在礼堂给学生作表演:他一手拿着五条绳子,叫五个学生每人牵一条,用力向五个方向拉,一点也拉他不动,后来他又叫这五个学生望一个方向拉,话尤未了,张校长已被拉的随着走了。这个透彻动人的表演,深深印入每一个南开的学生心中。

还有中国人的大病是"自私",这是张校长一生所最痛恨的,无论公开演讲,或是个人谈话,把这个"私"字,攻击得体无完肤,因此南开的校训是"公""能"二字。张校长一生办南开就是大公无私,清苦自守。南开教职员待遇,虽然比其他学校低,但是每个人都很高兴的在那教在那作,并且常常流露出来引以为荣的神气。

他认为一个人如果身体不好,必要发懒,结果不会多有精力去干公共团体的事,自顾尚且不暇,那还有余力顾人,因此只有想自己的私事,愈自私的人就愈容易发愁悲观,凡是发愁的人,有几个不是因为把自己的利益放在第一呢?

张校长如果到北平,有空时常去听听京戏,这是他惟一的嗜好。他说笑话,善于词令,每讲一故事,既合时机,又叫人捧腹。张校长又是有威的,他的威是由"重"里而来的!

"南开的精神是干!"张校长在学校礼堂常常挥着拳头这样说,"遇见困难,必得干才能通,环境容易更要干,南开的精神,就是干,干,干!"

这次复员,南开大学继续国立,中学仍是私立。年前张校长返抵祖国,曾发表谈话:"我还年青,再干十五年。"此老雄心,令人钦敬!而且使人感到生命正长,更鼓励起来我们努力的信心!

本年四月五日是张校长七十二岁的诞辰,我们远在海外,无以为颂,谨遥祝他永远是个青年!

(《中美周报》第 231 期,1947 年 4 月 3 日)

三、全面抗战胜利后天津南开大、中学校复校时期的张伯苓

向张伯苓校长学习①

（1947 年 4 月 3 日）

我们办报的人，时时都渴望着有些令人快慰的事情，可以大书特书，有些出类拔萃的人物，可以大捧特捧。然而，倒霉的国运，自弃的人们，却偏偏不给我们这个机会！多少年来，我们所听到的，十之八九都是些祸国殃民的怪事，所见到的，十之八九都是些寡廉鲜耻的狂徒，迫得天天口诛笔伐，和一切黑暗势力奸徒败类作殊死战。虽说是报人的天职，无可旁贷，我们内心的难过，也就可想而知了。

无情的岁月，一天一天地消逝，转瞬间纽约又是春回大地。翻开日历一看，四月五日几个数字，浮现纸上，沉静的心情，突然掀起愉快的巨浪。因为这一天，就是我国大教育家南开校长张伯苓先生的七十二岁诞辰。他一生的奋斗历史，指示了民族自救的途径。他那伟大的人格，打动了无数青年的心弦。他是中国近代史上最值得大书特书的一个人物。这一天，散处在天涯海角的十数万南开校友，都热烈为张校长祝寿。我们很惭愧，不但没有什么礼物可以表示寸衷，而且要利用报人的特权，趁此机会揩一揩油，用张校长做题目，写篇社评，来消减多少年来，内心的难过。这是我们应该先向张校长致歉和致谢的。

我们知道，一件事业的成功，或是一种工作的完成，都不是偶然的，而是要依靠继续不断的努力的。仗一时的客气，很漂亮地呐喊几声，谁都是会的。但要沉住气不顾成败利钝地贯彻始终，却不是一件易事。古人所谓："慷慨赴死易，从容就义难"，就是这个道理。人是感情的动物，易受威

---

① 作者吴敬敷。

胁利诱,更喜迎新弃旧,对一件事业要贯彻始终,一定要具备好几个难能的条件:第一,是眼光远大,一着手就走上正轨,把毕生的精力都贡献给所经营的事业;第二,是意志坚决,受尽折磨而不后悔,或动摇;第三,是心如明镜,时时拂擦,不染尘埃。(此即孟子所谓不动心,乐道忘己,稳如泰山,不为俗念所激荡。)张校长最值得崇拜的地方,就是他那种贯彻始终的精神。我们中国现在所最需要的,也就是这种精神。平心而论,张校长的学问能力,并不见得比当代虚有其名的名流高明多少,但是那些更有学问更有能力的名流们,则大多因为太过聪明的缘故,今天干这种"事业",明天干那种"事业",老在"改行",没有一定的怀抱,风头固然出得十足,事业都没有一件办成,所以人们也就不把他们放在眼里了。惟独张校长则活像沙漠里面的一头骆驼,负着重担一步步向前迈进,绝未回头。他一口气在南开学校干了四十三年,现在仍继续干下去。由于他的不断前进,所以人们就都望尘莫及。

中国智识阶级的通病,在于好虚荣,不肯实事求是,一味希望做官,对于私人生活更不知检点。未得志的时候,个个都冒充学者,谈玄理,唱高调,一旦有官可做,就不惜向军阀叩头,竭尽谄媚之能事。做官之后,则贪污舞弊,吮吸民膏民髓以自肥。在这颓风之中,张校长的确是鹤立鸡群的一个。北京政府时代,有几次有人要拉他担任教育总长,他都毅然拒绝。国民政府定都南京以后,国民党要人对他都另眼看待,尤其是蒋主席对他更客气,屡次邀他担任要职,他并没有接纳。虽则他在抗战期间,曾被推为国民参政会的副议长,现在仍是国民参政会主席团七主席之一,但这只是代表人民对政府贡献意见而已,并不是做官。像他这样有大官可做偏不做,宁非一种奇迹。至于他的私生活,更是令人五体投地。他做了几十年校长,每月所支的薪金,刚好维持一家数口最简单的生活,从未添买过一寸地一间屋。他现在的住宅,还是先人遗传下来的几间平房。二十九年前,南开教职员因为屋子不够住,借款盖建"同仁里",大家都劝他想点办法,也在"同仁里"里面盖一所房子,他不为所动。他住在南开中学附近,离大学相当远。大学在八里台,离城八里,冬季风冷如刀,他每天坐洋车到大学办公,教职员都替他担心,屡次劝他购辆汽车,他并没有答应。一直到今天,这位名闻全国的大教育家,依然住平房,坐洋车,这岂是普通人所能做得到!

张校长不但是人格伟大,可做我们的模范,而且他还有一种办事的秘诀,一个救国的哲理,可给我们学习。他一生最吃便宜的地方,就是时时都渴望百尺竿头更进一步,对于经办的事业,务求继续扩张下去,永无止境。他常说:"假设赵子龙只记得当阳长坂坡的光荣战绩,那就失其所以为赵子龙了!"一点儿都不错,南开初创办时只是一个私塾,由私塾扩充为中学,再扩充为大学,添办女中,小学,几乎无日不在扩充之中。一直到今天,张校长仍未认为满足。他虽然已经达到七十二岁的高龄,他还拍着胸膛,说最少要再干十五年! 我们中国许多事业所以不能发达,就是因为大家都把握不住张校长这种办事的秘诀。

中国这样纷乱,愈是热心爱国的人,愈易感觉灰心。灰心的人愈多,中国当然愈无希望。张校长为什么对于教育事业干得这样起劲,不跟大家灰心呢? 那就是因为远在几十年前,他就发现一个救国哲理。他曾对东北的青年说:"无论国家怎样危险,只要你自己肯立志救国,拍拍胸膛,大声叱道:'不要怕,中国一定亡不了,有我呢!'中国就一定不怕。因为一人可以传十,十人可以传百,百人可以传千,只要你自己肯负担救国的重任,所有的同胞,也都跟着负担起来了。最可怕的,就是你指望我,我指望你,互相推诿,结果就无人起来救国。"的确,现在一般人的毛病,就在于口里说救国,心里则盼望别人去救国,不肯"以天下为己任"。张校长这个哲理,每一个有志的青年,都应该拿来做座右铭。

我们觉得很兴奋,在这醉生梦死的中国社会里面,竟产生了张校长这样伟大的人物,谁说中国真的无人! 谁说中国真的无希望! 不甘自弃的朋友们,让我们好好地跟张校长学习罢!

(《中美周报》第 231 期,1947 年 4 月 3 日)

老教育家：张伯苓华诞①

（1947 年 4 月 5 日）

提起了我国成立最早的私立大学南开，自然会想起老教育家张伯苓先生。今天，正是张先生的七二华诞。

从事教育四十余年的张先生，和南开可以说是分不开。今日的南开，也可以说是张先生观念与梦想的实现。因为南开以天津严、王两氏教馆为始，筚路蓝缕，惨淡经营以进至创办敬业中学，至扩充改称南开中学，以至大学的成立，都出自张先生之手，也未尝一日离过张先生。

以海军学校出身的张先生，于清光绪廿四年毕业于北洋水师学堂，名列最优等第一名，时年仅十九岁，旋即入海军提督丁汝昌所部服部〈务〉；那时绝不会有人想到张先生会开办了南开，就是张先生自己也大概未尝料到。但是甲午中日战争一役，我国准备了廿多年的海军，竟一败涂地，败于蕞尔小国的扶桑三岛日本。先生目击当时我国海军的幼稚、贫弱、腐败，深深悟到国家欲图强御侮，非从根本上作"人的改造"不可；便毅然决然放弃了学习多年的海军，献身百年树人的教育事业，今日的南开之由来，便在他这一转念之间。

清光绪廿四年，张先生回到故里天津，逢人便表示办学的决心。旋即与津严范孙相识，乃应严氏之聘，以数理化诸学科教严氏子侄，是为严馆。越三年又应邑绅王奎章之聘，教其子弟，定名王馆。因先生教授认真，诲人不倦，两氏亲族子弟均来就学，人数大增，原有二馆无法容纳。及光绪卅年先生与严范孙赴日考察教育，八月归国，深觉欲达教育救国之目的，必须有

---

① 署名"月禅"。

正式学校之组织，乃于九月创办敬业中学，旋改称私立第一中学，因为管教认真，学风淳朴，不数年即为北方模范中学，学生人数激增。光绪卅三年津绅郑菊如以南开水闸旁隙地十数亩捐助，另建新校舍，始改名为南开，以先生任校长。翌年南开第一班中学生毕业，其中有先生之弟张彭春及今日清华大学校长梅贻琦、李圣章、喻传鉴等人。那年秋天先生以直隶省代表资格，赴欧美考察教育，归国乃试办大学，以限于人力物力，二次试验均告失败。

民国六年先生再渡重洋，赴美入哥伦比亚大学师范学院专攻教育，并考察美国私立大学教育之组织及其发展。他的导师是杜威博士，先生常常被杜威"请"起来，讨论他办教育的实际经验。

在美二年，先生回国，决心一面扩充南开中学，一面与严范孙奔走南北，筹募经费，开办南开大学。民国八年秋，南开大学便在天津八里台正式成立，占地四百亩，招生百余人，设文理商三科，是为我国私立大学之始。

当时军阀政客跋扈横行，政治环境恶劣到极点，在他们心目中，教育事业顺我者生，逆我者死。然而先生不顾一切之阻挠，与乎低估先生者的讥诮，始终抱定"勤能补拙"的精神，孜孜不倦，从事工作。他说过："本人没有奇才异能，所以能够不断努力，稍有成就，无非因为对教育有信心，有兴趣！"于是天津八里台的房子便一幢一幢的多起来，从通都大邑，穷乡僻壤，慕名而来的学生也一个一个的多起来，这是他给艰难的环境与诋毁者最好的答复。

"九一八"事件发生，天津学生发动爱国运动，南开学生为领导，南开校门高悬"收复失土"的旗帜，与海光寺日本兵营，旗鼓相当，日本官兵为之侧目；日军乃用枪刺将"收复失土"的旗帜取下，寄回日本，作为南开抗日之证据。平时操演则任意占用学校操场，甚至将机枪[队]开入校内，对课堂施放。南开师生为国家痛，为学校危，益坚报国之志。先生忧国伤时，为未雨绸缪计，于民廿五年春派人赴渝，购妥沙坪坝校址，建校舍，招新生。是秋南开中学即告成立。

"七七"事变，平津陷落，南开校舍于七月廿九日及卅日，全部为敌机炸毁,当时先生适在京,晋谒主席面陈南开遭难详情,主席对先生劝慰有加,并谓:"南开为国而牺牲,有中国即有南开。"

抗战期间,先生被选为参政员,并任副议长,对于抗战国策,支持惟恐不力。其时南开与北京、清华两大学,则初迁长沙称临时大学;继迁昆明,改称西南联大,先生与蒋梦麟及梅贻琦二校长和衷共济,协力进行,使西南联大精诚合作,直至抗战胜利,成为国内最负盛誉的学府。

先生恒以公而忘私教学生,他自己也身体力行。他的学生对他很好,恐怕也就是先生那种对于教育事业锲而不舍,公而忘私的精神所感应。

今天是先生七十晋二华诞,想必已迁回天津故地的南开及各地的学生,与乎先生的亲友均将为这老先生庆。先生刻精神尚健,我国后生子弟今后三十年中想必能得先生之教益。

(《中央日报》,1947 年 4 月 5 日)

伯苓校长七秩晋二大庆忝献十六韵
用申嵩祝并先之以序①

（1947 年 4 月 5 日）

　　中华民国三十六年三月十九日校长还津。十年睽别，万里归来；馨欵重亲，康强犹昔。喁怀斯慰，群情愈炽。盖在津同人，望霓已越十载。乃胜利以来，濡滞多端，遂致文驾屡泥；既稽北归之期；而海外远游，更切东天之望。今兹玉体健复，归国莅津，四十同人，鼓舞欢欣，实如久蛰之逢春阳。而五百学子，高山久仰，幸入门墙，只以颜色未亲，盖觉情殷饥渴。今既亲承沐化，新蕾于以秀发。于是师生之情怀遂炽盛不可方物。而四月五日，更欣逢校长七十二诞降之辰；南岳峰高，屹峙齐云；北洋春溥，煦和遍野。南开校友，既彩戏为欢；中学师生，乃预日以祝。为表白热之情，六百人攒寿题名；欲抒赤炽之恫，十六韵赓歌致颂。诗曰：

尼父称有教，垂训三千祀。
蔚为国族魂，高风邈难俦。
惟我张夫子，一揆先圣迹。
四十九年前，奋起北海澨。
慨然释戎服，秉铎教多士。
忽忽四三年，高龄七十二。
桃李满天下，一一秀而实。
族弱由私愚，公能药时剂。

---

① 作者关健南。

南开真精神,夫子揭其谛。

吾党沐宗风,欣幸畴能似。

今逢诞降辰,群情欢无既。

师生六百人,祝嘏献芹意。

奉教循长规,永不渝此志。

必为干国材,决不中途馁。

为表恳挚怀,一一签名字。

同声颂康强,上寿百龄跻。

(《南开校友》第 3 期,1947 年 4 月 5 日)

我所认识的张伯苓校长[①]

（1947 年 4 月 5 日）

民国十二年的秋天在南开初中一年级读书，某一次的全体师生大会，是由张校长伯苓先生演讲训话，那是我第一次看见这位身体魁伟语调沉着校长的丰采，也是我首次听到那种一贯实际而不尚空谈的宝贵训诲。这样下去一直有六年光景，除去当中有一年他去欧美各国考察教育，离开了天津，差不多他每一次对学生的训话我全聆教过，至今思之，引为终身之一幸事。后来年级较高在初中三年级的时候，不记得由于一种什么特别机会，被校长认识了，于是更进一步得到多次的单独谈话，对我个人的家庭经济，指示颇详。那时的南中已有学生一千六百余人，能得到我这种机会的总不过百人。在校长的直接的领导下，我参加过"工作改革讨论会"，管理过"贩卖部"，创设过"消费合作社"，招进来"牛肉馆"，和其他的课外活动。后来在燕大求学的时期以及加入天津青年会服务以后，又有许多机会和这位教育实行家在一起，我对于他的认识是这个——

第一是为公——他永远为学校筹划，为国家着想，为民族打算。不自私，不爱财。有多少次对学生训话中，总是提到"咱们南开办教育乃是一民主义，就是拯救中华民族！"

第二是有恒——在三年前的沦陷期间，我曾一度去上海参加第二次举行的"沦陷区总干事大会"，一次是由颜骏人先生演讲，他曾提到我们张校长的成功，主要的是"有恒"。我们若翻开已往四十二年的南开校史，便可了解张校长的四十余年如一日百折不挠的精神！今日的成就决非偶然！

---

① 作者杨肖彭。

第三是进步——张校长永远对学校的现状不满足,总是在求改革找进步。他常说:"有人向我们要章程,但是南开的章程既经写出来已竟又成过去不适用了!"今日校训中的"日新月异"就是这种一贯精神的结晶。

第四是幽默——张校长的成功主要因素之一是他的快乐情绪,他从不悲观,很少发愁,更谈不到恐惧。军阀时代天津遭遇到几次的津变,他除了把女中同学和八里台的女生女眷暂时送到"租界"去避难外,他个人总是住在南中,同全体师生在一起。在学校四围枪声紧密的时候,他惦记学生惧怕,把大家聚到礼堂,用一种诚恳而幽默的语调来训话,使大家在一种紧张的环境里感到轻松而愉快!

第五是爱心——不曾有人当和校长谈话之后在精神上感到不愉快的,他是爱人以诚,不虚假讲实话。所以他能感动人。他的这种爱心扩大了,南开办教育是为拯救这个民族,所以他是真诚的爱国者。

第六是信仰——张校长是一位真诚的基督信徒。在患难中不悲观,在困苦中求进步!不给自己积攒钱财,而为别人教育子弟,为国家造就人才,这种舍己为人、牺牲服务的基督精神,是从他信仰中得来的。

我们今天欢迎他回故乡,我愿把这些怀念和感想追述出来。我祝他保持住这个健康的身体,正如他自己的应许:"再给南开干十五年!"我更盼十五年后的中国,真的列为"四强之一",那时校长退休的时候,我们可以开一个特别的庆祝会,庆祝南开在中国教育史上光辉灿烂的五十七年!

(《南开校友》第 3 号,1947 年 4 月 5 日)

欢迎校长返津纪实

（1947 年 4 月 5 日）

（一）由归国至抵平①

民国三十五年十二月十八日下午三时五十分,赴美就医霍然归国的张伯苓校长乘美轮斯丹荷特号安抵沪滨了。

这对校长的友好和南开校友及在校师生是一个多么富有刺激性的消息啊！尤其是在他一别十年的故乡——天津里,尤其是在他一手缔造,经八年摧毁光复甫及两载的天津南开校园里,谁不兴奋,谁不欢喜！以为校长康复了,归国了,十年阔别,驰思劳念,今日可得欣瞻慈颜了。那时,谁不在想,当见到校长时,怎样才能把十年想念之累释除,而向校长表示慰劳和自己的欢喜的热情呢！

二十八日,接到赴沪迎接校长的黄子坚先生来电说,校长缓期返津。

一月三日下午一时五十分校长乘凯旋号车由沪抵京,言下周赴渝,约两周后返津。

这两个消息,虽然给津中校友和在校师生一种恨未能立亲慈颜的怅惘,然而又幸不即临,得好好的预备一个欢迎会,这显然是一个矛盾,是热情在高潮时常有的现象。

一月十四日,校长飞渝。二十日喻传鉴先生抵津,带来一个使人兴奋的消息:校长决于二月五日飞平。

---

① 本文(一)、(二)部分作者关健南。

"二月五日"，好像不是日历中的一个日子，大家用一个什么样的心情期待着它的来临？说不出，像小孩子盼新年，不，小孩子过一年，是过一串平凡的日子，而且新年，年年有一个啊。"二月五日"，经过了十年，这多变幻的十年，这多艰苦的十年！现在热烈的盼这个日子，但希望不再有这样的十年，亦不愿再有这样的"二月五日"，这显然又是一个矛盾！可亦是人情中常有的心理状态。

谁知，人事多舛午，一月三十一日，沪渝班机宣布停航了。大家见面都相互惋惜的说：校长五号又不能来了！几时才能得见！

由校长回国，就盼望校长返津，盼到新年，盼到上学期终了，校长赴渝了。又盼寒假里来，所以同学们曾组织了一个通讯网，预备假中接到校长返津消息，可以发动十数人在三四小时之内，使中学全体师长同学都得到这喜讯。好容易盼到喻先生来，带来一个"二月五日"的行期，结果又成了空欢喜。

盼，盼，盼到第二学期亦开了学，喻先生亦飞返重庆了。这中间，整整的是两个月。

三月十六日，差不多又是一个月过去了。那天傍晚，中学接到喻先生的电报。大家猜想数字里一定藏了一个可喜的日期，其实这种猜想是从盼望中流出来，本来没有什么依据。顶到数字的谜底揭晓，一个年少的同学口里嚷着"校长十八日飞平"，隼也似的跑向宿舍去。

不出两分钟，这个喜讯已传遍校园了。这时，两个新闻组织和一个壁报社已经用斗大的字写好了快报，找我代他们公布。同学们都喜溢眉宇，殷勤的向旁人传递这消息，像是拿出一件珍贵的宝物向人眩示。

那天，恰恰是星期日，是校友来复返校日。午饭后，嬉笑着把为欢迎校长预备的一出戏，走了一遍，到接电报时，校友已陆续回家了。待中学把喜讯送到校友楼，主席阎校友可真着了急，因为校友会的决议，要常委全体连袂赴平迎接，主席忙着分别通知各常委执委，偏偏电话不灵，也许稳重镇静的阎主席，喜得不免手忙脚乱了。主席终于不辞辛劳的到中学办公室去打。游艺组决定自十八日起，赶夜响排三天，竟用校友楼的电话知会了一部演员,电话何尝出了毛病。

中学主任同时召集同仁筹划欢迎校长事宜,并决定由丁先生代中学赴平迎接。

十七日中午,除大学、中学两部代表及校友会常委连袂赴平外,还有赵德葆、王锡璋诸校友。王先生精于摄影,从胜利复校日,特意保存了三打胶卷——平津一带绝无仅有的,为的候校长北返,摄存几个珍贵的镜头。这次赴平,携了这像匣和胶片,他说,等这三打胶片都印存了历史性的记载后,这匣子可以暂存在历史博物馆了。

十八日校长乘机安抵北平,由抵平至返津一段,由校友会常委杨肖彭校友记录。我在这里只写校长莅津的一周间。

平津间的校长①

本来有多少校友准备在校长由渝飞平的日子先期结队赴平,参加欢迎。后来因受停航影响,一直没有确定日期。在校长两次来电的字里行间能使我们体会出两点指示:第一,复航以后要即刻北返;第二,除南开校友外不愿惊动社会人士举行大规模欢迎式。

三月十六日晚间得到了消息,校长飞平的行程是在十八日(星期三)。我们一方面兴高采烈的忙着各部门的欢迎方式,而每个人的心灵深处又在不约而同的为我们老校长默祷求上帝保护他"一路平安"!

一直跑了三四处买不到十七日十二点的车票,这使我这个购票"专员"感到不安。结果还是"走特路"买到了十七日下午三点半的三等车票,除了一两位坐不惯三等车的校友早有安排搭乘头等车外,我们这一群便也同样在下午六点准时到了前门车站。孟校友栋丞虽然也和我们同车而来,但是因他是北平校友而要尽"地主之谊",当然不反对的"扰"了他一顿庆林春,这和我们所拥护的阎主席的最近作风,迥乎不同!

---

① 本部分作者杨肖鹏,单成一文,登载于6月10日出版的《南开校友》第4号,为体现张伯苓校长由重庆返津的整个过程,由编者编排于此处。

十八日清晨由于电话的彼此传达，已经得到校长自渝起航的确息。在午后两点大家已塞满了金城银行的客厅，凡有汽车的校友，都要为大家"服"这一次"务"。一辆辆的马路小老虎，飞也似的驶出了西直门。真巧！当我们开入机场时，中航机已经安然着路〈陆〉。我向一位着直〈值〉服的职员问："这班机是从重庆来的吗？"他回答说："是"。呵！阔别了十年的老校长，果在机门启处首先和我们相见了！那正是民国三十六三月十八日下午三点，地点是在北平西郊机场。当时的秩序受了热烈情绪的激动，无法维持，人人都争先与校长握手，"要人"甚多，因免挂一漏万，恕不详记。

四点钟校长到了盐业银行，一部校友随伴而来，新闻记者先生们也来纷纷请求校长发表谈话，我们校长仍是那样精神灼灼的侃侃而谈，说明他那教育救国的真意义。

晚间我们又赴中山公园北平分会韩主席诵裳校友之宴，校长赴北大之约。晚间校长仅住在盐业银行楼上。

十九日的午前十一点半校长已经上了火车，站上欢迎的各界校友，往来如织，校长坐在车中不时的向大家握手示谢。路局方面为了代表政府招待这位有大贡献于国家的龙钟的老人，特别预备了十几个位子。我们有九人也愿利用在车上两小时半的时间和校长谈话，也逾格各出一万六千四百万元的头等代价。果然，在车中和校长接谈的都一一办到了。这不是在校长抵津复能够得到的好机会。

两点二十分抵总站，杜校友建时首先上来，这是一个聪明办法；不然，请看车抵东站的情形便不难想像了。以后的事情不在我的范围内，让别人写吧！

（二）莅津之一日

十八日下午，接到北平的电话，说："校长准于十九日乘十二时快车返津，我得着这信，立即回到训导处写布告，俾同学周知，以慰群情。我正在写，同学闻讯而至，把我围在核心，待我把布告写好，联合壁报社（专为采访发表校长返津一切动态的临时新闻组织）亦写妥了一张壁报交我来张贴了。我真惊异消息传布的迅速，真是"不翼而飞"了。

十九日上午，我们把全体同学编组了一个欢迎队，并分发合作社印制的欢迎校长圆形佩章，和为欢迎校长特制的纸质校旗。

那天，风很大，下着濛濛雨，土地湿软软的，微微有点泥泞。这峭厉的春寒，减不退同学们的热情，因为我没有听到一个同学问："下雨了，还去车站吗？"只看他们忙着早吃饭，忙着准备出发。气寒风峭，可雨却是春雨了，盼了一冬，风燥雪冻，挨了一冬，好容易才得到它，谁怨？只有欢喜，只有兴奋，还顾什么？

当时，我心里确实焦急，假如真的出发时，还是细雨霖霖，怎忍看同学淋个透湿，要拦阻同学，这一股热情的巨潮，正排山似的向前涌进，又如何阻住得了。

虽然一度商洽借车，但因用车太多，一时未得结果。幸而雨止了，地虽湿泞，风依然狂似的飘，风卷着土，掩了湿淋淋的雨地，走在上面，只是松软，不觉泞滑，这许是至"诚"感天吧！

十二时半，大队出发了。校旗领着大队，门旗随之——一幅紫色的横幔，嵌了六个白色的字，——欢迎校长返津，鼓号队奏着拍节，使得长近里许的五百余人的大队步伐齐一，后面是啦啦队，每人手持啦啦队旗，这是欢呼口号的领导者，各组主席单成大队的一节，这是同学谒见校长的代表团。大队依班次高低成三人纵队列在后面，一班自成一队。体育干事为队长，在队前领队，纪律干事服务干事各在本班两旁随行，是为护队。初中童子军，由团旗领导，大队依中队、小队编制，每个队长持队旗，每个童子军持军棍。这一个长的行列，凡所经过的地方，都驻足立观，识字的都说："这是南开……校长来了！"

车站上，中学和校友会都早早派人在那里，凡是欢迎校长去的，先签姓名，即发给欢迎校长圆章及手旗一个。从下午一时半，就有人到东车站，陆续聚集，总有数千人。

中学长队到站，鼓号齐作，有百数十校友都跑出站来看，人人脸上是一片喜色。同学们特别抖擞精神,把平夙的好样儿露给老前辈们,显示显示。

这时,站台上挤满了人,由天桥向下望,是一片汪洋的紫色的海冲过去,中学长队入了站,就像冲来一股巨流,分开紫色的海,一会儿,又汇为一片紫了。

本来,已向车站洽妥把候车室,做为来宾校友的坐息处所,可又有谁肯到屋里去静坐,谁又能安静的坐得住。风在刮着,象征站上欢迎者的心情,亦是不平静的,焦燥、兴奋、紧张,正在酿制一种欢喜的沸腾。在表面上,保持住一种安静,骨子里,却蓄藏迸发的力,正有所待而放,恰像狂风暴雨前的暂时的宁静。

中学长列越过天桥,沿着第三月台站定了,啦啦队出动了,分散在各队前领导啦啦。

路警入站了,分布开来,这无异乎通知大家说,"车快进站了,你们的校长就到了。"

这时,紫的海动荡了,流转,回旋,这是逾常的喜悦的抑制的不宁,现在再也抑制不住了。啦啦队欢呼起来。

"啦啦队,快啦啦,我们的校长就来啦!"

"啦啦队,一齐嚷,欢迎我们的老校长!"

欢呼,像海啸。紫色的海,被飓风掀成了汹涛成了高潮,冲激、澎湃,这动荡,蕴蓄着难比拟的"力"和白热化的"情"。

欢喜有笑,兴奋的叫,竟掩下牛吼般的火车汽笛声。

一万张脸,一齐转向西,都是一团喜色;眼睛,瞪得滚圆,强烈的光,露出内心盼望,殷切;翘着脚尖,引颈张口,活像呆痴。

一声牛吼,一团白烟,辘辘声被歌声压下去。

"渤海之滨……"由童子军队领起。

"白海之津……"由历年南开毕业生和在校同学开始表演大合唱,满沾〈站〉充溢"巍巍我南开精神"了。

车从远处薄雾中驶来,帽子摇荡,紫旗摇荡,歌声震荡,号声震荡,每个人的心都在鼓荡。

车停住了，旗子像紫色的潮卷到车的前列，一张欢笑的脸探出车窗，鬓发都白了，这是我们的老校长。

杜建时校友由北站登车，随到东站，同张锡羊夫人扶持校长下车，校长立即陷在紫色的热情的高潮里。中学的两个女童子军，马琳、马正，一般高，一般模样，一般服装，佩着一样紫色的长带，上书白色"欢迎"二字，手捧着一束鲜花献给校长。欢迎号声起了，啦啦队又在欢呼。校长默默地，只是笑，用笑答谢欢迎的热情。欢迎者只是喊，用喊表示见到校长依然健壮的快慰。

校长别了天津十年，天津没有进步，盼校长带来一种力，推着它前进；别了老校十年，老校未尽恢复，盼校长带来一种力，拖着它再长进；别了天津青年十年，大多数的青年仍挣扎在苦烦中，盼校长带来一种力，摧毁了青年的苦闷，得跻于教育的正途。他，是"力"的泉源，一切待着这"力"推进，发展。大家见到校长就如同十年摸索在黑暗里，突然见到了光明，都像飞蛾似扑了去。站上的人，像一个大的漩涡，流转着冲荡着。校长处在漩涡的核心，周围是几股流，转进，激退，回漩。我们的两个女童军卷在漩涡里，幸得关键南先生敏捷捞住，急速的掩身在铁轨立柱的后面，不然，在狂澜里就很有遭险的可能。

校长呢，由海怪在前排浪拨涛，由杜校友和锡羊夫人护着缓步前进。一度因应摄影者之请，稍一停步，潮又四面涌来，这一回可难为了海怪。

校长缓缓前进，欢呼不停歇的从四面起来：

"校长万岁！""南开万岁！"

此起彼和，此歇彼起，起伏应和，直送校长出了车站。

那天，到站欢迎的，总有万人，诚为十年来所未有的空前盛况。除大学、中学、女中各部全体学生和在津校友外，贵宾甚多，如张副市长子奇、时议长子周夫妇、郝秘书长遇林、梁秘书长子青、师管区李司令兆锁、警备司令部严参谋长家诰、中信局经理恽思、冀北电力公司经理顾敬曾、资源委员会津处马师亮、财政局长李金洲、新闻处李大为、仁立毛呢公司经理朱继圣、东亚毛织公司经理宋棐卿、士绅雍剑秋，以及电车公司汽车公司各高级职员,煤商公会人员等,实在无法一一记下名字,还有在车到站十数分钟前后入站的人,进了站,便卷进人潮里,在大海里,谁还能辨清一滴一点。

中学欢迎大队待宾客散去,才整队回校。这时,壁报板上,已有快报公布了:

"校长于即日二时半安返津门,由大学黄秘书长子坚和陈教务长序经陪同赴大学,即下榻东百树村四十二号。"

校长到大学,先在宿舍小憩,杜校友等都在伉乃如先生宿舍闲谈。好让校长多休息一会,以解劳倦。谁想到校工忽来传报,说"校长已经离开宿舍,到胜利楼去了。"于是杜校友、陈教务长又急忙追了去。校长的鬓发是老了,他的心志依然似年少。

校长巡视胜利楼一周,至门外遥望芝琴楼,更欲赴木斋图书馆旧址一看。在风沙狂飞的时候,应一日劳顿之后,刚刚迈进校园,他要去看一片瓦砾废墟,谁不了解他的心情,谁肯让他凭吊残迹,徒增感伤。经大家婉言劝阻,这才回到会客厅,会晤各校友和新闻记者,发表了一段谈话:

(略,见《张伯苓抵津盛况》之《张氏谈话》部分。)

(三)第一次返老校①

从十九[日]清晨,中学的校门,范孙楼和礼堂都悬旗结彩。前一天立起的灯柱,缠裹一层紫白相错着的纸皮,成为校色的花柱,今天装好电线,上好红绿色的灯,沿着电线缀系着彩花和万国旗。这花柱,分两股:一股直伸到复园廊下;一股北延至瑞廷礼堂。范孙楼门平台上高高立着一个校徽,楼窗悬着一幅紫色布幔,横排了六个白字,"欢迎校长返津"。这样的布置,和校庆大典一模一样。此外,增添的是触目即是红红绿绿的标语,墙垛上,墙背上,廊柱上,……长形的,方形的,校徽形的,……由书记联会征集来的词句并负责写妥了的:

"感谢校长再为南开努力十五年"

---

① 本文(三)、(四)部分作者杨坚白。

"我们要求校长再为南开服务三十年"

"有中国就有南开"

"有南开不愁建国"

"建国是南开教育目标"

"建国是南开学生的责任"

"发扬公能精神"

"服膺公能校训"

"欢迎老校长"

"祝校长健康"

"校长万岁，南开万岁，中华万岁"

"………………"

这些标语，是纪律干事会和服务干事会合作，提浆糊桶的，扛高凳的，执帚的，拿标语纸的………在十九[日]上午细雨濛濛中贴齐了的。

二十一日，从早晨就是大风大土，这是北方春光。秃秃的桠丫疯了似的摇呀摆着，仿佛要把浑身的力量都要在今天使出来。

校长今天要返还老校——中学，南开的根基，十点，丁先生到大学接校长。

这次校长北返，中宣部派摄影师随行，拍摄活动电影。今天上午在大学拍照，下午随到中学。

到中午，风更大，土亦更重，太阳的光被土霾隐蔽了。树摇动得更厉害，像中学校园每个人的心，对校长第一次的返校的信心动摇了。谁不怀了揣想，这样的风土天，校长会改日再来的。

一度，风倦了，阳光放出来，大家亦准备再一度一泻愉快之情。

下午上课钟响了，同学安静坐在讲堂里听讲。风小憩了一会又发狂起来了。忽然接到丁先生从大学来的电话，校长将要登车了。大学距中学不过五里，是汽车十分钟的路程。中学校园又紧张起来，树又使足了劲的在摇。

一声集合号，同学一班一班的由教室聚焦在操场上，仍排成欢迎队式。

一声口令，鼓号奏起，由校旗领导，直到校门外东南角的十字路口，校旗、鼓号队、啦啦队停在十字街头。向东直对通杨家花园的大道——远远可以望见校长从南大开来的汽车。同学的大队即列在门外大街两旁，成三人横队，东面一队，西面一队，面面相对，迤逦到校门。队趄向西，又是南面一队，北面一队，队〈对〉排入校门，直达范孙楼门前。整整齐齐，紧紧凑凑，列成一道胡同。

不到三分钟，一辆汽车由东飞来，停在门旗下面。张锡羊太太、张皋羽先生下了车，中宣部摄影师亦随来了，这是前站。他们说，校长已登车了。

隔了一两分钟，又一辆汽车飞驰过来，鼓号队队长舞起指挥棒，迎接号奏起。果然，白发老翁扶下车来，笑着向中学一二同仁握手，笑着向校旗颔首，缓步地笑着从队伍的狭巷走过，校歌歌声送校长进了校门——阔别十年，今天是踏进校园的第一步。这时，歌终，欢呼声起，这声音是热情的奔迸，像决壅洪流的澎湃。风更狂了，但吹不去校长脸上的笑容。

校长走上范孙楼阶，中学全体同仁迎了出来，校长笑着向大家道谢。这是一串有意义的镜头，都被摄影师收了去。

校长走进校长办公室，同仁陪了进去。同学组织的联合校闻社的记者三人，即随了走入，随时把校长的行动，谈话记下。他们是用文字摄取有声的镜头的。

这时，大队随了鼓号拍节，撤回，集在中楼前操场上，但把纵队变做横队了，全体成两列，高中在前，童子军列后，是为检阅队式。

各班主席由队出来，代表全体同学谒见校长，藉申欢迎的热情。由熊浦云代表致词，同时奉献出版干事会编辑的欢迎校长特刊，《四二校庆复校周年纪念专刊》，史地研究室主编的《国大与制宪》，和南星社出版的《欢迎校长特刊》，以为赞敬。校长笑着接过来，说，"你们的作品，我读过，都仔细的看过，成绩很好，你们的精神都很好。"

校长真是高兴，不顾风土，愿意做一个检阅，使每个同学都能见到校长，校长亦想看看每个同学。校长走过大队，同学一齐敬礼，敏捷、整肃、有力，摄影师把这严肃而富有热情的场面亦收入了镜头。

检阅过去，校长由中楼穿过，到瑞廷礼堂，校长说，"这礼堂比渝校还好！"

在礼堂后，思敏室的偏室，即校长的寝室。稍稍休息，出来到长廊，立在廊中，望了望花园，今名"复园"，表示南开复员，以志不忘。园的西南隅，新建一亭，楹髹丹，顶做校徽，命曰"公能"，表示南开精神健存。校长只是道好。风太大了，大家劝校长休息，这才返回中楼，顺便看看教务处、事务处、办公室，又到延宾室小憩，便回大学了。

中学师生筹备多日的欢迎校长返校大会，在校长临去时请示举行日期，校长允在二十二日到中学参加。

（四）欢迎日（一）

中学定三月二十二为欢迎校长返津日。

清晨六时许，体育干事会全班出动了，集在体育场，有的在体育场大门忙着悬国旗和门旗的，门旗是紫色布幔，上嵌"欢迎校长返校体育表演大会"。有的支司令帐，有的画白线，有的在忙着贴标语：

"有健康的身体，才能担负建国责任"

"建国教育，体育第一"

"健旺的精神，寓于健壮之身"

"矢志建国，须先锻炼身体"

"校长是体育界的导师"

"……………………"

八时，全体同学结队到南操场，表演大会开始了。秩序是这样：

一、升旗，二、绕场一周，三、主席致开会词，四、团体操，五、拔河，六、障碍自行车赛快，七、四足竞走，八、持蛋竞走，九、八百米接力竞赛，十、球赛：1.篮球，2.足球。

主席由体育干事沈尔铼担任，开会词先说明举行体育表演的意义，并表示欢迎校长返校的热恨，继举校长办教育重视体育和平时提倡体育的事实,以勉励同学注重身体的锻炼。最后,说明今天的表演,不是运动会,所以不要剑拔弩张的田径赛节目。径赛只有一个接力,虽是径赛,但非四人合作,不能取胜。今天的竞赛,不求成绩,只要喜欢。词毕,表演节目开始。

团体操由全体男女同学表演。正演着,大学侯洛荀先生,带大学同学五十余人来参观,并与中学同学举行联谊赛。

拔河是一场紧张的活动,上场的使足了劲争胜,不上场的亦暗中使劲,期望取胜。结果:高中组,高二二组取得冠军;初中组,初二二组独占鳌头;女中组,大姊输给了小妹妹。

临时动议:请大学同学与高中冠军做联谊赛,结果小弟弟赢了,由于老大哥太客气。

障碍自行车赛快,分三组举行,每组取二名:

优胜者:

第一组——(一)王志民,(二)曹瑞璋

第二组——(二)郭大兴,(二)李树仁

第三组——(一)贾德裕,(二)黄津成

(因时间紧促,未及举行决赛)

持蛋竞走,参加的人最踊跃,约四十余人之多,拟分八组预赛,结果赛到第五组,鸡蛋都破碎了,于是终止。

优胜者:

第一组——韩健民

第二组——刘宝霖

第三组——赵文拴

第四组——朱兴庆

第五组——张子勤

四足竞走,三人一组,中间一人的左腿和左边的那人的右腿扎在一起,右腿与右边那人的左腿绑在一起,成为一组,三人合作,同一目标,争取先达,这是有趣又有意义的游戏。

优胜者：

杨国裕	刘孝恒

初中——第一组:张光武　　　第二组:吴烈诩

　　　　　　周福泉　　　　　　　娄彦卓

　　　　　　刘西铃　　　　　　　于　铃

女中——第一组:董　蕙　　　第二组:李　岚

　　　　　　吴斯文　　　　　　　马　政

　　　　　　王　蓉　　　　　　　马　琳

　　　第三组:李惠娟　　　第四组:刘诚洁

　　　　　　董淑敏　　　　　　　刘好茗

这一项亦因时间迫促,未能举行决赛。

八百米接力——这一项:女中、男初中、男高中都有很多组参加,因为不使影响午餐,致延缓下午游艺会开会时间,所以只选高中四组表演。这四组里有兼代表学校参加天津运动会的选手在里面,表演时,预想一定能够紧张,使人振奋。果然,四组队员在枪声起时,同时举步,第一棒,二组领先,第二棒,突出更远,第三棒,一组前钻,这时四围呼声齐发,到第四棒,努力直追,距离眼看着缩短,到离终点不远,一组钻道一头,祝贺的声音爆炸似的起来,在欢呼中,大会闭幕了。①

（《南开校友》第 3 期,1947 年 4 月 5 日;第 4 期,6 月 10 日）

---

① 本文未完,余文未见刊载。

欢迎校长

——我们要发动奖学金运动[1]

（1947 年 4 月 5 日）

校长于本月十八日自美乘轮抵沪，在上海受到当地校友热烈欢迎，最近期间即可重返故乡，南开之能有今日，完全是张校长一手造成。校长先知先觉，远在"七七"以前已把南开的精神贯输到西南，日寇降服，校长荣归，重新回到八里台畔，天津的校友们伫候已久，都在筹备欢迎。饮水思源，有张校长才有南开，有南开才有校友，母校对于我们是太亲切了，盛大欢迎校长返津，是具有重大意义的。

校长终身致力教育事业，现以七十高龄仍在为南开努力，数十年的积劳，使他在胜利后不得不远渡重洋赴美疗治宿疾。天佑南开，校长痊愈归来，母校复员计划从此更将逐步积极实施。在欢迎校长的热烈情绪中，我们要认清校长致力教育的目标，要辨明中国教育眼前的处境，更要针对现实做一桩有意义的工作，把欢迎热诚永远记录下来。

中国由外战而内战，元气一时无法恢复，整个的国家在闹穷。政府迫于环境不自觉地陷教育于万劫不复之境，学校并非生利机构，自感捉襟见肘。固然战争是文化与教育的死对头，可是环境好坏事在人为，国家命运所系，绝不容我们因噎废食。如校长最近在沪所说："……现在我们总算解除不平等条约了，这真是我们千载难逢的好机会，要赶快建国，要赶快建国！"远在一年前政府已喊出"建国教育第一"的口号，不必讳言，现在的教

---

① 作者冯紫墀。

育并未搞好，我们总还记得在不久以前东北青年所发出的悲鸣："我愿变成野火烧掉一切！我愿变成洪水淹没一切！"这些不满现实的话，代表了现代青年胸中普遍的苦闷。我们更不会忘记，有多少纯洁善良智力在水准以上的青年，被摒于学校门外。谁无子女，能不痛心，是谁剥夺了他们的受教育权？是谁在摧残青年？不必报怨政府，报怨等于推诿，抢救教育是国民共同的责任，有力出力，有钱出钱，快把第二造就起来！

南开在张校长四十年一手主持之下，俨然是一个快乐家庭，校友爱护母校的热诚以及彼此间的亲切，是我们一向引以为荣的。校友足迹遍天下，随时随地可以得到相互的便利，奖励后学即是爱护母校，也就是加强南开团体的力量，我们绝不党同伐异，只是要使这个快乐家庭日渐繁荣。

校长已经明白告诉社会，十年后南开仍将改为私立，办法是每年递减教育部辅助费十分之一。国库奇窘，官立已感难乎为继，骤改私立，实不可能。校长所称十年以后恢复私立一说，是他重视南开团体，信任南开校友的果毅表现。的确，校友中不乏各界领袖，或出力或出钱，靠着本身力量复兴母校，诚是无上光荣！办学的目的教育——在普及教育，唯有普及教育，才能挽救中国。世界著名学府差不多都是靠私人捐款或教会补助，或许多企业家的创导和扶持，如果南开能由校友本身推动奖学金运动，藉以表达欢迎校长的热诚，惠及未来的校友，这够多么有意义！

笔者曾对母校四十三周纪念送过一点小礼物——一名奖学金，这次更预备由几个有关系的机构，一致来捐输，目的在抛砖引玉，引起全体校友的共鸣，当仁不让，集腋成裘，绝非风头主义。如果认为捐输是出风头，笔者则愿意大声疾呼，希望人人能出风头，因为风头出足，奖学金运动也就大功告成了。

对于这次奖学金运动，假定：（一）五十万元为一名额，捐输者自然是校友，或单独行动，或协同三五同学，或征集有关团体，均无不可。（二）利用欢迎校长时机全力推动。（三）由一个强有力的委员会来负责推进，先由天津分会发动，推展到全国。（四）另外再组织一个负责保管运营的机构。这只是一个刍议，详细办法尚待集思广益，希望各位校友各抒卓见，把它具体化,早日决定,争先捐输。最希望能在校长抵津之日,由校友会阎主席把一笔相当可观的奖学金献给母校。校友们!南开校史上最伟大、最动人的一幕在等待我们来扮演,不要落后!要争先!

　　以上绝不是笔者一人的意见,多数同学都有同样的呼声,笔者只是藉此机会说明多数同学们共同的意念。南开校友是有热血有力量的,群策群力,共同推进,成效既大!后果更属无穷!同学们!拿出你的力量来!

(《南开校友》第 3 期,1947 年 4 月 5 日)

欢迎校长

——我们要响应奖学金运动①

（1947 年 4 月 5 日）

从张校长苦心孤诣的创办了南开,每年便有多少青年带着新文化的气息和苦干的精神,从南开的大门陆续走入社会,形成一枝与腐化和黑暗势力相对抗的生力军,四十年来这枝生力军已经踏遍了这古国的疆土,渗入了旧社会的基层,对于中华民族的觉醒和复兴供给了很强大的动力。尤其是在从"九一八"事变到抗战胜利的一段长夜漫漫的时间,全国的军事,政治,经济,工商以至于学术各部门,都有南开同学在那里守着岗位为国家奋斗,对于最后胜利可谓有相当的贡献。张校长为挽救危亡而办教育,从以上的情形来看,可谓壮志已酬了。一般人在获得如此重大的成功之后,或将踌躇满志息影林泉了;但是张校长仍然栖栖惶惶的为学校奔驰南北,为学校鞠躬尽瘁。他老人家的确作到"不厌不倦"四个字,甚至于"不知老之将至"!

但是张校长的可敬之处还不止于此,这位老人家从来没有一得自足的态度,永远是前进的!在胜利之后,许多人都吐出一口气,觉得从此可以享一点福来补偿八年的损失了,而张校长立刻发觉国家需要建设,需要安定,且此后教育对于国家更加重要,所以大声疾呼的说:"要赶快建国! 要赶快建国!"我们从报纸上看见他的言论,如同当年恭聆训诲,仍然感觉那样充满了热情,充满了意志。然而流光如驶,张校长已经是白发苍颜的老

---

① 作者杜建时。

人了。

最近张校长已经回津,我们愿藉此机会为老人家作一点事,一则表示欢迎,一则略尽饮水思源之意。不过这件事要作得有意义。我们知道张校长所以不厌不倦的从事教育者,是想得全国英才而教育之,造成复兴建国的力量。就南开的过去来看,学校规模已是相当宏伟,学生人数已是相当众多,不过还未能使天下寒士尽受教益。张校长的心情我们是可以体会到的。所以前者冯紫墀同学首先发动了奖学金运动,呼吁全国校友努力捐输,我们认为是很好的事。多一个奖学金名额,就多一个贫寒子弟入学的机会,如果大家当仁不让踊跃输将,不仅天下寒士尽欢颜,张校长的夙愿也可以由此实现。所以建时准备响应这奖学金运动,希望全体校友都量力认捐,尽力而为。

校友们对于母校都非常爱护,是一件可喜的事。但是我们爱护母校,应该使母校更加大众化,更加伟大。"有中国就有南开"固属可以自豪的,但是我们希望"有南开就有中国",也就是希望母校于国家有更大的贡献。因〈目〉前全国在战乱声中,失学青年非常之多,发出"我愿变成野火烧掉一切,我愿变成洪水淹没一切"的呼声者,又何止东北青年,假使全体校友能使奖学金运动圆满成功,相信不仅足以表示对张校长的敬爱和对母校的爱护,还对国家有莫大贡献,因为大批青年正等待我们的援助呢!

校友们,欢迎校长,我们要响应奖学金运动!

(《南开校友》第 3 期,1947 年 4 月 5 日)

回忆校长的训话[①]

（1947 年 4 月 5 日）

　　离开母校已经是四年（大学部）甚或十八年（中学部）了，然而在这期间却时时想念着母校，似乎比在学校读书时对她更觉依恋。去年夏天走进八里台的大中桥头，望见当年路两旁的小溪、垂柳、池沼都成了荒凉的平地，木斋图书馆、第一、二宿舍都化作断壁颓垣，当年水木清秀的校园全变成了一遍荒草野地，真禁不住凄然泪下！敌寇的残暴野蛮劣行，太不可恕了，我们实在对他们过于宽大。又一次走进中学部的铁栅栏大门，范孙楼仍矗立在那里，中楼、礼堂、四斋全被油刷如新，小花园、球场仍然是当年的面目，立刻使我回忆起在这里当学生时的种种，一切的情景都像昨天一般的新鲜。我似乎又变成了十几岁的少时，只须不迈出校园的铁门，一切都和当年一样。但目前在这美丽的环境以外的世界，却和往昔大不相同了。

　　回想起在中学和大学时的良师益友给我的教诲熏陶固然可感，而最使人一生难忘和受用无穷的还是校长的训话。虽然他老先生每星期只对学生们讲一次话，而他那满脸的慈祥恳切，语调的沉重严正，辞意的谆谆肯要，这一切的印象仍深深的镂刻在我的脑子里。校长最常对我们讲的，并且每次都是大声疾呼，希望学子们牢记不忘的就是去"私"和"贪"。他老先生总是声色俱厉的说中国人的最大毛病就是自私和贪婪，希望学生们出了学校要以大公无私的精神为国家民族服务。他还教训我们要以"干"的魄力向前进，就是要时时的"长进"。那站在讲台上的魁伟身材，那严肃的面孔，那肥大的手势，那沉重的声音喊着："喝，我真愿意你们个个都

---

① 作者李子英。

'长'!"这声音无时不在我的耳边响着,而且离开母校以后仍时时不忘校长的这两句重要的教训。相信校友们也都不曾忘记,所以南开的数万校友遍布各地都有极优的成绩,校长很可以欣慰了。

不过,举目看看全国各地的现状,社会的纷乱,农村的疾苦,人心的堕落,贪污的横行,……我们南开的大公无私和干的精神,岂应只限于南开校友这个小团体就认为满足?我们实在应当推广到全国和全民族。我们不应只是消极的洁身自好,我们更应当积极的纠正并领导国人。校长的道德资望在全国已有地位,我们希望他老先生除了教导南开的校友和同学之外,更要去唤醒国人,纠正邪恶。

最后,我们钦佩校长一生致力教育的伟大精神和成就,却不应当仅止于消极钦佩和颂扬,我们更应该以他那伟大的精神、事业和成就作目标,去仿效并去完成。固然校友中任何一个人的精神和能力均不易及得上校长,然而十个人,百人,甚或千人,若能同心协力去推动他的事业,相信一定可以把校长的伟大精神和成就永远继续下去,并发扬光大。南开的前途,国家的兴盛,民族的永存,都会因为我们这种团结之力,干的精神,前进的勇气,得以达成。

附带一点意见,就是觉得校友月刊的出版,已使各地校友的情感精神有了联系,盼望这月刊的内容逐渐充实,更希望将来能由月刊改为半月刊,以至周刊。除了这种以报告各校友个人生活情形的刊物之外,盼望不久将来的纸张印费低廉时,发刊一份《南开学报》或《南开评论》,集所有校友——现在的和以前的名教授学者和毕业的同学作家——的论著研究,政治经济各门类的文章,预料对于全国的文化、教育、经济、政治必有重大的供献。这全赖全国校友的共同协力。

(《南开校友》第 3 期,1947 年 4 月 5 日)

感念张伯苓先生①

（1947 年 4 月 5 日）

张伯苓先生之于我，有两件事最难忘记。

抗战发动后第二年秋天，我从西战场辗转回到大后方的四川，回到故乡自流井，应邀做了一名新闻记者。

自流井是后方的产盐区域，产量大，税收多。从税收里还提出一笔类似福利基金的巨款。盐务当局商妥当地教育人士，以此巨款，就原有的蜀光中学，扩大而充实之，聘请张伯苓先生主持其事。

最初，当地教育人士对这件事是欢迎的，假使伯苓先生能仅负一名义而仍由他们包办下去的话。不料事与愿违，伯苓先生来是来了，却表示出他完全负责，即以董事长资格，聘请喻传鉴先生担任校长。

当地教育人士的希望落了空，于是一变欢迎为反对。反对的理由是：（一）款子既是从当地人身上征收的，便应由当地人来使用它；（二）学校既是设在当地，便应由当地人来办；（三）伯苓先生要办学校，尽可到别处去。……

我回家时，正是这个时候。站在一个记者的立场，我忍不住发话了。我说：款子的使用，只问它是否使用于当地，不应该问它使用者是谁。当地的学校不管由谁来办，只要能够办得好。我们深知伯苓先生贡献于教育事业的伟大功绩，假使今后的蜀光能够变成当年的南开，则我们对于他只有竭诚欢迎的。伯苓先生肯来办学校，应该是当地莫大的荣幸，将来受惠的仍然是当地人士的儿女。如其就伯苓先生自己而言，他又何贵于办这一个

---

① 作者王杞余。

蜀光中学？

事实果然如此：四年以后，革新后的蜀光第一班学生毕业，凡属升学的学生，百分之九十五都能考上志愿的大学。蜀光之名，传遍大后方，成为最有名的中学之一。

当地教育人士当初的一些闹闹嚷嚷的叫嚣和攻击，只不过自曝其偏狭与无聊而已！

二十八年秋天，伯苓先生又来到了自流井。

那时正当"上高会战"之余，敌人夺占了九江与南昌。鄂西一线，又逼临襄樊，形势相当紧急。后方人对于战讯刻刻关心，稍有变化，心情立刻浮动起来——谣言随之产生。我是一个新闻记者，我便去请谒伯苓先生，希望从他那时能够获得一些真正的消息。

真正的消息承他见告如下：

几天前在重庆，他和别的几位社会贤达，应约去见蒋主席——当时还是任的军事委员会委员长。

谈话间谈到关于"和""战"问题。伯苓先生向委员长问清楚了士兵的质量和武器的配备情形，并承委员长负责声明大可继续抗战之后，他便慷慨地发表了自己的意见，他说：

"我们只能战，哪能和呢？我们今天作战，还是为了国家民族的生存而战；如其和了，我们将受敌人的统治，他再去侵略别的国家，仍将驱我们去为他作战的……我们怎能言和！"

词严义正，粉碎了妥协份子的阴谋；一言兴邦，抗战大业，因而得以坚持到底。

伯苓先生当时还从衣袋中掏出了几张照片给我看——那是他陪同委员长检阅南开学生的摄影。他一边指点照片上的情形，一边又愉快地说着：

"委员长的身体好，精神好；真是我们国家的福气！"

如今，抗战胜利，伯苓先生回到了他的故乡，又值寿诞之期，使我衷心感念，谨以他所以称颂委员长的话为寿：

"伯苓先生的身体好,精神好;真是我们国家的福气!"

(《大公报》天津版,1947 年 4 月 5 日)

张伯苓的胡子

（1947 年 4 月 17 日）

读了《张伯苓校长》一文，真令人钦佩他那种"不知老之将至"的精神，因此笔者想起曾听有人讲过关于他的胡子的一段故事。

在他四十多岁的时候，他留着德国威廉氏两撇黑黑的重须，到了五十多岁，就变为贾伯林式的一小撮撮。等到他过了六十大庆，反而一根也不见了。

据说张校长也曾经发表过他的留胡子的哲学，他认为年青时候留胡子为的是老成。（盖北方有句俗话："嘴巴没毛，办事不牢。"）等到五十岁望上，说话，行动已经趋于稳重，那就不用胡子在那作"表示"了。如果一发现有白的，就应当赶快把它剃去，这样你不是越长越年青吗？

此其所以张伯苓校长永远是个青年！

（《中美周报》第 233 期,1947 年 4 月 17 日）

三、全面抗战胜利后天津南开大、中学校复校时期的张伯苓

张伯苓认真办南开①

（1947 年 4 月 19 日）

南开大学，自从复校以后，又从荒芜的瓦砾与废墟中新建起来，一方面固然由于政府的协助，而校长张伯苓的努力精神，并不因年老而迟缓，他今年虽然已是八十四岁②的高龄老者，他还是火辣辣爆燥的脾气。

张伯苓对于南开，是存着满怀的热望，希望成为最合标准的国立大学，学生的程度，一定要在水平线之上，他对于去年考试不及格的八十八名，已下过严重的警告，至于无故不参加考试的二十五名，则立即令其退学，雷厉风行，断不容其托情说项，对于去年学期结束既如此严厉，则今年的严厉定更为加深，所以有些学生，无不心中惴惴。据说目前自动申请退学的人们，已有多起。张伯苓对于这班畏难思退的学生，他认为不足造就，皆一一任令其退学。张伯苓说：学风不严肃，学业不严格，是不足以造就真正人才的。以前南开的真精神，是认真刻苦，现在更要发扬光大。南开虽老，而精神永久年青。

（《新上海》第 65 期，1947 年 4 月 19 日）

---

① 署名"大炮"。
② 实龄 71 岁。

张伯苓先生和南开[①]

（1947 年 5 月 1 日）

张伯苓先生是中国的老教育家，这是谁都不能否认的，这位教育家原来并不是专门学教育的，他也没有以教育为终身事业的打算，那末，他怎么办起教育来呢？

张伯苓先生是天津人，身体强健魁伟，令人见了就会肃然起敬。他是北洋水师学堂毕业生，水师毕业后，奉命派在海军服务，甲午中日战争参加对日作战，在秦皇岛腿部受伤，同时他在海军服务，目击了中国海军的腐败情形，觉得国家前途非常危险，这时候他满腔热血，感慨万端，认为要救国家非从培养人材办教育作起不可。于是便离开海军，回到天津，应严修先生之约任教严氏家馆。严氏家馆仅有学生五人，皆为严氏子侄。严氏家馆就是今日南开的发轫点，张伯苓先生这时候才廿七岁。算到现在他办教育已整整四十七年了，今年张先生已七十四岁了。

严修先生字范孙，也是天津人，清朝翰林院编修，曾宦至贵州提学使。严范孙先生思想新颖，自贵州辞宦回津后，提倡新学，对河北全省及天津市教育上的供献很大。为人品格高尚，地方人士极为尊敬，现在天津市尚有地方人士为纪念他建立的铜像。严范孙先生在地方上的声誉很高，张伯苓先生很崇敬他，严先生也很契重张伯苓先生。张伯苓先生初期的事业，很得力于严范孙先生的扶植。严范孙先生是南开的创办人，现在天津和重庆两地的南开学校都有范孙楼以纪念范孙先生。

张伯苓先生就从严氏家馆的五个学生教起，继续扩张，后来学生多了，

---

① 作者郭荣生。

严氏家馆的书房无法容纳，就在天津的"南开"找了一大块空地建筑起新校舍。南开起初叫敬业中学堂，后来改称河北第一中学堂，最后才以南开地名作南开学校的名字。南开自从盖起新校舍后，仍然继续发展，到民国廿六年抗战爆发，南开有大学部，男中部，女中部，小学部，人称南开四部，在校学生四部合计共三千人。从幼稚园到研究院，都办得很好，一个学生的全部教育，可以在南开完整的受完。

张伯苓先生认为中国人的缺点第一是自私自利，不顾国家民族；第二是每个人能力不够，所谓能力不够是知识能力不够和健康能力不够种种之谓。因为要矫正这两个缺点，所以南开以"公""能"二字为校训，张校长以去自私，爱国家，救民族为中心思想，向学生讲解了四五十年，学生很受他的影响，美国的许多教育家也说，南开的学生富有一种朝气和爱国热忱。

张伯苓先生说苦干是成功最妙的法子，世界上没有取巧成功的，他常常告学生，要"诚"，要"勤"。"诚"就是诚实不自欺，也不欺人。"勤"，就是常动不息，日求进步，一个人对自己的工作自己的事业，诚实不欺，每日在工作中求进步，最后准是成功的。他又说，中国人意志薄弱，办事老想走小路取近路，没有坚定意志不会成功。他让他的学生，出校作事要有不顾成败利钝作就作到底的精神以供献社会。同时他又说，作事要有耐心，苦干三十年五十年，不要心急，心急就会失败的，譬如炖肉，大火去烧，不一忽儿就焦了，要用慢火炖，时候到了就会很熟很烂，如果心急，不一忽儿打开看看，结果肉便炖不好了。所以埋头苦干是他老先生常说的一句话，同时，苦干，傻干，充满了南开和南开的学生身上。

张校长记忆力非常强，他应付内内外外的许多事，但是学生的名字和个性他都记得很清楚，有些学生去看他，以为校长不知道他的名字，等你坐不稳，张校长就会说出你的名字叫什么，你的同班有些谁。就是你家里的前辈有何人是南开学生，都会在谈话中说出，使你大为吃惊于他记忆力的强大。

张校长的外表看起来非常庄严，但是谈起话来，觉得非常温和，同时讲话非常巧妙，诙谐，趣味横生。假如你是他的学生或南开的同事，他在谈话中,探询你的一切,使你感觉校长对你非常关怀,令人觉得校长实在可敬可爱。你如果是离校的学生,这次谈话之后,一定想拨点时间再看看他。你如果是南开的同事,谈话之后,一定下决心以南开为终身事业,这一辈子愿意和这样关切你的校长一起共事到底。张校长有一种吸引力,这种吸引力,把南开同事团结成一条心,集中全付力量服务于南开。

张伯苓先生自信力很强,勇气很大,不怕任何困难,遇事总鼓起勇气去克服它。因为他有极强的自信心和勇气,所以成了常胜将军,事业得到成功。他说:"南开如不倒翁,非不倒也,倒而能起也。"他不怕失败,他在失败中能够想出挽回的办法;他不信失败,所以老不灰心,遇事非常乐观。他是中国最乐观的人,他以乐观的精神训练学生感化同事,所以南开学校和南开学生也充满了乐观的精神。张校长老不满意于他的事业,所以日日求进步,求发展,他常说:"南开要长,长,长了再长,老不停止的往大里长。"

张伯苓先生劝青年苦干,遇事不要择阻力最小的路子走,阻力小的路子虽然省力,但在为人处世的历程上多是不通的路子,人那有轻轻便便会成功的。他让学生多作事多负责,他说古人说的"能者多劳"是懒人的信条,这句话为懒人遮羞,懒人不愿作事,说自己不是能者。从张校长的经验,认为这句话应该改为"劳者多能",惟有多作事多负责,才能把自己训练成能者,才能对社会国家有供献,"劳者多能",是张校长供献给青年的一句名言。

张校长是一个勤苦的事业家,他是一个为教育奋斗到底的人,有许多次机会作大官,但是他对作官毫不感觉兴趣,他的兴趣就是教育,他的生命就是南开。他今年已经七十四岁了,今年四月五日是他七十四岁的生日,七十四岁应该退休了,但是他说,他决不退休,退休就是等死,他要作事作到死那天才休止。他精神仍然健壮的很,走起路来仍然挺着腰骨。重庆的南开仍然在上课,学生一千七百人,天津的南开已经复校了,学生有五百余人。上海,北平,东北,是他计划要办南开学校的地方,他已经七十四岁了,仍然为国家作这样大的计划,其思想的年青,计划的久远,能不让我们青年羞死。他是一个纯粹为国家社会服务的教育家,他个人品性、道德、学问的高尚,处处使人敬佩,他真是青年的模范。其人格的伟大,虽与古之圣贤相比,亦无愧色。

(《青年生活》第16期,1947年5月1日)

我们的校长

——张伯苓先生[①]

（1947 年 7 月 28 日）

撰述中国近代史的史家总不能忽略近代中国的几个特殊人物,在政治上有孙总理,蒋主席,在学术上有胡适之先生,在事业上有王云五先生等,论到教育则当属我们的老校长张伯苓先生了。

张校长今年七十二岁,从光绪二十四年就开始办教育,其初主持严王二馆,学生只有十余人,到光绪三十年人数增多,扩充为南开中学,由于校长的主持有方,成绩卓著,民国八年又设立南开大学,到了抗战前几年,南开已经拥有三千多学生,已有小学、南中、女中、大学和研究所五部的庞大范围。

校长在事业上的成功不是偶然的事,他有爱国的热情,超人的毅力,乐观的精神,公能的德行,有计划,勇进取。这几点是一般人所缺乏而不易学的,然而却是张校长一生成功的因素。

校长每次训话的时候总要提到他办教育的目的,他办教育的目的就是"救国"。张校长是北洋水师学堂毕业,毕业后在"通济"轮服务,那时正是光绪二十三年,"英人继德俄之后,强租我威海卫"。校长在船上一日之内看见"国帜三易",大受刺戟,于是立志要办教育,挽救中国。

民国二十年日本侵我东北,发动沈阳事变,平津两地学生纷纷发起爱国运动,那时我们南开大学便站在领导地位,因此遭敌人的忌恨,"七七"

---

① 署名"多文"。

事变一发生，南大就遭到惨重的破坏。胜利复校之后，苏联占据东北，迟不撤退，最近北塔山事件，苏蒙入侵新疆，我校同学都曾发起爱国运动。这种种爱国运动的连续表现，受校长爱国热情的影响不能说不大。

张校长创办学校四十余年，既没有政治上的势力，又没有经济的基础，我们能说他在其间不遇到困难，不受到阻碍吗？然而他都一一克服了，这不能不归功于他的超人的毅力。

民国二十六年七月，学校被敌机炸毁，全国同胞靡有不为南开惋惜的。那时张校长正在上海，中央社的记者去拜访他，他说："敌人此次轰炸南开，被毁者为南开之物质，而南开之精神，将因此挫折而愈益奋励……更当本创校一贯精神，重为南开树立一新生命。"果然不久重庆南开中学就发达起来，成为后方最有名的中学；而南开大学与北大、清华合作成立西南联合大学，成了抗战期中中国在国际上最闻名的学府。

最近学校复员，南大改为国立，张校长又以七十高龄出任艰巨，可钦佩的是：校长仍将以十年余生，为教育服务。

张校长有他人未有的乐观精神，有时简直乐观得使人惊奇。无论是对世界大局，国家前途，学校发展，都抱着一种"不可救药的乐观论"。他说法西斯已经垮台，民主人士到了抬头的时候；抗战已经胜利，国家局面不久即可开朗；南开大学十年以后，一定可以建设成与哈佛、耶鲁等校齐名的世界学府。

南开校训是"公能"，"公能"二字是张校长数十年来努力的一贯目标。校长认出中华民族的大病根是"愚""弱""贫""散""私"。而"公"能化散，化私；"能"能去愚，去贫，去弱。校长常说："中国人脑筋聪明，手巧，智力不低于外国人。"只要中国人人允公允能，国家便有富强的希望。南开向来注重课外活动，训练组织能力，提倡合作。校长在修身班上，常讲赛足球，指出队员独自带球建功的自私心理，是最破坏团体精神的；只有十一个队员传球合作，注重团结，才是胜利的不二法门。张校长最了解"公能"二字的重要，所以讲话时，常拿"团结就是力量"来打比喻。

校长这种认识已经收到效果。现在南开的校友，出去做事人人欢迎，就是因为有"公能"的服务精神。

记得复员后,校长首次返津,出席大学同学欢迎会训话的时候,张校长送给我们的第一项赠品,就是一个十字一句的"做事方法"。这个方法,为了简单易记,校长把它分成四段,编成一句,就是:"(1)为何做?(2)如何做?(3)做;(4)好不好?"这是美国教育学家克伯屈的有名的设计教学法。现在校长把它拿来当为"做事方法"教给学生了。可见张校长是如何注重"计划"呵!

平时校长做事最讲计划,最有计划,而且计划又能远大。笔者常想,张校长一生办教育创学校的历史,可以说是一部成功的奋斗史;而在这部历史中应当大书特书的,除了他所发明的"公能"二字之外,要算他做事的"有计划"了。民国二十四年,张校长游川,拟定在重庆设立中学一所,二十五年校址落成,初名南渝中学。"七七"事变起,随战局演变,学校纷纷南迁,南开学校,因校长有先见之明,已在渝设校,所以津校员生抵川以后,能够继续求学,维持不散,后来南渝中学改为重庆南开中学,成绩斐然。这都是校长做事有计划的好处。现在国家胜利,张校长又要发展他的伟大而久远的计划了!他预备在上海和在东北的长春各设立南开中学一所。同时在大学方面,他计划在最近成立医学院和各学院的研究所。根据张校长过去的成功史,他将来的计划也必定不会失败的。

张校长的另外一副特殊性格就是勇进取,从来不与时代脱节。中国的学校最初不注重体育,张校长是我国提倡体育的第一人。中国的戏剧也是墨守旧剧,很少有人把话剧介绍到中国出演,在一个中学里当然更谈不到,然而张校长却是最早提倡演话剧的。远在光绪年间严馆时代,校长就教学生体操,拿鸡毛帚,放在两张凳子上,当跳高架子,教学生跳高。后来在中学时代,奖励学生组织球队体育会,南开有名的篮球队"南开五虎"(见小史话《南开五虎》)就是那时产生的。校长提倡体育不仅在少数选手而且在全体学生,不仅在学校而且在社会。因张校长提倡体育,所以至今荣任全国体协的主席;因为他提倡体育不在说而在做,所以到现在七十二高龄他还是精神矍铄,体格健康。

校长提倡话剧也是远在光绪年间,第一出戏是《用非所学》(见小史话《南开话剧》),由校长自编,自导,自演。在校长的熏陶下后来出了不少成名的戏剧家。名剧作家张彭春先生,万家宝先生(曹禺)那时都在南开,而今已成我国戏剧界的权威。还有一些同学是当时的主要演员——像周恩来先生,时子周先生——而今则走入政途,成了动荡中的风云人物。

最近,张校长感觉到中国政治的危机,觉得中国政治已到了势非由人民过问不可的时候了,他曾说:"你不问政治,政治会来问你;你不管政治,政治会来管你。"前些天在北平成立的"市民治促进会",校长被选为监事长。张校长以老教育家的地位,和参政会议长的身份来促进民主教育和地方自治,在中国民主政治发展史上必将放一异彩,是可以预略〈料〉的事。

(《南大今日》,国立南开大学联友服务社1947年版,第25页)

张伯苓下决心组党[①]

（1947 年 8 月 9 日）

年已八十多岁[②]的南开大学校长张伯苓，现在也很起劲与北大校长胡适、清华大学校长梅贻琦，三人发起平津民治促进会，而开始作组党的活动，此老可谓老当益壮！

在民治促进会开成立会的一天，张伯苓发出很露骨的言词，他说："我办了四十九年教育，觉得只埋头教育，不过问政治是不行。你不理它，它会毁你！所以人人非过问政治不可，人人要具有稳定政治的能力，人人要具有'中国有我不要紧'的雄心。人人存此雄心，就有办法。但过问政治，要有组织，才有力量，才有办法！民治促进会就是把人人过问政治的力量集中起来，组织起来，我们要好好地干一干！"

张伯苓对政治兴趣并不浓厚，此次却大大地下了决心，他曾很有风趣而且也是很正确地说："中国一定要黄包车夫也有参政的份儿，方能把政治搞好！"我们且等着看看，他们这民治促进会中是不是也有黄包车夫会员？

（《导报》无锡版，1947 年 8 月 9 日）

---

① 署名"大风"。

② 时年 71 岁。

591

张伯苓荐贤

——沈鸿烈主浙经过①

（1947 年 9 月 3 日）

　　浙江省主席的沈鸿烈，自从出席行政座谈会，他代表各省主席说话，报告省政困难情形，之后，他又接待记者发表了一些改革省政的意见，风头很健。以目前各省治绩评定结果，浙省的治安和建设都列第一，所以沈氏敢代表各省主席站起来说话。

　　沈氏在今日并非什么派，也非什么系，似乎与 TV 宋②有点友好，但这与出任浙省主席无关。沈氏是海军出身，当胜利后海军人材急需的时候，而沈氏却做了省主席，这是出人意料的，中国海军在清末时向有东北派和福建派之分，沈氏是东北派的领袖，曾率领过北洋舰队。福建派领袖就是胜利后因接收被攻击下台的陈绍宽。民国以来闽派得势，东北派默默无闻，可是胜利后陈绍宽垮台时，曾多次掀起沈鸿烈出长海军的呼声。但据说沈氏无意再干海军了，因此政府才命令桂永清去主持海军。

　　当去年夏，浙江省府酝酿改组时，各系派你争我夺，各推荐主浙人选，暗争极烈。因浙省是今日最太平也最美的好缺，各派人士都在注目于此，故使最高当局也无法决定给谁的好，犹豫了多时，尚无人选发表。恰巧正在物色权衡时，那位国民参政会会长张伯苓老先生，因要出国赴美养疴，晋谒蒋主席辞行。主席偶然提及此事，征询张氏意见，张氏便提出了沈鸿烈。主席深以为然，一言决定，于是浙省主席便落到沈氏头上了。这件事说来，

---

　　① 署名"麒麟"。
　　② 指宋子文。

倒是张伯苓在无意中立下荐贤之功。

　　沈氏的发祥地是在东北,他和张学良很投机,在战前因张和宋子文极莫逆,由张之介绍,沈鸿烈也就与TV宋相谂了。抗战初期,TV宋支持他出任了山东省主席,治绩很好,后来又与于学忠协力完成青岛的撤退,使许多物资和工业设备进入大后方,功劳尤不可没,因此为蒋主席赏识。如今沈氏主浙,便是主席亲自决定的。

　　　　　　　　　　　　　　　　　（《诚报》,1947年9月3日）

王云五与张伯苓①

（1947 年 10 月 7 日）

一个是商务印书馆的笔祖，一个是南开大学的创办人；一个是出版界的泰斗，一个是教育界的导师。两个人同是当今闻人，但同样均走错了一条路！

王云五与张伯苓两人，同是教育文化界的风雨人物，也是中国政治舞台上自由主义色彩比较浓厚的学者，前者是出版界的权威，后者是教育界的导师；一个是著作等身，一个是桃李满天。两个人在学术界均有崇高的地位，更有很大的贡献，但同样均走错了一条路。

谁都知道，王云五先生是中国出版界的泰斗，是中国文化界的导师。王氏系广东中山县人，与孙中山先生系同乡，公元一八八七年生，现年六十岁，名岫庐，字云五，曾任商务印书馆编译所所长，以及该馆总经理，为"四角号码检字法"的发明者，并主编《万有文库》与《丛书集成》，在中国的出版界，确曾大放异彩。商务印书馆之所以有今日的地位，王氏厥功至伟。而其对于文化事业的贡献亦至深且巨。抗战军兴，国民参政会于廿六年成立，王氏被选为参政员，并当选为主席团主席之一，与张伯苓同为主席团之主席。民国卅二年，复被任为国防最高委员会宪政实施协进会的常务委员，及国民参政会经济建设策进会常务委员。民国卅三年，与胡政之、杭立武等同为访英团的团员。因王氏对于研究工作甚感兴趣，故其复被任为中国发明协会理事长。民国卅四年任三民主义青年团中央团部中央评议会

---

① 署名"高公"。

议员等。前年政府局部改组时,渠以社会贤达的身份出长经济部,今年五月底国民政府扩大改组后,民青两党联合入阁,而王云五氏,亦由经济部长荣升为行政院副院长,襄助张岳军氏处理政务,擘划运筹,颇有建树。王氏著作计有《王云五小字典》《战时英国》《工商管理》《访英日记》《做人做事及其他》等,见解新颖,立论正大,处处均有独到之处。为当代出版家出任重要行政官之第一人。

在当今学术界的闻人中,王云五先生亦为苦学成名之一人。王氏过去系一排字工人出身,自加入商务印书馆后,即发奋研究,终底于成。王氏身材矮小,鹤发童颜,虽已年近花甲,然精神仍极爽健,待人接物,和蔼可亲,处事谨慎,惜自跨入宦途后,最近已略染官习矣。

张伯苓先生系当前最有名的教育家,名寿春,字伯苓,公元一八七四〈六〉年生于北方,系河北天津人。青年时代,原攻海军,于北洋水师学堂出身后,即随严修东渡赴日,考察东洋教育制度。返国后,便创办南开高等学堂于天津,后又赴美留学,专研教育,至民国七年始返国,乃将南开高等学堂改为南开大学,并附设中小学及女学,矢志教育,只问耕耘,不问收获,经卅年之经营,南开已蔚为全国最知名之最高学府,与北大,清华两校齐名。桃李满天下,当代名人中,如中共政治领袖周恩来,中央文化运动委员会主任委员张道藩均出其门下。过去曾历任中华教育文化基金委员会副董事长,太平洋问题调查委员会中国代表,华北政务委员等职。抗战后随政府西迁,于重庆沙坪坝创办南开中学,为后方具有示范作用之中学,曾出任国民参政会参政员,被膺选为主席团主席之一,为国事奔走,不遗余力。张氏身材高大微胖,声音宏亮,具有魄力,与王云五氏像貌相较,虽有特异,但在教育文化上的功勋则一,当局虽屡请其出阁做官,但张醉心教育无志政治,故迄今仍尽瘁教育,将南开大学当作一种事业办。实为当代教育家不可多得之一人。此系张伯苓与王云五不同之异点。亦系张伯苓之所以为张伯苓,而王云五之所以为王云五的原因。

张伯苓加入国民党,有很多人认为是失策;同样,王云五走入宦途,也有很多人认为不智;然而,更有很多人认为:假如张伯苓不加入国民党,则其在中国教育界的声望将远比现在为高；而其在政治上的权衡作用，亦远比现在为大。准此，又有很多人认为：假如王云五不走入宦途，则其在中国文化界的贡献，将远比目前为大，而其在国际上的信誉，恐亦远比目前为高，故无论从那一方面讲，这都是中国文化教育界的损失。许多人之所以有这种看法，并不即是说国民党的本身不健全，更不是说做官便系误入歧途；而只是说明在目前复杂的环境中，他们俩人假使能以第三者的身份出现，而不是当事人的姿态露面，则对于国民党的贡献，多少似较目前的情况有利。这种看法，是否正确，读者自有公论。

（《中国新闻》南京版，第 1 期，1947 年 10 月 7 日）

祝南开校庆①

（1947 年 10 月 17 日）

　　南开今日举行中学成立四十三周年校庆，同时纪念男中复校二周年，女中复校一周年。张伯苓先生新病初愈，以七十二岁高龄，看到自己亲手灌溉的幼芽，四十三年来发育滋长，欣欣向荣，春风满园，桃李天下的茂盛，策杖漫步之余，当必含笑自慰道："四十三年前所下的决心，总算宿愿得偿。"

　　伯苓先生的事功，是人所尽知，无须我们再为揄扬。胡适先生一年前特为作传，源源本本毫不妆点，写出老先生由二十二岁办私塾开始教育生活，直到南开胜利复员为止。体裁虽系小传，内容则是伯苓先生的一部辛酸史，南开长成史，四十三年的奋斗史。伯苓先生从事教育的动机，是因为受甲午战败威海卫割让的刺激。他有一段话说："我得到一种坚强信念，中国想在现世界生存，惟有赖一种能够制造一代新国民的新教育。我决心把我的生命用在教育救国的事业上。"当伯苓先生少年的时候，正值戊戌政变与甲午战役，国事最不可为，外侮最多的时期，他认清楚救中国的根本办法，也认清楚个人的责任，脚踏实地，不叫嚣，不好高，笃实践履，躬自做起。甘于抛弃他有希望的海军前途，而接受五个学生的私塾教席，由私塾而渐渐办到中学，由中学而大学。由五个学生办到数百个学生，以至数千学生。这种艰苦卓绝的毅力，百折不挠的信念，固然是伯苓先生因受刺激而奠定决心，但若非信念坚强，抱负着一个制造新一代国民的大志，中途没有不变易挫灭的。这一点可说是伯苓先生的过人处，也可说是伟大处。南

①　本文为《益世报》天津版社论。

开四十三年的中学教育，二十八年的大学教育，造就出来的人材遍天下，而各层各界无往不有南开出身的人士，高官厚禄，可以逼人，学生众多，可以增势，但伯苓先生始终立在"富贵不能淫"节操上专心致力于教育。我们还知道：以伯苓先生的声望地位，可以有极多机会厕身到政府，并获得高位，但这些都不在老先生意中。办教育难，办私立学校更难，办私立学校而无作用与歪曲目的，尤其难。然而伯苓先生则能突破这三道难关，办得南开蒸蒸日上。四十三年不是一个短时间，经过的途程，既辽远且崎岖，特别是"七七"后，整个学校被炸毁，若换另外一人，也许即此告一段落，趁势收蓬。然而伯苓先生仍能本其坚强信念，赞助抗战终始，而光荣的复校。南开得有今日，第一由于伯苓先生始终不渝的信念，第二由于教育宗旨的一贯，第三由于人事和谐而无纷更，第四由于伯苓先生律己谨严，足为南开师生的矜式。这四点是南开的优异处，也是南开继续下来的基本精神。四十三年来成名的国内教育、实业、交通、金融家，有的以南开的精神为精神，从事其功业，有的藉南开的优异以涵养、建筑其品格，直接间接遂汇成了南开的万丈光芒。"不朽"二字，伯苓先生足以当之而无愧。

胡适先生所作伯苓先生传引用伯苓先生一段话："我没特殊的才干，我也没有学得特别方面高深技能，我一生努力所得的一点成就，完全由于一件简单事实，就是我对教育具有信念和兴趣。"这是多么坦白而诚朴，谦冲而本分的话。办教育四十三年，有部长学生，有校长学生，甚至各色人等的学生，丝毫不骄蹇，丝毫不矜伐，埋头自己的工作，勤耕自己的园地，求之今世，能得几人？说句不太过份的话，张伯苓先生的校长，已不只是南开的校长，而是通国的校长。化学校的教育为中国的教育，也惟有南开做到这一步了！

今当南开校庆，我们谨以非校友身份，获致贺忱，并祝伯苓先生健康，快乐！南开前途无量！

（《益世报》天津版，1947 年 10 月 17 日）

张廷谔连累张伯苓①

（1947 年 10 月 22 日）

天津市长张廷谔贪污六百亿的事件，可算是劫收贪污案中数字最大的了！张廷谔在平津各报上，大登启事，对于劫收问题，有所辩白。张廷谔与国民党并没有深切的渊源，他的职位完全是张伯苓所保举。张伯苓是华北第一个教育家，他保举的人物，中央另眼看待，想不到会出这样的大乱子。

据说：张伯苓现在非常为难，主张政府秉公办理，以避当时保举的嫌疑。

（《诚报》，1947 年 10 月 22 日）

---

① 署名"华封三"。

张伯苓先生传①

（1947 年 11 月 5 日）

"我没有特殊的才干，我也没有学得什么特别方面的高深技能。我一生努力所得的一点成就，完全由于一件简单的事实，就是我对于教育有信心和兴趣。"

以上是张伯苓述说的他自己。他时常喜好引用一位韩国朋友对他的观察和曾说过的："张伯苓是一个很简单的人，他不会摹仿和他同时代的出色人物的巧妙作法，但他脚踏实地并且工作极勤，在他的事业上获得成功。"

在他仅只二十二岁时从五个学生的一家私塾办起，到一九一七年他四十一岁时，他的中学已经有一千个学生。一九三六年他六十岁，南开学校——这时包括男女中学，小学部，大学部和研究所——一共有三千学生。

在一九三七年日本人破坏了天津南开学校时，他业已在重庆设立了一个新的中学，在几年之后便又发展成为全国规模最大的中学，全体学生一千六百人。

---

① 胡适著，李子英译。本文为胡适用英文写于 1946 年的"Chang Poling:Educator"一文的中译文，原文收录于美国哥伦比亚大学皇冠出版社 1948 年出版的 *There is another China:Essays and Articles for Chang Poling of Nankai* 一书，同一时期还有顾昂若的译文《张伯苓与南开》刊载于《艺文画报》第 7 期。2019 年，陈熹的译文《张伯苓：一代师表》收录于《别有中华：张伯苓七十寿诞纪念文集》，由南开大学出版社出版。

海军学兵

张伯苓是一八七六年四月五日生在天津。他的父亲是一位有才干的学者,喜好音乐并且会享受生活。他是一位很有成就的弹琵琶名家,又是一位精骑术的射箭好手。把一份颇不小的家业消耗在生活享乐之后,张老先生迫不得已去教小学生维持生活。他续弦后的长子伯苓,就是生在这穷困时期。做父亲的认为自己的一生完全失败,决心给自己的孩子一种良好的教育和严厉的道德纪律。

在十三岁时,张伯苓受他父亲的教导作文很好,考取了北洋水师学堂,当时这学校是由一些出名的英国留学生办理的,内有严复(后来翻译亚当斯密、赫胥黎、密勒、斯宾塞等英国学者的著作),伍光建(后来曾著了不少科学书籍,并翻译大仲马和吉彭等人之著作)。因为年幼和国文成绩好,伯苓先生被取入航海班。他极其用功并且常常考试得第一。在他敬爱的教师中间有一位苏格兰人名叫麦克黎师(MacLeish),他讲解功课极清楚,而且对于学生极关切,给张伯苓一个永久的印象。

在水师学堂五年之后,一八九四年张伯苓毕业时在全班考第一名。他那年十八岁。

但那一年,中国的海军在第一次中日战争时大败,并且被摧毁了。再没有军舰供他受较深的训练。他只得回家等候一年,才又得去到海军练习舰"同济"号①上当了三年学兵军官。伯苓先生就是在"同济"舰上亲身经历到中国国耻最难忘的一次意外事件,并且最后使得他决心脱离海军献身教育事业。

在三种国旗下

中国被日本战败以后的那些年,欧洲的帝国用武力争着和日本在中国

---

① 应为"通济"号。

取得领土的割让。俄、德、英、法各得到一块领土，遂在中国划定了他们的"势力范围"。到处公开的时常谈论到"瓜分中国"。

是在山东的威海卫，年轻的张伯苓最强烈难忘的体验到中国的奇耻大辱。威海卫的中国海军根据地是在一八九五年被日本占领。这时由日本交还中国，而随后又转让给英国。"同济"舰被中国政府派去从日本人手里收回这军港，并且第二天再转交给英国。

张伯苓曾说："我正在那里，并且我看见威海卫的旗子两天之内换了三次。我看见龙旗替下了太阳旗，第二天我又看见龙旗被英国旗代替了。悲楚和愤怒使我深思。我得到一种坚强的信念：中国想在现代世界生存惟有赖一种能够制造一代新国民的新教育。我决心把我的生命用在教育救国的事业上。"

严氏家馆

在"同济"舰上一位年轻军官心中自然形成的这种决心，就是当时全国普遍要求变法的那种大激动的回声和反响，在那值得纪念的一八九八年，造成了"戊戌政变"，这种运动的领袖劝服了年幼的满清皇帝光绪，颁下许多诏令取消旧的积弊并施行新政。这个老帝国像是终于被外来的侵略和自趋灭亡的危机惊醒了几世纪长久的安逸。有一时期，看着像是很可能由政府的领导，和皇帝的赞助，完成久已需要的革新。

但这些错误的希望，不久就被愚昧的慈禧太后所领导的反动势力所粉碎。光绪皇帝被她囚起，政变的首领六君子被杀，许多别人被充军，并且取消了所有的新法的诏令。

一八九八年变法失败卸却官职的开明官吏中，有一位学者严修，他是天津人，也是伯苓先生令尊的好友。那年十月，严先生约请当时廿二岁并且新从军舰上退伍放弃海军生涯的张伯苓，到他家里来当私塾老师，教他同他朋友的子弟们"西学"。张伯苓很高兴的接受并且就从教五个学生开始他终身的教育使命。

张伯苓同严范孙先生的结识与合作,自从南开初创立时起,就是一件很美满的事体。范孙先生是中国旧道德传统和学识渊博最可敬佩的代表人物。他是一位学者,藏书家,诗人,哲学家,最有公德心的爱国志士。他对教育的信念,对于新时代新学识的虚心接受,和他在天津地方直隶全省(即河北省)的道德名望,给年轻的张伯苓在创立远大的教育事业上有莫大的助力。

已故的范源濂先生——民国初年曾当过教育总长,一九一八年陪同范孙先生去美国考察教育——曾对我讲过范孙先生的一段故事。美国政府当时因为刚有一位著名的中国著作家在美国西部被一个中国的恐怖党人行刺,遂派了一位密探厄随着考察的中国教育家们。虽然严先生不会讲英语,这位美国密探员却深受他的沉静和生活朴素所感动,在考察的旅程完了时,他对范先生说道:"我曾被派随从过许多来美参观的外国名人,但我从未见过像你们的严先生更可敬爱的人物!"

就是在这样的一位主人的家里,张伯苓开始他的只有五个学生的第一所学堂,这就叫严馆。三年后又有一位天津的名人王奎章约请张伯苓每天下午到他家里教他的六个子弟。这就是王馆。

我的朋友陶孟和——中央研究院社会研究所所长——就是严馆时代的一个学生,他对我讲伯苓先生的教学法,即使早在那个时期,就很可以称作"现代教育"。他是一位很好的"西学"教师——英文,算学,和自然科学。他对学生们的体操很注重。他从在上水师学堂时记得的哑铃和体操用棍棒,画出图样让木匠定做了,给他的学生们练习。他同学生们在一起玩,并且教给他们各种操练和室外运动,如像骑自行车,跳高,跳远,踢足球。陶孟和还记得他的第一次用扑克牌做游戏和弹子戏,就是从张伯苓先生学会的。这种承认科学和体育在教育上的地位,这种师生间自由而民主的共同教学和游戏,显露出年轻的张老师,是中国现代教育的一位创立者。

南开的诞生

一九〇三年,严范孙先生同张伯苓往日本考察中学和大学教育。伯苓先生带回来许多教育和科学器具,给他的学校使用。他同范孙先生对于日本教育的迅速发达印象很深,回国以后,他们决心把私塾扩充成一个完备的中学堂。

那个中学名叫私立第一中学堂,是一九〇四年秋季开办,一共有七十三个学生同四位教师,校址借用严宅的一部分房屋,每月经费二百两银子,由严、王两家平均分担。为了造就师资又成立了一个特别班,从先前的两家私塾挑选年龄较大功课较好的学生,一半时间教书,一半时间自己进修。陶孟和就是这特别班的学生之一,他毕业后又去日本、英国读书,他是中国社会学研究的一位先驱和领导者。

一九〇六年一位有钱的朋友捐给这个新学堂十二亩地,就在天津的西南城角,当地叫它南开。随后进行募款在这地上修建校舍。一九〇七年新校舍落成迁入,随改名为南开中学,这个名字和他的创办人在中国的教育史上将永远占一显赫的地位。

随后卅年中,南开学校的经历是一个迅速而有计划的发展和进步。一九一〇同一九一一年,这个学校开始得到地方和省府的经济补助。私人的捐赠年年增加,一九二〇年——民国九年——江西督军李纯死时的遗嘱中,把他财产的一部分,约五十万元,捐给南开做基金。中国基金会和中英庚子赔款委员会,都是对南开的重要捐助者。纽约的罗氏基金团曾慨助南开大学的建筑和设备经费,并且支持经济研究所。南开从两英亩地开始,这些年中已经买得附近约一百英亩的地方,建设起广大的校舍。

张伯苓早就梦想在他的中学基础上设立一个大学。民国初年几次试办不曾成功,这个梦想在一九一九年——民国八年——终得实现,南开大学正式成立,共分文、理、商三科。民国九年又添设矿科。经济研究所是民国廿年添设的,化工研究所是民国廿一年设立的。

女子中学部是民国十二年成立,民国十七年又添设了实验小学。

因此在民国廿一年,南开学校分设五部:大学部、研究所、男中部、女中部、小学部。在被日军破坏的前几年共有学生三千人。

这样迅速的扩展,主要是由于张伯苓的不凡的领导能力。他常对他的朋友们说一个教育机构应当总在欠账,并且一个学校的主持人若到年终在银行的存折上还有余款,他必是一位吝啬人,失去了拿钱办事的机会。他开始时什么也没有,而他绝不怕为学校化费比预算还多的钱数。他总在计划扩充新的方案。经费缺乏从来不曾阻止他梦想更奇更大的计划。他对于未来永远是乐观的。他说:"我有骗我自己的办法。"那就是他的一种说法。他能够使自己相信一切事体到头终会顺利的。而且所有的事体到最后确都成为顺利,他永远能得到为进行他的新计划所希望的援助。

他的教育信条

民国三十三年,张伯苓在他的一篇自传里说道:"南开学校是产生在中国的国难中。因此它的目标是改革旧的生活习惯,并训练救国的青年。"他把中国的积弊总结为五类:(一)体力软弱和健康不良,(二)迷信和缺乏科学知识,(三)经济的贫穷,(四)不团结和太缺乏共同的生活与活动,(五)自私。

为的纠正这些弱点,伯苓先生计划出他的五项教育改革。新教育目的必须能增进个人的体格强壮。它必须以现代科学的方法训练青年。它须使学生们有组织并积极参加团体生活与合作精神。它必须给学生们有活力的道德训练。最后,它必须培植每个学生为他的国家服务的能力。

这些事情如今似乎很平凡。但是伯苓先生竟能实在使这些理想成为他的学校生活的主要成分,真是他的伟大成就。例如,毫无疑问的,在全国非教会学校中,南开的体育是最出名最成功的。伯苓先生的运动健将们在华北、全国,和远东运动会上的曾获得极大的荣誉。自从一九一〇年起,他总是被聘为一切重大运动会的总裁判。他一生对体育的兴趣,和他不断的宣讲运动员精神在一切比赛中的重要性,造就出南开运动员的优秀标准。

南开在训练团体活动与合作精神上,也很享盛名。南开学生的课外活动最出名的是新剧团。早在一九〇九年,张伯苓就鼓励他的学生演戏。他曾给学生们编一个新剧并指导舞台设计和表演;而且使外界观众吃惊并纷纷谈论的是：戏里的主角竟由校长本人扮演！后来些年，他的多才的弟弟张彭春——他曾在哥伦比亚大学研究文学和戏剧——在这方面负起领导地位。好几出南开的"新剧"，在舞台上公演是很成功的。在张彭春博士的导演之下，几出欧洲的名剧，包括易卜生的《傀儡家庭》和《国民公敌》，演出甚为成功，并且受到观众的热烈欢迎。演易卜生名剧的一个学生万家宝，他的笔名曹禺，已经成为中国今日最出名的剧作家之一。

在德育和爱国思想的教导方面，伯苓先生个人的领袖能力实占重要的地位，特别是在早年全体学生还不太多的时期。在每星期三的下午，他必召集全体学生在一起同他们谈论人生问题和国家世界大事。他几乎对每个学生的名字都知道，并且尽力给学生们个别的教导。

一九〇八年他第一次游历美国和英国，并研究那两国的教育制度。他本人的真诚，他同基督教的朋友们的长久结识，和他最近的观察英美社会及人民的生活，他对基督教抱着绝大信心，认为基督教是一伟大为善的力量。一九〇九年他从英美回来，他受洗礼做了基督教徒。那年他三十三岁。

但是我的朋友张伯苓，决不是一位严肃的道学家。他很有幽默感。他的一个学生凌冰博士——曾一度任中国驻古巴公使——喜欢讲这段关于他第一次遇见他的先生的故事。凌君当年是从河南来的一个年轻孩子，他来到张校长的办公室请求入中学。门房让他候着，因为校长正在操场教导他的足球队。半点钟之后，凌君望见一位满头是汗高身量的人，穿着带泥土的长皮靴，走进办公室。这就是伟大的张伯苓！他立刻看出这个来访的少年脸上的惊讶表情。他笑着问他几个问题，并让他坐下写一篇短的作文，题目是一句中国的古格言"师严道尊"。这样的幽默使这年轻的投考生镇静下来作文，说明他理想中的教师应当是怎样的庄严和可敬。张校长看一看那篇作文说道："好！好！准你入第五班。"

张伯苓从始至终是一位爱国者。他一生的使命就是教育救国。他把他的教育学说总括起来作为他的校训："公能"，就是为公共服务的精神，和能胜作事业的才干。一切的教育和一切的训练，都要本着这两重目标：

为公的精神和替社会国家工作能称职胜任。

战时的打击

因为张伯苓是一位爱国的教育家,他对于日本在东北的侵略行为很担忧。民国十六年他去东三省作一次考察旅行。回来以后他在大学部成立了一个东北问题研究会,并且派一批教授前去调查东北的情形和问题。

民国卅年日本侵占了东三省,并且自从廿二年以后日本侵华的战端迫近了平津一带,具有爱国思想传统的张伯苓的学校,时常和敌人发生直接摩擦。在南开大学和中学部之间,就是日本在天津驻军的司令部。然而张伯苓说道:"在民国廿六年七月平津陷落以前,华北的学生爱国运动却大多是我们南开学生领头。"

就因为这种爱国的领导地位,南开学校和大学部在民国二十六年七月二十九日及三十日被日军有计划的破坏了。连着两天,日本的轰炸机低飞着对南开的校舍施以摧毁。这不幸的消息传到当时在南京的张伯苓。蒋委员长对他说道:"南开业已为中国牺牲了。只要中国存在,南开也会存在。"

南开学校被毁之后不久,张伯苓遭受到一次重大的个人损失,就是他的爱子锡祜,驾飞机去往前线时,在江西碰到山上而死。三年前锡祜从中央航空学校毕业。在举行毕业典礼时,蒋委员长以校长身份致辞,伯苓先生代表毕业生的家长,讲了一篇很激昂的演说。当他听说他儿子的死讯,他默然片刻之后说道:"我早已把这个孩子献给国家。他业已尽了他的责任。"

南开被日军摧毁早已为张伯苓和他的同人们预先料到。民国二十四年他去四川旅行并游历该省的城市。几个月以后南开中学的教务主任被派到四川,看看能否在华西建立一个学校。在重庆附近的一个地址被选定了;建筑工程开始。这个新校在民国二十五年九月开学,名叫南渝中学。这学校的建筑和设备经费的第一位捐助人,就是蒋委员长。

民国二十七年经南开校友会的请求，这个新校改名为重庆南开中学。

平津陷落后，教育部要求南开大学和清华、北大在湖南长沙成立第一个"联合大学"。民国二十六年长沙校址被敌人炸毁。三校奉政府命令迁往云南昆明，在那里成立"西南联大"，共经七年之久。

"南开会存在的"

但伯苓先生的多半时间是留在重庆的南开中学。经济研究所于民国二十八年在重庆恢复起来。南开小学是二十九年开办，在民国二十八年二十九年日本飞机轰炸重庆最猛烈时，新南开的校舍曾被炸三次。二十九年八月曾有三十枚炸弹落在校内。但被炸毁的房屋很快就修复，课业从未间断。

爱国家的张伯苓自然对于中国的政治发展向来极关心。但过去曾有许多次他谢绝了政界的高官，如教育部长和天津市长等职位，因为他要使自己专心一意去实行他的南开的教育理想。

只有抗战才把他拉入了政治生活，作了众所仰望的一个领袖。自从民国二十七年国民参政会成立，他被推举出来，先为议长，后来推定为主席团中的一员。他对于这个团体有极大的信心，认为是中国民主议会的一个试验。除掉生大病以外，他从未在参政会开会缺席一次，每两周召开一次的驻会委员会，也从不例外。他很少发言；他却时常使会场中因他那"有力的"出席，而感到他的影响。在外表上显著的是教育家风度，他却愿意教导他的每个学生关心政治，虽然他们不一定去做官。

在这九年的抗战期间，南开大学是受政府补助，但南开中学仍是私立。最近政府在西南联大的三个学校复校平津以后，仍然继续补助。但张伯苓一生都是相信并鼓励教育事业由私人方面扶持。他愿意继续往那个方向努力，他的中学仍保持私立。民国三十四年十月日本正式投降后不久，南开中学主任和收复后的天津市市长同坐飞机回天津筹备复校。重庆南开中学将仍继续它在战时的光荣纪录。不论南开是私立或由公家补助，正像蒋主席曾允许过的,"只要中国存在,南开也会存在。"

年届七十的张伯苓先生,为他的南开仍怀着远大的理想。他对他的同事和校友们说道:"当我回顾南开过去的勇敢奋斗史,并且我向前望到复兴的重大任务时,我望见充满光明希望的一个远大前途。南开的工作没有尽头,而且它的发展也没有限量。让我们用以往那样的勇气和毅力一同工作,并努力使南开在我们国家当前的建设期间,担当比以往更重大的使命。"

（《前线日报》,1947年11月5,6,7日）

张伯苓与宋铭勋①

（1947 年 11 月 20 日）

　　社会贤达国立南开大学校长兼国民参政会议长张伯苓氏，近在津门竞选国大代表，竞选方式不落窠臼，实行三街运动，即作街头演讲，贴街头标语，撰街头壁报，以期深入民间，博取一般民众由衷的拥戴，识者称之。而江南名律师三吴耆绅宋绩成（铭勋）氏，近亦作竞选立法委员之准备。氏年逾花甲，而心雄万夫，秉性耿直，嫉恶如仇，敢说敢言，不惧豪贵。当北伐之前，孙传芳淹有苏浙皖闽赣五省地盘，势倾全国，朝野咸仰鼻息。某年因军饷不敷支配，拟加征田亩捐。氏以此举，影响农村经济，有使食米上涨，陷入社会不安定之虞，表示抗议，据理力争。当时明哲保身者咸不敢撄孙氏之锋，独宋持论侃侃，不畏艰险，卒以正理将孙氏说服，收回成命。江南民众，一致称道。今之竞选立法委员，立抱定不请托，不标榜，说实话，干实事为宗旨，成败利钝，在所不计。盖与张伯苓之三街运动，同属别树一帜者也。

（《小日报》，1947 年 11 月 20 日）

---

　　①　署名"贝叶"。

张伯苓的政治梦①

（1948 年 1 月 1 日）

　　他虽是一个七十多岁的老水手，但人老心不老，他对政治的雄心依然不小。最近，他更做着一个年青的"政治梦"，希望在行宪以后，能够做副总统！

　　提起他，在天津，是没人不知道的。不久以前，国民大会代表选举，他不但在天津占了绝对大多数的票，而在全国各省市中，也没有任何人能够得到像他那样比例的票数。因为在别的省市里，能获得人望的贤达，不是"平分秋色"便是"鼎足三分"，而更多的是"群龙无首"。可是在天津，张伯苓却是"唯一"的。无论就那一方面说，论年龄，他是七十一岁的高龄了，有些三十多岁竞选的人，差不多只好算做他的孙辈了。论名望，他是过渡时期最高民意机构参政会的首脑。论品德，他不吸烟，不喝酒，不冶游，有学问，有才干。论势力，他桃李遍天下，尤其是天津，无论那一界，南开校友总是掌握着大部的势力。至于论到个人的成就吧，谁还有比他五十多年的赤手空拳辛勤奋斗的成就，更足以令人敬佩呢？

张伯苓白手成家的奋斗史

　　的确，他真是白手成家的，他的地位，完全由于他自己的创造。他出生本来并不富有，而又正在开始衰败的家庭里，十三岁考进水师学堂，十八岁

---

① 作者何澄。

毕业，又恰逢甲午战争，海军全部覆灭，迫使他闲居了一年，一个青年从戎报国的梦，首先就受了大挫折。第二年，才派到通济舰上服务，在那个舰上，他目睹了一件奇耻大辱的事。他随舰去接收中日战时为日本占领的威海卫，然后又交给强迫租借的英人，在两天内，他看见龙旗换下了太阳旗，又看见了英国旗子换下了太阳〈龙〉旗，悲哀和愤怒使他对这印象特别强烈而难忘。这个印象和以后目睹天津一地有八个租界这两件事，激发他热心教育，雪耻图强的心，从二十一岁在严修家里教五个学生的家塾办起，而南开中学，南开大学，小学，研究所，张伯苓先生发挥了他的坚苦卓绝的毅力，而获得了光辉灿烂的成果。

如今，他转瞬又是七十二岁了，然而，他却壮志未衰，六十八岁时他曾自己兴奋的说："为国家，为南开，当再努力十二年，到八十岁再退休。"诚然不错，今年春天，他从美国回来，不是说南开大学十年后还要改成私立吗？不是又筹办医学院了吗？而且，他不是参加国大竞选，大有在政治上一试抱负的气概吗？

竞选国大代表的用心

说到此次天津国大代表选举，最足以表示张氏在天津的人望了。在十几个候选人当中，张氏独占鳌头，本来是大家意料中事，而票数如此之多，一般人也并不惊异，这就是说明了他的胜利绝非偶然的了。在竞选期中，巨大的画像矗立街头，标语传单贴满了遍天津的墙壁，游艺场的门口，电车的车头，都有他的宣传品，而且别的竞选人都是自吹自捧，但他却有一个"张伯苓先生国大代表竞选委员会"的组织代为宣传。这种势力，这种气象就足以压倒其他的候选人了，何况在天津人的心目中，谁还有比"张伯苓"这三个字更响亮呢？

然而，也不是没有与他为敌的人。政治舞台上明争暗算本是寻常，张氏在天津，公然与他对敌的似乎还没有，但暗里的算计是有的。据说现任天津市参议会议长时子周，虽然也是他早日的门徒，而暗中对之却颇有些儿隔阂,至于这次选举中,有某一些人在某一试场拦人专撕"请选张伯苓"的条子,这也可说明与张氏为敌的并不乏人。还有,这次选举后,有人向中央告发竞选人用汽车接送选民,并认为这样有强迫选民投票的嫌疑,因而向选总所里告状,说是违法。据说,这个告发的对象便是张伯苓。不过,他的门徒们是这样解释:汽车接送是"张伯苓先生竞选委员会"干的事,并非张氏本人用汽车接送选民,这样就并无违法之处了。但这也可以证明,无论如何德高望重,一踏入政治舞台,就免不了要遭人倾轧打击的了。

皈依蒋主席的渊源

张伯苓为什么从清高的教育岗位,走上混浊的政治舞台呢?是什么动机,是什么原因把这位埋头苦干的老校长和政治发生了联系的呢?他曾经在战后回津的第一天亲自对人说过:"我能办教育,只管埋头去干,不必过问政治,办出成绩来,他们自然会来找我们。"他这里说"找",自然只是指政府对学校赞助扶植的意思,然而,政府也确实因为他教育办出了成绩,而把他"找"上政治舞台的。先前,他和北京政府时代的军政领袖交谊是很不错的,和蒋主席的私交之笃,也是人所共知的。推究他最初和这些政治当局联络的原因,大约也只是为着学校的前途,并非对政治有什么兴趣,但是待到一和政治发生了关系以后,不能无动于衷,兴趣大约也就产生了。他第一次会见蒋主席,是民国十九年,那也是为着南大经费的事,由孔祥熙的介绍认识的。从那次会见以后,他就对蒋主席起了极端崇敬信赖的心,这信心到抗战初起时,蒋主席宣布"有中国就有南开"的诺言而益加坚定了。

他第一次接触到政治,大概是民国二十四年,被任选为禁烟委员会委员,而实际过问政治当是从抗战以后,国民参政会成立,当选为主席团之主席开始。如今,他当选国大代表了,而且传说,他还有竞选副总统的愿望,当然今后他和政治的关系将会更加密切了。

听说他很热中〈衷〉副总统

竞选副总统，这消息是由南开中学里传出来的，我们由他在国大代表选举以后的庆功宴上对出力的门徒们爽朗的笑声和乐观的语调中，不难想到这位老校长以七十多岁的高龄，并不高蹈引避，却热中于一个国民大会代表的地位的缘故，他之绝不会以一个代表资格为满足，也是可想而知的。这竞选副总统之传说，虽未由他口里证实，但决不会事出无因。近来一些时候，消息却相当沉寂，似乎没有听到这类的传说了。不过表面上沉寂并不能表示张氏政治兴趣已渐趋淡薄，而由种种迹象看来，政治活动也许正在暗中进行。在天津，有一个公能学会，是以南开校友为基干而拥张氏为领袖的政治团体。而平津两市以张氏和胡适校长为主脑的，又有市民自治促进会，胡氏在北平和张氏在天津一样的是人人知道的，然而北平人虽则个个都知道胡校长，却未必都对他亲切；而张氏，在天津人心中的亲切感却是不可否认的。这可以作为张氏政治活动的资本，尤其是前者，则是无可讳言的。

记得今年三月十九日，他初由美国重返天津，在南开大学的客厅里，以愉快而坚定的语调，对新闻记者和社会人士一再说："中国前途亮极了，亮极了！"然而，曾几何时，剧烈残酷的战火和飞黄腾达的物价，北方民众的血与泪，忧患与痛苦，把这位老校长从富庶的太平洋彼岸的美国所带来的乐观情调渐渐消失了，他已经亲口向人表示对国事不如初回国时的乐观，而当今秋魏德迈来华过津和他谈话时，他的声调已是如此低沉；他只一再向魏氏辩明蒋主席是真心爱国，但却不能回答魏氏所说今日的国家并不是靠一个人可以治好的反驳。显然地，他已不能再那样简单乐观的估计中国当前的局势了。

然而，这位老校长一向是坚毅过人的，数十年来，他的教育事业几经挫折，他从不灰心，当然今日中国混乱的局势也不会使他对国事灰心。虽然副总统不见得就成事实，但他已当选国大代表了，他的政治抱负决不止局限于此,且看他今后的奋斗吧!

青年人眼中的张伯苓

以下谈谈他同青年人的关系。

老校长的确是老了,虽然他仍有健壮的体格,而数月前又从沉重的肺炎病度过来,但年龄与白发已使他与青年们有了距离。不可否认的,他的思想是比较保守的,而青年们却多半是进取的。而且,年老的张校长,已不像往日办家塾那样陪着学生跳板凳,玩足球,和他们生活在一起了。现在,偶而坐了汽车,拐着手杖到大学中学巡视一会,这在学生的眼中都有惊异的神色了。何况,他又与政治打成一团,在多半不满意于现实政治的学生们心中总是不无遗憾的。这样,在形迹上,在心灵中,他和青年们自然就有了距离了。

在他初回天津的时候,学生们欢迎的热烈是无以复加的。但是经过一次两次的演说,学生们的观感不同了。因为他并不能满足青年们的心。比方他演说中常常爱提南开出名的校友,然而所提的,既不是学术界有地位的如最初严氏家塾五个人中之一的陶孟和以及梅贻琦,竺可桢等,当然更不是作家曹禺之流,早先常提的汉卿(张学良)以及重庆演说中提到的周恩来自然更不必说起。他一而再,再而三提到的,只是"在联合国,世界的首都,有张彭春,在纽约,有张平群;到上海市长吴国桢,以及天津市长杜建时等,都是我们南开的。"任何高官显宦的名字,在今日学生们的心目中都不觉有喧赫,张伯苓先生的下一代下二代的思想,早就比他进步得多多了。

一个月前南开大学一个社团出了一张壁报,内中很严厉的批评了老校长与学生群众的距离,并且引了本刊第六期说他不该参加国民党的话。不过这壁报出了半天便取下了。

老南开新南开的分野

很显明地,南开的旗帜下有不同的两派,一派是所谓"老南开",包括毕业多年,服务于社会以及母校的校友,他们是竭诚的拥护老校长的,不过也有的(如南大一些老教授)对老校长目前的作风似乎颇表遗憾。一派是新生的南开,就是新近毕业的校友和南大学生,他们继承西南联大民主的作风,和自由的思想,对老校长便没有那样偶像崇拜,并不像"老南开"们一开口便是"我们伟大的校长"了。这两派同是一家,感情也好,只是精神上却有区别。

结果是:在天津市民中,张伯苓先生因为先前的埋头教育,目前又走上政治舞台,而又当选了国大代表,关系是愈来愈密切了。而在青年群众心里,却是一天天的疏远了。(十二月十五日寄)

(《中国新闻》第 1 卷第 10 期,1948 年 1 月 1 日)

我投校长一票①

（1948 年 1 月 1 日）

伯苓校长献身教育事业，创办南开学校，五十年——自一八九八年十月创办严馆起——如一日，"公"与"能"的精神和事实的表现，令人敬佩。他对于教育的专心致志，可以由一件事证明，那就是他从来不问政治，也不参加政治——这是中国若干先以办教育为预备工作，最后以当厅长、部长为目的之学者、教育家所不能及的。中国自创立现代教育的四十年来，学者、教育家夤缘而跳上政治舞台大出风头的不可胜数。只有伯苓先生始终埋头苦干，经营南开，从来不曾听见他谈到政治情形如何如何，也不曾听过传说他要当什么厅长、部长。

对日抗战事起，全民团结，共赴国难，因而有国民参政会的设立，校长以义不容辞担任副议长，这是他以社会贤达资格襄赞政治。胜利以后，校长赴美医病，由重庆过上海时和校友谈话，仍表示愿再为南开工作十五年。去年春间他由美返国回到天津，和校友谈话时渐多，提到国内外政治局势。去年五月公布施行宪法时，他老先生表示这是中国走向民主政治的开端，同时并对校友们公开谈，以往只办教育，不问政治，如今的情形不同了，你若不过问政治，政治便来过问你，所以今后要改变以往不问政治的主张，并且还希望校友们也要关心政治。这可以说是校长的一个大转变。

去年夏天，由一部分校友建议，得校长赞同，组织公能学会，发扬南开的公能精神。由这个学会，从天津市起督促具有"公能"条件的官吏为天津服务，提倡好人当政。自己即或不为官吏，却应该推荐"公能"的人出

---

① 作者李子英。

来。而且宪法既已颁布，凡我国民应充分行使公民的四种政权。由公能学会的组成，至去年十一月中旬的选举国大代表，校长被推为天津区的候选人，经投票结果，以十三万二千二百十七票——全国各地代表当选得票的最高纪录——当选，这可以说是自从校长表示过问政治以来的第一件成就。他老先生在某次公能学会开学〈会〉对校友们闲谈说，他将来可以考虑竞选副总统。我们盼望这事在不久的将来能够实现。

去年十一月天津市的国大代表选举，可以说是本市第一次真正实验民主政治，许多老夫老妇及男女各界人士，都亲自去投一票。天津虽是一个商埠，一般居民文化水准不及北平，但这次的人数，却超过北平。我们敢说正是因为伯苓校长出来作候选人，才使得天津的选票增加了许多。试想假如不是为投校长一票，敢说大多数的校友决不肯在大冷天，除了自己之外，还怂恿亲友们去投票。也正是因为校长是候选人之人，才使得天津市的选举情形极具和平、自由、民主的作风。

在一个星期六的下午，我拉了一位校友——一位向来不肯为闲事动一动手脚的名士派校友——走老远路去到某区的投票所，一路上他一再的说若不是为了老校长，我们以及大多数人决[不]肯在大冷天出来干这事，而且说实话，在天津除了老校长之外，实在没有值得我们投一票的。到了地点，依照次序，对国民身份证，换票，写票，投入票匦，然后走出来，情形很是安闲自若，没有紧张、拥挤、杂乱、骚动。希望中国真能像这样无争无斗的实现民主。

然而想到国家社会和一般人们的当前遭遇，真有点令人渴望真正的民主——政治和经济的平等自由——早日实现！转而想到二十几年前上中学时听校长每周训话，总离不了说中国人的大病症是"愚""贫""弱""私"。中国人脑子和手都很巧，就是"私心太重"！二十多年后的今天，我们仍听见校长说这样的一番话！的确，中国的教育，工业等等一切均已经进步多了，但只有"私心"仍未稍减，不但未减，似乎更加甚了。试看看今日举国到处的贪官污吏，奸商歹人的气焰比战前更凶狠万倍！这一种最大最毒的病症，这可以亡国灭种的共病，只有一付良药可以医治，就是我们南开校训"公""能"二字——也是校长一生创办南开教育获得的真理。我们希望校长就任国大代表后,首先向政府建议把"公""能"二字定为"国训",全国人民真能切实奉行,才是国家民族的幸福。

(《南开校友》新年号,胜利复刊 2 卷 1 期,1948 年 1 月 1 日)

由于校长国大代表选举加重我的信心①

（1948 年 1 月 1 日）

这次国大代表的普选在我国尚属首次，以天津一市而论，在办理选举技术方面看，大体可以说在井然有序工作紧张的三天里，若干万选民把理想的代表选举出来，这实在是一桩令人欣慰的事，因为这是选举应有的良好表现。由选举国代，以后紧接着是选举立委，陆续而来的如同中央首长及省市参议员以及省市长都要从选举产生出来，这是民主国家必走的途径，亦是当然的精神，吾们具着愉快的心情引起兴奋的前瞻。对于未来的程序可以静静地在等候着一幕一幕地揭开，姑且不谈。现在让我先向我们天津市中选的各位代表谨致最景仰最礼貌的敬意。诸位是我们全国第二大都市一百八十万市民的天津市的代表。我们对您诸位在国家行将踏上行宪的初步，抱着无限的愿望和请求，是什么愿望？是什么请求？我想诸位代表亦是一定晓得的，心心相印的，实在我们大可以不必再挂怀。

张校长中选国代使得我引起无限的回忆，更使得我坚定已往的信心所回想的是：张校长坚苦卓绝地五十年为教育而奋斗，个人在母校读书时，聆到校长的训诲，是多面的，是丰富的；在母校服务时，得到校长的指示，是深刻的，切实的。我个人在前后二十年这样长的阶段里，所听到校长的话究竟是多少，没法统计，不过归纳起来，有两个字就可以包括无遗：一字是"公"；又一字是"能"。几时回想，几时这样。校长常讲："我最奇怪是我们中国人为什么这样自私？人人都想自己，而不想他人，我根本就不信一个人为了别人的衣食终日在怀念设法，而结果他自己反缺少衣食。你们在南

---

① 作者邹性初。

开念书,我不只希望你们是成绩优良的学生;且更要你们离开学校,能为社会服务,能对国家供献。你们为什么看轻了自己?你们为什么不尽力替大家想?"校长这几句话明明白白地告诉我们人人要"公"。校长亦常说:"你们有脑子是作什么用的?人有脑子要对于一切问题加以思想,你有能思想的脑子而不去思想不如肥脑子挖出来炒炒吃了。"校长的话时常深入浅出,请看这类的话是具着怎样深刻的意义,同时更是怎样伟大的昭示。这明明白白地告诉吾们人人要"能"。我现在亦模仿校长用深入浅出的话把公能二字综合起来说一句极好懂的话,就是:校长恨不人人都利用他最好的脑子能有办法地要为大家办事。

吾的回想是这样,吾的信心亦是这样,就是说一个人立身社会,如果永远总是在为群众,一定群众会晓得你;一定群众的向心力会集中到你的身上。这是铁案,这是真理。耶稣基督所谓的:"非以役人,乃役于人。"的确是救人济世的真缔〈谛〉。试想校长五十年来所说的话,是为了什么人,所做的事,又是为了什么人? 社会人士有着明亮的眼光,清晰的视察,对于一切人的活动痕迹逐年按月记得很准确,到算总账的时候,立刻就出来得数。校长的得数是什么? 是"德望高超",是"努力为人",是"大公无私"。这次国代选举大多数的市民早已成竹在胸,很多很多的人认为天津市如果选不出张校长来,于张校长本人并没关系,关系的是显示出市民不认识人。我们要知道校长五十年办教育,既不是为了他自己,更亦不是拿教育当牌匾,而另有所图。尽管在教育以外办了不少的事,尽管仍是抱着教育不撒手,牌子是老牌儿,牌子上写的是什么? 永远办的是什么?"炉火纯青,一贯到底。"这本是梨园对于角色的好评,校长办教育已然早就够上这个味儿了。捧角的人,时时捧角;而唱戏的人,目的并不是希望人捧。请看我津人士这次选举校长做国代,亦可以说是捧角,而校长本人何尝愿意人捧。这不过是水到渠成,极自然的事罢了。吾的信心:"一个人应该永远总为人,是无时不对的。社会人士对于永远总为人的人,景仰他,羡慕他,委托他,亦是永久不错的。"渺小的我,无建树的我对于校长中选引起了回想,加重了信心。我愿意敌〈吾〉辈南开校友紧随着校长表现公能,追随着校长努力工作,是校长的希望,亦是我们的志愿。

(《南开校友》新年号,胜利复刊 2 卷 1 期,1948 年 1 月 1 日)

南开频频走向繁荣^①

(1948 年 2 月 21 日)

平市文教记者一行八人，本月十八日早车随平市国立院校长赴津，采访十八日在南开大学举行之平津国立院校长二月份座谈会，并参观津市文教机构，已于二十日午连袂返平。记者在津参观的两日中，承天津同业热忱招待，并作向导，使我们在顺利而愉快的程序中，访问参观了天津几个著名的学校，看见那些学校在穷困中求建设，安定中求进步的精神，真使人钦佩无已！

第一天先访问南开大学，由该校秘书长黄子坚引导，在雪花里我们从南大的东院经济研究所到八里台的校本部，所有各学院、图书馆、试验室，都一一参观了。南开在战前占地八百余亩，有建筑六大幢，实习工厂三栋，教员住宅三十余所，日军占领期中，几毁坏殆尽。现在由于南大几位负责人苦干图治的结果，南开已在从小康局面渐渐走向繁荣。十八日下午张伯苓校长在招待记者席上就公开说过："南开现在一切都有头绪了，经费也不成问题。"南开正计划着积极发展他的校务，除了完成一个健全的工学院外，还准备筹划医学院和其他研究所，造就专门学术与师资人才。

张校长说南开今后治校的原则就是要做到"校务公开，责任分担，师生合作"十二个字。南开之所以有现在这种规模，张校长说这不是他个人的努力，而是由于大家每个人负责合作的结果。胜利后南开复员的繁重工作，张校长认为他本人非常省事。南开虽然改为国立，但仍然维持着以前私立时代的精神，办事负责感也和从前一样。由于政府的经济协助，社会

---

① 作者王业葳。

三、全面抗战胜利后天津南开大、中学校复校时期的张伯苓

623

人士、校友们的捐助，目前南大经济情形，张校长认为并不感到困难，也还不会觉得有"哭穷"的程度。过去一年中，南开就得到了很多的源源不断的捐助，除北平杨老太太捐助之百岁祝寿节约金五亿元，开滦煤矿公司王崇植经理以太夫人治丧节约金五亿元捐助经济研究所。最近上海有一位孙姓韩国商人，将其工厂机器一百一十盘，全部捐助南开工学院。总之，南开当前情形，都在走向进步，走向繁荣。因了如此，张校长认为南开十年后从国立改回私立是不成问题。关于去年底北大胡适校长《十年学术独立研究计划》的一篇文章，张校长对发展国内几个著名大学不包括南开，不愿有所表示。他认为这是各个人自己的看法，每个人的计划说完了也就完了，整个问题，还是如何办好学校的问题，空中楼阁是没有用的。

讲到天津公能学会推荐张校长竞选副总统这件事，张校长说："实在我并不是害怕竞选，现在我们是民主国家，做一个民主国家的公民，就是竞选大总统我也敢。但是因为办教育五十年，没有一年从政经验，能力实在不够，无法参加竞选；而且我已七十多岁了，身体精神都衰老得来不及胜任竞选工作，真是做起副总统，我怕会有生命危险。"

南大自复员以来，所表现的从记者看来，确实在向前迈进。在目前教育情况到处偏枯困窘的情形下，这真是教育界的一件可喜的现象。

（《华北日报》，1948 年 2 月 21 日）

张伯苓一言　程砚秋兴学①

（1948 年 2 月 28 日）

　　程砚秋办一个小学的消息,曾志本报。动机是他在天津演义务戏的时候,曾在宴会中遇到南开校长张伯苓,张氏对他说:"你办功德中学很好,可以另外再办一个小学,因为就你的人力物力设想,办小学绰绰有余,办中学则需经费太巨,恐怕不是一时能够臻于理想地步的。"

　　程砚秋从谏如流,于是决定再办一个小学校。

（《罗宾汉》,1948 年 2 月 28 日）

三、全面抗战胜利后天津南开大、中学校复校时期的张伯苓

---

　　①　署名"怀湘"。

不可救药的乐观者

——南开校长张伯苓

（1948 年 3 月 21 日）

前些日子在天津传说着南开大学张伯苓校长要竞选副总统，这件事在记者访问的时候，从张校长口里得到了回答。张校长说："我不想参加竞选副总统，我不是怕当副总统，连大总统我也敢竞选，但我现在已经七十三岁了，精力有限了，再者我办了五十年的教育，没有行政经验，如果当了副总统，说不定生命会有危险。"虽然传说被否认了，但由此可以说明这位大学校长的声望。

一提到张伯苓校长就不能和南开分开，他献身教育五十年，桃李满天下，南开今日的地位和他在艰苦中为国家培育人材功绩，勿用赘述，一直到抗战胜利他初次回到一别十年的故乡天津时，他还以七十一岁的高龄愉快的表示"决再干三十年"！他自认定是一个乐观者，他说："历史是前进的，暴力是扭不转历史发展的法则的，历史发展的路线尽管迂回曲折，但终结的方向是自由、平等与幸福。"所以南开同学给他起了一个洋名叫"不可救药的乐观者"。

"七七"事变起，敌机把南开轰炸，当时张校长在南京见蒋委员长，委员长说南开"为国牺牲，有中国就有南开"。所以撤到后方暂时改为国立，胜利后定国立期限继续十年。张校长说："本人办学，为的就是国家，到时一定收回。"而南开中学除了在后方成都〈重庆〉、昆明两地设了分校，张校长并计划在上海设南开第三中学，在东北设南开第四中学，有人问他"究竟要办多少个南开中学？"他的回答说："一直办到我死。"

有人说:"南开像个家庭。"因为南开的校友在社会上彼此之间很能表现互助的精神,尤其是抗战期间在后方各地相见了,真像是兄弟姊妹一样的亲密,亲切。这次学校复员了,正待建设,校友的捐款也真不少。

(《青岛晚报》,1948 年 3 月 21 日)

签署代表大闹会场①

（1948 年 4 月 9 日）

八日下午三时四十五分,国大第三次会议继续举行。主席张伯苓继续表决议事规则,从第十八条起表决到第二十条,刚刚通过,王运明提出紧急临时动议,要解决签署代表问题,会场空气跟着紧张起来。他上台发言说:"我在代表一三二二位代表发言。现在绝食代表因为大会对他们除慰问外并无其他办法,国大召开,举世瞩目,中外观瞻所系,对于这一个问题应作迅速而有效的解决办法。假定绝食代表中有死亡发生,那非但是大会之耻,也是行宪史上一大污点。人非草木,孰能无情,恻隐之心人皆有之。我们是大会代表,才作此不平之鸣。现在根据《民权初步》,希望主席接受我们的紧急临时动议,提付讨论,对这一问题立刻解决。我们提出的办法非常合法、合理、合格,且非常简单。只要大会通过后票多数的人当选,送交国民大会转饬选举事务所照办,就可以了。"他说完后,到主席面前将提案原文双手捧呈主席,然后走回发言台说:"现在请主席看一下《民权初步》第一五九节,看我们是否合法。"说完他就站在那里等候主席的答复。那四川口音发言清晰有力,他每说完一节,台下就报以热烈掌声,夹带着也有嘘嘘的声音。有几位提高了嗓子反对他,其中可以听得清楚的是余家菊,他们高喊"我们是来行宪,不是违宪的。假定是违宪,主席要负这个责任。"这时场里已经嘈杂得很厉害了。主席张伯苓站起来说,"不能变更议事日程,现在继续讨论议事规则。"这时台下还在闹,王运明顿足大喊,"这是今后问题"。

---

① 本次事件,在同日的《申报》中也有记述。

另外还有一位代表走上台，怒气冲冲的喊，"我要发言"，张伯苓主席站起来连喊，"不让你说话，不让你说话。"有些人一拥把这位代表往台下拉，一面说，"你们不能把主席气成这个样子。"汤终光代表走上台去要向主席理论，也被人拉了下来。谷正纲说："你们不要这样，同情不能这样做法。"可是汤氏说："主席这种措置是违法的。"正在这个时候，有注意到蒋主席早已到会，他坐在主席台左首长官席第二排第一个位子上。全场晓得了，一个非常紧张的局面跟着就慢慢的平静下去。这时是四点十九分。洪兰友站起来说，现在主席已经宣布继续讨论议事规程第二十一条。直到五时正，宣布休息，蒋主席才起身到主席台后面的休息室休息。大会五时半续开，继续表决议事规则。到六时正，主席提议延长十分钟，台下的代表多数不赞成，于是散会。这时议事规程三十八条才付表决，但尚未公告结果。综计八日下午会议的结果，议事规程自第十八条至第三十六条，除去照草案原文通过者外，经修正的有：1.第十八条条文修正为"提案外事应有代表二十个。"2.第二十条修正为"提案经审查报告书送由主席团，交秘书长于开会前一日印送各代表"。3.第二十一条最后一句修正为"于二读会前六小时至三小时印送各代表。"4.第二十五条中临时动议须有"出席代表六十人以上之附议"一点修正为"三十人以上之附议"。5.第三十三条修正为"代表发言应就议题力求简省时间，凡逸出议题范围之外或意见同前者，主席得制止之。"6.第三十六条修正为"代表对于议题得提出停止讨论之动议，经出席代表三十人以上之附议后，主席即付表决，前项表决经出席代表过半数之同意可决之。"

（《大公报》香港版，1948 年 4 月 9 日）

"百分之百"的诺言：张伯苓决不做总统①

（1948 年 4 月 13 日）

七日的晚上，因为没有特别约会，便到附近开罗旅馆访友，藉以消磨一点夜里的时间，这位朋友特别健谈，打开话匣，至少便是两个小时，临辞出的时候，他告诉我，明天一早去看老教育家张伯苓先生，这句话，一下打动我的心思，同样的念头，留在我的脑际业已好久了，只是难得个机会，既然这样，我便接着向他要求，"可否明早我们一同去？"老先生满心欢喜的答应，并且约定在早七到"开罗"集合。

南京最近一连有几个好天气，给生活在这里的人带来初夏的意味，八号的早晨，依旧是这么一个和暖的日子，天高气清，人心爽朗，在约定的时间我走到"开罗"，然后雇好三轮，向张校长寓所踏去。沿着马路，大部分的商家还关着门，来往的人和车辆都特别稀少，没有噪杂的声音，没有激起的风浪，也没有飞扬的沙尘，整个南京是静的，沉着的，浸浴在可喜的安定的气氛里。

我们临行所打听到的，仅知张伯苓先生寓居宁海路金城银行招待所，但是门牌多少？一下给蒙住了。当车子爬上小山走入宁海路时，车夫问"几号？"我们才恍然大悟，"是呵，究竟几号！"连我们也不知道。

怎么办呢？我拿着写着地址的名片向东，同车的朋友向西，这条路大都是个人的公馆，一个门牌和一个门牌的距离相当远，我们一连问了十几家，问到马鸿逵的京寓，问到美大使馆武官的官邸，再问到张家敖公馆，都错了，彼此身上一身大汗，问谁，谁也说不出在那里？于是我们失望的到天

① 作者任启明。

津国代所聚集的旅馆,遇见刚要出门的天津市国大夫妇代表王兰和她的丈夫朱佑衡,从那里,我们才确实打听到张校长住在宁海路六十八号。一看壁上针指上九点,国大开会时间到了,张校长一定离开他的寓所,去是枉然,于是决定九号再访的计划。

一位上了年纪的人,清晨一定起身的早,同时休息过一个夜晚,有安静和慰快的心情谈话,我便看中了这个机会,九号的早晨,天阴有微微细雨,气候一下变的凉爽,不像昨天那样闷热,坐上三轮,车在不平的马路上颠簸,我想着见面后要提出的问题,除纸上拟就的外,临时还应该问些什么呢?

不久,车在宁海路六十八号门前停下来,这是一座小型独立洋房,而带有花园的地方,四周都是宽阔的农田和雨露浇灌下的青苗,空气是新鲜的,已没有城市那番嘈杂的声音,我按按电铃,出来一位少妇,递上名片,她导我升堂入室,先在会客处的沙发上坐下,隔窗可以看到夹竹桃和葱绿的松柏,鸟语的声音,花香的意味,不时从四面八方送到我的耳鼻,室内各处收拾的干干净净,地上铺着厚厚的绒毡。伺候张校长的侍应先生,给我面前放下一杯红茶。

正呷了一口茶,提笔记问题的时候,这位和气的侍应先生,请我再到内面坐,我放下雨衣照他所指的地方打着门,张伯苓校长——这位伟大的老教育家,和一座巍峨的山峰一样,走过来,伸出温暖而有力的手,和记者一握。站在巨人的面前,我觉得自己过于渺小,过于柔弱,需要扶持的地方太多了。

张校长介绍站在一旁的女体育界先进高先生和记者相识。然后大家坐下来。生平是第一次和张校长相见,他不愧是位教育家,从外表看,七十三岁了,银色的发丝,高大的北方个子,一付老式墨镜挂在鼻梁上,老态龙钟,越显的这位巨人的伟大和庄严,身上穿着黑色阴丹布的袍罩,灰色法兰绒西装裤,脚登黑色发亮的旧皮靴,背着窗子和记者开始半小时的谈话。

首先我提出一个与他有关的问题。"近来南京因为国大的召开,到处都在谈论着未来大总统和副总统的竞选,副总统已好几位展开激烈的竞选运动，至于总统自从临全会闭幕，通过自由竞选之后，多少人议论纷纷，有人传说，如果蒋主席不做总统的话，最适当的人选应是德高望重的老教育家张先生。"你对于这个说法有何感想？

张校长认为："这是决不可能的事，传说尽管传说，事实总归是事实。你想，中国今天的局势，除蒋先生外，是否尚能找到真正第二位，确能领导全国军政大权人物。蒋先生有数十年革命经验，有八年抗战的丰功伟绩，只有他的力量，才可以指挥全国的军民，只有他的威望，才可以使全国军民信服，举世钦仰。请问我，一个办了多年教育的人，凭什么能做总统，笑话笑话。"

那么你是否有意做副总统呢？"我什么都不愿做，"张校长笑着说，"当我在天津的时候，很多朋友劝我竞选副总统，我答复他们支持我的好意说，我没有政治兴趣，也没有这种精力，我一生不喜欢官，何况中国的官，做起来又不容易，你说坐官吗？今天的官，已非坐的时代了，要确实拿出真本领来，要能吃苦耐劳，与人民生活打成一片。否则趁早不用干，免得将来在人民面前落不是。如果说起救国，我一向认为'做你兴趣所在而此事又能为国为民者，其成就等于国家的成就。'我办教育五十余年，我有此兴趣，我便是用教育救国。假如强迫我做我兴趣以外的事，这不但是我的烦恼，也是国家的损失。"

又有一次胡适之先生和他谈起什么来，劝他竞选总统，他向胡先生举例说明他为什么不能这样做："好比一只洋蜡和一个太阳在比赛光亮，你想洋蜡如何比得过太阳。为什么我把我比作洋蜡，因为洋蜡是自己发光，也就是说，我承认我自己有能力，然而这能力与蒋主席比起来是太小太小。再说副总统尚不欲竞选，更何能谈得起总统呢？"

"现在中国第一件大事是选总统，第二件大事是立纲纪，一个有秩序有伦理有道德有是非的国家，才有前途，才有进步。中国今天有三种病，一种是穷，一种是内乱，再一种是大多数人教育程度的低落，民主的认识不够。一旦纲纪确立后，才能医治三种毛病。"

这次中常会上，蒋主席特告诫"天下为公"之大义，并决心改组政府，这样是否要遭遇到少数人的反对呢？张校长坚决的态度，令人钦佩，他沉沉地把脚一顿，"国家到了今天，谁愿作民族的罪人，相信国民党支持他，社会贤达不讲话，便没有什么问题。"

张校长看看手表，我抬头注意到墙上的钟离九点只剩一刻，张校长计划出席大会，我站起来告辞，临行我还问他，"民主的选举，如果大家都高兴投你一票，你将怎么办？""不会的！"张校长笑着，"如果真的有这一天，虽然当选总统，我向你保证，我也百分之百的不干！不信，咱们大伙看！"

（《时事新报·晚刊》，1948 年 4 月 13 日）

张伯苓的苦心孤诣[①]

（1948 年 5 月 6 日）

南开大学校长张伯苓,于国大闭幕以后,遨游杭垣,饱览西子景色,已于日前来沪,就任本届全国运动会总裁判职。当张氏在京担任国民大会主席时,曾以签署代表问题,阻止汤志先代表等登台发言,引起严重风波。张氏是日以手叉腰,双足蹬地作声,以表示其内心之愤懑,众皆认为张氏数十年来向所未有之"失态"。殊不知张氏实别具苦衷;盖以签署代表纠纷,为一政治问题,万不能会内讨论,否则必致引起民、青两党藉代表之总退席,结果不堪设想。此在张氏,实不得不以雷霆万钧之力,断然遏阻也。事后,大会主席团对张氏备致慰问,而民、青两党人士如徐傅霖、曾琦等,对张氏亦深致钦仰之忱焉。

（《铁报》,1948 年 5 月 6 日）

---

① 署名"禹子"。

张伯苓不二色[①]

（1948 年 5 月 10 日）

　　夫妇为共同生活之终身伴侣，肌肤既亲，痛痒攸关，宜其心心相印，惺惺相惜，如鱼水之永谐也。然人世间虽不乏白首无间之美满姻缘，而彩凤随鸦，齐大非偶之悲剧，亦复比比。更有其始卿怜我爱之有情眷属，中道忽生裂痕而终告仳离者，则两者间必有所轩轾，致失其平衡作用，遂不能免于破裂也。全运会田径赛总裁判南开大学校长张伯苓氏，笃于伉俪情，平生不二色，不愧模范夫妻。张氏尝语人：为人妻者无不希望其丈夫大富大贵；张夫人则相反，但愿丈夫勿大富贵。因中国人之通病，丈夫得志，既富且贵，辄弃糟糠之妻，别营金屋以藏娇也。马公愚尝述其说而加以补充曰："为人妻者勿望丈夫大富大贵，则可终身相守。反之，娶妻者切勿求多才多艺之美妇人。妻有才艺而夫如鹿豕，则妻必不能久安于室，辄易移其情而别钟于风流潇洒之多情才子。"余闻而叹曰：此唐女诗人鱼玄机所以有"易求无价宝，难得有情郎"之大胆作风之咏也。

（《铁报》，1948 年 5 月 10 日）

---

① 署名"啼红"。

张伯苓思子落泪[①]

（1948 年 5 月 10 日）

全运总裁判张伯苓先生，以古稀之年，不辞劳瘁，亲任裁判，持议公平，使各运动单位，得有一权衡之重心，非先生，实无人足以承之也。伯苓先生有子，身长玉立，上届全运会时，为篮球健将，后参加空军作战，殉难于长沙空战之役，此次张先生来沪，记者曾以是询之，张详述经过，为之落泪云。

（《真报》，1948 年 5 月 10 日）

---

① 署名"王京"。

张伯苓先生^①

（1948 年 5 月 15 日）

这是一个令人兴奋的日子，杭州的四月，正是鸟语花香春光明媚的季节，我们德高望重的老校长于本月廿五日莅临杭州，全市社会名流及南开校友假青年会礼堂举行了一个隆重的盛会，数年不见今日始重瞻风采，校长精神焕发，但必竟是年逾古稀，头发苍白，相见之下，不胜感慨。

这次校长趁国大会议闭幕前奏来杭游览，同行者有黄子坚先生，（诸君是否记得他在南开纪念周以及集会上曾数度与我们见面。黄先生善于辞令，语言流利悦耳，现任南大教务长）事先曾告诉我们当火车驶过觅桥时，校长远眺航校，想起了已经为国效命的爱子，的确，无论是英雄好汉名流政客，对于儿女都有同样似海深沉的"爱"，校长也禁不住会触景生情引起了他的伤感。

今晚会场充满了和平愉快的家庭乐趣，每一位的眼光和神情都注在老校长的身上，谈话也都是家常口吻，自然我们最关心亲切的是校长的健康，他说近年保养得法，饮食起居都有师母照应，加以很少用心政治，每日生活看报纸和听无线电，有时与师母"顶牛"（南方话是接龙）。他说现已风烛残年，身体精神，今非昔比，平时行走须有侍者在侧，深恐跌跤，想在几年内将学校教务行政一一托咐给信任可靠的人。他还勉励各位校友日日生长俱进，有才干，不自私，充分发扬南开允公允能的精神。今晚蓝色的日光灯反映着绿色的窗壁特别显得黯淡惨然，校长的话是多么沉重、深远与恳切，我只觉得一片昏暗一阵辛酸，是喜欢抑是悲哀？

---

① 作者黄昭实。

以后黄子坚先生用诙谐的语调，结束了这场盛会，我们高唱南开校歌，并且珍重祝福校长身体健康！

走出青年会大门时已九时许，踏着月光走回学校，一路上我仿佛重见着亲近的笑颜，耳边萦绕着熟悉的声音，我相信校长也长住在每一位校友的心头。

一九四八、四、廿七、深夜于浙大

（《四四通讯》第 2 卷第 8 期，1948 年 5 月 15 日）

记张伯苓①

(1948 年 6 月 17 日)

　　蒋总统提名张伯苓为考试院长，颇使中外耳目一新。据说蒋公对于行宪的考试院，认为必须使之成为真正登庸人才的机构，故考试院长一席，必须以教育人材最有经验的人物担任，方为合适。此项人选，在蒋公心目中觉得只有两个人最够条件，一个是胡适，一个是张伯苓。胡氏不欲干，乃决定张氏。张氏虽然亦在请辞，但事实上是不能让他摆脱的。

　　张先生是一个把教育看作终身事业的人，毕生心血在南开。南开造就人材之多，在私立大学中无与伦比，具有数十年光荣历史，最后却献给了国家，成为国立。与日本早稻田大学经历相同，而张先生终身不离教育岗位，比大隈重信又高一筹。

　　中国以私人之力量办大学，也是从南开起。日本人妒忌中国文化向高度发展，对南开的嫉视，比对国立大学还利害。"七七"变起，南开被烧成焦土，这和"一·二八"时彻底破坏商务印书馆是同一个用意，都是有计划的行动。然张先生却能秉摩顶放踵，锲而不舍的精神，重新从灰烬中建设起来，在沙漠上又长出烂漫的花果，这在张氏，纯然是融合儒墨精神于一身，而躬行实践之结果。

　　张先生办教育的成功，便在不做官的一点上，他们不是和政海绝缘，只是自己不肯卷进去。张伯苓办南开，起初只办中学，后来才办大学。那里北洋军阀当权，他们不懂教育。但是由于张氏的努力，南开的声望卓著，他们的子弟都往南开奔，不由得他们不惊佩起来！所以远在民国十年，李纯

---

　　① 署名平阳生。此文于 6 月 19 日以"平阳"署名载于 6 月 19 日的《小日报》。

　　　　　　　　　　　　　　　　　　　　　　　　　　　　　　639

三、全面抗战胜利后天津南开大、中学校复校时期的张伯苓

便把他的财产一小半捐助南开，南开特建秀山堂以纪念之。后来张作霖也对南开特别看重，抗战以后，张氏被推为国民参政会议长，成为当局最敬重之在野领袖，实在是教育界的瑰宝，中国的完人也。

（《时事新报·晚刊》，1948 年 6 月 17 日）

考试院长张伯苓继任①

(1948 年 6 月 17 日)

民、青两党立委问题,截至目前,打开僵局已是时间问题了,传说中的徐传霖出长司法院,和曾琦出任考试院,因了某种原因,都已成为过去,但司法与考试两院的副院长,已经内定由民、青两党较次于徐传霖与曾琦资望的人士来屈就,至于司法院长一席,王宠惠已为绝无疑问,唯考试院长一席,在总统一再考虑以北方人士来出任的原则下,又出了一个大"冷门"。

十五日的夜八时许,总统府里有一个大宴会,出席的人士,都是有名的总统"智囊",如王宠惠、吴鼎昌、陈布雷等,席间除对当前时局问题有所讨论外,谈到考试院长人选问题,根据总统的本意,举出了二位籍隶北方,现居北方而在学术界极有地位的人士来担任,此人为谁? 一是张伯苓,一是梅贻琦。张是人所共知的教育家,河北天津人,在我国教育界里有极崇高的地位。梅贻琦一门三杰,仲弟梅贻琳,为一医学家,叔弟梅贻宝为一科学家,他们一家有三"杰",门墙桃李,几乎布满了天下。张和梅同为今日我国教育界地位最崇高之士,尤其在美国提起了张和梅的大名很响亮,美大使司徒雷登,便和张与梅是老友,所以总统在慧眼识英雄之下,举出了他两人。本来梅是有很大可能的,但结果提了张伯苓。

(《力报》,1948 年 6 月 17 日)

---

① 署名"止戈"。

张伯苓将长考试院①

（1948 年 6 月 17 日）

国民党中常会昨日开会，蒋总裁提出张伯苓为行宪考试院长，王宠惠为司法院长，当场通过，日内再由蒋总统向监察院提名就可完成手续，正式任命了。按张、王二老都是最有声望于国内外的人物，同时为蒋公向最推许的人物，这次的同时提名，想见蒋公对于整个政府阵容抱新人才主义的决心了。

蒋公平生有几个刮目相看的人物，一个胡适，一个是莫德惠，一个便是张伯苓。三人都是社会贤达，而王宠惠则是党中最被蒋公倚重的一个人。

此次行宪政府成立，行政院长一席，初本属胡适，因胡氏力辞，未成事实。考试院长属意张伯苓，远在两三个月以前，当张氏南下，参加全国运动会时，过京谒觐蒋公，即曾征求同意，张亦谦辞，而最后还是非让此老出来不可。

张伯苓氏，今年已达七十二岁的高龄，但精神矍铄，体格高伟，完全是英美著名老校长的风度。他办南开从中学起，比李登辉办复旦还早十年，而毕生不干别事，专办教育则与李相同。南开造就的人才，四十年来遍于华北东北。在民国十五年以前，东北青年入关求深造者，十之七八往南开奔。南开本是天津荒郊一个小地名，自从张伯苓办学校以后，才其名日著，到了今日，已和牛津、剑桥一样，成为世界尽知的名称了。"人杰地灵"这句话，用在南开与张伯苓身上是再恰当不过的。

十五年北伐成功，蒋公到北平告祭总理，张伯苓谒之于碧云寺，是为初

---

① 署名"无名氏"。

识。嗣后相契日深,胜利年张氏赴美,谒蒋公辞行,蒋公时正对桑梓故乡之浙省主席思用一超然人物而不得其选。乃以询张,张荐沈鸿烈,蒋公点首,沈遂主浙。即此一事,也可想见蒋公对张之信重一斑了。

(《立报》,1948 年 6 月 17 日)

未来的考试院长张伯苓起家记[①]

（1948 年 6 月 18 日）

高龄七十二岁　　毕生致力教育
历任参政会长　　中外咸有好评

　　十六日蒋总统在中常会上提出了准备向监院提□王宠惠任司法院长，张伯苓任考试院长一案，当经中常会通过。总统于向监院提名前所以先向中常会提出者，这是试探一下的办法，既经中常会爽快通过，同时各方面也没有反对表示，当然这两个院长是已成定局了。

　　王宠惠是国民党元老，过去做过司法行政部长，这次出长司法院固在一般意料中，而张伯苓却是从未做过官的，这回却经总统提名而一跃为考试院长了。张伯苓是办教育起家的，过去他与政治直接不发生关系，可是他却是国内外知名的人物，大家知道他间接上于政治的作用很大，尤其在华北，他有左右舆论的力量。

　　张氏今年已是七十二岁了，精神很健旺，他的一生就是办教育，不曾做过别的事，他在大津从先办南开中学始，进而办大学，在他的全力以赴下，成绩渐著，规模日渐扩充，"南开"的名气也名闻全国了，成为华北最有声望的最高学府之一，而张伯苓老先生的名气也成为国内外知名之士了。

　　北伐后蒋总统当时率兵北上，曾与张伯苓晤谈，后关系渐密切，张伯苓也就踏上了政治的边缘，据说最高当局对张氏是特别敬重的，战前曾多次有意请张氏出任中枢要职，均为张氏谦辞。迨后来抗战爆发，平津沦陷，张

[①] 署名"麒麟"。

氏不得不离开他手创的学府而入川,廿九年国民参政会在重庆成立,张氏出任会长,这是一个民间代表的机构,张氏既出任了会长,当然立刻就成为陪都最出风头的人物了。从那时起张氏便踏上了政治舞台,与中枢人士接触频繁。

胜利后张伯苓赴美考察教育,直到今春才返国,据悉总统对考试院长一职属意张氏是早在国大开会时就决定了,这回张氏以"真正"社会贤达的身份出任考试院长,中外舆论对之是一致有好评的。

(《诚报》,1948 年 6 月 18 日)

三、全面抗战胜利后天津南开大、中学校复校时期的张伯苓

捧张伯苓及翁、王二氏①

（1948 年 6 月 21 日）

将长考试院院长之张伯苓，春秋已七十二岁，有人觉得他太年高了，然而，他是具有少年人的情绪，他这样年纪，他做事从不今天事明天做。他是南开大学的创办人，一生尽瘁教育，但是南开不老，他也不老，他和南开一样的年轻，他和南开同学也一样的年轻。

我觉得一个老年官长，而且又是学者出身，做一位考试院院长，是再适当也没有了，有许多比较再繁重一点的事，由书生充任很适当。至于翁院长，王云五部长上台后，有许多事未如人意，我以为这不是他们两位书生的不是，这是残余的官僚资本，豪门资本没有铲除，仍让他们可以利用职务便利，来从中捣乱所致。所以我希望翁、王两位用出书生脾气来，把残余的不良份子，一例更换，更换一批书生上来，否则，录用了他们，反而是成为养虎贻患了，最后我绝对拥护："书生当政！"

（《罗宾汉》，1948 年 6 月 21 日）

---

① 署名"局外人"。

张伯苓拼老命①

（1948 年 6 月 22 日）

做官要有牺牲精神,亦即所谓拼命精神,最要不得的是唯唯否否,暮气沉沉。

总统提任之考试院长张伯苓氏,经各方劝驾,已允受命南来,他说:"身为党员,总裁有命,自当拼着老命去做。"

但是,张氏所受命者为考试院长,主管考选铨叙诸项,都是文绉绉的事务,无须拼着老命与之周旋。

其实,所以要拼命者,无非与恶势力恶环境奋斗,临刀锯斧钺而不惧,必使正义得伸,公道大张。今之从政者如均有此拼命精神,则一切早已上正轨矣。

（《新闻报》,1948 年 6 月 22 日）

---

① 署名"麒麟"。

考试院正院长张伯苓略历①

（1948 年 6 月 27 日）

张伯苓名寿春，以字行，现年七十三岁，河北天津人，清季卒业于北洋水师学堂后，得上海圣约翰大学，及美国哥伦比亚大学名誉文学博士学位。初供职北洋水师，继因深感国势危急，乃决以创办新教育救垂危之中国为职志，[清光绪] 三十年赴日考察教育，返国后乃创办正式学校，初名敬业中学，后更名私立第一中学，至 [清光绪] 三十三年始改名南开学校，任校长。张氏曾于宣统元年，民国六年，及十七年，三次赴欧美考察教育，兼为南开募捐，并于二次赴美时，入哥伦比亚 [大学] 师范学院研究，返国后益致力于校务之发展，八年开办南开大学，十二年添设女中部，十七年增设小学部，二十二年设经济研究所，旋又增设化学研究所。二十四年北方情势日急，氏乃赴川考察，决设分校于重庆，于二十五年秋开学。"七七"事变，南开全部校舍首为敌机炸毁，张氏三十余年心血毁于一旦。蒋主席慰之曰："南开为了国家而牺牲，有中国即有南开。"张氏乃鼓其余勇，于大后方继续培育新中国之抗建人才，除设中学于重庆，大学部则由长沙而昆明，在昆与北大、清华合称西南联大。胜利以后，南大暂改国立，以十年为期，中学仍属私立，现设有天津、重庆两校。张氏毕生致力于教育事业，初无意于政治，抗战时以国难严重，始允出任国民参政会副议长，胜利后当选为第一届国民大会代表及主席团主席，然此均系代议机构，非政府官吏也。三十五年赴美疗疾，康复返国后曾表示：今后将努力于发展南开，提倡体育，及从事中美文化合作三事，故行宪国大代表会拥其参加副总统竞选，氏以缺

---

① 摘自《考试院正副院长张伯苓贾景德略历》。

乏行宪经验辞谢。此次被提名为考试院院长,因总统再三恳切敦劝,不得不勉为其难。

(《中央日报》,1948 年 6 月 27 日)

张伯苓下政海①

（1948 年 6 月 27 日）

新政府"行新政，用新人"，这句好听的名词，当局不但不曾做到，并且毫不重视。新内阁，新立院，新监院的阵容，不是换汤不换药，便是新瓶装旧酒。这等人选，未能使国人耳目一新，实有难餍众望之感——

除了立、监两院之外，考试、司法两院院长，均应由总统提名。原任考试院长戴传贤，他知国人反对腐化，不能再蝉联。故院长一席，须另简贤能。一度传说，该院人选，可让民、青两党，但立委问题未解决，两党不愿入阁。而考试院又是一个冷衙门，很少人觊觎，以是该院长一时未有适当人选。总统考虑至再，便想到提名张伯苓，但张氏以体力就衰，复电辞谢。天津市长杜建时，奉命三访劝驾，张氏均以老迈年高为辞，恳请让贤。

蒋总统提名张伯苓，是因其为教育界的名人，而且可博"用新人"的美名，张虽坚辞，总统仍再去电敦劝。同时，翁院长、陈布雷也分电劝驾。杜建时市长并持总统电文亲自向张氏宣读。至此，张氏感动得说："蒋总统是救国的，我是爱国的，而我身为国民党员，总裁有命，自当拼着老命去做了……"于是，张氏再不推三阻四，决定受命了！

然而张伯苓，何以受总统如此的重视呢？原来张氏在过渡时期曾任最高民意机构参政会的主脑，而他又是一个七十一岁的老人，同时是教界的先进，桃李满天下，在北方很有一部分势力。尤其张氏是一个白手成家的人物，他十三岁考进水师学堂，毕业时恰逢甲午战争，海军全部覆灭，使他"从军梦"未能圆满，后来服务通济舰，仍未能一展长才。只好弃武就文，

---

① 署名"莲子"。

做起严修家里的教师,专教五个学生,但他由这家塾,进而扩展成南开中学,南开大学,成了一个现代武训,这不能不敬佩其成功!

现在张伯苓既已接受考试院长,可谓学而优则仕了,不过,他走上了政治舞台,也就是他离开了青年群众之时,但既献身为国,我们希望他继过去办学作育人才的精神,为国选拔人才,那才不负总统的殷望。如果像戴传贤把考试院当作养老所,那不仅不是"用新人行新政",还有"用老人行腐政"之讥了!最后,希望张氏实行他"拼老命"的壮语,使全国考试制度有所新改革!

(《大地周报》第 115 期,1948 年 6 月 27 日)

南开学生不放张伯苓①

（1948 年 6 月 28 日）

在国民大会时期中，盛传胡适将上政治舞台，结果，他拒绝了政府的好意，仍回到老本行，在举世热衷利禄的今日，不能不说他清高。

最近，由于总统的提名，张伯苓不惜拼此老命，到首都就任考试院长了。张伯苓是中国的教育家前辈，南开学校的校长，在教育界的地位，胜于胡适。然而他不能如胡适的终自淡泊。当他答应就任考试院长以后，北平天津两处南开学校〈生〉，大起骚动，南开的校友会，议决一致挽留张氏续任校长，写信给他，劝张氏"珍惜暮年"，要学胡适博士的"学人难作官"。

南开的学生，对于校长入京就职一事，反对得更为激烈，竟有人提议：以罢课为要挟。这是不是对于张伯苓的爱护？倒又很觉得难说了。

（《东方日报》，1948 年 6 月 28 日）

---

① 署名"华封三"。

张伯苓垂老变志[①]

（1948 年 7 月 1 日）

　　南开大学校长张伯苓氏，近拜考试院长新命，即将到京就职。在"老人政府"中，着此皤然一翁，乃觉倍见生色。但他许多朋友们，则于其老当益壮的勇气深致钦佩外，靡不表示诧异。因为张氏毕生致力教育事业，既极淡于名利。张夫人且有"力戒从政"的御夫信条，数十年笃守勿渝。而今到了垂暮之年，他们又怎会忽然变志了呢？

　　关于张夫人"力戒从政"一点，她曾有过这样公开的表示："常有人称道我们伉俪情深，到老弥笃，问起我有什么御夫的妙术。我说生平就只抱定不愿丈夫发大财，不许丈夫作大官的主张，切实做去，除此别无他法。该知道，男子们要是一旦发了大财，做了大官，便得在娇妻美妾上野心勃发起来；而第一个眼中钉，也就是他的黄脸婆。到那时候，什么家庭之乐与伉俪之情，却全都没有了。所以，我这唯一御夫术，毕竟是获得成功的。"闻者亦多认为至理名言，确是她很宝贵的经验之谈。

　　然而，张伯苓现在贵为院长，做了大官。而张夫人的御夫妙术，今番也显见失效了。大概，贤伉俪定以当前国事为重，因而当仁不让。决不是为"及其老也"，未能"戒之在得"的关系吧？

（《力报》,1948 年 7 月 1 日）

---

　　① 作者冰心。

三、全面抗战胜利后天津南开大、中学校复校时期的张伯苓

老教育家张伯苓①

（1948 年 7 月 4 日）

在我国，以私人学校而享盛名者，南有李登辉，北有张伯苓，李先生早已作古，而今就只有张伯苓先生，像一颗沉夜寒星，照耀在中国的教育界了。

南开，和北大、清华，在国际上几乎成了现代教育的象征。张伯苓先生把一生精力用在办南开上。南开成名了，张先生也成了国内外知名的教育家。有几人可曾想到，这位而今桃李满天下的老教育家，当他幼小时却是立志投效海军的呢？

我没有意思想藉标奇立异之笔，来强调那一段在他生命中并不十分重要的海军生活，那样将冲淡了他在教育上的成就。但是，我必须说明，设非他有那一段亲历国耻经验的海军生活，谁知道呢？他也许不会成为今日的张伯苓。

张先生是一八七六年四月五日生于天津。小时，他的家境并不富裕，但他的父亲却是一位有才干的学者。在父亲亲自教导之下，他很早便写得一手好文章。十三岁时考取了北洋水师学堂，就因为家学根底好，在校中屡考第一，到毕业时，他还是保持着这个名列鳌头的宝座，那时他不过十八岁。

不幸，他毕业时正是中国国势日衰，甲午战争新败的时候。他亲眼看着中国强大海军的覆灭，他亲身经历了威海卫两天之内三易国旗的耻辱。就是这个羞辱的感受，他才决定了兴办教育的信念。你听他说："在威海

---

① 署名"熙雍"。

卫,我眼看着龙旗换下了太阳旗。第二天,又眼看着米字旗代替了龙旗。悲楚和愤怒使我沉思,我得到一种坚强的信念:中国想在现代世界生存,只有兴办能制造一代新国民的新教育,我决心把我的生命用在教育救国的事业上。"

五十年后,南开大学,南开研究所,南开男中,南开女中,南开小学,和散布在全中国各界的四千位南开毕业生,便是他这次立志兴学的结果。

张先生办理南开的经过,留心中国教育者类皆知之,这里不想多说。我所要提出的是他办学的几点精神。他提倡现代教育,他认为新教育的目的必须能增进个人的体魄,必须以科学的方法训练青年,必须使学生们有组织并积极地参加团体生活以养成合作的精神,而最重要的必须培植每个学生为国服务的精神和能力。因此,他特别注重科学和体育,对于课外活动的提倡更是不遗余力。而他办教育更是注重自由与民主的精神。凡是他自己提倡者,则必身体力行。他不顾世俗的毁誉,他提倡新剧运动,他也亲自粉墨登场;他倡导体育,他也一样的汗衫短裤,泥手泥脚地亲自担任球队的教练。

南开之有今日,是在惨淡经营之下产生的。在它开办之初并没有充足的财力筹办,既办之后,也没有充足的财力支撑。但张先生从来没有在用钱上感到沮丧。他是一个最会用钱的人,他常说一个办教育的人如果到年终在银行的存折上还会有存款,他必是一位吝啬的人,失去了拿钱办事的机会。因此,他绝不怕花费比预算还多的钱。但他绝不是"败家子"一流的人物,他会用,他也自有弄钱的办法。南开既然有那么优越的成绩,还怕没有人来支持吗?战前一年,当华北情势日危时,为了绸缪未雨,而倡议在重庆开办南渝中学时,这学校的建筑和设备经费的第一位捐助者就是蒋总统呢!

张先生可真算是毕生尽力于教育工作,他并不是没有走入仕途的机会,但他从不肯抛弃他的教育者的立场,过去他曾谢绝了教育部长和天津市长的职位,而宁愿守着他的南开。但像这样一位有识有见有抱负的教育工作者是不应该只拘囿于南开这样一个小圈子里的。因此,当蒋总统考虑到行宪后考试院长时,第一位映进他的脑中者便是张伯苓先生。荐请的任命已经公布了,经过了几度的婉辞之后,听说张先生也已受命,甚望张先生能以办南开的精神,来为中国奠下优良的考试制度基础。

（《中央日报周刊》第 5 卷第 1 期,1948 年 7 月 4 日）

张伯苓与考试院[①]

（1948 年 7 月 7 日）

行宪后的考试院长,职责是替国家储备人材,统筹学政,故院长人选,必须道德文章是各方崇敬的人物,始能胜任。所以人选问题,久久始获解决。

现在戴传贤去职,继任者为张伯苓,这是总统征求各方意见后的提名,所以没有经过什么周折,即由立院、监察院予以同意。

张近年虽政学两栖,并且从未担任中枢实缺,事实上他左右当局的意志,势力较任何人为强。张创办南开,门墙桃李散处要津,政坛上赫然有南开系之目。

一般人尊张为教育学专家,其实他的才干是多方面的,譬如外交,他的内行常使历任外交部长折服,王世杰每遇重大决策,必向张伯苓请示。

我相信张伯苓就任考试院长远较戴传贤适合,戴思想近佛,年来行径与和尚无异,佛教精义在于出世,无怪考试院形同虚设了。

（《飞报》,1948 年 7 月 7 日）

---

① 署名"勤孟"。

祝张伯苓博士出任考试院长①

（1948 年 7 月 8 日）

张伯苓博士，今年已是七十三岁之高龄，但其做事精神，比青年人还年青，永远是积极的，乐观的，一本大公无私的精神，苦干、硬干、实干。"悲观"与"消极"，似乎在他自己的字典中，永远检不出来。

张博士的做官机会，并不自今日始。远在民国十五年时，颜惠庆氏在北京政府组阁，即征聘为教育总长，氏以立志毕生从事教育事业，辞不就。民国十六年奉军主持北方政局，被任为天津市长，又固辞不就。抗战军兴后，蒋主席一再请其出任要职，频以愿一生从事教育事业，对行政不感兴趣为辞。念七年国民参政会成立，被选为参政员，在汉口举行第一次会议，当选为副议长。参政会副议长，虽非官吏，但因此遂与政界逐渐发生关系。惟其主要精神，仍在一意经营其手创之南开学校。

南开学校成立于前清光绪卅年。迄今已有四十四年之历史。南开成立之前六年博士在严范孙先生之家馆中任教，学生仅五人，由彼一人担任一切课程之讲授，嗣因声誉日增，请求入学者甚多。同时博士于东游归来，知彼邦之富强，实由于教育之振兴，益信欲救中国，必须从教育入手，遂决心创办中学。最初招收学生共七十人，此为南开学校之胚胎。光绪三十三年，从学者日众，严府之校舍，不能容纳，遂在天津城外之南开荒地，由郑菊如氏捐地十亩，建筑校舍，成立南开中学。由是惨淡经营，规模日渐宏大。于民国八年成立大学，民国十一〈二〉年，成立女中部；民国十七年，成立小学部；民国二十五年，复在重庆成立南渝中学。学校规模之宏大，教育方法

---

① 本文为《时事新报·晚刊》社评。

之良善,为全国私立学校之冠。在抗战之前,大学,中学,女中,小学,及研究所学生,已越过三千人,历届毕业生,约在二万人以上。南开学校,由学生五人创始,直到今日之宏规,皆不能不归功于张博士一人之奋斗。如谓南开之发展史,即为张氏一人之奋斗史,亦不为过。

张博士之教育方法,固陈意崇高,经纬万端,但如归纳言之,可以"公能"二字为归依,公能二字之意义,即在培养学生爱国爱群之公德,与夫服务社会之能力。惟"公"始能化私,化散,爱护团体,有为公牺牲之精神;惟"能"始能去愚,去弱,团结合作,有为公服务之能力。如能将二义确实做到,即可允公允能,治民族之大病,造建国之人才。张氏尝以"拉绳"及"折苇"等实例,令学生于集会时表演,证明"聚则力强,散则力弱","分则易折,合则难摧"之原则,藉以加强学生对团结与合作等观念。博士并谓此种实例,在小学课本中,即已见过,但余今以数十年之经验,始确实认清其真理。南开学生每聆其训示后,无不心领神会,确实遵行,在学校如是,毕业后在社会上做事,亦复如是,张博士之伟大精神的感召实令人钦佩。

今一生从事教育事业,不肯做官之张伯苓博士,被总统提名,监察院同意,出任行宪后第一任考试院长。此职对张氏个人固无所宝贵,但为全国考政前途计,实不容其再有所推辞。盖我国今日政治上之基本病源,即在不能任贤与能。故国父在五权宪法中,特设考试院,其目的即在推行考试制度,任贤与"能",以期达到天下为"公"之目的。今张氏揭橥之南开校训,即为"公能"二字,且已发扬四十余年,处处可见到其卓越之成绩。故出掌考试院后,必能将此精神,发扬我国考政,以达到国父任贤与能,天下为公之目的。

惟我国吏治,积弊深矣。高考及格者,不能得到位置,铨叙不及格者,反可稳做高级职务;大部份官吏,多系凭私人关系,营营苟苟,以八行书相互介绍而来。于是政务官与事务官不分,一机关之主管易人,职员随即更动一批。由此而演变为官官相护,贿赂公行,整个政治之不上轨道,此实其根本原因。张氏执掌考试院后,定可本其创办南开之精神,不惧困难,不怕失败,将我国之考铨制度,为断然之革新。此不仅我国之考铨制度,多所利赖,吏治行政,由此走入正轨,即中国未来之国运,亦将可由是而转危为安也。

(《时事新报·晚刊》,1948 年 7 月 8 日)

沈鸿烈受知张伯苓①

（1948 年 7 月 8 日）

新近挂冠的浙江省主席沈鸿烈，是海军出身的人物，前年沈鸿烈之主浙，正如冷镬里爆出来的热栗子，出人不意地膺任，一般人多视为奇迹。

浙江号称鱼米之乡，杭嘉湖三处，尤为物产丰美的地方，更兼密通首都，观感真切，故有人把浙江作古代之山西。因之浙省疆史，向被宦海中人士目为优缺，逐鹿者实繁有徒。以黄季宽之资望手腕，尚不能做得四平八稳，可以想见。

当胜利后酝酿改组浙省府时，蒋主席以浙江为其桑梓，对人选一层，特别关切。干练勤奋，廉洁，都是必具条件。正在物色铨衡时，恰巧国民参政会长张伯苓先生，因赴美养病，晋谒主席辞行，主席偶然谈及此事，数询张先生心目中有无人才，张先生便提出了沈鸿烈，主席深以为然，于是浙江省主席落到了沈鸿烈头上。

这件事，张伯苓有无心荐贤之功，沈鸿烈非因人成事之辈，因为他的确富有才干，过去的表现，很能使政府当局赞赏，故得长浙省，决不是侥幸的。抗战初期，他在山东时，治绩便不坏，后来和于学忠协力完成青岛之撤退，使若干物资及工业设备不落敌手，其功尤不可没。

他发祥的东北，和张汉卿相望。张与宋了文院长，战前为莫逆之交，因之沈鸿烈亦为宋所熟知。又张伯苓老先生为今日蒋总统最信重之人物，最近既慨然参加中枢，担任考试院院长，沈鸿烈之不会投闲置散，殆可预知。

（《时事新报·晚刊》，1948 年 7 月 8 日）

---

① 署名"望诸"。

三、全面抗战胜利后天津南开大、中学校复校时期的张伯苓

张伯苓之做官哲学[①]

（1948 年 7 月 8 日）

张伯苓毕生办学，不涉政治，五十年来，虽不断与政府发生关系，但迄未正式参预政治，迨抗战发生，南开大学毁于战火，张氏愤慨之余，毅然参加国民参政会，未几南开大学改为国立，张氏与政府之关系，遂愈形密切。此次以古稀之年，出任考试院院长，大出一般人意料之外，张氏尝语人曰："好人应当过问政治，如好人不去过问政治，让坏人窃据要津，则政治必无进步之一日。"张氏此次弃学而就官，殆即根据其做官哲学欤？

（《飞报》，1948 年 7 月 8 日）

---

① 署名"雁沙"。

考试院交接礼成

（1948 年 7 月 11 日）

考试院院长交任接任典礼，十日十时于考试院大礼堂举行。该试院全体职员均参加，新任院长张伯苓由戴院长季陶陪同进入礼堂，首由戴氏将印信亲手送交张氏，戴氏嗣即致词称："本院自民国十七年传贤奉命就任开始筹备，十九年一月正式成立，至今足二十年。其间上承中央指示，中蒙各院部会合作，下得各同事先生协助，在国家艰难期中，谨守国父遗教，尽力于廉洁勤慎，守法奉公，淡泊明志，宁静致远，以期无负任命，其间虽先后十余次辞职，请任选贤能，迄未获许。今宪法实行，百度维新，我总统提任张伯苓先生继任为行宪后第一任考试院院长，张先生为国内名教育家，道德、学问、事功为全国所重，今后一切建设，必然有伟大成就，传贤敬以至愉快之心情，移交一切政务事务，敬祝考铨制度发展，诸位同事在张院长伯苓先生指示领导之下协力工作，以期我国父'教养有道则天无枉生之材，鼓励以方则野无抑郁之士，任使得法则朝无幸进之徒.'之遗教，完全就上承先德下顾后人，为民国建立考铨行政巩固之规模，为中华开太平之新运，和衷共济，辅相总统，协助同寅，并助张院长健康，诸同事安吉。"

继由张氏向全体职员训话，略称："本人七十三年来今为首次参加政府行政工作，对于考铨工作一切外行，尚祈戴院长多多协助，并向诸位同事请教。今后工作精神务盼注重通力合作，吾人欲求进步，实非一蹴可就。但至少现在保持一向之成绩，只能变好，不能变坏。"

词毕，礼成，新旧院长相对一鞠躬而退。戴氏随即离院，张院长率部属亲送至大门外。张氏今衣夏布长衫，黑马褂，手执草扇，意态潇洒。

（《华北日报》，1948 年 7 月 11 日）

张伯苓不忘四学生[①]

（1948 年 7 月 13 日）

　　新任考试院院长张伯苓，为人最风趣，他主持南开大学四十年，门墙桃李满天下，以他出面长考试院，实在再合宜没有。学生离校后对于校长拥护能如张伯苓这般热烈的，实为罕见。学生们对他有好感，他对学生们亦不能忘记。在抗战时期，张氏任参政会副会长，一天，与已任政府要职的学生们闲谈，说自己要上峨嵋山去游玩一番，他的四个学生，便自告奋勇，愿意客串轿夫，共抬张氏上山，但他因为这四个学生，均是四个有名人物而拒绝了他们的好意。这四名学生是谁呢？原来就是那时任重庆市长的吴国桢，那时的中共代表周恩来，以及郑通和、施奎龄。现在张氏就职考试院院长，吴国桢及郑通和、施奎龄均有电报往贺，张氏触念及重庆那时四生共抬先生上峨嵋的往事，笑对人说道：现在真正是三缺一的局面，不知周恩来现在在那里，何日能够再见呢？

（《诚报》，1948 年 7 月 13 日）

---

　　① 署名"风人"。

张伯苓上任不带班底①

（1948 年 7 月 13 日）

社会贤达张伯苓，此次被提名任考试院长，一般党中元老，朝野人士，莫不一致拥护，张氏一向任教育要职，此次任考试院长，不论资望，经验，皆极适当也。

张氏日前就职，并未带任何随员，独身前往，虽考院总务处长，秘书主任及各重要人员，全为前考试院之老人马，并未有一员更动，此举实出一般人之意外。

在国内政治上，往往有一恶习，就是有一人更动职位，领导者必随带其所有之班底，前往履新，若如一日为首者下台，则其随从也必随之下台矣。

现张氏全不带一名从员而去就任考院院长，实为我国政治上第一个首□者，此种作风，不但充分表现了民主，并且一改以前政治上之恶习惯。

（《真报》,1948 年 7 月 13 日）

---

① 署名"李公木"。

三、全面抗战胜利后天津南开大、中学校复校时期的张伯苓

张伯苓感动大军阀①

（1948 年 7 月 14 日）

苍白的头发，剪成平顶式，长形的脸型，经常嵌上一副茶褐色眼镜，高高的个子，一口道地的天津话，这就是张伯苓先生，每个南开大学校友口中习称的"老校长"。

张先生以一个毕生从事教育的人，如今突然做起官来，有人怀疑，也有人赞叹，但他做的官，还和教育有关，这或者与一般学者做不伦不类所学非所用的官不同。

论到张先生为人，确也有些和常人不同的地方，他一生意志坚定，待人以诚，律己最严，尤其对于我们中国数千年来无论何种阶级做人必讲道义的美德，他最能躬行。这一次，他所以毅然拜受考试院长之命，百分之七十，是由于他的道义观念很深所促成的，百分之三十，能所以做官，也是为的教育，为的南开。

他初办南开学堂，经过了多年如一日，精神毅力，实非人所及，可以称为武训第二。因他这种非常的作为，竟感动了一个鄙吝成性的大军阀——李纯。李也是天津人，以第六师师长，继冯国璋而为江苏督军，一直做了五年的太平小皇帝，腰缠累累，结果，因私嫌自戕，遗嘱以五十万元接助南开，天津八里台南开大学主要建筑—庄严宏伟的大楼，得以告成。为着纪念李的捐资兴学，这座大楼，便以李的别字秀山题名。李死之后，他的兄弟李馨，侵蚀他的遗产，后来家人星散。当他在南京之时，也可称得起龙盘虎踞，但一死而后，甚至都完了，十七年后，南京城的秀山公园也易名了，铜像

---

① 署名"文匠"。

也打倒了。又有他的纪念物，南开新旧校友，还能知道这个人物，而且多少还对于他表示一点敬意。抗战后，秀山堂虽已被敌机炸毁，将来重新建筑，名字还是要沿用的。一个人的身后名，各人的看法不同。在生前没人好名，死后如能争取一点好名，却又何乐而不为。

张老先生对于李纯，虽是同为天津人，因为各人的立场不同，未必有什么深切关系。李之所以捐款，虽是人之将死的一种善根性的表现，这实在是由于张的平时精神毅力早已感动了这个思想没落腐化自私的大军阀，因而临时动机才肯捐出这笔巨款。

（《小日报》,1948 年 7 月 14 日）

两字真言救世良药

——张伯苓谈"公""能"①

（1948 年 7 月 16 日）

五十年来不肯做官的张伯苓老先生,他这次在国步艰难的时候□□而出,担任五院之一的岗位,这种不避艰险的精神,足令一般投机取巧为尚的人生愧。单这一点,便可见此老几根硬骨头的不寻常,几十年来,自有其立身行世之道,而造成其教育界权威之地位非偶然了。

张老先生就任考试院长之日,对新闻记者谈他的抱负,说今后登庸政治人才,须注重"公能"二字。他说他在"南开"就抱定这两个字来造就人材,今后当把这两个字扩展到考试院的工作上去。这话好像"卑之毋甚高论",实际却具有大道理。中山先生曾标举"天下为公"四个字,让大家去遵行。前代地方官衙门,当立有"公生明"的石碑,都是一理。任何人任何事,能做到"公",自能消泯一切纠纷。公是"私"的对面,念之私是人间祸乱之原,"利令智昏",故私足以蔽明,而公乃能生"明",所谓"公道","公正","公理","公忠体国",公的好处大矣哉。至于"能",更是政治家的必备条件,中国素年便注重政治效率,周公的"多才多艺",便是有"能",能就是能干。惟其能干,所以能够发挥高度的政治效率。后代每逢有能的贤者当国,政治便清明,反之便昏暗。历史实例,不胜枚举。中山先生的理论,特地标出"权""能"二字,议会"有权"而政府"有能",便是现代民主政治的精华所在,"能"的重要正不下于"公"。

---

① 署名"春明"。

年来中国政治的窳败,便坏在"贪污低能"四个字! 贪污就是不"公",低能就是无"能",既不公又无能,国事焉能搞好? 现在要医治这个大毛病,则对症下药,只有"公能"两个字了。张老先生开出的这张方子,可谓诊断无误,至于效果如何,要看推行的程度了。

(《立报》,1948 年 7 月 16 日)

三、全面抗战胜利后天津南开大、中学校复校时期的张伯苓

张伯苓的药方①

（1948 年 7 月 16 日）

张伯苓老先生就任考试院长,拈出公能二字,为今后登庸人才的标准,可谓卑之毋高论,却扼要之至。

中国之所以糟到今日这步田地,就是由于"自私"与"低能",贪污舞弊,和一切无耻不堪之事,全由一个私字而起。而自政治以至各层社会一切工作之无效率,则全由无能而起。私是公的背面,能是低能的背面,张老先生这两字真言,恰是一个对症的药方子。

只是药方虽好,无奈这病已经深入膏肓了,能否立起沉疴,还是一个绝大疑问?

（《时事新报·晚刊》,1948 年 7 月 16 日）

---

① 署名"冷然"。

张伯苓出任考试院长的幕后关系①

（1948 年 7 月 17 日）

王宠惠出任司法院长，似乎比什么都轻而易举，毫无牵制。可是张伯苓的考试院长，情形就大不相同了。先是政府发表了张伯苓出任考试院长，继之张伯苓表示谦辞不肯南下，后来张群北上促驾，张伯苓才南来就职。其所以如此牵丝攀藤，据说是为了这个考试院长在幕后闹出许多纠纷，而且影响到青年党的入阁问题。

当司法、考试两院长人选尚未发表前，青年党的曾琦却动了官兴，他一眼就看中了考试院长，他向国民党方面表示可以考虑出任考试院长，还自拟了一个名单，是由青年党何鲁之任副院长，余家菊任考选部长，铨叙部长由国民党人物出任。可是不料他这个意见转达到蒋总裁那里，却有了问题。蒋总裁早属意张伯苓了，以关系来说，张氏虽然无党无派，却与蒋总裁的关系非浅，因此蒋总裁答复青年党，说考试院长已经内定，同时又怕青年党坚持出任考试院长，因此赶快就发表了考试院长与司法院长的人选，并没有在事先征求张伯苓的同意。后来因木已成舟，只得请张群去促驾了。

可是为了这件事，使国民党、青年党间的意见更深，曾琦发表了几回不满的谈话后，竟使后来许多的问题陷入僵局，青年党一不做二不休，索性再提出七个条件，这样使得原决定由青年党余家菊出任考试院副院长的事，为之搁浅。后来因青年党不提出人选，连那个副院长亦为国民党的贾景德取去。当时张伯苓的谦辞，也就是为了看到这些情形，不愿插足是非圈子，但苦在政府未等他同意便发表了他，使他无法推卸了。

（《诚报》，1948 年 7 月 17 日）

---

① 署名"春明"。

张伯苓①

（1948 年 8 月）

我们倘若留心一点，总可以在社会的任何一个角落找到生龙活虎的人物。

现在的考试院院长，张伯苓先生，他便是一个个性凸出的人物，他的受人钦敬不是因为现在是考试院院长，而是因为他的教育发展史上一个白手成家的人物。张先生桃李满天下，他的手创学校——南开，已经成了私立学校唯一成功的典型。他的个性也将随着他手创的学校同垂不朽。

张先生是天津市人，早年在水师学校毕业，他转成了一个创办教育的先进，是得力于天津老教育家严范孙先生的指引。他既作了天津南开学校的创办人，便一直办到现在，作成了一个第一流的学校。

南开学校办在天津市的南部，这一个地方本来就叫做南开。学校的名字是因地命名，并无深意。学校办好以后，因为办的特别有成绩，所以格外得着社会的同情。尤其是故长江巡阅使李纯的遗嘱，给南开一笔很大的捐助，使得南开在设备方面更加扩充，因此南开的局面更蒸蒸日上。

南开最先办的只有中学。并且是最先试办三三制的中学。当时三三制的美国的制度，而南开三三制高中的功课又完全和清华旧制中的预备学校相当。所以南开毕业以后不论考官费留学，或者自费留学，在成绩上正可和美国的大学衔接，当着清华大学第一、二级招生时，也是南开中学取上的比例特大。后来北大在胡适之先生作文学院长之后也尽量采用美国的标准，清华和北大在教员上彼此也互通有无。再加上南开过去的关系，这

---

① 署名"大地"

三个学校密切的渊源在昆明时代格外显著,到现在还是尽量的合作。南开在二十年前已经办了大学,现在大学部已有文、理、法、工四院了。

张先生眼光特别敏锐,在"九一八"以后,大家虽然知道中日前途不好,可是还没有人想到四川对于国家的重要,张先生首先看到沙坪坝,便觅地建筑南渝中学。这时用比较数目不太可惊的投资,建成了规模宏大的学校。到了后来,重庆果然成了战时的首都,南开中学本校也移到重庆,成了全重庆市的一个规模最大,设备最优的学校。同时因为张先生筹划的早,所以南开的负担,在私立中学之中,是一个缴费最少的学校。

张先生精力过人,向来以事业为至上,他在学校之中有人说他是开明专制的,所以南开从来办的严格而闹不成风潮。但他对于学生仍然是很诚恳的,对于同学却无异于家人父子。他高高个子,健康的身体,充满了北方健者的性格,说一口大津的土话,娓娓不倦。他爱国家,他希望国家平静,他是国民党员,他虽然[是]对现在政府的一切政策并非完全同意的人,然而他却充满热情,希望在现状之下向好转。

他的终身事业是南开大学、南开中学和小学,现在南大因为经费的关系,暂时改为国立,但他只希望由政府维持一时。到将来由他或后继他的人能够仍然恢复到私立的地位,因为私立是可以发挥特殊精神的。所以现在南开中学和小学仍然是私立的。他既然以南开为主要事业,所以屡次政府请他担任要职,他都未就,这一回担任考试院院长,的确和平时作风不同,但只要看看他历来如何热情的为政府帮忙,便可知道他本有他的政治抱负了。自然,到他任务告一个段落之时,一定还可以看见以教育为毕生事业的老校长,仍然回到南开来。

(《中国舆论》第 1 卷第 4 期,1948 年 8 月)

闲话南开①

（1948 年 9 月 17 日）

南开的校长张伯苓先生，在清末的时候，即看见满清的腐败，国人的落后，觉得要挽救中国的局势，非得从教育着手不可，所以便提出了"教育救国"的口号，同时着手办理教育，最先在天津严范孙先生家中开办私塾。那时学生只有几个人，后来渐次扩展，成为天津南开中学，规模宏大，学生众多，到中日战争暴发，南开便迁重庆，算起来南开的历史已有四十四年了。至于重庆南开，是民国廿五年开办，算起来只不过十三年历史。不过他的一切都具备了一个现代化中学的条件，而且养成了一个良好的校风，以后的新同学都会承袭这优良的校风，继续努力下去的。

南开的校训是"公能"。虽然这个校训定得很早，然而仍不会违背时代。"公"就是"无私"，"能"就是"有能力"。在"能"的方面，除掉书本上的知识外，校长更提倡课外阅读，课外活动和体育活动，所以各人都有平均的发展。

张校长复员后，重庆南开的校务都由喻传鉴主任代理，喻主任是南开第一班毕业的学生，现在已经六十多岁了。然而还有一股干劲，每天依时办公，处理各事，都很细心。只是人很矮，所以与外宾谈话时，非仰视不可。

南开的学生差不多一千九百多人，教职员一百三十人左右，在重庆的中学中，当推首屈一指的。全校分为男高中、男初中和女中三部，各部独立，少有联络，尤其是男女同学之间，更少接触。这是多么奇特的啊！

（《中央日报》重庆版，1948 年 9 月 17 日）

---

① 作者为《中央日报》特约通讯员晴空。

张伯苓与蜀光中学[①]

（1948 年 10 月 14 日）

蜀光中学是自贡市的学府,面对釜溪,背依群山,山环水绕,绿林参天。校内建筑,酷似沙坪坝上的南开。豆腐块似的楼房,酱红色的墙壁,美观而庄严。庭院里到处是花园,绿叶红花间,空气中飘散着一股清芳。

今年是蜀光的二十四周年纪念。十年前张伯苓游此,答应自贡地方人士的邀请,在自贡办一个中学,于是遂将原有自贡中学,更名蜀光,曾由喻传鉴兼任校长五六年。故自更名起,蜀光的历史仅有十年。十年的历史中,学风已养成,基础已奠定,毕业学生八班,投考大学的结果是百分之八十以上,第二班毕业生考大学而录取的占百分之九十四。十周年纪念时,张伯苓有一付赠联,上写:"械朴作人光被西蜀,公能建教化媲南开"。很多人皆称蜀光是南开的姊妹校,事实上亦如此。张氏至今仍任董事长。

该校现在有学生一千二百八十六人,男生与女生的比例为二比一,因采男女分班制,现在的校长由陈缬铭代理。陈氏在校十年以上,校中教员服务十年以上者为数特多,蜀光在短短十年内能有惊人的成绩,人事的安定显为一重要因素。

学生用功,构成了学风优良的基础;而学校当局的领导有方,在课外活动上积极的倡导学术竞争,这学校才有今日。在体育课上,学校施行点名制,最近校方有个规定:体育课缺席一次扣体育总分十分,迟到一次扣总分三分,晨间操、课间操缺席或迟到一次扣二分,这个规定不能不说严格了。

[①] 本文摘自《大公晚报》记者希平的文章《今日自贡（二）:文化圈内》,标题为编者拟定。

今天的学生,对于现实问题极为注意。这是学生的进步,从幻想走进了现实。蜀光瞵鹰社举行论文竞争,文章的题目是:《从朝鲜纷争看美苏关系》,又一题为《论币制改革》。由此可看出他们对于现实问题注意密切。

(《大公晚报》,1948 年 10 月 14 日)

为南开寿[①]

（1948 年 10 月 17 日）

今天适逢南开学校四十四周年及张伯苓校长兴学五十周年纪念日，各地南开校友欢欣鼓舞，均将热烈举行庆祝；本报建馆天津，对南开校庆，自更感觉亲切，爰致数语，为南开寿。

任何成功事业，固需要当时时势之诱发，更须有特立独行之士，为坚强贤明之领导。满清末造，国势凌夷，张校长洞烛机微，认为欲救中国，舍从教育入手外，别无他途，遂毅然脱离海军，来津兴学，自严馆设塾，以迄于今，由南中而大学而研究院，惨淡经营，于今已五十周年。其间历尽艰辛，卒能蔚然成长，尤以"七七"变起，津校毁于国难，而张氏信心益坚，曾通电全国校友，谓"教育救国，苓之夙志，此身未死，此志不泯。敌人所能毁者，南开之校舍，敌人所不能毁者，南开之精神。"其意志之坚决，诚足钦敬。四十四年来，南开学校桃李满园，发华结实，数千校友，咸能本公能精神，朴厚苦干，有所贡献于社会。张校长遂亦普受国内外人士所崇敬，以纯粹教育家而膺如斯重望，近世以来，张先生实为第一人，实至名归，确非偶然。

南开学校由于创立时之环境背景及张校长个人对于教育之认识，夙以爱国救国相训勉，灌输民族思想悬为鹄的，其中尤以提倡研究东北问题及反对日本制造华北分裂，为强邻所嫉忌，有"抗日学府"之目，故"七七"事变发生不久，南开首遭轰炸，校址被毁，设备荡然。胜利后南开复员，国家远景是一片光明，张校长乃由"教育救国"转而号召"教育建国"，期以培育建国人才，贡献于国家社会。不幸转瞬而政治协商失败，和平破灭，国共两

[①] 本文为《益世报》天津版社论。

方竟以思想制度之不相容，而出以兵争，民生困苦，社会动荡，青年学子，处此大环境中，纯谨者苦闷彷徨，急进者趋于过激，于是青年人与政府间之距离，日益加甚。当此时际，单纯之爱国教育，已难领导此时此地之青年大群。南开学校素以活泼进取见称，相信此后必能发扬此种精神，以时代思想领导青年，进而领导社会，此其一。

天津为全国第二大商埠，又为华北工业生产及内外贸易重心，腹地广远，交通便捷，将来新港完成，天津在全国乃至远东之经济地位，必将益增其重要，因此对于工商经济人才之需要，至为殷切。南大政经学院已有近三十年历史，战前在何廉、方显廷两氏领导之下，商学院及经济研究所驰誉全国，且以从事华北工业之调查，物价及贸易指数之编制与夫地方财政之研究，其成绩且骎骎为国际学术界所重。战时南大与北大、清华播迁昆明，联合设校。经济研究所则设于重庆，集中力量从事研究生之训练，对于提高我国经济科学水准，亦卓有贡献。复员后南大改为国立，研究所已不复为独立机构，虽研究生训练仍继续进行，而于大规模之实地调查考察工作，则以困于经费，无法进行，良堪惋惜。目前经济问题，错综变幻，政府施政，率多闭门造车，社会亟望南开能肩此重任，于纯理论探讨之外，能注重实际问题之调查研究，以作政府经济措施之参考，并作实业改良之指针。其所需经费来源，北方各大厂矿自必乐为臂助，此其二。

以上两点，为吾人就一时思虑所及，在南开校庆日所提出之希望。目前社会如此动乱不安，学校经费如此困窘，学校行政人员日惟忙于柴米油盐，欲求大学能循理想发展，其事诚属难能。张校长于兴学五十周年期满前夕，应政府之请，离校赴都，主持选政，自南开视之，诚属憾事，所幸大学为学术机关，且南开一切已逐渐制度化，新校长何廉氏又系该校元老，相信必能本该校既往之地位与声望，继续努力，展开南开校史上之新页。

（《益世报》天津版，1948 年 10 月 17 日）

校长从事教育五十年①

（1948 年 10 月 17 日）

　　甲午战争，是中华民族走向新时代的转捩关键。真能把握这转捩关键，倾其毕生的时间与精力，从事实际工作，始终贯彻，大有造于中华民族的，有两人：一位是洞悉世界大势，痛恨满清政治腐败，领导民族革命，手建中华民国的国父孙中山先生。一位便是确认中华民族之所以见侮于列强，全在国民之愚与私，而发教育救国的宏愿，以"公""能"宣教国人的张伯苓校长。固然从事革命工作的大有人，而且致力之勤，成就之大的亦复甚多，然而国父致力革命，凡四十年，走至最后，犹且以"革命尚未成功，同志仍须努力"垂训后继，以求达中国之自由平等为鹄的。革命同志，在万千忧患危险之中，从事工作而能亘四十年，贯彻始终的，国父而外，更有何人？甲午战后，深悉救国端赖教育的贤者亦大有人，其见解、主张、作为、成就之远且大的亦复甚多，然而事业辉煌，名满当世，要推伯苓张公。甲午战役至今，已五十四年。张公在当时感于国旗三易，教育救国之念，蓦上心头。于是脱却戎服，悄然归津，殚思极虑，谋所以实现其所想。时经四载，终得严范孙先生之力，于是教育救国的工作乃开始。又六年，而南开学校于焉诞生。今南开创立已四十四周年，而张公从事教育亦五十年。五十年——半世纪，国人旧说三十年为一世，以为人之一生果能有所作为而亘三十年，已属难得，而张公竟亘五十年而仍继续努力，不惟突越前人，亦且旷世无两。而成就之大，更无与伦比。其尤足称举的"公""能"之训，更是校长教育思想的结晶，其影响之大，效用之宏，实为社会伦理的中心。"公"可以息争，

---

　　①　关健南恭述。

可以止乱，可以利民，可以遂生。"能"可以救贫，可以济困，可以利用，可以资赡。人类彼此之间，无争乱，有利遂，绝贫困，足资赡；究其极致，大同之世，岂不顿可实现。是原子能无秘密之必要，而人类所恃以维持生存的资源亦不虞匮乏。从事教育五十年，创立学校四四载；桃李满寰宇，各个有成就。"公""能"垂训，用宏效远，夫子亦可踌躇满志了。然而校长竟于行宪之初，毅然出山，就任考试院长，表面看来，似乎竟由教育而政治，其实体与用，原无二致，前者是为国育才，从而建国。后者是献身许国，躬亲建国。前者既大有成，后者更应一试身手，以为行宪国民都应问政的倡导与表率，其任用仍是以教育为本体。同人等或躬亲训诲，或追随有年，兹欣逢四四校庆，而校长精神矍铄，体力康强，今后岂止再为南开服务十五年。万悦千欢，喜庆大来。爰撮述校友等的公意，作成此文，以为校长从事教育五十年祝。

（《南开校友》新 3 号，胜利复刊 2 卷 3 期，1948 年 10 月 17 日）

校长赐给我的教训[①]

(1948 年 10 月 17 日)

记得在民国十年的夏天,我和几个同学参加北平西山卧佛寺基督徒学生夏令会的时候,才初次知道南开中学的名字。因为南开的学生参加夏令会的人特别多,所以才进一步打听到南开是一个顶呱呱的学校。校长出席演说了。他说只有教育是救国的良药,只有青年是国家的希望。当时他所赐给我的教训是热诚苦干,是努力救国。

十五年夏天,我又和几个同学参加了在济南举行的基督教青年会全国代表大会,校长又演说了。他所赐给我的教训仍是热诚苦干,努力救国。"九一八"那年秋天,我幸运的到了八里台,成了校长的学生。在八里台生活过程中,我深深的体验到校长事事有远见,对人极热诚,永远是乐观前进,充分的表现着百折不回的力行精神。目的是教育青年而救国。校长这种乐观前进,努力为国的精神,在我生命史上增加了很多很多的活力。

(《南开校友》新 3 号,胜利复刊 2 卷 3 期,1948 年 10 月 17 日)

----

① 作者安梦华。

校长和新中国的建立①

（1948 年 10 月 17 日）

只有南开的校友提起校长来，可以不必冠姓道名，大家就会知道这是称呼张老先生了，因为我们的校长五十年如一日的办爱国教育，中间曾经多少功名利禄的引诱，都不为所动，坚决的要实现他的爱国理想，才有今日的成就，所以我认为这是南开独有的荣誉，不是任何学校可以借用的。

回想校长献身教育的时候，正是我国在种种不平等［条］约束缚下，过着奴役生活时候，他看清楚了爱国是人民的一种责任，不但要自己爱国，而且要造就无限量爱国的人民，他认为中国的病在贫、愚、弱、私四点上，针对这四种病象，要用"公""能"的精神来治疗，他认得清，看得准，有眼光，也有办法。

在种种困苦中南开由严王两馆的三五个人发展到今日，桃李遍天下。南开由一块洼地，到今日已是连亘十余里的辉煌校舍，不但天津如此，重庆亦是如此，不但中国人知道有南开，外国亦知有南开。然而我们的校长并未因此而满意，以七十三岁高龄的老者，仍要为我们服务十五年，他还要干，还要时刻求进的干。虽然南开是在忧患中长起来了，国家亦由次殖民地的地位变成一等强国，但是建国的工作仍须大量的人才来肩负这个责任。一等强国是建基在一等老百姓的身上，所以再干十五年并不是徒作豪语故作惊人之笔，实在是为了要实现他那伟大的理想才发出来这种积极的声音，用以感召南开的校友共同奋进！

记得校长曾说过："顶着干是最舒服的事，打破难关才有快乐可寻，难

---

① 作者王运新。

关越多,进步的机会亦越多。"是的,从我们在校读书的时候,确曾看着南开是这样的长起来了,今年建筑一片新校舍,明年又是一片新的,教学的方法亦是不放松实际困难,时时求进。校长曾经说过,"南开就是逢难必开。"直到毕业后在社会上服务,校长仍不时和我们训话,不让我们营私结党,但是要团结互助。那种热情感动了大家,所以才有今日"南开的学生多是肯干"的美誉。

中国在胜利后面临着种种的危险,朝野一致的在喧嚷,负责任的报怨老百姓不够水准,老百姓敢怒不敢言的看着贪佞横行,因此由于内在和外在的原因所构成的困难真是不可胜数了,而我们的校长却在此时倡组了"公能学会",集合南开的校友来从事建国的工作,他永远是乐观的,亦永远是积极的。不但不人云亦云的瞎喊苦闷,而且勇往直前的要为大家解除苦闷,凡事只要想办法就能有办法,认识的深刻才能判断的准确,大家不要徒作悲观,要知道我们建国的条件,可以说是无一不是优越的,现在大家只要能发挥出"公能"的精神来,目前的难关都能迎刃而解的。

不信看看南开的校史,当初校长在创业的时候,何尝没有人说风凉话?那一年不是在困苦中求进。然而南开这个集团里,却是些服膺校长训示的人,允公允能的干,时已今日说风凉话的人都已不见,而南开毕竟是长起来了,南开的长成正是新生中国的小模型。我们的校长不仅是一代的宗师,而且是新中国新青年的"精神泉源"。他是爱国志士的原动力,激发青年的热力,改变社会风气,建立富强康乐的国家。这种伟大精神正可与诸先知先觉来比美的。

际兹校长办教育五十周年和南开四十四岁校庆的双重纪念日,谨略述个人的感想附诸篇尾,愿我校友发扬光大我们"公能的精神",促使建国大业早日完成!

一九四八、九,于天津市商职

(《南开校友》新 3 号,胜利复刊 2 卷 3 期,1948 年 10 月 17 日)

《另一个中国》序言①

（1948 年 10 月 17 日）

近些年来有若干次,每逢张伯苓博士和我遇在一起时,他就说唯有他了解我的精神上的痛苦,也唯独我能了解他的。他这是表白在中国创办与支持一个私立大学的艰难和不易实现的梦想。假如在下文中我讲到我自己办学经验时,那只是用来衬托他的。我担任燕大校长,在美国有我一些潜在的支援者,他们向来对于国内外的教育及宗教事业的要求,这要求须具有传教动机是得谅解的,都给以资助,并且他们富有相当财力。与这种便利相比,在高等教育一向全是属于政府办理,以及近来成立的现代大学,都是由全国或省市的资力支持的国家里,张博士算是一位开拓者。慈善捐助被认为只是限于人的一家族,或最大只限于一地域,或者再有就是对于穷人的施舍。

在他选择献身教育之前,张博士已经获得一切的资格并顺利的完成初步的阶段,可以走入有实利的做官生涯,有势力并有余暇享受生活。他牺牲这一切因了他正确的想出为国家造就青年有更大的收获的生涯。

为创办南开,他曾先向有钱的朋友劝募经费为建筑校舍和经常费用,并且经验到一位开创者的一切沮丧。这种艰难的努力从未松弛。他的中学初期的成就,使得校舍和设备需要不断的扩充,同时每年的预算逐渐增

---

① 作者司徒雷登,时任美国驻华大使,燕京大学校长。本文原为 *There Is Another China：Essays and Articles for Chang Poling of Nankai* 一书的序言。该书 2019 年由张昊苏、陈熹等以《别有中华》之名全本译出,南开大学出版社出版。其译文与本文所用字词及文风多有差异,因本书题材所限,故选用民国时期译文。

加。决心给中学毕业生一种连贯的大学教育,遂成了一个必然的结局,并且张博士在一九一九年已经有了准备。结果是经济上的及管理上的负担更重,这是他能预料得到的。但是他具有创建力,理想力与永无疲倦的能力,若没有这些,一切的成就便不可能。并且他的向各方面作广大的劝募基金,为中国私人资力办教育立了一个新标准。

但是,最佳的成绩也只有一部分的经费来自可靠的来源,每年愈增的预算如何设法平衡是时时悬在心头的难题。像我个人过去也多少有过这样的难处,并且看着张博士一年一年的向前继续,可以切实的体会证明他所费的劳力,而且更是精神上的艰苦。

用完全另一种方式的英勇努力,张博士在几乎从无间断的政治紊乱时期中,创立起他的教育体系。国内总有些野心凶恶的地方封建势力在内争,需要有机智聪敏,勇气和手腕去应付那些变换迅速的军阀们,以及因政局不定所引起的种种问题。在这整个的期间,又有日本的侵略威胁愈趋严重,和学生们的反日情绪的潮流高涨。

这种爱国的激动产生在青年群中——特别是在日本的威胁明显的华北——是健全的征象,但却引起了许多管理上的困难。每逢反日的活动暂告平息时,发现了团体行动就是力量的学生们,便会作反对不如他们意的某一个人或政策,结果在纪律上发生不良的影响。南开很少发生这类的纷扰,主要的就是因为张博士与他的学生们之间的亲睦关系及他管理学生的完善方法。

一九三六年张博士有先见之明预料到日本将侵略华北,遂在远远的四川重庆设立一个中学。这个学校的标准也像天津的南开一样的好,并且成为逃出暴日压迫的师生的避难处,也为内地人士提供优秀学术的新概念。

一九三七年日本发动侵略华北,悠久著名的南开被日军选择作淫威的发泄对象,对其师生施行暴戾,并将其校舍完全摧毁。这种破坏的暴行适足证明其承认南开学校充满爱国精神。

张博士不屈不挠与他的职教同人联合北大、清华二校在昆明成立联大,在极端的困难情况下勇敢的继续办学。燕京大学的困难——在日军的占领下的北平维持开学——及在珍珠港事件发生后学校被迫停办，我们所遭受的经验比较是微不足道，且相反的为南大增加光泽，因它经过了绵长的八年作争自由的代价，在云南受了与时俱增的困难。

以上系对张伯苓的许多特长略述几项，这些特点曾支持他渡过一个困难时期，若非具有英勇精神者必早畏缩不前。但我不能不再补加几句更亲切的证言：自从我第一次同他相识以后，他的一生成了我的一种灵感与鼓励，因为他的乐观、远见、无穷的热心，和无疵的道德纯厚。我重视他的友谊，当作我在中国的生活深切满足的事体之一种，并且觉得是对他的一点友情。我乐意在这本颂赞他的高贵品格的文集中略作序言如上。

（《南开校友》新 3 号，胜利复刊 2 卷 3 期，1948 年 10 月 17 日）

校长二三事①

——在渝生活断片

（1948 年 10 月 17 日）

校长在渝时，平日起居：早六时左右起床阅书、看报、散步，八时至九时，盥洗、早餐。早餐后阅本日新报，召集同仁谈话，十一时许休息。午饭后午睡，约三时半起。起身后，读书、谈话、散步。五时半，晚餐。好饮茶。三餐，早餐食量稍大。菜饭甚简单，惟须合口味，故多由伊夫人亲自烹调。

※　※　※　※

校长无嗜好，不吸烟，不饮酒，惟好听戏。昔年在津，因公去平，时当梅（兰芳）杨（小楼）极盛时代，到平第一事，即订好座，听好戏。抗战期间，留渝时久，除听无线电外，每晚必与伊夫人"顶牛""斗石虎"以自遣。

※　※　※　※

校长出门带三部书，即《四书》，《圣经》及《三民主义》。彼服膺孔子之伦理哲学，信仰耶稣之博爱教旨，敬佩中山先生之建国远略。

※　※　※　※

校长于三十五年春赴美就医，在彼邦几十月，时适联合国在纽约开会，曾出席旁听，亦曾与各国名流相交谈。归后，综观世界大势，默察国内情形，谓"欲求中国之治，必先得世界之平"，故"天下治而后国平"，自认为系第四次游美之"心得语"。

---

① 作者喻传鉴。

※　※　※　※

校长每喜鼓励同仁负责作事，常对同仁言："喻先生应抢做我做之事，诸位即应抢做喻先生所做之事。"

※　※　※　※

一次校长漫步延宾室，适逢开招生筹备会，即就座。会毕，请校长指示时，校长问现在办法与从前是否相同。同仁答以大体仍旧，惟稍有变更。校长言："好，应有改动，我们学校应时时在改进中。"

※　※　※　※

校长每告人，对世事应抱乐观态度。不必用显微镜从小处细处凿，应带望远镜，向远处大处看。

※　※　※　※

校长对人，好道人之所长，隐人之所短。有一善，必赞誉备至；有所失，从不厉言责人。以是人乐为之用。

※　※　※　※

同仁向校长报告校务时，校长每听至一阶段，辄报以"好"字，同仁聆悉，颇能提高"勇于负责"之精神。

※　※　※　※

校长用人秘诀，在信人，在令人负责。常告同人："作事错了不要紧，下次再改，得一次经验，多一次长进。"

※　※　※　※

校长年事虽高，从不服老，对于事业仍抱极大雄心。常对在校服务较久之同人言："我不老，你们不得言老。"

※　※　※　※

校长平日常说语："凡事预则立"；"欲速则不达"；"大器晚成"；"干到底"；"顶到头"；Soon ripe soon rotten; Don't follow the line of the least resistance.

※　※　※　※

校长尝以"十字训"勖勉学生，即，"为何做，如何做，做，好不好。"意即令学生随时用脑子,做事之前,先要问为何做此事,如何做此事,理由想好,计划做好,以后就要认真去做。做后,再行检讨得失之所在,以作将来改进之依据。

※　※　※　※

校长赴美就医之前,身体虽不甚强健,但为提高同仁研究兴趣,并求增进教育效率起见,仍时常召集教、训等处同仁,讨论实事与教育上之实际问题。各班壁报社员前往请教者亦无不以愉快之精神,谆谆予以教诲。

（《南开校友》新 3 号,胜利复刊 2 卷 3 期,1948 年 10 月 17 日）

三、全面抗战胜利后天津南开大、中学校复校时期的张伯苓

返校记①

（1948 年 10 月 18 日）

五十年,半个世纪,在人生里不是个短的时期。张伯苓老校长昨天恰好在他的教育跑道上跑满了这遥远的路程,真是件值得纪念的事。

南开的校风,是活泼的。这次因了这位乐观老人,回到天津有些改变人生的态度,所以南开各部师生和校友,没有举行狂欢的庆祝,只是用展览会、运动会、音乐会、话剧和纪念会二十几种方式来庆祝这个宝贵的纪念日。校友们排好了的《四四五花洞》和《四四连环套》两出国剧,也因了人心的不安,临时取消了。张校长夫人前几天曾说:"大家连棒子面都挤不来,还唱什么大戏!"校友们深深受了她的感动。

早晨,回到母校大学部东院,参加二十九周年纪念和何校长的就职典礼。会场极其严肃,是南大三年来最隆重的会。来宾席上,坐着两位海军军官,一位是塘沽的徐锡邕君,一位是大沽的邱崇明君,使人想到老校长如果在五十年前没有兴学的动机,今天也是海军的元老了。

张校长说:"……我今天觉得非常安慰,一个事业不是属于私人的,如果举办事业的人离开了,或是死去了,而他的事业能有人切实维护,是极大的安慰。今天的安慰,就是我办学五十年所得到的快乐……"极度地安静,表示着全会场对他起了最人的敬意。

何校长致词里,对大学教育的价值,申述很详,有独到的见解。他的头发已经灰白了,他的新旧同事和他一同坐在台上。南大今天二十九岁了,在台上的教授群里,姜立夫教授在南大已经二十八年半,邱宗岳教授工作

---

① 作者严仁颖。

已经二十八年,何校长入南大执教是民国十五年的事。

散会后,大家都去各部参观,使人注目的是学生鲍其煌,胡橐两君的画展,一位山水,一位人物,都够相当的水准。

下午二时,大家又都跑到中学部,每年校庆日校友们要到第一食堂大吞一顿寿面,昨天竟因了津市的粮荒,取消了这个惯例。

一位老同学从北平来,告诉我一段趣事。张校长这次由京飞平,没有赶上当日的车子回津,便在兴业银行休息了一夜。当晚,校友们看出校长有些闷闷,不像以往在平那样高兴。有位校友便把在故都红极一时的侯宝林和"山药旦"找来了,给张校长说了一段《学戏》和一段《说英文》,张校长大为赏识。那晚有某经济督导大员在座,侯宝林便说道:"咱们西单市场一切不能超过限价,要挨着,但是就怕挨不过去呀!"连某大员都笑不成声了。

庄严的瑞廷礼堂,昨天显得越发壮丽。校友纪念会中,五六百校友,在静听张校长的讲演。这里没有歌声,也没有音乐,只有一字字的沉重话声。他说:"……我最近越来越觉得自己老了。在将来,请诸位要追念我们的创办人严范孙先生,他的伟大,是一般人所不能了解的。四十年前,有人说我教育救国的论调太高,今天证明我的看法并不错误。在将来,要请诸位不要忘掉我的'公''能'理论……"有位校友,感动得落下眼泪来。

纪念会完了,大家一同参加中楼重修落成典礼,由张校长亲自剪彩,随后大家又到北楼前,参加第一班毕业同学纪念井补修落成礼,由四十年前第一班毕业同学喻传鉴、卞俶成两君揭幕。随后,全体校友由第一班毕业生起,分班拿着校旗,排队在校内游行一周,主席便宣告散会。

下午四点钟,张、何两位校长在八里台百树厅举行茶会,津市的文化、教育、军政、工商各界的领袖都到了,还有各国驻津的外交官,真是盛会。张、何两位校长,站在门首,亲自招待。秋风里,被敌人全部摧毁的秀山堂的遗址上,飘动着不同颜色的花草,木斋图书馆的遗址,还存留着残破的基石,南大复校三年了,但南大并没有恢复旧观。昨天参加茶会的人们,还在叹息着。

晚间，在女中部校友会总、分会的新旧理、监事，用"节约菜"来宴请张校长。会场空气稍见轻松。饭后，总会、分会分别选举常委和主席，结果坐了二十年主席的阎子亨君，又当选了"双层主席"。选举前"阎主席"曾用萝卜大花生来竞选，他并且预备日内自己举行一个"连任南开校友会主席二十周年"和"考入南开四十周年"的双重纪念大会，或许忍痛招待全体校友一次。

九时许，散会了，张校长忙了一天，已经感到疲倦，默默中和校友们话别，回家去了。每年今日，他是最快乐的人。今年今日，他应该更快乐。谁想到这位乐观老人，竟沉默的度过了他这一生最宝贵的纪念日。当大家去追寻其中理由的时候，不觉得也都在沉默中离开母校了。

（《大公报》天津版，1948 年 10 月 18 日）

张伯苓说："活着实在没味"①

（1948 年 11 月 1 日）

他一向抱乐观主义,现在做官做的忽然变了悲观主义,是他年龄衰老了呢? 还是时代促使他思想改变,还是另有内幕?

天津人要是不知道张伯苓老校长,那就是太不关心时务了。

张校长是天津的老教育家,北洋水师学堂毕业,最初是在海军里服务,清末的时候,随严范孙先生赴日本考察教育制度,返国后创办南开高等学堂,后来又赴欧美考察,在美国研究教育制度,民国七年返国,改为南开大学,而且附设中学及女学,到现在为止,南开的校龄已经是四十四岁了。

张校长过去历任中华教育文化基金委员会的副董事长,太平洋问题调查会中国代表,华北政务委员,国民参政会的副议长,中央监察委员,国民参政员,国民大会代表,现在〈任〉国民政府的考试院长。

"公能"的精神

这位老校长虽然今年已经是古稀以上的高龄了,但是他毕生尽瘁于教育事业,他老先生具有着一种坚忍不拔的精神,无论有多大的困难和艰苦,也都能坦然应付过去,抱着百折不挠宁死不屈的态度,奔走在坎坷崎岖的路途上,因此南开在国内甚至于国外,都有极好的声誉,同时学校本身,也确定下坚实的基础。

---

① 作者公孙毓林。

四十几年来，南开造就出成千成万的人才，现在南开的校友，遍布国内外，政界，教育界，实业界，许多要角都是从这里出来的，现在的天津市长杜建时，中央文运会的主任委员兼立法委员张道藩，立法委员崔书琴，童冠贤，……都是南开的学生，他们见了张伯苓校长的时候，都要毕恭毕敬地称呼一声："老师！"

张伯苓先生这些年来，他秉着南开的校训——"公能"，彻底的发挥了南开的精神，而且他又把这个精神传授给每一个学生，让这成千成万的学生用南开的精神为国家为民族去"干"！

张校长这个人有毅力，他的家庭很好，虽然生活并不宽裕，但是他的父亲是个很开明的人，他老人家是个很有才干的学者，喜欢音乐，弹得一手的好琵琶，会骑马，能射箭，他从他父亲那里承受了一个聪明的天赋，所以后来他在北洋水师学堂里，每一次考试总是第一名。当时和他同学的严几道，伍光建等人都不及他，可是后来严几道翻译了亚当·斯密、赫胥黎、密勒、斯宾塞等英国学者的著作，为中国学术界思想界放一异彩。伍光建也著作了不少科学的书籍，大仲马和吉彭等人的文学名著，也多半是他译过来的。他们一个个地都成了名，但是张先生却一直在天津办学校，从没有孜孜于名利。

太阳旗·英国旗

据张校长说，他之所以由海军转变成了办教育的动机，是生在威海卫的海军基地，威海卫过去是日本人占领的，后来日本打了败仗，这块地方又转给了英国，张校长那时候，在海军练习舰"同济"号上充学兵，同济号被派去从日本人手里接收过来，第二天又转给英国，张校长说：

"我正在那里，并且我看见威海卫的旗子，两天之内，换了三次，我看见龙旗替下来太阳旗，第二天我又看见龙旗被英国旗代替了，悲楚和愤怒使我沉思，我得到一种坚强的信念，中国想在现代世界生存，惟有赖一种能够制造一代新国民的新教育，我决心把我的生命用在教育救国的事业上。"

因此张伯苓先生决定办一个理想的学堂,恰巧那时严范孙(修)先生在天津创立严氏家塾,严先生是中国旧道德传统和学识渊博最可敬佩的代表人物,他是一位学者,藏书家,诗人,哲学家,最有公德心的爱国志士。严先生邀张校长去教"西学",于是严先生对教育的信念,对于新时代新学识的虚心接受,和他在天津地方直隶全省的道德名望,给了这位才二十二岁的张伯苓,在创立远大的教育事业上,有了莫大的助力。

骗自己的办法

四十四年来,南开由五个学生的一家私塾,已经进展到了包括男女中学,小学,大学,研究所,数千学生,国内第一流的学校了,在重庆还有着一个中学,学生也有一千六百多人。

这个成功是靠了什么?当然张伯苓的不凡的领导能力,是个主要的原因。他就常对人说,办学校就必须有欠账,倘若到年终时,结余尚有存款,这就证明了办学校失去了拿钱办事的的机会。他办南开就不了,不管经费是多么拮据,从不会阻止了他梦想中更奇而更大的计划,因为他对一切事物都抱乐观,他自己就说过:"我有骗我自己的办法!"

他这种天赋的乐观思想,无论如何困难和危险,都不能使他的思想动摇!

他的身体非常健康,没有嗜好,生活简单,对学生如家人父子,一般师生对他也都是像家长一样的忠实的始终敬爱他,他就任考试院长时,校友们曾经劝他,请他珍惜暮年,因为考试院长虽然地位很高,但总是一个"官",以他这位一个一生高尚纯洁的人,实在不应该再去做官,官是个不祥而且不大干净漂亮的东西,犯不上在夕阳无限好的时候,再戴上这种不必要的帽子。

校长和院长

张校长对于做官，是不是另有看法，姑置不论。在他就职以前，总以为可以拿南开校长的精神来做考试院长，别人也拿这种眼光来看他。其实院长和校长决不一样，张先生就职这么些日子了，我们就没有听说他老人家有什么事，说过什么话，别人也没有批评什么，为什么呢？

变了，张校长一向抱乐观主义，现在做官做的忽然变了悲观主义，前些天在来津之前，据说他去参加某一个南开校友的集会，大家和他谈起闲话来，他居然连连地叹息，最后还说："我老了，活着实在没味！"

奇怪极了，抗战最危急的时候，他总是说："没关系，没关系，前途不致黑暗下去的，你们放心吧！"这一回忽然好像自己已经感觉到黄昏暮景，心中有着一腔悲愤似的。

他这样一个乐观几十年的人，突然悲观了，这究竟是什么原因？是他年龄衰老了呢？还是时代促使他思想改变？或者是另有内幕？这实在是一个"谜"。

（《内幕新闻》第 2 集，1948 年 11 月 1 日）

张伯苓先生一席谈①

（1948 年 11 月 14 日）

  沙坪坝南开津南村三号院内,红黄白各色秋菊正开,幽然放香。院外是野草绿茵和丛丛苍绿的柏树,远处群山在望,使人想起了陶渊明"采菊东篱下,悠然见南山"的诗句。张伯苓老校长,昨天回到这安静的庭园里来了。

  这是一所半西式平屋,穿过两旁菊丛的天井,一扇纱门进去就是张老先生府邸的客室。室内陈设简洁,壁炉已经生火,屋子四周有各种精选过的菊花,清丽挺秀。记者进去时,张老先生正坐在屋子中央,一位理发师在替他修面。不久,住在四号的喻传鉴先生也来了;盆花、炉火,和两位主人的娓娓谈话,使这间屋子充满了安详与恬静。

  我还是在像片上看见过张老先生的。张老先生穿着一身蓝长袍黑马甲,慈祥和蔼的面孔上,有不少忧时忧世的皱纹。他一边修面,一边就与记者不拘形式地谈起来,喻先生在旁也不时谈上几句。

  "张先生这次从南京到上海,回到重庆,有什么观感么?"我首先这么问。"乱得很,乱得很,"他感慨万千地说,"南京、上海乱得一塌糊涂,买吃的买不着,买用的买不着,什么也得排班,这成什么样子!"停了一停,他说,"一回到这里就觉得清爽安静了。重庆是太好了,你看,现在那里能找到这样的地方? 重庆虽然物价也涨,究竟有钱还可以买到东西呀!"这时,外面传来南开学生玩球嬉闹的笑声,老先生又说,"你看外面那些孩子,他们究竟还可以安心读书。"

---

  ① 作者高洁。

"看，这里的房子，花，"老先生环顾四周，炉火轻燃着，菊花似在微笑，他继续说，"外面不行，太乱了，太乱了。"

老先生已修好面，坐在我坐的桌子旁边的椅子上，壁炉烧得屋子暖烘烘的。喻先生此时也脱下毛衣，坐下任理发师修面。喻先生是十月三十日才离开天津的，趁此，我问他北方学校的情形，喻先生也感慨地说："不行啦，你想，一年以前，一个大学教授的月薪收入还可以买进十几袋洋面，现在就是一两袋也不行了，南方的教授也一样，以前月薪可买十几石米，现在那里成？学生更苦了，北方学生大部靠公费维持，目前情形更困难。"喻先生面色红润，谈锋颇健。他同时谈及北方和南开大学的现状："北方乱得很，人心惶惶；学生还好，南开同学作南迁打算的人不多。饮食已高到七十多圆一月，不过，他们大体上还能读书。"

说到天津南开大学迁校的问题，在旁沉默着的张先生忽然笑着说："前些日子，香港报上载着，共方宣称已经聘定邓颖超作南大校长。真如此，我倒不怕，他是我的学生呀，周恩来也是的。"我问："那么，南开究竟有什么打算呢？""打算？现在能打算什么？逃又逃到那里？迁又迁到那里呢？"老先生想起他五十年来惨淡经营的教育事业，显然有些激动，"就是这样，到那里算那里。"我谈起报载燕大自治会透露消息说燕大即使时局恶化后，不停办也不搬家，"南大怎么样呢？"张老先生说，"正是呀，南大也只有这样，除此还有什么办法？"喻先生更接着说，"北方学校恐怕都只有这样，现在不比抗战时期，不能搬也无能力可搬。"

谈及京沪，喻先生感叹地说，"上海谣言太多，我动身的前一天，市上忽然谣传说次日要停水，于是家家户户，大罐小碗的无不都拿来储水。到了次日却根本没有那回事。"我问起南开在沪设立分校的事情进展得如何，张老先生连忙说："根本没有那回事，全是误会；这种时候谁还有能力设分校？只是刚刚复员时曾有这种打算，现在根本不必谈了。"

喻先生还在修面。话题转到张老先生主持的考试院，我问，"张老先生主持的考试院工作近况如何？"他说："考试院分考试、铨叙两部，作事的全是我的好友，学生，同人们很好，可以说 very smoothly。"进一步我问，"今后,中心工作准备作些什么呢?"张先生似乎无心谈这个问题,只说:"考试院就是那样,考试,铨叙,然后选人用人,没有什么。"最后,他又补充说:"我主持考试院也跟办学校一样,事情很简单;学校考一校的人,考试院考选全国的人。"

"张老先生在南京听说政府对当前局势有什么打算么? 您对时局的看法,悲观还是乐观?"我问。老先生沉痛地说:"太乱了,我办教育五十年,我的学生很多,他们都很好很规矩,在这样乱世他们都看不惯,苦闷得很。"之后他又说:"我就是主持考试院,和办学校一样。"老先生特别强调这一点:"除此,对于行政院什么院的事我都不管,也少过问或交往。他们的计划,决定,我不知道。"张老先生鼻梁上架着一付浅咖啡色的老光眼镜,从那里面和刚才的谈话,我看到一位老教育家忧时愤世的苦心。

"张老先生,您对于目前中国的教育状况有什么感想么?"我问。他深思一刻说,"教育需要政治安定,政治安定才能谈得上教育。"屋子里,一片沉默,望出去,院内菊花更其清逸了。

"张老先生,您这次回来,只为了休息么?"我问。微微点头之后,老先生继续说,"是的,除此还为什么? 这里是我的老家;回到这里我就觉得舒适。以前日本人占领平津时宣称要摧毁三个东西,一是南开学校,一是大公报,一是永利公司,抗战时候都曾逃到这里来,想不到今天……"停一停,老先生接着说,"我办教育五十年,教育才是我的本务,考试院不过是临时的,这次回来,一面要看看南开中学,再也休息休息,避避尘嚣;外面太乱了。"

"张老先生,您准备作什么讲演么?""不。""如果有人非请您讲不可呢?""不,不好讲,这种时候有什么可讲呢? 作预言吗? 不行;讲现实的,不好说。还是不讲的好,我要休息休息。""那么,张老先生准备在此住多久?""三星期。""以后呢?""看看再说,时局好转了,还要回去。"

时已十一时,七十三岁的张老先生似乎有些疲倦了。暖暖炉火,朵朵菊花,客室内几净窗明,张老先生确是多么眷恋这个老家阿。愿这三星期的时间,让他老先生度着安静的假日。

(《大公报》重庆版,1948 年 11 月 14 日)

我是学者只识办教育！[①]

——张伯苓拒谈时局

（1948 年 11 月 26 日）

他说：考试及格而未用的真材，只有循例请政院录用，时局不安，任用人员问题是难决的，我已经辞职了，但辞不掉！

考试院长张伯苓，这个七十三岁的老人因为疾病，到重庆养病去了！记者得到一个机缘，和他会见，经过一阵寒喧〈暄〉，话题就从中国考试制度谈起，他说："中国考试制度很好，只是有许多不完全的地方，像考试时的弊病，以致不能选拔真材；考试后的训练，过去做得也很马虎；训练后的任用问题，尤其是不易解决；对任用以后，如何使上进，更是不会想到的。像这一连串的问题，考试院现在都准备改善。"

即有真材，无法安置

记者问他已经考试过了而未作用的人如何安置，他说，已经请行政院设法安插，在目前时局不安的时候，任用人员是难求解决的问题。再问他对考试院有何新计划，他说时局不宁，尚未想到新计划，至于考试院今后选拔人材的注重点，他表示将多多注意各大学的毕业学生，准备与教育界取得密切联系。

---

① 本文又以《老了！张伯苓》为题，刊载于 1948 年 12 月 3 日《前线日报》。

谈到教育界,张伯苓兴致勃勃,他第一句话说:"我办教育五十年。""五十年"的确是个不短的日子,他在这五十年内所造就的人材也很多。张伯苓总可以此自傲了吧!谈到目前教育制度,他说:一般学校均未彻底实行现行的教育制度,以致大学生难找出路,中学生考不起大学。因此他主张切实整顿办理不善的大中小学,学生程度提高,改善教师待遇。他再说到了"我办教育五十年"的话,他的意思"南开"是办成功了的。

对时局并无意见

报载南开大学将迁重庆,张氏此行系为南大寻找校址而来,记者以事相询,他回答说:决不可能!因为以目前的情形看来,不但没有迁移的必要,即使到非迁移不可的时候也没法迁,经济问题是太严重了,不但南开大学一校如此,其他各校院无法迁移,也是同一原因。

张氏称为"学者",一再声明决不是有意做官。他说出任考试院院长系辞不掉,不得已而为之。他对记者所问"对目前时局的意见"拒作答复,仅说:我是学人,不谈政治。记者追问目前时局何时可以好转,他说要看军事的力量如何方能决定。

张伯苓不谈党派间事,记者曾问他对李济深等在香港的活动有何意见,他也避免答复,仅仅说,"我不认识他们,我更不愿关心党派间事。"他再三向记者说:"我是学人,我办教育五十年。"

张氏自称学者,也自称是"两袖清风"。他说:我创办南开完全靠各界的捐助,若果我张伯苓有钱的话,谁肯来帮助有钱的人办学呢?

老了为什么不退休

"五十年的教育生活,我仍然是五十年前的穷张伯苓。"

正谈到此处,工友拿来一封南开学生六人联名请求张氏补助的信,张氏带上老光眼镜,将信看完后对记者说,"学生们都以为我很有钱,教育工作者哪里有余钱来帮助学生呢?"张氏真穷吗? 他本人是知道的。

七十三岁的张伯苓是老了,虽然乍看起来还有他北方型的强大身躯,但坚强的身体已随着年龄的加增而衰弱了。走起路来已嫌迟慢,耳朵已有些聋。从他答复记者各项问题看来,思想已不如从前灵活了,七十三岁的老人,在身体逐渐衰弱的时候,应该是退休的时候了。年老的人参加政府工作,在政策的规划上固然较年龄轻的人有经验,但实行起来,难免缺乏勇气。说得严重一点,也许会因年老而耽误国家大事。

（《珠江报》新 7 号,1948 年 11 月 26 日）

张伯苓在重庆[①]

（1948 年 11 月 29 日）

张伯苓院长来渝后，一直住在南开中学津南村里，很少接见客人，也很少外出，连和南开的教师学生们都没有公开讲过一次话。该校师生准备欢迎张老校长的游艺晚会也因连日停电而告延期。在幽静的南开校园里，这位"乐观老人"，消闲地休养着，似乎对现实也消极些了。他唯一的安慰和希望，都在南开那批天真活泼的孩子们的身上，他究竟什么时候才回到南京去，外面人是不知道的。南开这几天正在整修校门，同时校门旁边还增建一间传事房。体育场旁边的"公""能"二字，在寒风中显得分外冷落了。

（《大公报》重庆版，1948 年 11 月 29 日）

三、全面抗战胜利后天津南开大、中学校复校时期的张伯苓

---

① 本文又转载于 1948 年 12 月 8 日的香港《大公报》。

张伯苓隐居在陪都①

（1948 年 12 月 4 日）

考试院长张伯苓，近来息影陪都，谢绝宾客，他对外说是身体衰弱，不胜剧繁，必须长期休养。其实他对于考院公务，已不闻不问了。

张伯苓的出任考试院长，经过不少人的敦劝，他实在情面难却，才在半拉半拖的状况下飞京就职。当时的南开学生，且一致拉牢他，请他不必做官。

现在隐居重庆，徒然挂了院长的虚名，对国事全不过问，可是在重庆的南开中学学生，却常常集体的向他要求补助，他实在穷于应付。某次，他特地召集许多要他帮忙的学生们谈话，他说："我是一个穷教员，你们不能把我当作院长看待，我穷了一世，到现在还是一副穷骨头啊！"

学生们听了他的话，非常感动，从此不再去打扰他，他对往访记者，只谈身边琐事，不涉其他，虽然记者们兜了不少圈子，他总以沉默来答复。

（《诚报》，1948 年 12 月 4 日）

---

① 署名"惜野"。

张伯苓感慨无言①

（1948 年 12 月 10 日）

张君劢刚离开重庆不久，考试院长张伯苓却□□飞回了重庆。重庆人对于这两张都很有兴趣，尤其是张伯苓之去渝，使他们发生许多猜想。其实这位七三老人张伯苓，据他自己说，是到重庆去"休息休息"的，重庆有他的公馆，在沙坪坝津南村，而且还有南开大〈中〉学，于是有人猜测他之来此，可能为了把天津的南开全部搬来。他却是否认了。

张伯苓此番到重庆，似乎感慨万端，然而他的感慨，又是无言的感慨，人家问起他许多谣言，他拒绝回答；问到他南京官方情形如何？他说："各方面接触的很少。"后来又补充道，"这也是想当然了罢。"其实这补充也等于不补充而已。

（《罗宾汉》，1948 年 12 月 10 日）

---

① 署名"务言"。

张伯苓在重庆①

（1949 年 1 月 15 日）

南开大学的老校长，今任考试院院长张伯苓，现在已是七十三高龄的老人了，时局这样严重，他却悄悄地到了重庆住南开中学津南村三号，老人到得那边，整日藏在屋里，除偶然在花圃里及屋前的莫愁湖散步外，敢说难得外出。

他在重庆，避谈时局，一再自称学者，出任考试院乃辞不掉不得已而为之，他更不谈党派，新闻记者有进见者，谈些都是考试上制度，力言愿加改善，他说考试合格而未经任用的人才，已咨请行政院任用中。

张氏戴着老光眼镜，频频称老了老了，还自叹狠穷！穷！穷！

（《东方日报》,1949 年 1 月 15 日）

---

① 署名"王郎"。

张伯苓天涯何处①

（1949 年 2 月 9 日）

和谈密云不雨之时，政府要人，因公而仆仆风尘者，比比皆是，各部会首长，有南飞北粤，东去台湾者，官吏蒙尘，不自今始，而特以如今为烈。南迁政要中，惟一人毫无消息，此人为谁？学而优则仕之张伯苓耳。行宪之五院，行政院已于五日起，在穗办公，据传昨日且将举行迁穗后之首次政务会议。监察院长于右任，亦以抵粤闻。他若王宠惠、童冠贤，虽未南行，亦不在京。惟独张伯苓，自大局紧张以后即未见报纸发表消息，张本教育界硕彦，毕生致力于南开，不图晚年坠入宦海，虽未见浮沉，此老于做官兴趣，确其弥永焉。

张掌考试院最大旨趣，以其职司国内考试制度，颇思于此中树立一行政楷模，故一经促驾，即行光临，以学者司学政，颇谓得人。不意壮志未酬，面目已非，张伯苓当有无限感慨，无从发泄焉。

（《力报》，1949 年 2 月 9 日）

---

① 署名"风子"。

张伯苓在渝深居简出

（1949 年 2 月 13 日）

考试院院长张伯苓自到渝后，即深居简出。近来他欢喜一个人在安静的南开校园内散步。有时走到南开的大门口，左看看，右看看，有时站在体育场上，含笑仁视南开的门生们跳跃打球。

（《大公报》重庆版，1949 年 2 月 13 日）

周恩来、张伯苓和张学良的三角关系①

(1949 年 2 月 15 日)

一、周恩来给学生一个量是非的尺

周恩来是中共里面在国际间最有声望的人,同时也是最具有政治家风度的一个。他在政策的决定上面有深刻的见地,可是在生活方面却最平易近人。记得在"七七"事变之前,一天,几个大学学生坐在平绥路三等车里大谈抗日问题和国共斗争问题,几个学生争论得耳热脸红,旁边坐着一个中年人,一脸络腮胡子,穿个蓝布长衫,拿个皮包,一语不发的看着他们。他们之中有的骂共产党的,有的赞成的,争持不下。这位胡子先生突然说道:"我看你们争执的也够多了,我到有个标准量一量是国民党好还是共产党好。"学生们都睁大了眼惊视这位衣不惊人,貌不压众的人,心里很藐视他能提出什么好的意见。只见他欠了欠身徐徐的说:"这个好坏的标准就在看国共谁能真正按着百姓的愿望去作事。人民要打日本,如果有人一心想同她妥协,企图省出兵力来打自己的人民,就是不好;如果有人无恶不作,榨压百姓,剥夺百姓基本人权,你想他对吗?谁真正站在百姓方面的,谁就对;谁反对人民的愿望的,谁就错。你们用这个尺量量看。"学生们一听此人出语不俗,便与他畅谈起来。到了下车的时候这个人起身告别要走,学生都请教他的姓名。他说:"我就是周恩来。"

---

① 作者武惠去。

二、周恩来与美国新闻记者的会见

美国新闻记者爱迪格·司诺①被南京政府驱逐出境之前曾到陕北延安去过一次,他第一个见到的中共负责人是周恩来。当时两人会见的情景是这样的。他去见周的时间在下午四时左右,太阳将平西了。四野很是荒凉,遥远望到前边几间小屋,有草的也有泥的。跟随他的人用手指点着说:"司诺先生,你要见的人就在你看得见的这个小房子里办公。"司诺很觉得惊讶,不由的说道:"周先生为什么选择这样僻陋地方?"跟随他的人道:"我们都是这一个样子的,那里方便就在那儿办事,我们常常坐在地上把膝头当作办公桌,也就是因为这样我们打起仗来才特别富有机动性!"

快到了,一个人先去通知周先生,司诺到了时,周先生正迎出门来,用着十分流利的英语同司诺寒暄。周先生在学生时代是很漂亮的,可是现在一脸络腮胡子,满脸风霜,身体却很壮健。常常发出大的笑声,显出坦白热诚。司诺问他:"听说你们很反对外国人,尤其美国人,我来拜访不觉得讨厌吗?"周哈哈笑了道:"这都是怀有恶意的人们的造谣,无论那国人我们都一律喜欢,只要他们的见地和行为同我们站在一条线上。否则,就是中国人的反动势力我们也一样把他看作敌人。我们是革命的,站在大家利益方面,对待帝国主义及剥削人民的恶势力,不只我们反对,凡是有正义感的人都应如此! 只要新闻界的朋友肯对我们作忠实的报道,我们特别欢迎优待。"司诺感到十二分高兴,又说:"我在贵处可以自由访问吗?""当然可以,任何地方任何人你都可以去访问。"随后两人谈到革命问题,司诺说:"我听许多人讲,中共在受莫斯科的牵线。"周恩来又笑道:"敌人们对我们用种种方法来陷害,这个事实请你随便看看就明白了,——请看中国人民大众在南京政府下面受的压迫,受的剥削到了什么程度。无论谁只要说一句不满政府的话,便立刻被捕,报纸刊物只要替百姓说几句话公道话,立即

---

① 现通译为埃德加·斯诺(Edgar Snow)。

查封。人民穷苦的没吃没穿,终年劳苦不得温饱,而官僚们不论大小,和资本家们豪门们都过着花天酒地骄奢淫逸的生活。往往他们一晚间给舞女摆的一个小场面就够一个被剥削的穷苦百姓过一年的了。这样的受苦百姓还用等着别人牵线才能起来吗?假如他们都生活得特别好,就是有人牵线能牵得动吗?我们的革命都是基于内在的要求。当然我们不像中国历史上那样革命者们的蛮干,而是有主义有理论有政策的。——这个主义并不是某一国所包办的,假如你们美国想要革命,这个主义立刻就是你们的,所以牵线之说,完全是反动份子的造谣,骗那些无识者而已。"司诺不觉连连点头。他事后宣称他对周恩来的意见完全赞成。

三、周恩来和张伯苓在重庆的秘密

周恩来祖贯淮安,生于东北吉林,小学教育也在东北,及入中学始考入天津南开。当时中学为四年制。南开中学在张伯苓先生领导之下,新气勃勃。张先生素主学校民主,学生应参加学校行政,籍以明了学校实际情形,及使学生有一实地练习作事的机会。并特别鼓励学生发表意见,因而出有《校风》周报,由学生主编,由学生发行,由学生写稿,经济则由全体学生于入学时纳出版费五角。当时东北小学教育特别重视国文,周氏幼年在东北既受有写作的良好培养,又加天资深厚,故常投稿,不久,即被推为主编。张伯苓校长是一个有名的戏迷,最喜看梅兰芳、程砚秋、尚小云、杨小楼等人的戏。他认为戏剧就是教育,而照比书本上的教育力量还要大。但他嫌平剧意识腐败,不足教育新青年,他乃在学校组织新剧团并且自己编《一圆钱》,《新村正》等剧。当时,学生家长不许女学生演戏,同时南开中学当时尚无女生,凡剧中女角乃不得不由男生扮演,时周恩来少年翩翩,乃被推演女角,演来刻画入微,颇受称赞。周氏能写文章,又能演剧,功课又好,乃成为张伯苓先生得意的学生。后来又被选为敬业乐群会的会长。

他因为和张伯苓校长有这样一段亲切的师生关系,后来在重庆,当他与蒋委员长有交涉时,有不能直接硬碰的话便由张氏来转答,同时蒋遇到同样情形时,也是如此。张氏周旋于两者之间,在抗战初期颇得到国共合作的效果。蒋氏因此十分推崇张伯苓,而在汪逆精卫投敌时,他便举张为人民参政会副议长,后来又成了议长。周氏与张校长往来更为密切,关系也更深了。南开同学每次集会,周必出席,同学对他颇有好感。

四、张伯苓对国共团结的努力

张伯苓先生的人望在整个华北和东北都是首屈一指的。在抗战初期,他的团结抗日的言论也曾风靡全国,他常到各地讲演,而每次讲演,都带几条绳子,正讲到好处,便令台下听讲的人上台来,令人一个握住四五条绳子,再令四五个人分四五个方向来拉。这四五个人因为拉的方面不一致,人数虽多,竟拉不动那一个人。他拿这个表演劝告学生全国团结抗日,当时很感动全国。

五、张伯苓与张学良

在北伐之前,北京政府多次请他出来负责教育部,但他均表示终身不作官。在北伐成功之后,他在南开大学公开讲演,批评三民主义里把百姓比作阿斗的错误。他讲到诸葛亮与阿斗的比喻时,他的批评很幽默也很深刻。他自己本身的清高,对民主教育的实际工作很惹起全国人士的钦佩。东北的张学良先生更对他佩服的五体投地。张作霖虽然是一个大军阀,但对教育特别注意。他设立的东北大学,教授待遇的优厚,学校设备的完全,规模的宏大,恐怕冠于全国。但王永江死后,刘凤竹办理不善,张学良自兼校长,乃请南开学生宁恩承作秘书长。又请张伯苓校长作最高指导人。张氏亲身住在东北大学,用尽心血想把东大完全革新,但是他的作风不为当时所接受,竟未收到大的效果。从此之后,南京政府知道他在东北颇有影响力量,乃对张氏特别拉拢。张氏对三民主义再不批评了,而对蒋则特别称赞。直到抗战快终结时,据说蒋使出孔祥熙玩个手法竟使张氏加入了国民党,从此张氏说话的力量立刻大减,而声望也一直向下落。若干南开老校友曾为此事公聚,要求张校长解释,答复的人竟把这个责任推在南开老文案魏云庄先生,但南开校友对此点始终不谅解。因为南开教育一直是用行动来提倡民主自由的,绝对不愿平常可以自由说话的品格清高的张校长加入一个一天比一天腐化的集团。

六、张伯苓的低潮

后来张氏又作了考试院长,若干南开有识之士更摇头叹气了。这次北平的清华大学、燕京大学都在战争期中"挺"得住,弦歌不绝,而竟丝毫未受到损失;可是南开大学向来以坚强著名,以善"挺"扬名中外,而今天竟仓皇搬到城内,使战后惨淡经营的一点规模,完全毁净。为什么以往南开在天津受了多少次战祸能屹然不动,为什么这次竟逃之夭夭?这个原因就在以先南开主事人心地光明,大节凛然毫无所惧,而现在呢,学生虽然依然是具有民主自由思想的学生,可是主事的首脑内心有了界线,便不敢"挺"了!假如南开还能继续存在,它也需要革新了!但我们信南开是一定存在的。

时代是不留情的,"长江后浪催前浪,世上新人换旧人。"这两句大众俗语,也的确有其真理。

张伯苓、周恩来正象征着两个不同的但是伟大的正在巨变中的时代。我们写两张一周不是没有意义的。

(《求是》第 2 卷第 2 期,1949 年 2 月 15 日)

张伯苓的绸衫[①]

（1949 年 3 月 14 日）

南开大学创办人张伯苓氏，自任考试院长以来，仍本学者风度，毫无官僚习气，节俭自守，一如往昔。单说他那件灰色旧绸衫，听说是在抗战前一年裁制的，春秋两季，始终穿在身上，无论赴宴，或出席演讲，也未见另外换上一件。记得去年秋天，南京各界响应蒋总统所倡导的节俭建国大会时，张氏步行至会场，故到场的时间较迟。当时已到会的俞大维颇为焦急，命一个工役侍候于门口，并对他说："如果看见穿灰色旧绸衫的老先生，快请他入场。"不多时，只见工役领了张氏走到俞大维面前说："部长，穿旧绸衫的老先生来了。"引得哄堂大笑。而张氏却毫不介意，一笑置之。

（《诚报》，1949 年 3 月 14 日）

---

① 署名"来井"。

张伯苓悔长考试院[①]

（1949 年 4 月 5 日）

考试院长张伯苓，终身从事教育事业，并未涉足政海，他在行宪后忽然被拉加入政府，身任考试院院长，真是出乎人们意想之外。他的加入政府，是以社会贤达身份参加的，中共把政府首要都列为战犯，独有未将张列入，可见尤对于他有相当好感。但当政府南迁时，中共地下人员竟在考试院大门墙外张贴布告，劝张伯苓快快洁身引退，方可担保以后不列入新战犯之列。张伯苓见此布告，果然西入重庆，即不再回到考试院来了。他在重庆，以办南开中学为唯一事业，并对人表示，他本人本来是清白的，但在此次参加政府后，变成为白纸上有了黑点，再也洗涤不掉，为本人终身的污点，言下大有"棋下一着满盘输"，悔长考试院之慨。张伯苓的态度，现在是很为忧郁的。

（《诚报》，1949 年 4 月 5 日）

[①] 署名"大风"。

张伯苓对时局有条件的乐观

（1949 年 5 月 15 日）

南开老校长张伯苓,日前与该校某壁报社学生谈话。首先学生问他近来健康如何,他说,"很好,近来每顿吃一碗面和大半个馒头。"他同时觉得脚有些软。学生又问他"是否离重庆?"他觉得这话问得突然,他说:"如果去香港又没有钱,毕生所募得的钱都为了办学校。"谈到时局乐观与否,他的答复是"有条件的乐观",只要真正为老百姓着想,日新月异就可乐观。关于天津有没有信写,他说,有。南开大学已开学,经费由人民政府负责任。中学比较困难,仍收校费维持,但为数不多。

这位老人因为年迈力衰,不常与学生谈话。

（《大公晚报》,1949 年 5 月 15 日）

南开校庆纪盛

（1949 年 10 月 18 日）

中央社讯：南开学校昨天成立四十五周年。重庆本校特于上午九时举行庆祝纪念会，参加教职员男女中、小学生及校友和来宾三千余人。由教务主任韩叔信主席，报告纪念意义后，副校长喻传鉴致词。他说："南开系张伯苓校长由艰难创造而成长，天津部分经毁灭而复兴，校长每遇一次困难，必能予以克服，这是南开建校的精神。盼全体师生将其发扬光大。张校长因病后不耐久坐，未能出席参加，嘱本人代致歉意。"

喻氏词毕，继由小学部代表，中学部代表敖敬兰，校友代表唐际清，教职员代表孙绍裘先后致词，大家一致祝张校长健康，要发扬"允公允能，日新月异"的校训。孙代表特别强调全体师生要和衷共济，应付一切困难。唐代表盼望同学师友要注意研究学术，保持思想自由的精神。最后来宾雷法章以老同事地位讲话，分析南开办学精神，是以救国为宗旨，培养建国干部为教学的目标。他说："本校有这样美丽的环境，有这许多允公允能的教职员和校友，应该大家为改造国家社会而努力。"

纪念会至十一时完毕，各班派代表谒张校长致敬问安。下午举行球类比赛，晚间开同乐会，表演话剧。自治会板报（《公能报》）发行纪念特刊，大家都很兴奋快乐。

本报讯：南开学校昨天在肃穆气氛中庆祝它的四十五周年节日。没有下雨，一般的情绪都因此轻松愉快。

上午九时，全校师生和校友在大操场举行庆祝纪念大会，主任韩叔信，副校长喻传鉴，附小刘小姐和中学部敖敬兰，教职员代表孙绍裘，校友代表唐际清及来宾雷法章诸氏先后致词，都为南开致其远大的希望。张伯苓校长未参加大会，各班代表会后到校长寓所表示敬意，校友们也接着前去拜候。老校长目睹其早年桃李纷纷归来，欣然色笑，起身招待。

中午，学校备寿面招待校友，同时有六场球赛点缀此一佳节，计篮球：女生对女教联，渝鑫对南开；垒球：中正对南开，彤声对高三（女）；足球：重大对南开；排球：教联对白云。

晚上，有在校学生主持的游艺会招待校友。这个游艺会的一部分节目在昨天的迎新大会上表演过，其中《沉渊》写一个丝厂经理夺人财产，占人女儿，终致自己也人亡家散。《结婚》是学生自编自演，突梯滑稽，叫人笑破肚皮。

（《大公报》重庆版，1949 年 10 月 18 日）

解放全中国人民极欢迎
反对这潮流定遭毁灭的
——张伯苓答学生访问

(1949 年 12 月 5 日)

重大学生自治会采访组,昨天到南开去访问老校长张伯苓,提出了几个问题,他们的问答:

问:重庆解放后有什么感想?

答:我与一般人民同样的感到特别高兴。

问:外传人民政府要接收南开是不是事实?

答:绝没有这回事,现在天津南开大、中学都很好,并且继续开办,人民政府对文教都非常保护的。

问:蒋匪是不是将逃迁昆明或者西昌?

答:蒋政府在大西南已在崩溃,解放军的革命"人民是欢迎的,如果反对这个潮流是要招致毁灭的"。

(《大公晚报》,1949 年 12 月 5 日)

拜访张伯苓先生①

（1949 年 12 月 13 日）

当"解放"像太阳一样照临重庆时，我们也重新回到自由的空气里，因而也想起了静居在南开学校的一位曾经有五十年历史的教育家张伯苓先生来。在解放后的第二天（十二月二日）笔者曾约一两位同学去访问他，希望能得一些指示。

跨进南开的校门，转了几个湾〈弯〉，我们终于来到张校长伯苓先生的住宅了。经过仆人的领导我们便挨身走进了张先生的起坐间，陡然便有一股暖气袭来，那是壁炉里发出来的，一位丰硕的老人，从一张半新的藤椅上站了起来。我们向他鞠躬着，写字台旁的那位老太太也欠了欠身子。我们以前从没有见过张先生，那满幅霭霭可亲的仪态，无形中引起了我们无上的敬慕。他招呼我们在他对面的靠椅上坐下，把藤椅拉得和我们更近；我们作自我介绍后，我们第一个试探性的问题便是请[教]张先生对于解放的观感。他沉默了一会。摸了摸头上短短的白发，然后开始说："当然，今天重庆是解放了，每个人都感到欢欣和鼓舞，我本人也同样地感到快慰，此外我没有什么特殊的观感，不过……"他停了停，"这倒并不是什么出人意料的事，几月前北平人民政府不是成立了吗？""而且很多地方会同样到来的！"以后我们的话题被拉开到国民党政府逃退前外传蒋介石曾来请张先生同走的消息是否正确；他几时离开考试院及今后蒋政府将搬往何处去等等，他逐一回答着："是的，蒋先生在离渝前曾两次来我这里，并曾派他的儿子来过。请我同他们到海外（？），但我始终没答应，因为我已年老了，我现在七十四岁，隔不久便是七十五了。"并指着一位老太太说，"她也是七

———————————
① 作者陈好问。

十七岁高龄了,我们夫妇感情很好!"这里两位老人的面上都不期然地浮现出微笑来。张老太太指着他说:"他已不能作事了,他回到这里有一年多了。"先生沉了沉补白地随接着说:"是一年又几天了!""本来我早就离开了考试院,但是他们始终不让我离开,对于我的辞职不批准也不公布,直到最近才在报纸上见到。"

"蒋先生[与]我们的感情很好,但是对于他的作风我实在不佩服。"

马上我们就提出了我们访问的中心问题,那便是关于今后教育动向问题,他表示他没有到外面去了,不过由朋友的告诉,人民政府的措施很好,彻底,踏实。他把手抄的一份新政府协商会议草案第五章"教育文化政策"及毛主席新民主主义关于文化教育事业的十一、十二两节介绍给我们看,并说:"毛泽东先生很不错,他是一位顶进步的哲学家,深明历史的发展和世界的趋势;这本册子(指《新民主主义论》)还是对日抗战中写成的,眼光真远大呢!这里面的一切实在太好了。我相信照这样中国一定会好起来,中国好了我们不都好了吗?"在这老人面上这时又显出一片笑容。接着更加强着语调说:"不仅中国,也不仅苏联会朝着共产主义的方向走,中国同苏联只不过仅是世界的一部分,这是一个世界性的趋势,整个的世界各国都会向着这个方向走的,而且已经逐渐走向这个方向了。世界上究竟是有产者多,还是无产者多呢?是有阶级性的剥削好还是无阶级性的经济平等好?当然是无产者多,无阶级性的经济平等、政治平等好;共产主义便是反帝国主义反封建主义和反官僚资本的。因此必然受大多数人民的拥戴,为大多数国家所奉行。"他更笑笑地说:"重庆太小了,教育的问题也太小了,这是一个全世界的问题,是一个极大的问题。"

他又告诉我们,他非常重视教育,他在很年轻的时候便决意把从事教育当做他的终身事业。目前,五十年过去了,而且今后仍不会因年高便松懈下去的。他特别追叙最先触发他这终身事业的动机的故事:当他二十三岁,那时他正在海军学校里念书;正当威海卫从日本手里交还我国的那天,他正在海船上,他亲见海船上在两天的日子里改换了三种国旗:把日本的国旗放下,换中国国旗时,马上便又被英国国旗代替了。这使他感到极度愤慨，一个地大物博的中国会被两个小岛国家欺凌，他立志非使中国变为富强不可，他更深入地认识到这种建造工作非从教育着手不可。因此便马上决定下来，更马上做起来，五十年来他没一天离开过这工作岗位，一切坚苦困难都无法改变他的初衷。但是这五十年中，中国始终没摆脱苦难，没走向富强，相反的，更被少数统制〈治〉者推向半封建的资本主义的反历史发展的灭落的道路，这实在令他失望。现在，一个新的转变到来了，新的一切是合乎客观现实的发展的，是为国家为人民大众的，他相信今后中国一定能走向富强康乐之境。教育在新的社会制度下配合着一定能发挥强大的效力。于是他又重复着他的一句话，"中国好了，我们不都好了吗?"他继续以坚毅的口吻指出他的办学宗旨与今天人民政府所标举的是完全一致的，他说："共产党不断指出的杜绝贪污和提倡生产，这正同南开学校的校训'允公允能'是同一意义，所谓'公'便是和'私'对立的，贪污是自私，一切为人民为国家，忘掉个人'我'的单独利益的存在，这便是'公'的意义。'生产工具大众化''提倡科学''鼓励生产''发展工业''改进农业'……这都是'生产'问题，但这必须有相当能力的人才去作，因此学校'能'的培育便是最大的任务。南开中学便首先提出这两件事作为校训。"张先生此刻愈谈愈觉得兴奋了，眼睛里发射着光，更强调南开学校举出的"日新月异"四个大字那正含味着科学的进化与发展，因此他总结地向我们说："南开是进步的、合乎时代需要的学校。"以后他特别提及新政府政务院总理兼外交部长的周恩来先生，他说："他是南开的学生，在人民政府里挺出风头;以前(指抗战时)他经常到我这里来呢!"从他兴奋的面部表情中看来，这一切也许便是他多年来从事教育的信心和安慰吧!

时间将近十二点了，我们只好向他告辞;室内暖气袭袭，同来的人面上都带上了微红，这位健旺的老人还继续说些勉励我们的话和问我们还有没有问题。

在匆匆步出南校门后，好久好久，笔者的脑际始终萦绕着"公""能"，"科学的""民主的"……和一片光明灿烂就要到来的新教育远景的憧憬。

（《大公晚报》，1949 年 12 月 13 日）

附录二　张伯苓略历

张伯苓,名寿春,以字行。祖籍山东,1876 年([清]光绪二年三月十一日)4 月 5 日生于天津,父张久庵,字云藻,母杨氏。有妹祝春(字冠时,1884—1964)和弟彭春(字仲述,1892—1957)。

张伯苓幼读四书五经,1889 年秋,考入天津北洋水师学堂。1895 年 2 月 25 日(农历乙未年正月二十一日),与王氏女结婚,二人婚后"情好无间",生有四子,长锡禄(希陆),次锡羊,三锡祚,幼锡祜。同年 10 月,以最优等第一名从北洋水师学堂驾驶班毕业。

甲午之役,清政府北洋水师全军覆没,日本强占威海卫。1898 年,日本迫于压力,将威海卫转让与英国。是年 5 月,张伯苓乘通济轮前往山东,在两天之内,目睹日本、清政府与英国三国的国旗升上换下,愤然而生"教育救国"之志,于是脱离海军,返回天津。

1898 年 10 月,张伯苓受严修(字范孙)之聘,任教于严氏家塾,以英文、数理教授严氏子侄,此称"严馆"。自此,开启其长达 50 余年的教育人生。三年后,1911 年春,张伯苓再受津绅王奎章之请,兼教授其子侄及亲友子弟,是为"王馆"。

再三年,1904 年 5 月,张伯苓与严修一同赴日本考察教育,为创办中学作准备。8 月二人回国。同年 10 月 16 日(清光绪三十年九月初八日),合并严、王两馆,成立中学堂,称为"民立中学堂"(私立中学堂),校址在严宅偏院,招收学生 73 名,张伯苓任学堂监督。学堂经费除学费外,由严、王二家每月各供给白银一百两。此后不久,该校又相继更名为"私立敬业中学堂"和"私立第一中学堂"。

1907 年 10 月,学堂新校址在当时的天津城西南"南开洼"落成,1908

年春季开学,学校即从严宅迁入南开新校址。1911 年,学堂因得公款资助比例增大,校名遂由"私立第一中学堂"更名为"公立南开中学堂"。此为"南开"校名之始。1912 年民国成立,学校正式定名"南开学校",学校"监督"改称"校长",当年校庆日农历九月初八日为公历 10 月 17 日,此后"10 月 17 日"正式成为南开延续百余年的校庆日。

1917 年 8 月,张伯苓赴美,入美国哥伦比亚大学师范学院,师从杜威、桑戴克、克伯屈、孟禄等教育大家,汲取先进的教育理论与方法,为创办南开大学做准备。1918 年 5 月,严修一行亦到达美国,从此严张二人将学习、考察、讨论、研究美国教育融为一体。同年 12 月,严、张结束考察,回到天津,即着手创立大学的筹备工作。

1919 年 5 月,开始兴建大学教学楼,9 月 25 日,南开大学举行开学典礼,招收周恩来、张平群、郑通和等新生 96 人。

1919 年 11 月,上海圣约翰大学授予张伯苓名誉文学博士。

1922 年南开大学得李纯(字秀山)遗产之资助,在天津八里台兴建大学新校园,1923 年 6 月,秀山堂等建筑在八里台校园落成,南开大学第一届毕业生即在此举行毕业典礼。之后数年,南开大学先后得到袁述之兄弟、美国洛克菲勒基金会、卢木斋、陈芝琴等社会多方赞助,先后建成思源堂、木斋图书馆、芝琴楼等主要建筑,至 1933 年,大学校园规模粗具,格局初奠。

此后,严、张二公分别于 1923 和 1928 年创办南开女子中学与南开小学,在大学又成立了经济研究所(初称社会经济研究委员会)(1927 年)和应用化学研究所(1932 年)。至此,从小学到大学、从男子教育到女子教育,从教学到专业研究的完整的南开教育体系形成,也形成了独具特色的南开管理体系,对内管理,分别是南开学校的大学部、中学部、女中部和小学部;对外行文交涉则分别称为"南开大学""南开中学""南开女子中学"和"南开小学"。

"公""能"二字于 1934 年校庆日明定为南开校训。

与南开各部在艰难中快速发展相对的,却是国势日蹙,张伯苓根据对中国华北危急局势的洞鉴与其在全国推广南开教育的理想,1936 年在重庆创办南渝中学(1938 年改称"重庆南开中学")。

1937 年 7 月,中国抗日战争全面爆发,当月底,天津南开大学被日寇夷为瓦砾,南开大学被迫南迁。8 月,已为空军飞行员的四子锡祜殉国。

同月,南开大学奉教育部令,与北京大学、清华大学组成长沙临时大学,张伯苓与北大校长蒋梦麟、清华校长梅贻琦组成临大的最高领导机构"常务委员会",着手学校的组建工作。1937 年 11 月长沙临时大学正式开课。长沙临大开学未几,迫于战火近逼,学校师生于 1938 年 2 月又被迫迁往昆明。4 月,学校奉命更名"国立西南联合大学",学校最高领导机构仍是"常务委员会",委员仍由三校校长担任。

1937 年底,张伯苓应四川自贡绅商坚请,答应接办该地的蜀光中学。1938 年 8 月,该校即开始按南开的标准招生,从此蜀光中学成为南开大家庭中的一员。

抗日战争全面爆发后,中国开始全民族抗战,为团结全国人民的抗战力量,国民参政会于 1938 年 7 月成立,张伯苓任副议长,议长由汪精卫担任。同年底,汪氏叛逃降日,改由蒋介石任议长,张伯苓仍任副议长。1940 年 9 月,国民参政会由议长制改为主席团制,张伯苓为主席团五主席之一,直至 1948 年 3 月国民参政会结束。

张伯苓在从事教育之初,即重视利用体育来强健学生的体魄,训练学生的团队合作精神,并力推体育从学校走向社会。1916 年 5 月,张伯苓当选华北体育联合会会长。1922 年 4 月中华业余联合运动会成立,张伯苓任会长。1924 年 8 月,与同人发起成立中华全国体育协进会成立,任名誉会长。1930 年 5 月,张伯苓作为总代表,率领中华队赴日本出席第九届远东运动会。晚清民国年间,共举行了七届全国运动会,张伯苓除第四届外,其余六届均任总裁判。

1945 年 8 月,日本宣布无条件投降,中国抗日战争取得全面胜利。张伯苓却因宿疾缠身,于 1946 年 4 月赴美治疗。当年 6 月,哥伦比亚大学鉴于其卓越的办学成就,授予其名誉博士。同年 12 月,张伯苓返抵上海。

1946 年 10 月，南开大学改为国立，在天津复校。

1947 年 3 月 19 日，张伯苓回到了阔别整整十年的天津，自抗日战争全面爆发后，他第一次踏上家乡的土地。11 月，张伯苓当选天津地区国大代表。1948 年 3 月底至 4 月中上旬，张伯苓出席在南京召开的国民大会。

1948 年 7 月 10 日，张伯苓被迫出任国民政府考试院院长一职，11 月 2 日，以养病为由，张伯苓离开南京，回到重庆南开中学。

同年 10 月 13 日，行政院免去张伯苓的南开大学校长一职，任命何廉为代理校长。14 日，张伯苓与何廉办理交接仪式。

10 月 29 日，张伯苓乘飞机离津，经北平飞往南京，11 月 12 日从南京飞抵重庆南开中学。

12 月 22 日，王夫人携子女一行乘专机离津赴重庆。

1950 年 5 月 4 日，张伯苓与家人从重庆抵达北平。9 月 15 日回到天津。

1951 年 2 月 23 日，张伯苓在天津家中病逝。

莫听穿林打叶声

——编后语

　　本书二位编者多年浸淫于张伯苓与南开学校历史与文化的研究，尤其是梁吉生教授，更是早在四十多年前，即从学术角度，开始了对张伯苓的研究，是张伯苓研究领域的拓荒者。自那时起，对张伯苓的研究从"隐学"一步一步走向"显学"，据中国知网查询，以张伯苓作为研究主题的期刊文章有 359 篇，报刊文章 40 篇，硕士学位论文 27 篇，博士学位论文 1 篇，会议论文 15 篇。而各类直接涉及张伯苓的文章则达 7100 余篇。以张伯苓为题名的书籍则达 60 余种，近年则更是几乎年有问世。这些文献，已从 20 世纪五六十年代至七八十年代作者以南开校友等为主体，趋向于有陈平原、魏宏运等历史、文化学名家、专业学者多有参与；由以纪念、宣扬为主要内容的文章，趋向于全方位的学术性研究著述。

　　这荦荦成果，昭示着张伯苓及其办学成就对后世的借鉴意义与愈来愈深远的影响。看一个历史人物，应分两个阶段，一看他在世时的实际事功对社会的贡献，二看其行为、思想、人格、事功对后世社会与人类的影响深远程度。我们上面提到的文献，彰显了张伯苓"身后名"，那么，在其"生前"是个什么样子？对社会有什么影响？除去历史史实的文献记录与现今仍屹立于世的南开系列学校外，在与其同时代的人们眼中，是怎样看待张伯苓个人和他倾尽毕生心力从事的教育、体育、社会文化、国家政治事业呢？这无疑是现代人全面、深入了解、认识张伯苓的一个重要的角度。基于此，编者开始着手从晚清、民国的报刊中数千篇文献中，剔除新闻报导性的条目，慎择其中具有情节叙述与观点表达的文章。

　　编纂本书，起意于 2015 年《张伯苓全集》出版之后。《全集》虽出版，作为研究者，深知其尚有诸多不全之处，所以搜集、整理相关张伯苓文献的脚步并未稍歇。至 2017 年，即整理了《全集》之外的张伯苓各种讲演、讲话、序言、文章等 200 余篇，也算集有成数，终于 2019 年 9 月南开百年校庆来临之际，由人民教育出版社出资出版。同时，本书的书稿也大致集聚完毕，并开始了整理工作。讵料 2020 年 2 月春节的钟声刚刚敲过，新冠病魔却开始肆虐中华大地，整个国家每一个人，都以力所能及的方式，全力投入抗击疫情的战争。人们为人民的生命安全焦虑，为人民的未来生活焦虑。这场疫情对于整个国家民族都是一场磨难和考验，全国的医务人员挺身而出，逆向前行，昼夜奋战在抢救被感染人群的最前线。对于我们这些非医务人员，对社会的仅有的贡献，就是听从政府的安排，在家隔离，阻断病毒的传播。但对本书的编纂，却是一个意外的契机。我们抓住春节后的这一整段时间，将这 290 余篇文章的从晚清、民国，以至中华人民共和国初期报刊的 7000 余篇文献中选出，整理，核校，终成现在之规模。

本书终于编竣，即将付梓，手抚积寸清样，脑中盈萦的却是"惨淡经营"四字。

南开初创时期，正是中华民族外侮内患叠积，国家积贫积弱之际，张伯苓先生正是目睹国家贫弱至极之惨状，受国帜三易之刺激，才弃戎从教，发奋以教育救中国，与严修先生创办南开学校。张伯苓校长在创办南开，与南开同人将南开一步步成长壮大时，耳畔响起的岂止是穿林打叶声，而是时刻威胁学校发展和师生安全，不绝如缕的刀剑枪炮声，在"华北之大，竟放不下一张课桌"的危局中，他和他的南开同人是以怎样的毅力，将南开初创时的一部 70 余人，经过 30 年余的努力，发展成四部 3000 余人；将位于渤海之滨天津的南开教育，拓展到了中国大西南的四川和云南。他们的努力和成功，当时即赢得了社会主体的承认与高度的赞扬，但也不乏抓住南开的某一点进行讥讽与揶揄之声，更有些捕风捉影的无稽之谈。让人不由的想到了鲁迅先生的《药》。

其实，现在我们生活在国力强盛，中华民族伟大复兴的进程之中，作为学人，耳边不再有风刀霜剑与枪炮的鸣响，但出于国家利益造成各种国际间的竞争,与现实学术探讨与研究中,每个人总会不期而然地遇到各种各样的穿林打叶的风声雨声。也许这就是想干些事情的人所必须面对和承受的,也是作为南开人的编者能够面对和承受的。

本书能够总其成并最终梓行于世,也是南开人通力合作的结果。南开大学日本研究院院长刘岳兵教授,近年研究百年南开与日本的关系,迭有专著出版。令人感动的是,刘教授将其尚未正式出版著作中的原始资料毫无保留的供本书编者摘选,为本书提供了极其珍贵的张伯苓校长的日语文献。高鹏校友将其发现的外文文献主动贡献于编者,周德喜教授无偿为本书翻译外文资料,陆阳老师允将其翻译的外文资料供本书使用。

在本书篇目的最终确定、插页的选择、书籍的印装版式上,张伯苓研究会的张元龙顾问、张鉴霳理事长、董润平、张重宪副理事长,及王笑歌、朱笑晨等同人,付出了诸多的精力,提出了重要的意见,使得本书得以现在样貌呈于读者面前。

韩鹏先生的编校之功,尽隐于全书的字里行间。

南开人的气度与当初张伯苓校长提倡的团体合作(Teamwork),即"公"的精神,在先生离世 70 年后,又再一次体现于斯。

当年的南开大学秘书长黄钰生先生作于 1930 年的一篇文章,则将南开的精神特征描述的淋漓尽致,至今读来,仍令人感奋不已,现将其中一部摘录于此,与本书读者共勉。

南大的特点是从她——南开学校——的历史中产生出来的。甲午之战,中国被日本打败,彼时就有个学者,不服这口气。他以为中国只要有人,就可以富,可以强,可以与他国争衡,于是他发奋办教育。这个学者,就是南开学校的创办人严范孙。19 世纪的末年,列强争向中国"租"海港。彼时有个水师学生,奉令到威海卫去撤下中国的旗子,让英国人挂起他们的旗子。同时他在水师提督衙门前面,看见一个魁伟、整齐、洁净、雄赳赳的英国水兵,臂着枪,昂首阔步,在那里来回走,旁边蹲着一个又小、又脏、又可怜的中国水兵,抱着个巴巴狗,毫无愧色地,和那英国水兵指手画脚地谈天。这个学生,就不服气他所生的这一族,如此无出息! 于是他立志办教育。这个水师学生，就是南大校长张伯苓。到现在，时间已经过了三十多年，国际令人不服气的事仍旧，国内令人不服气的事更层出不穷。严、张二人不服气的精神，成了南开的特点。

南开是不服气的支那人（Chinamen, Chinks, 外人藐视我们的称呼）为争这口气而办的。堂皇地说，是要"求中国之自由平等"；实际地说，是建设的曙光之一；哲学地说，是抗命（Fate）主义的代表。

……

南开因为中学的抗力还不够，所以才立大学。南开大学的意义，是要用人格与学术去"争气"，去"淑世"，去实现中国的最高理想。南大不信中国人根本不行，中国事根本未有办法；不信在中国社会做事，必须要圆滑，要敷衍，要应酬，要在茶寮酒馆中大笔的交易；不信中国的问题，不能用科学方法来研究，来分析，来解决；不信喊口号，贴标语，讲主义，可以制服军阀，打倒列强，而救中国；不信撰名词，倡主义，作无聊的浪漫小说，请外国学者来演讲，就是文化，就是学术——文化，学术，他们是多么难产的宁馨儿；南大更不信中国青年，生性浮嚣，不守规矩，不肯念书，只会浪漫与颓唐。南大相信的只有两件事：人格，学问——用工夫修养来的人格，老老实实求来的学问。到南大来要读书，要做实验，要守规矩，要受考试。怕难的不必来，求安逸的不必来，好奉承的不必来，服了这口气的不必来。

张兰普于弗居斋

2021 年 5 月 26 日